Das S-Netzwerk und sein wirtschaftliches Potenzial

Johannes Viehmann

Das S-Netzwerk und sein wirtschaftliches Potenzial

Die Möglichkeiten des S-Webs und der Jadwirtschaft mit der Einweg-Währung Jad

Johannes Viehmann
Fraunhofer Institut für Offene
Kommunikationssysteme FOKUS
Berlin, Deutschland

Zugl.: Dissertation, Technische Universität Berlin, 2019

ISBN 978-3-658-28504-3   ISBN 978-3-658-28505-0 (eBook)
https://doi.org/10.1007/978-3-658-28505-0

Die Deutsche Nationalbibliothek verzeichnet diese Publikation in der Deutschen National-
bibliografie; detaillierte bibliografische Daten sind im Internet über http://dnb.d-nb.de abrufbar.

Springer Vieweg
© Springer Fachmedien Wiesbaden GmbH, ein Teil von Springer Nature 2020
Das Werk einschließlich aller seiner Teile ist urheberrechtlich geschützt. Jede Verwertung, die
nicht ausdrücklich vom Urheberrechtsgesetz zugelassen ist, bedarf der vorherigen Zustimmung
des Verlags. Das gilt insbesondere für Vervielfältigungen, Bearbeitungen, Übersetzungen,
Mikroverfilmungen und die Einspeicherung und Verarbeitung in elektronischen Systemen.
Die Wiedergabe von allgemein beschreibenden Bezeichnungen, Marken, Unternehmensnamen
etc. in diesem Werk bedeutet nicht, dass diese frei durch jedermann benutzt werden dürfen. Die
Berechtigung zur Benutzung unterliegt, auch ohne gesonderten Hinweis hierzu, den Regeln des
Markenrechts. Die Rechte des jeweiligen Zeicheninhabers sind zu beachten.
Der Verlag, die Autoren und die Herausgeber gehen davon aus, dass die Angaben und Informationen in diesem Werk zum Zeitpunkt der Veröffentlichung vollständig und korrekt sind.
Weder der Verlag, noch die Autoren oder die Herausgeber übernehmen, ausdrücklich oder
implizit, Gewähr für den Inhalt des Werkes, etwaige Fehler oder Äußerungen. Der Verlag bleibt
im Hinblick auf geografische Zuordnungen und Gebietsbezeichnungen in veröffentlichten Karten
und Institutionsadressen neutral.

Springer Vieweg ist ein Imprint der eingetragenen Gesellschaft Springer Fachmedien Wiesbaden
GmbH und ist ein Teil von Springer Nature.
Die Anschrift der Gesellschaft ist: Abraham-Lincoln-Str. 46, 65189 Wiesbaden, Germany

Gewidmet

Maria und Paul Steffes

Eugen Viehmann

Vorwort

Im Folgenden werden mit dem S-Netzwerk und der darauf aufbauenden *Jadwirtschaft* zwei einander symbiotisch ergänzende Innovationen vorgestellt. Im Jahr 2004 begann ich, mich mit alternativen Wirtschaftsformen zu beschäftigen. Dabei entstanden bereits die wesentlichen Ideen zur *Jadwirtschaft* als ein System mit offenen Konten und einem nicht beliebig transferierbaren Bezugsmittel. Daraus ergaben sich eine Reihe von Anforderungen, die sich beim bisherigen Stand der Technik und der Forschung nicht realisieren ließen. Aus genau diesen Anforderungen heraus wurde das S-Netzwerk konzipiert – es war ursprünglich explizit als Plattform für den Betrieb der *Jadwirtschaft* gedacht. Erst ab dem Jahr 2007 im Zuge der intensiven Beschäftigung mit rechtsgültig unleugbaren reliablen Publikationen und sicheren Hinterlegungen in einem Informationsnetzwerk im Zusammenspiel mit verlässlicher bidirektionaler semantischer Verlinkung – dem S-Web mit den S-Links – entstand ein Bewusstsein für die universellen Nutzungsmöglichkeiten des S-Netzwerks.

Hier wird entgegen der historischen Entwicklung zuerst das S-Netzwerk vorgestellt, weil das Verständnis in dieser inhaltlich aufbauenden Reihenfolge erleichtert wird. Eine gute Motivation zur Entwicklung des S-Netzwerks lässt sich beispielsweise auch einfach, kurz und naheliegend aus den Anforderungen an eine Plattform für wissenschaftliche Veröffentlichungen aufzeigen – ohne auf die *Jadwirtschaft* eingehen zu müssen.

In dieser interdisziplinären Arbeit werden auch viele weitere technische und wirtschaftliche Anwendungsmöglichkeiten des S-Netzwerks vorgestellt. Am Ende wird mit der *Jadwirtschaft* der ursprünglich Anstoß zur Entwicklung des S-Netzwerks präsentiert. Das S-Netzwerk könnte auch völlig unabhängig von der *Jadwirtschaft* realisiert und genutzt werden. Die beste Wirkung sehe ich jedoch im Zusammenspiel der beiden Innovationen.

Zum Aufbau und Umfang der Dissertation

Mir ist es wichtig, neben einer technischen und ökonomischen Betrachtung hier auch die rechtlichen, sozialen, pädagogischen, psychologischen und ökologischen Aspekte zu beleuchten. Keine einzelne Person kann auf all diesen Gebieten gleichermaßen Experte sein. Ziel konnte es nicht sein, in jede Richtung vergleichbar tief zu gehen. Vielmehr sollen mit der Darstellung in dieser Arbeit Herausforderungen aufgezeigt und Felder für weitere notwendige Forschungsarbeit vorbereitet werden. In diesem vorbereitenden Sinn für künftige Forschungsarbeiten habe ich mich bemüht, dieses Werk so zu gestalten, dass es für Personen aus den verschiedensten Fachgebieten lesbar ist. Es werden daher hier auch einige Grundlagen vermittelt, die für Experten in dem Bereich sicher allgemein bekannt sind, die für diesbezügliche Laien aber zum besseren Verständnis sehr hilfreich sein könnten.

Dadurch ergab sich jedoch auch ein allzu großer Umfang. Damit das Ganze handhabbar bleibt, wurden folgende Maßnahmen realisiert: Jedem Kapitel ist eine Zusammenfassung vorangestellt. Details sind in grauen Kästen vom Hauptwerk abgegrenzt. Ferner wurden einige Kapitel in [Viehmann 2018] ausgelagert – sie ergänzen die Dissertation für interessierte Leser zur angestrebten umfassenden Darstellung.

Wissenschaftliche Aussprache, Original und überarbeitete Fassung

Die wissenschaftliche Aussprache vor dem Promotionsausschuss mit dem Vorsitzenden Prof. Dr. Manfred Hauswirth und den Gutachtern Prof. Dr. Ina Schieferdecker, Prof. Dr. Frank Heinemann, Prof. Dr. Gilbert Fridgen und Prof. Dr. Marian Margraf fand am 7. Mai 2019 in Berlin statt. Die Veröffentlichung der von der Fakultät IV – Elektrotechnik und Informatik der Technischen Universität Berlin zur Erlangung des akademischen Grades Doktor der Ingenieurwissenschaften - Dr.-Ing. - genehmigte Originalfassung der Dissertation wurde im klassischen Universitätsdruck vorgenommen. Die Pflichtexemplare wurden an die Universitätsbibliothek der Technischen Universität Berlin übergeben.

Die vorliegende überarbeitete Fassung wurde gegenüber dem Original leicht verändert durch einige kleine Korrekturen und geringfügige Verbesserungen von Abbildungen sowie von Formulierungen bzw. Formatierungen.

Danksagung

Diese Dissertation wurde unterstützt durch meine Betreuer Frau Prof. Dr. Ina Schieferdecker und Herr Prof. Dr. Frank Heinemann sowie durch die Zuwendungen von der Technischen Universität Berlin (Human Centric Communication (H-3C) Graduiertenkolleg) und von dem Fraunhofer Institut für offene Kommunikationssysteme FOKUS in Berlin.

Würdigen möchte ich schließlich die Geduld und das Verständnis für meine Arbeit an diesem Werk in meinem Umfeld, insbesondere von Steffi und Rotraud Viehmann.

Berlin   Johannes Viehmann

Inhaltsverzeichnis

Vorwort VII

Abkürzungen XIII

Abbildungsverzeichnis XV

Tabellenverzeichnis XIX

1 Die Schaffung des S-Netzwerks aus dem Misstrauen 1
  1.1 Einführung 1
      1.1.1 Ausgangslage – fortschreitende Digitalisierung und Vernetzung 1
      1.1.2 Offene Probleme als Motivation zur Schaffung des S-Netzwerks 6
      1.1.3 Definitionsbereich 11
      1.1.4 Idee und Zielsetzung für das S-Netzwerk 14
      1.1.5 Herausforderungen, Thesen und Anspruch 17
  1.2 Grundlagen, Stand der Forschung und der Technik 20
      1.2.1 Kryptografische Verfahren und ihre Notation 20
      1.2.2 Vertrauen in Computernetzwerken 26
      1.2.3 Langzeitliche Sicherheit der Kommunikation 30
      1.2.4 Digitale Langzeitarchivierung 33
      1.2.5 Rechtsgültige Authentifikation und Autorisation 36
      1.2.6 Universelle Informationssysteme 40
  1.3 Gesamtkonzeption 42
      1.3.1 Außenansicht – Anwendungsfälle 42
      1.3.2 Innenansicht – Bestandteile 46
      1.3.3 Die S-Verfassung – ein Abstraktionsdreieck 51
  1.4 Vertrauenswürdigkeit, Sicherheit und Zuverlässigkeit 57
      1.4.1 Vertrauen schaffen mit Misstrauensparteien 57
      1.4.2 Verfahren zur dauerhaften und sicheren Datenerhaltung 74
      1.4.3 Sichere Kommunikation zwischen S-Knoten 83
      1.4.4 Risikomanagement 99
  1.5 Das S-Web 108
      1.5.1 Verlässliche Verlinkung mit S-Links 108
      1.5.2 S-Links und der Zugriffsschutz im S-Netzwerk 125
      1.5.3 Das Potenzial des S-Webs – Risikoreduktion auf das S-Web 134

1.6 Verantwortung, Freiheit und Schutz 159
   1.6.1 Spezielle Medienkompetenz 159
   1.6.2 Garantierte Freiheit mit klaren Regeln 167
   1.6.3 Intim- sowie Privatsphäre und Datenschutz 177
1.7 Der S-Netzwerk-Demonstrator 194
   1.7.1 Zielsetzung und Architektur 194
   1.7.2 Implementierung 199
   1.7.3 Erste Erfahrungen, Tests und Messergebnisse 214
1.8 Fazit zum S-Netzwerk und zum S-Web 229

2 Das S-Netzwerk in der Wirtschaft 233

2.1 Der Betrieb des S-Netzwerks 233
   2.1.1 Zu erwartende Kosten 233
   2.1.2 Potenzielle Nutzwerte 245
   2.1.3 Möglichkeiten zur Finanzierung 252
2.2 Ökonomische Aspekte der Informationen im S-Netzwerk 263
   2.2.1 Direkte Vermarktung von Informationen 264
   2.2.2 Geschäftsmodelle für offene Informationen 277
   2.2.3 Verwertungsgesellschaften 282
   2.2.4 Crowdfunding 288
   2.2.5 Konflikte im Zusammenspiel mit der Geldwirtschaft 293
2.3 Neuerungen zur Geldwirtschaft mit dem S-Netzwerk 300
   2.3.1 Die Entwicklung des Geldes 300
   2.3.2 Die Geschichte des Strebens nach neuen Wirtschaftsformen 309
   2.3.3 Kryptogeld: Nakamotos Bitcoin und die Variante Devcoin 318
   2.3.4 Das S-Netzwerk als Medium für Tauschringe 323
2.4 Fazit zum S-Netzwerk in der Wirtschaft 334

3 Jad und Jadwirtschaft 337

3.1 Grundkonzeption 337
   3.1.1 Ideal und Realität des indirekten Tauschs mit Bezugsmitteln 337
   3.1.2 Die Jadwirtschaft mit der Einbahnstraße der Jad 341
3.2 Die anspruchsvolle Erschaffung des Bezugsmittels Jad 345
   3.2.1 Sicherungsansprüche 345
   3.2.2 Ansprüche des öffentlichen Bedarfs 351
   3.2.3 Lohnansprüche als direkte Leistungsmotivation 357

  3.2.4 Lohnansprüche für Bildungsleistungen..................................364
  3.2.5 Die Bestimmung spezifischer Regeln für Lohnansprüche............376
  3.2.6 Lohnansprüche für die Schaffung immaterieller Güter.................379
  3.2.7 Lohnansprüche aus dem Verkauf von begrenzt Verfügbarem........390
  3.2.8 Erstattungsansprüche...399
 3.3 Praktische Überlegungen zur Jadwirtschaft..403
  3.3.1 Anonymes sowie transitives Zahlen und bedingte Anweisungen...403
  3.3.2 Kredite, Investitionen und Nachfragebekundung........................409
  3.3.3 Eine erste Demonstration..417
  3.3.4 Herausforderungen der Voranalyse und der Umsetzung...............421
 3.4 Potenziale der Jadwirtschaft zur Problembewältigung.........................432

4 Fazit und Ausblick..**443**

Literaturverzeichnis..**449**

Abkürzungen

Allgemein übliche Abkürzungen

API	Application Programming Interface (Programmierschnittstelle)
bzw.	beziehungsweise
bspw.	beispielsweise
Dr.	Doktor
et al.	et alii / aliae / alia (und andere)
etc.	et cetera (und übrige)
evtl.	eventuell
f.	folgende (eine)
ff.	folgende (mehrere)
GB	Gigabyte
ggf.	gegebenenfalls
KB	Kilobyte
MB	Megabyte
ms	Millisekunden
Prof.	Professor(in)
s	Sekunden
S.	Seite
u. a.	unter anderem
z. B.	zum Beispiel

Spezielle Abkürzungen und Symbole in der Dissertation

A	Autorisierer
Σ	Änderungsliste
Γ	Zielpublikum
Δ	Gültigkeitszeitraum
Ξ	Intentionale Interpretation
Π	Herausgeber
T	Publikationszeitpunkt
Λ	Publikationsort
ε	endliche Zeit
Ψ	Threshold (Quorum)
P	Misstrauenspartei / Misstrauensparteien
Jad	Justification, Accounting, Destruction

Abbildungsverzeichnis

Abbildung 1: Screenshot vom gefälschten Wendi_Deng Twitter Account 10
Abbildung 2: Hauptanwendungsfälle des S-Netzwerks als Use Case Diagramm 44
Abbildung 3: Die S-Verfassung als Abstraktionsdreieck für das S-Netzwerk 52
Abbildung 4: Manipulationsangebot von Alice an Bob, Maßnahmen A-E als Game Tree 72
Abbildung 5: Gegenüberstellung von Shamir Secret Sharing und XOR Verknüpfung 79
Abbildung 6: Zugriffsschutz mit kurzen Schlüsseln 82
Abbildung 7: Partitions-Routing 88
Abbildung 8: Einfügen neuer S-Knoten mit optimierter parteiinterner Vermaschung 93
Abbildung 9: Multi-Partitions-Routing mit $\Psi = 4$ und $\#P = 22$ 96
Abbildung 10: Vergleich von (Multi-) Partitions-Routing Verfahren 98
Abbildung 11: Anwendungsseitige Integration von S-Links in HTML-Dateien 115
Abbildung 12: Darstellung eines S-Links mit Rücklink 118
Abbildung 13: HTML Link mit semantischem Typ 120
Abbildung 14: Xanadu Link mit semantischem Verweis 121
Abbildung 15: Verlinkung semantischer Daten zum Zielbereich eines S-Links L1 123
Abbildung 16: Versand und Empfang einer S-Mail 137
Abbildung 17: S-Netzwerk-Demonstrator mit S-Mail Client 138
Abbildung 18: Kontrolle von S-Mails im S-Web-Browser 138
Abbildung 19: Verzeichnisse im S-Web 140
Abbildung 20: Soziale Vernetzung im S-Web 141
Abbildung 21: Ablauf des S-Mail FNR Protokolls 148
Abbildung 22: Beispiel für Kommentare und Korrektur 153
Abbildung 23: Entscheidungsprozess für S-Knoten bei Anfragen für lesenden Zugriff 177
Abbildung 24: Verfahren für anonyme Kommentare von Personen aus einer Gruppe G mit N=T=2 188
Abbildung 25: Offenes Secret Sharing für Mengen 190
Abbildung 26: Performance der Evaluation einer anonymen Abstimmung mit Threshold 3 192
Abbildung 27: Abhängigkeit der Dauer der Analyse anonymer Abstimmungen vom Threshold bei 10.000 Stimmen 193
Abbildung 28: Netzwerkprotokolle für den S-Netzwerk-Demonstrator 203
Abbildung 29: Performancevergleich zwischen .NET XML, .NET Binary und UBF Serialization .. 207
Abbildung 30: 3D-Darstellung eines S-Netzwerks mit 15 Misstrauensparteien 210

Abbildung 31: Dateisysteme auf einem S-Knoten in Relation..213

Abbildung 32: Einfluss des Thresholds Ψ und der Anzahl der Misstrauensparteien beim Starten und Publizieren im Demonstrator..217

Abbildung 33: Skalierungsverhalten mit der Zahl der S-Knoten beim Starten und Publizieren im Demonstrator...217

Abbildung 34: Duplizieren eines kompletten virtuellen S-Netzwerks im Demonstrator...............218

Abbildung 35: Dauer des Öffnens und Startens eines gespeicherten S-Netzwerks im Demonstrator...219

Abbildung 36: Vergleich der Optimierungsvarianten beim Publizieren....................................223

Abbildung 37: Vergleich der Optimierungsvarianten beim Prüfen..224

Abbildung 38: Performance bei kleinen und mittelgroßen Dateien mit vollem Zugriffsschutz........225

Abbildung 39: Zugriffsschutzvarianten beim Publizieren, Prüfen und Öffnen von 100 MB Dateien..227

Abbildung 40: Kostern pro GB Daten in einem Jahr mit verschiedenen Zugriffsschutzvarianten.....239

Abbildung 41: Kostern pro GB Daten in einem Jahr bei vollem Zugriffsschutz je nach Ψ und #P...239

Abbildung 42: Verwaiste S-Knoten..241

Abbildung 43: Kosten für einen einfachen Teilnehmer nach der Teilnehmerzahl........................244

Abbildung 44: Potenzial von Briefen per S-Mail statt Post Einschreiben eigenhändig mit Rückschein...247

Abbildung 45: Kosten S-Mail oder Deutsche Post Einschreiben Einwurf für 1.000 Briefe im Jahr..250

Abbildung 46: Kostenänderung mit S-Mail falls möglich statt nur mit Einschreiben Einwurf........251

Abbildung 47: Die Bürger von Calais, Eugen Viehmann (*7.9.1930; † 19.6.2011)....................258

Abbildung 48: Ausgleichsverfahren zur Finanzierung des S-Netzwerks...................................262

Abbildung 49: Screenshot von copykillsmusic.de (August 2000)...271

Abbildung 50: Screenshots aus einem Spot gegen „Piracy" auf einer DVD des Films Ice Age 2.....271

Abbildung 51: Musik, die auf Youtube gesperrt wurde (Screenshot am 21. Juni 2017)................285

Abbildung 52: Iron Sky Theatrical Poster 290

Abbildung 53: Geldschein und Marken aus dem Freigeld-Experiment von Wörgl.....................316

Abbildung 54: Informationstafel für mit Freigeld errichtete Brücke.......................................317

Abbildung 55: Performance der Demonstrator-LETSystem-Anwendung mit Ψ = 5 und #P = 36....328

Abbildung 56: Einfachste Form der anonymen Überweisung..331

Abbildung 57: Basismodell Tauchkreisläufe...338

Abbildung 58: Wirtschaftskreisläufe mit Steuern..339

Abbildung 59: Wirtschaftskreisläufe der weitgehend freien Geldwirtschaft mit Banken..............340

Abbildungsverzeichnis XVII

Abbildung 60: Einbahnstraße der Jad......342

Abbildung 61: Jadwirtschaft als Einbahnstraße der Jad......344

Abbildung 62: Krankenversicherungen in der Geldwirtschaft......347

Abbildung 63: Sicherungsansprüche im Gesundheitsbereich......348

Abbildung 64: Gegenseitige Kontrolle der tätigkeitsspezifischen Regeln für Lohnansprüche......379

Abbildung 65: Balancefaktor......394

Abbildung 66: Erstattungsansprüche für Weiterverkäufe......402

Abbildung 67: Zirkulation des Bezugsmittels zwischen Verteilern......403

Abbildung 68: Anonymes Bezahlen in der Jadwirtschaft mit Generationsnummern als Punkten......404

Abbildung 69: Transitives Zahlen an Zulieferer......406

Abbildung 70: Bedingte Anweisungen zur Reduktion der Risiken......408

Abbildung 71: Kredit mit Zinsen in der Jadwirtschaft......413

Abbildung 72: Datenstruktur im S-Web für Lohnansprüche mit dem Jad Manager......418

Abbildung 73: Ermittlung und Verifikation einer Normarbeitsstunde bei $\Psi = 5$ und $P = 36$......419

Abbildung 74: Jad Performance im Demonstrator......421

Abbildung 75: Mögliche Phasen der Koexistenz von Jadwirtschaft und Geldwirtschaft......430

Tabellenverzeichnis

Tabelle 1: Nutzwerte eines Manipulationsangebots von Alice an Bob, Maßnahmen A-C 66

Tabelle 2: Nutzwerte eines Manipulationsangebots von Alice an Bob, Maßnahmen A-D 67

Tabelle 3: Nutzwerte eines Manipulationsangebots von Alice an Bob, Maßnahmen A-E 71

Tabelle 4: Vergleich verschiedener Secret Sharing Verfahren 79

Tabelle 5: Vergleich von Partitions-Routing Verfahren anhand von Round-Trip Zeiten 98

Tabelle 6: Dauer für die Beantwortung von Anfragen nach S-Links in Sekunden 130

Tabelle 7: Vergleich des Datenvolumens bei E-Mail und S-Mail 150

Tabelle 8: Performance der Evaluation einer anonymen Abstimmung mit Threshold 3 192

Tabelle 9: Analysedauer anonyme Abstimmung je nach Threshold bei 10.000 Stimmen 193

Tabelle 10: Vergleich der Serialization Performance zwischen .NET XML, .NET Binary und UBF 207

Tabelle 11: Dateisysteme auf einem S-Knoten im Vergleich 212

Tabelle 12: Erzeugung und Start eines neuen S-Netzwerks im Demonstrator 216

Tabelle 13: Duplizieren eines kompletten virtuellen S-Netzwerks im Demonstrator 218

Tabelle 14: Öffnen und Starten eines gespeicherten S-Netzwerks im Demonstrator 219

Tabelle 15: Publizieren, Prüfen und Laden von 4KB Dateien ohne Zugriffsschutz 220

Tabelle 16: Publizieren, Prüfen und Laden von 4KB Dateien, voller Zugriffsschutz 221

Tabelle 17: Vergleich der Optimierungsvarianten gepackte Shares und mit gepackte Nachrichten ... 223

Tabelle 18: Vergleich der Optimierungsvarianten gepackte Shares und mit gepackte Nachrichten ... 223

Tabelle 19: Publizieren, Prüfen und Laden von Dateien diverser Größen bei vollem Zugriffsschutz 225

Tabelle 20: Zugriffsschutzvarianten beim Publizieren und Prüfen von 100 MB Dateien mit $\Psi=6$ 227

Tabelle 21: Kostenschätzung pro Teilnehmer am S-Netzwerk mit $\Psi=5$ (1.000.000 Teilnehmern total) 244

Tabelle 22: Kosten für einen einfachen Teilnehmer in Abhängigkeit von der Teilnehmerzahl 245

Tabelle 23: Potenzial von Briefen per S-Mail statt Post Einschreiben eigenhändig mit Rückschein 246

Tabelle 24: Kostenvergleich zwischen S-Mail und Einschreiben Einwurf der Deutschen Post 249

Tabelle 25: Vergleich von Möglichkeiten, mit Informationen Geld zu erwirtschaften 294

Tabelle 26: Performance der Demonstrator-LETSystem-Anwendung mit $\Psi = 5$ und $\#P = 36$ 329

Tabelle 27: Transaktionskosten pro Jahr in verschiedenen Transaktionssystemen im Vergleich 329

Tabelle 28: Vergleich zwischen verschiedenen Bezugsmittelsystemen 335

Tabelle 29: Am Demonstrator gemessene Dauer der Ermittlung und Verifikation einer Normarbeitsstunde bei $\Psi = 5$ und $P = 36$ 419

Tabelle 30: Jad Performance im Demonstrator 421

Tabelle 31: Robustheitsrelevante Konzepte von weitgehend freier Geldwirtschaft und Jadwirtschaft 438

1 Die Schaffung des S-Netzwerks aus dem Misstrauen

Das S-Netzwerk ist konzipiert als eine Plattform, die es ihren Teilnehmern erlaubt, reliable Publikationen und sichere Hinterlegungen zu machen und darauf zuzugreifen. Es kombiniert digitale Langzeitarchivierung in einem Computernetzwerk mit Unleugbarkeit und mit weiteren besonderen Gewährleistungen etwa bezüglich der Zugänglichkeit, ohne einzelnen Parteien oder Quoren einfach vertrauen zu müssen. Der Anspruch ist, dass die Rechtsgültigkeit der darin gespeicherten Inhalte und Metadaten mit gleichwertiger Konsequenz für alle Teilnehmer sichergestellt wird.

Zusammen mit dem Konzept der bidirektionalen verlässlichen Verlinkung im S-Netzwerk, dem S-Web, ergeben sich vielfältige neue Möglichkeiten, auf spezialisierte netzwerkseitige Services zu verzichten und so die Risiken alleine auf die Korrektheit und Sicherheit des S-Netzwerks zu reduzieren. Zu den aktuellen Entwicklungstrends Cloud und Web of Services bildet das S-Netzwerk gemeinsam mit dem S-Web einen komplementären Gegenentwurf.

1.1 Einführung

Die Dynamik des Internets verändert die Welt. Darin veröffentlichte Daten unterliegen ebenfalls einer Dynamik – sie sind flüchtig, veränderbar und in vieler Hinsicht unzuverlässig. Das S-Netzwerk soll als relativ statische Ergänzung zum dynamischen Internet mit rechtlichen Garantien sowie sicherheitstechnischen und vertrauensbildenden Maßnahmen digitalen Daten in einem computerbasierten Netzwerk eine für das Informationszeitalter angemessene Tragweite und dauerhaft unleugbare Gültigkeit verleihen.

1.1.1 Ausgangslage – fortschreitende Digitalisierung und Vernetzung

Mit dem Internet existiert ein flexibles weltumspannendes Netzwerk, dessen Entwicklung noch nicht abgeschlossen ist. Derzeit liegen die Grenzen für das Internet nicht nur in der Technik, sondern auch beispielsweise in der Wirtschaft, in der Politik und in der Bildung.

Das Internet, das Netzwerk der Netzwerke [Dennis 2011], ist nicht nur ein robustes Basismedium für digitale Kommunikation aller Art rund um den Globus, sondern es bildet mit den darin verfügbaren Daten auch eine Informationsquelle von zuvor nicht bekannten Dimensionen mit unermesslichen Weiten, Höhen und Tiefen.

Mit dem Internet wird die dynamische Vernetzung von beliebigen Computern, ganzen Computernetzwerken und anderen netzwerkfähigen Geräten wie Mobiltelefonen praktisch überall und jederzeit ermöglicht – in für den Anwender alltagstauglicher Einfachheit.

Grundlage zur Entstehung des Internets (siehe dazu auch [Leiner 1997/2011]) war die Schaffung der Internet Protocol Suite (speziell TCP und IP) durch Robert E. Kahn und Vinton G. Cerf in den 1970er Jahren [Cerf 1974]. Mit der Gründung des Internet Configuration Control Board (ICCB) 1979, dem später das Internet Advisory / Activities / Architecture Board (IAB) folgte [Cerf 1990], und schließlich mit der Gründung der Internet Society ISOC 1992 [Cerf 1992] wurde die Gestaltung des Internets institutional organisiert.

Zunächst diente das Internet primär militärischen und wissenschaftlichen Zwecken. Das NSFNET *Backbone* der *National Science Foundation* in den USA war z. B. zunächst auf Forschung und Bildung beschränkt und durfte erst ab 1992 für kommerzielle sowie private Zwecke genutzt werden, nach einer Gesetzesänderung mit folgender Bedingung:

"the Foundation is authorized to foster and support access by the research and education communities to computer networks which may be used substantially for purposes in addition to research and education in the sciences and engineering, if the additional uses will tend to increase the overall capabilities of the networks to support such research and education activities.", zitiert aus [42USC1862 2007], subsection (g).

Die Bedeutung des noch jungen Mediums Internet entwickelt sich rasant. Laut International Telecommunication Union (ITU) hatte das Internet im Jahr 2000 weltweit 394 Millionen Nutzer, im Jahr 2009 waren es bereits 1.858 Millionen (http://www.itu.int/ict/statistics, 29.12.2011). Trotz dieser Zuwachsraten funktioniert das Internet in der Praxis nach wie vor. Entscheidend für den Erfolg ist, dass das Internet auf offenen Standards aufbaut und dass es flexibel ist. Immer wieder werden neue Anwendungen, Dienstleistungen und Bereiche entdeckt, für die das Internet genutzt werden kann, z. B. *Internet Protocol Television* IPTV [ITU-T 2009] und oder dezentrale Kryptowährungen wie *Bitcoin* [Nakamoto 2008].

Das 1990 von Tim Berners-Lee entwickelte hypertextbasierte Informationssystem World Wide Web hat zusammen mit leicht bedienbaren Webbrowsern entscheidend zur Popularität des Internets beigetragen, da mit der Verlinkung ein einfacher und intuitiver Zugang zu Informationen im Internet ermöglicht wird.

"I happened to come along with time, and the right interest and inclination, after hypertext and the Internet had come of age. The task left to me was to marry them", zitiert aus [Berners-Lee 1999], S. 7.

1.1 Einführung

> *"The WorldWideWeb browser/editor was working on my machine and Robert's, communicating over the Internet with info.cern.ch server by Christmas Day 1990."*, zitiert aus [Berners-Lee 1999], S. 35.

Obwohl das Internet sich gut bewährt hat, dauert dessen Entwicklung an. Aktuell vollzieht sich der Umstieg auf eine neue Version des Internet Protocols, von IPv4 auf IPv6, der mittlerweile notwendig geworden ist, da der IPv4 Adressraum mit seinen 2^{32} Adressen ausgeschöpft ist [White 2011]. Auch für die Weiterentwicklung des World Wide Webs gibt es Visionen, beispielsweise *"Mind to Mind"* und *"Semantic Web"*:

> *"I have a dream for the web ... and it has two parts.*
> *In the first part, the Web becomes a much more powerful means for collaboration between people. I have always imagined the information space as something to which everyone has immediate and intuitive access, and not just to browse, but to create."* ...
> *"In the second part of the dream, collaboration extend to computers. Machines become capable of analysing all the data on the Web – the content, links and transactions between people and computers. A 'Semantic Web', which should make this possible, has yet to emerge"*, zitiert aus *[Berners-Lee 1999], S. 169.*

Hier soll auch das *"Web of Services"* erwähnt werden, also die Entwicklung von einem Web statischer Daten zu einem Web dynamischer Services [Lemahieu 2001].

Über das Technische hinaus

Das Internet nur technisch zu betrachten, also losgelöst von seiner Umwelt, ist zu reduziert, um dem gesamten Phänomen gerecht werden zu können. Das Internet ist auch ein soziales, ökonomisches, politisches und kulturelles Netzwerk seiner aktiven Teilnehmer.

> *"Each realm of human endeavor continues to create Future Digital Worlds in which represent its things, actions and processes. These digital worlds will be built on the Next Generation computing and communications platform, the Future Internet."* ... *"The requirements for these digital worlds should drive the design of the Future Internet rather than vice versa."* ...
> *"Perhaps the greatest challenge in envisaging our Future Digital World is to free our minds and overcome our intellectual, technical, and social history to create new visions of the future and to work holistically across current disjoint domains."*, zitiert aus *"The Nature of Our Digital Universe"* [Brodie 2009].

Die *"Seoul Declaration for the Future of the Internet Economy"* der OECD betont die gesellschaftliche Bedeutung der Weiterentwicklung und des Ausbaus des Internets:

"The further expansion of the Internet Economy will bolster the free flow of information, freedom of expression, and protection of individual liberties, as critical components of a democratic society and cultural diversity.", zitiert aus [OECD 2008].

Aktuell sind Limitationen für das Internet gerade auch jenseits der Informationstechnik zu finden. Sie liegen in der Armut und in der oft damit einhergehenden unzureichenden Bildung. Laut Statistik der ITU hatten im Jahr 2009 in den als *"developed"* (Einteilung nach UN M49, http://www.itu.int/ITU-D/ict/definitions/regions/index.html, 7.4.2011) klassifizierten Ländern 61,8% der Haushalte Zugang zum Internet, während in den als *"developing"* eingestuften Ländern nur 13,9% der Haushalte Zugang zum Internet hatten.

Zusätzlich wird das Internet künstlich beschränkt. Zensur führt dazu, dass viele Nutzer nur ein Zerrbild des globalen Internets erreichen können. Die Studien in [Deibert 2008] weisen staatliche Filterungen des Internets in 24 Staaten nach, in denen gegenwärtig über 3,28 Milliarden Menschen leben, wobei insgesamt nur 40 Staaten untersucht wurden. Daneben gibt es auch private Filterungen etwa durch Internet Service Provider und Suchmaschinen-Betreiber. In Deutschland erregten etwa die 2007 zeitweilig vom Provider Arcor gegen einige Porno-Seiten errichteten Sperren Aufsehen, wobei sich kurioserweise ein Anbieter von Sex-Inhalten mit Abmahnungen zur Errichtung von Internetsperren hervortat – offensichtlich zur Bekämpfung der unliebsamen Konkurrenz [Lischka 2007].

Das Internet ist noch so neu, dass die Mehrheit nicht damit aufgewachsen ist. Dies mag einer der Gründe sein, warum das Internet von vielen älteren Personen nicht genutzt wird. So nutzten im ersten Quartal 2010 laut [Destatis 2011] in Deutschland 98 % der 16- und 24-Jährigen das Internet, aber nur 31 % der 65-Jährigen oder Älteren.

Große Teile der Bevölkerung nutzen das Internet nur wenig und wenn dann nur konsumierend, ohne selbst aktiv gestalterisch dazu beizutragen. Laut der Studie „Digitale Gesellschaft" [Wieland 2010] der Initiative D21 sind 35 % der Deutschen „*Digitale Außenseiter*" und weitere 30 % nur Gelegenheitsnutzer. Die Studie stellt auch fest, dass „*viele Millionen Deutsche die neuen Medien nutzen, ohne über ein umfassendes Wissen zum Thema Netz- und Datensicherheit zu verfügen.*", zitiert aus [Wieland 2010]. Im Internet werden standardmäßig oft ressourcenschonende Protokolle ohne Sicherheitsmaßnahmen eingesetzt. Die Nutzer müssen selbst aktiv werden, um etwa mit PGP [Callas 2007] den Inhalt von E-Mails vor fremden Blicken zu schützen. Das erfordert nicht nur Wissen, sondern auch die Bereitschaft, einen zusätzlichen Aufwand zu betreiben.

1.1 Einführung

Vorbehalte und Ängste rund um das Internet sind weit verbreitet. Das Schweizer Bundesamt für Statistik hat eine Umfrage [BFS 2011] zu verschiedenen Bedenken bezüglich des Internets durchgeführt. Der Anteil der Befragten, die sich darin jeweils als *„ehr besorgt"* oder *„sehr besorgt"* bezeichneten, lag bei allen zur Frage stehenden möglichen Gefahren jeweils über 40 %. Besonders hoch war der Anteil der *sehr Besorgten* mit jeweils knapp 30 % beim Thema Kreditkartenmissbrauch und bei der Möglichkeit, dass Kinder mit gefährlichen Personen in Kontakt treten könnten. Jeweils gut 60 % der Befragten zeigten sich *„ehr besorgt"* oder *„sehr besorgt"* bezüglich per E-Mail übertragener Viren sowie bezüglich des möglichen Missbrauchs von privaten Daten.

Speziell was Recht, Vertrauenswürdigkeit und Sicherheit angeht, hat das Internet zumindest einen schlechten Ruf. Laut Bundeskriminalamt [BKA 2010] diente das Internet bei 3,8 % der 2009 in Deutschland (ohne Bayern) erfassten Straftaten als Tatmittel – das sind 206.909 Fälle und mithin 123,6 % der Fälle im Vorjahr 2008. Von allen 2009 erfassten Fällen ist der Anteil der Fälle mit dem Tatmittel Internet bei Betrug mit 19,5 % deutlich höher, bei der Verbreitung von pornografischen Erzeugnissen liegt er gar bei 60,7 % und bei Urheberrechtsverletzungen beträgt er 52,5 %. Die Aufklärungsquote bei Delikten mit dem Tatmittel Internet sank laut Bundeskriminalamt [BKA 2010] zwar von 79,8 % im Jahr 2008 leicht auf 75,7 % im Jahr 2009. Sie liegt damit jedoch immer noch deutlich über der allgemeinen Aufklärungsquote von 55,6 %. Das Internet ist entgegen anderslautenden Gerüchten also weit davon entfernt, ein rechtsfreier Raum zu sein.

Privacy und Authentizität

Die diffuse, sachlich unbegründete Furcht vor einem unkontrollierbaren Internet ohne Recht und Ordnung lässt sich instrumentalisieren, um beispielsweise mehr Überwachung politisch salonfähig zu machen. In Deutschland musste das Bundesverfassungsgericht eingreifen, um eine Gesetzesänderung des Telekommunikationsgesetzes zu kippen, welche eine Vorratsdatenspeicherung in einer so unbeschränkten Form vorsah, dass die im Grundgesetz garantierten Rechte der Bürger dadurch gravierend verletzt wurden [BVerfG 2010].

Es ist angebracht, Staaten und staatliche Institutionen selbst als eine der wichtigsten potenziellen Gefahren im Internet anzusehen. Die *"Global surveillance disclosures 2013"*, in Deutschland als NSA-Affäre bekannt, hat einer breiten Öffentlichkeit vor Augen geführt, wie weit die staatliche Überwachung etwa durch die US-amerikanische *National Security Agency* reicht [Greenwald 2013].

Datenschutz und die Wahrung der Privatsphäre sind für jede Person – auch für jene, welche von sich behaupten, nichts zu verbergen zu haben – von weitreichender Bedeutung:

"Perhaps the greatest privacy concern for consumers is that, after they ordered enough products, companies will have accumulated enough personal information to harm or to take advantage of them. With consequences ranging from the threat of junk mail to the denial of health insurance, the problem is serious", zitiert aus [Berners-Lee 1999], S. 155.

Für gewisse Anwendungen mag auch wieder eine eindeutige starke Authentifikation erforderlich sein, etwa um Geschäfte abschließen zu können.

"I believe that the privacy of information I give away is something I ought to have a choice about. People should be able to surf the Web anonymously, or as a well-defined entity, and should be able to control the difference between the two.", zitiert aus [Berners-Lee 1999], S. 158.

Beides in einem Informationssystem zu vereinen ist nicht einfach und darf als eine der großen Aufgaben für die Netzwerke der Zukunft angesehen werden. Darum und um weitere wichtige Herausforderungen der Vertrauenswürdigkeit, der Sicherheit und der rechtlichen Aspekte von Informationssystemen soll es im Folgenden gehen. Zuerst aber sollen anhand konkreter Anwendungsfälle genau die noch ungelösten Probleme aufgezeigt werden, welche mit der ersten hier präsentierten Innovation – dem S-Netzwerk – direkt angegangen werden sollen.

1.1.2   *Offene Probleme als Motivation zur Schaffung des S-Netzwerks*

Das Internet ist ein unpassendes Medium für wissenschaftliche Veröffentlichungen und andere Informationen, deren unveränderliche sowie unleugbare Verfügbarkeit dauerhaft gewährt bleiben soll und bei denen es darauf ankommt, wer was wann publiziert hat.

Computernetzwerke können hervorragende und sehr effiziente Informationsquellen sein, da sie ihren Nutzern schnelle Publikationen ermöglichen, auf die andere Teilnehmer mit mächtigen Suchfunktionen bequem von jedem Zugang aus zugreifen können.

Besonders wichtig ist die Vernetzung für die Wissenschaft: Aktuelle Forschungsergebnisse werden beispielsweise oft im Internet zur Verfügung gestellt. Die zeitliche Verzögerung, welche die Herstellung und Distribution von gegenständlichen Medien grundsätzlich mit sich bringt, löst sich dadurch in Luft auf. Für die Recherche sind offene wissenschaftliche Dokumente und Forschungsdaten im Internet auch sehr praktisch, entfällt dadurch doch die Notwendigkeit, mühsam auf Papier gedruckte Zeitschriften, Bücher und andere gegenständliche Medien in Bibliotheken suchen sowie manuell beziehen zu müssen.

Eine Übersicht zu bestehenden Netzwerkplattformen für Wissenschaftler wie Mendeley oder ResearchGATE liefert [Herb 2009]. Zusammenfassend heißt es dort:

1.1 Einführung

"Zum echten Open Access Repository fehlen aber unter anderem Schnittstellen zu Langzeitarchivierungssystemen oder die Vergabe zitierfähiger Identifier."

Problematisch wird es beispielsweise, wenn auf die elektronischen Dokumente in eigenen wissenschaftlichen Arbeiten verweisen werden soll, denn was soll dann als Quelle angegeben werden? Die Internet-Adresse? Diese kann schon am nächsten Tag ungültig sein. Und das passiert tatsächlich auch häufig [Spinellis 2003]. Schlimmer noch: Ein Dokument im Internet, auf das verwiesen wird, kann einfach jederzeit geändert werden. Ein Quellverweis oder ein Zitat ist dann nicht einfach ungültig, sondern unter Umständen völlig falsch – ohne dass zu erkennen wäre, auf welcher Seite nun der Fehler entstanden ist.

Das Internet ist so konzipiert, dass jederzeit im regulären Betrieb einzelne Rechner oder Teilnetzwerke hinzugefügt werden können oder wieder abgetrennt und entfernt werden können – ohne dass das restliche Netzwerk davon berührt oder beeinträchtigt wird. Selbst ungeplante Ausfälle haben in der Regel nur einen sehr begrenzten Schaden zur Folge: Dank der vermaschten Vernetzung können oftmals alle anderen Systeme trotzdem noch über alternative Verbindungen miteinander kommunizieren [Baran 1962]. Aus dem Internet ausscheidende Rechner müssen nicht repariert oder ersetzt werden, damit das Netzwerk weiterhin funktionieren kann. Durch diese Toleranz gegenüber Veränderungen ist das Internet als Kommunikationsmedium sehr robust.

Im Gegensatz dazu können für einzelne Rechner im Internet und erst recht für deren Inhalte keine allgemeingültigen Aussagen zur Verfügbarkeit und zur Ausfallsicherheit gemacht werden, da diese Dinge alleine Sache des jeweiligen Besitzers oder Betreibers sind:

Die dauerhafte Unabänderlichkeit und Erreichbarkeit von einzelnen Adressen, Diensten, Daten oder Seiten werden im Internet prinzipiell nicht garantiert. Ganze Domains können jederzeit aus dem Netz entfernt werden. Adressen können bewusst blockiert oder gezielt umgeleitet werden. Alle Inhalte können ohnehin jederzeit beliebig verändert werden.

Dieser sehr dynamische und mithin flexible Ansatz ist für viele Anwendungen optimal, weil effizient: Nicht mehr benötigte Daten können einfach wieder gelöscht werden. Manche Inhalte sollen auch regelmäßig aktualisiert werden. Die Veränderlichkeit und Flüchtigkeit betrifft im Internet grundsätzlich alle Systeme und Daten. Sie gilt eben auch für Informationen, welche aufgrund ihrer Relevanz eigentlich dauerhaft bewahrt werden müssen und über ein Netzwerk verlässlich verfügbar gemacht werden sollen.

Für die wissenschaftliche Arbeit ist die konzeptionelle Unzuverlässigkeit und Flüchtigkeit von Informationen im Internet ein großes Problem. Auf Informationen aus dem Internet kann kaum zuverlässig verwiesen werden, sie lassen sich nicht einfach als stichhaltiger Beleg verwenden. Falls es neben einer Veröffentlichung im Internet auch eine papiergebundene Veröffentlichung in einer Zeitschrift oder einem Buch gibt, besteht natürlich die Möglichkeit, diese als Quelle anzugeben. Wenn man aber nur das elektronische Pendant im Internet gelesen hat, besteht eine gewisse Gefahr, dass diese von der gedruckten Fassung verschieden sein könnte. Muss ohnehin die gegenständliche Version beschafft und gelesen werden, ist der Nutzen einer Veröffentlichung im Internet beschränkt.

Von großer Wichtigkeit gerade in der Wissenschaft ist auch die Feststellbarkeit des genauen Zeitpunkts einer Veröffentlichung. Der Veröffentlichungszeitpunkt ist entscheidend für die Beantwortung der Frage, ob etwas neu ist oder nicht. Rechtsgültig feststellbare Daten zum Publikationszeitpunkt können etwa in patentrechtlichen Fragen entscheidend sein. Eine zuverlässige Zeitangabe, wann etwas ins Internet gelangt, wird jedoch nicht automatisch erfasst. Anders als bei Informationen, die fest an ein gegenständliches Medium wie Papier gebunden sind, lässt sich der Entstehungszeitpunkt von digitalen Daten im Nachhinein auch nicht mehr näherungsweise bestimmen. Für die Wissenschaft muss insbesondere ein Zurückdatieren von Dokumenten unbedingt ausgeschlossen werden.

Interessant ist auch, von wem eine Veröffentlichung gemacht wird. Wer seine Daten ins Internet stellt und nichts weiter unternimmt, der kann sich hinterher nicht mehr als Urheber ausweisen, da andere die Daten kopieren und als ihre eigenen ausgeben können.

Offenbar genügt es für manche Anwendungsgebiete nicht, einfach nur ein Dokument auf irgendeinen Server hochzuladen und es irgendwie in einem Computernetzwerk zugänglich zu machen. Für das wissenschaftliche Arbeiten sind zusätzliche Informationen und Gewährleistungen bezüglich der Zuverlässigkeit sowie der Beständigkeit mehr als nur wünschenswert – sie sind unverzichtbar. Als Medium ist das Internet hier unzureichend.

Diese Problematik betrifft natürlich nicht nur die Forschung und das wissenschaftliche Arbeiten, sondern beispielsweise auch den Journalismus. Im Internet haben sich neue Arten der Berichterstattung etabliert [Briggs 2007]. Die vielleicht wichtigste Konsequenz: Die aktuellen Informationen werden nicht mehr nur von professionellen Journalisten und großen Nachrichten-Konzernen aufgearbeitet und verbreitet, sondern auch von unabhängigen privaten Personen – und zwar potenziell von jedem Nutzer des Internets.

„In der Internet-Ära sind wir alle dazu verdammt, Journalisten zu sein.", zitiert aus: Peter Glaser, *„Wie Schiffe versenken, nur ernster"*, [Weichert 2010], S. 178.

Meinungsfreiheit erhält mit dem Internet eine neue Dimension. Jeder Nutzer kann selbstständig so publizieren, dass seine Beiträge sofort weltweit verfügbar sind. In zahlreichen Blogs und Foren werden hier wertvolle Beiträge geleistet,

1.1 Einführung

die frei von Konventionen und kommerziellen Zwängen dennoch Millionen zugänglich gemacht werden.

„Überall im deutschen Journalismus" ... „gibt es zwei potenzielle Zensurinstanzen. Die erste Instanz sind die Werbekunden" ... „mit denen man sich, verständlicherweise, nicht gerne anlegt. Die zweite Instanz sind die Chefredakteure und Verleger" ...
„Das Internet sorgt nun dafür, dass Meinungen und Meldungen schwerer unterdrückt werden können als früher, es gibt kein Monopol auf öffentliche Äußerungen mehr.", zitiert aus *„Mut und Harakiri"* von Harald Martenstein, zu finden in [Weichert 2010], S. 118-119.

Mit dem Internet bieten sich bereits neue technische Möglichkeiten, das Informationsangebot zu bereichern und vom Recht auf freie Meinungsäußerung gebrauch zu machen. Doch manches könnte besser sein: In der Realität werden durch die staatliche Zensur [Deibert 2008] und durch Maßnahmen von Providern sowie Suchmaschinenanbietern auch im Internet erhebliche Schranken errichtet. Außerdem haben die Internetangebote als Informationsquellen erhebliche Mängel gegenüber konventionellen Nachrichtenmedien. Abgesehen von der potenziellen Flüchtigkeit der Daten weiß man in der Regel auch nicht, wer hinter den Meldungen steckt und wann die Veröffentlichung stattfand.

Twitter als Informationsquelle?

Der Kurznachrichtendienst Twitter ermöglicht einen schnellen Austausch von mit Schlagwörtern versehenen kurzen Texten. Wer jedoch wirklich hinter einer Twitter-Meldung steckt, lässt sich für die Leser kaum feststellen. Wie gut der Identitätsklau mit Twitter funktioniert und wie bereitwillig etablierte Nachrichtendienste falsche Meldungen weiterverbreiten, hat beispielsweise eine Aktion des Satiremagazins Titanic bei der Wahl zum deutschen Bundespräsidenten am 30.06.2010 gezeigt:

Sich als Martina Gedeck, Mitglied der Bundesversammlung für die Grünen, ausgebend, wurden falsche Meldungen getwittert. Beispielsweise: *„13:42 Uhr »ok busemann (cdu) hat ne sms bekommen leute :) also kein zweiter wahlgang«.",* zitiert aus [Wolff 2010].

Verbreitet wurde die Falschmeldung u. a. von ddp, FAZ.net, Bild.de und von der ARD. Dazu mag beigetragen haben, dass bei der vorangegangenen Wahl des Bundespräsidenten am 23. Mai 2009 tatsächlich Abgeordnete schon Ergebnisse getwittert hatten, bevor sie offiziell verkündet wurden [Güßgen 2010].

Mit einer verlässlichen Überprüfbarkeit der Identitäten könnten zumindest Fakes auf Twitter verhindert werden. *„Selbstverständlich ist Twitter in seiner Gesamtheit keine journalistische Quelle. Es wäre ähnlich absurd, darüber zu diskutieren, ob Telefone eine vertrauenswürdige Quelle sind. Sie sind es nicht. Einzelne, verifizierte Anrufer aber sind es und dasselbe gilt für verifizierbare,* *individuelle Twitter-Accounts."*, zitiert aus *„Dem Journalismus geht es erstaunlich gut"* von Wolfgang Blau, zu finden in [Weichert 2010], S. 140.

Wendi_Deng Wendi Deng Murdoch
I was as surprised - and even a little alarmed - when I saw the Verified tick appear on the profile.
vor 22 Stunden

Wendi_Deng Wendi Deng Murdoch
And you have to wonder even more why Twitter verified this account for a full day. I never received any communication from them about this.
vor 22 Stunden

Wendi_Deng Wendi Deng Murdoch
But you do have to wonder why they were unsure for so long.
vor 22 Stunden

Wendi_Deng Wendi Deng Murdoch
Hello Twitter. As News International has finally come to their senses, it's time to confirm that yes, this is a fake account. I'm not Wendi.
vor 22 Stunden

Abbildung 1: Screenshot vom gefälschten Wendi_Deng Twitter Account

Twitter bietet zwar einen Verifikationsmechanismus. Der Fall um Rupert Murdochs Frau Wendi Deng (siehe Abbildung 1) hat jedoch gezeigt, dass dieser alles andere als vertrauenswürdig ist: Unter dem Namen von Wendi Deng wurde ein gefälschter Twitter Account errichtet und dieser wurde von Twitter als verifiziert markiert [Steier 2012]. Teile der *etablierten* Presse nahmen die falschen Meldungen wiederum dankbar auf [Quinn 2012] und mussten anschließend ihren Irrtum eingestehen [Carroll 2012].

Bei herkömmlichen Zeitungsredaktionen erfahren die Leser die Namen der Verantwortlichen. Außerdem ist stets ein verlässliches Erscheinungsdatum zur Hand. Gedruckte Exemplare lassen sich leicht archivieren und als gegenständliche Belege nutzen. Sie zu fälschen oder zu ändern ist zumindest mit hohem Aufwand verbunden. Unabhängig von der tatsächlichen Seriosität der Inhalte wird durch die Greifbarkeit des Produktes und das rechtliche dafür Einstehen der Produzenten Vertrauen in das Medium an sich geschaffen.

In Zeiten, da Bilder und Filme dank digitaler Technik leicht manipuliert werden können, wären belastbare persönliche Zeugnisse wieder besonders wichtig. Betreibern von Blogs und anderen Nachrichten-Seiten im Internet fehlt die Möglichkeit derartiger Bezeugung.

Auch für Künstler ist es wichtig, sich als Urheber ihrer Schöpfungen auszeichnen zu können. Sie möchten ihre Werke nicht nur dauerhaft erhalten, son-

1.1 Einführung

dern diese auch einem breiten Publikum – auch über ihr Ableben hinaus – verlässlich zugänglich machen können. Eine rechtsgültige Zeitangabe zur Publikation ist für Künstler alleine schon erstrebenswert, um später etwa Plagiatsvorwürfe entkräften zu können.

Das Internet kann den Bedürfnissen von Wissenschaftlern, Journalisten und Künstlern nicht vollauf gerecht werden. Wo hohe Reliabilität von Inhalten gefragt ist, hat es seine Grenzen. Die geforderte Langfristigkeit von Inhalten lässt sich kaum mit jener flexiblen Dynamik vereinen, die das Internet auszeichnet. Wünschenswert wäre eine Plattform, die es erlaubt, Informationen mit gewissen Metadaten und rechtlichen Gewährleistungen unleugbar sowie unabänderlich einem bestimmten Zielpublikum über ein Computernetzwerk dauerhaft zugänglich zu machen. Das S-Netzwerk soll eine solche Plattform werden.

1.1.3 Definitionsbereich

Eine reliable Publikation ist eine rechtsgültige unleugbare und garantiert dauerhaft unabänderlich verfügbare Veröffentlichung. Eine sichere Hinterlegung hat ähnliche Eigenschaften wie eine reliable Publikation, sie darf jedoch nach gewissen Regeln bezüglich ihres Zielpublikums und ihrer Gültigkeitsdauer auch erweitert werden.

Reliable Publikation

Eine Veröffentlichung von Daten χ ist genau dann eine **reliable Publikation** X, wenn gilt:

- Die Publikation X enthält χ und die nachstehenden Zusatzdaten (Metadaten):
  - Γ_X – die Bestimmung des **Zielpublikums**. Γ_X ist eine Gruppe von Personen, die das Rechte haben, auf X lesend zuzugreifen.
  - Δ_X – der **Gültigkeitszeitraum** für X. Der Gültigkeitszeitraum Δ_X ist ein geschlossenes Intervall zwischen einem Anfangszeitpunkt und einem Endzeitpunkt.
  - Ξ_X – die **intentionale Interpretation** von χ. Bei einer digitalen Publikation X wird Ξ_X typischerweise eine Information zum Dateityp von χ sein.
  - Π_X – der **Herausgeber** der Veröffentlichung
  - T_X – der **Publikationszeitpunkt** von X.
  - Λ_X – der **Publikationsort** von X.

Es gilt für jede reliable Publikation X: $X = \{\ \chi,\ \Gamma_X,\ \Delta_X,\ \Xi_X,\ \Pi_X,\ T_X,\ \Lambda_X\ \}$. Der Herausgeber kann die Werte für Γ_X und Ξ_X frei wählen. Der Gültigkeitszeitraum Δ_X ist auch weitgehend frei wählbar, er darf nur nicht vor dem Publikationszeitpunkt T_X beginnen. Die Werte für Π_X, T_X und Λ_X sind Messwerte, die verifiziert werden müssen.

- Auf die Veröffentlichung X muss mit einem konstanten universellen und einmaligen **Identifikationsmerkmal** I_X eineindeutig verwiesen werden können.
- Für den kompletten Gültigkeitszeitraum Δ_X muss jede Person aus dem vorab festgelegten Zielpublikum Γ_X anhand des Identifikationsmerkmals I_X in **endlicher Zeit** ε_X lesenden Zugriff auf die unveränderte Publikation X erhalten.
- Die rechtlichen Konsequenzen, welche das Publizieren von X hat, müssen exakt spezifiziert sein. Die Zusatzdaten sind rechtlich bindende Angaben. Die Daten χ haben in ihrer intentionalen Interpretation Ξ_X Rechtsgültigkeit.

Das Zielpublikum Γ_X kann eine abzählbar unbegrenzte Menge von Personen sein. Das Ende des Gültigkeitszeitraums Δ_X darf offen sein. Die nicht zu den Metadaten von X gehörende Zeit ε_X, in der jede Person aus dem Zielpublikum Γ_X während des Gültigkeitszeitraums Δ_X lesenden Zugriff auf die Publikation X zu erhalten hat, kann durch eine Konstante bestimmt sein oder durch eine Funktion etwa abhängig von der Größe der Daten χ berechnet werden.

Niemand, auch nicht der Herausgeber Π_X selbst, darf eine reliable Publikation X bis zum Ende des Gültigkeitszeitraums Δ_X auch nur irgendwie verändern können. Jede reliable Publikation muss strikt unleugbar (*non-repudiation*) sein.

Sichere Hinterlegung

Eine **sichere Hinterlegung** X von Daten χ ist ähnlich wie eine reliable Publikation. Bei sicheren Hinterlegungen ist es jedoch auch möglich, nachträglich weiteren Personen Leserechte einzuräumen und den Gültigkeitszeitraum zu erweitern. Wem jedoch einmal Leserechte eingeräumt sind, dem dürfen diese Rechte nicht nachträglich wieder entzogen werden – eine sichere Hinterlegung ist unleugbar und Erweiterungen sind zu protokollieren.

Eine Deposition von Daten χ ist genau dann eine **sichere Hinterlegung** X, wenn gilt:

- Eine sicherer Hinterlegung X von Daten χ beinhaltet χ sowie die Metadaten Γ_X, Δ_X, Ξ_X, Π_X, T_X und Λ_X wie bei einer reliablen Publikation und zusätzlich folgende Metadaten:
  - A_X – die **Autorisierer**. Das Zielpublikum Γ_X und der Gültigkeitszeitraum Δ_X können nachträglich ausschließlich von Personen aus A_X erweitert werden. Die Verlegung des Endzeitpunkts weiter in die Zukunft ist die einzige zulässige Änderung von Δ_X. Autorisierer dürfen außerdem auch zu A_X Personen hinzufügen.

- Σ_X – die **Änderungsliste**. Für alle Leseberechtigten Γ_X muss, solange sie auf X zugreifen dürfen, feststellbar sein, wann wer Leserechte von wem erhalten hat und wer wann den Gültigkeitszeitraum Δ_X wie erweitert hat. Auch muss nachvollziehbar sein, wer ab wann zu den Autorisierern A_X gehört. Änderungen von A_X, Γ_X und von Δ_X müssen dazu in Σ_X mit Zeitangaben unleugbar protokolliert werden.
  Die Änderungsliste Σ_X darf nur zu diesem Zweck erweitert werden, von Personen, welche zum jeweiligen Zeitpunkt zur Menge der Autorisierer A_X gehören.

Es gilt folglich für eine jede sichere Hinterlegung X:
$X = \{ \chi, A_X, \Sigma_X, \Gamma_X, \Delta_X, \Xi_X, \Pi_X, T_X, \Lambda_X \}$.

- Bei sicheren Hinterlegungen kann jede Person P einen eigenen persönlichen **Zugriffszeitraum** Δ_{PX} haben, der frühestens zu dem Zeitpunkt beginnt, zu dem eine Person P zum Zielpublikum Γ_X hinzugefügt wird. Der persönliche Zugriffszeitraum kann in der Änderungsliste Σ_X explizit angegeben werden. Er muss innerhalb des Gültigkeitszeitraums Δ_X liegen und kann nur erweitert werden.
- Ansonsten gelten Entsprechungen zu sämtlichen Eigenschaften reliabler Publikationen.

Zur Verwendung des Begriffs der Reliablen Publikation

„Il n'a plus de nom. Et toi non plus, tu n'as plus de nom, cramponné à la barre. Il n'y a plus que le bateau qui ait un nom et la tempête. Est-ce que tu le comprends?
ANTIGONE (secoue la tête): Je ne veux pas comprendre. C'est bon pour vous. Moi, je suis là pour autre chose que pour comprendre. Je suis là pour vous dire non et pour mourir.", zitiert aus [Anouilh 2001], S. 55.

Eigene Übersetzung:
„Er hat keinen Namen mehr. Und du, du hast auch keinen Namen mehr, klammerst dich an das Ruder. Es gibt nichts mehr außer dem Boot, das einen Namen hat – und den Sturm. Verstehst du das?
ANTIGONE (schüttelt den Kopf): Ich will nicht verstehen. Verstehen, das ist gut für Euch. Ich bin für etwas anderes da, als um etwas zu verstehen. Ich bin da um Euch nein zu sagen und um zu sterben."

So wie Kreon an Antigone vorbeiredet und wie Antigone nicht verstehen will, ist die Katastrophe in dem Drama unabwendbar. Autoren haben es wohl leichter als Kreon: Freiwillige Leser ihrer Werke haben zumindest initial bestimmt ein Interesse, auch zu verstehen. Und doch kommt es zu Verständnisproblemen, trotz des Bestrebens der Autoren, verstanden zu werden sowie des Willens der Leser zu begreifen. Wo Alltagssprache die nötige Präzision

> fehlt, kann wissenschaftliche Sprache ermüdend sein. Es sollte versucht werden, möglichst wenig neu zu definieren.
> Um diese Dissertation schreiben zu können, wäre es auch möglich, sich mit der Definition der *sicheren Hinterlegung* zu begnügen, denn eine *reliable Publikation* ist de facto eine spezielle Form der *sicheren Hinterlegung*, eben mit leerer Menge der Autorisierer A_X. Hier wird trotzdem der Begriff der *reliablen Publikation* eingeführt, weil dieser einfacher zu erklären und zu verstehen ist. Eine Plattform ausschließlich für *reliable Publikationen* ließe sich leichter implementieren. *Reliable Publikationen* lassen sich effizienter handhaben – zur Feststellung, ob jemand zugriffsberechtigt ist, müssen keine Änderungen in Σ_X auf Zulässigkeit geprüft und ausgewertet werden.
> Die Verwendung beider Begriffe im Zusammenhang mit dem S-Netzwerk soll nicht zuletzt auch die damit einhergehenden verschiedenen primären Verwendungsmöglichkeiten (Veröffentlichung, Deposition) verdeutlichen. So wird im Folgenden, je nachdem, ob nachträgliche Erweiterungen überflüssig oder erforderlich sind, nur der Begriff der *reliablen Publikation* oder nur der Begriff der *sicheren Hinterlegung* verwendet. Sonst werden beide Bezeichnungen aufgeführt.

1.1.4   Idee und Zielsetzung für das S-Netzwerk

Das S-Netzwerk soll für einmal darin gespeicherte Informationen die Eigenschaften von reliablen Publikationen beziehungsweise von sicheren Hinterlegungen garantieren können. Jeder Teilnehmer soll in einer endlichen Durchführungszeit selbst reliablen Publikationen und sichere Hinterlegungen im S-Netzwerk machen können.

Das S-Netzwerk soll ein hochgradig vertrauenswürdiges Medium für unleugbare Daten werden, welches aus einem informationstechnischen System in Kombination mit einer rechtlichen Basis besteht. Es soll seinen Nutzern ermöglichen, rein informationsbasiert reliable Publikationen und sichere Hinterlegungen in einem Computernetzwerk zu machen sowie darauf zuzugreifen. Es soll als Plattform für jene digitalen Daten dienen, welche besonderer rechtsgültiger Gewährleistungen bezüglich ihrer Verfügbarkeit, Dauerhaftigkeit und Korrektheit bedürfen.

Gedacht ist das S-Netzwerk als internationales, idealerweise global nutzbares Medium. Für die rechtliche Tragweite und Konsequenz von Publikationen sowie Hinterlegungen im S-Netzwerk sollen netzweit für alle Teilnehmer möglichst gleichwertige Standards gelten. Am S-Netzwerk sollen nur natürliche oder juristische Personen partizipieren dürfen, welche die Regeln des S-Netzwerks rechtsverbindlich akzeptieren und respektieren.

Die Eigenschaften von reliablen Publikationen und sicheren Hinterlegungen soll das S-Netzwerk langfristig gewährleisten, auch mit großen Teilnehmerzahlen.

1.1 Einführung

Das S-Netzwerk soll höchsten Sicherheitsansprüchen genügen. Hauptzweck des S-Netzwerks ist, die Eigenschaften von reliablen Publikationen und sicheren Hinterlegungen glaubhaft zu garantieren. Manipulationen müssen so weit wie möglich verhindert und sanktioniert werden. Restrisiken sind offen zu kommunizieren. Das S-Netzwerk soll das Vertrauen der Nutzer verdienen.

Der sichere Zugang zum S-Netzwerk soll von praktisch überallher möglich sein, beispielsweise über bestehende dynamische Netzwerke wie Mobilfunknetze oder über das Internet. Der Zugriff auf eine reliable Publikation oder eine sichere Hinterlegung X wird Leseberechtigten auf eine Anfrage hin innerhalb von einer endlichen Zeit ε_X garantiert. Die endliche Zeit ε_X ist das Ergebnis einer für alle Publikationen und Hinterlegungen geltenden Funktion und ε_X steht jeweils in Relation zur Größe der Daten χ. Für das S-Netzwerk soll ε_X in jedem Fall in einer Größenordnung liegen, welche es glaubhaft erscheinen lässt, dass die Zeitvorgabe unter allen Umständen einzuhalten ist. Zusätzlich können Garantien zur sicherzustellenden Verfügbarkeit, zur maximalen durchschnittlichen Latenzzeit, innerhalb von der die Übertragung der Rückmeldung auf Anfragen beginnen muss, und zur mindestens im Mittel zu erreichenden Datenübertragungsrate gegeben werden. Die genauen Vorgabewerte sollen im Testbetrieb ermittelt werden und durch Messungen im laufenden Betrieb entsprechend der technischen Möglichkeiten eventuell verschärft, aber niemals gelockert werden.

Für die Tätigung einer reliablen Publikation oder eine sicheren Hinterlegung X soll im S-Netzwerk garantiert werden, dass diese wiederum in einer endlichen Durchführungszeit ε_X abgeschlossen werden kann. Während des Gültigkeitszeitraums Δ_X bzw. bei sicheren Hinterlegungen während des persönlichen Zugriffszeitraums Δ_{P_X} soll dann jede Person P des Zielpublikums Γ_X in einer Zeit von maximal erneut ε_X auf X zugreifen können.

Die erzielbare Präzision der Zeitangaben des Publikationszeitpunktes T_X und des Gültigkeitszeitraums Δ_X soll für das S-Netzwerk zumindest im Sekundenbereich liegen.

Von wo aus eine Publikation oder Hinterlegung im S-Netzwerk erfolgt, wird nicht erfasst. Daten werden im S-Netzwerk vervielfältigt und verteilt gespeichert, es gibt keinen einzelnen präzisen geografischen Publikationsort. Als Publikationsort Λ_X gelten im S-Netzwerk jeweils sämtliche Adressen, an denen Kopien der Daten tatsächlich gespeichert werden.

Herkömmliche Veröffentlichungen im Vergleich zur reliablen Publikation im S-Netzwerk

Die Veröffentlichung eines Buches in Deutschland hat einige Eigenschaften einer reliable Publikation, etwa ein eindeutiges Identifikationsmerkmal: Beim Buch ist das die internationale Standardbuchnummer (ISBN, ISO 2108). Gegenwärtig ist eine ISBN eine dreizehnstellige Zahlenfolge, welche ein Prä-

> fix, eine Gruppennummer, eine Verlagsnummer, eine Titelnummer sowie eine Prüfsumme enthält. Eine ISBN kann auch für elektronische Publikationen vergeben werden:
> „Wenn eine Publikation elektronisch erhältlich ist, z.b. als e-book, CD-ROM oder als Publikation, die im Internet veröffentlicht wird, darf sie unter folgenden Voraussetzungen eine ISBN erhalten:
> - Sie enthält Text.
> - Sie ist der Öffentlichkeit zugänglich.
> - Sie ist keine periodische Publikation." ...
> „Für folgende elektronische Publikationen dürfen keine ISB-Nummern vergeben werden:
> - Publikationen, die häufig aktualisiert werden und wo man auf Änderungen sofortigen Zugriff hat, wie z.b. bei Online-Datenbanken
> - Webseiten", zitiert aus [ISBN 2005], S. 12.
>
> Die Deutsche Nationalbibliothek hat gemäß ihres gesetzlichen Auftrags die dauerhafte Verfügbarkeit der in Deutschland erscheinenden oder in deutscher Sprache verfassten Medienwerke und mithin auch der Bücher sicherzustellen:
> „§ 2 Aufgaben, Befugnisse
> Die Bibliothek hat die Aufgabe,
> 1. a) die ab 1913 in Deutschland veröffentlichten Medienwerke und
> b) die ab 1913 im Ausland veröffentlichten deutschsprachigen Medienwerke, Übersetzungen deutschsprachiger Medienwerke in andere Sprachen und fremdsprachigen Medienwerke über Deutschland im Original zu sammeln, zu inventarisieren, zu erschließen und bibliografisch zu verzeichnen, auf Dauer zu sichern und für die Allgemeinheit nutzbar zu machen", zitiert aus [DNBG 2006].
>
> Allerdings gibt es weder die Möglichkeit, das Zielpublikum einzuschränken, noch die Chance, einen limitierten Gültigkeitszeitraum festzulegen. Auch gibt es keinen garantierten Zugriff in einer endlichen Zeit ε für das gesamte Zielpublikum. Die Veröffentlichung eines gedruckten Buches oder eines elektronischen Dokuments in Deutschland mit ISBN und Aufbewahrung durch die Nationalbibliothek ist also keine reliable Publikation. Aktuell ist es kaum möglich, eine reliable Publikation oder sichere Hinterlegung zu tätigen – das S-Netzwerk soll die erste Lösung dafür werden.

Einordnung dieser Dissertation

Ziel der vorliegenden Dissertation bezüglich des S-Netzwerks ist es, die grundlegende theoretische Vorarbeit für eine mögliche Realisierung des S-Netzwerks zu leisten und die technische Machbarkeit zu zeigen, nicht aber die Erschaffung des S-Netzwerkes an sich. Im Zuge dieser Arbeit werden einige ausgewählte Aspekte speziell bezüglich Vertrauenswürdigkeit und Sicherheitstechnik genauer bearbeitet. Ein Hauptziel ist es zu zeigen, wie das S-Netzwerk genutzt werden kann, welches Potenzial es hat, um damit diverse sicherheitskritische Aufgaben

1.1 Einführung

zu bewältigen. Die politischen, rechtlichen, sozialen, philosophischen und ökologischen Aspekte werden in der Dissertation und in den Ergänzungen von [Viehmann 2018] zumindest skizziert. Die wirtschaftlichen Aspekte werden gesondert in Kapitel zwei bearbeitet. Es soll eine umfassende interdisziplinäre Entwicklung dargestellt werden, ein Anspruch auf Vollständigkeit kann und soll hingegen nicht erhoben werden.

Folglich werden viele Fragen auch mit dem Abschluss dieser Doktorarbeit noch offen bleiben, bis zur Realisierung ist noch erhebliche Forschungs- und Entwicklungsarbeit zu leisten. Als grober zeitlicher Horizont zur angestrebten Fertigstellung und zur Inbetriebnahme des S-Netzwerks wird hier das Jahr 2025 als Ziel gesetzt.

Während die mögliche Realisierung des S-Netzwerks noch in der Zukunft liegt und sich in der Zeit vieles ändern kann, lässt sich bereits genau spezifizieren, was im Rahmen dieser Dissertation für die Entwicklung des S-Netzwerks erreicht werden soll:

1.1.5 Herausforderungen, Thesen und Anspruch

Im Rahmen dieser Doktorarbeit werden Ideen und Konzepte vorgestellt, durch deren Umsetzung das S-Netzwerk als neue informationstechnische Plattform mit rechtlicher Verankerung ein bisher nicht erreichbares Maß an Manipulationssicherheit, Unleugbarkeit, dauerhafter Verfügbarkeit und rechtlicher Tragweite für elektronische Publikationen und Hinterlegungen bieten könnte.

Es soll gezeigt werden, dass das S-Netzwerk nicht nur als globales Gedächtnis für die Informationsgesellschaft dienen könnte, sondern zugleich auch als ein universelles verlässliches und vertrauenswürdiges Basismedium, mit dem sich sicherheitskritische Aufgaben wie das faire Abschließen von Verträgen ohne Abhängigkeiten von zusätzlichen speziellen netzwerkseitigen Diensten bewältigen lassen.

- **Universelle Vertrauenswürdigkeit:** Egal welcher Aufwand für die glaubhafte Wahrung der Eigenschaften von reliablen Publikationen und sicheren Hinterlegungen im S-Netzwerk betrieben wird, es wird immer ein gewisses Restrisiko bleiben, das sich nicht vollständig eliminieren lässt. Beispielsweise kann eine reliable Publikation X immer innerhalb des Gültigkeitszeitraums Δ_X erfolgreich gelöscht und mithin geleugnet werden, wenn alle Kopien von X zerstört werden.
  Es muss ein Konzept gefunden werden, mit dem fatale Manipulationen am S-Netzwerk so aufwendig, gefährlich und unwahrscheinlich werden, dass die Teilnehmer bereit sind, die verbleibenden Restrisiken zu tragen.

Das S-Netzwerk soll so vertrauenswürdig sein, dass die Nutzer auch sensibelste und wichtigste Daten darin hinterlegen. Für beliebige Publikationen und Hinterlegungen eine so vertrauenswürdige, immer korrekte und neutrale Plattform zu erzeugen, ist eine der Hauptschwierigkeiten bei der Erschaffung des S-Netzwerks.

Das Ziel soll sein, dass keine einzelne Person, keine einzelne Firma, keine einzelne Institution und auch kein einzelner Staat die Möglichkeit erhält, erfolgreich und unbemerkt Manipulationen am S-Netzwerk durchzuführen oder dessen korrekten Betrieb anderweitig zu stören. Es soll ein Konzept gefunden werden, das insbesondere ohne zentrale „Vertrauensparteien" und Abhängigkeiten von deren Korrektheit auskommt. Das S-Netzwerk soll mithin etwa der Hinterlegung in der Urkundenrolle eines Notars überlegen sein, da es nicht von der Korrektheit einer einzelnen Partei, etwa eines einzelnen Notars, abhängig ist.

1. Die **erste These** lautet, dass Misstrauen leichter zu erschaffen ist als Vertrauen und dass für das S-Netzwerk eine Form des Misstrauens genutzt werden kann, um ein neues Quorum basiertes Vertrauenskonzept zu erschaffen, das die Schwächen von herkömmlichen demokratischen Vertrauenskonzepten überwindet, sodass nicht mehr darauf vertraut werden muss, dass sich die Mehrheit automatisch immer korrekt verhalten würde.

- **Dauerhafte Sicherheit:** Soweit möglich sollen technische Maßnahmen das S-Netzwerk sicher machen und Manipulationen verhindern, z. B. durch Kryptografie. Kryptografie ist an sich schwierig und das gilt besonders, wenn dauerhafte Sicherheit gefordert ist. Für langzeitliche Sicherheit muss ein kryptografisches Konzept auch in Zukunft sicher und praktikabel nutzbar sein – unabhängig von der technischen Entwicklung.

Das Versprechen einer dauerhaft sicheren Verfügbarkeit wäre unseriös und unglaubwürdig, wenn die Sicherheit der Plattform von technologischen Konzepten abhängig wäre, die in Zukunft gebrochen werden können und mithin eventuell irgendwann nicht mehr zur Verfügung stehen würden.

Von Konzepten, die von Annahmen aus der Komplexitätstheorie abhängig sind, nimmt man derzeit nur an, dass sie sicher seien. Wenn die zukünftige Sicherheit eines Konzepts wie etwa der asymmetrischen Verschlüsselung nicht garantiert werden kann, muss das S-Netzwerk auch ohne dies funktionieren können, damit die dauerhafte sichere Verfügbarkeit der im S-Netzwerk gespeicherten Inhalte kein leeres Versprechen ist.

2. Für das S-Netzwerk wird folgende **zweite These** aufgestellt: Vorausgesetzt, dass sich zufällige Bitfolgen erzeugen lassen, ist der Einsatz beweisbar sicherer kryptografischer Methoden für das S-Netzwerk hinreichend und vom Aufwand her auch leistbar.

1.1 Einführung

- **Skalierbarkeit:** Als vertrauenswürdige Ergänzung zum Internet soll das S-Netzwerk eine globale Verbreitung erzielen können. Es muss mit riesigen Teilnehmerzahlen und ständig wachsenden, potenziell sehr großen Datenbeständen funktionieren – es muss also exzellent skalieren. Der Datenbestand des S-Netzwerks muss handhabbar und vielfältig nutzbar sein, er muss sich flexibel auf mehrere Arten organisieren lassen. Es muss etwa möglich sein, die Informationen zu finden, welche gesucht werden.

3 Die **dritte These** lautet, dass die Handhabbarkeit durch verlässliche bidirektionale semantische Verlinkung mit externen Links dezentral ohne globale Suchmaschinen gewährleistet werden kann und dass dieses Konzept nur mit dauerhaft unleugbar verfügbaren reliablen Publikationen und sichere Hinterlegungen gut funktionieren kann.

- **Minimaler genereller Basisservice:** Das S-Netzwerk ist konzipiert als ein verlässliches Depositorium, von dessen Nutzung alle Personen gleichermaßen profitieren können. Im S-Netzwerk werden Hinterlegungen und Publikationen mit langzeitlicher Archivierung vereint. Typische Leistungen von speziellen Institutionen wie Bibliotheken, Museen, Archiven oder Behörden zur Bewahrung und Beglaubigung von Informationen werden jedem Teilnehmer bei der Nutzung des S-Netzwerks automatisch geboten.
Diese Leistungen sind nicht nur für professionelle Schöpfer wie Künstler, Journalisten und Wissenschaftler interessant. Die aktive Nutzung des S-Netzwerks, dessen Mitgestaltung und dessen Bereicherung durch eigene Hinterlegungen und Publikationen ist für alle Personen von Wert: Etwas Relevantes und Dauerhaftes zu erschaffen und zu kommunizieren ist ein elementares Grundbedürfnis.
Außerdem lassen sich mit dem S-Netzwerk eine ganze Reihe von verschiedenen sicherheitskritischen Aufgaben bewältigen: Das S-Netzwerk mit nichts als darin getätigten reliablen Publikationen beziehungsweise sicheren Hinterlegungen ist hinreichend, um auch solche Aufgaben bewältigen zu können, die derzeit in Computernetzwerken typischerweise dynamisch auf Serverseite mit Hilfe von speziellen Services erledigt werden. Dynamische Funktionalität kann dank der verlässlichen Verlinkung im S-Netzwerk vielfach auf der Clientseite bewältigt werden. Es wird keine weitere netzwerkseitige Infrastruktur benötigt. Es muss keinen speziellen Diensten vertraut werden.
Damit ergibt sich eine neue statische, datenorientierte Art, Aufgaben netzwerkseitig nur mit Hilfe von sicheren Hinterlegungen oder reliablen Publikationen zu erledigen. Dieser Ansatz steht im Gegensatz zu populären Konzepten wie dem Web of Services oder Cloud Computation und bietet dynamischen Ansätzen gegenüber den Vorteil, dass sich Lösungen für diverse Probleme entwickeln lassen, die keine neuen Sicherheits- oder Vertrauensfragen aufwerfen. Die Nutzer müssen keinen Spezialservices auf Systemen

vertrauen, über die sie keine Kontrolle haben. So lassen sich mithilfe des S-Netzwerks clientseitig auch Lösungen für Aufgaben wie faire Vertragsabschlüsse, faire nicht zu leugnende Nachrichtenübermittlung oder offene Abstimmungen entwickeln, deren Korrektheit gewährt ist, sofern die Eigenschaften von reliablen Publikationen und sicheren Hinterlegungen im S-Netzwerk gewahrt werden. Derartige Aufgaben und Problemstellungen sind bezüglich ihrer Risiken auf das S-Netzwerk reduzierbar.

4 Die **vierte These** lautet: Für eine derartig universelle Anwendbarkeit mit Reduzierbarkeit der operationellen Risiken ist das S-Netzwerk eine optimale weil bezüglich der netzwerkseitig benötigten Funktionalität minimale Basis. Darüber wesentlich hinausgehende Features lassen sich gegenwärtig nicht anwendungsunabhängig realisieren.

1.2 Grundlagen, Stand der Forschung und der Technik

Viele Einzelprobleme der IT-Sicherheit, der elektronischen Verwaltung und der digitalen Langzeitarchivierung betreffen das S-Netzwerk unmittelbar. Es kann teilweise auf Forschungsergebnisse und bestehende Lösungen aus diesen Bereichen zurückgegriffen werden. Die Kombination von Rechtsgültigkeit sowie dauerhafter Verfügbarkeit und die angestrebte universelle Vertrauenswürdigkeit beim S-Netzwerk sind jedoch neu. Daraus resultieren die eigentlichen Herausforderungen, aufgrund derer vieles neu gedacht werden muss.

1.2.1 Kryptografische Verfahren und ihre Notation

Elementare sicherheitstechnische Aufgaben wie die Schaffung eines sicheren Kanals oder die sichere Aufbewahrung geheimer Daten müssen auch für die Schaffung des S-Netzwerks bewältigt werden. Dazu können bekannte, etablierte Techniken zum Einsatz kommen.

Bei der Konzeptionierung des S-Netzwerks werden einige elementare Techniken der modernen Kryptografie verwendet. Diese Basistechnologien und ihre Notationen im Zuge dieser Dissertation werden hier kurz vorgestellt.

Nachrichten und beliebige andere Informationen, die kryptografisch abgesichert werden sollen, lassen sich als Bitfolgen auffassen und darstellen. Die Konkatenation (Verkettung) von zwei Bitfolgen X und Y mit ihren Längen und Benennungen als Präfix wird fortan mit dem Operatorsymbol ∘ als $X \circ Y$ notiert.

Sicherer Kanal

Ein grundlegendes kommunikationstechnisches Problem ist die Errichtung eines sicheren Kanals zwischen zwei Personen oder Systemen *Alice* und *Bob*. Ein **si-**

1.2 Grundlagen, Stand der Forschung und der Technik

cherer Kanal zwischen *Alice* und *Bob* besteht genau dann, wenn *Alice* und *Bob* darüber Nachrichten so austauschen können, dass deren Geheimhaltung, Integrität und Authentizität sowie zeitlich korrekte Einordnung (u. a. zur Verhinderung von *Replay*-Attacken) gewährleistet wird.

Sofern der physische Datenaustausch abgehört werden kann oder wenn daran unbemerkt Manipulationen vorgenommen werden können, müssen zur Erzeugung eines sicheren Kanals kryptografische Verfahren eingesetzt werden.

Für das S-Netzwerk werden sichere Kanäle benötigt. Im Folgenden werden die dafür erforderlichen Konzepte und Techniken vorgestellt, die jeweils auch zu anderen Zwecken als nur zum Aufbau eines sicheren Kanals eingesetzt werden können.

Geheimhaltung durch Verschlüsselung

Das symmetrische Verschlüsselungsverfahren One-Time-Pad ist mindestens seit dem Jahr 1882 durch Frank Miller bekannt [Bellovin 2011]. Eine Form des One-Time-Pads nutzt sowohl zum Verschlüsseln als auch zum Entschlüsseln eine bitweise XOR Verknüpfung mit demselben Schlüssel K. Die Geheimhaltung des Inhaltes einer Bitfolge ist mit dem One-Time-Pad beweisbar perfekt [Shannon 1949], wenn folgende Bedingungen erfüllt werden:

Der Schlüssel K muss völlig zufällig sein, er muss mindestens so lang wie die geheim zu haltende Bitfolge X sein und er darf nur genau einmal zum Verschlüsseln verwendet werden. Der Schlüssel K muss geheim sein und geheim bleiben.

Um die Kommunikation über einen sicheren Kanal vollständig geheim zu halten, genügt die perfekte Verschlüsselung des Inhalts von Nachrichten mit dem One-Time-Pad noch nicht: Auch wenn eine Nachricht nicht entschlüsselt werden kann, so ist doch ersichtlich, dass eine Bitfolge übertragen wird und wie lang diese ist. Soll dies verhindert werden, muss die Größe von zu übertragenden Inhalten jeweils vor der Verschlüsselung durch zufälliges Hinzufügen von Daten (Padding) und durch Aufteilung auf mehrere einzelne Nachrichten (Splitting) verschleiert werden. Um zu verbergen, ob überhaupt Inhalte ausgetauscht werden, sind auch zufällige Scheinnachrichten auszutauschen.

Im hier entwickelten Konzept werden zur Geheimhaltung einzelner Nachrichten ausschließlich symmetrische Verschlüsselungen eingesetzt. Das One-Time-Pad wird verwendet, um zu zeigen, dass die Geheimhaltung bei diesem Konzept unabhängig von der technischen Entwicklung und der verfügbaren Rechenleistung gewährleistet werden kann, sofern der Schlüssel zufällig ist, geheim bleibt und nur einmal genutzt wird.

Für die Praxis hat das One-Time-Pad einen erheblichen Nachteil: Beim korrekten Einsatz des One-Time-Pads werden die vorab sicher auszutauschenden geheimen symmetrischen Schlüssel aufgebraucht. Mit auf der Quantentheorie basierenden Verfahren kann eventuell eine physikalisch sichere Vergrößerung von One-Time-Pad-Schlüsseln erreicht werden [Bennett 1984] – die diesbezügliche Gültigkeit der Quantentheorie vorausgesetzt.

Solange symmetrische Verschlüsselungsverfahren mit kurzen Schlüsseln wie AES [Daemen 2002] oder Twofish [Schneier 1999] als sicher angesehen werden, können diese statt des One-Time-Pads zur effizienten Wahrung der Geheimhaltung von einzelnen Nachrichten im S-Netzwerk genutzt werden. Es können auch Kombinationen aus mehreren derartigen Verschlüsselungsverfahren eingesetzt werden, sodass die Geheimhaltung nicht gefährdet wird, wenn einzelne Verfahren gebrochen werden ([Klieme 2011] S. 43ff).

Die symmetrische Verschlüsselung einer Bitfolge X mit einem geheimen Schlüssel K wird als $E_K(X)$ notiert. Die Entschlüsselung wird als $D_K(Y)$ notiert. Es gilt: $D_K(E_K(X)) = X$.

K, $E_K(X)$ sowie $D_K(E_K(X))$ sind jeweils für sich wiederum Bitfolgen.

Integrität und Authentizität mit Prüfdaten

Die Integrität einer Bitfolge X, also deren Unverfälschtheit, kann durch die geeignete Hinzufügung von Prüfdaten kontrolliert werden. Dafür ist die Bezeichnung Message Authentication Code (MAC) zwar gebräuchlich, aber irreführend, da Prüfdaten keineswegs nur für den Nachrichtenaustausch sinnvoll sind und da die Prüfdaten im Allgemeinen nur die Prüfung der Integrität, nicht aber die eindeutige Feststellung der Authentizität erlauben.

Um die Integrität einer zu übermittelnden Nachricht X sicherzustellen, werden aufseiten des Senders Prüfdaten $P(X)$ erzeugt und sie werden der zu übermittelnden Nachricht beigefügt. Aufseiten des Empfängers wird dann zur Integritätsprüfung die Berechnung der Prüfdaten wiederholt und das Ergebnis wird mit den vom Absender übermittelten Prüfdaten verglichen. Stimmen beide Werte überein, ist die Integritätsprüfung bestanden – vorausgesetzt, dass nur Sender und Empfänger die Prüfdaten gezielt erzeugen können. Um Letzteres sicherzustellen kann eine symmetrische Verschlüsselung mit einem geheimen Schlüssel L, den nur Sender und Empfänger kennen, verwendet werden. Ein solcher schlüsselabhängiger Prüfwert wird im Folgenden als $P_L(X)$ notiert.

Da Prüfdaten von Dritten erraten werden können, ist die Sicherheit der Integritätsprüfung mit Prüfdaten prinzipiell nie perfekt. Was erreicht werden kann, ist, dass die Integritätsprüfung auch mit unbegrenzter Rechenleistung nicht besser angegriffen werden kann, als durch zufälliges Raten. Ein Verfahren, mit dem dies möglich ist, ist der One-Time-MAC [Rivest 1997]. Die Wahrscheinlichkeit des Erratens einer den Integritätstest passierenden Nachricht wird dabei durch die Wahl der den Restklassenring bestimmenden großen Primzahl bestimmt. Beim One-Time-MAC wird ein vorab ausgetauschter zufälliger geheimer symmetrischer Schlüssel vorausgesetzt, der nur einmal verwendet werden darf und

1.2 Grundlagen, Stand der Forschung und der Technik

der mindestens die doppelte Länge der Nachricht X haben muss, deren Integrität sichergestellt werden soll. Sollen One-Time-MAC und One-Time-Pad zur Geheimhaltung kombiniert werden, müssen folglich vorab mindestens geheime Schlüsseldaten mit der dreifachen Länge der zu übermittelnden Daten X ausgetauscht werden. Bei der eigentlichen Nachrichtenübermittlung wird mindestens die doppelte Datenmenge von X übermittelt.

Andere Verfahren wie CMAC (cipher-based MAC, wie XCBC [Black 2005] oder OMAC [Iwata 2003]), HMAC (hash-based MAC, [Bellare 1996]) und UMAC (universal-hash-based MAC, [Black 1999]) arbeiten mit kurzen und festen, von der Größe der Nachricht unabhängigen Längen sowohl der Prüfdaten als auch der zu ihrer Berechnung notwendigen Schlüssel. Sie bieten ein geringeres Level an Sicherheit, es treten unter Anderem Kollisionen auf: Zu ein und demselben Prüfwert gibt es eine unbeschränkte Menge an Nachrichten, welche den Integritätstest mit diesem Prüfwert bestehen.

Vorteile dieser Verfahren sind, dass sie sehr viel weniger umfangreiche geheime Schlüssel voraussetzen, welche es vorab sicher auszutauschen gilt und dass sie mit ihren kurzen Prüfdaten weit weniger Datenaufkommen produzieren. Solange derartige Verfahren als hinreichend sicher für das S-Netzwerk angesehen werden, können sie anstelle des One-Time-MAC für die Absicherung der Integrität in der Kommunikation eingesetzt werden.

Das Zusammenspiel von Prüfdaten und Verschlüsselung

Werden Integritätssicherung durch Prüfdaten und Geheimhaltung durch Verschlüsselung für die Erzeugung eines sicheren Kanals miteinander kombiniert, so stellt sich die Frage, in welcher Reihenfolge die Verschlüsselung und das Hinzufügen von Prüfdaten erfolgen sollen.

Effizienter ist es, zuerst zu verschlüsseln und dann die Prüfdaten hinzuzufügen: Die Integritätsprüfung kann beim Adressaten vor der Entschlüsselung durchgeführt werden. Ungültige Nachrichten müssen gar nicht erst entschlüsselt werden. In diesem Fall hat die zu übermittelnde Nachricht die Form $P_L(E_K(X)) \circ E_K(X)$.

Auch die Kombination an sich sicherer Verfahren kann ihre Tücken haben. Vorsicht ist etwa beim Einsatz des One-Time-Pads zur Wahrung der Geheimhaltung geboten, denn dabei lässt sich sehr leicht der geheime Schlüssel K aus dem Cyphertext $E_K(X)$ gewinnen, wenn der Angreifer den Klartext X kennt (known-plain-text), da $K = D_X(E_K(X))$ ist. Wenn der Schlüssel L zur Erzeugung der Prüfdaten $P_L(E_K(X))$ aus derselben Bitfolge G gewonnen würde wie der Schlüssel K zur Geheimhaltung, könnte ein im Rahmen einer "Man in the middle"-Attacke aus einer abgefangenen Nachricht bekannten Inhalts gewonner Schlüssel K genutzt werden, um kürzere falsche Nachrichten unbemerkbar einzuschleusen: So wie aus G die Schlüssel K und L gewonnen wurden, könnte ein Angreifer aus K eventuell zwei Schlüssel K^* sowie L^* gewinnen und damit eine neue Nachricht $P_{L^*}(E_{K^*}(Y)) \circ E_{K^*}(Y)$ generieren, die für eine Bitfolge Y der

> Länge K^* den Integritätstest passieren würde. Diese Attacke funktioniert bei jedem Verfahren zur Erzeugung der Prüfdaten. Schlüssel zur Geheimhaltung und zur Erzeugung eines MAC müssen daher voneinander völlig unabhängig sein.

Um feststellen zu können, wer eine integere Nachricht verfasst hat, können beim Austausch eines symmetrischen Schlüssels L zur Prüfdatenerzeugung auch die Identitäten der Kommunikationspartner überprüft werden. Werden die Kopien des Schlüssels L von ihren Besitzern korrekt genutzt sowie geheim gehalten, können nur sie integere Nachrichten verfassen. Allerdings lässt sich durch einen MAC nicht feststellen, welcher der Kommunikationspartner der Verfasser ist, denn die Kommunikationspartner verfügen über identische Schlüssel L und jeder von ihnen könnte mithin dieselben Prüfdaten generieren.

Zur zweifelsfreien präzisen Feststellung der Authentizität werden für gewöhnlich digitale Signaturen eingesetzt, welche auf dem Prinzip der asymmetrischen Verschlüsselung aufbauen. Für das S-Netzwerk wird auf digitale Signaturen verzichtet. Es genügt bei den im Folgenden gezeigten Konzepten bereits die mit symmetrischen Prüfdaten mögliche unscharfe Feststellung, dass derjenige, der die Nachricht erzeugt hat, zu jenen gehört, welche den Schlüssel L zur Prüfdatenerzeugung besitzen. Die Unschärfe ist hinnehmbar, weil die Authentizität der Herausgeber Π_X einer reliablen Publikation oder einer sicheren Hinterlegungen X im S-Netzwerk nicht aus der Authentizität einzelner Nachrichten ermittelt wird.

Korrekte Reihenfolge

Zur Sicherstellung der korrekten Reihenfolge der Nachrichten, welche über einen sicheren Kanal ausgetauscht werden sollen, können diese einfach vor dem Einsatz der Verfahren zur Geheimhaltung sowie zur Integritätssicherung aufsteigend durchnummeriert werden. Anstelle fortlaufender Nummern Zeitstempel mit streng monoton steigendem Wert zu verwenden ist praktisch, wenn der Zeitpunkt der Sendung ohnehin kommuniziert werden soll.

Werden das One-Time-Pad oder der One-Time-MAC verwendet, so werden Schlüssel benötigt, die jeweils nur einmal verwendet werden dürfen. Es bietet sich an, einmalig eine lange Bitfolge G zum Verschlüsseln und eine zweite lange Bitfolge H zum Erzeugen der Prüfdaten auszutauschen. Dann werden jeweils unbenutzte disjunkte Teilstücke passender Länge aus G zum Verschlüsseln und aus H zum Erzeugen des MAC verwendet. Die Schlüsselpositionen und Schlüssellängen in den Bitfolgen G und H müssen kommuniziert werden und zusätzlich müssen Informationen über die bereits benutzen Bereiche von G und H gespeichert werden. Mit diesen Positions- und Längenangaben können Änderungen in der Reihenfolge erkannt werden und Replay-Attacken verhindert werden. Eine

1.2 Grundlagen, Stand der Forschung und der Technik

zusätzliche explizite Nummerierung der Nachrichten ist in diesem Fall nicht unbedingt erforderlich.

Secret Sharing, sichere N_T-fache Zerlegung Z_{NT}

Secret Sharing bezeichnet ein Verfahren zum Zerlegen von geheimen Daten X in $N \in \mathbb{N}$ als Shares bezeichnete Stücke, sodass eine bestimmte Anzahl $T \in \mathbb{N} \,|\, T > 1 \wedge T \leq N$ von den N Shares dieser Aufteilung erforderlich ist, um daraus X rekonstruieren zu können. Diese Anzahl T wird als *Threshold* bezeichnet. Aus weniger als *Threshold* T Stücken der Aufteilung lassen sich keine Informationen über den Inhalt von X gewinnen.

Ein Beispiel für ein Verfahren, das mit perfekter Sicherheit ein T kleiner gleich N erlaubt, findet sich in [Shamir 1979]. Ist T gleich N, liefert folgendes einfaches und effizientes Verfahren perfekte Sicherheit: Auf eine sicher zu zerlegende Bitfolge X werden $N-1$ verschiedene zufällige Einmal-Schlüssel mit der Länge von X zur Verschlüsselung per XOR angewendet. Die Shares sind dann die mehrfach verschlüsselten Daten und die jeweils als One-Time-Pad genutzten Schlüssel. Zur Integritätssicherung kann Secret Sharing wie ein Verschlüsselungsverfahren mit Prüfdaten kombiniert werden.

Die Menge der N Shares einer Secret Sharing Zerlegung mit *Threshold* T wird im Folgenden als $Z_{NT}(X)$ notiert. Die Shares werden als $S_{NTi}(x)$ notiert.
$$Z_{N_T}(X) = \{ S_{N_T,0}(X), \ldots, S_{N_T,N-1}(X) \}$$
Die Umkehrfunktion wird wie folgt notiert:
$X = Z_{N_T}^{-1}(M) \;|\; M \subseteq Z_{N_T}(X) \wedge \#M \geq T$, wobei #M die Anzahl der Shares von $Z_{NT}(X)$ in der Menge M ist.

Generierung von Zufallsdaten

Sowohl für alle hier erwähnten Verschlüsselungsverfahren, für alle MAC Verfahren als auch für jedes Secret Sharing Verfahren wird die Generierung von zufälligen Bitfolgen unbedingt benötigt. Ohne die Generierung von hinreichend zufälligen Daten ist das S-Netzwerk nicht zu realisieren.

Mit einem präzise kalkulierenden Computer lassen sich nicht wirklich zufälligen Daten berechnen: Deren Algorithmen können höchstens Pseudo-Zufallszahlen generieren (etwa mit Schieberegistern), die zwar bestimmte Eigenschaften wie quasi zufällige statistische Verteilungen aufweisen, aber es werden in jedem Durchlauf dieselben Werte generiert. Für die Erzeugung von kryptografischen Schlüsseln sind derartige Pseudo-Zufallsgeneratoren für sich genommen ungeeignet. Pseudo-Zufallsgeneratoren können jedoch mit Werten kombiniert werden, die eventuell tatsächlich zufällig sind, siehe [Ferguson 2010], S. 137 ff.

Zur Generierung von zufälligen Werten müssen möglichst nicht deterministische, zumindest für Menschen und aktuelle Computer unberechenbare (Hardware-) Quellen genutzt werden. Dazu sind eine ganze Reihe von verschiedenen Ansätzen bekannt, beispielsweise [Danger 2007] (Zufallsquelle: *metastable FPGA flip-flop*), [Pareschi 2010] (Zufallsquelle: *discrete-time chaotic circuit*), [Sunar 2007] (Zufallsquelle: *phase jitter in oscillator rings*) und [Rao 2005] (Zufallsquelle: *radioactive decay*).

Außerdem wurden Methoden zum Messen und Testen entwickelt [Soto 1999] [Schindler 2002], welche geeignet sind, um die Zufälligkeit bei der Schlüsselgenerierung zu beurteilen.

1.2.2 Vertrauen in Computernetzwerken

Um die Vertrauenswürdigkeit von Fremden ohne direkte Kontaktaufnahme feststellen zu können, sind verschiedene Konzepte bekannt, wobei verbreitet entweder „Vertrauensparteien" oder „Vertrauensnetzwerke" geschaffen werden und die Übertragbarkeit von Vertrauen einfach vorausgesetzt wird. Andere Konzepte setzen auf Mehrheiten oder Quoren und gehen schlicht von deren Vertrauenswürdigkeit aus.

Wo Risiken nicht hundertprozentig ausgeschlossen werden können, wo aber zugleich die Hoffnung berechtigt erscheint, dass es gut gehen wird und nichts Schlechtes passieren wird, besteht eine Möglichkeit, damit umzugehen darin, bestimmte Unsicherheiten bewusst in Kauf zu nehmen – also zu vertrauen.

Vertrauen ⇔ Misstrauen

Der Soziologe Niklas Luhmann versteht die Funktion des Vertrauens als eine Form der *„Reduktion von Komplexität"* (zitiert aus [Luhmann 2000], S. 27), die es ermöglicht, trotz Risiken und unvollständigen Informationen positive Entscheidungen zu treffen.

Angesichts einer für Menschen nicht vollständig erfassbaren und berechenbaren Welt ist eine Reduktion unverzichtbar – und wer nicht vertraut, der muss um mit der Komplexität fertig zu werden eine andere Form der Reduktion anwenden. Misstrauen ist nach Luhmann ein *„funktionales Äquivalent für Vertrauen"* (ebenda, S. 92), das zu negativen Entscheidungen führt. Misstrauen ist demnach also mehr als nur das Fehlen von Vertrauen, mehr als das Gegenteil von Vertrauen. Es ist vielmehr ein alternatives Konzept zum Umgang mit Ungewissheiten.

Eine theoretische Auseinandersetzung mit dem Vertrauen an sich im Hinblick auf die Informationstechnik findet sich in [Jøsang 1996].

Wenn in großen informationstechnischen Netzwerken Vertrauen gefordert und benötigt wird, ist ein möglicher Ansatz zur Sicherstellung der Vertrauens-

1.2 Grundlagen, Stand der Forschung und der Technik

würdigkeit der Einsatz von einer „Vertrauenspartei" [Skevington 1997]. Für die „Vertrauenspartei" wird in der Regel angenommen, dass sie perfekt sicher sei und dass sie sich immer neutral sowie korrekt verhielte.

Gäbe es tatsächlich so eine „Vertrauenspartei", die sich immer fair und bestimmungsgemäß verhält, dann könnte die „Vertrauenspartei" die Daten von reliablen Publikationen oder sicheren Hinterlegungen aufbewahren, verfügbar halten und beglaubigen. Manipulationen wären bei einer perfekten, unzerstörbaren „Vertrauenspartei" nur am Nutzerzugang zu dieser „Vertrauenspartei" möglich und das S-Netzwerk wäre technisch leicht zu verwirklichen.

In der Realität ist eine auf Dauer korrekte, unfehlbare „Vertrauenspartei" aber zumindest äußerst schwierig zu erschaffen und zu kontrollieren. Vielleicht ist das sogar unmöglich und die Vorstellung von einer universell neutralen sowie immer perfekt arbeitenden Instanz ist wohlmöglich eine reine Utopie.

Für einen begrenzten Zweck, in einer limitierten Angelegenheit mögen sich Fairness und Korrektheit sicherstellen lassen. In [Yahalom 1993] wird daher eine *"Trust Classification"* vorgeschlagen, welche die auf bestimmte Belange beschränkte Beurteilung der Vertrauenswürdigkeit etwa von Servern vorsieht. Durch die Begrenzung des Vertrauensanspruchs kann es tatsächlich Parteien geben, die kein eigenes Interesse am Bruch der Vertrauensbeziehung haben. Durch Bestechung oder Erpressung können allerdings eventuell trotzdem Anreize zum Vertrauensbruch geschaffen werden.

Für das S-Netzwerk, für ein universelles Medium, das gerade dazu dienen soll, kritische Hinterlegungen sowie brisante Publikationen unleugbar und geschützt machen zu können, existiert jedoch kein beschränkter Anwendungszweck, demgegenüber eine Partei als neutral und immer korrekt angenommen werden kann: Jede Person könnte starke Interessen haben, ein solches informationstechnisches System zu manipulieren und etwa darin hinterlegte Verträge zum eigenen materiellen Vorteil zu manipulieren oder zu fälschen. Nicht neutral sind im Bezug auf das S-Netzwerk insbesondere Regierungen, staatliche Institutionen und vermeintliche moralische Instanzen, welche massive Interessen haben, Inhalte zu kontrollieren und zu zensieren. Abgesehen vom Korruptionspotenzial besteht also beim S-Netzwerk für jede denkbare Partei auch ein nicht aus der Welt zu schaffender Eigenantrieb zur Unterbindung von unliebsamen Meinungsäußerungen. Das S-Netzwerk soll jedoch gerade auch für derartige Kritik eine Plattform werden.

So einleuchtend und elegant das Konzept mit einer neutralen „Vertrauenspartei" in der Theorie anmutet – für die Umsetzung des S-Netzwerks ist es kein geeigneter Ansatz.

Außerdem kann eine einzige zentrale „Vertrauenspartei" leicht zum Flaschenhals werden, wenn sie etwa die Identitäten von allen Teilnehmern an einem Netzwerk zu überprüfen hat. In der Praxis werden daher häufig mehrere teils hierarchisch organisierte „Vertrauensparteien" eingesetzt. Dabei wird eventuell sogar die Vertrauenswürdigkeit aller „Vertrauensparteien" vorausgesetzt, es entstehen also multiple Abhängigkeiten.

Ein reales Beispiel für eine kompromittierte „Vertrauenspartei"

Im Internet wird derzeit verbreitet das Secure Sockets Layer (SSL) Protokoll bzw. dessen Nachfolger Transport Layer Security (TLS) verwendet, um sichere Verbindungen aufbauen zu können. Zur Identifikation und Authentifikation werden dabei SSL oder EV-SSL Zertifikate verwendet. Diese Zertifikate werden von einer „Vertrauenspartei", einer Certification Authority (CA) ausgestellt, sodass die Echtheit eines jeden von dieser CA ausgestellten Zertifikats mithilfe eines Root Zertifikats der CA überprüft werden kann. Root Zertifikate können manuell verteilt werden.

Ein typischer Webbrowser enthält eine ganze Reihe von vorinstallierten Root Zertifikaten verschiedener Certification Authorities. Jede dieser CAs ist eine „Vertrauenspartei", von der eine vollständige Abhängigkeit besteht: Wird auch nur eine einzige dieser CAs kompromittiert, so ist möglicherweise das gesamte Sicherheitskonzept gebrochen – zumindest solange das Root Zertifikat der betroffenen CA nicht gesperrt wird. Je mehr verschiedene CAs es gibt, desto größer ist die potenzielle Angriffsfläche.

Dass ein solcher Ansatz definitiv keine gute Idee ist, zeigt der Fall von DigitalNotar, einem niederländischen Zertifikatsaussteller, dessen Root Zertifikat nach eigenen Angaben des Mutterkonzerns VASCO seit dem 19. Juli 2011 zur Erschaffung von gefälschten Zertifikaten genutzt wurde [VASCO 2011]. Zwar wurden die betroffenen Zertifikate nach und nach gesperrt, aber in der Zwischenzeit wurden über mehrere Wochen hinweg falsche Zertifikate missbräuchlich verwendet [Ries 2011].

Dezentral Vertrauen schaffen mit „Vertrauensnetzwerken"

Deutlich dezentraler als der Einsatz von „Vertrauensparteien" ist die Nutzung eines „Vertrauensnetzwerks", eines "Web of trust", wie es beispielsweise in PGP [Zimmermann 1995] und OpenPGP [Callas 2007] zum Einsatz kommt.

Bei einem „Vertrauensnetzwerk" wird davon ausgegangen, dass jeder Beteiligte am „Vertrauensnetzwerk" einige andere Teilnehmer direkt kennt oder persönlich kennenlernt und diese für sich als vertrauenswürdige Partner erachtet. Jenen subjektiv vertrauenswürdigen Partnern kann das Vertrauen auch bescheinigt werden. Mithilfe dieser Bescheinigungen und mit Ketten von diesen Bescheinigungen sollen sich auch jene Teilnehmer am „Vertrauensnetzwerk" bezüglich ihrer Vertrauenswürdigkeit einschätzen lassen, mit denen kein direkter persönlicher Kontakt hergestellt wird.

1.2 Grundlagen, Stand der Forschung und der Technik

Neue Beteiligte an einem „Vertrauensnetzwerk", denen noch keiner das Vertrauen ausgesprochen hat, müssen zuerst eine bestimmte Anzahl von Vertrauensbekundungen einholen, bevor sie darauf hoffen können, von Fremden als vertrauenswürdig erachtet werden.

Ein großes Problem bei „Vertrauensnetzwerken" sind die hohen Anforderungen an die gewöhnlichen Benutzer [Whitten 1999]. Sie müssen selbstständig entscheiden, wem sie ihr Vertrauen aussprechen. Helfen können klare Vorgaben, wie gut Teilnehmer sich kennen müssen und insbesondere wie sie ihre Identitäten zu kontrollieren haben, damit sie einander Vertrauenswürdigkeit bescheinigen dürfen.

Weiters muss auch beurteilt werden, wann von anderen ausgestellte Vertrauensbekundungen für einen Fremden als hinreichend anzusehen sind, damit diesem Fremden vertraut werden soll. Wenn es keine Standards zur Vertrauenswürdigkeitsprüfung vor der Vertrauensbekundung gibt, deren Einhaltung auch kontrolliert werden kann, lässt sich kaum eine sinnvolle Aussage über die Qualität der Vertrauensbekundungen treffen.

Grundsätzlich stellt sich sowohl in einem „Vertrauensnetzwerk" als auch bei Hierarchien von „Vertrauensparteien" die Frage, ob und in wieweit Vertrauen überhaupt übertragbar ist. Die Transitivität von Vertrauen kann nicht einfach vorausgesetzt werden – selbst wenn alle Beteiligten versuchen, das Richtige zu machen [Christianson 1996].

Demokratie, Quorum basierte Vertrauenskonzepte wie Bitcoins Blockchain

Eine Idee zur Schaffung von Vertrauen beruht auf der Annahme, dass sich die Mehrheit oder ein anderes Quorum korrekt verhalten werde. Das Quorum muss sich nicht auf Personen oder Systeme beziehen. Ein Beispiel dafür ist das Kryptogeldsystem *Bitcoin* [Nakamoto 2008], welches mit der dafür entwickelten revolutionären Technik der *Blockchain* gegen die Rücknahme von Transaktionen abgesichert wird. Dabei wird lediglich darauf vertraut, dass die Mehrheit der für *Bitcoin* eingesetzten Rechenleistung korrekt verwendet wird, um einen Zufallswert zu finden, sodass der – hoffentlich – kryptografisch sichere Hashwert über die Verkettung der bisherigen Transaktionen mit diesem Zufallswert bestimmte Eigenschaften aufweist (etwa eine bestimmte Zahl von Nullen am Anfang). Nach derzeitigem Kenntnisstand ist diese Suche sehr rechenintensiv.

Als gültig wird im Zahlsystem *Bitcoin* stets nur die Folge von Transaktionen betrachtet, über welche die meisten derartigen Hashwerte berechnet wurden (*proof-of-work*). Mit der Mehrheit der Rechenleistung können Angreifer zu einem späteren Zeitpunkt eine alternative Transaktionsfolge mit mehr bestätigenden Hashwerten berechnen, sodass etwa zuvor bestätigte Transaktionen zurückgenommen werden können. Dieselben *Bitcoins* können in dem Fall mehrfach ausgegeben werden, das Vertrauenskonzept ist damit gebrochen.

Die Annahme, dass die Mehrheit grundsätzlich ein Interesse daran habe, sich korrekt zu verhalten, ist zumindest gewagt: Im Falle eines Kryptogeldsystems wie *Bitcoin* könnte die Mehrheit versuchen, sich auf Kosten einer Minderheit zu bereichern. Koalitionsbildungen und Kooperationen bedrohen alle auf Quoren basierenden Konzepte zur Vertrauensbildung. Im Fall von Bitcoin erlangte der Mining-Pool GHash zeitweise eine Mehrheit [Eyal 2014].

Außerdem ist der Besitz von Rechenkapazitäten ungleich verteilt und Besitzer haben nicht unbedingt die Kontrolle über ihre Rechner: Rechenleistung kann vermietet werden und Mittels Schad-Software können fremde Computer auch ohne Zustimmung der Besitzer zum Rechnen genutzt werden. Ein bereits verwirklichtes Beispiel für einen derartigen gegen *Bitcoin* gerichteten Trojaner wird z. B. in [Jensen 2011] beschrieben. Gebrochen wäre das Vertrauenskonzept an sich, wenn ein effizientes Verfahren entdeckt würde, das Zufallswerte findet, deren Verkettungen mit bisherigen Transaktionen die gewünschten Hashwerte aufweisen. Es wird nur *vermutet*, dass es kein solches Verfahren gibt.

Außerdem ist es teuer und umweltbelastend, ständig riesige Rechenkapazitäten unter Volllast laufen zu lassen, nur um Manipulationen zu unterbinden [Becker 2012]. Die Verwendung eines *proof-of-stake* anstelle eines *proof-of-work* z. B. bei *Peercoin / PPCoin* [King 2012] vermeidet diese Verschwendung. Aber da sich billig alternative längere *Proof-of-stake-chains* erzeugen lassen, sind zusätzliche Vertrauenskonzepte nötig.

Schließlich wird bei *Blockchain*-Verfahren wie Bitcoin nur Vertrauen in die Integrität und in die Unleugbarkeit der Transaktionen geschaffen. Identitätsprüfungen und Authentifizierungen werden nicht durchgeführt. Während dies bei einem Bezahlsystem eine gewünschte Eigenschaft sein kann, um etwa pseudonyme Zahlungen zu ermöglichen, ist dies unzureichend bei einer Plattform für reliable Publikationen und sichere Hinterlegungen. Für das S-Netzwerk muss ein anderes Konzept genutzt werden, damit die Identität des Herausgebers verifiziert werden kann und damit die Zugriffsrechte geprüft werden können.

1.2.3 Langzeitliche Sicherheit der Kommunikation

Für eine sichere Kommunikation zwischen zwei beliebigen Systemen in einem großen Computernetzwerk sind verschiedene Verfahren bekannt, doch bisher wurde keine dauerhaft sichere und mit vertretbarem Aufwand praktikable Lösung präsentiert.

Für das S-Netzwerk muss eine hochgradig verfügbare und sichere Kommunikation etwa für den Fernzugriff auf die reliablen Publikationen sowie die sicheren Hinterlegungen langfristig garantiert werden. Das Konzept dazu muss in Zukunft und auch auf unbestimmte Zeit einen praktikablen und sicheren Betrieb gewährleisten können, unabhängig von der technischen Weiterentwicklung.

1.2 Grundlagen, Stand der Forschung und der Technik

Die bereits genannten Techniken zur Erzeugung eines sicheren Kanals mit One-Time-Pad und One-Time-MAC bieten die geforderten Sicherheitseigenschaften für eine dauerhaft und beliebig sichere Kommunikation. Allerdings müssen sich für den Einsatz dieser Verfahren die Beteiligten gegenseitig identifizieren und sie müssen vorab geheime Schlüssel sicher austauschen. Dies manuell durchzuführen stellt einen erheblichen Aufwand dar. Bei einigen wenigen Beteiligten sind die gegenseitigen Identitätsprüfungen und der Schlüsselaustausch zwischen allen Teilnehmern vielleicht zu bewältigen, aber in einem großen Netzwerk ist dies aufgrund des mit der Zahl der Beteiligten quadratisch steigenden manuellen Aufwands keine realistische Option. Die direkte Erzeugung eines sicheren Kanals mit One-Time-Pad und One-Time-MAC kann maximal mit einer sehr begrenzten Anzahl an Kommunikationspartnern praktikabel angewendet werden.

Um einen sicheren Kanal zwischen zwei beliebigen, zweifelsfrei identifizierbaren Teilnehmern eines potenziell sehr großen Computernetzwerks erschaffen zu können, die vorab untereinander keinen Schlüsseltausch mit Identitätsprüfung durchgeführt haben, müssen Vertrauenskonzepte mit kryptografischen Verfahren kombiniert werden.

Eine Möglichkeit ist der Einsatz von zentralen Instanzen als „Vertrauensparteien": Nur gegenüber den „Vertrauensparteien" identifizieren sich die anderen Beteiligten und nur mit diesen tauschen sie manuell verlässlich bestimmte Informationen aus. Es gibt verschieden Lösungen mit unterschiedlichen Vor- und Nachteilen:

Symmetrische Verfahren: Vermittlung, Schlüsselserver

Von der Idee her einfach ist die *Inline*-Vermittlung des gesamten Datenverkehrs durch eine „Vertrauenspartei": Jeder einfache Beteiligte tauscht mit der „Vertrauenspartei" jeweils einen exklusiven geheimen Schlüssel aus, sodass jeder Beteiligte mit der „Vertrauenspartei" einen sicheren Kanal aufbauen kann. Eine Nachricht zwischen zwei einfachen Beteiligten *Alice* und *Bob* wird über einen sicheren Kanal zunächst von *Alice* an die „Vertrauenspartei" gesendet und von dieser dann wiederum über einen sicheren Kanal an *Bob* übermittelt. Der Nachteil dieser Lösung ist, dass der gesamte Datenverkehr über das System der „Vertrauenspartei" fließen muss und dass dort jeweils ein aufwendiges Prüfen, Entschlüsseln und neu Verschlüsseln ansteht.

Eine Alternative besteht im *Online*-Austausch von geheimen Schlüsseln. Dazu wird von der „Vertrauenspartei" ein zentraler Schlüsselserver betrieben, der für den Verbindungsaufbau zwischen zwei einfachen Beteiligten *Alice* und *Bob* einmalig kontaktiert werden muss, um einen neuen, zufälligen und geheimen Schlüssel generieren zu lassen. Dieser ermöglicht *Alice* und *Bob* dann den

Aufbau eines direkten exklusiven sicheren Kanals. Kerberos nutzt beispielsweise dieses Verfahren [Kohl 1993].

Beim Einsatz von One-Time-Pad und One-Time-MAC ist ein Schlüsselserver aufgrund der erforderlichen Schlüssellängen allerdings nicht effizienter als die *Inline*-Vermittlung. Verschlüsselungen mit kürzeren Schlüsseln können eventuell mit künftiger Technik gebrochen werden. Auch die Lösung mit *Online*-Schlüsselserver ist für jeden neuen Verbindungsaufbau auf die Erreichbarkeit eines zentralen Systems angewiesen.

Asymmetrische Verfahren mit Public-Key-Infrastruktur oder Web of Trust

Eine potenziell weniger zentrale und flexiblere Alternative bietet eine Public-Key-Infrastruktur (PKI), welche asymmetrische Verschlüsselungsverfahren (etwa RSA, siehe [Rivest 1978] und [RSA Laboratories 2002]) und von „Vertrauensparteien" vergebene Zertifikate (etwa X.509, [CCITT 1988] und [Cooper 2008]) verwendet. Ein Vergleich mit Schlüsselservern findet sich in [Ferguson 2010]. Bisher ist kein beweisbar sicheres asymmetrisches Verschlüsselungsverfahren bekannt. Die Existenz eines in der Praxis sicheren asymmetrischen Verschlüsselungsverfahrens ist für die Zukunft keineswegs gewiss:

Es wäre möglich, dass durch disruptive technische Innovationen wie den Quantencomputer oder durch neue Algorithmen auf herkömmlichen Computern in 50 Jahren jedes potenzielle asymmetrische Verfahren tatsächlich gebrochen werden kann. Für Verfahren, wie RSA, die auf der Berechnung von diskreten Logarithmen oder der Faktorisierung beruhen, wurden bereits theoretische Lösungen präsentiert [Shor 1994] und diese wurden für kleine Zahlen schon erfolgreich umgesetzt [IBM Research Division 2001]. Post-Quantum-Cryptography ist deshalb ein wichtiges aktuelles Forschungsgebiet [Bernstein 2008].

Werden etwa zur Erzeugung der Signaturen in den Zertifikaten potenziell unsichere Hash-Funktionen eingesetzt, entstehen eventuell zusätzliche Angriffspunkte: Als reales Beispiel für einen fatalen Angriff auf eine PKI sei hier auf [Sotirov 2008] verwiesen, wobei eine bekannt gewordene Schwäche der MD5-Hashfunktion genutzt wurde.

In der Praxis wird hybrid verschlüsselt, es kommen zusätzlich noch schnellere symmetrische Verschlüsselungsverfahren mit kurzen Schlüsseln (wie etwa AES) zum Einsatz, die prinzipiell ebenfalls gebrochen werden können. Wie realistisch auch diese Gefährdung ist, zeigen die Erfolge der Kryptoanalyse [Biryukov 2009]. Es besteht also eine Abhängigkeit von mehreren potenziellen Angriffspunkten. Eventuell genügt es bereits, einen dieser Punkte erfolgreich zu attackieren, um das Gesamtverfahren zu brechen.

Soll für ein Netzwerk die korrekte, verlässliche und sichere Funktionalität auch auf unbegrenzte Zeit hin gewährleistet werden können, ist eine Public-Key-

Infrastruktur derzeit kein geeignetes Konzept. Die Nutzung von „Vertrauensnetzwerken" ("Web of Trust") zur Schlüsselverteilung hat die gleiche Abhängigkeit von potenziell zukünftig nicht mehr sicher zu Verfügung stehenden Technologien wie der asymmetrischen Verschlüsselung.

Perfectly Secure Message Transmission mit Secret-Sharing

Secret-Sharing kann nicht nur dazu verwendet werden, Geheimnisse (etwa Schlüssel) sicher zu speichern, sondern auch, um einen sicheren Nachrichtenaustausch in großen Netzwerken zu bewerkstelligen. Die Nutzung von Secret-Sharing zur perfekt sicheren und zuverlässigen Kommunikation (**Perfectly Secure Message Transmission, PSMT**) zwischen einem Sender und einem Empfänger über disjunkte Wege wird in [Dolev 1990] vorgeschlagen. In [Kurosawa 2009] findet sich eine optimierte Version und es gibt weitere Veröffentlichungen mit Verbesserungsvorschlägen, beispielsweise [Fitzi 2007]. PSMT-Verfahren bieten eine unabhängig vom technischen Fortschritt sichere und zuverlässige Kommunikation auch bei einer bestimmten Anzahl von Störungen. Dazu werden allerdings vollständig getrennte Kommunikationskanäle (*Wires*) zwischen Sender und Adressat einfach vorausgesetzt. Woher die disjunkten Wege kommen, wie die Kanäle geschützt werden, wie manipulative Kooperationen mit mehreren Angreifern praxistauglich verhindert werden können oder wie die Identitäten von Sender und Empfänger geprüft werden sollen, wie also Vertrauen geschaffen werden kann, bleibt dabei völlig offen.

In [Bagchi 2003] findet sich ein dynamisches Verfahren zum Berechnen von disjunkten Kommunikationswegen für PSMT – da jedoch nur eine Disjunktion der Leitungen (modelliert als Kanten eines Graphen), nicht aber eine Disjunktion der Knoten (modelliert als Ecken eines Graphen) der Verbindungswege erzielt wird, erfüllt dieses Verfahren nicht alle Anforderungen von PSMT.

In der Praxis findet PSMT aufgrund dieser Schwierigkeiten bisher keine Verwendung.

1.2.4 Digitale Langzeitarchivierung

Bestehende Lösungen zur digitalen Langzeitarchivierung leisten die für das S-Netzwerk nötige Präservation von Bitsequenzen. Sie sind aber keine Plattformen für reliable Publikationen oder sichere Hinterlegungen, sie bieten keine rechtsverbindliche Non-Repudiation und keinen vom Fortschritt unabhängigen langfristig sicheren Zugriff. Umgekehrt spielt die Gewährung dauerhafter Nutzbarkeit der Daten, die Bestandteil der Langzeitarchivierung ist, beim S-Netzwerk keine Rolle – beim S-Netzwerk geht es nur um die Verfügbarkeit der Bits.

Das Problem der Flüchtigkeit von digitalen Informationen, gerade in vernetzten computerbasierten Informationssystemen, ist offensichtlich und es gibt schon viele Entwicklungen und Initiativen für die elektronische Langzeitarchivierung. Institutionen wie Museen oder Bibliotheken haben die Aufgabe, Informationen zu sammeln und zu bewahren. Das gilt auch für digitale Medien und im Internet publizierte Inhalte. Einen Überblick über Entwicklungen und Initiativen zur elektronischen Langzeitarchivierung bietet die von *Nestor* herausgegebene Enzyklopädie [Neuroth 2009/2010].

Das **Open Archival Information System (OAIS) Referenzmodell** [CCSDS 2002] ist die allgemein anerkannte und durch die ISO standardisierte Grundlage für die Langzeitarchivierung. Dieses Modell ist mit abstrakten Rollen, Informationsobjekten und Funktionen ein flexibler Ausgangspunkt für die Entwicklung praktischer Lösungen.

Zur Langzeitarchivierung digitaler Objekte gehört zum einen die Bewahrung der Daten, also der Bitsequenzen, zum anderen aber auch die Sicherstellung von deren Nutzbarkeit. Für Letzteres gibt es verschiedene Strategien: Format Migration und Emulation [Neuroth 2009/2010] sowie Kombinationen daraus. Diese Strategien werden zusammen mit dem S-Netzwerk einsetzbar sein, aber das S-Netzwerk an sich wird nichts für den Erhalt der Nutzbarkeit leisten und auch keine spezielle Funktionalität zur Unterstützung bereitstellen.

Erhalt der Nutzbarkeit mit dem Universal Virtual Computer

Die Informationstechnik entwickelt sich schnell weiter und heute übliche, weitverbreitete Systeme, Programme und Dateiformate sind vielleicht in wenigen Jahren ungebräuchlich.

Der Universal Virtual Computer [Lorie 2001] ist selbst ein alleine in Software emulierter Computer, der auf jeder zukünftigen Computerplattform relativ leicht implementiert werden kann. Zu bewahrende Programme können auf den Universal Virtual Computer migriert werden. Sie laufen dann auf jedem Computer, auf dem der Universal Virtual Computer betrieben werden kann. Auf einem Universal Virtual Computer können insbesondere Programme laufen, die aus bestimmten Datenformaten eine systemabhängige logische Ansicht generieren (Logical Data View). Diese Migration liefert bereits lesbare Informationen. Mit einem passenden Ansichtsprogramm (Viewer) lässt sich schließlich auch eine originalgetreue Darstellung realisieren. Das von IBM 2004 entwickelte *Digital Asset Preservation Tool* nutzt als proof of concept den Universal Virtual Computer, um JPEG und GIF Bilder auch zukünftig auf beliebigen Computern korrekt anzeigen zu können (am 31.05.2010 heruntergeladen von: http://www.alphaworks.ibm.com/tech/uvc).

Die Langzeitarchivierung von Produkten, die aus Software kombiniert mit spezieller Hardware bestehen, ist eine besondere Herausforderung. Für die dauerhafte Erhaltung der authentischen Nutzbarkeit genügt es in dem Fall nicht, wenn die Software etwa auf den Universal Virtual Computer migriert wird. Computerhardware hält nicht ewig und Defekte lassen sich eventuell nicht reparieren. Wenn die Produktion des Gerätetyps eingestellt wurde, muss dann für Bewahrung der originalgetreuen Nutzererfahrung das Gerät aufwendig real nachgebildet werden.

Erhaltung von Bitsequenzen

Das Bewahren und Verfügbarhalten von Daten ist eine der Kernfunktionen des S-Netzwerks. Allgemein gilt derzeit für die Langzeitarchivierung von digitalen Daten, dass es bisher keine effizienten dauerhaft sicheren Medien zur Speicherung gibt – geschweige denn Medien, die nicht einfach mutwillig oder durch Unfälle zerstört werden können. Um Binärdaten zu bewahren, muss daher die verlustfreie Reproduzierbarkeit derselben genutzt werden: Es müssen Sicherungskopien angefertigt werden und diese müssen regelmäßig gepflegt werden. Sie müssen räumlich getrennt aufbewahrt werden, damit nicht alle Kopien durch ein einziges lokal begrenztes Ereignis auf einen Schlag zerstört werden können.

Es bietet sich an, zur Verteilung von Kopien die Vernetzung von Computern zu nutzen, damit lediglich die Informationen ausgetauscht werden müssen, anstatt gegenständliche Datenträger zu bewegen. Dies kann auch dezentral in einem Netzwerk mit gleichrangigen Systemen (Peer-Netzwerk) geschehen, sodass keine Abhängigkeiten von Zentralsystemen entstehen. Das Konzept der Nutzung von dezentralen Netzwerken zur räumlichen Verteilung von Kopien wurde schon für das Usenet verwendet, welches bereits 1979 gestartet wurde. Dort allerdings primär um Daten zu kommunizieren und nicht um sie zu bewahren:

"The initially most significant service will be to provide a rapid access newsletter. Any node can submit an article, which will in due course propagate to all nodes", zitiert aus [Truscott 1980].

Robuste dezentrale Netzwerke zur Verteilung von Sicherungskopien zu nutzen, bietet sich für die verlässliche Archivierung einfach an. Dieses Konzept wird in bestehenden Lösungen eingesetzt, etwa in *Lots of Copies Keep Stuff Safe* (LOCKSS), einem funktionsfähigen und in der Praxis erprobten Open Source Archivierungssystem für Bibliotheken. LOCKSS verteilt, speichert und prüft automatisch Kopien in einem Peer-Netzwerk. Gegebenenfalls werden Daten auch wiederhergestellt. Dabei übernehmen traditionelle Institutionen der Archivierung wie etwa Bibliotheken den Betrieb der Peers, sogenannter LOCKSS *caches*.

"LOCKSS allows libraries to run web caches for specific journals. These caches collect content as it is published and are never flushed. They cooper-

ate in a peer-to-peer network to detect and repair damaged or missing pages.", zitiert aus [Reich 2001].

Trustworthy Repositories

Trustworthy Repositories oder Reliable Digital Repositories werden in [RLG 2002] definiert. Das S-Netzwerk muss ein Trustworthy Repository, also ein hochgradig vertrauenswürdiges Langzeitarchiv werden. Die in [Ambacher 2007] formulierten Anforderungen können auch als Checkliste für das S-Netzwerk verwendet werden.

Die Anforderungen für das S-Netzwerk als Medium für reliable Publikationen und sichere Hinterlegungen gehen über die der Trustworthy Repositories hinaus. Rechtsgültigkeit und eine garantiert sichere Verfügbarkeit unabhängig von der technischen Weiterentwicklung wird für Trustworthy Repositories nicht gefordert. Bisherige Lösungen für Trustworthy Repositories können keinen dauerhaft sicheren Betrieb garantieren, weil sie technische Konzepte voraussetzen, die eventuell in Zukunft nicht mehr sicher sein werden. Die Abhängigkeiten von langzeitlich riskanten Technologien werden bestenfalls benannt:

"A digital signature is a critical technology that must be operational in a digital preservation repository", zitiert aus [Jantz 2005].

Auch der Einsatz von *Blockchain*-Verfahren verbietet sich aufgrund der Anforderung an die langzeitliche Sicherheit – vielleicht gibt es in Zukunft keine kryptografisch sicheren Hashfunktionen mehr. Außerdem können in einer *Blockchain* realistischerweise nur geringe Datenmengen gespeichert werden – eine Distribution aller Daten an alle Teilnehmer ist keine Lösung für die Bewahrung potenziell umfangreicher reliabler Publikationen und sicherer Hinterlegungen. Müssen die Daten extern archiviert werden und werden nur Hashwerte als Integritätsschutz in der *Blockchain* bewahrt, besteht eine zusätzliche Abhängigkeit von der Korrektheit des externen Archivierungsverfahrens [Lemieux 2016].

1.2.5 Rechtsgültige Authentifikation und Autorisation

Derzeit können rechtsgültige Authentifikation und Autorisation etwa mithilfe von digitalen Signaturen erzielt werden. Für das S-Netzwerk ergeben sich ähnliche technische und rechtliche Herausforderungen, die Ansprüche sind allenfalls höher.

Eine sichere zuverlässige Authentifikation von Personen und Autorisation durch Personen ist die Voraussetzung für viele Rechtsgeschäfte. Das gilt auch für das Anfertigen von reliablen Publikationen sowie sicheren Hinterlegungen im S-Netzwerk. Dazu braucht es geeignete technische Maßnahmen und einen pas-

1.2 Grundlagen, Stand der Forschung und der Technik

senden rechtlichen Rahmen. Obwohl für das S-Netzwerk keine digitalen Signaturen verwendet werden, wird im Folgenden beispielhaft der aktuelle Stand für digitale Signaturen aufgezeigt, weil mit reliablen Publikationen und sicheren Hinterlegungen im S-Netzwerk durchaus ähnliche Anwendungen möglich sein sollen wie mit digitalen Signaturen – etwa das Abschließen von rechtsgültigen Verträgen.

Um Rechtsgültigkeit für Unterschriften unter einem Vertrag erreichen zu können, ist es erforderlich, dass niemand leugnen kann, wer welche Unterschrift wann geleistet hat. Dies setzt eine hohe Fälschungssicherheit sowie eine möglichst unzweifelhafte Überprüfbarkeit von den Unterschriften voraus.

Heutzutage werden digitale Signaturen beispielsweise mit der Hilfe von asymmetrischer Verschlüsselung realisiert ([Rivest 1978] und [RSA Laboratories 2002]). Es gelten die bereits geäußerten Vorbehalte für die langzeitliche Sicherheit eines solchen Konzepts, welche durch mögliche bahnbrechende technische Entwicklungen wie Quantencomputer grundsätzlich bedroht ist. Würde die Sicherheit eines Verfahrens für digitale Signaturen mit einem in der Praxis durchführbaren Angriff gebrochen, so wäre es auch schon zu spät für eine Migration von bestehenden mit diesem Verfahren geleistete Unterschriften auf ein alternatives Signaturverfahren, das mehr Sicherheit verspricht.

Die Fälschungssicherheit von digitalen Signaturen ist mithin wiederum besonders dann eine Herausforderung, wenn sie dauerhaft in langzeitlichem Sinn sein soll.

Selbst wenn die eingesetzten kryptografischen Algorithmen sich als hinreichend sicher erweisen und sie nicht gebrochen werden, bedeutet das noch nicht, dass ein darauf basiertes Verfahren für digitale Signaturen auch vor Fälschungen sowie Missbrauch sicher ist.

Zusätzlich muss sichergestellt werden, dass nur die Person, welche mit einer digitalen Signatur identifiziert wird, diese auch ausführen kann (Authentizität). Weiters darf die Ausführung der Signatur auch nur willentlich möglich sein (Autorisierung). Schließlich muss die Person, welche etwas willentlich unterschreibt, auch genau wissen, was sie wirklich unterschreibt und dieser Inhalt muss zusammen mit der Unterschrift dauerhaft unverändert bleiben.

Authentifikation und sicherer Umgang mit privaten Schlüsseln

Zur automatischen Authentifikation von Personen gegenüber Computersystemen sind verschiedene Konzepte bekannt. Die nachfolgend aufgeführten Technologien werden auch in der Praxis eingesetzt sowie bei hohen Sicherheitsanforderungen auch untereinander kombiniert, da kein bekannter Ansatz perfekte Sicherheit bietet.

- Authentifikation durch geheimes Wissen
  Eine Möglichkeit der Authentifikation mit Wissen besteht in der Abfrage eines Benutzernamens und eines geheimen Passwortes. Die Sicherheit hängt in jedem Fall von der Geheimhaltung des Passwortes, von dessen Güte (Zufälligkeit) und von dessen Länge ab. Das Geheimnis kann grundsätzlich von Angreifern erraten, eventuell aber auch gezielt ausspioniert oder mit Drohungen sowie mit angewandter Gewalt entrissen werden.
- Authentifikation durch gegenständlichen Besitz
  Unter diese Kategorie fällt etwa die Authentifikation mittels eines Ausweises oder Tokens. Alleine der Besitz wird als Authentifikationsmerkmal anerkannt. Ein automatischer Schutz gegen den Missbrauch von verlorenen oder gestohlenen Ausweisen beziehungsweise Token existiert nicht.
- Authentifikation durch biometrische Merkmale
  Es wird versucht, eine natürliche Person anhand von durch Sensoren erfassbaren charakteristischen Eigenschaften zu identifizieren, indem die Sensordaten mit Referenzdaten verglichen werden. Die Sensordaten werden dabei in der Regel bei jeder Messung leicht unterschiedlich ausfallen, daher muss für eine erfolgreiche Erkennung eine gewisse Unschärfe zugelassen werden. Diese Unschärfe kann prinzipiell auch zu falschen Resultaten führen. Außerdem können Angreifer versuchen, die Sensoren mit Nachbildungen der charakteristischen Eigenschaften einer Person zu überlisten. Dazu sei auf [Thalheim 2002] verwiesen.
- Authentifikation durch Implantate
  Die Authentifikation durch Implantate ist wiederum an Gegenstände gekoppelt, diese werden jedoch im Inneren des Körpers eingesetzt, sodass sie nicht einfach verloren gehen können. Auch ein Diebstahl ist nicht möglich, wohl aber können Implantate ohne bewusste Wahrnehmung des Trägers genutzt werden (etwa durch ein berührungsfreies Lesegerät in unmittelbarer Nähe) oder durch physische Eingriffe am Träger geraubt und dann eventuell missbräuchlich verwendet werden.

Bei Zahlungskarten nach dem EMV-Standard [EMV 2008], mit welchen man beispielsweise Bargeld an Geldautomaten abheben kann, kommt derzeit etwa eine Kombination aus dem gegenständlichen Besitz einer Chipkarte [Beutelspacher 1991] und dem geheimen Wissen einer Persönlichen Identifikationsnummer (PIN) zum Einsatz.

Autorisierung

Die Authentifikation durch geheimes Wissen ist bei korrekter Handhabung auch bedingt geeignet, um zugleich eine willentliche und bewusste Handlung des sich

1.2 Grundlagen, Stand der Forschung und der Technik

Authentifizierenden sicherzustellen, denn nur eine aktive Handlung gibt das geheime Wissen preis: Die zuverlässige Extrahierung von Informationen aus einem Gedächtnis lässt sich mit keiner derzeit bekannten Technologie erzwingen. Mit Bedrohungen, Folter und Drogen kann allerdings die willentliche Kontrolle über geheimes Wissen angegriffen und eventuell gebrochen werden. Je nach Eingabemethode lässt sich geheimes Wissen schließlich vielleicht auch ausspionieren.

Mit biometrischen Merkmalen ist eventuell auch eine erfolgreiche Authentifizierung möglich, ohne dass die authentifizierte Person dies bewusst bewilligt oder überhaupt auch nur mitbekommt.

Die Verfahren, welche alleine auf den gegenständlichen Besitz zur Authentifikation setzen, funktionieren prinzipiell auch ohne den rechtmäßigen Besitzer und können mithin nicht als Willensbekundung gewertet werden. Sie alleine sind zur Autorisierung ungeeignet.

Implantate können eventuell zukünftig eine direkte willentliche Steuerung ermöglichen und sie wären dann auch zur Autorisierung geeignet.

Für digitale Signaturen wird sowohl eine Authentifikation als auch eine Autorisation benötigt. Gegenwärtig wird daher auf Verfahren gesetzt, bei denen zumindest auch die Eingabe von geheimem Wissen erforderlich ist.

Digitale Signaturen mit dem elektronischen Personalausweis

In Deutschland lässt sich für Signaturen inzwischen beispielsweise der elektronische Personalausweis in Kombination mit einem Zertifikat einer Vertrauenspartei und geheimem Wissen einsetzen. Ein Zertifikat für qualifizierte Signaturen muss jedoch unverständlicherweise extra erworben werden.

Um eine digitale Signatur machen zu können, muss ein spezielles Signatur-Passwort, eine sogenannte Persönliche Identifikationsnummer (PIN) eingegeben werden, wozu wiederum ein kostspieliges externes „Komfortlesegerät" erforderlich ist, welches im Gegensatz zu einem „Basislesegerät" ein eigenes Display zur Kontrolle dessen was unterschrieben werden soll und ein Eingabefeld für die Signatur PIN beinhalten muss [BSI 2009].

Doch diese Restriktion auf „Komfortlesegeräte" alleine scheint nicht hinreichend zu sein: Was passiert beispielsweise, wenn jemand einfach das „Komfortlesegerät" durch ein gleich aussehendes Gerät ersetzt, welches zwar dem Nutzer identische Anzeigen vortäuscht, aber nur die Signatur PIN ausspioniert? Um Sicherheit gewinnen zu können, müsste ein eigenes „Komfortlesegerät" vor Fremden geschützt z. B. in einem Safe aufbewahrt werden, wenn es nicht verwendet wird.

Ein grundsätzliches Problem der Absicherung mit Passwörtern ergibt sich weiters daraus, dass die Eingaben etwa mit Kameras aufgezeichnet werden könnten. Somit genügt auch eine triviale Beobachtung und der anschließende Diebstahl des Personalausweises oder einer anderen heute üblichen Signaturkarte, um alle Sicherheitsmaßnahmen auszuhebeln und um die digitale Signatur einer anderen Person einsetzen zu können.

Rechtliche Basis

Die bloße Existenz, Leistbarkeit und praktikable Verfügbarkeit einer Technologie, die als sicher genug erachtet wird, dass damit verbindliche Signaturen etwa für nicht zu leugnende elektronische Vertragsabschlüsse gemacht werden könnten, ist noch nicht hinreichend, um damit auch rechtliche Gültigkeit erlangen zu können.

Elektronische Unterschriften beispielsweise müssen auch im anwendbaren Recht geregelt werden. Viele Staaten verfügen inzwischen über entsprechende Gesetze, in Deutschland geschieht das insbesondere in §126a [BGB 1896/2011], im [SigG 2001/2009] und im [SigV 2001/2010]. Innerhalb der Europäischen Union ist die nationale Gesetzgebung zu elektronischen Unterschriften durch die Signaturrichtlinie [EU 1999] vereinheitlicht.

Das S-Netzwerk muss eine vergleichbare, für alle Teilnehmer möglichst einheitliche rechtliche Basis bezüglich reliabler Publikationen und sicherer Hinterlegungen haben. Diese Basis muss unter anderem regeln, welche Interpretation Ξ_X von Daten X im S-Netzwerk zu welchem Zweck in welcher Konsequenz rechtlich bindend ist. Ein dazu passendes Konzept könnte den Einsatz von einer Format Registry ähnlich der *Unified Digital Format Registry* [UDFR 2009] beinhalten.

1.2.6 Universelle Informationssysteme

Allgemeine Informationssysteme wie das World Wide Web oder Xanadu sind für das Informationszeitalter eine notwendige Basis, ihre Unzuverlässigkeit ist jedoch ein entscheidendes Manko.

In seinem einflussreichen Artikel *"As We May Think"* aus dem Jahr 1945 stellt Vannevar Bush bereits fest, dass es notwendig sein wird, Informationen künftig automatisiert zu handhaben, um etwa in der Wissenschaft die immens wachsenden Bestände an Daten und Erkenntnissen weiterhin effizient nutzen zu können. Sein Vorschlag dazu ist die *Memex* [Bush 1945], welche nie realisiert wurde.

As We May Think

"Science has provided the swiftest communication between individuals; it has provided a record of ideas" ... "so that knowledge evolves and endures throughout the life of a race rather than that of an individual.
There is a growing mountain of research. But there is increased evidence that we are being bogged down today as specialization extends. The investigator is staggered by the findings and conclusions of thousands of other workers – conclusions which he cannot find time to Grasp, much less to remember, as they appear."

1.2 Grundlagen, Stand der Forschung und der Technik

> *"The summation of human experience is being expanded at a prodigious rate, and the means we use for threading through the consequent maze to the momentarily important item is the same as was used in the days of square-rigged ships."*, zitiert aus [Bush 1945].

Grundlegende Forschungsarbeit zu einem möglichen computergestützten Informationssystem, in dem quasi das gesamte Wissen vereint und überall verfügbar gemacht werden könnte, wurde von 1961 bis 1963 in der Studie *"Concepts and problems of libraries of the future"* geleistet [Licklider 1965]. Es wurden dabei jedoch keine konkreten Systeme geplant und entwickelt.

Libraries Of The Future

1961 war noch viel Vorstellungskraft erforderlich, um überhaupt erkennen zu können, dass Computer als allgemeine Informationssysteme für Laien von Nutzen und von Interesse sein könnten.

> *„If one thinks of "computing" in terms of collecting data and writing a computer program, having the data and program punched into cards, delivering the cards to a computer center in the morning, and picking up a pile of "printouts" in the afternoon, and so forth, he is likely to scoff at the idea"* ...
>
> *„It is important to recognize that our progress must, for a time, be largely conceptual or demonstrational. Present-day information-processing machinery cannot process usefully the trillions of bits of information in which the body of knowledge is clothed"*, zitiert aus [Licklider 1965], S. 8-9.

Das Projekt *Xanadu* von Theodor Holm Nelson, dem Erfinder des Hypertexts, dürfte dem S-Netzwerk in seiner gesamten Konzeption am ähnlichsten sein. Dabei handelt es sich um ein von den Ideen in dem Artikel *"As We May Think"* inspiriertes hypertextbasiertes Informationssystem. Es ähnelt dem später entwickelten und dann von der praktischen Verbreitung und Nutzung her sehr erfolgreichen World Wide Web [Berners-Lee 1999], allerdings zeichnet sich *Xanadu* durch ein sehr viel allgemeineres Verständnis von der Verlinkung von Inhalten und von dem potenziellen Nutzen dieser Technik aus.

Das Projekt *Xanadu* geht wie das S-Netzwerk über die Informationstechnik hinaus – auch wirtschaftliche und rechtliche Aspekte werden berücksichtigt, jedoch wird dabei ausdrücklich keine Reliabilität für die Inhalte garantiert und keine Rechtsgültigkeit angestrebt. Zwar sind beim Projekt *Xanadu* einheitliche Verträge vorgesehen, die die Nutzungsbedingungen für die Teilnehmer regeln, doch darin wird genau jede Garantie für die Inhalte oder die Verlässlichkeit des gesamten Systems ausgeschlossen:

> *"User acknowledges that all services are being performed by unproven software furnished by Project Xanadu, that the software field is a peculiar and unreliable art, and further acknowledges that the Xanadu storage-and-delivery software is experimental and under continuing development and modification; that the reliability and feasibility of these services has not been proven, that the reliability of such software for the intact preservation and delivery of User's information cannot be established now or at any foreseeable time; that aspects of the software which appear to work correctly at one time may not work correctly at a later time, circumstance or state of development."*, zitiert aus [Nelson 1980/1990], Kapitel 5, Seite 17.

Das World Wide Web sieht überhaupt keine Nutzerverträge vor, aus denen irgendwelche Ansprüche oder Garantien abgeleitet werden können. Unzuverlässigkeit ist der Preis dieser Offenheit. Alle Daten und Services sind hochgradig veränderlich und flüchtig. Gewährleistungen können zwar von einzelnen Herausgebern für einzelne Webseiten geleistet werden, aber die Nutzer müssen dann in jedem einzelnen Fall für sich die Vertrauensfrage beantworten.

Beim S-Netzwerk hingegen muss die nicht zu leugnende Dauerhaftigkeit der darin gespeicherten Informationen gewährt und der sichere Zugriff darauf garantiert werden, und zwar auch auf unbegrenzte Zeit. Dieses Informationssystem muss mithin auch den Anforderungen der Langzeitarchivierung gerecht werden und darüber mit Rechtsgültigkeit sowie mit Unleugbarkeit hinausgehen. Das S-Netzwerk ist der erste veröffentlichte Ansatz, der sowohl die technischen als auch alle rechtlichen Aspekte eines derart streng verlässlichen digitalen Weltarchivs in dieser Konsequenz abdecken soll.

1.3 Gesamtkonzeption

Damit das S-Netzwerk vertrauenswürdig, sicher und skalierbar wird, müssen die Prinzipien der Offenheit, Dezentralität, Einfachheit und Minimalität bei der Planung des S-Netzwerks berücksichtigt werden.

1.3.1 Außenansicht – Anwendungsfälle

Die Anforderungen an die Funktionalität, welche das S-Netzwerk seinen Teilnehmern bereitstellen muss, ergeben sich aus den Anwendungsfällen einer Plattform für reliable Publikationen und sicher Hinterlegungen. Zusätzlich sind sehr begrenzte, lokal beschränkte Suchfunktionen vorgesehen.

Zur Analyse des S-Netzwerks können verschiedene Perspektiven vorteilhaft sein. Für einen Gesamteindruck bietet es sich an, das ganze S-Netzwerk als schwarze Box aufzufassen und nur das äußere Verhalten im Zusammenspiel mit der Um-

1.3 Gesamtkonzeption

welt zu betrachten. Die internen Abläufe werden dabei ausgeblendet. Es geht nur darum, was das S-Netzwerk zu leisten hat, nicht wie dies bewerkstelligt wird.

Allgemeine Anwendungsfälle

Für das S-Netzwerk ergeben sich zwei ganz offensichtliche Anwendungsfälle, zum einen das Publizieren bzw. Hinterlegen von Daten im S-Netzwerk und zum anderen das lesende Zugreifen auf bestehende reliable Publikationen sowie sichere Hinterlegungen.

Das Publizieren oder Hinterlegen von beliebigen Daten χ steht jedem aktiven Teilnehmer am S-Netzwerk offen, jeder Nutzer kann zum Akteur *Herausgeber* werden. Der *Herausgeber* muss in jedem Fall neben den Daten χ auch Γ_X, Δ_X und Ξ_X vorgeben, für eine sichere Hinterlegung außerdem auch A_X. Die Werte für Π_X, T_X und Λ_X werden hingegen vom S-Netzwerk automatisch erhoben. Das S-Netzwerk muss eine jede Publikation oder Hinterlegung X in einer endlichen Zeit ε_X oder schneller realisieren und dem *Herausgeber* den Erfolg bestätigen. Spätestens ab dem Zeitpunkt der Bestätigung an den *Herausgeber* muss das S-Netzwerk die Eigenschaften der reliablen Publikation bzw. einer sicheren Hinterlegung garantieren.

Insbesondere muss eine dauerhaft sichere und unabänderliche Verfügbarkeit gewährleistet werden. Genauer muss jeder Person P aus dem Zielpublikum Γ_X während des Gültigkeitszeitraums Δ_X (bzw. bei sicheren Hinterlegungen während des eventuell kürzeren persönlichen Zugriffszeitraums Δ_{PX}) auf eine Anfrage mit dem Identifikationsmerkmal I_X hin in einer endlichen Zeit ε_X lesender Zugriff auf X ermöglicht werden.

Es ist zwischen zwei verschiedenen Fällen zu unterscheiden:

Existiert die angefragte Publikation oder Hinterlegung X, stammt die Leseanfrage von einer Person P aus Γ_X und erfolgt sie innerhalb von Δ_X bzw. Δ_{PX}, muss das S-Netzwerk diesem Akteur, einem *Leseberechtigten*, die Anfrage mit den geforderten Informationen X beantworten. Im Zuge des Lesezugriffs muss es auch möglich sein, eine Überprüfung der Datenbestände zu erzwingen. Im Fall von Inkonsistenzen muss die Überprüfung automatisch zum Reparaturversuch im S-Netzwerk führen.

Andernfalls ist die Anfrage abzulehnen. Für den anfragenden Akteur soll es dann anhand der Ablehnung nicht möglich sein, herauszufinden, ob im S-Netzwerk gar keine gültige reliable Publikation oder sichere Hinterlegung mit dem angefragten Identifikationsmerkmal I_X existiert oder ob ihm nur die erforderlichen Rechte für einen lesenden Zugriff fehlen.

Als weiterer Anwendungsfall für alle aktiven Teilnehmer kommt noch die Anfrage zur Auflistung von Identifikationsmerkmalen nach bestimmten Such- und Sortierungskriterien über die Metadaten sowie über Teile des Identifikationsmerkmals hinzu. Die Suchfunktion ist auf lokale Bestände einzelner Server im S-Netzwerk beschränkt und als Ergebnis werden nur Identifikationsmerkmale gültiger Publikationen oder Hinterlegungen geliefert, für die der Akteur auch Leserechte hat. Das S-Netzwerk bietet keine globalen Suchfunktionen, eine Volltextsuche über einen beliebigen Inhalt χ wird selbst lokal auf einzelnen Rechnern nicht unterstützt.

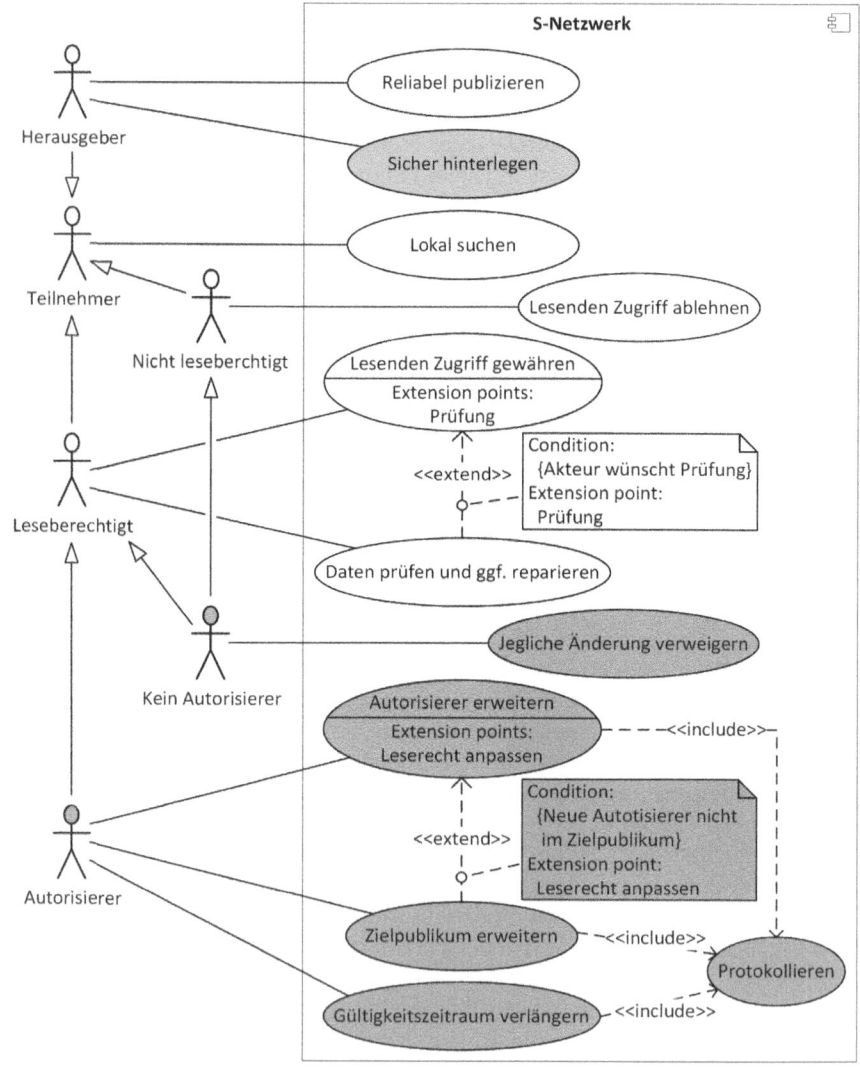

Abbildung 2: Hauptanwendungsfälle des S-Netzwerks als Use Case Diagramm

1.3 Gesamtkonzeption

Zusätzliche Anwendungsfälle für sichere Hinterlegungen

Für sichere Hinterlegungen gibt es noch weitere zu berücksichtigende Anwendungsfälle: Die Erweiterung von dem Zielpublikum Γ_X, die Verlängerung vom Gültigkeitszeitraum Δ_X und die Erweiterung der Autorisierer A_X.

Wird eine Anfrage zur Erweiterung des Zielpublikums Γ_X oder zur Verlängerung des Gültigkeitszeitraums Δ_X einer gültigen sicheren Hinterlegung H_X von einem *Autorisierer*, also von einem Akteur gestellt, der zur Menge der Autorisierer A_X gehört, so muss das S-Netzwerk diese Änderung ausführen. Die Erweiterung ist dann auch mit eindeutiger Nennung des Akteurs und des Zeitpunkts der Änderung in der Liste Σ_X zu protokollieren.

Kommt die Erweiterungsanfrage nicht innerhalb des persönlichen Zugriffszeitraums Δ_{P_X} von einem *Autorisierer* P aus A_X, ist die Anfrage abzulehnen.

Wird eine Anfrage zur Erweiterung der Autorisierer A_X einer gültigen sicheren Hinterlegung H_X von einem *Autorisierer* gestellt, so muss das S-Netzwerk diese Änderung ausführen. Andernfalls ist die Anfrage abzulehnen. Wird die Erweiterung ausgeführt, dann ist sie auch mit eindeutiger Nennung des Akteurs und des Zeitpunkts der Änderung in der Liste Σ_X zu protokollieren. Jede Person, die dabei zu A_X hinzugefügt wird, muss außerdem auch zum Zielpublikum Γ_X gehören. Ist das noch nicht der Fall, so ist das Zielpublikum so zu erweitern, dass es genau die Vereinigung vom alten Γ_X und vom neuen A_X ergibt. Diese Folgeänderung ist ebenfalls mit eindeutiger Nennung des *Autorisierers* und des Zeitpunkts der Änderung in der Liste Σ_X zu protokollieren.

Diese Hauptanwendungsfälle des S-Netzwerks sind im Use Case Diagramm in der Abbildung 2 dargestellt, wobei die farblich hervorgehobenen Elemente nur sichere Hinterlegungen betreffen. Die Spezifikation von Unified Modeling Language (UML) Use Case Diagrammen findet sich in [OMG 2010], S. 603 ff.

Weitere Anwendungsfälle mit Außenstehenden

Die zuvor genannten Anwendungsfälle beziehen sich alle auf Akteure, die bereits aktive Teilnehmer am S-Netzwerk sind. Aktiver Teilnehmer zu werden oder die aktive Teilnahme zu beenden sind ebenfalls Anwendungsfälle des S-Netzwerks.

Aktiver Teilnehmer zu werden durch das Beitreten zum S-Netzwerk soll jeder natürlichen oder juristischen Person möglich sein, welche die rechtlichen Voraussetzungen dafür erfüllt. Für den Beitritt müssen Außenstehende einen Teilnahmevertrag abschließen. Durch den Beitritt wird der Akteur vom Außenstehenden zum aktiven Teilnehmer am S-Netzwerk.

Umgekehrt ist es auch möglich, die aktive Teilnahme am S-Netzwerk zu beenden. Dazu muss der Teilnahmevertrag ordentlich gekündigt werden. Mit der Kündigung der aktiven Teilnahme enden alle Zugriffsrechte auf die Inhalte des S-Netzwerks. Bereits publizierte oder hinterlegte Daten bleiben unabhängig vom aktiven Fortbestand der Teilnahme des Herausgebers Π_X während des Gültigkeitszeitraums Δ_X für alle zum Zielpublikum Γ_X gehörenden weiterhin aktiven Teilnehmer verfügbar.

Die offizielle und unleugbare Meldung von besonderen Vorkommnissen ist als weiterer Anwendungsfall zu beachten. Eine solche Meldung kann beispielsweise sinnvoll sein, um auf Ausfälle von Teilen des S-Netzwerks hinzuweisen. Auch fehlgeschlagene Überprüfungen der Korrektheit der Datenbestände und darauf folgende Reparaturversuche können explizit gemeldet werden. Meldungen können sowohl über das S-Netzwerk selbst durch reliable Publikationen oder durch sichere Hinterlegungen als auch über andere externe Medien erfolgen. Meldungen können somit auch von Akteuren erfolgen, die keine aktiven Teilnehmer am S-Netzwerk sind.

Schließlich ist noch die Beteiligung an der Gestaltung und Weiterentwicklung des S-Netzwerks als Anwendungsfall zu berücksichtigen. Dies beinhaltet auch das Treffen von politischen und strategischen Entscheidungen bezüglich des S-Netzwerks, etwa in Form von demokratischen Abstimmungen, wobei in der Regel alle aktiven Teilnehmer am S-Netzwerk stimmberechtigt sein sollen.

Weitere Anwendungsfälle bestehen für Akteure mit besonderen Verantwortungen. Dabei geht es insbesondere um Administration, Identitätsprüfungen und den Austausch geheimer Schlüssel. Hier sollen jedoch zunächst nur die Anwendungsfälle für einfache aktive Teilnehmer und Außenstehende aufgeführt werden.

1.3.2 Innenansicht – Bestandteile

Die informationstechnische Plattform des S-Netzwerks ist als ein Peer-to-Peer-Computernetzwerk von S-Knoten konzipiert. Damit die Teilnehmer auf diese Plattform zugreifen können, sind sichere Zugangssysteme für alle Teilnehmer vorgesehen. Die rechtliche Basis des S-Netzwerks besteht aus den globalen abstrakten Regeln der S-Verfassung und deren lokalen Implementierungen in Form von S-Rechtsrahmen. Die S-Rechtsrahmen setzen sich aus Gesetzen, persönlichen S-Verträgen und rechtlichen Institutionen zu deren Durchsetzung zusammen. Der Abschluss eines S-Vertrags ist für die aktive Teilnahme am S-Netzwerk obligatorisch. Außerdem sind auch die im S-Netzwerk gespeicherten Inhalte Teil des S-Netzwerks.

Die Bereitstellung der nach außen gewollten Funktionalität des S-Netzwerks kann mit grundverschiedenen Ansätzen und Architekturen geleistet werden. In jedem Fall braucht es ein Zusammenspiel aus Informationstechnik und rechtlichen Maßnahmen. Die weitere Gestaltung ist jedoch mit strategischen Entscheidungen verbunden. Im Rahmen dieser Dissertation wird gezielt eine mögliche Gestaltung entworfen und die Designentscheidungen werden begründet. Es sind jedoch auch völlig andere Ansätze und Architekturen denkbar.

1.3 Gesamtkonzeption

IT-Plattform: internes Peer-to-Peer Computernetzwerk

Das S-Netzwerk soll als einheitliche Informationsplattform seinen Teilnehmern reliable Publikationen und sichere Hinterlegungen mit Fernzugriff über digitale Kommunikationskanäle ermöglichen. Prinzipiell kommen zur informationstechnischen Realisierung der Plattform sowohl zentrale als auch dezentrale Lösungen infrage.

Ein Netzwerk ohne zentralistische Strukturen lässt sich so konstruieren, dass bei Ausfällen von beliebigen Einzelsystemen jeweils nur kleine Teile des Gesamtnetzwerks in Mitleidenschaft gezogen werden. In einem zentralistischen Netzwerk genügt unter Umständen schon der Ausfall eines einzelnen Zentralsystems oder einiger weniger zentraler Komponenten, um das gesamte Netzwerk lahmzulegen. Da das S-Netzwerk eine hohe Verfügbarkeit garantieren können muss, ist der Verzicht auf zentrale Systeme vorzuziehen. Also soll ein hochgradig verteiltes, vollständig dezentrales Peer-to-Peer-Computernetzwerk den technischen Kern des S-Netzwerks bilden. Für die sichere informationstechnische Kommunikation zwischen den einzelnen weit verteilten Peer-Systemen im S-Netzwerk soll bestehende physische und logische Infrastruktur genutzt werden können.

Vollständig dezentrale Netzwerke haben allerdings nicht nur Vorteile, schließlich müssen Wege gefunden werden, Daten und Ressourcen effizient suchen und finden zu können. Dies lässt sich mit der Hilfe von zentralistischen Mechanismen wie Suchmaschinen auf einzelnen speziellen Systemen sehr viel leichter bewerkstelligen. Für das S-Netzwerk sollen andere Konzepte gefunden werden.

S-Knoten, S-Adresse und S-Identifikatoren

Die einzeln adressierbaren Systeme im Peer-to-Peer-Computernetzwerk des S-Netzwerks werden im Folgenden als **S-Knoten** bezeichnet. Ein S-Knoten ist ein logisches System – es muss sich nicht um einen eigenständigen physischen Rechner handeln.

Jeder S-Knoten hat genau eine dauerhafte, absolute und eindeutige logische Adresse, die **S-Adresse**. Änderungen oder Wiederverwendungen der einmal vergebenen S-Adressen sind nicht zulässig. Die S-Adressen dienen der internen Kommunikation im Peer-to-Peer-Computernetzwerk der S-Knoten – nur S-Knoten erhalten eine eigene S-Adresse.

Auf logischer Ebene müssen einmal zum S-Netzwerk gehörende S-Knoten dauerhaft in dem Peer-to-Peer-Computernetzwerk verfügbar gehalten werden und sie müssen alle in endlicher Zeit anhand der S-Adressen miteinander kommunizieren können. Es dürfen im laufenden Betrieb nur neue S-Knoten hinzugefügt werden. Fällt ein S-Knoten aus oder wird die Kommunikation unterbrochen, so müssen entsprechende Maßnahmen zur Reparatur und zur Restauration in endlicher Zeit eingeleitet werden.

Eine einzelne reliable Publikation oder sichere Hinterlegung im statischen Netzwerk der S-Knoten wird logisch mit einem im ganzen S-Netzwerk eindeutigen und für den gesamten Gültigkeitszeitraum konstanten **S-Identifikator** adressiert. Der S-Identifikator dient im S-Netzwerk als das Identifikationsmerkmal I_X für eine reliable Publikation bzw. sichere Hinterlegung X.

An einer reliablen Publikation oder sicheren Hinterlegung im S-Netzwerk werden nach dem im Folgenden gezeigten Sicherheitskonzept immer mehrere S-Knoten dauerhaft beteiligt sein, etwa zum Aufbewahren von verteilten Sicherungskopien. Ein vollständiger S-Identifikator enthält neben einem Dateinamen immer auch eine Liste der S-Adressen aller involvierten S-Knoten. Diese Angabe ist der Publikationsort Λ_X.

Sichere Zugangssysteme, S-Knoten, S-Betreiber S-Netzwerkorganisation

Um das S-Netzwerk nutzen zu können, benötigt jeder aktive Teilnehmer ein **sicheres Zugangssystem** [Viehmann 2018 d], welches aus der Ferne den Zugriff auf die S-Knoten und ihre Dienste sowie Daten mit einer zuverlässigen Authentifikation und gegebenenfalls auch mit einer unleugbaren Autorisation ermöglicht.

Außerdem erhält jeder Teilnehmer des S-Netzwerks mindestens einen eigenen S-Knoten als dauerhafte Präsenz im S-Netzwerk. Jeder Teilnehmer ist der *Besitzer* seines eigenen S-Knotens. Die Ressourcen des eigenen S-Knotens sind ein persönlicher Beitrag des *Besitzers* zur Infrastruktur des S-Netzwerks.

Die Bedeutung des persönlichen Besitzes eines S-Knotens

Rein informationstechnisch betrachtet gibt es bei den hier vorgestellten Konzepten für das S-Netzwerk keinen zwingenden Grund dafür, dass jeder Teilnehmer genau einen eigenen S-Knoten erhält. Um eine dezentrale Plattform zu schaffen, ist es zwar wünschenswert, dass es eine große Anzahl von Knoten im S-Netzwerk gibt. Das ließe sich jedoch auch anders sicherstellen. Es sprechen andere Gründe dafür, dass jeder Teilnehmer einen S-Knoten *besitzen* soll.

Diese Forderung soll primär die Identifikation mit dem S-Netzwerk stärken. Persönlich einen Anteil zu besitzen, Eigentum am S-Netzwerk zu haben, soll dazu beitragen, dass die Teilnehmer die Plattform wertschätzen und dass deren Pflege zu ihrem eigenen Anliegen wird.

Außerdem soll der eigene S-Knoten auch ein digitales Vermächtnis sein – auf dem eigenen S-Knoten werden Kopien aller reliablen Publikationen und sicheren Hinterlegungen des *Besitzers* gespeichert, sodass auf diesem System sämtliche gültigen Beiträge des Eigentümers gesucht und, soweit Leserechte bestehen, auch gefunden werden können. Einzige Ausnahme dieser Regel sind eventuell die S-Links (siehe dazu Kapitel 1.5).

1.3 Gesamtkonzeption

> Schließlich soll jeder Teilnehmer einen S-Knoten besitzen, damit er diesen auf Wunsch auch als persönlichen Proxy für den sicheren Zugriff auf das S-Netzwerk nutzen kann [Viehmann 2018 d].

Für jeden S-Knoten ist genau ein **S-Betreiber** zuständig, der für das System und seinen korrekten Betrieb technisch verantwortlich ist und die administrativen Aufgaben übernimmt. Der *Besitzer* eines S-Knotens kann auch dessen S-Betreiber sein. Zur Zulassung als S-Betreiber ist jedoch eine besondere Qualifikation nachzuweisen. Alternativ können Teilnehmer am S-Netzwerk ihren S-Knoten von professionellen S-Betreibern verwalten lassen.

Für das S-Netzwerk müssen einige Entscheidungsabstimmungen koordiniert und Verwaltungsaufgaben bewältigt werden – etwa wem welche S-Adresse zugeteilt wird. Um dies zu ermöglichen, ist eine geeignete Institution zu erschaffen, die **S-Netzwerk-Organisation**.

S-Vertrag, S-Rechtsrahmen und S-Verfassung

Das S-Netzwerk geht als Medium für reliable Publikationen und sichere Hinterlegungen über das alleine mit Informationstechnik Erreichbare hinaus. Das S-Netzwerk soll rechtsgültig sein, darin unleugbar gespeicherte Inhalte sollen eine hohe rechtliche Tragweite haben. Die Gemeinschaft aller Teilnehmer am S-Netzwerk braucht einheitliche rechtliche Regeln und Standards, verbindliche Maßgaben zur Organisation, zum Betrieb und zur Nutzung des S-Netzwerkes sowie zu den daraus resultierenden rechtlichen Konsequenzen.

Das S-Netzwerk ist ein geschlossenes Netzwerk: Wer am S-Netzwerk teilhaben will, der muss einen Teilnahmevertrag, einen **S-Vertrag**, akzeptieren und abschließen. In einem solchen S-Vertrag werden die für die Teilnahme am S-Netzwerk erforderlichen dispositiven Regeln festgeschrieben. Durch den Abschluss eines S-Vertrags wird eine Person nicht nur zum aktiven Teilnehmer des S-Netzwerks, sondern auch zum Besitzer einer S-Adresse für den persönlichen S-Knoten.

Die von den Mitgliedern bereitgestellten Inhalte und Daten werden gemäß des S-Vertrags bei Hinterlegung oder Publikation im S-Netzwerk rechtlich und technisch zum festen Bestandteil des S-Netzwerks und sie entziehen sich fortan auch weitgehend der Kontrolle des Herausgebers: Reliable Publikationen werden garantiert und unleugbar zu den bei ihrer Speicherung angegebenen Konditionen bis zum Ende des Gültigkeitszeitraums Δ_X dem gesamten Zielpublikum Γ_X verfügbar gehalten. Nur bei sicheren Hinterlegungen sind nachträgliche Erweiterungen der Verfügbarkeit erlaubt.

Laut S-Vertrag übernimmt jeder Teilnehmer auch die inhaltliche Verantwortung für die von ihm ins S-Netzwerk gestellten Informationen. Die möglichen rechtlichen Konsequenzen werden ebenfalls soweit möglich im S-Vertrag festgelegt.

Für juristische Personen wie bestimmte Unternehmen, welche als ganze Organisation am S-Netzwerk teilnehmen möchten, enthalten die S-Verträge zusätzliche Maßgaben etwa zur Nutzung des Zugangs innerhalb der Organisation sowie zu Fragen der Haftung.

Eine Person, die auch S-Betreiber sein will, muss einen **erweiterten S-Vertrag** für den Betrieb von S-Knoten abschließen, in dem die Rechte und Pflichten eines S-Betreibers festgeschrieben sind. Mitglieder der S-Netzwerk-Organisation müssen einen erweiterten S-Vertrag abschließen, indem die Rechte und Pflichten von Mitgliedern der S-Netzwerk-Organisation bestimmt werden.

Die Bestimmungen und Regeln eines S-Vertrags oder eines erweiterten S-Vertrags sind nutzlos, wenn diese Verträge nicht geltendes Recht darstellen und auch in der Praxis durchsetzbar sind. Außerdem hat die Vertragsfreiheit Grenzen – nicht alles ist dispositiv und lässt sich vertraglich regeln.

Ein S-Vertrag muss durch geeignete rechtliche Maßnahmen wie etwa Gesetze flankiert und durch Institutionen der Rechtsprechung sowie des Justizvollzugs gestützt werden. Wenn die vollständigen juristischen Voraussetzungen gegeben sind, um die S-Verträge zu stützen, dann bilden die dazu beitragenden Maßnahmen, Gesetze und Institutionen gemeinsam einen **S-Rechtsrahmen**.

Erst die Kombination aus dem individuellen Mitgliedsvertrag, dem S-Vertrag, und einem intakten S-Rechtsrahmen bildet die notwendige rechtliche Basis für die aktive Teilnahme am S-Netzwerk. Und erst die Kombination aus einem erweiterten S-Vertrag und einem vollständigen S-Rechtsrahmen bildet die notwendige rechtliche Basis für S-Betreiber bzw. für Mitglieder der S-Netzwerk-Organisation.

Die rechtliche Basis kann je nach Region unterschiedlich gestaltet werden. Für das S-Netzwerk wird in einer einheitlichen **S-Verfassung** festgeschrieben, was eine solche rechtliche Basis genau leisten muss und was sie wie zu regeln hat, damit für alle Teilnehmer möglichst äquivalente rechtliche Bedingungen hinsichtlich des S-Netzwerks gelten.

Die S-Verfassung enthält darüber hinaus auch verbindliche Standards für die Technik des S-Netzwerks und für die Qualitätssicherung. Die S-Verfassung bildet schließlich die Grundlage für alle internen politischen und strategischen Entscheidungen bezüglich des S-Netzwerks.

Sowohl die rechtlichen als auch die technischen und organisatorischen Vorgaben sind dabei abstrakt. Die S-Verfassung selbst enthält zusätzlich auch Vorgaben dazu, wie sie zu instanziieren beziehungsweise zu implementieren ist.

1.3.3 Die S-Verfassung – ein Abstraktionsdreieck

Sowohl seitens der Technik als auch seitens der Justiz gibt es abgesehen von der Vielfalt verschiedenster Ansätze und Lösungen auch ständig Veränderungen sowie Weiterentwicklungen. Das S-Netzwerk soll hingegen dauerhaft sein und weltweit möglichst einheitliche Standards bieten. Konzeptionell muss daher abstrahiert werden, um der komplexen Realität gerecht werden zu können.

In der Softwareentwicklung ist es ein bewährtes Prinzip, mit abstrakten Schichten bzw. Ebenen (Abstraction Layer) zu arbeiten, um trotz der mannigfaltigen verschiedenen Systeme und der schnellen technischen Entwicklung eine möglichst breite und dauerhafte Nutzbarkeit zu erlangen. Anschaulich wird dies besonders an der Schnittstelle zwischen spezieller Hardware und hardwareabhängigen Treibern auf der einen Seite sowie möglichst geräteunabhängiger Anwendungssoftware auf der anderen Seite.

Ein ähnlicher Ansatz bietet sich für das S-Netzwerk an, wobei die S-Verfassung als Schnittstelle zur Abstraktion vorgesehen ist. Hier muss allerdings zwischen drei Bereichen vermittelt werden, nämlich zwischen der Anwendungsseite, dem Peer-to-Peer-Netzwerk der S-Knoten und der rechtlichen Verankerung. Zur Veranschaulichung können die abstrakten Schnittstellen des S-Netzwerks als Dreieck aufgefasst werden. Abbildung 3 visualisiert das Konzept des mit der S-Verfassung im Zentrum als Abstraktionsdreieck.

Die S-Verfassung soll einheitlich für das gesamte S-Netzwerk gelten. Sie definiert drei Schnittstellen: eine zur Anwenderseite, eine zu den verschiedenen S-Knoten, die zusammen ein Peer-to-Peer-Computernetzwerk bilden, und schließlich eine zu den rechtlichen Basen mit den S-Rechtsrahmen sowie den S-Verträgen. Durch die S-Verfassung wird die gesamte Funktionalität des S-Netzwerks einschließlich der Kommunikationsprotokolle bestimmt. Sie legt fest, wie das S-Netzwerk benutzt werden kann und was die S-Knoten zu leisten haben. Ferner bestimmt die S-Verfassung die netzwerkweiten rechtlichen Standards sowie die rechtlichen Zuständigkeiten und Verfahren.

Obwohl die Vorgaben abstrakt sind, also implementierungsunabhängig sind, müssen sie sehr präzise sein. So müssen etwa die Ergebnisse, welche die Funktionen zum reliablen Publizieren oder zum sicheren Hinterlegen zu liefern haben, exakt in der S-Verfassung spezifiziert werden. Bezüglich der technischen Sicherheit sind verbindliche Standards zu definieren, die erfüllt werden müssen. Zur Qualitätssicherung von S-Knoten und Endnutzerprogrammen sowie Systemen sind obligatorische Zulassungs- und Kontrollverfahren festzulegen. Wie die technische Realisierung der einzelnen Systeme, beispielsweise der S-Knoten, genau erfolgt, spielt keine Rolle, solange sie der Spezifikation der S-Verfassung genügen und sofern sie den darin enthaltenen Qualitätsstandards entsprechen. Es kann und soll unbedingt viele verschiedene technische Lösungen im S-Netzwerk geben, sie alle müssen jedoch die in der S-Verfassung genau beschriebenen Prüfungsverfahren erfolgreich durchlaufen, bevor sie eingesetzt werden dürfen.

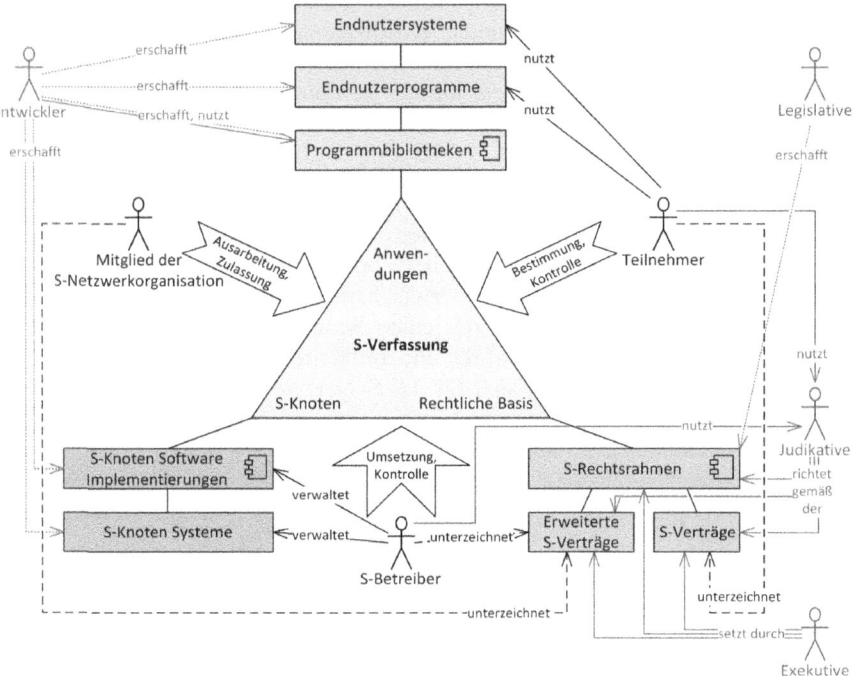

Abbildung 3: Die S-Verfassung als Abstraktionsdreieck für das S-Netzwerk

Durch technischen Fortschritt und steigende Anforderungen können einzelne Implementierungen veralten, sodass etwa Anpassungen an bestehenden S-Knoten erforderlich werden. Die S-Verfassung schirmt diese Änderungen ab, sodass idealerweise keine Adaptionen auf Anwendungsseite oder bei anderen S-Knoten erforderlich sind.

Derartige Abstraktionskonzepte sind in der Computertechnik erprobt und sie haben sich im praktischen Einsatz bewährt. In der Informatik steht eine scharfe Logik mit eindeutigen Aussagen und präzisen Ergebnissen zur Verfügung, welche die exakte Spezifikation auch von abstrakten Schnittstellen ermöglicht. Beim Programmieren können Abstraktionsebenen direkt implementiert werden, sodass sie als Teil der Lösung nutzbar werden. Für die Qualitätssicherung stehen objektive Analyseverfahren und Messmethoden zur Verfügung.

1.3 Gesamtkonzeption 53

Abstraktes Recht

Die Inhalte des S-Netzwerks sollen rechtliche Gültigkeit besitzen und dafür sollen im gesamten S-Netzwerk einheitliche Standards gelten. Es wird der Anspruch erhoben, dass alle Teilnehmer des S-Netzwerks unabhängig von ihrer Herkunft äquivalente Rechte und Pflichten haben. Das S-Netzwerk soll möglichst weltweit verfügbar sein. Nur wenn eine weitgehende rechtliche Gleichstellung aller Beteiligten sichergestellt werden kann, wird aus den Mitgliedern des S-Netzwerks eine homogene globale Gemeinschaft entstehen können, in der gegenseitiges Vertrauen ohne Weiteres möglich ist.

Für das rechtsgültige S-Netzwerk besteht ein Bedarf an netzweitem, also globalem Recht. Auf der Welt gibt es derzeit aber kein einheitliches rechtliches System, dessen Gesetze für alle anwendbar wären.

Die bestehenden Rechtsräume sind nicht nur durch ihre begrenzten räumlichen Zuständigkeitsbereiche und durch Feinheiten der Formulierungen ihrer Gesetze voneinander getrennt. Ihr ganzes Wesen, ihr Grundcharakter ist hochgradig unterschiedlich. Es gibt praktisch kaum ein gemeinsames Verständnis von Werten, Pflichten und Rechten, kaum einen kleinsten gemeinsamen Nenner, auf den man aufbauen könnte.

Realistisch betrachtet lässt sich derzeit kein einheitlicher Rechtsraum für alle Teilnehmer des S-Netzwerks erschaffen: Viele existierende Staaten oder Staatenbunde werden ihre rechtliche Souveränität nicht aufgeben oder auch nur einschränken lassen. Das zeigt die Erfahrung mit den bisherigen Versuchen, eine internationale Gerichtsbarkeit zu erzielen: Der Internationale Strafgerichtshof (IStGH) wird offiziell von vielen Staaten nicht anerkannt. Die vertragliche Grundlage des IstGH, das Römische Statut, wurde laut der United Nations Treaty Collection (http://treaties.un.org, aufgerufen am 5.5.2011) beispielsweise weder von Indien, China, Russland noch von den USA ratifiziert.

Die Möglichkeiten des für zwischenstaatliche Angelegenheiten zuständigen Internationalen Gerichtshofs (IGH/CIJ/ICJ) sind sehr begrenzt: In einigen Fällen wurde der IGH von Staaten wie Frankreich [CIJ 1973] oder den USA [ICJ 1987] einfach für nicht zuständig erklärt, obwohl diese Staaten den IGH grundsätzlich anerkannt hatten. Da diese Länder auch Veto-Mächte im UN-Sicherheitsrat sind, kann dieser keine Maßnahmen zur Durchsetzung von Urteilen oder Verfügungen gegen deren Einverständnis ergreifen, was seitens der USA in dem genannten Fall auch praktiziert wurde [UN-DPA 2000].

Verschiedene Rechtsverständnisse und abweichende Realitäten

Wie verschieden die elementarsten Wertvorstellungen sind, lässt sich beispielsweise beim Vergleich zwischen der Allgemeinen Erklärung der Menschenrechte [UN 1948] und der Kairoer Erklärung der Menschenrechte [OIC 1990] beobachten. Auch im unmittelbar gültigen und anwendbaren Recht fin-

den sich entsprechende Gegensätze. In einigen Ländern ist der Laizismus, also die Trennung zwischen Staat und Religion, in der Verfassung verankert:
« *La France est une République indivisible, laïque, démocratique et sociale.* », zitiert aus [France 1958/2008], Artikel 1. Eigene Übersetzung: „*Frankreich ist eine Republik, die unteilbar, laizistisch, demokratisch und sozial ist.*"
Andere Staaten richten sich hingegen ganz nach religiösen Bestimmungen und Traditionen:
"*Government in the Kingdom of Saudi Arabia derives its authority from the Book of God and the Sunna of the Prophet (PBUH), which are the ultimate sources of reference for this Law and the other laws of the State.*", zitiert aus [Abdulaziz Al-Saud 1992], Artikel 7.
Selbst völkerrechtlich verbindliche Vereinbarungen garantieren in der Realität keine einheitlichen Standards in grundlegendsten Fragen. Ob und inwieweit etwa ein Recht auf körperliche Unversehrtheit besteht, wird selbst innerhalb Europas höchst unterschiedlich gehandhabt. Beispielsweise hat Frankreich die revidierte Europäische Sozialcharta [Europarat 1996] unterzeichnet und ratifiziert, die in Part II Article 17.1.b Gewalt gegen Kinder explizit verbietet. Trotzdem ist dort die körperliche Züchtigung von Kindern nach wie vor unter bestimmten Bedingungen gestattet:
"*The Committee notes therefore that corporal punishment is not prohibited in the home or in institutions and other childcare settings and that this situation is not in conformity with the Revised Charter.*", zitiert aus [ECSR 2005], S. 18-19.
Rechtsstaatlichkeit kann nicht einfach vorausgesetzt werden. Eine Gleichheit vor dem Gesetz unabhängig von Rasse, Geschlecht, Herkunft, Überzeugung und Kapital existiert in vielen Systemen nicht einmal auf dem Papier.

Die Europäische Union ist ein Beispiel dafür, wie eine zusätzliche rechtliche Ebene mit einer eigenen Gerichtsbarkeit oberhalb von in vieler Hinsicht unabhängigen Einzelstaaten geschaffen werden kann. Dies wird dadurch begünstigt, dass die Mitgliedstaaten der Europäischen Union relativ ähnliche Eigenschaften sowie gemeinsame Wertvorstellungen und Interessen haben. Schwierig genug ist die europäische Einigung trotzdem. Global bestehen nicht solche günstigen Voraussetzungen. Der Verwaltungsaufwand für eine zusätzliche rechtliche Ebene ist selbst in dem begrenzten und vergleichsweise homogenen Rahmen Europas sehr hoch. Das Problem des hohen bürokratischen Aufwands in der EU wird auch von der Europäischen Kommission durchaus erkannt und es werden einige Anstrengungen unternommen, um Verbesserungen zu erzielen [EUKOMBR 2009]. Es ist zu bezweifeln, dass sich derzeit in einem weltweiten Maßstab eine zusätzliche, höhere rechtliche Ebene effizient und sinnvoll verwirklichen lässt.

Für das S-Netzwerk soll eine Lösung gefunden werden, die mit bestehenden lokalen und unabhängigen Rechtssystemen funktioniert, ohne neue rechtliche Instanzen wie einen globalen Gerichtshof mit zusätzlichem bürokratischem

1.3 Gesamtkonzeption

Aufwand zu erschaffen. Das S-Netzwerk soll auch ohne neue völkerrechtliche Verträge auskommen können. Es soll stattdessen versucht werden, das Verfahren der abstrakten Schnittstellen aus der Informatik konsequent auf den rechtlichen Bereich zu übertragen, schließlich gilt es beim S-Netzwerk technisch wie rechtlich, durchaus ähnliche Herausforderungen in Sachen Heterogenität und Wandelbarkeit zu bewältigen. Die Idee ist, mit den abstrakten rechtlichen Standards der S-Verfassung eine Schnittstelle zu erschaffen, welche die Anforderungen zu potenziellen Implementierungen beschreibt und welche insbesondere eine standardisierte Interaktion zwischen verschiedenen Rechtsräumen vorsieht. In jedem Rechtsraum, in dem das S-Netzwerk zur Verfügung stehen soll, muss ein eigener lokaler S-Rechtsrahmen mit rechtsgültig abschließbaren S-Verträgen implementiert werden. Damit jene rechtliche Angelegenheiten, deren Beteiligte über verschiedene lokale Rechtsräume verteilt sind, geregelt werden können, enthält die S-Verfassung insbesondere Maßgaben für die Zuständigkeiten.

Die lokalen Gesetzgeber sollen die Möglichkeit erhalten, im Spielraum der gemeinsamen Standards ihre eigene Lösung zu entwickeln. Auch Änderungen an einzelnen Gesetzen oder rechtlichen Institutionen bzw. Verfahren sollen durch die Schnittstelle abgeschirmt werden, solange die Vorgaben der S-Verfassung durch sie nicht verletzt werden.

Anwender und Anwendungsentwickler sollen sich immer darauf verlassen können, dass für alle aktiven Teilnehmer am S-Netzwerk auch tatsächlich die rechtlichen Standards der S-Verfassung gelten: Hinter jedem Beteiligten steht ein gültiger S-Vertrag und dieser ist in einem vollständigen sowie funktionierenden S-Rechtsrahmen verankert.

Eine jede konkrete juristische Basis muss zuerst zugelassen werden. Dazu wird jeder potenzielle S-Rechtsrahmen unter der Führung der S-Netzwerk-Organisation nach den Regeln der S-Verfassung geprüft. Die Prüfung ist regelmäßig zu wiederholen. Eine erteilte Zulassung kann nach einem in der S-Verfassung bestimmten Verfahren auch wieder entzogen werden, wenn die Vorgaben nicht mehr erfüllt werden.

Die abstrakte gemeinsame Spezifikation soll eine möglichst weitgehende und dauerhafte Äquivalenz der verschiedenen Basen sicherstellen. Das Ziel ist jedoch keine vollständige Gleichheit für alle Beteiligten: Die Teilnehmer am S-Netzwerk sollen verschiedene Rollen haben können, die mit unterschiedlichen Rechten und Pflichten ausgestattet sind. Für Personen, die nicht nachweisen können, dass sie über die Fähigkeiten verfügen, die Folgen einer reliablen Publikation mit langem Gültigkeitszeitraum abzuschätzen, soll es eigene Bestimmungen geben können. Dies kann etwa für Menschen gelten, die noch zu wenig gebildet sind. Es bietet sich an, dass sie limitierte S-Verträge abschließen können, damit sie zumindest unter Verzicht auf bestimmte Features begrenzt teilnehmen können. S-Betreiber müssen erweiterte S-Verträge abschließen.

Die unterschiedlichen S-Verträge müssen in der S-Verfassung für das gesamte S-Netzwerk einheitlich und eindeutig als abstrakte Vorlagen festgelegt werden. Über in der S-Verfassung definierte Schnittstellen müssen alle Teilnehmer am S-Netzwerk feststellen können, welche Rechte und Pflichten andere Teilnehmer haben, ohne dafür deren konkrete S-Verträge mit ihren lokalen Implementierungsdetails im Detail analysieren zu müssen.

Das S-Netzwerk selbst soll als Medium für diese Informationen zu den Rechten und Verantwortungen beliebiger Teilnehmer dienen können. Eine Anfrage über die Anwenderschnittstelle soll so direkt Informationen zum rechtlichen Status eines individuellen Teilnehmers liefern können. Hierbei soll es sich um gewöhnliche Lesezugriffe auf nach bestimmten Regeln erschaffene reliable Publikation handeln, womit dies technisch betrachtet kein eigenständiger Anwendungsfall ist – es wird keine spezielle Funktionalität benötigt.

Implementierung von abstrakten Vorgaben in lokal anwendbares Recht gibt es bereits bei völkerrechtlichen Verträgen oder etwa auch bei EU-Vorgaben. Das Konzept der S-Verfassung geht mit seinen explizit definierten und informationstechnisch direkt nutzbaren Schnittstellen sowie mit mehr Schichten – namentlich bis hinunter zu Verträgen mit einzelnen Personen – noch einen Schritt weiter.

Um abstrakte rechtliche Standards zu spezifizieren, ist es erforderlich, sich der Ausdrucksmöglichkeiten von natürlichen Sprachen und juristischer Fachsprachen zu bedienen. Die Präzision einer booleschen Logik, in der es nur ein klares „Wahr" bzw. „Falsch" gibt, oder von mathematischen Definitionen wird sich dabei nicht immer erreichen lassen. Wie detailliert sollen die Anforderungen an die rechtliche Basis formuliert werden sollen? Zu weitgehende Vorgaben erschweren oder verunmöglichen eventuell manchen Staaten unnötig deren Erfüllung. Andererseits eröffnen zu unpräzise Standards interpretatorische Beliebigkeiten, sodass der Anspruch rechtlicher Gleichheit aller Teilnehmer verfehlt wird.

Die sorgfältige Gestaltung der S-Verfassung und speziell der rechtlichen Aspekte wird entscheidend für das ganze S-Netzwerk sein; sie wird eine der großen noch ausstehenden Aufgaben bei der Realisierung der Plattform werden.

1.4 Vertrauenswürdigkeit, Sicherheit und Zuverlässigkeit

Im S-Netzwerk wird keiner Partei und auch keinem Quorum einfach vertraut. Es werden nur beweisbar beliebig sichere kryptografische Verfahren benötigt, die lediglich die Generierung hinreichend zufälliger Bitfolgen voraussetzen. Vollständige Dezentralität und vielfache heterogene Redundanz können zusätzlich zur damit erzielbaren Sicherheit eine hohe Skalierbarkeit und Verfügbarkeit gewährleisten. Verbleibende Risiken sind offen zu kommunizieren.

1.4.1 Vertrauen schaffen mit Misstrauensparteien

Um ein angemessenes Niveau an Verlässlichkeit erreichen zu können, wird das S-Netzwerk auf räumlich, rechtlich sowie kulturell getrennte Parteien aufgeteilt, die sich gegenseitig nicht vertrauen und zwischen denen sogar aktiv bestimmte Formen von Misstrauen geschürt werden. Daher werden diese Parteien als Misstrauensparteien bezeichnet. Manipulationen sind nur möglich, wenn daran mindestens eine bestimmte Anzahl von diesen Misstrauensparteien beteiligt ist.

Für rechtswidrige Kooperationsangebote zwischen Misstrauensparteien sind Meldepflichten vorgesehen. Die Meldung von Ansätzen zu Verstößen gegen die Regeln des S-Netzwerks wird durch spezielle Formen der aktiven Provokation gezielt geübt und aktiv getestet. Manipulationen über die Grenzen von Misstrauensparteien hinweg zu planen und durchzuführen wird sehr riskant, wenn die vermeintlichen Komplizen ihre Aktionen eventuell vorab regelkonform unleugbar als Prüfung des Meldeverhaltens angemeldet haben könnten und mithin jeder Versuch automatisch aufgedeckt werden würde.

Das S-Netzwerk soll ein großes Informationssystem werden können, sodass sich nicht alle Teilnehmer persönlich kennen können. Einzelnen Nutzern oder Institutionen wird es unmöglich sein, die Korrektheit aller Vorgänge im S-Netzwerk selbst zu kontrollieren. Damit das S-Netzwerk trotzdem als Medium für reliable Publikationen und für sichere Hinterlegungen akzeptiert werden kann, muss ein geeignetes vertrauensbildendes Konzept entwickelt werden, das Sicherheit schafft und Missbrauch sowie Manipulation entgegenwirkt.

Es könnte versucht werden, eines der in Kapitel 1.2.2 vorgestellten bekannten Konzepte zum Schaffen von Vertrauen (z. B. „Vertrauensparteien" oder „Vertrauensnetzwerke") zu nutzen. Gäbe es eine perfekt „Vertrauenspartei", deren Korrektheit und Neutralität zu Recht von niemandem infrage gestellt würden, ließe sich mithilfe dieser Partei Vertrauen in eine Plattform wie das S-Netzwerk schaffen. Jedoch ist bisher keine hinreichend akzeptierte „Vertrauenspartei" bekannt und es ist fraglich, ob eine solche Partei realisiert werden kann.

Für das S-Netzwerk wird der Anspruch erhoben, dass keiner einzelnen Partei vertraut werden muss. Auch die Korrektheit einer Mehrheit oder eines Quorums, die bei demokratischen vertrauensbildenden Konzepten und in „Vertrauensnetzwerken" angenommen wird, soll für das S-Netzwerk nicht einfach vorausgesetzt werden. Um trotz dieser Vorgaben bei praktikablem Aufwand ein akzeptables Maß an Sicherheit und Zuverlässigkeit erreichen zu können, wird für das S-Netzwerk ein neues Konzept zur Schaffung von Vertrauen mithilfe von Misstrauensparteien vorgestellt. Diese Idee wurde im Zuge der Arbeit an dieser Dissertation erstmals in [Viehmann 2012] veröffentlicht. Methodisch wird diese indirekte Lösung hier mithilfe der Spieltheorie *(Game theory)* erörtert und begründet.

Misstrauen schaffen und nutzen

Auf der Suche nach einer Alternative für etwas, das von Grund auf nicht funktioniert, kann es durchaus sinnvoll sein, mit etwas in gewisser Hinsicht Gegensätzlichem zu beginnen, auch wenn das auf den ersten Blick wenig zielführend zu sein scheint.

Hier wird davon ausgegangen, dass es unmöglich ist, eine einzelne vertrauenswürdige Partei zu erschaffen, die sich immer korrekt und neutral verhalten wird. Vielleicht ist es hingegen durchaus machbar, mehrere Parteien so zu kreieren, dass für sie sichergestellt werden kann, dass sie einander misstrauen – und dies für das S-Netzwerk zu nutzen?

Die Grundidee um das S-Netzwerk vertrauenswürdig zu machen ist die Aufteilung der Verantwortungen: Alle kritischen Aufgaben werden über mehrere Parteien verteilt. Jede dieser Parteien hat eine rechtlich bindende Verpflichtung, sich in einer bestimmten Art und Weise zu verhalten. Es wird jedoch nicht vorausgesetzt, dass sich auch alle Parteien an diese Bestimmungen halten und dass sie immer korrekt agieren. Jede Partei kann sich dafür entscheiden, die Regeln zu befolgen oder aber die Regeln zu brechen. Keiner einzelnen Partei wird vertraut, sondern es wird auch mit einem Fehlverhalten gerechnet.

Nur wenn sich eine bestimmte Anzahl von den Parteien in einer Sache einig ist, wird diese im S-Netzwerk als gültig betrachtet. Es handelt sich also um ein demokratisches, quorumsbasiertes Konzept. Das Quorum der notwendigen und hinreichenden Übereinstimmung, also die kritische Anzahl von Parteien, die sich mindestens einig sein müssen, wird im Folgenden mit dem großen griechischen Buchstaben Ψ notiert. Dieses Zustimmungsquorum Ψ, welches auch als *Threshold* bezeichnet wird, muss für das S-Netzwerk eine natürliche Zahl größer als eins sein.

Verhält sich nur eine einzelne Partei nicht korrekt, so soll dies festgestellt werden können und keinen Einfluss auf die Korrektheit des Gesamtsystems haben. Dasselbe soll auch für inkorrektes Verhalten in mehreren Parteien gelten,

1.4 Vertrauenswürdigkeit, Sicherheit und Zuverlässigkeit

solange deren Anzahl kleiner als das Quorum Ψ ist. Wenn sich $\Psi-1$ Parteien nicht korrekt verhalten, so muss es im S-Netzwerk immer noch mindestens Ψ weitere Parteien geben, die dem korrekten Verhalten zur Durchsetzung verhelfen. Es werden dafür mindestens $2*\Psi-1$ verschiedene Parteien benötigt, um eine hinreichende Redundanz sicherzustellen.

Erst wenn Quorum Ψ Parteien sich übereinstimmend nicht korrekt verhalten, kann ein Fehler möglicherweise nicht mehr erkannt werden. Dann wäre das Konzept zur Erzielung der Vertrauenswürdigkeit des S-Netzwerks als Gesamtsystem gebrochen.

Weil die Möglichkeit besteht, dass in einzelnen Parteien gelegentlich Fehler auftreten, genügt es nicht, einfach nur ein hohes Ψ zu wählen und mithin eine große Anzahl von übereinstimmenden Parteien zu fordern, um Fehler und Manipulationen auf Dauer wirkungsvoll verhindern zu können: Wenn Fehler in einzelnen Parteien nicht korrigiert werden, steigt im Laufe der Zeit die Wahrscheinlichkeit, dass irgendwann weniger als die für Gültigkeit nötigen *Threshold* Ψ verschiedenen Parteien sich korrekt einig sind, was etwa Informationsverluste im Gesamtsystem zur Folge haben könnte. Die Parteien müssen sich deshalb regelmäßig gegenseitig überprüfen und abweichende Minderheiten gegenüber einem Quorum von mindestens Ψ Parteien müssen gegebenenfalls Korrekturen vornehmen.

Während sich mit Pflege auch langfristig die Wahrscheinlichkeit reduzieren lässt, dass es unbeabsichtigt, etwa durch technische Defekte, zu Fehlern kommt, ist dies noch kein hinreichendes Mittel, um willentliche parteiübergreifende Manipulationen zu verhindern.

Um gezielt erfolgreich und unbemerkbar regelwidrige Manipulationen am Gesamtsystem durchführen zu können, müssen die unberechtigten Abweichungen vom korrekten Verhalten von mindestens Ψ verschiedenen Parteien durchgeführt werden. Führt eine Koalition einen koordinierten parteiübergreifenden Angriff zeitgleich in Ψ oder mehr Parteien durch, so kann auch ein sehr regelmäßiges Überprüfen auf die Übereinstimmung aller Parteien dies nicht aufdecken. Schlimmer noch: Sich korrekt verhaltende Parteien können dadurch plötzlich in die Minderheit geraten und sie müssen eventuell die Manipulationen der angreifenden Koalition übernehmen sowie ihr vermeintliches Fehlverhalten verantworten. Eine manipulative Kooperation mit mindestens Quorum Ψ verschiedenen Parteien kann also das Konzept zur Sicherung der Vertrauenswürdigkeit des S-Netzwerks komplett aushebeln und auf den Kopf stellen.

Gezielt regelwidrig agierende Quoren sind prinzipbedingte Bedrohungen bei allen demokratischen Ansätzen zur Vertrauensbildung, die sich eventuell nicht mit hundertprozentiger Sicherheit ausschließen lassen. Da die Konsequenzen erfolgreicher manipulativer Kollaborationen von *Threshold* Ψ oder mehr verschiedenen Parteien katastrophal sein können, muss die Wahrscheinlichkeit, dass sie zustande kommen, so weit minimiert werden, dass die sich daraus ergebenden Risiken akzeptabel erscheinen.

Es gibt eine Reihe von weiteren Bedrohungen, die es zu berücksichtigen gilt. Dazu zählen auf jeden Fall technische Angriffe auf Systeme in verschiedenen Parteien, bei denen die für die Systeme Verantwortlichen nicht willentlich zur Manipulation beitragen und eventuell gar nichts davon mitbekommen, dass auf ihren Systemen etwas schief läuft. Weiters sind schließlich auch Erpressungs-Szenarien zu beachten, in denen Personen verschiedener Parteien gegen ihren Willen gezwungen werden, Manipulationen vorzunehmen. Auch für diese potenziellen Bedrohungen müssen geeignete Gegenmaßnahmen getroffen werden. Hier soll es jedoch zunächst um die Prävention der prinzipiellen Gefahr von freiwilligen regelwidrigen Kollaborationen von Personen aus mehreren Parteien gehen.

Die Frage, inwieweit es gelingt, sicherzustellen, dass keine manipulativen Koalitionen mit *Threshold* Ψ oder mehr verschiedenen Parteien gebildet werden, ist für die Reliabilität des Gesamtsystems entscheidend. Der für das S-Netzwerk gewählte Ansatz dazu ist, ein gesundes Misstrauen zwischen den einzelnen Parteien des S-Netzwerks bezüglich Angeboten zur regelwidrigen Kooperation zu erzeugen und aufrechtzuerhalten. Wegen dieses grundlegend erforderlichen Misstrauens wird jede einzelne Partei des S-Netzwerks als **Misstrauenspartei** bezeichnet. Als Symbol für das Wort Misstrauenspartei bzw. auch für mehrere Misstrauensparteien wird im Folgenden das Zeichen P verwendet. Die Anzahl aller Misstrauensparteien wird als $\#P$ notiert.

Maßnahmen zur Verhinderung von freiwilliger regelwidriger Kollaboration

Um manipulative Kollaboration zwischen den Misstrauensparteien so riskant und teuer wie möglich zu machen, sind für das S-Netzwerk eine ganze Reihe von Maßnahmen vorgesehen: Separation, Sanktionierung, Observation, Meldepflicht und Verhaltenstests.

A Separation

Ein gewisser Schutz vor manipulativen Kooperationen zwischen den Misstrauensparteien lässt sich bereits durch eine geeignete Konstituierung derselben erzielen. Zunächst soll hier definiert werden, wie die Misstrauensparteien gebildet werden und was eine P ausmacht.

Es sei R die Menge aller S-Rechtsrahmen des S-Netzwerks. R wird in geeigneter Weise aufgeteilt in nicht leere disjunkte Teilmengen aufgeteilt, sodass die Vereinigung aller Teilmengen genau die Ausgangsmenge R ergibt. In der Mengenlehre wird so eine Aufteilung als Partition bezeichnet. Jede Teilmenge dieser Partition begründet im S-Netzwerk eine eigenständige Misstrauenspartei.

1.4 Vertrauenswürdigkeit, Sicherheit und Zuverlässigkeit

Da alle S-Verträge jeweils in genau einem S-Rechtsrahmen verankert sein müssen, können sie jeweils eindeutig einer bestimmten Misstrauenspartei P zugeordnet werden. Sowohl die einfachen Teilnehmer als auch die S-Betreiber binden sich mit dem obligatorischen Abschluss eines S-Vertrags an die Misstrauenspartei P, welcher ihr S-Vertrag zugeordnet ist. Sie werden durch den Abschluss eines S-Vertrags automatisch Mitglieder von P. Der logische S-Knoten eines einfachen Teilnehmers A am S-Netzwerk, der Mitglied in P ist, gehört ebenfalls zu P. Verwaltet A seinen S-Knoten nicht selbst, so muss der diese Aufgabe übernehmende S-Betreiber auch zu P gehören. Die physische Realisierung eines logischen S-Knotens gehört immer zum S-Betreiber und mithin zur gleichen Misstrauenspartei P wie der logische S-Knoten.

Alle wesentlichen Elemente des S-Netzwerks lassen sich damit eindeutig in Misstrauensparteien aufteilen – abgesehen von der S-Verfassung, welche die gemeinsamen Standards für alle P definiert, und der S-Netzwerk-Organisation.

Die Misstrauensparteien sind über die ihnen zugrunde liegenden S-Rechtsrahmen an bestehende politische Einheiten und lokale Rechtsräume gekoppelt. Eine Misstrauenspartei P kann einen Staat oder auch mehrere Staaten umfassen. Große Länder können eventuell auch mehrere Misstrauensparteien haben, die jeweils Bundesstaaten oder autonomen Provinzen zugeordnet sind, sofern diese Regionen eigene S-Rechtsrahmen besitzen.

Für keine Region auf der Welt darf es mehr als einen zuständigen S-Rechtsrahmen geben. Deshalb besteht zwischen zwei beliebigen verschiedenen Misstrauensparteien sowohl in geografischer wie auch in rechtlicher Hinsicht eine strikte Trennung.

Umfasst eine Misstrauenspartei P mehrere (Bundes-) Staaten, so ist es nicht erforderlich, dass sich diese nah stehen: Die Mitglieder ein und derselben P müssen sich gegenseitig nicht vertrauen. Die internen Verhältnisse in einer P sind für die Gesamtsicherheit des S-Netzwerks überhaupt relativ unkritisch. Es ist in der Konzeption vorgesehen, dass eine jede P geschlossen wie ein einziger Akteur agieren kann. Daher wird innerhalb einer P auch nicht aktiv Misstrauen zur Prävention von parteiinternen Kollaborationen erzeugt.

Für die Vertrauenswürdigkeit und die Sicherheit des S-Netzwerks ist es hingegen vorteilhaft, wenn sich die Mitglieder verschiedener Misstrauensparteien möglichst wenig nah stehen: Durch eine geschickte Wahl der Teilmengen, in welche die Menge R aller S-Rechtsrahmen partitioniert wird, können eventuell bereits Vorbehalte und Hürden gegen manipulative Kollaboration zwischen den Misstrauensparteien errichtet werden.

Um eine für das hier vorgestellte Vertrauenskonzept optimale Partition über die S-Rechtsrahmen in Misstrauensparteien zu finden, kann versucht werden, die Distanz zwischen potenziellen Parteien modellhaft auf vergleichbare Werte abzubilden. Dazu bietet es sich an, eine mathematische Funktion zu definieren, welche die *Vertrauensdistanz* zwischen zwei potenziellen Misstrauensparteien als eine rationale Zahl aus objektiv feststellbaren geografischen, politischen, rechtlichen und kulturellen Indikatoren errechnet.

Ein möglicher geografischer Faktor ist beispielsweise, ob die Territorien der S-Rechtsrahmen in der einen potenziellen Misstrauenspartei P_A gemeinsame Grenzlinien mit Territorien der S-Rechtsrahmen in der anderen potenziellen P_B haben oder nicht. Politische Indikatoren könnten sowohl aktuelle als auch historische Konflikte sowie Bündnisse und Mitgliedschaften in Unionen sein. Als rechtliche Messgröße ist vor allem die Unabhängigkeit der Rechtssysteme in einer potenziellen Misstrauenspartei gegenüber einer anderen möglichen Misstrauenspartei von Interesse. Ein simpler Indikator dafür ist, inwieweit es eine übergeordnete Legislative und Judikative gibt. Abhängigkeiten und Korruption können die rechtliche Unabhängigkeit ebenfalls beeinträchtigen. Indikatoren, die das abbilden können, sollten ebenfalls ausgewertet werden und die Ergebnisse sollten in die *Vertrauensdistanz* einfließen. Zu den kulturellen Indikatoren zählen etwa Sprachen, Traditionen und Wertvorstellungen in den verschiedenen möglichen Misstrauensparteien.

Wie genau die *Vertrauensdistanzen* berechnet werden sollen, ist eine politische Entscheidung, die bei der Schaffung der S-Verfassung getroffen werden muss.

Die Misstrauensparteien sollen so gebildet werden, dass die Summe über die *Vertrauensdistanzen* zwischen allen möglichen Paaren von potenziellen Misstrauensparteien maximal wird. Durch große *Vertrauensdistanzen* zwischen den Misstrauensparteien können manipulative Kooperationen an sich eventuell bereits erschwert werden. Angesichts der modernen globalen Kommunikationsmöglichkeiten ist der unmittelbare Schutz gegen manipulative Kollaborationen alleine durch *Vertrauensdistanzen* heute sicher bereits gering.

Außerdem einen gemeinsame Gegner bisweilen sogar Erzfeinde mit extremen *Vertrauensdistanzen*, wie in dem im Folgenden dargestellten historischen Beispiel.

The enemy of my enemy is my friend

Die UDSSR und England waren im Zweiten Weltkrieg in erster Linie wegen eines gemeinsamen Feindes, den Achsenmächten, alliiert, obwohl sie ansonsten gegensätzliche Ideologien und Interessen hatten.

Von Premierminister Winston Churchill's Privatsekretär Sir John Rupert Colville ist dazu der folgende Dialog zwischen ihm und Churchill vom 21.6.1941 so überliefert:

> *"I said that for him, the arch anti-Communist, this was bowing down in the House of Rimmon. He replied that he had only one single purpose - the destruction of Hitler - and his life was much simpler thereby. If Hitler in-*

1.4 Vertrauenswürdigkeit, Sicherheit und Zuverlässigkeit 63

> *vaded Hell he would at least make a favourable reference to the Devil!"*
> zitiert aus [Colville 1985], Seite 404.
> Mit dem Sieg über die Achsenmächte sowie dem damit verbundenen Wegfall des gemeinsamen Feindes zerfielen auch die Alliierten in zwei verfeindete Lager und der Kalte Krieg folgte.

Gemeinsame Feinde, die zu alle Gegensätze überwindenden Koalitionen führen können, sind eine potenzielle Bedrohung für das S-Netzwerk, gegen die auch die sorgfältigste Festlegung der Misstrauensparteien mit möglichst großen *Vertrauensdistanzen* zwischen den einzelnen Parteien keinen wirksamen Schutz bieten kann. Es braucht auf jeden Fall weitere Maßnahmen, um solche Kooperationen zu verhindern.

Die Separation dient primär zur Unterstützung der weiteren Maßnahmen. Was durch die Separation der Misstrauensparteien mit maximalen *Vertrauensdistanzen* insbesondere erreicht werden soll, ist die rechtliche Trennung, sodass einzelne Misstrauensparteien jeweils verschiedenen, voneinander möglichst unabhängigen Rechtssprechungen unterliegen.

Dazu sollten die Misstrauensparteien des S-Netzwerks zumindest zu einem gewissen Maß ausgeglichen sein, was ihren Einfluss und ihre Macht angeht. Nur dann kann gewährleistet werden, dass die Misstrauensparteien eigenständig und auch gegen den Druck anderer Misstrauensparteien agieren können. Mögliche Indikatoren für Einfluss und Macht sind beispielsweise die potenzielle Anzahl der Teilnehmer sowie die militärische und die wirtschaftliche Stärke der zugrunde liegenden politischen Einheiten.

Wenn die Misstrauensparteien dem Einfluss nach ausbalanciert gebildet werden und wenn sie rechtlich weitgehenden unabhängig sind, können die im Folgenden vorgestellten Sanktionen zur Bekämpfung sowie zur Prävention von manipulativen Kooperationen unter den Misstrauensparteien selbst dann noch Wirkung zeigen, wenn Angreifer Einfluss auf die juristischen Prozesse und Entscheidungen in bis zu $\Psi-1\ P$ erlangen.

B Verbot, Verfolgung und Sanktionierung

Damit die Regeln des S-Netzwerks verletzende kooperative Manipulationen nicht ohne jedes Risiko versucht werden können, müssen Regelverstöße durch angemessene Rechtsfolgen bedroht werden und diese müssen, wenn ein Vergehen festgestellt wird, auch angewendet werden. In der ohnehin erforderlichen rechtlichen Verankerung des S-Netzwerks, also in den S-Rechtsrahmen und S-Verträgen, muss jede Form von parteiübergreifender Kooperation mit dem Ziel, die Regeln des S-Netzwerks zu unterlaufen, verboten und unter Strafe gestellt werden. Dazu müssen diesbezügliche abstrakte Bestimmungen der S-Verfassung jeweils in lokal anwendbares Recht implementiert werden.

Ob die gesetzlich sowie vertraglich vorgesehnen Rechtsfolgen auch zur Prävention beitragen können, bevor ein Delikt begangen wird, hängt von der Aufklärungsquote und vom Strafmaß ab. Eine abschreckende Wirkung von vorgesehenen Rechtsfolgen kann sich nur dann entfalten, wenn das Risiko, tatsächlich auch ertappt und signifikant belangt zu werden, hoch genug ist und wenn sich potenzielle Täter dieses Risikos auch bewusst sind. Dazu müssen weitere Maßnahmen ergriffen werden.

C *Observation*

Maßnahmen zur fortlaufenden Beobachtung können zur Aufdeckung von regelwidrigen Ereignissen sowie Vorgängen beitragen und so die Grundlage für eine Verfolgung plus Sanktionierung schaffen. Manipulative Attacken können beispielsweise inkonsistente Zwischenzustände oder verdächtigen Datenverkehr erzeugen, welche sich jeweils eventuell durch konsequentes Monitoring erfassen lassen.

Wenn der Betrieb des S-Netzwerks nicht korrekt läuft und ein Fehler festgestellt wird, stellt sich eventuell die Frage, ob der Fehler unbeabsichtigt zustande gekommen sein könnte, also, ob beispielsweise ein technischer Defekt dahinter stecken könnte, oder ob es sich um Vorsatz handelt. Wer das S-Netzwerk angreifen möchte, könnte versuchen, dies gezielt zu nutzen und die Manipulation wie einen Unfall aussehen zu lassen. Die rechtliche Verfolgung wird durch Zweifel eventuell verunmöglicht *(in dubio pro reo)*.

Mit Observation lassen sich Fehler oder Manipulationen in bis zu $\Psi-1$ verschiedenen Misstrauensparteien eventuell feststellen und korrigieren. Sobald es jedoch Angreifern gelingt, in mindestens Ψ Misstrauensparteien zeitnah Änderungen durchzuführen, etwa durch eine willentliche manipulative Kollaboration, ist das Risiko, durch Monitoring entdeckt zu werden, ehr gering, da eine solche Attacke innert kürzester Zeit neue scheinbar gültige Zustände herbeiführen könnte. Das Schlimmste daran ist, dass selbst im Fall einer Entdeckung bereits ein irreversibler Schaden entstehen könnte.

Monitoring ist nur bedingt geeignet, um präventiv agieren zu können, bevor etwas passiert. Gerade Koalitionsbildung lässt sich durch Beobachtung von außen kaum erfassen. Wenn Personen wirklich im Geheimen kommunizieren und verhandeln wollen, wird ihnen das auch gelingen. Das S-Netzwerk selbst wird seinen Teilnehmern technisch alles bieten, was sie für hochgradig sichere vertrauliche Absprachen benötigen – der Datenaustausch ließe sich nur unter parteiübergreifender Verletzung der Regeln des S-Netzwerks abhören.

Um jeden Prozess der Koalitionsbildung gleich zu Beginn erfassen zu können, wären extreme Überwachungsmaßnahmen erforderlich. Jeder Teilnehmer

1.4 Vertrauenswürdigkeit, Sicherheit und Zuverlässigkeit

müsste permanent bespitzelt werden. Dies ist weder wünschenswert noch für das S-Netzwerk praktikabel. Realistischerweise können nur die Involvierten selbst rechtswidrige Kooperationsangebote von Personen aus anderen Misstrauensparteien observieren und aufdecken. Diese Insider können gleich zu Beginn Verschwörungsprozesse stoppen – aber warum sollten sie das tun?

Mit der Hilfe der Spieltheorie ist es möglich, die Chancen und Risiken im Fall einer eingehenden Anfrage zur kooperativen Manipulation zu analysieren. Diese Situation kann als ein Mehrheitsspiel (Majority Game) modelliert werden [Neumann 1944/2007], S. 222ff.

Im simpelsten Fall nehmen nur drei Spieler *Alice*, *Bob* und *Charlie* an diesem Spiel Teil. Wenn zwei beliebige Spieler, also etwa *Alice* und *Bob*, miteinander kooperieren, dann haben sie bereits die notwenige Mehrheit und sie gewinnen, was mit dem erfolgreichen Durchführen von Manipulationen in ihrem Interesse gleichzusetzen ist. Die Situation, die hier genauer analysiert werden soll, ist die, in der *Alice Bob* ein Angebot gemacht hat, regelwidrig zusammenzuarbeiten, um eine Manipulation durchzuführen. Sowohl *Alice* als auch *Bob* haben in dieser Situation drei relevante Optionen: Sie können den regelwidrigen Prozess zur Koalitionsbildung melden und damit stoppen, sie können nichts tun oder versuchen, die Manipulation durchzuführen und ihren individuellen Beitrag dazu zu leisten.

Durch die Zuweisung von Nutzwerten (utility values) wird es möglich, die Optionen miteinander zu vergleichen. Ein Nutzwert von –100 stehe hier für die maximal mögliche Strafe, welche dafür droht, bei einem Regelverstoß erwischt und dafür verurteilt zu werden. Ein Nutzwert von 0 stehe dafür, dass weder ein persönlicher Vorteil noch ein persönlicher Nachteil zu erwarten ist. Schließlich bedeute ein Nutzwert von 100 den maximalen persönlichen Profit aus einer erfolgreichen Manipulation.

Für dieses Spiel wird vereinfachend angenommen, dass jede Meldung zu einer maximalen Strafe für alle sich regelwidrig verhaltenden Spieler führen wird. In der Realität könnten unterschiedlich schwere Sanktionen die Folge sein, je nachdem, was genau nachgewiesen werden kann. Ähnlich wird hier auch angenommen, dass jeder Manipulationsversuch eines Quorums erfolgreich sein wird und dass immer alle daran Beteiligten einen maximalen persönlichen Nutzwert daraus gewinnen. In der Realität können auch Manipulationsversuche eines Quorums scheitern, etwa weil sie technisch nicht gelingen, und die Nutzwerte einer erfolgreichen Manipulation können individuell verschieden sein.

Tabelle 1 zeigt die Nutzwerte für *Alice* und *Bob* bei allen möglichen Kombinationen der relevanten Optionen beider Spieler, wobei jeweils zuerst der Nutzwert für Alice angegeben ist und dann der Nutzwert für Bob folgt. Eine derartige tabellarische Notation findet beispielsweise auch in [Sieg 2010].

Tabelle 1: Nutzwerte eines Manipulationsangebots von Alice an Bob, Maßnahmen A-C

		Bob		
		Melden	Nichts machen	Manipulieren
Alice	Melden	−100, 0	−100, 0	−100, −100
	Nichts machen	−100, 0	0, 0	$X*100, X*100$
	Manipulieren	−100, 0	$X*100, \max(X*100, 0)$	100, 100

In einigen Fällen hängt der Nutzwert vom Verhalten des dritten Spielers *Charlie* ab: Wenn keine Kooperation zwischen *Alice* und *Bob* zustande kommt, ist es vielleicht einem der beiden möglich, mit *Charlie* zu kooperieren. Die Variable X wird benutzt, um die unterschiedlichen Möglichkeiten kompakt darzustellen. X hat den Wert −1 wenn *Charlie* auf ein Angebot von *Alice* oder *Bob* hin eine Meldung macht. Wenn *Charlie* nichts tut, so hat X einen Wert von 0. Wenn *Charlie* die Manipulation durchführt, hat X einen Wert von 1.

Hier wird angenommen, dass *Alice* und *Bob* auch dann einen maximalen positiven Nutzwert aus der Manipulation ziehen, wenn sie nicht aktiv an der Manipulation mitwirken.

Wenn *Bob* nichts macht, so hat er die Chance auf einen maximalen persönlichen Nutzwert für den Fall, dass *Alice* und *Charlie* die Manipulation erfolgreich durchführen, und ihm droht keine Strafe, sollte die Manipulation nicht erfolgen, denn er hat ja nichts Regelwidriges gemacht. Die Option nichts zu tun ist für *Bob* also dominant gegenüber der Option eine Meldung zu machen, dann bei einer Meldung bleibt *Bob* zwar ebenfalls sicher straffrei, aber er kann eben auch nichts gewinnen.

Es bedarf daher weiterer Maßnahmen, um ernsthaft auf Meldungen regelwidrige Kooperationsangebote von Insidern hoffen zu dürfen.

D *Meldepflicht*

Eine weitere Idee für das S-Netzwerk, um Verschwörungsrisiken entgegentreten zu können, ist die Einführung von einer speziell für S-Betreiber geltenden allgemeinen Meldepflicht für illegale Kooperationsangebote. Die Meldepflicht beinhaltet drei Phasen:

1 **Registrierung**: Die Meldung hat in einer in der S-Verfassung festgeschriebenen Form innerhalb von einer endlichen Zeitspanne, dem Reaktionszeitfenster, unleugbar registriert zu werden. Die Registrierung muss für denjenigen, der das Manipulationsangebot macht, bis zum Abschluss der zweiten Phase uneinsehbar sein.

 Als Medium für eine solche Meldung kann das S-Netzwerk selbst dienen: Es bietet die Funktionalität, eine zunächst unzugängliche unleugbare reliable Publikation zu machen, deren Gültigkeitszeitraum Δ garantiert nach dem vo-

1.4 Vertrauenswürdigkeit, Sicherheit und Zuverlässigkeit

raussichtlichen Abschluss von Phase zwei beginnt. Mit dem Konzept der verlässlichen Verlinkung (siehe Kapitel 1.5 zum S-Web) lässt sich sicherstellen, dass die Registrierung gefunden wird. Zusätzlich können auch unleugbare Registrierungen außerhalb des S-Netzwerks als Absicherung erfolgen.

Sobald der Manipulationsversuch registriert ist, wird er aufgedeckt, sofern es nicht gelingt, die Registrierung wieder zu löschen. Erfolgte die Registrierung im S-Netzwerk, so wäre dafür mindestens eine weitere Manipulation des S-Netzwerks erforderlich.

2 **Beweisaufnahme**: Ziel der zweiten Phase ist es, Beweise für das regelwidrige Verhalten zu sammeln, damit eine rechtliche Aufklärung und gegebenenfalls weitere rechtliche Maßnahmen ermöglicht werden. Eventuell hat der Meldende bereits das Angebot selbst in einer Form erhalten, die als Beleg dienen könnte. Um Beweise zu sammeln, kann der Meldende so tun, als wäre er interessiert, die Manipulation tatsächlich durchzuführen. Externe Beobachter, die S-Netzwerk-Organisation und die lokale Exekutive können dabei helfen, Indizien und Belege zu sammeln. Wenn sich keine Beweise finden, so gilt die Meldung als gegenstandslos, es entstehen keine negativen Konsequenzen für die Beteiligten.

3 **Publikation**: Registrierung und gesammelte Beweise werden gemeinsam veröffentlicht. Dies kann mit verlässlich verlinkten reliablen Publikationen im S-Netzwerk erfolgen. Ferner können auch Meldungen an weitere externe Stellen gefordert sein.

Auf den ersten Blick ändert sich durch diese Regeln das Spiel für *Bob* bereits wesentlich. Tabelle 2 zeigt die Nutzwerte für *Alice* und *Bob* mit der Meldepflicht.

Tabelle 2: Nutzwerte eines Manipulationsangebots von Alice an Bob, Maßnahmen A-D

		Bob		
		Meldung	Nichts machen	Manipulieren
Alice	Meldung	−100, 0	−100, −100	−100, −100
	Nichts machen	−100, 0	0, 0	$X*100, X*100$
	Manipulieren	−100, 0	$X*100, X*100$	100, 100

Für *Bob* besteht nun bei der Option nichts zu machen ebenfalls das Risiko einer Bestrafung, denn dies ist ein Regelverstoß gegen die Meldepflicht. Es scheint tatsächlich, als wäre es für *Bob* nun gefährlicher, auf eine Meldung zu verzichten.

Allerdings ist dieses Risiko äußerst gering. Denn *Alice*, welche das rechtswidrige Angebot unterbreitet hat, welche also das Recht in der Angelegenheit selbst bereits gebrochen hat, wird kein Interesse daran entwickeln, dass der Manipulationsversuch publik wird, da dies ihr selbst definitiv schaden würde. Und wer sonst sollte eine derartige Angelegenheit aufdecken? Meldet *Bob* nicht, wird realistischerweise überhaupt keine Meldung erfolgen.

Alice geht mit dem illegalen Kooperationsangebot auch ohne Meldepflicht bereits beträchtliche Risiken ein, denn *Bob* könnte sie trotzdem melden, z. B. um ihr zu schaden. *Bob* hingegen kann selbst mit Meldepflicht nur verlieren, wenn *Alice* sich selbst schaden will.

Die Meldepflicht ist zusammen mit den anderen bisher gezeigten Maßnahmen offenbar noch nicht hinreichend, um manipulative Zusammenarbeit zwischen Misstrauensparteien zu verhindern.

E Aktives Schaffen von Misstrauen durch Verhaltenstests mit Versuchungs-Protokoll

Die nach dem bisher Gezeigten bestehenden Vorteile für diejenigen, die ein rechtswidriges Kooperationsangebot erhalten, lassen sich eliminieren. An dieser Stelle kommt die Idee des aktiven Schaffens von einem spezifischen, gesunden Misstrauen zum Einsatz. Als Maßnahme dazu dient das gezielte Provozieren und in Versuchung führen mit Scheinangeboten, wodurch das korrekte Meldeverhalten regelmäßig geübt und zugleich getestet werden kann.

Dazu werden den Probanden von Lockvögeln realistisch wirkende Kooperationsangebote vorgetäuscht. Die Scheinangebote müssen für die Probanden so realistisch sein, dass es für sie unmöglich ist, herauszufinden, ob sie es mit einem realen Kooperationsangebot oder mit einem täuschenden Manöver zur Prüfung ihres Meldeverhaltens zu tun haben.

Das Testen mit Scheinangeboten muss natürlich in einer kontrollierten, von potenziellen Regelverstößen klar abgegrenzten Art und Weise geschehen, sodass daraus unter keinen Umständen – auch nicht bei regem Interesse der Probanden – eine erfolgreiche Verschwörung entstehen könnte. Die Aktion muss deshalb vorab nach den Regeln der S-Verfassung unleugbar dokumentiert und sie muss während der Durchführung überwacht werden, wovon die zu Prüfenden wiederum nichts mitbekommen dürfen.

Wenn der Proband nicht seiner Meldepflicht nachkommt, wird ein Verfahren wegen eines Verstoßes gegen die Bestimmungen der S-Verfassung eingeleitet.

Prinzipiell soll jeder Teilnehmer am S-Netzwerk solche rechtlich abgesicherten Tests des Meldeverhaltens mit Scheinangeboten selbstständig einleiten und starten können. In der S-Verfassung können zusätzlich Prozeduren festgelegt werden, nach denen obligate Tests des korrekten Meldeverhaltens verteilt und eingeleitet werden.

Zu prüfen sind primär die S-Betreiber, denn sie haben direkten Zugriff auf die von ihnen betreuten S-Knoten und sie können Manipulationen technisch am ehesten realisieren.

1.4 Vertrauenswürdigkeit, Sicherheit und Zuverlässigkeit

Für die Voranmeldung zur Absicherung des reinen Testcharakters, zur Dokumentation und zur Meldung von potenziellen Verstößen sowohl durch die Tester als auch durch die in Versuchung geführten Personen soll wiederum das S-Netzwerk selbst als Medium dienen können. Es können jedoch auch andere Formen der Vorregistrierung eingesetzt werden. Die S-Verfassung bestimmt dafür die Regeln.

Das folgende Protokoll beschreibt für das S-Netzwerk prinzipiell die wichtigsten Schritte eines Gesamtverfahrens zur aktiven Schaffung von gesundem Misstrauen gegenüber illegalen Kooperationsangeboten mithilfe von vorregistrierten Tests des korrekten Meldeverhaltens:

1 **Planung**: Auswahl und Vorbereitung von Lockvögeln, Zeugen und Probanden sowie der geeigneten Methodik und des richtigen Zeitpunkts zum Testen.

2 **Vorregistrierung**: Absicherung des reinen Testcharakters des Angebots. Es muss der gesamte Schritt 3 (Provokation) vorab in nicht zu leugnender Art dokumentiert und registriert werden, ohne dass die Probanden vorgewarnt werden.
Eine reliable Publikation, deren Gültigkeitszeitraum Δ erst nach dem Ende des Reaktionszeitfensters beginnt, ist dazu geeignet: Auch der Herausgeber Π selbst kann nicht mehr verhindern, dass die Veröffentlichung ab dem Beginn von Δ verfügbar sein wird.
Damit diese Informationen nach ihrer Veröffentlichung auch tatsächlich gefunden und wahrgenommen werden, müssen sie mit bestimmten in der S-Verfassung ausgewiesenen Meldestellen verknüpft werden. (Zur Verlinkung im S-Netzwerk siehe Kapitel 1.5)
Zusätzlich kann auch eine Vorregistrierung außerhalb des S-Netzwerks als Absicherung erfolgen.

3 **Provokation**: Wenn die eigentliche Herausforderung gestellt wird, wenn also ein Scheinangebot unterbreitet wird, muss dies so dokumentiert und bezeugt werden, dass eindeutig zu erkennen ist, ob die Probanden auch tatsächlich das Angebot erhalten und verstanden haben.
Die Dokumentation und Bezeugungen können wiederum im S-Netzwerk publiziert und mit der Vorregistrierung assoziiert werden, wobei der Gültigkeitszeitraum Δ erneut erst nach dem Ende des Reaktionszeitfensters der Probanden beginnen darf.

4 **Reaktion**: In dem nach Abschluss der Provokation beginnenden Reaktionszeitfenster können die Probanden das vermeintlich rechtswidrige Angebot pflichtgemäß melden. Dazu ist das unter Maßnahme D (Meldepflicht) notierte Verfahren zu befolgen.

5 **Auflösung**: Die in der Vorregistrierung hinterlegte Kundmachung des geplanten Testablaufs wird zum Ende des Reaktionszeitfensters veröffentlicht. Das Verhalten der Probanden muss nun ausgewertet werden und im Fall eines Fehlverhaltens müssen weitere Maßnahmen eingeleitet werden. Im Fall einer korrekten Meldung werden Vorregistrierung und Meldung im S-Netzwerk miteinander verlässlich verknüpft.

Analyse des Konzepts zur Erzeugung von Vertrauen mit Misstrauensparteien

Wenn *Alice Bob* kein ernst gemeintes Kooperationsangebot zur regelwidrigen Manipulation unterbreitet, sondern ein vorab registriertes Scheinangebot zur Prüfung des korrekten Meldeverhaltens von *Bob*, handelt es sich für *Alice* um ein komplett anderes Spiel, das *Testspiel*. Im *Testspiel* hat *Alice* mit der Registrierung bereits alle ihre Optionen festgelegt, *Alice* kann in diesem Spiel nicht verlieren.

Aus der Perspektive von *Bob* hingegen sieht ein Scheinangebot genau wie ein reales Angebot zur manipulativen Kooperation aus. Vielleicht spielt *Alice* das *Testspiel*, vielleicht meint sie es aber auch ernst und eine Manipulation könnte tatsächlich gelingen. *Bob* kann den Unterschied nicht wirklich feststellen. Aus seiner Sicht gibt es nur ein Spiel – er ist einer bayesischen Spielsituation [Harsanyi 1967] ausgesetzt. Einem bayesischen Spiel, in dem es zwei verschiedene Arten von potenziellen Mitspielern gibt.

Bob könnte mit *Alice$_T$* spielen, die bereits ein Scheinangebot vorab registriert hat und die nur sein Meldeverhalten testet. Genau so gut könnte *Bob* aber auch mit *Alice$_M$* spielen, die tatsächlich eine Manipulation durchführen möchte. *Bobs* Informationen reichen nicht aus, um in Erfahrung zu bringen, welche *Alice* mit ihm spielt. Aus seiner Sicht hat „die Natur" diese Entscheidung getroffen.

Für *Alice$_T$* ist der Nutzwert V unabhängig von *Bobs* Entscheidungen und er wird niemals negativ sein. Im Gegensatz zu *Alice$_M$* kann sich *Alice$_T$* nicht selbst schaden. *Alice$_T$* macht nichts Rechtswidriges, sie testet nur *Bobs* Meldeverhalten nach den Regeln des S-Netzwerks.

Bob kennt den Nutzwert V für *Alice$_T$* nicht, denn V hängt nicht nur von etwaigen persönlichen Interessen von *Alice$_T$* ab, *Bob* zu testen, sondern eventuell auch von externen Faktoren. *Alice$_T$* könnte nach einer in der S-Verfassung festgelegten Prozedur dazu ausgewählt worden sein, den Test durchzuführen und eventuell erhält sie dafür beispielsweise eine Aufwandsentschädigung. Genau genommen sieht sich *Bob* mit einem Kontinuum an potenziellen Spielern mit allen möglichen Nutzwerten V konfrontiert.

Aufhebung der (Vor-) Registrierung durch manipulative Kollaboration

Alice$_M$, die eine Manipulation durchführen möchte, könnte auf die Idee kommen, sich abzusichern und eine Vorregistrierung vorzunehmen – so, als wolle sie nur das Verhalten von *Bob* testen. In dem Angebot an *Bob* könnte *Alice$_M$*

1.4 Vertrauenswürdigkeit, Sicherheit und Zuverlässigkeit

> dann *Bob* von der Vorregistrierung berichten und sie könnte ihm anbieten, gemeinsam neben der eigentlich beabsichtigten Manipulation auch die Beseitigung der Spuren der Vorregistrierung durchzuführen. Wenn die Vorregistrierung ausschließlich im S-Netzwerk erfolgt wäre, hätten $Alice_M$ und *Bob* bei $\Psi=2$ das erforderliche Quorum, um die Vorregistrierung löschen zu können.
>
> Würde *Bob* nicht auf das Angebot eingehen und Meldung machen, könnte $Alice_M$ versuchen, glaubhaft zu machen, dass sie *Bob* nur testen wollte. Immerhin hätte sie eine Vorregistrierung geleistet. Eine korrekte Meldung von *Bob* müsste allerdings beinhalten, dass $Alice_M$ angeboten hat, genau diese Vorregistrierung gemeinsam mit ihm zu löschen. Wenn *Bob* die Vorregistrierung von $Alice_M$ genau genug kennt, um sich an ihrer Beseitigung beteiligen zu können, so kann nur $Alice_M$ ihm diese vertraulichen Daten verraten haben und die verratene Vorregistrierung verliert ihre strafbefreiende Wirkung für $Alice_M$.
>
> Umgekehrt ist die Offenbarung von Vorregistrierungen für *Bob* kein sicheres Zeichen, dass er es mit $Alice_M$ zu tun hat, die wirklich manipulieren möchte. $Alice_T$, die das Ziel hat, *Bob* nur zu testen, könnte, ohne sich selbst zu schaden, Vorregistrierungen an *Bob* kommunizieren mit der Absicht, diese Spuren später gemeinsam zu verwischen. $Alice_T$ müsste nur zusätzlich noch eine weitere unleugbare Vorregistrierung vorweisen können, in welcher der gesamte Testablauf beschrieben wird und welche sie vor *Bob* streng geheim hält.

Egal was $Alice_M$ anstellt, es wird ihr nicht gelingen, *Bob* zu beweisen, dass sie nicht $Alice_T$ ist. Schließlich hat $Alice_T$ genau die Aufgabe, sich als $Alice_M$ auszugeben und aus *Bobs* Sicht haben beide genau die gleichen Möglichkeiten dazu, glaubhaft zu machen, dass sie ernsthaft Interesse an eine Manipulation hätten. Tabelle 3 und Abbildung 4 zeigen das Dilemma, in dem *Bob* steckt – jedes Angebot zur Kooperation könnte eine Falle sein.

Tabelle 3: Nutzwerte eines Manipulationsangebots von Alice an Bob, Maßnahmen A-E

		Bob		
		Melden	Nichts tun	Manipulieren
$Alice_T$	– (vorab registriert)	$V, 0$	$V, -100$	$V, -100$
$Alice_M$	Melden	$-100, 0$	$-100, -100$	$-100, -100$
	Nichts tun	$-100, 0$	$0, 0$	$X*100, X*100$
	Manipulieren	$-100, 0$	$X*100, X*100$	$100, 100$

Es ist *Bob* jedoch möglich, statistische Analysen dazu durchzuführen, wie wahrscheinlich es ist, dass er mit $Alice_T$ spielt und getestet wird. Es sei K die Anzahl der illegalen Manipulationsversuche, die korrekt gemeldet wurden. Es sei R die Anzahl der vorab registrierten Tests des Verhaltens, welche von den Probanden korrekt gemeldet wurden.

Diese beiden Zahlen sind verfügbar: Korrekte Meldungen müssen jeweils auch reliable Publikationen beinhalten, welche nach in der S-Verfassung festgelegten Regeln auffindbar und allgemein zugänglich sein müssen. Somit sind korrekte Meldungen leicht abzählbar. Die unleugbaren Voranmeldungen von Tests des Meldeverhaltens müssen nach Abschluss der Tests ebenfalls öffentlich zugänglich sein und sie werden im Zuge der Auflösung mit etwaigen korrekten Meldungen assoziiert.

Mit diesen Daten lässt sich für jede korrekte Meldung feststellen, ob damit ein vorab registrierter Test des Verhaltens gemeldet wurde oder ob damit ein regelwidriges Manipulationsangebot gemeldet wurde. Die Wahrscheinlichkeit P_T, dass Bob mit $Alice_T$ spielt, lässt sich dann wie folgt näherungsweise berechnen:

$$P_T \approx R \div (R+K)$$

Der so berechnete Wert P_T ist nur eine Annäherung, weil sämtliche nicht korrekt gemeldeten Vorfälle völlig ignoriert werden. Der Grund für diesen Verzicht ist, dass die Anzahl der nicht korrekt gemeldeten realen Manipulationsversuche im Gegensatz zur Zahl der ungemeldeten vorregistrierten Tests des Verhaltens nicht zuverlässig zu erfassen ist.

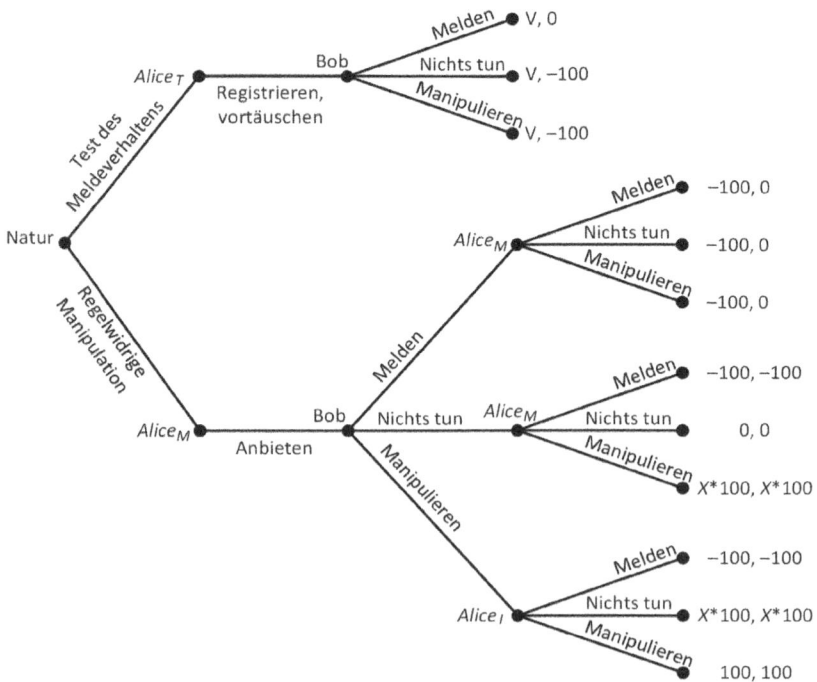

Abbildung 4: Manipulationsangebot von Alice an Bob, Maßnahmen A-E als Game Tree

1.4 Vertrauenswürdigkeit, Sicherheit und Zuverlässigkeit

Solange für die Probanden nicht feststellbar ist, ob es sich bei einer bestimmten Anfrage um einen Test oder um ein reales Angebot zur manipulativen Kollaboration handelt, ist die Wahrscheinlichkeit, dass ein reales Angebot nicht gemeldet wird, jedoch genau so groß wie die Wahrscheinlichkeit, dass ein Test nicht gemeldet wird. Folglich sollte der Quotient der korrekt gemeldeten Vorfälle etwa gleich dem Quotienten mit allen Vorkommnissen sein.

Vorausgesetzt, dass sich $Alice_M$ rational verhält und sich nicht unnötig selbst gefährdet, indem sie die selbst vorgeschlagene Manipulation am Ende nicht durchführt oder sich eventuell gar selbst anzeigt, lässt sich der erwartete Nutzwert E_{BM} für den Fall berechnen, dass Bob die Manipulation durchführt:

$$E_{BM} = P_T * (-100) + (1 - P_T) * 100$$

Es sei N die Anzahl der insgesamt registrierten Tests des korrekten Meldeverhaltens. Vorausgesetzt, dass die Probanden nicht zwischen Testangebot und realem Angebot unterscheiden können, ergibt sich eine gute Annäherung an die Wahrscheinlichkeit P_R, dass ein reales Angebot zur illegalen Kollaboration gemeldet wird, aus dem Verhältnis von der Anzahl der vorab registrierten und korrekt gemeldeten Tests des Verhaltens R zu N:

$$P_R \approx R \div N$$

$Alice_M$ kann mithilfe von P_R den erwarteten Nutzwert E_{AM} für den Fall berechnen, dass sie die in ihrem Angebot zur Kollaboration vorgeschlagene Manipulation wirklich durchzieht:

$$E_{AM} = P_R * (-100) + (1 - P_R) * 100$$

Wenn der *Threshold* Ψ größer als zwei ist, wird jeder Manipulationsversuch in dem Spiel noch gefährlicher. Bob muss sich dann nicht nur sorgen, ob er mit $Alice_M$ oder mit $Alice_T$ spielt, sondern er muss sich auch um die Entscheidung der $\Psi - 2$ weiteren Parteien sorgen, die für ein Quorum benötigt werden. Jede dieser Parteien könnte den Versuch der verschwörerischen Manipulation melden. Jede Partei kann nach der korrekten Meldung außerdem weiterhin so tun, als hätte sie Interesse an der Manipulation und die Anfragen an weitere potenzielle Mitverschwörer scheinbar unterstützen.

Es sei R_{Multi} die Anzahl der Tests des Meldeverhaltens, welche von mindestens zwei Probanden korrekt gemeldet wurden. Die Wahrscheinlichkeit P_{BM}, dass ein Manipulationsversuch von Bob Erfolg hat, lässt sich wie folgt näherungsweise berechnen:

$$P_{BM} \approx (1 - P_T) * (1 - (R_{Multi} \div N))$$

Das Ereignis, dass Bob mit $Alice_T$ spielt (Wahrscheinlichkeit: $1 - P_T$) und das Ereignis, dass keine weitere Person eine Meldung machen wird (Wahrscheinlichkeit: $1 - (R_{Multi} \div N)$), müssen für eine erfolgreiche Manipulation beide auftreten. Da die einzelnen Ereignisse statistisch unabhängig voneinander sind, kann die Wahrscheinlichkeit, dass beide Ereignisse zusammen auftreten, als Produkt der Einzelwahrscheinlichkeiten berechnet werden.

Rationales und realistisches Verhalten

Die Maßnahmen A, B, C, D und E sorgen in Kombination dafür, dass jeder Versuch zur manipulativen Kollaboration riskant wird. Es besteht insbesondere das Risiko, dass ein vermeintliches Angebot zur regelwidrigen Zusammenarbeit in Wirklichkeit nur ein bereits registrierter Verhaltenstest ist. Was hier noch nicht analysiert wird, ist, welche Auswirkungen dies auf das Verhalten realer Beteiligter hat. Es stellt sich die Frage, inwieweit tatsächlich eine sachliche Analyse der Chancen und Risiken erfolgt und welchen Einfluss die Maßnahmen auf das Verhalten haben.

Eine präventive Wirkung können die Verhaltenstests (Maßnahme E) nur dann entfalten, wenn die Tests sowie Meldungen von Kooperationsangeboten auch wahrgenommen werden und in Entscheidungsprozesse einfließen.

Um die reale Auswirkung der angedachten Maßnahmen zur Schaffung von einer bestimmten Form des Misstrauens zu erforschen, bietet es sich an, psychologische Experimente durchzuführen. Insbesondere gilt es herauszufinden, wie viel Aufwand sinnvollerweise für Verhaltenstests investiert werden sollte. Es ist noch entsprechende Forschungsarbeit zu leisten, bevor das Konzept zur Schaffung von Vertrauen mit Misstrauensparteien konkret ausgestaltet und für kritische Anwendungen benutzt werden darf.

Im Folgenden soll gezeigt werden, wie das S-Netzwerk mithilfe von Misstrauensparteien realisiert werden könnte – also wie genau die Misstrauensparteien genutzt werden könnten, um Vertrauen in das S-Netzwerk zu schaffen und um es sicher zu machen.

1.4.2 Verfahren zur dauerhaften und sicheren Datenerhaltung

Sicherheitskopien von im S-Netzwerk zu speichernde Daten werden über zu verschiedenen Misstrauensparteien gehörenden S-Knoten verteilt, sodass mindestens in Ψ verschiedenen Misstrauensparteien Fehler auftreten müssen, damit die korrekten Daten nicht mehr wiederhergestellt werden können. Auch die rechtsgültigen Metadaten werden von mindestens Ψ verschiedenen Misstrauensparteien unabhängig erhoben und bewahrt.

Um die Vertraulichkeit von Publikationen und Hinterlegungen mit begrenztem Zielpublikum Γ zu gewährleisten, wird eine Form von Secret Sharing eingesetzt.

1.4 Vertrauenswürdigkeit, Sicherheit und Zuverlässigkeit

Das S-Netzwerk muss Daten langfristig unleugbar bewahren und sie nur den Berechtigten für Lesezugriffe verfügbar halten können. Dies soll im S-Netzwerk mithilfe von Misstrauensparteien und den im Folgenden gezeigten Konzepten realisiert werden.

Verteilte Kopien

Eine offensichtliche Strategie um eine Bitsequenz χ zu bewahren ist die Anfertigung von Sicherungskopien (*Backup*-Kopien). Da keine garantiert dauerhaft fehlerfrei funktionsfähigen Speichermedien bekannt sind und es auch nicht realistisch erscheint, dass ein unzerstörbares Medium geschaffen werden könnte, ist die Vervielfältigung zur verlustfreien langzeitlichen Erhaltung von Informationen alternativlos.

Werden alle Sicherungskopien an einem einzigen Ort aufbewahrt, so besteht die Gefahr, dass sie durch ein lokal begrenztes Ereignis, etwa eine Katastrophe oder einen Terrorakt, auf einen Schlag zerstört werden können. Sicherungskopien sollten also räumlich getrennt an verschiedenen Orten aufbewahrt werden. Zur Verteilung der Sicherungskopien bietet sich der Einsatz von Computernetzwerken an, sodass nur Informationen verteilt werden müssen und keine gegenständlichen Datenträger bewegt werden müssen. Diese naheliegende Idee soll auch für das S-Netzwerk verwendet werden.

Wenn dauerhaft nicht zu leugnende Rechtsgültigkeit erzielt werden soll, dann kann es nicht genügen, einfach *einige* Sicherungskopien zu machen und diese *irgendwie* zu verteilen. Es muss klare Regeln geben, *wie viele* Kopien *wie wohin* verteilt werden müssen und *was* genau mit ihnen zu geschehen hat, damit die Daten tatsächlich als garantiert langzeitlich bewahrt gelten und auch vor Gericht bestand haben können. Diese Normen müssen sicherstellen, dass es zumindest sehr unwahrscheinlich ist, dass die korrekte Wiederherstellbarkeit der Informationen jemals beeinträchtigt wird. Sie müssen dafür sorgen, dass der Versuch einer gezielten Manipulation schwierig und gefährlich ist.

Mit der Partition in Misstrauensparteien sowie dem *Threshold* Ψ lassen sich für das S-Netzwerk sinnvolle Regeln für die Anzahl und für die Verteilung der Kopien definieren:

Eine reliable Publikation oder sichere Hinterlegung im S-Netzwerk ist genau dann rechtsgültig, wenn sie von S-Knoten in mindestens Ψ verschiedenen Misstrauensparteien bestätigt wird. In bis zu $\Psi-1$ verschiedenen Parteien sollen gleichzeitig Fehler auftreten können, ohne dass die Korrektheit des Informationssystems beeinträchtigt wird. Daher müssen mindestens $2*\Psi-1$ Kopien angefertigt und auf S-Knoten in eben so vielen verschiedenen Misstrauensparteien verteilt werden.

Von keinem einzelnen System wird angenommen, dass es stets fehlerfrei und korrekt funktionieren wird. Es besteht immer ein gewisses Risiko, dass auf einzelnen S-Knoten Unkorrektheiten oder Datenverluste auftreten. Wenn die Sicherheitskopien nicht repariert oder erneuert werden könnten, würde die Anzahl der gültigen und korrekten Sicherheitskopien im Laufe der Zeit abnehmen. Langzeitlich würde dies zwangsläufig zu Datenverlusten führen, selbst wenn nur sehr selten Fehler auftreten sollten.

Um das Ansammeln der Fehler über die Zeit zu verhindern, muss der Datenbestand des S-Netzwerks gepflegt werden: Es muss regelmäßig geprüft werden, ob die Sicherungskopien übereinstimmen. Abweichungen auf bis zu $\Psi-1$ S-Knoten müssen korrigiert oder restauriert werden, sofern noch mindestens Ψ S-Knoten in Ψ verschiedenen Misstrauensparteien übereinstimmen.

Erfassung und Validierung der Daten

Bevor eine beliebige Bitfolge χ im S-Netzwerk gespeichert und mithilfe von verteilten Sicherungskopien bewahrt werden kann, müssen die für eine reliable Publikation oder eine sichere Hinterlegung X erforderlichen Metadaten erhoben, teilweise überprüft und beglaubigt werden. Als Kriterium für die Gültigkeit der Metadaten bietet sich wie bei den Daten wiederum eine Übereinstimmung von Ψ oder mehr Misstrauensparteien an.

Da die Korrektheit der Metadaten auch dann gewährt sein soll, wenn in bis zu $\Psi-1$ verschiedenen Misstrauensparteien Fehler auftreten, müssen die Metadaten jeweils von mindestens $2*\Psi-1$ S-Knoten in voneinander verschiedenen Misstrauensparteien erhoben, geprüft und beglaubigt werden.

Um den Aufwand niedrig zu halten, kann die Erfassung der Metadaten an die Verteilung der Sicherungskopien gekoppelt werden. Genau jene mindestens $2*\Psi-1$ S-Knoten in eben so vielen verschiedenen Misstrauensparteien, die eine Sicherungskopie bekommen, um sie zu bewahren und verfügbar zu halten, sind auch dafür zuständig, die zugehörigen Metadaten zu validieren.

Während einige Metadaten weitgehend frei vom Herausgeber bestimmt werden können, müssen die Werte Π_X, T_X, und Λ_X überprüft werden. Dazu muss jeder S-Knoten in der Lage zu sein, die Identität des Herausgebers Π_X und dessen willentliches Publizieren oder Hinterlegen sicher festzustellen. Um dies zu ermöglichen, werden im Folgenden Konzepte sowie Maßnahmen zur sicheren Kommunikation und in [Viehmann 2018 d] zur Zugangssicherheit vorgestellt. Außerdem müssen alle S-Knoten synchronisiert sein und eine gemeinsame Zeit haben, damit sie den Publikationszeitpunkt T_X prüfen können.

Der Publikationsort Λ_X muss die Adressen jener S-Knoten enthalten, welche die Metadaten prüfen und auf denen die Sicherungskopien gespeichert werden sollen. Die einzelnen S-Knoten überprüfen dazu bei einer neuen Publikation oder Hinterlegung, ob Λ_X ihre eigene S-Adresse enthält. Wenn eine Anfrage zur Prüfung oder Wiederherstellung von Daten kommt, muss Λ_X von mindestens Ψ S-Knoten in eben so vielen verschiedenen Misstrauensparteien übereinstimmend

1.4 Vertrauenswürdigkeit, Sicherheit und Zuverlässigkeit 77

bestätigt werden und Λ_X muss dann neben der eigenen S-Adresse zusätzlich auch die S-Adressen jener S-Knoten enthalten, von denen die zu prüfenden oder wiederherzustellenden Daten stammen.

Zugriffsbeschränkung

Für jede reliable Publikation oder sichere Hinterlegung kann das Zielpublikum Γ_X eine beschränkte Menge sein. Insbesondere hat ein System, auf welchem eine Sicherungskopie gespeichert werden soll, eventuell keine Leserechte für die zu sichernden Daten. Es kann bei beschränktem Γ_X nicht genügen, $2*\Psi-1$ Kopien anzufertigen und diese als Klartext an $2*\Psi-1$ S-Knoten in eben so vielen verschiedenen Misstrauensparteien zu verteilen.

Im S-Netzwerk zu sichernde Daten mit beschränktem Zielpublikum Γ_X müssen, bevor sie kopiert und verteilt werden, vor unberechtigten Lesezugriffen geschützt werden. Dazu könnten beispielsweise Verschlüsselungsverfahren eingesetzt werden. Allerdings fehlt den Leseberechtigten Γ_X im Allgemeinen ein exklusiver gemeinsamer Schlüssel – berechtigt soll schließlich eine beliebige Teilmenge der Teilnehmer am S-Netzwerk sein können.

Eine andere naheliegende Lösung zur Wahrung eines Geheimnisses ist der Einsatz von Secret Sharing [Shamir 1979]. Auf den ersten Blick scheint es sehr praktisch zu sein, eine Secret Sharing Zerlegung mit $N = 2*\Psi-1$ Shares und einem Secret Sharing *Threshold* von $T = \Psi$ zu bilden. Die einzelnen Shares würden dann anstelle von Klartext-Sicherungskopien an $2*\Psi-1$ S-Knoten in eben so vielen verschiedenen Misstrauensparteien verteilt. Jeder dieser S-Knoten dürfte sein Teilstück nur an Leseberechtigte Personen aus Γ_X weitergeben. Die gebotene Geheimhaltung würde erst verletzt, wenn mindestens *Threshold* Ψ S-Knoten sich nicht korrekt verhielten. Solange umgekehrt mindestens Ψ S-Knoten aus verschiedenen Parteien an eine Person aus Γ_X korrekte Daten übermitteln, solange also die Gültigkeitsbedingung im S-Netzwerk erfüllt wird, wäre auch die verlustfreie Rekonstruierbarkeit des Klartextes aus den *Threshold* $T = \Psi$ Shares automatisch gegeben.

Dieser Ansatz stößt jedoch bei den für langzeitliche Bewahrung zwingend erforderlichen Reparaturen etwaiger Fehler an seine Grenzen. Sobald die an einem Sicherungsprozess beteiligten S-Knoten nicht zu dem Zielpublikum Γ_X gehören, dürfen sie sich mangels Leserechten nicht gegenseitig ihre Shares zusenden, um deren Korrektheit überprüfen zu können und um gegebenenfalls Reparaturen durchführen zu können.

Perfekte Geheimhaltung?

Zwar lässt sich aus einem einzelnen Share einer Secret Sharing Zerlegung – sofern der *Threshold* größer als eins ist – keine Information über den Inhalt der zerlegten Bitfolge gewinnen, aber es ist immerhin bekannt, dass es eine Pub-

> likation oder Hinterlegung gibt. Einige Angaben der Metadaten müssen im Klartext gepflegt werden, damit diese von den S-Knoten, die eine Kopie eines Shares speichern sollen, auch korrekt ausgewertet werden können.
> Soll eine perfekte Geheimhaltung erzielt werden, sodass nicht klar ist, ob jemand tatsächlich irgendetwas publiziert oder hinterlegt hat, müssen auch Schein-Publikationen oder Schein-Hinterlegungen erzeugt werden, deren Inhalt keine Bedeutung hat. Die Größe einer per Secret Sharing geschützten Bitfolge lässt sich durch ein geeignetes Padding und Splitting verschleiern.

Verifiable Secret Sharing Verfahren [Chor 1985] bieten zwar eine gewisse Überprüfbarkeit der Korrektheit von Shares, mit diesen Verfahren kann jedoch keine perfekt sichere Validierung geleistet werden und es lässt sich keine Reparaturfunktionalität für defekte Teilstücke realisieren.

Es könnte versucht werden, „vertrauenswürdige" Parteien zu erschaffen, welche den Zugriffschutz aufrecht halten sollen. Solchen Parteien könnten dann alle Shares zur Prüfung zugesandt werden. Aus erfolgreich rekonstruiertem Klartext könnten von den „vertrauenswürdigen" Parteien gegebenenfalls die fehlerhaften oder fehlenden Shares wiederhergestellt werden, um Reparaturen auf den zuständigen S-Knoten zu initiieren. Ein Konzept mit „vertrauenswürdigen" Parteien widerspräche jedoch dem Anspruch des S-Netzwerks, keinen einzelnen Parteien vertrauen zu müssen.

Neben dem Reparaturproblem spricht noch ein weiteres Argument gegen den Einsatz von Secret Sharing mit $N = 2*\Psi - 1$ und *Threshold* $T = \Psi$ zur Zugriffsbeschränkung: Bei diesem Ansatz wird ein vollwertiges Secret Sharing Verfahren wie das in [Shamir 1979] benötigt, bei welchem $N > T$ sein kann. Die einfache XOR-Verknüpfung mit zufälligen Bitfolgen ermöglicht nur Zerlegungen mit $N = T$ und könnte nicht genutzt werden, was sich nachteilig auf die erzielbare Performance auswirken würde.

Um den Unterschied im Rechenaufwand zwischen vollwertigen Secret Sharing Algorithmen und der XOR-Verknüpfung mit zufälligen Bitfolgen zu untersuchen, wurden im Zuge dieser Arbeit eine Reihe von Performance-Tests durchgeführt. Für die Tests wurde einerseits die Implementierung eines vollwertigen Secret Sharing Verfahrens (Variante von Shamirs Algorithmus) in der Crypto++ Library Version 5.62 verwendet, kompiliert mit dem C++ Compiler von Visual Studio 2013. Andererseits wurde eine C# Implementierung des einfacheren XOR-Verfahrens verwendet, welche für den Splitvorgang den kryptografisch sicheren .Net 4.5 Zufallsgenerator nutzt. Mit beiden Implementierungen wurden Dateien verschiedener Größe zerlegt und wieder zusammengefügt. Tabelle 4 und Abbildung 5 zeigen die Messergebnisse unter Windows 8.1 64 Bit auf einem iCore 7 820 Q Prozessor mit 4GB RAM, wobei für die Tests jeweils nur ein Prozessorkern genutzt wurde.

1.4 Vertrauenswürdigkeit, Sicherheit und Zuverlässigkeit

Beim Splitvorgang ist jeweils die Erzeugung der zufälligen Bitfolgen ein relevanter Faktor, welche bei beiden Verfahren durchgeführt werden muss und in den hier angegebenen Zeitmessergebnissen enthalten ist. Der Rechenaufwand der eigentlichen Secret Sharing Zerlegung fällt daher beim Split weniger ins Gewicht, entsprechend geringer ist der Vorsprung des XOR-Verfahrens beim Split im Vergleich zum Restore.

Tabelle 4: Vergleich verschiedener Secret Sharing Verfahren

Secret Sharing Berechnungszeit		Split			Restore		
		Shamir	XOR	Shamir / XOR	Shamir	XOR	Shamir / XOR
$N = T = 5$	0,04 MB	70 ms	12 ms	583,33%	37 ms	9 ms	411,11%
	2,72 MB	1.250 ms	140 ms	892,86%	560 ms	30 ms	1866,67%
	15,00 MB	6.860 ms	690 ms	994,20%	3.550 ms	120 ms	2958,33%
	100,00 MB	50.440 ms	5.110 ms	987,08%	32.620 ms	540 ms	6040,74%
$N = T = 7$	0,04 MB	180 ms	16 ms	1125,00%	190 ms	13 ms	1461,54%
	2,72 MB	1.980 ms	190 ms	1042,11%	1.650 ms	40 ms	4125,00%
	15,00 MB	12.950 ms	980 ms	1321,43%	8.610 ms	140 ms	6150,00%
	100,00 MB	105.460 ms	7.680 ms	1373,18%	49.920 ms	890 ms	5608,99%

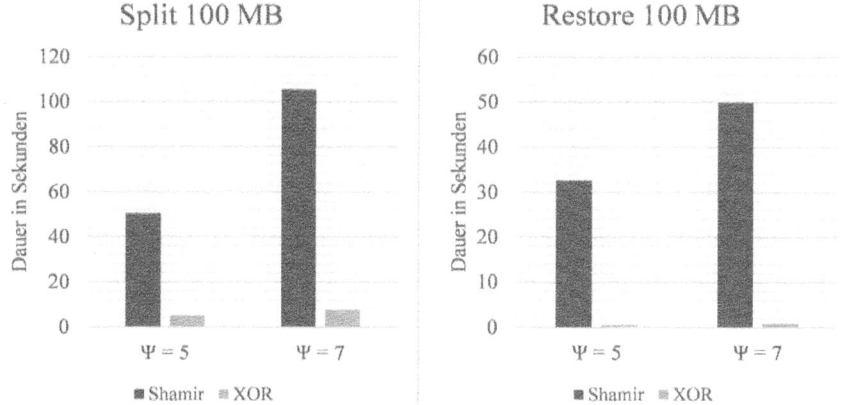

Abbildung 5: Gegenüberstellung von Shamir Secret Sharing und XOR Verknüpfung

Die Probleme mit der Restaurierbarkeit und dem hohen Rechenaufwand lassen sich mit folgendem Ansatz vermeiden: Zunächst wird eine Secret Sharing Zerlegung mit $N = T = \Psi$ gebildet. Von jedem Share dieser Zerlegung werden dann jeweils $2*\Psi - 1$ Sicherungskopien an S-Knoten in eben so vielen verschiedenen Misstrauensparteien verteilt, wobei in jede Misstrauenspartei nur maximal ein Share der Zerlegung gelangen darf.

Jene $2*\Psi - 1$ S-Knoten, die Kopien von demselben Share erhalten, dürfen Kopien dieses Shares untereinander uneingeschränkt austauschen. Jeder dieser

S-Knoten kann die Korrektheit der Kopie des Shares durch Abgleich mit den in anderen Misstrauensparteien vorhandenen Kopien desselben Shares feststellen. Gültig ist die Kopie eines Shares genau dann, wenn sie aus mindestens Ψ in Λ_X aufgeführten Misstrauensparteien bestätigt wird.

Wird ein Share von mindestens Ψ S-Knoten aus ebenso vielen verschiedenen Misstrauensparteien bestätigt, können auf bis zu $\Psi-1$ S-Knoten fehlerhafte oder nicht vorhandene Kopien des Shares automatisch wiederhergestellt werden. Die Geheimhaltung des Inhaltes der Secret Sharing Zerlegung wird bei der Prüfung und bei der Reparatur nicht beeinträchtigt. Es werden nur Kopien desselben Shares ausgetauscht, keine P erhält Informationen, die sie nicht ohnehin haben müsste. Einzelne Shares werden vom Aspekt der Datensicherung wie eigenständige Publikationen oder Hinterlegungen behandelt. Dass der Inhalt eines Shares kein Klartext ist, sondern erst im Zusammenspiel mit den anderen Shares wieder hergestellt werden kann, macht keinen Unterschied für die Datenerhaltung.

> **Regelmäßige Änderung der Shares**
>
> Es sind Angriffe denkbar, bei denen zeitlich versetzt nach und nach die einzelnen Shares erbeutet werden, bis das Geheimnis rekonstruiert werden kann. Wenn die Shares unverändert bleiben, haben Angreifer den ganzen Gültigkeitszeitraum Δ_X lang die Gelegenheit, ihre Sammlung der Shares zu komplettieren.
>
> Um derartige langfristige Attacken abzuwehren, können die Shares regelmäßig gepflegt werden, ähnlich wie die Sicherungskopien, die laufend auf Korrektheit geprüft und gegebenenfalls wiederhergestellt werden. Allerdings besteht die regelmäßige Pflege der Shares in deren Änderung. Dazu genügt es beim simplen Secret Sharing mit XOR-Verknüpfung, jeweils paarweise zwei Shares zu ändern, indem eine zufällige Bitfolge generiert und ausgetauscht wird, damit alle Kopien der beiden Shares gleichzeitig mit dieser Bitfolge XOR verknüpft werden. Die Vereinigung der Shares bleibt dabei unverändert.
>
> Angreifer, die nur einen der Shares vor der Änderung erbeuten und die erst danach den zweiten Share erbeuten, können damit das Geheimnis nicht mehr wiederherstellen. Ein solcher Mechanismus hilft natürlich nicht gegen Angreifer, die auch die Änderung belauschen. Auch Angriffe, die zeitlich ganz zwischen zwei Änderungen durchgeführt werden, lassen sich so nicht unterbinden.

Nachteile dieser Lösung sind, dass der benötigte Speicherplatz das Ψ-Fache beträgt und dass die Anzahl der erforderlichen Misstrauensparteien $\#P$ ebenfalls um den Faktor Ψ erhöht ist. Speziell die höhere Anzahl von notwendigen Parteien hat eventuell unerwünschte Konsequenzen: Der Anteil der Ψ Misstrauensparteien, welche an einer erfolgreichen Manipulation beteiligt sein müssen, beträgt gemessen an der Anzahl $\#P = \Psi * (2*\Psi - 1)$ der Misstrauensparteien nur $\Psi \div \#P = 1 \div (2*\Psi - 1)$.

1.4 Vertrauenswürdigkeit, Sicherheit und Zuverlässigkeit 81

Je größer *Threshold* Ψ gewählt wird, desto geringer ist die Spannweite der Parteien, welche in einen Angriff einbezogen werden müssen. Bei $\Psi = 6$ müssten nur noch gerade 9,09 % der in dieser Konfiguration insgesamt 66 Misstrauensparteien manipuliert werden. Bei $\Psi = 4$ müssten zwar absolut zwei Parteien weniger in einen Angriff einbezogen werden, aber die hinreichenden vier Parteien machen in dieser Konfiguration immerhin 14,29% der insgesamt 28 Misstrauensparteien aus. Eine manipulative Kooperation muss also bei $\Psi = 4$ einen höheren prozentualen Anteil aller Misstrauensparteien umfassen. Es könnte durchaus leichter sein, 6 von total 66 Parteien in eine Manipulation einzubeziehen als 4 von insgesamt nur 28 Parteien. Das würde bereits dann gelten, wenn die Wahrscheinlichkeit, dass eine Partei zur regelwidrigen Kooperation gewonnen wird, konfigurationsunabhängig bei jeder Partei gleich groß wäre. In der Realität dürfte diese Wahrscheinlichkeit mit einer höheren Gesamtzahl von Misstrauensparteien sogar größer sein, da bei einer Partition der sich beteiligenden Rechtsräume in mehr Parteien die erzielbaren *Vertrauensdistanzen* zwischen einigen der Parteien eher noch geringer ausfallen werden. Eine Erhöhung von Ψ würde bei diesem Ansatz nicht mehr notwendigerweise zu einer höheren Gesamtsicherheit führen, sondern würde eventuell sogar das Gegenteil bewirken.

Geringer Bedarf an Misstrauensparteien mit kurzen Schlüsseln

Wenn für den Zugriffsschutz der Sicherungskopien auf den S-Knoten nur Schlüssel eingesetzt werden sollen, die kürzer als die zu schützende Datenmenge sind, lässt sich auch eine Lösung entwickeln, die mit nur $2*\Psi-1$ Misstrauensparteien auskommt.

Von dem zu schützenden Inhalt χ wird dazu eine Secret Sharing Zerlegung $Z_{NT}(\chi)$ mit $N \geq \Psi$ Shares und *Threshold* $T = \Psi$ gebildet. Außerdem wird eine Menge von $2*\Psi-1$ kurzen Schlüsseln generiert. Von jedem Schlüssel K_i dieser Menge wird jeweils eine Secret Sharing Zerlegung $Z_{NiT}(K_i)$ mit $N_i \geq 2*\Psi-2$ Shares und *Threshold* $T = \Psi$ gebildet. Anschließend wird mit jedem Schlüssel K_i jeweils maximal ein Share aus $Z_{NT}(\chi)$ und je genau ein Share aus jeder Zerlegung $Z_{NkT}(K_k)$ für die gilt $i \neq k$ verschlüsselt, sodass insgesamt jeder gebildete Share mit exakt einem Schlüssel K_i verschlüsselt wird. Es sei D die Menge der so verschlüsselten Daten. $2*\Psi-1$ Kopien von D werden an ebenso viele S-Knoten in verschiedenen Misstrauensparteien verteilt. Außerdem bekommt jeder dieser S-Knoten S_i einen Schlüssel K_i, sodass jeder Schlüssel K_i an genau einen S-Knoten versendet wird.

Dadurch, dass $2*\Psi-1$ S-Knoten in ebenso vielen verschiedenen Misstrauensparteien eine Kopie von D erhalten, kann D bei Unkorrektheiten in bis zu $\Psi-1$ verschiedenen Misstrauensparteien wiederhergestellt werden. Jeder S-Knoten S_i kann mit seinem Schlüssel K_i höchstens einen Share aus $Z_{NT}(\chi)$ entschlüsseln. Dieser Share darf nur an das Zielpublikum Γ_X gesendet werden. Außerdem kann S_i mit K_i von jeder $Z_{NkT}(K_k)$ für die gilt $i \neq k$ jeweils einen Share entschlüsseln, welcher nur an den S-Knoten S_k gesendet werden darf.

Sollte S_k seinen Schlüssel K_k verlieren, kann S_k den Schlüssel K_k sicher rekonstruieren, wenn S_k Threshold $T = \Psi$ Shares aus $Z_{NkT}(K_k)$ von Ψ S-Knoten in ebenso vielen verschiedenen Misstrauensparteien erhält. Es besteht also auch hier eine Ausfallsicherheit für Unkorrektheiten in bis zu $\Psi-1$ verschiedenen Misstrauensparteien.

Der Datenerhalt funktioniert schon bei $Z_{NT}(\chi)$ mit $N = \Psi = T$, sodass an dieser Stelle schnelle XOR-Verfahren genutzt werden können und weniger Shares der potenziell großen Nutzdaten benötigt werden. In dem Fall können nur T S-Knoten jeweils einen Share aus $Z_{NT}(\chi)$ entschlüsseln. Die Verfügbarkeit ist daher bei Ausfällen erst nach der Wiederherstellung dieser T S-Knoten gewährleistet. Höchste Verfügbarkeit auch bei Ausfällen in bis zu $\Psi-1$ verschiedenen Misstrauensparteien ergibt sich erst bei $Z_{NT}(\chi)$ mit $N \geq 2*\Psi-1 > T$ und mithin nur beim Einsatz langsamer vollwertiger Secret Sharing Verfahren. Unabhängig davon ist es auch möglich, zuerst die Daten χ mit einem kurzen symmetrischen Schlüssel K_χ zu verschlüsseln und $E_{K_\chi}(\chi)$ ohne weiteren Zugriffsschutz im S-Netzwerk zu speichern. Nur der Schlüssel K_χ wird dann per Secret Sharing geschützt. Die Daten D fallen dadurch entsprechend kompakt aus.

Abbildung 8 zeigt das Verfahren zum Zugriffsschutz mit Secret Sharing und kurzen Schlüsseln für $\Psi = 2$ bei höchster Verfügbarkeit.

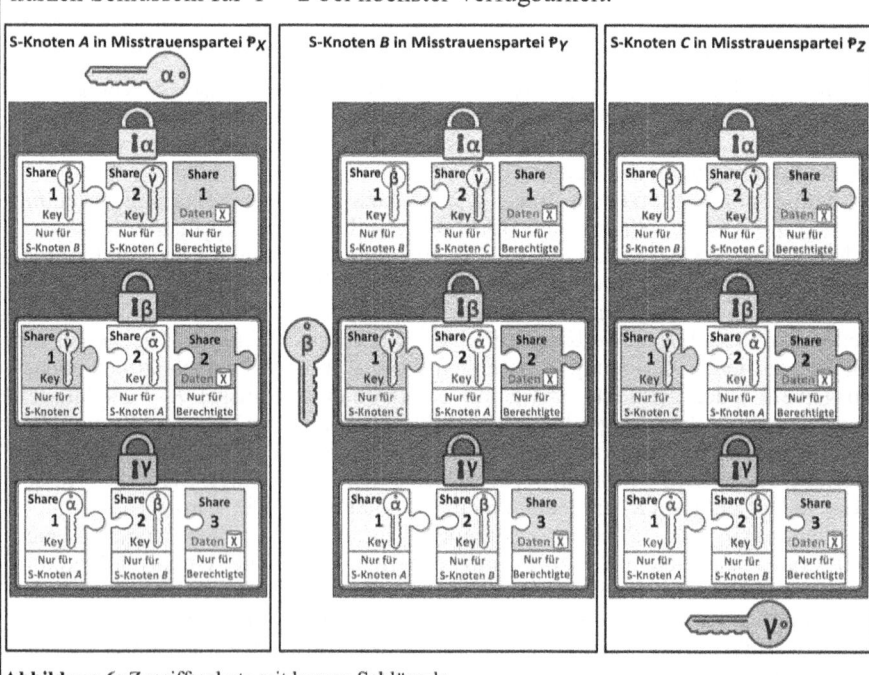

Abbildung 6: Zugriffsschutz mit kurzen Schlüsseln

> Bei diesem Verfahren besteht der Zugriffsschutz von χ nur durch das Verschlüsselungsverfahren mit den kurzen Schlüsseln K_i – jeder S-Knoten S_i erhält mit einer Kopie von D alle Shares von $Z_{NT}(\chi)$ in verschlüsselter Form. Wird das eingesetzte Verschlüsselungsverfahren gebrochen, ist eine Rekonstruktion von χ möglich, ohne dazu Daten von S-Knoten aus anderen Misstrauensparteien zu benötigen. Es wird mit diesem Zugriffsschutz nicht ganz das Sicherheitsniveau erreicht, welches für das S-Netzwerk angestrebt wird und welches für die Datenerhaltung auch erreicht wird.

Eine Möglichkeit, die Anzahl der benötigten Misstrauensparteien bei perfekter Sicherheit zu reduzieren besteht darin, die Anzahl der Shares zu erhöhen und die jeweils $2*\Psi-1$ Sicherungskopien pro Share so geschickt zu verteilen, dass wiederum Daten aus mindestens Ψ verschiedenen Misstrauensparteien zur Rekonstruktion des Inhalts benötigt werden und dass zugleich alle Kopien eines jeden Shares bei Fehlern in bis zu $\Psi-1$ Parteien noch repariert werden können. Das mathematisch anspruchsvolle Problem eine solche Verteilung zu finden (das *S-Netzwerk Verteilungsproblem*) wird in [Viehmann 2018 a] erörtert. Es werden dort Lösungsmöglichkeiten, Näherungsverfahren und Ergebnisse vorgestellt.

1.4.3 Sichere Kommunikation zwischen S-Knoten

Um die Verteilung der Daten und deren Pflege im S-Netzwerk praxistauglich bewerkstelligen zu können, ist eine dauerhaft sichere und zuverlässige Kommunikation zwischen beliebigen S-Knoten erforderlich. Bei dem hier vorgestellten Kommunikationsverfahren mit Secret Sharing und Misstrauensparteien kann wiederum ohne Abhängigkeiten von einzelnen Parteien sowie von Annahmen aus der Komplexitätstheorie genau das konzeptionelle Sicherheitsniveau erreicht werden, welches auch für die Datenerhaltung sowie für den Schutz vor unerlaubten Lesezugriffen geboten wird.

Der Austausch von Nachrichten zwischen zwei beliebigen S-Knoten untereinander soll über bestehende Computernetzwerke oder beliebige andere potenziell unsichere und unzuverlässige Kommunikationskanäle erfolgen können. Dennoch müssen die Geheimhaltung, die Authentizität und die Integrität von Nachrichten sowie deren zeitlich korrekte Abfolge beim Austausch zwischen zweifelsfrei identifizierbaren S-Knoten garantiert werden können. Es muss sich also ein sicherer Kanal zwischen zwei beliebigen S-Knoten errichten lassen.

Mit den vorgestellten auf Misstrauensparteien basierenden Konzepten für die Datenerhaltung und Zugriffsbeschränkung werden Abhängigkeiten von einzelnen Parteien vermieden. Manipulative Koalitionen über mehrere Parteien hinweg werden aktiv bekämpft.

Die heute gebräuchlichsten Verfahren zur Absicherung der Kommunikation setzen mindestens eine „Vertrauenspartei" voraus – etwa einen Schlüsselserver oder eine Certification Authority. Würde ein solches Verfahren für das S-Netzwerk eingesetzt, entstünden zusätzlich zur Abhängigkeit von der Korrektheit des Quorums der Misstrauensparteien auch Abhängigkeiten von mindestens einer einzelnen „Vertrauenspartei". Angreifern würde es genügen, entweder eine „Vertrauenspartei" zu kontrollieren oder ein Quorum der Misstrauensparteien, um beliebige Manipulationen durchführen zu können. Die Risiken würden sich also vervielfachen. Beim Einsatz eines „Vertrauensnetzwerks" wird zwar keinen einzelnen Parteien vertraut, aber einem Quorum aus mehreren Parteien. Wenn dieses Quorum nicht mit dem Quorum aus den Misstrauensparteien übereinstimmt, welches zur Datenerhaltung und zur Zugriffsbeschränkung genutzt wird, würden sich die Risiken wiederum vervielfachen, denn es bestünde die Abhängigkeit von mehreren verschiedenen Quoren und es würde für Angreifer genügen, nur eines davon zu kontrollieren.

Wird das Konzept der Misstrauensparteien zur Schaffung von Vertrauen in das S-Netzwerk gewählt, so kann das Ziel nur sein, diesen Ansatz konsequent überall dort anzuwenden und weiter zu verfolgen, wo sich Vertrauensfragen stellen. Für das S-Netzwerk kommt durch den Anspruch der langzeitlich sicheren Verfügbarkeit ein weiterer Aspekt hinzu: Soll die sichere Kommunikation dauerhaft garantiert werden können, muss dies mit einem Konzept geleistet werden, welches auch in Zukunft zweifelsfrei zur Verfügung stehen wird und welches auch auf unbestimmte Zeit einen praktikablen und sicheren Betrieb gewährleisten kann, unabhängig von der technischen Weiterentwicklung. Zugleich müssen die sicheren Kanäle zwischen beliebigen S-Knoten hochgradig verfügbar und ausfallsicher sein, um die garantierte Verfügbarkeit der Inhalte gewährleisten zu können.

Das im Folgenden vorgestellte Verfahren [Viehmann 2011] wurde im Zuge dieser Dissertation entwickelt, um genau diesen Anforderungen zu genügen. Es handelt sich um die erste praxistaugliche Konkretisierung von PSMT [Dolev 1990] und wurde vom Autor der Dissertation 2011 in dem Patent DE 10 2011 079 109 A1/B4 veröffentlicht (welches aufgegangen ist in das 2015 dem Autor erteilte Europäische Patent EP 2 547 034 B1).

Bekannte und parteigetreue sowie parteiinterne Weiterleitungen

Zwei S-Knoten heißen *Bekannte*, wenn zwischen ihnen Nachrichten direkt symmetrisch verschlüsselt übermittelt werden können, sodass dabei die Authentizität, die Geheimhaltung, die Integrität und die korrekte Abfolge unmittelbar mit beliebig hoher Sicherheit gewährleistet werden können. Zwischen zwei *Bekannten* muss dazu ein sicherer Kanal aufgebaut werden können. Die S-Betreiber von *Bekannten* überprüfen gegenseitig die Identitäten der Systeme bzw. ihrer Besitzer und tauschen die notwendigen Verbindungsdaten (geheime Schlüssel) aus. Dies soll manuell geschehen und stellt einen erheblichen, sicherheitskriti-

1.4 Vertrauenswürdigkeit, Sicherheit und Zuverlässigkeit

schen Aufwand dar. Die S-Betreiber sind auch dafür verantwortlich, dass die *Bekannten* garantiert in endlicher Zeit sicher miteinander kommunizieren können. Sie müssen dazu bilateral Möglichkeiten für die Datenübertragung schaffen. Realistischerweise kann jeder S-Knoten nur einige wenige *Bekannte* haben, damit der Aufwand praktikabel niedrig bleibt. Für das hier vorgestellte Kommunikationsverfahren muss jeder S-Knoten A mindestens in $2*\Psi-1$ verschiedenen Misstrauensparteien jeweils wenigstens einen S-Knoten als *Bekannten* erhalten.

Um die Komplexität zu reduzieren, wird hier zunächst davon ausgegangen, dass jeder S-Knoten einen *Bekannten* in jeder der #P Misstrauenspartei hat. Eine Lösung, die auch bei insgesamt $\#P > 2*\Psi+1$ Misstrauensparteien mit *Bekannten* in nur $2*\Psi$ verschiedenen fremden Misstrauensparteien auskommt, wird anschließend vorgestellt.

Nur *Bekannte* können und dürfen direkt miteinander kommunizieren. Sind zwei S-Knoten keine *Bekannten*, so kann trotzdem eine Nachricht zwischen ihnen ausgetauscht werden, wenn es eine Folge von jeweils paarweise miteinander bekannten S-Knoten zwischen ihnen gibt und die Nachricht jeweils von *Bekanntem* zu *Bekanntem* weitergeleitet wird. Eine solche Verbindung wird fortan als *Weiterleitung* bezeichnet, die weiterleitenden S-Knoten zwischen Absender und Adressat werden *Vermittler* genannt. Für das S-Netzwerk wird gefordert, dass zwei beliebigen S-Knoten entweder *Bekannte* sein müssen oder dass es *Weiterleitungen* mit bestimmten Eigenschaften zwischen ihnen geben muss.

Anders als bei der direkten Verbindung zweier *Bekannter* kann bei der *Weiterleitung* die Nachricht jedoch nicht einfach über einen durchgehenden sicheren Kanal vom Absender an den Adressaten geschickt werden. Zwischen Absender und Adressat wurden keine Schlüssel ausgetauscht – sie wissen voneinander nicht mal, ob der vermeintliche Kommunikationspartner überhaupt existiert, ob die angegebene S-Adresse je vergeben wurde. Einen sicheren Kanal kann es jeweils nur mit dem nächsten *Vermittler* geben. Jeder *Vermittler* kann weiterzuleitende Nachrichten entschlüsseln und verändern.

Damit S-Knoten, die keine *Bekannten* sind, trotzdem miteinander sicher und verlässlich kommunizieren zu können, sind weitere Maßnahmen erforderlich. Zur Entwicklung eines geeigneten Verfahrens werden hier zunächst die Konzepte der *parteigetreuen Weiterleitung* und der *parteiinternen Weiterleitung* eingeführt: Eine *Weiterleitung* zwischen zwei S-Knoten A und B, bei der sämtliche daran als *Vermittler* beteilige S-Knoten zur gleichen Misstrauenspartei P gehören, wird als *parteigetreue Weiterleitung* bezeichnet. Wenn nicht nur alle *Vermittler*, sondern zusätzlich auch A und B zur selben P gehören, handelt es sich um eine *parteiinterne Weiterleitung*.

Für das S-Netzwerk wird gefordert, dass je zwei beliebige zur selben P gehörige S-Knoten entweder *Bekannte* sein müssen oder dass es eine *parteiinterne*

Weiterleitung zwischen ihnen geben muss, deren *Vermittler* allesamt zur selben *P* gehören. Alle zu einer *P* gehörenden S-Knoten müssen also untereinander Verbindungsmöglichkeiten haben, die ganz ohne *Vermittler* auskommen, die nicht zu derselben *P* gehören. Erreicht werden kann das beispielsweise durch eine von der logischen Netzwerkstruktur her ringförmige Anordnung aller zu einer *P* gehörenden S-Knoten bezüglich der *Bekanntschaften* – jeder S-Knoten hat in seiner eigenen Partei dann genau zwei *Bekannte*.

Außerdem wird gefordert, dass es für zwei beliebigen S-Knoten A und B mindestens $2*\Psi-1$ *parteigetreue Weiterleitungen* geben muss, sodass bei je zwei beliebigen dieser *parteigetreuen Weiterleitungen* W_1 und W_2 alle *Vermittler* in W_1 zu einer anderen *P* gehören müssen als sämtliche *Vermittler* in W_2. Die $2*\Psi-1$ verschiedenen *parteigetreuen Weiterleitungen* müssen also jeweils exklusive vermittelnde Misstrauensparteien haben.

Sichere Kommunikation mit dem Partitions-Routing

Es sei X die zwischen zwei einander nicht bekannten S-Knoten A und B zu übermittelnde Bitfolge. Folgendes Protokoll kann dann zur sicheren Kommunikation verwendet werden:

1 **Vorbereitung**: Der Absender A erzeugt die Bitfolge X_P bestehend aus X, einem zufälligen Schlüssel K_R sowie Prüfdaten P über K_R und X. Also:
   $X_P = X \circ K_R \circ P(K_R, X)$
   Es sei N eine Konstante für die gilt: $N \in \mathbb{N} \wedge N \geqslant \Psi$. A bildet eine Secret Sharing Zerlegung $Z_{N\Psi}$ von X_P:
   $Z_{N\Psi}(X_P) = \{S_{N\Psi 0}(X_P), \ldots, S_{N\Psi N-1}(X_P)\}$
   Es sei β die Adresse des Adressaten B. Es sei T eine eindeutige Nachrichtenidentifikationsnummer.
   A generiert N Teilnachrichten τ_*:
   $\tau_* = \beta \circ T \circ S_{N\Psi *}(X_P)$

2 **Aufteilung**: Jede Teilnachricht τ_* wird von A zur Weitervermittlung über einen sicheren Kanal an einen *Bekannten* von A versendet, der zu einer anderen *P* gehört als A und B, wobei in keine andere *P* mehr als ein Share von $Z_{N\Psi}(X_P)$ gelangen darf.

3 **Überprüfung und Weiterleitung**: Jeder vermittelnde S-Knoten V entschlüsselt und prüft auf sicheren Kanälen eingehende Nachrichten M auf Korrektheit.
   Es sei v der Index der *P* zu der *Vermittler* V gehört.
   3.1 Enthält M keine Identitätsbestätigung I_{Av} und stammt M von einem Bekannten, der nicht zu P_v gehört, so ist dieser Bekannte der Absender. V generiert in dem Fall eine Identitätsbestätigung I_{Av}, welche die S-Adres-

1.4 Vertrauenswürdigkeit, Sicherheit und Zuverlässigkeit

se α, den Namen und weitere Angaben zur Identität des Absenders A enthält, die manuell ausgetauscht und geprüft wurden, als V und A *Bekanntschaft* geschlossen haben. V fügt M die Identitätsbestätigung I_{A_V} für A als Beglaubigung der Authentizität hinzu:

$$M = \tau_\alpha \circ I_{A_V}$$

3.2 Enthält M keine Identitätsbestätigung I_{A_V} und stammt die M von einem Bekannten, der zu P_V gehört, liegt ein Fehler vor. Ende des Protokolls.

3.3 *Vermittler* haben die Aufgabe, jede nicht für sie bestimmte Nachricht M in Richtung des Adressaten B weiterzuleiten. Dabei sind zwei Möglichkeiten zu unterscheiden:

3.3.1 Der Adressat B ist dem *Vermittler V* unbekannt. In diesem Fall erfolgt eine **parteiinterne Annäherung an den finalen *Vermittler***: V leitet M über einen sicheren Kanal an einen *Bekannten* von V als nächsten *Vermittler* weiter, der zur gleichen P gehört wie der aktuelle *Vermittler V*, sodass die Nachricht M näher hin zu einem *Bekannten* des Adressaten B gelangt.
Weiter mit Schritt 3.

3.3.2 Der Adressat B ist ein *Bekannter* des *Vermittlers V*. Dann folgt die **finale Vermittlung**:
M wird von V über einen sicheren Kanal direkt an den Adressaten B gesendet.
Weiter mit Schritt 4.

4 **Sammlung der Shares**: Der Adressat B entschlüsselt von *Bekannten* auf sicheren Kanälen eingehende Nachrichten M und prüft deren Authentizität und Integrität.
Eintreffende Shares $S_{N\Psi*}(X_P)$ und die zugehörigen Identitätsbescheinigungen I_{A*} werden zusammen mit der Information, aus welcher P sie final vermittelt wurden, jeweils unter der Identifikationsnummer T der Nachricht M gespeichert.

5 **Vereinigung und Überprüfung**: Wenn beim Adressaten B mindestens Ψ verschiedene Shares $S_{N\Psi*}(X_P)$ aus der Menge $Z_{N\Psi}(X_P)$ zusammen mit übereinstimmender Nachrichtenidentifikationsnummer T und mit übereinstimmenden Identitätsbestätigungen I_{A*} aus ebenso vielen verschiedenen Misstrauensparteien angekommen sind, rekonstruiert B aus den Shares X_P. Die Integrität wird anhand von X, K_R und den Prüfdaten $P(K_R, X)$ geprüft.

Nur der Absender A und der Adressat B erhalten bei der korrekten Befolgung dieses Protokolls mehr als einen Share von $Z_{N\Psi}(X_P)$: In Schritt zwei wird jeder Share über einen sicheren Kanal zur Vermittlung an einen *Bekannten* in einer anderen fremden Misstrauenspartei gesendet, wobei keine P mehr als einen

Share erhält. Die eventuell erforderliche *Weiterleitung* über sichere Kanäle an weitere *Vermittler* bis zu einem *Bekannten* von B in Schritt 3.3.1 ist *parteiintern*. Also erhält auch mit Schritt 3.3.1 keine vermittelnde P einen weiteren Share.

Erst in Schritt 3.3.2 gelangen alle Shares wieder in eine einzige P, genauer werden die Shares direkt über sichere Kanäle an den Adressaten B geleitet. Insgesamt ist die *Weiterleitung* eines jeden Shares also eine *parteigetreue Weiterleitung*, alle *Vermittler* gehören jeweils zur selben P.

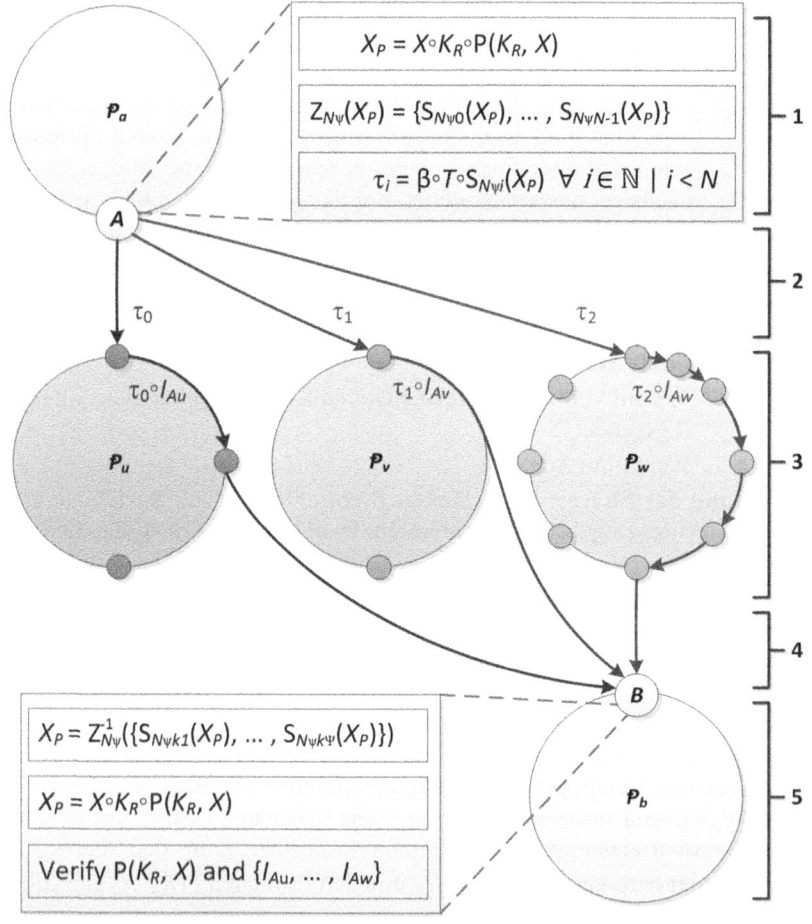

Abbildung 7: Partitions-Routing

Zur Rekonstruktion des Geheimnisses sind mindestens Ψ Shares erforderlich. Es handelt sich bei diesem Verfahren um eine Form des PSMT [Dolev 1990], aller-

1.4 Vertrauenswürdigkeit, Sicherheit und Zuverlässigkeit

dings werden keine separaten *Wires* zwischen Absender und Adressat vorausgesetzt. Vielmehr werden *Vermittler* in verschiedenen Misstrauensparteien eingesetzt, wobei jede vermittelnde *P* jeweils höchstens einen Share erhält. Alle physischen Kanäle werden als unsicher angesehen. Für jeden einzelnen Weiterleitungsschritt zwischen zwei *Bekannten* wird daher mit kryptografischen Mitteln ein sicherer Kanal realisiert. Wenn jeweils beweisbar sichere Verschlüsselungsverfahren wie das One-Time-Pad zum Schutz der sicheren Kanäle zwischen *Bekannten* eingesetzt werden, kann der Klartext auch mit beliebiger Rechenkapazität nicht aus den Datenübertragungen rekonstruiert werden. Die Geheimhaltung wird erst verletzt, wenn Inkorrektheiten bei mindestens Ψ *Vermittlern* in Ψ verschiedenen Misstrauensparteien auftreten. Es wird somit genau das konzeptionelle Sicherheitsniveau erreicht, welches auch für den Zugriffsschutz für Inhalte im S-Netzwerk erreicht wird.

Die Integritätsprüfung erfolgt anhand der Prüfdaten P(K_R, X). Die Prüfdaten hängen von einem zufälligen geheimen Schlüssel K_R ab. Dieser Schlüssel wird durch das Secret Sharing geschützt übertragen. Um Prüfdaten für eine manipulierte Bitfolge generieren zu können, müsste ein Angreifer auch K_R kennen. Erlangt ein Angreifer Ψ oder mehr Shares, ist nicht nur die Geheimhaltung, sondern zugleich auch der Integritätsschutz gebrochen, da ein Angreifer damit auch das Geheimnis K_R kennt, welches in die Berechnung der Prüfdaten einfließt. Einem Angreifer, der weniger als Ψ Shares erhält, bleibt als einzige Manipulationsmöglichkeit, die Bits für den geheimen Schlüssel K_R zu erraten und damit den Integritätstest passierende Prüfdaten P(K_R, X) zu berechnen.

Die Identität des Absenders wird anhand der Identitätsbestätigungen I_{A*} überprüft. Da jeder erste *Vermittler* ein *Bekannter* des Absenders *A* ist und mithin dessen Identität kennt, kann er eine Identitätsbestätigungen I_{A*} erstellen und somit die Absendung von τ_* durch *A* beglaubigen. Der Adressat *B* verlangt mindestens Ψ Identitätsbestätigungen I_{A*} direkt von seinen *Bekannten* aus Ψ verschiedenen Misstrauensparteien. Die *Bekannten* von *B* sind zwar eventuell keine *Bekannten* von *A*, aber wenn sie *A* nicht kennen, dann enthält die zu vermittelnde Nachricht *M* bereits eine Identitätsbestätigung I_{A*} vom ersten *Vermittler* aus ihrer *P*. Für erfolgreiche Manipulationen sind mindesten Ψ sich nicht korrekt verhaltende S-Knoten in ebenso vielen verschiedenen Misstrauensparteien notwendig.

Die Prüfdaten P(K_R, X) dienen *B* zusammen mit den Identitätsbestätigungen I_{A*} als Nachweis der Authentizität (Message Authentication Code, MAC).

Die Reihenfolge der Nachrichten wird mittels der Nachrichtenidentifikationsnummer *T* sichergestellt. Auch *T* wird aus mindestens Ψ verschiedenen Misstrauensparteien übereinstimmend eingefordert. *T* dient dem Adressaten ferner dazu, die zusammengehörenden Teilnachrichten τ_* zu identifizieren.

Wird ein Secret Sharing mit *N* größer als dem *Threshold* Ψ gewählt, so bietet dieses Verfahren auch eine Redundanz gegenüber Ausfällen von *Weiterleitungen* in einzelnen Misstrauensparteien. Allerdings müssen dann größere Datenmengen transportiert werden und der Rechenaufwand ist bei vollwertigen Secret Sharing Verfahren erhöht. Es ist eventuell sinnvoll, die optimistische Annahme zu machen, dass Verbindungen in der Regel erfolgreich sein werden und $N = \Psi$ zu wählen. Sollte die Vermittlung nicht erfolgreich sein, kann bei wiederholten Versuchen immer noch ein größeres N gewählt werden.

Das Verfahren zur Kommunikation mit Secret Sharing und Partitions-Routing verteilt über verschiedene Misstrauensparteien mag in der bisher gezeigten Form zwar ein hohes Maß an Sicherheit ermöglichen, allerdings wäre auch der erforderliche Aufwand enorm.

Optimierung der parteiinternen Weiterleitungen

Praxistauglich wird das Kommunikationsverfahren für das S-Netzwerk erst mit einer geschickten Vermaschung der S-Knoten untereinander, welche ein effizientes Partitions-Routing ermöglicht. Parteiintern benötigt jeder S-Knoten in der bisher präsentierten dezentralen ringförmigen logischen Netzwerkstruktur nur zwei *Bekannte*. Rein theoretisch sind damit die geforderten *parteiinternen Weiterleitungen* zwischen je zwei beliebigen S-Knoten einer P möglich. Für eine reale Umsetzung ergeben sich jedoch zwei wesentliche Probleme:

1. Die Effizienz ist unbrauchbar niedrig, da *parteiinterne Weiterleitungen* sehr lang werden können. Im Extremfall muss eine Nachricht im regulären Betrieb die Hälfte aller S-Knoten in einer P durchlaufen. Bei Tausenden oder gar Millionen Systemen pro P ist das nicht praktikabel, zumal bei jeder Weiterleitung auch ein aufwendiges Entschlüsseln, Prüfen und das erneute Verschlüsseln anfallen.

2. Die Ausfallsicherheit ist sehr schlecht. Sind nur zwei S-Knoten in einer P temporär für ihre parteiinternen Bekannten nicht erreichbar, so kann dies schon zur Trennung der übrigen S-Knoten dieser Partei in zwei Segmente R und Q führen, sodass auch alle Verbindungsmöglichkeiten für *parteiinterne Weiterleitungen* zwischen einem beliebigen S-Knoten aus R und einem beliebigen S-Knoten aus Q unterbrochen sind.

Die Robustheit gegenüber Ausfällen kann in Kommunikationsnetzwerken allgemein durch eine verstärkte Vermaschung mit mehreren redundanten Verbindungswegen erhöht werden, sodass im Störungsfall auf alternative Routen ausgewichen werden kann [Baran 1962]. Durch die Vermehrung der parteiinternen *Bekanntschaften* lassen sich alternative Routen für die parteigetreuen Weiterleitungen gewinnen. Mehr *Bekanntschaften* bedeutet jedoch auch einen größeren manuellen Aufwand.

1.4 Vertrauenswürdigkeit, Sicherheit und Zuverlässigkeit

Mit einer dichteren Vermaschung der S-Knoten und durch den Einsatz eines geeigneten Routing-Verfahrens soll in der Praxis eine gute Ausfallsicherheit bei nur moderat erhöhter Anzahl von parteiinternen *Bekanntschaften* pro S-Knoten erzielt werden. Damit soll zugleich die durchschnittliche Länge der effizientesten *parteiinternen Weiterleitungen* zwischen zwei beliebigen zur selben *P* gehörenden S-Knoten praxistauglich kurz gehalten werden können. Wichtig ist dabei, dass S-Knoten aus ihren parteiinternen *Bekannten* den jeweils bestmöglichen nächsten *Vermittler* für eine weiterzuleitende Nachricht auswählen können, sodass tatsächlich die effizientesten aller möglichen *parteiinternen Weiterleitungen* genutzt werden können. Die nachstehend präsentierte Lösung bleibt dabei vollständig dezentral.

Für die Optimierung sollen die Adressen der S-Knoten eine spezielle Form haben. Es bietet sich der Einsatz von natürlichen Zahlen für diese parteiinterne Adressierung an, wodurch sich in jeder *P* jeweils eine totale Ordnung der parteiinternen Adressen ergibt. Eine komplette S-Adresse kann dann ein Paar aus zwei natürlichen Zahlen sein – eine Zahl dient der Identifikation der *P*, zu welcher der S-Knoten gehört, und die andere Zahl ist für die parteiinterne Adressierung bestimmt.

Im Folgenden wird wieder von einer von der logischen Netzwerkstruktur her ringförmige Anordnung aller zu einer *P* gehörenden S-Knoten bezüglich der *Bekanntschaften* ausgegangen, wobei jeder S-Knoten auch zunächst wieder genau zwei *Bekannte* hat, nur dass die S-Knoten eben anhand der parteiinternen Adressen sortiert sind. Jeder S-Knoten erhält als *Bekannte* den mit der nächstkleineren und den mit der nächstgrößeren parteiinternen Adresse. Außerdem sind in jeder *P* die beiden S-Knoten mit der kleinsten und der größten parteiinternen Adresse *Bekannte*. Zusätzliche *Bekanntschaften* sollen Abkürzungen ermöglichen, sodass bei *parteiinternen Weiterleitungen* nicht alle S-Knoten auf dem Ringabschnitt zwischen Start und Ziel durchlaufen werden müssen.

Die zu schaffenden parteiinternen *Bekanntschaften* zur optimierten Vermaschung können anhand des nachstehenden iterativen Verfahrens identifiziert werden, wobei auch passende parteiinterne Adressen für ein effizientes Partitions-Routing berechnet werden.

Es sei δ eine Konstante, für die gilt: $\delta \mid \delta \in \mathbb{N} \wedge \delta > 1$. Es sei der maximale Wert für die parteiinterne Adressierung $\delta^G \mid G \in \mathbb{N}$. Es sei α eine Variable für die aktuelle parteiinterne Adresse. Es sei Z eine Zählvariable für die Anzahl der absolvierten Runden.

Es sei $D(\varphi, \chi)$ die minimale *Adressdistanz* zwischen den parteiinternen Adressen φ und χ modulo δ^G. $D(\varphi, \chi)$ lässt sich wie folgt berechnen:

$$D(\varphi, \chi) = \text{Minimum}\left(\left|\varphi - \chi\right|, \text{Minimum}\left(\left|\varphi + \delta^G - \chi\right|, \left|\varphi - \delta^G - \chi\right|\right)\right)$$

Folgendes Verfahren kann zur Auswahl von zu erzeugenden parteiinternen Bekanntschaften und zur Adressvergabe für neue S-Knoten verwendet werden:
1. **Initialisierung**: Der erste S-Knoten erhält die parteiinterne Adresse $\alpha = 0$. Es sind noch keine parteiinternen *Bekanntschaften* herzustellen. Die erste Runde ist damit abgeschlossen, Z wird auf den Wert eins gesetzt.
2. **Inkrementierung von α**: Solange es einen S-Knoten mit der parteiinternen Adresse α schon gibt, wird α um $\delta^G \div \delta^Z$ erhöht. Also: $\alpha = \alpha + \left(\delta^G \div \delta^Z\right)$
3. **Auf neue Runde prüfen**: Wenn $\alpha \geq \delta^G$ ist, dann wird Z um eins inkrementiert und $\alpha = \left(\delta^G \div \delta^Z\right)$ gesetzt.
4. **Einfügen**: Ein neuer S-Knoten A mit der parteiinternen Adresse α wird eingefügt.
5. **Herstellen der Bekanntschaften**: A soll optimalerweise für jedes $X \in \mathbb{N} \mid 0 < X \leq Z$ einen S-Knoten mit der parteiinternen Adresse $\beta_+ = \left(\alpha + \left(\delta^G \div \delta^X\right)\right)$ modulo δ^G und einen S-Knoten mit der parteiinternen Adresse $\beta_- = \left(\alpha - \left(\delta^G \div \delta^X\right)\right)$ modulo δ^G als parteiinternen Bekannten bekommen.

Zu unterscheiden sind jeweils zwei Fälle:

5.1 Es gibt schon einen S-Knoten mit der parteiinternen Adresse $\beta*$ in P. Dann wird dieser S-Knoten zum *optimalen Bekannten*.

5.2 Es gibt noch keinen S-Knoten mit der parteiinternen Adresse $\beta*$ in P. In diesem Fall wird genau derjenige bereits existierende S-Knoten zum *suboptimalen Bekannten*, dessen parteiinternen Adresse γ zur optimalen parteiinternen Adresse $\beta*$ die kleinste *Adressdistanz* $D(\gamma, \beta*)$ aufweist.

Haben mehrere S-Knoten die kleinste *Adressdistanz* $D(\gamma, \beta*)$ zu $\beta*$, dann ist unter diesen S-Knoten derjenige mit der minimalen *Adressdistanz* zum neuen S-Knoten A als vorläufiger *suboptimaler Bekannter* zu wählen.

Für den nächsten einzufügenden S-Knoten geht es weiter mit Schritt 2.

Abbildung 8 veranschaulicht exemplarisch die Wirkung des Verfahrens zur Auswahl von zu erzeugenden parteiinternen Bekanntschaften und zur Adressvergabe für neue S-Knoten. In dem Beispiel ist $\delta = 2$, $G = 6$, $\delta^G = 64$ und $Z = 4$.

Für das Routing bei parteiinternen Weiterleitungen zwischen einem beliebigen S-Knoten A an einen beliebigen S-Knoten B in derselben P wird dann aus den parteiinternen *Bekannten* jeweils genau der *Bekannte* als nächster *Vermittler* ausgewählt, dessen parteiinterne Adresse die geringste *Adressdistanz* zur parteiinternen Adresse von B hat, bis schließlich B unter den *Bekannten* des aktuellen *Vermittlers* ist und direkt erreicht wird. Das Routing ist abzubrechen, wenn die *Adressdistanz* zur parteiinternen Adresse von jedem *Bekannten* größer als die

1.4 Vertrauenswürdigkeit, Sicherheit und Zuverlässigkeit

Adressdistanz zur parteiinternen Zieladresse ist – in diesem Fall existiert kein S-Knoten mit der angegebenen parteiinternen Adresse in der *P* des Vermittlers.

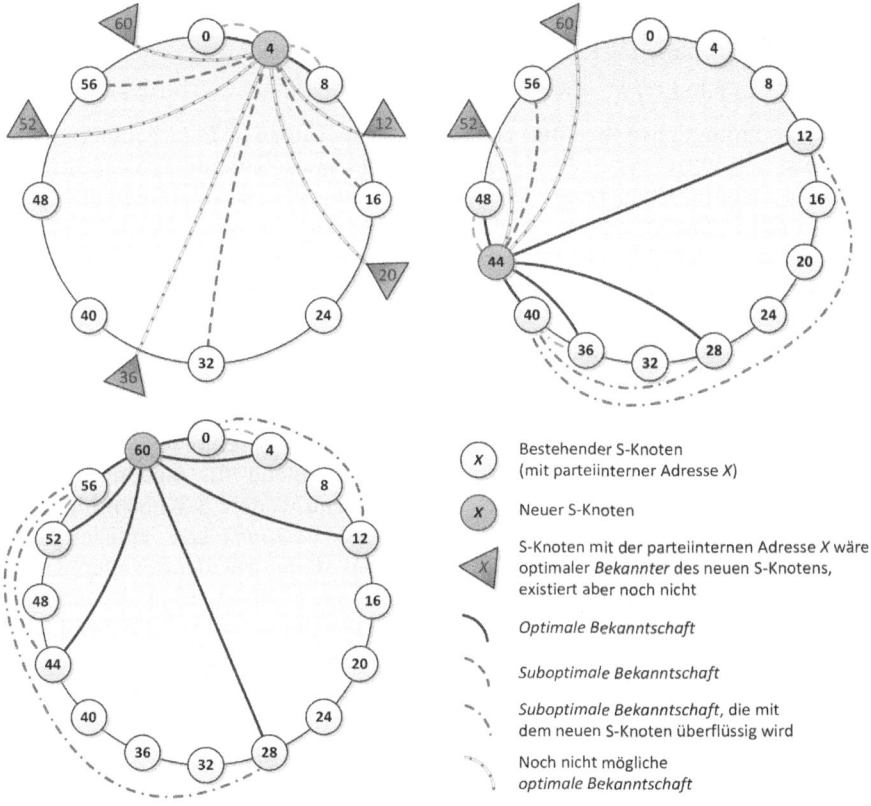

Abbildung 8: Einfügen neuer S-Knoten mit optimierter parteiinterner Vermaschung

Es sei β die parteiinterne Adresse von *B*. Eine Nachricht von *A* an *B* kann dann parteiintern so weitergeleitet werden, dass bei jedem Vermittlungsschritt vom aktuellen S-Knoten mit der parteiinternen Adresse φ zum nächsten S-Knoten mit der parteiinternen Adresse χ die Adressdistanz D(χ, β) im Vergleich zu D(φ, β) mindestens um den Quotienten aus $D(\varphi, \beta) \div \delta$ kleiner ist. Für jeden parteiinternen Weiterleitungsschritt gilt mithin:

$$D(\chi, \beta) \leq D(\varphi, \beta) - \frac{D(\varphi, \beta)}{\delta}$$

Es sei Z_i die aktuelle Runde in dem Verfahren zur Optimierung der parteiinternen Vermaschung der *Bekanntschaften* für P_i. Es sei $\#K_i$ die Anzahl der S-Knoten, die nach dem oben stehendem Verfahren Adressen in P_i vergeben wurden. Es gilt: $\log_\delta(\#K_i) \leq Z_i$

Dann ergibt sich als Obergrenze für die Anzahl von Vermittlern $\#V_i$ in der kürzesten möglichen *parteiinternen Weiterleitung* zwischen zwei beliebigen einander nicht bekannten S-Knoten, die beide zu P_i gehören:

$$\#V_i \leq (\delta-1) * \log_\delta(\#K_i) \leq (\delta-1) * Z_i$$

Um das zu ermöglichen, benötigt ein beliebiger S-Knoten in P_i parteiintern nicht mehr als $2 * \log_\delta(\#K_i) \leq 2 * Z_i$ optimale Bekanntschaften. Die Anzahl der höchstens erforderlichen *Vermittler* ist für $\delta = 2$ minimal, dafür werden aber parteiintern pro S-Knoten relativ viele *Bekannte* benötigt. Weil das Herstellen einer *Bekanntschaft* eine aufwendige Aktion ist, kann es sinnvoll sein, für die Konstante δ eine größere Zahl zu wählen und dafür längere *Weiterleitungen* in Kauf zu nehmen.

Da in dem Verfahren zur Adressvergabe und zum Identifizieren der herzustellenden parteiinternen *Bekanntschaften* in Schritt 5.2 auch *suboptimale Bekanntschaften* geknüpft werden, werden mehr als die letztlich erforderlichen $2 * \log_\delta(\#K_i) \leq 2 * Z_i$ parteiinternen *Bekanntschaften* geschlossen.

Jede *suboptimale Bekanntschaft* wird stellvertretend für eine noch nicht mögliche *optimale Bekanntschaft* geschlossen. Wenn weitere S-Knoten hinzugefügt werden, kann irgendwann auch die *optimale Bekanntschaft* realisiert werden. Der *suboptimale Bekannte* kann und soll dann trotzdem weitergenutzt werden, solange dies ohne manuellen Aufwand möglich ist. Eine *suboptimale Bekanntschaft*, die nicht mehr als Stellvertreter für eine noch zu schließende *optimale Bekanntschaft* benötigt wird, muss jedoch nicht aufrechterhalten werden. Für so eine *Bekanntschaft* müssen also etwa keine neuen Schlüssel mehr ausgetauscht werden, derartige *Bekanntschaften* dürfen erlöschen.

Im Durchschnitt werden pro S-Knoten in P_i nicht mehr als $\log_\delta(\#K_i) \leq Z_i$ *suboptimale Bekanntschaften* geschlossen. Am Ende einer jeden Runde, wenn Z_i inkrementiert wird, hat jeder S-Knoten alle optimalen *Bekannten*.

Wie bei einer *parteiinternen Weiterleitung* eine optimale alternative Route gefunden werden kann, wenn S-Knoten als *Vermittler* ausfallen, wird in [Viehmann 2018 b] gezeigt.

Eigenschaften des einfachen Partitions-Routings

Für die *parteigetreuen Weiterleitungen* im Partitions-Routing muss ein *Bekannter* von Adressat B in jeder vermittelnden Misstrauenspartei P_V als vorläufiges Ziel einer *parteiinternen Weiterleitung* in P_V identifiziert werden. Welche *optimalen* oder *suboptimalen Bekanntschaften* in anderen Misstrauensparteien geschlossen werden sollen und wie diese als Weiterleitungsziele angesteuert werden können, wird in [Viehmann 2018 b] erörtert.

1.4 Vertrauenswürdigkeit, Sicherheit und Zuverlässigkeit

Wenn vom Adressaten nur *optimale Bekanntschaften* zu S-Knoten in anderen Misstrauensparteien bestehen, gilt als Obergrenze für die Anzahl #V der im störungsfreien Betrieb des Partitions-Routings benötigten *Vermittler*:

$$\#V \leqslant \sum_{i=0}^{\Psi-1} \left((\delta-1)*\log_\delta(\#K_i)+2\right) \quad \Rightarrow \quad \#V \leqslant \sum_{i=0}^{\Psi-1} \left((\delta-1)*Z_i+2\right)$$

Die suchende Weiterleitung zu einem *suboptimalen Bekannten* eines S-Knotens in einer fremden Misstrauenspartei kann im schlechtesten Fall noch einmal so lange dauern wie die erfolglose suchende Weiterleitung zu dem optimalen Bekannten:

$$\#V \leqslant \sum_{i=0}^{\Psi-1} \left(2*(\delta-1)*\log_\delta(\#K_i)+2\right) \quad \Rightarrow \quad \#V \leqslant \sum_{i=0}^{\Psi-1} \left(2*(\delta-1)*Z_i+2\right)$$

Für das einfache Partitions-Routing benötigt jeder S-Knoten in jeder fremden Misstrauenspartei nur einen Bekannten. Um Ausfallsicherheit zu erzielen, könnte prinzipiell die Anzahl der *Bekannten* mit jeder fremden P erhöht werden. Jedoch kann im Fall einer Störung auch komplett auf andere Misstrauensparteien ausgewichen werden, schließlich muss es mindestens $2*\Psi-1$ verschiedene *parteigetreue Weiterleitungen* geben, die jeweils exklusive vermittelnde Misstrauensparteien haben. Außerdem kann ein Secret Sharing verwendet werden, bei dem die Anzahl N der Shares größer als der *Threshold* Ψ ist und mithin eine Toleranz gegenüber Ausfällen bereits vorhanden ist. Die Zustellung der Nachricht wird damit erst verhindert, wenn in Ψ oder mehr vermittelnden Misstrauensparteien Störungen auftreten. Zusätzliche Redundanz mit weiteren parteiübergreifenden *Bekanntschaften* ist also unnötig.

Es sei #B die Anzahl der *optimalen Bekannten*, mit denen ein praxistauglicher S-Knoten X, der zu P_i gehört, bei total #P Misstrauensparteien auskommt. Für #B lässt sich bei dem bisher gezeigten Verfahren zum Partitions-Routing folgende obere Grenze angeben:

$$\#B(X) \leqslant 2*\left(\log_\delta(\#K_i)\right)+\#P-1 \quad \Rightarrow \quad \#B(X) \leqslant 2*Z_i+\#P-1$$

Es sind maximal $2*Z_i$ parteiinterne *optimale Bekanntschaften* erforderlich und $\#P-1$ *optimale Bekanntschaften* in fremden Misstrauensparteien nötig. Können nicht sofort optimale *Bekanntschaften* hergestellt werden, werden maximal noch einmal so viele *suboptimale Bekanntschaften* pro S-Knoten geschlossen – im Durchschnitt nur halb so viele.

Die notwendige Anzahl der *Bekanntschaften* und der damit verbundene Aufwand lassen sich im Fall von $\#P>2*\Psi+1$ mit folgendem Verfahren weiter reduzieren:

Multi-Partitions-Routing

Bei dem Partitions-Routing in der bisher gezeigten Form können Ausfälle in $\#P - \Psi$ Parteien kompensiert werden. Wenn die Anzahl der Misstrauensparteien $\#P$ größer als $2*\Psi+1$ ist, ergibt sich eine unnötig hohe Redundanz. Die geforderte Ausfallsicherheit des S-Netzwerks würde auch dann erfüllt werden, wenn es insgesamt nur $2*\Psi-1$ alternative Routen verteilt über eben so viele verschiedene Misstrauensparteien geben würde.

Mit dem in [Viehmann 2018 c] präsentierten Multi-Partitions-Routing-Verfahren benötigt jeder S-Knoten unabhängig von $\#P$ nur in $2*\Psi$ fremden Misstrauensparteien *Bekannte*. Dabei wird sichergestellt, dass ein S-Knoten A auch dann sicher mit einem S-Knoten B kommunizieren kann, wenn es weniger als $2*\Psi-1$ Misstrauensparteien gibt, in denen jeweils sowohl A als auch B mindestens einen *Bekannten* haben. Die Idee dazu ist, mehrere Misstrauensparteien bei *Weiterleitungen* so zusammenzufassen, dass sie wie eine einzige Misstrauenspartei agieren und auch so behandelt werden können. Diese zusammengefassten Misstrauensparteien dürfen dabei jeweils nur genau ein Share erhalten. Abbildung 9 veranschaulicht, wie das Multi-Partitions-Routing-Verfahren funktioniert.

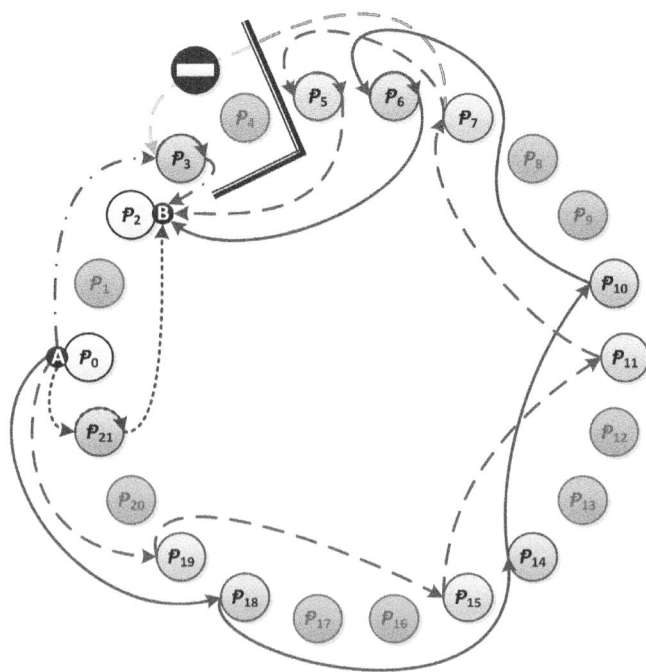

Abbildung 9: Multi-Partitions-Routing mit $\Psi = 4$ und $\#P = 22$

1.4 Vertrauenswürdigkeit, Sicherheit und Zuverlässigkeit 97

Zur Praxistauglichkeit des (Multi-)Partitions-Routings

Das Multi-Partitions-Routing erfordert im Vergleich zum Partitions-Routing tendenziell längere Weiterleitungen mit mehr *Vermittlern* durch die notwendigen Weiterleitungen in andere vermittelnde *P*. Daher haben die einzelnen S-Knoten beim Multi-Partitions-Routing mehr Datenverkehr zu bewältigen und sie müssen entsprechend leistungsfähiger dimensioniert werden. Ferner sind beim Multi-Partitions-Routing aufgrund der längeren Weiterleitungen bei einzelnen Shares höhere Latenzzeiten zu erwarten.

Theoretisch lässt sich mit dem Einsatz des One-Time-Pads eine perfekte Geheimhaltung auf jedem einzelnen Weiterleitungsschritt im (Multi-)Partitions-Routing Verfahren erzielen. Die Anzahl der notwendigen *Bekanntschaften* ist beim Multi-Partitions-Routing gegenüber dem einfachen Partitions-Routing Verfahren geringer, also müssen weniger Schlüssel manuell getauscht werden. Beim One-Time-Pad werden die Schlüsseldaten jedoch nach und nach aufgebraucht. Einmal benutzte Schlüssel-Bits dürfen nicht wieder verwendet werden. Da beim Multi-Partitions-Routing Verfahren mehr *Vermittler* auf tendenziell längeren *Weiterleitungen* erforderlich sind, müssen entsprechend größere Schlüsseldaten ausgetauscht werden, um die gleiche Nutzdatenmenge geschützt übertragen zu können. Das Herstellen einer einzelnen *Bekanntschaft* wäre demnach beim Multi-Partitions-Routing Verfahren eventuell teurer als beim einfachen Partitions-Routing Verfahren. Wenn auf perfekte Geheimhaltung verzichtet werden soll, sind bei beiden Verfahren für das Herstellen einzelner *Bekanntschaften* vergleichbar hohe Kosten zu erwarten, da die Schlüssel nicht im Umfang der zu übertragenden Nutzdaten aufgebraucht werden.

Um trotz kurzer Schlüssel ein hohes Maß an Sicherheit erzielen zu können, bietet es sich an, mehrere verschiedene potenziell unsichere Verfahren mit kurzen Schlüsseln zu kombinieren. Wird ein Share mit AES verschlüsselt, ein Zweiter mit Twofish, ein Dritter mit Triple DES, ein Vierter mit Serpent und ein Fünfter mit MARS, muss ein Angreifer bei $\Psi = 5$ alle verwendeten Verschlüsselungsverfahren brechen können, um an das Geheimnis gelangen zu können ([Schneier 1996], S. 303) ([Klieme 2011] S. 43ff). Im Vergleich zum fünfmaligen Einsatz von nur einem Verschlüsselungsverfahren für alle Shares ändert sich der notwendige Rechenaufwand nur insoweit, wie sich die Implementierungen der einzelnen Verschlüsselungsverfahren bezüglich des Rechenaufwands unterscheiden.

Außerdem ist es beim Verzicht auf perfekte Geheimhaltung möglich, das (Multi-) Partitions-Routing nur für einen sicheren Austausch von geheimen Schlüsseln und eventuell von sonstigen Verbindungsdaten (z. B. Netzwerk-Adressen) zu nutzen. Anschließend haben Absender und Adressat alles Nötige, um untereinander einen direkten sicheren Kanal aufbauen zu können. Die Nutzdaten werden über den direkten sicheren Kanal ausgetauscht, ohne Secret Sharing

Vervielfachung. Ob das Multi-Partitions-Routing Verfahren oder das einfache Partitions-Routing Verfahren zum Austausch der Schlüssel und der Verbindungsdaten genutzt werden, hat keinen Einfluss auf die Performance beim weiteren Austausch über den direkten sicheren Kanal. Die Nachteile des Multi-Partitions-Routing Verfahrens gegenüber dem einfachen Partitions-Routing Verfahren – höhere Belastung der S-Knoten und höhere Latenzzeiten durch längere *Weiterleitungen* – betreffen nur den Schlüsselaustausch. Zum Erreichen eines hohen Sicherheitsniveaus können auch bei der direkten Verbindung mehrere verschiedene Verschlüsselungsverfahren kombiniert werden. Sollten jemals keine als sicher anzusehenden Verschlüsselungsverfahren mehr zur Verfügung stehen, deren Schlüssel kürzer als die auszutauschenden Nachrichten sind, so kann jederzeit einfach auf die Absicherung per One-Time-Pad als Rückfallmechanismus umgestellt werden und das (Multi-) Partitions-Routing kann für den eigentlichen Datenaustausch verwendet werden – es wird kein neues Konzept benötigt.

Tabelle 5: Vergleich von Partitions-Routing Verfahren anhand von Round-Trip Zeiten

Anzahl der S-Knoten insgesamt	180	360	720	1440	2160	2880
Partitions-Routing nur Schlüsseltausch	4,15 ms	5,13 ms	6,85 ms	9,95 ms	11,78 ms	13,53 ms
Partitions-Routing beide Richtungen	7,99 ms	9,33 ms	12,05 ms	16,43 ms	21,24 ms	25,68 ms
Multi-Partitions-Routing nur Schlüsseltausch	7,49 ms	7,63 ms	9,52 ms	13,30 ms	15,58 ms	17,80 ms
Multi-Partitions-Routing beide Richtungen	13,00 ms	13,42 ms	16,67 ms	22,99 ms	27,11 ms	32,17 ms

Abbildung 10 und Tabelle 5 zeigen mittlere Round-Trip Zeiten von Nachrichten zwischen zwei beliebigen S-Knoten im S-Netzwerk-Demonstrator (Kapitel 1.7) bei verschiedenen Partitions-Routing Verfahren, ermittelt auf einem Notebook Intel i7-6820HQ Prozessor mit 16 GByte RAM. Gemessen wurde jeweils die Zeit, die es dauert, um von einem S-Knoten jedem anderen S-Knoten eine Echo-Anfrage zu senden und die Antwort zu empfangen (eine Art „Ping").

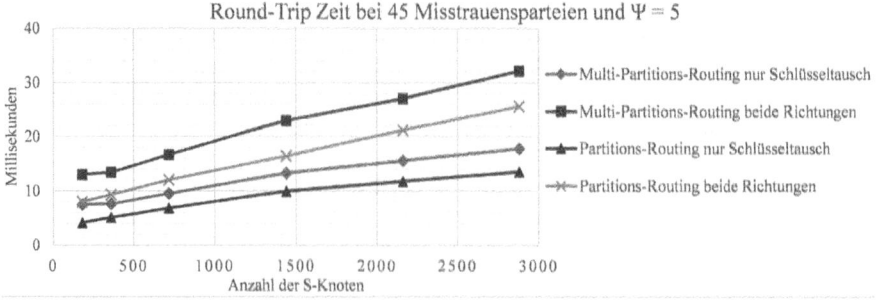

Abbildung 10: Vergleich von (Multi-) Partitions-Routing Verfahren

Es wurden stets fünf Messungen gemacht, die beiden Extremwerte ignoriert und das arithmetische Mittel gebildet. Das Ergebnis wurde durch die Zahl der S-Knoten geteilt. Da bei den Messungen nur virtuelle Netzwerkverbindungen eingesetzt wurden und nicht Verbindungen zwischen S-Knoten an weit entfernten Standorten, haben die angegebenen Werte nur für den Vergleich zwischen den Verfahren eine Aussagekraft – nicht aber für die absolute zu erwartende Performance.

1.4.4 Risikomanagement

Für das S-Netzwerk sind die designbedingten, umsetzungsbedingten und menschlichen Risiken zu managen. Als menschliche Risiken sind versehentliche, gezielte und erzwungene Aktionen zu berücksichtigen. Im Zusammenhang mit dem Konzept der Verteilung von Verantwortungen über Misstrauensparteien müssen möglichst diversitäre und heterogene Implementierungen geschaffen werden, damit umsetzungsbedingte Risiken das Konzept nicht ad absurdum führen. Die Analyse der umsetzungsbedingten Risiken kann in enger Zusammenarbeit aller Misstrauensparteien durchgeführt werden.

Das S-Netzwerk soll zwecks Risikoreduktion simpel und von den Features her kompakt sein. Zugleich sollen damit für möglichst viele Anwendungsszenarien Lösungen entwickelt werden können, die ohne sicherheitskritische Abhängigkeiten von anderen Parteien und von weiteren netzwerkseitigen Diensten oder Plattformen auskommen.

Aus der Idee, mit dem S-Netzwerk eine Plattform für reliable Publikationen und sichere Hinterlegungen zu schaffen, aus den aufgestellten Ansprüchen und aus den beschriebenen Anwendungsfällen ergeben sich unmittelbar offensichtliche funktionale Anforderungen bezüglich der Sicherheit und der Vertrauenswürdigkeit. Diese genügen bereits, um davon ausgehend erste Konzepte zum Schaffen von Vertrauen (etwa durch ein Quorum von Misstrauensparteien) und zur sicheren Datenhaltung sowie Kommunikation zu entwickeln.

Für das S-Netzwerk werden weitere Sicherheitskonzepte unbedingt benötigt. Besonders wichtig ist der Schutz des Zugangs der Teilnehmer, sodass dieser nicht von Fremden missbräuchlich genutzt werden kann. Dazu werden in [Viehmann 2018 d] *(Zugangssicherheit für die Nutzer und Schutz von Geheimnissen)* wichtige Überlegungen und Ideen vorgestellt.

Es stellt sich die Frage, wie sich gewährleisten lässt, dass tatsächlich alle relevanten Anforderungen bezüglich der Sicherheit und der Vertrauenswürdigkeit erfasst werden, dass nichts übersehen wird. Weiters stellt sich auch die Frage, ob die angedachten Maßnahmen wirklich genügen, um den identifizierten Anforderungen gerecht zu werden.

Für das S-Netzwerk wird es notwendig sein, ein umfassendes Risikomanagement nach dem ISO-31000-Standard [ISO 31000 2009] durchzuführen. Risikomanagement ist ein Teil des Qualitätsmanagements, bei dem von den Wahrscheinlichkeiten und den negativen Konsequenzen potenzieller Ereignisse, also von den Risiken ausgegangen wird. Die Risiken werden abgeschätzt (Risk Assessment), indem sie identifiziert, analysiert sowie bewertet werden. Aus der Risikoabschätzung können Maßnahmen zur Reduktion von unakzeptabel hoch bewerteten Risiken (Risk Treatments) abgeleitet, umgesetzt und überprüft werden. Ein wichtiges Element des Risikomanagements ist die Kommunikation mit den Teilhabern (Stakeholders), wobei auch die bekannten verbleibenden Risiken (Restrisiken, residual Risks) offen kommuniziert werden sollten, um Vertrauen zu schaffen.

Für die Risikoabschätzung wurden insbesondere im Bereich der Nukleartechnik sowie in der Luft- und Raumfahrt Methoden geschaffen, die auch für das S-Netzwerk angewandt werden können. Beispiele sind Failure Mode Effect (and Criticality) Analysis (FMEA/FMECA) [Bouti 1994], Fault Tree Analysis (FTA) [IEC 61025 2006], Event Tree Analysis (ETA) [Čepin 2011] und die CORAS Methode [Dahl 2007] [Lund 2011]. Für komplexe modulare technische Systeme wurden komponentenbasierte Methoden entwickelt, die kompositionelle Risikoanalyse unterstützen [Kaiser 2003] [Viehmann 2012 b].

Für das S-Netzwerk kommt als Besonderheit hinzu, dass dynamische und zeitliche Aspekte mit zu berücksichtigen sind: Erstens ist das S-Netzwerk langfristig ausgelegt, sodass neben der Alterung einzelner Bestandteile etwa auch mögliche Disruptive technische Weiterentwicklungen in der Risikoeinschätzung berücksichtigt werden müssen. Zweitens sind die Risiken nur in ihren temporären Eigenheiten modellierbar: Ob irreversibler Schaden entsteht, hängt davon ab, in welcher zeitlichen Folge einzelne Kopien beschädigt oder manipuliert werden und wann versucht wird, die Daten zu überprüfen sowie gegebenenfalls wiederherzustellen. Zur Analyse solcher Systeme bieten sich etwa dynamische (Monte Carlo) Simulationen an [Gleißner 2004] [Viehmann 2013].

Unabhängig davon, welche Verfahren zur Risikoabschätzung verwendet werden, besteht bei großen Systemen das Problem, dass die Risikodarstellungen sehr umfangreich werden können und dass damit eventuell die Übersicht verloren geht. Für das S-Netzwerk soll hier eine grobe Klassifizierung vorgestellt werden, anhand der die erhobenen Informationen strukturiert werden können, sodass die Risikomodelle sinnvoll aufgeteilt werden können.

Zunächst soll zwischen *designbedingten* und *umsetzungsbedingten Risiken* und *menschlichen Risiken* unterschieden werden. Die beiden erstgenannten Arten von Risiken können technischen, rechtlich-politischen oder wirtschaftlichen Ursprungs sein.

1.4 Vertrauenswürdigkeit, Sicherheit und Zuverlässigkeit

Designbedingte Risiken

Unter *designbedingten Risiken* werden hier jene Risiken verstanden, welche von den gewählten Konzepten und von den eingesetzten Verfahren abhängig sind. Die *designbedingten Risiken* bestehen auch bei einer technisch fehlerfreien Umsetzung. *Designbedingte Risiken* sind mit dem gewählten Ansatz verbunden. Diese Risiken lassen sich nur dann ausschließen, wenn andere Konzepte und Verfahren gewählt werden. Wahrscheinlichkeiten dafür, dass ungewollte Ereignisse eintreten, können eventuell durch geeignete Schutzmaßnahmen (Safeguards, Treatments) bei unverändertem Design reduziert werden.

Ein einfaches Beispiel für ein technisches *designbedingtes Risiko* lässt sich bezüglich des Integritätsschutzes mit einem Schlüssel und einer Prüfsumme aufzeigen: Angreifer können prinzipiell passende Prüfdaten erraten und damit den Integritätsschutz aushebeln. Die Wahrscheinlichkeit, dass Angreifern dies gelingt, lässt sich durch eine Vergrößerung und Verbesserung der Prüfdaten zwar beliebig verringern, aber nicht auf null reduzieren.

Bei dem Vertrauenskonzept mit den Misstrauensparteien ist ein *designbedingtes Risiko*, dass Manipulationen in Quorum Ψ verschiedenen Misstrauensparteien stattfinden könnten. Das gezielte Schaffen von Misstrauen bezüglich etwaiger Angebote zur manipulativen Kollaboration ist eine von vielen Schutzmaßnahmen, die beim S-Netzwerk vorgesehen sind, um dieses *designbedingte Risiko* auf ein akzeptables Niveau zu senken. Darin ist der Fortschritt zu anderen demokratischen Konzepten zu sehen – es wird nicht einfach darauf spekuliert, dass sich das Quorum von sich aus korrekt verhalten wird.

Wenn ein Konzept voraussetzt, dass gewisse Bedingungen auch dauerhaft erfüllt werden müssen, ergeben sich daraus *designbedingte Risiken*, sofern diese Voraussetzungen eventuell irgendwann nicht mehr gegeben sein könnten. Für das S-Netzwerk wird etwa vorausgesetzt, dass es eine gewisse Anzahl von Misstrauensparteien gibt, in denen jeweils die Bestimmungen der S-Verfassung in anwendbarem Recht verankert sein müssen, sodass ein vollständiger und weitgehend unabhängiger S-Rechtsrahmen besteht. Da die einzelnen Parteien rechtlich unabhängig sein sollen und sich auch die zugrunde liegenden Staaten ändern können, muss damit gerechnet werden, dass nicht alle Misstrauensparteien ewig unverändert bestehen werden. Würde die Voraussetzung der verfügbaren Misstrauensparteien mit gültiger rechtlicher Verankerung verletzt, wäre der weitere Betrieb des S-Netzwerks mit dem bis dahin verwendeten Konzept des Quorums von Misstrauensparteien zur Vertrauensbildung unmöglich. Es gibt also für das S-Netzwerk designbedingt sowohl rechtliche als auch politische Risiken. Auf das genannte designbedingte Risiko des möglichen Wegfalls von Misstrauensparteien und auf mögl. Lösungen für das Vertrauenskonzept des S-Netzwerks wird in [Viehmann 2018 r] weiter eingegangen.

Dafür zu sorgen, dass die langzeitliche Datenpflege und Datenerhaltung technisch möglich ist, reicht noch nicht, um auch sicherzustellen, dass diese Möglichkeiten tatsächlich genutzt werden. Für das S-Netzwerk wird vorausgesetzt, dass die logischen S-Knoten dauerhaft betrieben werden. Fehlt in einzelnen Misstrauensparteien die Bereitschaft dazu, kann dies die zu gewährleistende Verfügbarkeit der Inhalte des S-Netzwerks gefährden. Bezüglich des fortwährenden Betriebs der technischen Infrastruktur auszumachenden *designbedingten Risiken* sind in erster Linie wirtschaftliche und politische Risiken.

Designbedingte Risiken bestehen dort, wo Annahmen gemacht werden. Bei den vorgestellten Sicherheitskonzepten wird davon ausgegangen, dass sich *hinreichend* zufällige Bitfolgen erzeugen lassen, sodass Menschen keiner Erkenntnis über ihren Inhalt erlangen können. Beweisbar perfekte Sicherheit liefern selbst die Verfahren One-Time-Pad und Secret Sharing nur unter der Annahme, dass es gelingt, derart zufällige Daten zu erzeugen.

Die Frage der Existenz des Zufalls

Einige physikalische Theorien wie die Quantentheorie gehen von der Existenz des Unbestimmbaren aus und sie erlauben mit experimentellen Beobachtungen gut übereinstimmende Berechnungen mithilfe von Wahrscheinlichkeiten. Daraus folgt jedoch nicht, dass die zugrunde liegenden Phänomene tatsächlich zufällig sind.

„Du glaubst an den würfelnden Gott und ich an volle Gesetzmäßigkeit in einer Welt von etwas objektiv Seiendem, das ich auf wild spekulativem Wege zu erhaschen suche. Ich glaube fest, aber ich hoffe, daß einer einen mehr realistischen Weg, bezw. eine mehr greifbare Unterlage finden wird, als es mir gegeben ist. Der große anfängliche Erfolg der Quantentheorie kann mich doch nicht zum Glauben an das fundamentale Würfelspiel bringen", zitiert aus einem Brief von Albert Einstein an Max Born vom 7.9.1944 aus [Einstein 1969], S. 204.

„Ich finde eine deterministische Welt ganz abscheulich – das ist ein primäres Gefühl. Vielleicht hast du recht, daß es so ist. Aber im Augenblick sieht es in der Physik nicht gerade so aus – und sonst in der übrigen Welt erst recht nicht.", zitiert aus der Antwort von Max Born vom 10.10.1944 aus [Einstein 1969], S. 212.

Für einzelne Phänomene lässt sich leicht zeigen, dass sie nicht zufällig sind: Wenn sich etwas vorherberechnen lässt oder wenn die Wahrscheinlichkeiten für das Eintreten oder Ausbleiben von bestimmten Ereignissen bekannt und nicht gleich groß sind, so handelt es sich nicht um Zufall.

In umgekehrter Richtung lassen sich keine Schlüsse ziehen: Dass etwas unbestimmbar und zufällig ist, lässt sich ebenso wenig beweisen wie die Existenz oder die nicht Existenz eines Gottes.

> *„Ich werde darthun: daß die Vernunft, auf dem einen Wege (dem empirischen) so wenig als auf dem anderen, (dem transscendentalen) etwas ausrichte und daß sie vergeblich ihre Flügel ausspanne, um über die Sinnenwelt durch die blosse Macht der Speculation hinaus zu kommen.",* zitiert aus [Kant 1781], S. 591.
>
> Daraus, dass nicht bewiesen oder widerlegt werden kann, ob es einen omnipotenten Gott gibt, folgt sogar unmittelbar, dass auch die Existenz des Zufalls nicht bewiesen werden kann: Gäbe es einen allmächtigen und allwissenden Gott, wäre für ihn nichts unbestimmbar und mithin nichts zufällig. Darüber zu spekulieren, ob es absoluten Zufall gibt, kann demnach zu nichts führen.

Vernachlässigbar dürfte das Risiko sein, dass es bald keinen für die kryptografischen Verfahren *hinreichenden* Zufall mehr geben könnte, weil sich alles vorausberechnen lässt. So schnell werden den Menschen die Phänomene kaum ausgehen, welche sie nicht berechnen können – zu limitiert erscheint die einsetzbare Sensorik, zu gering die erreichbare Rechenkapazität und zu komplex die Welt. Dennoch ist die Generierung der für kryptografische Verfahren erforderlichen Zufallsdaten in der Praxis ein kritischer Punkt, denn *designbedingte Risiken* sind nicht die einzigen Risiken in dem Zusammenhang.

Umsetzungsbedingte Risiken

Zusätzlich zur bloßen Existenz von messbaren *hinreichend* zufälligen physischen Ereignissen oder Zuständen müssen daraus auch zufällige Bitfolgen generiert werden, bei denen keine Aussagen über die Wahrscheinlichkeiten der Werte einzelner Bits gemacht werden können (siehe den Stand der Forschung und Technik dazu in Kapitel 1.2.1). Und diese Erzeugung von zufälligen Bitfolgen muss so effizient sein, dass damit ein Vielfaches der im S-Netzwerk zu speichernden zugriffsbeschränkten Datenmenge bereitgestellt werden kann.

Bei der Digitalisierung kann die Zufälligkeit der Beobachtung bereits verfälscht werden, etwa wenn aus für Menschen unvorhersehbar auftretenden oder ausbleibenden Ereignissen eine zufällige Bitfolge gewonnen werden soll. Zu den Schwierigkeiten und Gefahren beim Umgang mit potenziellen physikalischen Zufallsquellen sei hier auf [Ferguson 2010], S. 138ff verwiesen. Die Zufallsgenerierung für das S-Netzwerk ist also neben dem rein hypothetisch anmutenden *designbedingten Risiko*, dass es eventuell keinen *hinreichenden* Zufall gibt, auch mit den *umsetzungsbedingten Risiken* bei der Generierung zufälliger Bitfolgen behaftet – und Letztere dürften in der Realität weitaus bedeutender sein.

Umsetzungsbedingte Risiken entstehen oft durch fehlerhafte Implementierungen. Das ausgereifteste Konzept nützt nichts, wenn es schlecht umgesetzt wird. Fehler können selbst bei der Implementierung von informationstechnisch beweisbar korrekten und sicheren Verfahren gemacht werden. Sicherheitsmaßnahmen mithilfe von etwaigen Schwachstellen der Implementierung zu umgehen kann viel leichter sein, als die Maßnahmen wie kryptografische Verfahren direkt anzugreifen. Zur Untersuchung auf Schwachstellen können z. B. risikobasierte Sicherheitstests [Viehmann 2015] genutzt werden.

Während *designbedingte Risiken* für das gesamte Konzept des S-Netzwerks identifiziert, analysiert und beurteilt werden können, müssen *umsetzungsbedingte Risiken* für jede Implementierung individuell eingeschätzt werden. Zugleich muss aber auch das Zusammenspiel der einzelnen Implementierungen analysiert werden.

Die Grundidee für das Vertrauenskonzept des S-Netzwerks ist die Aufteilung von Verantwortungen über mehrere Misstrauensparteien. Das Konzept sieht vor, dass einzelne Parteien vom korrekten Verhalten abweichen können, ohne die Gesamtsicherheit zu gefährden. Dieser Ansatz kann unter Umständen dazu beitragen, die Konsequenzen von *umsetzungsbedingten Risiken* zu begrenzen. Solange in weniger als Ψ Misstrauensparteien Inkorrektheiten auftreten, bleibt die Sicherheit des Gesamtsystems ungebrochen.

Wenn jedoch die Implementierungen in verschiedenen Misstrauensparteien gleiche Elemente enthalten, dann wird die Verteilung über diese Misstrauensparteien keinen Sicherheitsgewinn bezüglich der mit Schwachstellen in gemeinsamen Elementen verbundenen *umsetzungsbedingten Risiken* bringen. Angreifer könnten jede Implementierung, die das gleiche schwache Element verwendet, mit ein und demselben Angriffsmuster angreifen und manipulieren. Die potenziellen ungewollten Ereignisse der verschiedenen Implementierungen wären statistisch abhängig voneinander.

Auch losgelöst voneinander entwickelte Implementierungen, die keine gemeinsamen Komponenten aufweisen, können gleichartige Schwachstellen aufweisen. Es besteht jedoch zumindest die Chance, dass nicht überall dieselben Umsetzungsfehler begangen wurden. Verwenden mehrere Implementierungen gemeinsame Komponenten, ist hingegen gewiss, dass die Schwachstellen gemeinsamer Komponenten überall genutzt werden können.

Für das S-Netzwerk ergibt sich daraus die Forderung, dass potenziell fehlerhafte Implementierungen in den verschiedenen Misstrauensparteien möglichst eigenständig sein sollten. Gemeinsam genutzte Elemente, Komponenten, die in verschiedenen Misstrauensparteien Verwendung finden, unterwandern die Unabhängigkeit der Misstrauensparteien. Jede implementationstechnische Gemeinsamkeit läuft mithin der Idee der Reduktion der Risiken durch Aufteilung über verschiedene Misstrauensparteien zuwider.

Gewollt ist für das S-Netzwerk eine diversitäre, heterogene Redundanz. Idealerweise sollten etwa die Implementierungen von logischen S-Knoten in je zwei beliebigen verschiedenen Misstrauensparteien völlig unabhängig vonein-

1.4 Vertrauenswürdigkeit, Sicherheit und Zuverlässigkeit

ander sein. Das bedeutet, keine Programmbibliotheken, Plattformen, Betriebssysteme und streng genommen auch keine gleichen Hardwarekomponenten in beiden Parteien zu nutzen. Ob es in der Praxis gelingen kann, eine derart diversitäre Redundanz für das S-Netzwerk zu erreichen, muss sich zeigen. Derzeit gibt es kaum genügend verschiedene Betriebssysteme und Hardwareartefakte.

Umsetzungsbedingte Risiken sind nicht nur bei der technischen Implementierung zu beachten, sondern auch bei der rechtlichen Verankerung und bei der wirtschaftlichen Realisierung, wobei wiederum auf eine Unabhängigkeit der Implementierungen in den einzelnen Misstrauensparteien zu achten ist. Bei der rechtlichen Implementierung ergeben sich durch die unabhängigen Rechtsräume zumindest formell automatisch eigenständige Implementierungen der in der S-Verfassung definierten S-Rechtsrahmen. Dafür ist rechtlich besonders die Gefahr zu beachten, dass diversitäre Implementierungen eventuell nicht gleichwertig sein können. Die Diversität ist hier als *umsetzungsbedingtes Risiko* anzusehen, denn dem Anspruch nach soll das S-Netzwerk Rechtsgleichheit für alle Beteiligten sicherstellen. Die Problematik der rechtlichen Diversität wird in [Viehmann 2018 q] behandelt.

Während für jede einzelne Misstrauenspartei jeweils möglichst eigenständige Implementierungen geschaffen werden sollen und während die Identifikation, die Analyse sowie die Beurteilung der *umsetzungsbedingten Risiken* jeweils für jede Implementierung durchzuführen sind, können und sollen zur Risikoabschätzung geschaffene Artefakte parteiübergreifend wiederverwendet werden. Wenn etwa ein Werkzeug entwickelt wird, mit dem es möglich ist, bestimmte Angriffsszenarien zu testen, ist dieses Werkzeug auch für alle Implementierungen in jeder Misstrauenspartei relevant. Schließlich sollen die mit dem Tool analysierbaren Angriffsszenarien in keiner Misstrauenspartei Erfolge ermöglichen. Die Qualitätssicherung soll gemeinschaftlich parteiübergreifend erfolgen – das Analysieren der eigenen Implementierungen soll auch von anderen Parteien durchgeführt werden.

Menschliche Schwachstellen und daraus resultierende menschliche Risiken

Unter *menschlichen Risiken* werden hier jene Risiken verstanden, die direkt von menschlichen Schwachstellen ausgehen.

Menschliche Risiken sind mögliche Ereignisse mit negativen Konsequenzen, welche selbst dann ausgelöst werden können, wenn das S-Netzwerk als informationstechnische Plattform mit rechtlichen Gewährleistungen bestimmungsgemäß funktioniert. Die Ereignisse werden durch Menschen verursacht. Solche Aktionen können unbewusst, aus Versehen ausgelöst werden oder sie können gezielt initiiert werden, wobei Letzteres sowohl freiwillig aus eigenem Antrieb als auch durch äußeren Zwang eingeleitet werden kann.

Bisweilen machen Menschen Fehler – Menschen sind keine perfekt funktionierenden Maschinen. Das S-Netzwerk bietet seinen Teilnehmern Möglichkeiten, rechtswirksame Publikationen und Hinterlegungen zu machen. Damit haben die Teilnehmer auch eine Verantwortung für die Inhalte, welche sie in das S-Netzwerk stellen. S-Betreiber haben zusätzliche Aufgaben und Pflichten. Die Wahrscheinlichkeit dafür, dass Fehler passieren, hängt von der Komplexität und von der Bedienbarkeit der Systeme sowie der Werkzeuge ab. Wenn Teilnehmer nicht hinreichend qualifiziert sind, kann dies eine Ursache dafür sein, dass sie sich selbst oder anderen versehentlich Schaden zufügen. Siehe dazu Kapitel 1.6.

Menschen können aus eigenem Antrieb bewusst und gezielt Regeln überschreiten: Teilnehmer können auch mit der gewollten Funktionalität des S-Netzwerks anderen Personen Schaden zufügen, etwa indem sie Persönlichkeitsrechte verletzende Inhalte reliabel publizieren. Die Regeln für die Zulässigkeit von Inhalten im S-Netzwerk und der Umgang mit regelwidrigen Inhalten werden in Kapitel 1.6.2 thematisiert.

Komplex sind menschliche Risiken, welche sich durch möglichen äußeren Zwang ergeben. Darunter fallen alle Formen von Erpressungen. Die wenigsten Menschen dürften so gefestigt und losgelöst von der Welt sein, dass sie nicht durch Bedrohungen für ihren Besitz, für ihr eigenes Wohlergehen oder für das Wohlergehen anderer Personen zu Handlungen genötigt werden können. Die Folgen von Erpressungen einfacher Teilnehmer am S-Netzwerk können sowohl vom Herausgeber nicht gewollte reliable Publikationen oder sichere Hinterlegungen sein als auch Verletzungen der Rechte für den lesenden Zugriff auf Inhalte im S-Netzwerk. Bei S-Betreibern kann auch versucht werden, mittels Erpressung koordinierte Aktionen in mehreren Misstrauensparteien durchführen zu lassen.

Viele *menschliche Risiken* bestehen weitgehend unabhängig vom S-Netzwerk, die reguläre Funktionalität des S-Netzwerks wird nur als Medium benutzt. Trotzdem ist es wichtig, diese *menschlichen Risiken* genau zu analysieren. Für das S-Netzwerk können eventuell Maßnahmen gefunden und ergriffen werden, um die Risiken zu reduzieren, die ansonsten nicht immer ohne Weiteres in der Form realisierbar wären. Ein Beispiel für eine derartige speziell für S-Netzwerk konzipierte Maßnahme zur Reduktion menschlicher Risiken ist der vorgesehen verdeckte Notruf bei sicheren Zugangssystemen, welcher sich auch in Notlagen sicher und unbemerkt absetzen lässt [Viehmann 2018 d].

Risikobewertung und Risikominimierung

Eine Aufgabe des Risikomanagements nach ISO 31000 ist es, basierend auf der Risikobeurteilung angemessene Maßnahmen zu wählen. Es nützt nichts, ein hochgradig sicheres System zu erschaffen, das so teuer und unhandlich ist, dass es niemand benutzen will. Der betriebene Aufwand muss in einem vernünftigen

1.4 Vertrauenswürdigkeit, Sicherheit und Zuverlässigkeit

Verhältnis zum erwartbaren Nutzwert stehen. Das Risikomanagement muss dazu also nicht nur die Risiken evaluieren, sondern auch die Chancen und den Mehrwert, welche das in Kauf Nehmen der Risiken bietet.

Wird das Risikomanagement für ein zukünftiges System betrieben, das vor der Fertigstellung gestalterisch verändert werden kann, bietet es sich an, die Einschätzung der Chancen und der Risiken zur Grundlage für die Entscheidungen zur weiteren Entwicklung zu machen, sodass strategisch auf eine ausbalancierte Lösung hin gearbeitet werden kann.

Zur Risikobeurteilung müssen die möglichen Konsequenzen erfasst werden und es müssen Wahrscheinlichkeiten für deren Eintreten abgeschätzt werden. Dazu muss analysiert werden, was durch riskante Ereignisse geschädigt werden könnte und wer davon inwiefern betroffen sein könnte. Die CORAS Methode [Lund 2011] sieht z. B. eine Asset-Analyse zur systematischen Erfassung der Stakeholder und der auf dem Spiel stehenden Werte vor.

Grundsätzlich unterscheiden sich Chancen und Risiken durch die Wirkung der möglichen Konsequenzen für die Stakeholder. Chancen können mit denselben Methoden analysiert und beurteilt werden wie die Risiken. Gleichwohl finden sich auch Literatur Artikel speziell zur Erfassung des positiven Potenzials etwa von technischen Erfindungen und Entwicklungen [Porter 1995] [Ardichvili 2003]. Die Analyse von wirtschaftlichen Chancen und Risiken bezüglich des S-Netzwerks erfolgt in Kapitel 2.1.2, 2.2, 2.3 und 3 sowie in [Viehmann 2018 i] und [Viehmann 2018 j].

Das Design des S-Netzwerks soll sowohl am positiven Potenzial als auch an den Risiken orientiert werden. Das führt zu einem Dilemma: Je mehr ein System können soll, je mehr Features es bieten soll, desto mehr Schwachstellen und Risiken werden entstehen.

"Complexity is the worst enemy of security, and it almost always comes in the form of features or options.", zitiert aus [Ferguson 2010], S. 17.

Das S-Netzwerk soll ein sehr hohes Maß an Sicherheit bieten, es soll eine hochgradig vertrauenswürdige Plattform werden. Also soll es kompakt und simpel gehalten werden – es soll auf die Kernaufgaben als Medium für reliable Publikationen und sichere Hinterlegungen beschränkt sein. Zugleich soll die Plattform für möglichst viele verschiedene bedeutende Anwendungsszenarien nutzbar sein. Damit Maßnahmen wie das Verteilen von Verantwortungen über mehrere Misstrauensparteien auch ihre beabsichtigte vertrauensbildende Wirkung entfalten können, müssen die Lösungen für die Anwendungsszenarien so beschaffen sein, dass keine zusätzlichen Abhängigkeiten von Systemen, Techniken und Parteien entstehen, welche den Konzepten des S-Netzwerks zuwiderlaufen. Mit dem S-Netzwerk eine Plattform einzusetzen, deren Korrektheit nicht von einzelnen Parteien abhängt, bringt nichts, wenn das gesamte Verfahren zur Bewältigung des Anwendungsfalls zusätzlich weitere Plattformen und Dienste benötigt, welche wieder von einer einzelnen „Vertrauenspartei" kontrolliert werden. Im Gegenteil, Angreifer könnten sich bei so einer Lösung aussuchen, ob sie das Quorum der Misstrauensparteien oder die einzelne „Vertrauenspartei" manipulieren möchten – eines vom beiden könnte ihnen bereits genügen.

Damit ergeben sich konkurrierende Anforderungen: Das S-Netzwerk soll minimal sein – und andererseits möglichst flexibel Anwendungsszenarien abdecken können, ohne Abhängigkeiten von der Korrektheit anderer netzwerkseitiger Dienste zu erzeugen. Mit dem im Folgenden vorgestellten S-Web soll beiden Ansprüchen genüge getan werden.

1.5 Das S-Web

Das S-Netzwerk soll als Informationsplattform für eine große Bandbreite an Anwendungsszenarien eingesetzt werden können, obwohl es nur unabänderliche reliable Publikationen und sichere Hinterlegungen erlaubt. Dazu wird mit dem S-Web ein Konzept vorgestellt, mit dem sich viele Aufgaben ohne spezialisierte netzwerkseitige Dienste bewältigen lassen, indem dynamische Funktionalität an die Clientseite delegiert und somit unter die Kontrolle des Benutzers gestellt wird.

1.5.1 Verlässliche Verlinkung mit S-Links

Zentraler Bestandteil des S-Webs ist die verlässliche Verlinkung von Inhalten des S-Netzwerks durch S-Links. Ein S-Link ist eine reliable Publikation oder sichere Hinterlegung in einer speziellen Form, mit der sich zwei beliebige lesbare Inhalte im S-Netzwerk miteinander verknüpfen lassen. S-Links sind bidirektional, sie können daher von beiden Bezugsbereichen aus gleichermaßen abgefragt werden.

Intelligente angelegte Verknüpfungen machen Informationen wertvoller und nützlicher. Bedeutungen ergeben sich oft erst im Kontext, also gehören semantische Daten in erster Linie in die Links, welche die Zusammenhänge herstellen. S-Links haben dazu standardisierte Felder begrenzter Länge für semantische Angaben und weitere Attribute. Bei Anfragen zum Auflisten von beliebigen lokalen Dateien auf einem S-Knoten können S-Links und ihre Attribute zum Filtern, Sortieren sowie Gruppieren benutzt werden. Über einige Attribute von S-Links kann auf S-Knoten auch aggregiert werden.

Konzipiert ist das S-Netzwerk als ein Informationssystem mit gewissen Gewährleistungen, in dem große Datenmengen gespeichert, gepflegt und abgerufen werden können. Dem Anspruch nach soll es möglichst universell nutzbar sein.

1.5 Das S-Web

Der Nutzwert eines Informationssystems hängt nicht nur davon ab, welche Daten es enthält, sondern auch davon, wie die darin archivierten Daten gesucht, gefunden und abgefragt werden können. Das S-Netzwerk garantiert für eine Publikation oder Hinterlegung X während des Gültigkeitszeitraums Δ_X Berechtigten anhand des S-Identifikators I_X lesenden Zugriff in einer endlichen Zeit ε_X. Doch wie gelangen Nutzer zu den S-Identifikatoren für Inhalte, welche sie interessieren?

Für jeden einzelnen S-Knoten S soll es möglich sein, die S-Identifikatoren der lokal auf S gespeicherten Kopien jener reliablen Publikationen sowie sicheren Hinterlegungen auflisten zu lassen, für welche der Anfragende über Leserechte verfügt. Dabei sollen die S-Knoten gefilterte, gruppierte sowie sortierte Ergebnislisten generieren können, welche nur S-Identifikatoren von Publikationen oder Hinterlegungen mit bestimmten Eigenschaften und Metadaten enthalten. Als Filter sollen etwa reguläre Ausdrücke über Dateinamen, Listen einzuschließender oder auszuschließender Herausgeber Π sowie zeitliche Intervalle für zu berücksichtigende Publikationszeitpunkte T dienen können. Ergebnislisten sollen auf wählbare Trefferbereiche in gewünschter Sortierung begrenzt werden können.

Dienste, die es erlauben, lokale Daten auf einzelnen Servern anhand von Benennungen sowie Metadaten so zu durchsuchen und abzufragen, lassen sich leicht implementieren. Gängige Dateisysteme und Datenbanksysteme bieten eine entsprechende Funktionalität.

Suchdienste, die jeweils lokal auf einem einzelnen logischen S-Knoten beschränkt arbeiten, genügen jedoch nicht, um effiziente Abfragen über den kompletten Datenbestand des hochgradig verteilten Informationssystems S-Netzwerk realisieren zu können. Werden also für Suchen und Abfragen über die Daten aller S-Knoten zusammen zusätzlich global arbeitende Dienste zum gefilterten, gruppierten sowie sortierten Auflisten der Inhalte benötigt? Sollen für das S-Netzwerk globale Suchmaschinen geschaffen werden, wie sie derzeit z. B. von Google oder Microsoft für das Internet betrieben werden?

Technisch ist es möglich, globale Suchmaschinen für das S-Netzwerk zu entwickeln, welche die für sie zugänglichen Inhalte der S-Knoten über deren lokale Abfragedienste erfassen und indizieren. Die Suchmaschinen können dann Suchfunktionen über den gesamten aus dem S-Netzwerk erhobenen Datenbestand bereitstellen. Von den Suchergebnissen aus könnte über die zugehörigen Identifikationsmerkmale Berechtigten ein direkter lesender Zugriff auf die Inhalte im S-Netzwerk ermöglicht werden.

Dass der Einsatz von globalen Suchmaschinen im Zusammenspiel mit dem S-Netzwerk möglich ist, bedeutet jedoch nicht, dass dieser Ansatz auch sinnvoll ist. Globale Suchmaschinen sind ein zentralistisches Konzept – das Design des S-Netzwerks hingegen ist vollständig dezentral. Hoch skalierende Suchmaschinen sind selbst sehr komplexe Systeme, deren Betrieb beträchtliche Aufwendungen verursacht [Barroso 2003]. Um nicht dem Vertrauenskonzept des S-Netzwerks zuwiderzulaufen, um nicht einer einzigen Partei vertrauen zu müssen, würden gleich mehrere unabhängige globale Suchmaschinen benötigt, die von verschiedenen Misstrauensparteien betrieben werden. Der Anspruch, die Plattform so simpel wie möglich zu halten, spricht dagegen, das S-Netzwerk selbst mit dem zusätzlichen Feature globaler Suchmaschinendienste wesentlich komplexer und aufwendiger zu machen.

Globale Suchmaschinendienste könnten auch genutzt werden, wenn sie kein Bestandteil des S-Netzwerks wären. Gehören globale Suchmaschinendienste nicht zum S-Netzwerk, stellt sich die Frage, nach welchen Regeln die externen Dienste betrieben werden und inwieweit die externen Dienste künftig verfügbar sein werden. Anwendungsszenarien, in denen sowohl das S-Netzwerk als auch externe globale Suchmaschinendienste genutzt werden, wären mit den Risiken der Nutzung des S-Netzwerks und zusätzlich mit den Risiken der Nutzung der externen Suchmaschinen behaftet.

Außerdem können interne oder externe globale Suchdienste nur den für sie frei zugänglichen Datenbestand organisieren helfen. Um zugriffsbeschränkte Inhalte im S-Netzwerk für Leseberechtigte auffindbar zu machen, sind globale Suchmaschinen keine Lösung.

Kann eine Plattform für reliable Publikationen und sichere Hinterlegungen ohne die Funktionalität globaler Suchmaschinen auskommen und trotzdem ein flexibel nutzbares Informationssystem werden, in dem Inhalte effizient gefunden werden können?

Dezentrale Selbstorganisation mit Links

Ein alternatives Organisationsprinzip, mit dem Informationen auffindbar gemacht werden können, ist die Verknüpfung der Inhalte untereinander, welche bereits für das universelle Informationssystem *Memex* [Bush 1945] angedacht wurde. Im World Wide Web wird die *Hypertext Markup Language* HTML verwendet, die es erlaubt, Inhalte einfach miteinander zu verlinken. Die Links werden dabei direkt im HTML-Code der Webseiten genau dort gesetzt, wo sie auch angezeigt werden sollen [W3C 1999].

Natürlich können HTML-Dokumente mit ihren Links auch im S-Netzwerk hinterlegt und publiziert werden. Browser können so angepasst werden, dass sie die Identifikationsmerkmale für reliable Publikationen oder sichere Hinterlegungen als Verweisziele von HTML-Links auch korrekt interpretieren können und dass sie Daten aus dem S-Netzwerk herunterladen können. Dazu muss ein bestehender Web-Browser selbst nicht einmal erweitert oder sonst wie verändert werden – der Datenaustausch mit dem S-Netzwerk kann auch von einem Proxy-Server übernommen werden, der auf der einen Seite HTTP Requests entgegen-

1.5 Das S-Web

nimmt, um daraus Anfragen an das S-Netzwerk zu machen und der auf der anderen Seite die Antworten vom S-Netzwerk wiederum als HTTP Responses an den Web-Browser weiterleitet. Im Rahmen der Implementierung des Demonstrators (siehe Kapitel 1.7.2) wird exemplarisch gezeigt, wie eine unveränderte Instanz eines *Chromium* Web-Browsers von einem externen Programm passend gesteuert und angebunden werden kann.

Beherrscht ein Browser das nötige Protokoll zum Herunterladen von Daten aus dem S-Netzwerk, verwendet er einen passenden Proxy oder wird er von einem Programm gesteuert, welches für ihn die Kommunikation mit dem S-Netzwerk übernimmt, dann lässt sich HTML-artiger Hypertext im S-Netzwerk damit praktisch genau wie im World Wide Web nutzen. Links können also beispielsweise einfach durch Anklicken zum Verweisziel verfolgt werden. Auch ein nahtloses Surfen zwischen dem World Wide Web und dem S-Netzwerk ist damit möglich. Beide zusammen bilden ein Informationssystem, das sich auf weitgehend einheitliche Weise nutzen lässt, um an bestimmte Inhalte zu gelangen.

Es besteht jedoch ein wesentlicher Unterschied zwischen dem World Wide Web und dem S-Netzwerk: Webseiten im World Wide Web können dynamisch von Servern generiert oder von den Nutzern verändert werden. Das gilt im S-Netzwerk nicht: Eine einmal publizierte oder hinterlegte HTML-Datei bleibt im S-Netzwerk während ihres gesamten Gültigkeitszeitraums Δ_X unverändert unter ihrer festen Adresse erhalten, nämlich unter ihrem eindeutigen Identifikationsmerkmal, dem S-Identifikator I_X. S-Knoten unterstützen keine dynamische Erzeugung oder Veränderung von HTML-Seiten.

Diese Einschränkung im S-Netzwerk wiegt selbst für simple Szenarien schwer: Es sei Seite A eine informative und bereits bekannte Anlaufstelle für ein bestimmtes Thema. Um nun zum Inhalt von A wichtige Ergänzung machen zu können, muss im S-Netzwerk eine zweite Seite B publiziert werden, da A sich nicht ändern lässt. Seite B kann per Link auf die umfassende Darstellung zu dem Thema in Seite A verweisen. Es wäre wünschenswert, dass auch die Seite A auf die Zusatzinformationen der Seite B verweisen würde, denn Interessenten werden zuerst die etablierte Seite A finden und ansteuern, auf die eventuell schon sehr viele Links verweisen und auf die nun auch von Seite B verwiesen wird.

Im World Wide Web wäre eine Aktualisierung von A problemlos möglich, sofern die Schreibberechtigten bezüglich des Inhalts der Seite A gewillt sind, eine entsprechende Anpassung vorzunehmen. Zusätzlich zum Link auf Seite B können sie beispielsweise auch eine Kurzbeschreibung der Ergänzungen durch Seite B in den Inhalt auf Seite A integrieren.

Eine reliable Publikation im S-Netzwerk darf sich hingegen per Definition nicht ändern lassen: Selbst die Herausgeber Π_A der Seite A sind hier nicht berechtigt, den Inhalt anzupassen, so sehr dies auch für alle Beteiligten wünschenswert wäre. Sie können zwar eine neue Fassung A_2 der Seite A reliabel publizieren, welche nun auch auf die Seite B verweist. Aber diese neue Seite A_2 existiert dann parallel zur alten Fassung A.

Dummerweise wird A_2 nicht gefunden: Die schon bestehenden Links verweisen nach wie vor auf A und A kann natürlich keine Hinweise auf die Existenz von A_2 enthalten. Selbst Seite B ist nur verlinkt mit A, es sei denn, die Herausgeber beider Seiten haben sich vorher abgesprochen und B wird bereits mit einem Link auf die erst noch zu erzeugende Publikation A_2 erschaffen. Ein solcher Koordinationsaufwand ist unpraktikabel.

Das S-Netzwerk erlaubt in der bisher gezeigten Ausführung keine inhaltlichen Aktualisierungen. Selbst eine einfache gegenseitige Verlinkung ist kaum machbar. Interne Verlinkungen im Sinne der *Hypertext Markup Language* führen im Fall des S-Netzwerks zu einem kaum brauchbaren Informationssystem.

Im Folgenden soll ein Konzept entwickelt werden, mit dem sich diese Mankos so beseitigen lassen, dass daraus sogar eine neue Stärke entsteht. Dabei soll das aus Sicherheitsgründen wichtige Prinzip der Reduzierung der Funktionalität auf das unbedingt Notwendige gewahrt werden. Das S-Netzwerk soll auch mit diesem Konzept als minimale Plattform auf reliable Publikationen und sichere Hinterlegungen beschränkt sein, zugleich soll aber eine möglichst breite Nutzbarkeit erzielt werden.

Trennung von Inhalten und Links: Das S-Web mit den S-Links

Um Dinge dynamisch miteinander zu verbinden, ist es nicht notwendig, die zu verbindenden Dinge auch verändern zu können. So lassen sich beispielsweise gegenständliche Schlüssel, die eine entsprechende Öse haben, auf beliebigen Schlüsselringen zusammenfassen. Die Schlüssel bleiben dabei starr, die Verbindung wird durch andere Objekte hergestellt. Oftmals wird ein Schlüsselbund außerdem mit einem Anhänger verbunden, zu dem der Besitzer einen persönlichen Bezug hat. So werden die Schlüssel auch mit dem Anhänger verknüpft, ohne dass sie dafür manipuliert oder angepasst werden müssten.

Wenn es um die Verknüpfung von Informationen geht, müssen die einzelnen zu verlinkenden Inhalte ebenfalls nicht notwendigerweise geändert werden. Solche Verbindungen können auch durch externe Objekte hergestellt werden. Externe Links werden anders als beim World Wide Web nicht am *Ausgangsbereich* im Inhalt eingefügt, sondern externe Links sind eigenständige Dateien, die einerseits auf den *Ausgangsbereich* und andererseits auf den *Zielbereich* der jeweiligen Verknüpfung verweisen.

Beim S-Netzwerk mit seinen unabänderlichen reliablen Publikationen und sicheren Hinterlegungen sind eigenständig im S-Netzwerk zu speichernde Links, welche fortan als **S-Links** bezeichnet werden, eine Möglichkeit, um jederzeit Verknüpfungen herstellen zu können und um so die Informationen dynamisch zu

1.5 Das S-Web

organisieren. Das **S-Web** ist das Informationssystem, das sich aus dem S-Netzwerk in Kombination mit den S-Links ergibt.

S-Links sind selbst reliable Publikationen oder sichere Hinterlegungen, für die zusätzliche Regeln sowohl bezüglich ihrer Form und ihres Aufbaus als auch bezüglich ihrer Speicherung durch die S-Knoten gelten. Die Bestandteile eines S-Links werden als dessen *Attribute* bezeichnet. Alle *Attribute* haben eine begrenzte maximale Länge. Lokale S-Links sollen von den S-Knoten über die *Attribute* gefiltert, gruppiert und sortiert werden können.

Jeder S-Link führt von einem *Ausgangsbereich* zu einem *Zielbereich*. Diese Bereiche werden als *Bezugsbereiche* bezeichnet. Beide *Bezugsbereiche* müssen im S-Netzwerk liegen. Wo sich ein *Bezugsbereich* genau befindet, wird jeweils durch bis zu drei *Attribute* bestimmt: Ein obligatorisches *Attribut* ist ein S-Identifikator, welcher als eindeutiges Identifikationsmerkmal für die reliable Publikation oder sichere Hinterlegung dient, in welcher sich der *Bezugsbereich* befindet und welche deshalb als *Bezugsdatei* bezeichnet wird. Die *Bezugsdatei*, die den *Ausgangsbereich* enthält, wird im Folgenden *Ausgangsdatei* genannt. Die *Bezugsdatei*, die den *Zielbereich* enthält, wird als *Zieldatei* bezeichnet. Mit zwei optionalen *Attributen* pro *Bezugsbereich* kann weiters je ein interner Bereich im Inhalt von der jeweiligen *Bezugsdatei* spezifiziert werden. Eines dieser beiden *Attribute* dient dabei als Bereichstyp, das andere *Attribut* dient als Bereichsangabe. Bereichsangaben können in auf den Inhalt abgestimmten Formaten notiert werden, etwa als Intervall von Byte Positionen oder von Zeiteinheiten. Es sind aber auch komplexere Angaben möglich, z. B. für Bereiche in Bildern. Der Bereichstyp ist ein Bezeichner, der bestimmt, wie die Bitfolge der Bereichsangabe interpretiert werden soll. Für das S-Web sollen einige Konstanten zur Festlegung des Bereichstyps vordefiniert werden. Es können zusätzlich eigene Werte für anwendungsspezifische Bereichsangaben definiert werden.

Um *Ausgangsbereich* und *Zielbereich* miteinander zu verknüpfen, genügt es nicht, einen S-Link einfach nur irgendwie im S-Netzwerk zu publizieren oder zu hinterlegen, sondern es muss auch möglich sein, diesen S-Link schnell und einfach zu finden. Die *Ausgangsdatei* ist dabei die entscheidende *Bezugsdatei*, denn vom *Ausgangsbereich* aus muss ein S-Link auffindbar und nutzbar sein. Zum *Zielbereich* gelangt ein Nutzer dann über die Informationen in den entsprechenden *Attributen* des S-Links.

Übertragen auf das Beispiel mit dem gegenständlichen Schlüsselbund spielt die *Ausgangsdatei* quasi die Rolle eines gut wiedererkennbaren greifbaren Anhängers. Die S-Links entsprechen den Schlüsseln. Gegenständliche Schlüssel und Anhänger brauchen eine Öse, damit sie auf einem Schlüsselring zu einem Schlüsselbund verbunden werden können.

Für reliable Publikationen und sichere Hinterlegungen im S-Netzwerk dienen ihre S-Identifikatoren quasi als Ösen zur Aufhängung. Weiters können natürlich nur jene gegenständlichen Objekte auf einem Schlüsselring verbunden werden, welche auch nah beieinander sind. Ähnlich wird auch ein Lokalitätsprinzip für das S-Netzwerk gefordert: Die Sicherungskopien eines S-Links müssen grundsätzlich jeweils auf genau jene S-Knoten verteilt werden, auf denen die Sicherungskopien der *Ausgangsdatei* verteilt liegen.

Zusätzlich wird bei dem Beispiel mit dem gegenständlichen Schlüsselbund ein Schlüsselring benötigt, um die Schlüssel und den Schlüsselanhänger verbinden zu können. Für das S-Netzwerk wird ein Verbindungselement als Pendant zum gegenständlichen Schlüsselring benötigt, damit ein S-Knoten tatsächlich zu einer Datei X alle S-Links finden und auflisten kann, die ihren *Ausgangsbereich* in jener Datei X haben – die also dieselbe *Ausgangsdatei X* haben. Als Verbindungselement für das S-Web kommen Tabellen oder Verzeichnisse infrage. Jede Kopie einer reliablen Publikation oder sicheren Hinterlegung im S-Netzwerk hat ein eigenes Verbindungselement zum Sammeln ausgehender S-Links.

Unter diesen Voraussetzungen können S-Knoten effiziente lokale Suchdienste für S-Links anbieten, die Listen von S-Links mit einer bestimmten *Ausgangsdatei X* als Antwort liefern. Anwendungsprogramme wie Browser können diese Listen der S-Links dann beispielsweise unter der Ansicht vom Inhalt der *Ausgangsdatei X* anzeigen, so wie es beim frühen Hypertext-Programm *Enquire* vorgesehen war ([Berners-Lee 1999], S. 10ff).

Außerdem kann auf Anwendungsseite auch versucht werden, die S-Links dynamisch in die Ausgabe der *Ausgangsdatei X* einzubetten und sie direkt im inhaltlichen Kontext nutzbar machen. Sofern vorhanden kann dabei die optionale dateiinterne Bereichsangabe des S-Links dabei zur Positionierung genutzt werden.

Zur Integration von S-Links

Wenn das Dateiformat der *Ausgangsdatei* bereits eine Verlinkung im Inhalt unterstützt, bietet es sich an, S-Links mithilfe eines S-Web Proxys oder eines S-Web Adapters direkt in eine dynamisch clientseitig erzeugte Datei einzufügen. Auf diese Weise können S-Links auch nahtlos eingebettet in Programmen genutzt werden, welche das S-Web und die Integration von S-Links selbst nicht unterstützen. Eine Integration von S-Links in die *Ausgangsdatei* ist beispielsweise naheliegend, wenn es sich bei der *Ausgangsdatei* um eine HTML-Datei handelt, damit S-Links auch durch herkömmliche Webbrowser direkt im Inhalt genutzt werden können.

Bei der Integration von S-Links ist zu beachten, dass Kollisionen auftreten können. Es kann passieren, dass an der Stelle des *Ausgangsbereichs* eines zu integrierenden S-Links bereits ein Hyperlink in der originalen HTML-Datei notiert ist. Ebenso ist es auch möglich, dass sich die *Ausgangsbereiche* mehrerer S-Links überlappen. In solchen Fällen muss die Integration der S-Links in einer Weise erfolgen, die es erlaubt, sich die verschiedenen von dem Bereich

1.5 Das S-Web

ausgehenden Verweise anzusehen und sie unabhängig voneinander zu nutzen. Dazu kann etwa bei *Ausgangsdateien* im HTML-Format mithilfe von Javascript ein Popup-Menü mit den Links angezeigt werden, welche einen überlappenden *Ausgangsbereich* aufweisen, sobald der Mauszeiger in den gemeinsamen Bereich eintritt. Abbildung 11 veranschaulicht das Prinzip.

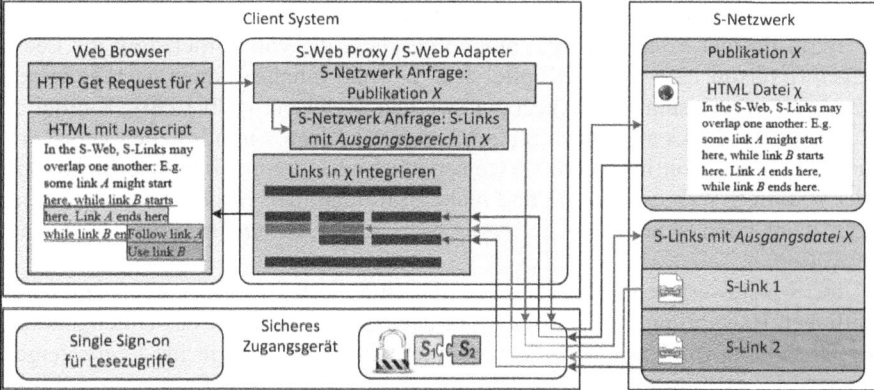

Abbildung 11: Anwendungsseitige Integration von S-Links in HTML-Dateien

Ist die Anzahl der S-Links mit einem gemeinsamen Bereich groß, bringt es nichts, alle S-Links auf einmal zu laden und zur Anzeige zu bringen. Stattdessen bietet es sich an, dem Benutzer die Möglichkeit zu geben, auf Wunsch weitere S-Links nachzuladen oder Filter zu benutzen, um nur bestimmte S-Links angezeigt zu bekommen.

Für den Anwender besteht bei einer dynamischen clientseitigen Integration von S-Links in die Ausgabe der *Ausgangsdatei* der gleiche Komfort, als wäre der Link intern in der *Ausgangsdatei* notiert. Mit S-Links lassen sich jedoch auch Verknüpfungen mit einem *Ausgangsbereich* in Dateien setzen, deren Dateiformat keine Verlinkungen unterstützt. Egal welche S-Links im Laufe der Zeit hinzugefügt werden, der Leseberechtigte kann sich immer noch die nicht verlinkte Originaldatei anzeigen lassen, welche ja nach wie vor unverändert im S-Netzwerk bewahrt wird und verfügbar gehalten wird. Dynamische Änderungen von Inhalten finden beim S-Web immer ausschließlich auf der Anwendungsseite statt – und sie obliegen mithin der vollen Kontrolle des Nutzers.

Die Verlässlichkeit der S-Links

Ein wesentliches Problem von Links im World Wide Web ist, dass HTML-Links irgendwann brechen und ins Leere verweisen können – oder dass ihr Ziel sich so verändert, dass die Verknüpfungen keinen Sinn mehr machen. Dass HTML-Links schon nach kurzer Zeit nicht mehr zielführend sind, passiert in der Praxis sehr häufig. Das Ergebnis der in [Spinellis 2003] veröffentlichen Untersuchung zeigt beispielsweise, dass bei den beobachteten Links in wissenschaftlichen Veröffentlichungen durch ACM und IEEE nach einem Jahr nur noch 80% der Ziele erreichbar waren. Nach vier Jahren waren nur noch 50% der Ziele erreichbar. In einem dynamischen Netzwerken lässt sich das Problem der brechenden Links wohl nicht wirklich aus der Welt schaffen.

Beim Projekt *Xanadu* sind Links vorgesehen, die von vornherein ins Leere zeigen ([Nelson 1980/1990], Kapitel 4, S. 23) und Inhalte können nach gewissen Regeln sowie Fristen zurückgezogen werden ([Nelson 1980/1990], Kapitel 5, S. 21), sodass Links auch nachträglich brechen können. Grundsätzlich verschärft sich die Gefahr von ins Leere verweisenden Links, wenn Links wie in *Xanadu* oder wie im S-Web extern sind und nicht zum Inhalt der *Ausgangsdatei* gehören, denn dann kann neben dem *Zielbereich* auch der *Ausgangsbereich* ins Nichts verweisen.

Im S-Netzwerk jedoch ist es dank der integrierten Funktionalität zur langzeitlichen Bewahrung der Verfügbarkeit der Inhalte und dank der Unleugbarkeit derselben sehr wohl möglich, zu verhindern, dass S-Links je ins Leere zeigen können. Dazu müssen zwei weitere Regeln für die Erschaffung von S-Links eingeführt werden:

- Das Zielpublikum eines S-Links L muss immer eine Teilmenge der Schnittmenge der Leseberechtigten der *Ausgangsdatei A* und der *Zieldatei Z* sein. Also muss gelten:
  $\Gamma_L \subseteq \Gamma_A \cap \Gamma_Z$
- Die Zeitspanne Δ_L, in welcher ein S-Link L gültig sein muss und mithin vom S-Netzwerk verfügbar gehalten werden muss, muss sowohl innerhalb von dem Gültigkeitszeitraum Δ_A der *Ausgangsdatei A* als auch innerhalb von dem Gültigkeitszeitraum Δ_Z der *Zieldatei Z* liegen.

Hinweis: Damit S-Knoten diese Regeln für zugriffsbeschränkte *Zieldateien* prüfen können, muss es ihnen möglich sein, die Existenz und die Zugriffsbedingungen von *Zieldateien* abzufragen, für deren Inhalte die S-Knoten selbst eventuell keine Leserechte besitzen.

Werden diese Regeln geprüft und befolgt, entstehen im Betrieb des S-Netzwerks keine Verknüpfungen, bei denen einer der *Bezugsbereiche* unerreichbar ist. Sofern die Eigenschaften von reliablen Publikationen bzw. von sicheren Hinterlegungen gewahrt bleiben, können S-Links dann auch nicht brechen. Kopien von S-Links werden zusammen mit jeder Kopie der *Ausgangsdatei* auf S-Knoten in mindestens $2*\Psi-1$ verschiedenen Misstrauensparteien gespeichert. Jede einzelne Kopie eines S-Links verweist auf alle Kopien der *Zieldatei*, die wiederum über S-Knoten in mindestens $2*\Psi-1$ verschiedenen Misstrauensparteien verteilt sind. Selbst bei Ausfällen in bis zu $\Psi-1$ beliebigen Misstrauensparteien

1.5 Das S-Web

können S-Links zuverlässig aufgelöst werden und etwaige Schäden an Kopien auf einzelnen S-Knoten können automatisch repariert werden.

Verlinkungsfreiheit

Im World Wide Web sind Links Teil des Inhalts der *Ausgangsdatei*. Sie können folglich nur von jenen Personen gesetzt werden, die befähigt sind, den Inhalt der *Ausgangsdatei* zu erzeugen oder zu verändern. Wer lediglich lesend auf eine Seite zugreifen kann, der hat keine Chance, einen Link von dieser Seite ausgehend irgendwo anders hin zu generieren.

Im S-Netzwerk hat keiner das Recht, Inhalte zu verändern. Aber jeder aktive Teilnehmer hat die Freiheit, S-Links zu erschaffen, die von beliebigen Inhalten ausgehen, für die Leserechte bestehen. Zur Verlinkung werden mit den S-Links jeweils neue eigenständige Publikationen oder Hinterlegungen geschaffen. Die von einer Partei A herausgegebenen Inhalte X_A und die von einer Partei B herausgegebenen Inhalte X_B können daher durch eine beliebige Partei C miteinander verknüpft werden, sofern C die entsprechenden Leserechte für X_A und X_B besitzt. Das Verlinken steht dem gesamten Zielpublikum $\Gamma_{X_A} \cap \Gamma_{X_B}$ frei.

Zur freien Verlinkung werden im Wesentlichen genau die Dienste benötigt, welche für die hier vorgestellten Konzepte zur Datenerhaltung sowie zur Zugriffsbeschränkung im S-Netzwerk ohnehin bereitgestellt werden müssen, um die Distribution von Shares und Sicherheitskopien über S-Knoten in verschiedenen Misstrauensparteien zu gewährleisten. Mit diesen Diensten lassen sich die Kopien von S-Links automatisch über genau die S-Knoten verteilen, welche auch die Kopien der *Ausgangsdatei* speichern.

Bidirektionale Verlinkung mit automatischen Rücklinks

Die Vernetzung von Inhalten im World Wide Web ist vom Konzept her einseitig ausgerichtet: Ein HTML-Link führt von einem *Ausgangsbereich* zu einem *Zielbereich* – und zwar immer nur in einer Richtung. Weblinks lassen sich nur von ihrer *Ausgangsdatei* aus aufspüren und nutzen. Welche Links ihren *Zielbereich* in einer bestimmten Webseite haben, lässt sich hingegen im World Wide Web nicht ohne Weiteres feststellen. Denkbar sind spezielle Suchdienste, die ausgehende Links auf beliebigen Webseiten unter der Angabe ihres jeweiligen *Zielbereichs* erfassen. Mit diesen Daten könnten dann Abfragen nach den in einem bestimmten *Zielbereich* eingehenden Links beantwortet werden.

Um Links ohne solche zusätzlichen Dienste bidirektional nutzbar zu machen, um eingehende Links auffindbar zu machen, kann auch versucht werden, in Gegenrichtung einen Link zu erzeugen, einen *Rücklink* sozusagen. Im World Wide Web kann das schwierig sein: Sind zwei verschiedene Parteien A sowie B für die zu verbindenden Seiten verantwortlich und haben beide Parteien für die

Seite der jeweils anderen Partei keine Schreibrechte, müssen schon beide Parteien *A* und *B* aktiv werden, um Link und *Rücklink* zu erzeugen.

Im Gegensatz zum World Wide Web können im S-Netzwerk immer gegenseitige Verknüpfungen erzeugt werden – die freie Verlinkung ist völlig unabhängig davon, wer die Herausgeber Π der *Bezugsdateien* sind. Ob Partei *C* nun *X* mit *Y* verknüpft oder *Y* und *X*, macht keinen Unterschied – beides ist für das gesamte Zielpublikum $\Gamma_X \cap \Gamma_Y$ möglich. Abbildung 12 zeigt, wie die Kopien von Link und *Rücklink* im S-Netzwerk auf genau die S-Knoten verteilt gespeichert werden, auf denen Kopien der jeweiligen *Ausgangsdatei* gespeichert werden.

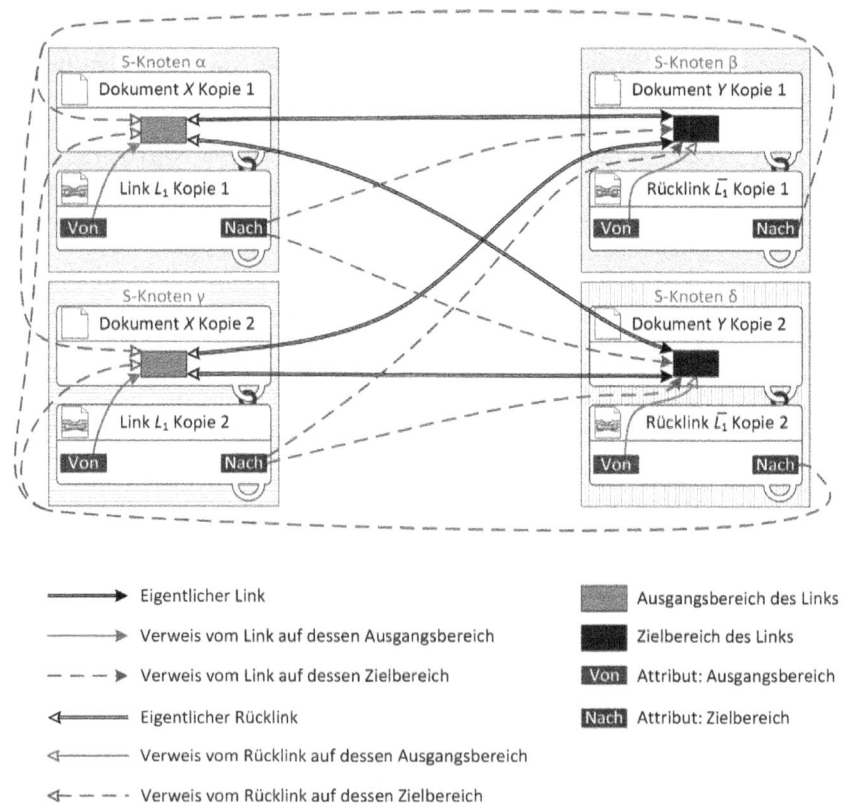

Abbildung 12: Darstellung eines S-Links mit Rücklink

Im S-Netzwerk kann die Erzeugung eines Rücklinks auch vollkommen automatisch geleistet werden. Zur Generierung des *Rücklinks* werden einfach *Ausgangsbereich* sowie *Zielbereich* vertauscht. Bei jeder Kopie der beiden

Bezugsdateien wird dann jeweils eine Kopie desjenigen Links gespeichert, der die jeweilige *Bezugsdatei* als *Ausgangsdatei* hat.

Für das S-Netzwerk besteht die Möglichkeit, festzulegen, dass S-Links immer bidirektional ausgeführt werden müssen. Bei einer automatischen beidseitigen Verlinkung ist eine dichtere Vernetzung der Informationen zu erwarten und der potenziell fehlerträchtige Aufwand für den Nutzer zur manuellen Erzeugung von *Rücklinks* wird eliminiert. Weiters lässt sich dann auch immer einfach und zweifelsfrei feststellen, welche und wie viele S-Links auf eine bestimmte reliable Publikation oder sichere Hinterlegung verweisen, was nicht möglich wäre, wenn einseitige Links erlaubt würden.

Um die Anzahl der Features minimal zu halten und den Nutzwert zu maximieren, sollen für das S-Web ausschließlich bidirektionale S-Links mit automatischem *Rücklink* erzeugt werden. Link und *Rücklink* müssen im S-Web identische Zugriffsbedingungen aufweisen.

Bidirektionale Links in Xanadu?

Für das Hypertext-Projekt *Xanadu* wurden bereits Abfragen eingehender Links angedacht – und sie wurde als größte technische Herausforderung identifiziert ([Nelson 1980/1990], Kapitel 2, S. 47).

In *Xanadu* werden Links weder mit der *Ausgangsdatei* noch mit der *Zieldatei* zusammen abgespeichert – sie gehören zu (mindestens) einem *Home* Dokument. Beide *Bezugsbereiche* können in *Xanadu* schließlich jeweils mehrere Dateien und ganze Adressbereiche umfassen. Effizient abfragbar sind alle Links mit demselben *Home* Dokument. Sowohl der *Ausgangsbereich* als auch der *Zielbereich* können hingegen irgendwo außerhalb des *Home* Dokuments sein. Entsprechend aufwendig ist es, alle Links zu finden, die einen bestimmten *Ausgangsbereich* oder *Zielbereich* haben: Etwaige Suchanfragen müssen per Broadcast von Server zu Server weitergeleitet werden. Das angedachte Zwischenspeichern von häufig abgefragten Elementen zur Verringerung des Aufwands ([Nelson 1980/1990], Kapitel 4, S. 75) kann dieses Problem nicht wirklich lösen, da die Zwischenergebnisse veralten und nach kurzer Zeit nicht mehr den letzten Stand repräsentieren.

Semantische Angaben

Die Verlinkungsfreiheit des S-Netzwerks, die allen Leseberechtigten das Verknüpfen ermöglicht, könnte dazu führen, dass zu manchen *Ausgangsdateien* so viele S-Links erzeugt werden, dass sie ohne geeignete technische Hilfestellungen kaum überschaubar und handhabbar wären. Die automatische Erzeugung von Rücklinks kann ebenso zu einer problematischen Masse an Links beitragen.

Alleine schon damit eine sinnvolle Nutzung von vielen Tausend oder gar Millionen S-Links mit derselben *Ausgangsdatei* möglich wird, müssen S-Links für S-Knoten auch automatisch und effizient zu filtern, zu gruppieren und zu sortieren sein. Dazu sollen S-Links weitere semantische Informationen beinhalten, welche über ihre Bedeutung sowie ihren Zweck Auskunft geben und welche für Maschinen interpretierbar sind.

Die Idee der semantischen Verlinkung ist nicht neu. Ein Link in HTML kann seit HTML Version 4 [W3C 1999] auch Informationen dazu enthalten, was dieser Link bedeuten soll: Mit dem Attribut "rel" kann Bedeutung der Verknüpfung des *Ausgangsbereiches* mit dem *Zielbereich* angegeben werden (Abbildung 13). Als Wert für dieses Attribut können verschiedene Typen von Links spezifiziert werden, wobei neben in HTML standardisierten Werten wie "Alternate" oder "Help" auch benutzerdefinierte Werte zulässig sind.

Außerdem können weitere Angaben zum Dateityp, zum Zeichensatz und zur Sprache des Zielbereiches mittels Attributen in einem HTML-Link notiert werden. Derartige Informationen sind wichtig, damit Computer eine Verknüpfung automatisch verarbeiten können. Für einen Menschen mag sich die Bedeutung eines Links beispielsweise einfach aus dem umgangssprachlichen Text erschließen, den sein HTML-Link-Tag umfasst und als der er im Web-Browser dargestellt wird. Aber für eine Maschine ist ein solch indirektes Verständnis beim aktuellen Stand der Forschung und der Technik kaum zu bewerkstelligen.

Da gängige Web-Browser das Potenzial von semantischen Daten in Links nicht nutzen (siehe [SELFHTML 2007] unter „Typisierte Verweise"), scheint der Mehraufwand um die genannten optionalen Attribute zu setzen für Web-Designer nicht gerechtfertigt zu sein, sodass die Technik der semantischen Verlinkung es schwer hat, sich im World Wide Web durchzusetzen.

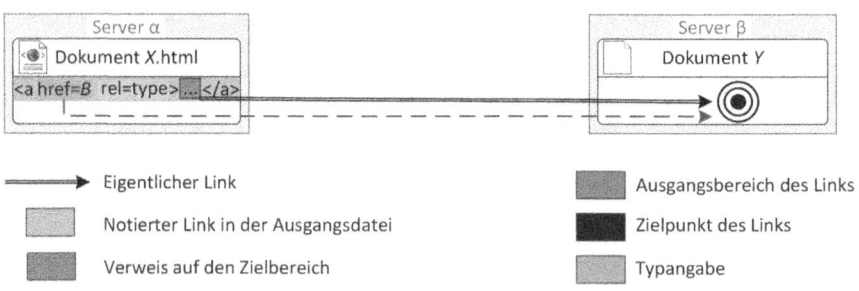

Abbildung 13: HTML Link mit semantischem Typ

Beim zeitlich vor dem World Wide Web entstandenen Projekt *Xanadu* sind ebenfalls schon semantische Links vorgesehen. Die semantischen Informationen – zum Typ des Links – werden dabei als dritte Bereichsangabe zusätzlich zum *Ausgangsbereich* und zum *Zielbereich* angegeben (*"Thus the link type is technically a third endset ... which we call a three-set"*, zitiert aus [Nelson 1980/1990],

1.5 Das S-Web

Kapitel 4, S. 43). Ein Link in *Xanadu* verbindet also eventuell mehr als zwei Bereiche miteinander. Abbildung 14 veranschaulicht das Prinzip der Verlinkung in Xanadu. Dort, wohin die dritte semantische Bereichsangabe verweist, könnten etwa weitere Informationen zum Typ des Links gespeichert werden. Es ist jedoch prinzipiell auch eine leere Adresse als semantische Angabe zulässig – sie dient dann nur als abstrakte Angabe des Typs.

Beim S-Netzwerk sollen alle S-Links semantische Informationen enthalten müssen. Dabei ist nicht nur der Typ des Links semantisch auszuzeichnen, sondern auch der *Ausgangsbereich* und der *Zielbereich* sind in ihrer inhaltlichen Bedeutung festzulegen. Die inhaltliche Bedeutung von *Ausgangsbereich* und *Zielbereich* besteht eventuell nur im Zusammenhang mit der Verknüpfung, daher gehören diese Informationen in den S-Link.

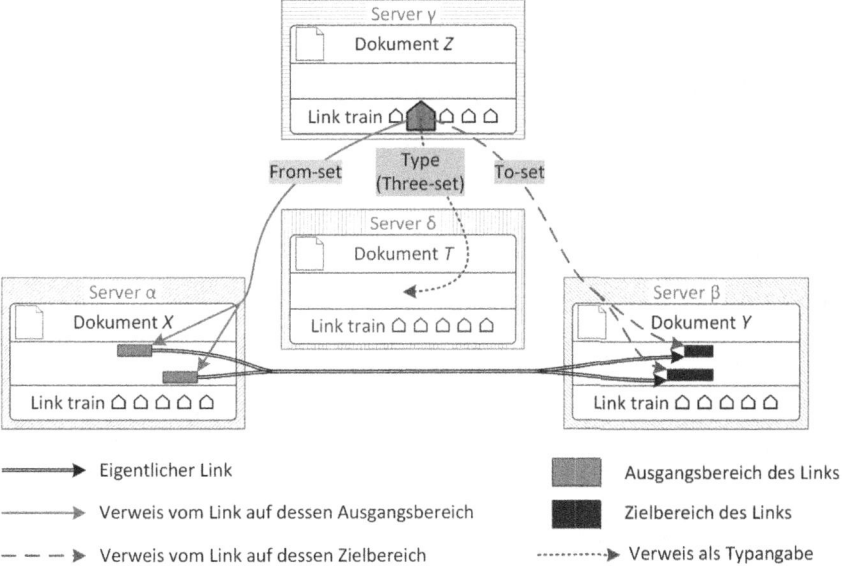

Abbildung 14: Xanadu Link mit semantischem Verweis

Es sind im S-Web also insgesamt drei verschiedene semantische Attribute pro S-Link vorgesehen. Die intentionale Interpretation Ξ des S-Links, welche ohnehin zu den Metadaten einer jeden reliablen Publikation oder sicheren Hinterlegung gehört, kann eventuell für die Speicherung der semantischen Angabe zum Typ des Links verwendet werden. Die Angaben zur inhaltlichen Bedeutung von *Ausgangsbereich* und *Zielbereich* müssen hingegen auf jeden Fall als *Attribute* im Inhalt des S-Links gespeichert werden. Jedes der drei semantischen Attribute ist eine Zeichenfolge begrenzter Länge. Für allgemein relevant erscheinende semantische Angaben sollen für das S-Netzwerk Konstanten vordefiniert werden. Zusätzlich können Teilnehmer eigene Werte definieren. Diese Angaben sollen für Nutzer verständliche Bezeichner.

Selbst definierte semantische Angaben können per zusätzlicher S-Links um weiterführende Informationen ergänzt werden. Mit S-Links könnte etwa auf ausführliche Spezifikationen verwiesen werden, die als eigenständige reliable Publikation im S-Netzwerk gespeichert werden. Damit derartige ergänzende Informationen sowohl vom S-Link L als auch vom Rücklink $\overline{L}$ aus zugänglich sind, müssen jeweils zwei S-Links erzeugt werden. In Abbildung 15 wird dargestellt, wie Details zu einem semantischen *Attribut* des S-Links L_1 mit einer Publikation Z und zwei S-Links L_2 und L_3 ergänzt werden können.

Die semantischen Angaben dienen dazu, S-Links auf S-Knoten filtern, gruppieren und sortieren lassen zu können. Außerdem sind sie dazu gedacht, sowohl Anwendungsprogramme als auch Anwender bei der Interpretation der S-Links zu unterstützen. Kennt ein Anwendungsprogramm eine bestimmte semantische Angabe, so kann es den S-Link nach dem eigenen Wissen auswerten und zur Darstellung bringen. Bei unbekannten semantischen Angaben kann zumindest die Zeichenfolge des semantischen Attributs ausgegeben werden. Wenn mit weiteren S-Links zusätzliche Informationen zu semantischen Angaben verlinkt sind, so können diese zusätzlichen Informationen von Anwendungsprogrammen automatisch ausgewertet oder zumindest ausgegeben werden.

Freie Inhaltsdaten und die Kompaktheit von S-Links

Ein S-Link verfügt zu jeder semantischen Angabe zusätzlich über jeweils ein optionales *Attribut*, in dem eine frei wählbare Bitsequenz gespeichert werden kann. Die Bedeutung dieser *Inhaltsdaten* sollte sich aus dem jeweiligen semantischen *Attribut* ergeben.

Die *Inhaltsdaten* können insbesondere auch Zahlen oder Vektoren von mehreren Zahlen speichern. Weil dem so ist, sollen S-Knoten bei den *Attributen* der Inhaltsdaten zusätzlich zum Filtern, Gruppieren und Sortieren auch einfache Aggregationsfunktionen etwa zum Aufsummieren oder zum Bilden von Mittelwerten anbieten können. Bei der Auswertung solcher Aggregationsfunktionen interpretieren die S-Knoten die Inhalte der frei wählbaren Bitsequenzen einfach in dem Format, das die Funktion erfordert.

Die zulässige Länge ist bei allen *Attributen* von S-Links auf eine bestimmte maximale Anzahl von Bytes begrenzt. Umfangreichere Daten zu *Attributen* von einem S-Link L müssen als eigenständige reliable Publikationen oder sichere Hinterlegungen im S-Netzwerk gespeichert werden. Im einfachsten Fall kann dies mit einem einzigen ergänzenden S-Link L_P zwischen L und dem *Rücklink* $\overline{L}$ erreicht werden, in dessen freien *Inhaltsdaten* die ergänzenden Informationen gespeichert werden.

1.5 Das S-Web

Passen die zusätzlichen Daten für S-Link L nicht in die *Attribute* eines ergänzenden S-Links L_P, kann die Publikation oder Hinterlegung der ergänzenden Daten in einem anderen Dateiformat ohne Größenbeschränkung erfolgen. Zur Verknüpfung derart extern ergänzender *Inhaltsdaten* sind zwei zusätzliche S-Links nötig: Einer zur verlässlichen Verlinkung mit L sowie ein zweiter zur verlässlichen Verlinkung mit dem *Rücklink* $\overline{L}$ – wie es in Abbildung 15 für ergänzende semantische Angaben visualisiert ist.

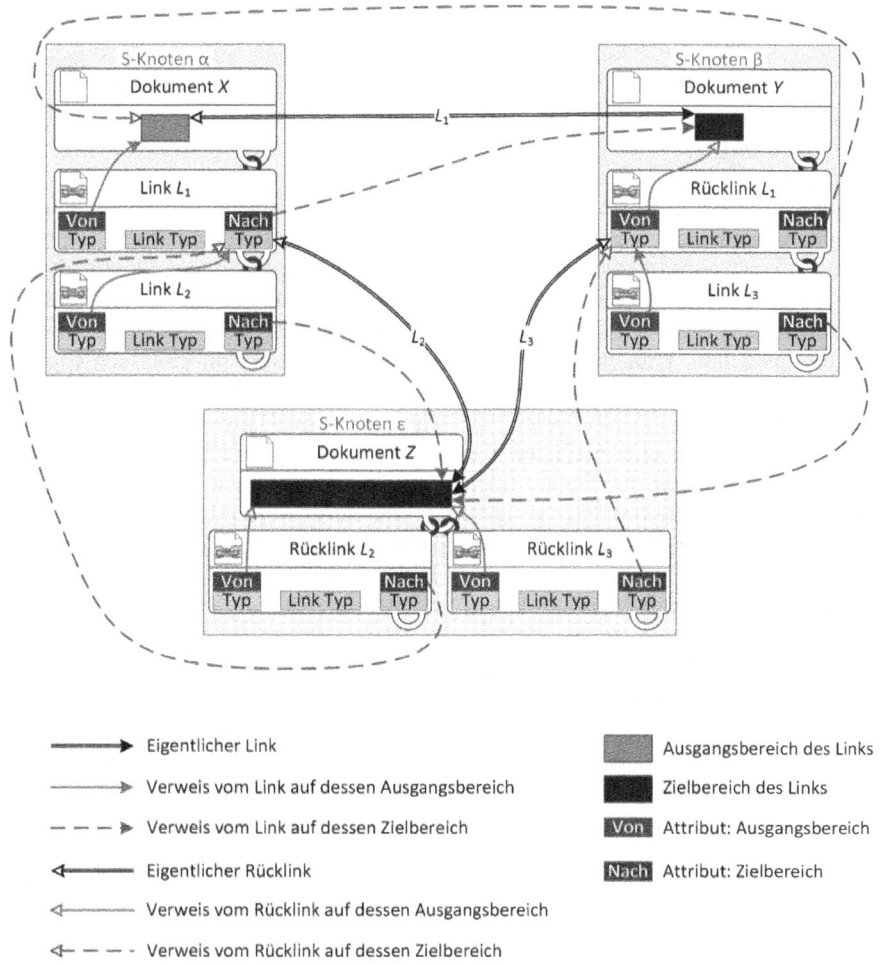

Abbildung 15: Verlinkung semantischer Daten zum Zielbereich eines S-Links L_1

Die intern im S-Link gespeicherten Daten der *Attribute* können S-Knoten besonders effizient zum Filtern, Gruppieren, Sortieren und Aggregieren nutzen. Sind umfangreiche Daten zu einem *Attribut* auszulagern, sollte der interne Speicherplatz für das *Attribut* in dem S-Link so genutzt werden, dass möglichst viele Abfragen mit diesem Teil auskommen.

Die Auswertung ausgehender S-Links durch S-Knoten

Werden zusätzlich extern Daten zu einem Attribut eines S-Links L gespeichert, können S-Knoten diese nur dann zum Filtern, Gruppieren, Sortieren und Aggregieren nutzen, wenn sie in einem ergänzenden S-Link L_P gespeichert werden. Der entstehende Aufwand ist zwar größer als bei internen Attributen, aber immer noch relativ gering, schließlich werden die Kopien von L_P auf denselben S-Knoten gespeichert, wie die Kopien von L.

Ganz allgemein soll im S-Web von den S-Knoten bei Abfragen zu beliebigen Dateien anhand der ausgehenden S-Links, ihrer Metadaten und ihrer Attributwerte gefiltert, sortiert, gruppiert und aggregiert werden können. Es soll damit etwa möglich sein, sich nur genau die reliablen Publikationen oder sicheren Hinterlegungen auflisten zu lassen, von denen S-Links mit gewissen Eigenschaften ausgehen. Umgekehrt sollen ausgehende S-Links mit gewissen Eigenschaften auch als Ausschlusskriterium benutzt werden können.

Müssen bei der Bearbeitung von Anfragen pro Datei auch ausgehende S-Links identifiziert und analysiert werden, bedeutet das für S-Knoten trotz der lokalen Verfügbarkeit der Daten einen gewissen zusätzlichen Aufwand. Prinzipiell können auch die bei einer solchen Anfrage auszuwertenden S-Links wiederum anhand der von ihnen jeweils ausgehenden S-Links gefiltert werden und so weiter. Um den Aufwand praktikabel zu halten, soll die zulässige Tiefe der Anfragen zur Auswertung von S-Links auf S-Links begrenzt werden.

Auswertungen umfangreicher Zusatzinformationen zu Attributen

Umfangreichere Daten zu *Attributen*, die nicht in ergänzenden S-Links Platz finden, müssen in einem anderen Format gespeichert und mit zusätzlichen S-Links verlässlich verknüpft werden. Die in einem beliebigen Format gespeicherten Daten sind ungeeignet zum Filtern, Gruppieren, Sortieren oder Aggregieren auf einem S-Knoten, denn die potenziell sehr großen Datenmengen müssten eventuell erst aufwendig von anderen S-Knoten angefordert werden, denn sie können irgendwo im S-Netzwerk gespeichert sein, sodass keine Kopie lokal verfügbar ist. Außerdem können Informationen in einem unbekannten Format von S-Knoten kaum sinnvoll ausgewertet werden. Die in einem beliebigen Format gespeicherten Angaben zu *Attributen* können nur von Clients explizit angefordert und sie können nur clientseitig ausgewertet werden.

1.5 Das S-Web

> Die Inhalte der *Attribute* jener S-Links, mit denen auf zusätzliche Daten in einem beliebigen Format verlässlich verwiesen wird, können hingegen wie überhaupt alle ausgehenden S-Links von S-Knoten ausgewertet und zum Filtern, Gruppieren, Sortieren oder Aggregieren verwendet werden.

Dadurch, dass S-Links mit Hilfe von anderen Publikationen oder Hinterlegungen und weiteren S-Links beliebig ergänzt werden können, lassen sich Umfang und Größe eines einzelnen S-Links kompakt halten, ohne große Abstriche bei der Flexibilität machen zu müssen. Die Kompaktheit der S-Links ist von entscheidender Wichtigkeit für die schnelle Handhabung von großen Mengen an S-Links. S-Links können aufgrund der limitierten Größe ihrer Attribute effizient in tabellenartigen Strukturen gespeichert werden und sie können als komplette Strukturen auf einen Schlag eingelesen oder gespeichert werden.

1.5.2 S-Links und der Zugriffsschutz im S-Netzwerk

Um gefilterte Abfragen über S-Links, ihre Metadaten und ihre Attribute auch dann zu ermöglichen, wenn Bezugsbereiche zugriffsbeschränkt sind, können S-Links oder eventuell auch einzelne Attribute der S-Links von der Zugriffsbeschränkung mittels Secret Sharing ausgeschlossen und im Klartext gespeichert werden.

Bei der Implementierung des Zugriffsschutzes im S-Netzwerk können S-Links eine zentrale Rolle übernehmen: Sie können dazu verwendet werden, die Metadaten für das Zielpublikum Γ, den Gültigkeitszeitraum Δ und die Autorisierer A zu repräsentieren, wodurch auch die für sichere Hinterlegungen geforderte streng protokollierte Erweiterbarkeit dieser Mengen durch Autorisierer einfach realisiert werden kann. Auch verschiedene explizit festgelegte persönliche Zugriffszeiträume Δ_P lassen sich so handhaben.

Bei Anfragen zum Suchen, Auflisten und Lesen der lokal gespeicherten Kopien von reliablen Publikationen oder sicheren Hinterlegungen sollen S-Knoten grundsätzlich anhand von Dateinamen, Metadaten und ausgehenden S-Links filtern, gruppieren, sortieren und aggregieren können. Die eigentlichen Inhalte der Publikationen oder Hinterlegungen bleiben dabei im Allgemeinen außen vor. Diese Inhalte können Shares oder bei unbeschränktem Zugriff beliebige Bitfolgen sein. S-Knoten sollen die eventuell sehr umfangreichen inhaltlichen Daten bei Anfragen zum Suchen, Auflisten und Lesen nicht auswerten, weil dies sehr aufwendig werden könnte und weil dies etwa im Fall von Shares nicht sinnvoll wäre, da einzelne Shares für sich genommen nur zufällige Bitfolgen sind. Es ist insbesondere keine Volltextsuche des lokalen Datenbestandes auf S-Knoten vorgesehen.

Nur der Inhalt von S-Links soll von den S-Knoten bei entsprechenden Anfragen zum Suchen, Auflisten und Lesen der lokal gespeicherten Kopien von S-Links ausgewertet werden. Der Inhalt der S-Links hat eine begrenzte, relativ geringe Größe und außerdem ein fest vorgegebenes Format. Daher ist es wenig aufwendig, das Filtern, Gruppieren, Sortieren und Aggregieren von S-Links auch nach den Werten für die *Attribute* der S-Links zu ermöglichen.

Das gilt allerdings nur dann, wenn die Inhalte der S-Links auf den S-Knoten auch im Klartext gespeichert werden. Sobald die Zugriffsrechte wirksam beschränkt werden sollen, werden die Inhalte im S-Netzwerk jedoch mittels Secret Sharing zerlegt, bevor sie an verschiedene S-Knoten verteilt werden.

Wird der Inhalt eines S-Links durch Secret Sharing geschützt, kann ein einzelner S-Knoten, der nur die Kopie eines Shares speichert, die Bitfolgen seines Shares lokal nicht sinnvoll nutzen. Die Werte einzelner Shares der *Attribute* des S-Links sind nichts als zufällige Bitfolgen. Sie lassen sich daher nicht wirklich zum Filtern, zum Gruppieren oder zum Sortieren verwenden und auch ein Aggregieren darüber würde nur zu absurden Resultaten führen.

Zugriffsbeschränkung für S-Links

Die Leserechte für die Inhalte eines S-Links L müssen sich genau wie bei jeder anderen reliablen Publikation oder sicheren Hinterlegung auf ein bestimmtes Zielpublikum Γ_L beschränken lassen. Die in den Werten der *Attribute* eines S-Links gespeicherten Informationen können genau so privat und schützenswert sein wie andere Daten auch.

Selbst wenn die Informationen vieler S-Links nicht als kritisch einzustufen sein sollten und sie eigentlich nicht geheim gehalten werden müssten, kann für die S-Links dennoch eine Zugriffsbeschränkung obligatorisch sein, da ein S-Link für keinen Leseberechtigten ins Leere führen oder im Leeren beginnen darf:

Jeder S-Link, von dem mindestens eine der beiden *Bezugsdateien* zugriffbeschränkt ist, muss selbst zugriffbeschränkt sein. Maximal die Schnittmenge der Leseberechtigten beider *Bezugsbereiche* eines S-Links L darf für L leseberechtigt sein. Andernfalls könnte L auch für jene sichtbar sein, welche auf eine der beiden *Bezugsdateien* nicht lesend zugreifen dürfen.

Daher ist damit zu rechnen, dass ein bedeutender Teil der S-Links mit Zugriffsbeschränkung versehen werden muss, selbst wenn die Werte der *Attribute* dieser S-Links eigentlich unkritisch sind und offengelegt werden könnten.

Für die S-Knoten sind nach dem bisher vorgestellten Konzept zugriffbeschränkte S-Links nicht auswertbar. Einzelne Shares können nicht sinnvoll zum Filtern, zum Sortieren, zum Gruppieren sowie zum Aggregieren benutzt werden. Um an per Secret Sharing mit *Threshold* T vor Zugriffen geschützte Werte der *Attribute* eines S-Links zu gelangen, müssten zuerst T Shares zusammengefügt werden. Dazu würde ein S-Knoten $T{-}1$ Shares von anderen S-Knoten aus eben

1.5 Das S-Web

so vielen verschiedenen fremden Misstrauensparteien benötigen. Eventuell hat der S-Knoten jedoch gar keine Zugriffsrechte für die anderen Shares.

Jede Auswertung der *Attribute* müsste vollständig auf Anwendungsseite erfolgen. Eine große Anzahl zugriffsbeschränkter S-Links mit derselben *Ausgangsdatei* ließe sich so nicht effizient handhaben. Es muss also eine andere Lösung gefunden werden.

Bei einem S-Link L, der nur deshalb zugriffsbeschränkt werden soll, weil mindestens eine der *Bezugsdateien* zugriffsbeschränkt ist, kann der Inhalt von L einfach im Klartext gespeichert werden. Die Zugriffsberechtigten sind dennoch nur maximal die Schnittmenge der Zugriffsberechtigten beider *Bezugsdateien*.

Es wird zu jeder Kopie eines Shares der *Bezugsdateien* eine Kopie des S-Links im Klartext gespeichert. Die Informationen solcher S-Links können dann von den S-Konten vollständig ausgewertet werden. Auch wenn ihre *Attributwerte* im Klartext gespeichert werden, dürfen S-Links nur dann in die Auswertung und in Antworten mit einbezogen werden, wenn der Anfragende entsprechende Leserechte hat.

Zwar kann ein einzelner S-Knoten Unberechtigten bereits Zugriff auf den Klartext solcher S-Links verschaffen, aber sofern die *Attribute* vom Herausgeber als unkritisch angesehen werden, entsteht dadurch kein unmittelbarer Schaden. Wer sich unerlaubt Zugriff auf einen geschützten S-Link verschafft, der erhält eben einen S-Link, der eventuell ins Leere verweist und der keine geheimen Daten enthält. Dafür sind durch den Klartext auf dem S-Knoten Abfragen mit Filterung, Gruppierung, Sortierung sowie Aggregation über die *Attributwerte* problemlos möglich.

Zugriffsschutz mit attributweisem Secret Sharing oder mit Auslagerung

Wenn eine Verknüpfung auch vertrauliche Daten enthalten soll, führt dieser einfache Ansatz nicht zum Ziel. Damit ein S-Link nicht komplett von der Auswertung durch S-Knoten ausgeschlossen wird, nur weil der Wert für ein *Attribut* oder einige wenige *Attribute* per Secret Sharing geschützt werden muss, wäre es prinzipiell möglich, einen attributweisen Zugriffsschutz für S-Links zu ermöglichen. Die Idee ist dabei, dass einzelne, als privat anzusehende *Attributwerte* per Secret Sharing geschützt werden können, während andere *Attributwerte* im Klartext auf jedem S-Knoten abgelegt werden können, sodass die S-Knoten mit diesen freigegebenen Attributen arbeiten können.

Je weniger Attribute im Klartext gespeichert werden, desto schlechter kann ein S-Link von den S-Knoten erfasset und ausgewertet werden. Werden etwa in einer Anfrage an einen S-Knoten nur jene S-Links einer *Bezugsdatei* angefordert, die eine bestimmte Kategorie als semantischen Typ haben, so kann der S-Knoten nur genau jene S-Links auswerten, bei denen die semantische Angabe zum Link selbst im Klartext vorliegt, und nur diese S-Links können in das zurückzuliefernde Ergebnis aufgenommen werden.

> Eventuell ergibt es mehr Sinn, vertrauliche Informationen nicht in den Werten der *Attribute* der S-Links selbst zu speichern, sondern sie in eigenen reliablen Publikationen oder sicheren Hinterlegungen abzulegen und diese mit S-Links zu verlinken, deren Attribute dafür freigegeben werden können. Im Sinne einer Reduktion der Funktionalität der S-Knoten auf das Notwendige erscheint dieser Ansatz die bessere Lösung zu sein im Vergleich zu einem Zugriffsschutz speziell für S-Links mit *attributweisem* Secret Sharing.

Management des Zugriffs mithilfe von S-Links

S-Links können auch dazu verwendet werden, gewisse Anforderungen an das S-Netzwerk zu implementieren. S-Links eignen sich hervorragend, um bestimmte Metadaten von reliablen Publikationen und insbesondere von sicheren Hinterlegungen zu repräsentieren.

Die Metadaten sollten möglichst kompakt sein, schließlich müssen sie auf den S-Knoten effizient ausgewertet werden können. Eine fixe maximale Länge wäre diesbezüglich sehr hilfreich. Einige Angaben in den Metadaten sind jedoch Mengen, deren Größe nicht beschränkt ist. Dazu gehören insbesondere die Menge des Zielpublikums Γ und die Menge der Autorisierer A.

Bei sicheren Hinterlegungen müssen diese Mengen sowie der Gültigkeitszeitraum Δ außerdem beliebig erweiterbar sein und jede Erweiterung muss unleugbar mit Zeitangabe in der Änderungsliste Σ dokumentiert werden. Außerdem muss es auch möglich sein, explizite persönliche Zugriffszeiträume Δ_P in der Änderungsliste Σ zu spezifizieren. Somit ist auch die Änderungsliste Σ eine unbegrenzte Menge.

Es bietet sich an, zur Realisierung der beliebig großen und erweiterbaren Mengen Γ, A und Σ und zur Sicherstellung der beliebigen Erweiterbarkeit des Gültigkeitszeitraums Δ auf die Technik der S-Links zurückzugreifen. Erweiterungen werden dann einfach durch neue S-Links passenden Inhalts von den Autorisierern A durchgeführt. Die Dokumentation einer jeden Erweiterung wird dabei durch das S-Netzwerk automatisch geleistet, denn jeder S-Link ist eine unleugbare reliable Publikation oder eine sichere Hinterlegung, für die eine rechtsgültige Zeitangabe automatisch erfasst wird. Außerdem werden sie unverändert verfügbar gehalten. Die Γ, A und Δ erweiternden S-Links bilden automatisch eine Änderungsliste Σ, ohne dass speziell für die Protokollierung eine Funktionalität auf den S-Knoten implementiert und bereitgestellt werden müsste.

Die S-Knoten müssen in der Lage sein, die ausgehenden S-Links entsprechenden Typs auszuwerten, um feststellen zu können, ob eine Anfragender zugriffberechtigt ist oder nicht. Bei sicheren Hinterlegungen beginnt die Auswertung mit der Feststellung der Menge der Autorisierer A. Für jeden einzelnen Autorisierer wird dann geprüft, welche Erweiterungen der Metadaten

1.5 Das S-Web

dieser vorgenommen hat. Dabei können auch weitere Autorisierer hinzugefügt worden sein, für die dann ebenfalls zu untersuchen ist, welche Erweiterungen diese anschließend getätigt haben.

Natürlich ist es möglich, die Angaben für Γ, A, Δ und Σ ausschließlich mit S-Links zu realisieren. Ein solcher Ansatz ist minimalistisch. Trotzdem ist es eventuell gerechtfertigt, für Γ, A und Δ zumindest kurze Felder begrenzter Länge intern in der jeweiligen Publikation oder Hinterlegung zu führen und lediglich das, was die maximale Kapazität der internen Felder übersteigt, mit S-Links zu realisieren. Gerade für reliable Publikationen mit einem sehr kleinen Zielpublikum können Abfragen effizienter behandelt werden, wenn überhaupt nicht erst nach ausgehenden S-Links zur Bestimmung der Zugriffsmodalitäten gesucht werden muss.

Interne versus externe Metadaten

Um eine Lösung mit internen Feldern begrenzter Länge für Γ, A und Δ mit einer Lösung zu vergleichen, bei der Γ, A und Δ ausschließlich extern mithilfe von S-Links verwirklicht werden, bietet es sich an, für beide Ansätze beispielhafte Bestände von S-Links mit der gleichen *Ausgangsdatei X* zu generieren. Die Menge der Zugriffsberechtigten Γ wird für die im Folgenden vorgestellten Tests pro S-Link jeweils auf drei bis vier Personen begrenzt. Der Gültigkeitszeitraum Δ ist jeweils unbegrenzt, die Menge der Autorisierer A enthält nur eine Person.

Als Performancetest eignen sich Anfragen zur Auflistung der S-Links mit *Ausgangsdatei X* auf einer beispielhaften S-Knoten-Implementierung. Die Antwort auf die Anfrage soll nur S-Links mit bestimmten semantischen Attributwerten aufweisen. Genau 10% der für die Tests generierten S-Links mit *Ausgangsdatei X* weisen die in der Testanfrage verlangten semantischen Attributwerte auf. Für den hier vorgestellten Test werden jeweils nur die sortiert nach dem Publikationszeitpunkt ersten zehn lesbaren S-Links zurückgegeben. Da auf dem S-Knoten in der verwendeten Implementierung keine vorsortierten Listen gespeichert werden, müssen trotzdem alle S-Links des angefragten semantischen Typs überprüft werden, um die zehn ersten S-Links zu finden.

Das Zielpublikum Γ ist pro S-Link auf jeweils zwei bis vier Personen beschränkt. Zur Bewertung der verschiedenen Möglichkeiten zur Angabe des Zielpublikums werden zwei vergleichbare Testreihen benötigt – eine mit internen Listen und eine mit externen S-Links. Der Anfragende hat beide Male auf 66% der S-Links mit *Ausgangsdatei X* lesende Zugriffsrechte.

Tabelle 6 zeigt die Bearbeitungszeiten für die Beantwortung der Anfragen, ermittelt auf einem Intel Core i7 820QM, wobei jeweils nur ein Prozessorkern benutzt wurde. Jeder Test wurde fünfmal wiederholt, die beiden Extremwerte wurden verworfen und über die restlichen Ergebnisse wurde der arithmetische Mittelwert gebildet.

Tabelle 6: Dauer für die Beantwortung von Anfragen nach S-Links in Sekunden

	1.000 S-Links ab X	10.000 S-Links ab X	100.000 S-Links ab X
Γ in internen Feldern begrenzter Länge	0,04 s	0,17 s	3,02 s
Γ nur extern mithilfe von S-Links	0,11 s	0,75 s	9,03 s

Die Lösung, welche nur mit externen S-Links arbeitet, benötigt etwa die dreifache Zeit. Diese Beobachtung entspricht der Erwartung, schließlich müssen erheblich mehr S-Links eingelesen und ausgewertet werden. Der Zeitbedarf steigt im Wesentlichen linear mit der Anzahl der S-Links – die Abweichungen davon ergeben sich aus dem Cache-Verfahren in der Beispielimplementation. Das Sortieren hat zwar eine Laufzeit O: $n*\log(n)$, fällt hier aber noch nicht ins Gewicht. Werden vorsortierte Listen auf den S-Knoten gepflegt, lässt sich dieser Aufwand für das Sortieren bei jeder Anfrage nicht nur eliminieren, sondern es kann sogar darauf verzichtet werden, alle S-Links zu überprüfen, um etwa die ersten zehn Elemente zu finden, sodass bei beiden Lösungen eine deutlich höhere Performance erzielt werden kann.

Der überschaubare Mehraufwand bei der Implementierung so eines hybriden Ansatzes dürfte gerechtfertigt sein – die Abweichung vom Minimalitätsprinzip ist gering. Eine Notwendigkeit, diese Implementierungsfrage für das S-Netzwerk einheitlich zu regeln, besteht indes nicht. Jeder S-Knoten kann seine eigene Lösung haben.

Wenn Angaben für Γ, A, Δ und Σ mit S-Links realisiert werden, dann müssen auch für diese S-Links Zugriffsbedingungen festgelegt werden. Damit dabei die gewollten Eigenschaften sicherer Hinterlegungen und S-Links tatsächlich einfach gewahrt werden können, ist ein zusätzliches Konzept erforderlich, nämlich das der indirekt bestimmten S-Links.

Indirekt bestimmte Zugriffsbedingungen für S-Links

Grundsätzlich darf für S-Links im S-Web höchstens der Zugriff gewährt werden, welchen die Schnittmenge der Zugriffsbedingungen der *Bezugsdateien* gestattet. Es ist zwar mit dem bisher Gezeigten möglich, einen S-Link zu erzeugen, der zum Zeitpunkt seiner Erschaffung den aufgrund seiner *Bezugsdateien* maximal möglichen Zugriff erlaubt. Ist mindestens eine *Bezugsdatei* eine sichere Hinterlegung, könnte es jedoch passieren, dass im Laufe der Zeit deren Zugriffsbedingungen von den jeweiligen Autorisierern erweitert werden. Dadurch könnte eventuell auch die Schnittmenge der Zugriffsbedingungen der beiden *Bezugsdateien* vergrößert werden.

Wenn ein S-Link L stets den aufgrund der *Bezugsdateien* maximal möglichen Zugriff gestatten soll, so müsste nach dem bisher Gezeigten bei Erweiterungen

1.5 Das S-Web

der Zugriffsbedingungen einer *Bezugsdatei* eventuell auch eine Erweiterung der Zugriffsbedingungen des S-Links L durchgeführt werden – und zwar immer genau dann, wenn sich dabei auch die Schnittmenge der Zugriffsbedingungen der beiden *Bezugsdateien* geändert hat. Dies manuell nachzupflegen wäre kaum praktikabel.

Stattdessen soll es für S-Links unter bestimmten Voraussetzungen möglich sein, dass sich ihre Zugriffsbedingungen automatisch aus den Zugriffsbedingungen ihrer *Bezugsdateien* ergeben. Ein solcher S-Link L legt das Zielpublikum Γ_L und den Gültigkeitszeitraum Δ_L nicht selbst fest – L wird indirekt bestimmt.

S-Knoten müssen bei jeder Anfrage nach einem indirekt bestimmten S-Link L die Zugriffsrechte der *Ausgangsdatei* von L sowie der *Zieldatei* von L analysieren und daraus die Schnittmenge bilden. Eine Ausnahme sind indirekt bestimmte S-Links, bei denen die *Ausgangsdatei* gleich der *Zieldatei* ist – in dem Fall ist für Leseberechtigte der *Ausgangsdatei* überhaupt keine Prüfung der Zugriffsrechte auf die S-Links mehr erforderlich.

Erweiterung der Zugriffsbedingungen mit indirekt bestimmten S-Links

Ein wichtiger Einsatzbereich für indirekt bestimmte S-Links findet sich im Management des Zugriffs mit S-Links. Zur Realisierung der Metadaten Γ_X, A_X, Δ_X und Σ_X einer sicheren Hinterlegung X mit S-Links ist die indirekte Bestimmtheit dieser S-Links sogar zwingend erforderlich. Dürften für einen S-Link L, mit dem die Metadaten und mithin die Zugriffsbedingungen von X erweitert werden, direkt beliebige eigene Zugriffsbedingungen festgelegt werden, könnten damit die Eigenschaften sicherer Hinterlegungen für X verletzt werden:

Würde der S-Link L einen früher als Δ_X endenden Gültigkeitszeitraum Δ_L aufweisen, wäre die bei sicheren Hinterlegungen geforderte lückenlose Protokollierung aller Änderungen Σ_X nicht für die gesamte Gültigkeitsdauer Δ_X von X gewährleistet.

Problematisch wäre für einen die Metadaten von X erweiternden S-Link L auch eine Beschränkung des Zielpublikums Γ_L von L auf eine echte Teilmenge des Zielpublikums Γ_X von X. Würde mit L etwa das Zielpublikum von X erweitert und wäre L nur für eine Teilmenge von Γ_X lesbar, könnten aktuell zugriffsberechtigte Personen in Γ_X minus Γ_L nicht korrekt feststellen, wer derzeit zum Zielpublikum gehört und wer folglich Zugriff auf X hat. Dies wäre mit den Eigenschaften einer sicheren Hinterlegung nicht vereinbar, schließlich müssen die Metadaten für alle Zugriffsberechtigten verfügbar sein.

Um dies zu verhindern, sollen nur indirekt bestimmte S-Links zur Erweiterung der Metadaten einer sicheren Hinterlegung X zugelassen werden. Außerdem müssen *Ausgangsdatei* und *Zieldatei* eines Metadaten erweiternden S-Links jeweils X sein – es sei denn, die Metadaten eines S-Links X sollen erweitert werden: Dann muss die *Ausgangsdatei* der Link X und die *Zieldatei* der *Rücklink* $\overline{X}$ sein, um sicherzustellen, dass Link und *Rücklink* jederzeit gleiche Zugriffsbedingungen haben. Wenn diese Voraussetzungen erfüllt werden, hat kein die Metadaten von X erweiternder S-Link je restriktivere Zugriffsbedingungen als X. Die geforderte Protokollierung aller Änderungen Σ_X wird so lange gewährt, wie X verfügbar sein muss.

Explizit festgelegte persönliche Zugriffszeiträume

Unterschiedlich lange persönliche Zugriffszeiträume Δ_{PX} sind für eine sichere Hinterlegung X innerhalb des Gültigkeitszeitraums Δ_X ausdrücklich erlaubt. Ein S-Link L, welcher das Zielpublikum Γ_X temporär begrenzt um eine Person P erweitert und so explizit einen persönlichen Zugriffszeitraum Δ_{PX} festlegt, muss jeweils die zu P gehörende S-Adresse und die Zeitspanne, in der P auf X Zugriff haben soll, intern in den *Inhaltsdaten* von L speichern. Die Zugriffsbedingungen für L selbst beinhalten keine Beschränkungen – sie werden indirekt durch X bestimmt, sodass die Änderung durch L in Σ_X protokolliert und für alle Zugriffsberechtigten verfügbar bleibt. L bleibt insbesondere auch nach dem Ablauf des persönlichen Zugriffszeitraums Δ_{PX} bis zum Ende vom Gültigkeitszeitraum Δ_X verfügbar.

Wenn die *Ausgangsdatei* von der *Zieldatei* verschieden ist, kann das Bilden der Schnittmenge der Zugriffsbedingungen beider *Bezugsdateien* eines indirekt bestimmten S-Links durchaus ein aufwendiges Unterfangen sein. Denn während eine Kopie der *Ausgangsdatei* immer lokal verfügbar sein muss, können sich die Kopien der *Zieldatei* irgendwo im S-Netzwerk befinden. Eventuell muss also zuerst eine Anfrage an einen anderen S-Knoten gesendet werden, um die Bezugsbedingungen für die *Zieldatei* abzufragen.

Damit S-Knoten die Schnittmenge der Zugriffsrechte der *Bezugsdateien* prüfen können, muss es ihnen auch möglich sein, die Existenz und die Zugriffsbedingungen von jenen *Zieldateien* abzufragen, für welche die S-Knoten selbst keine Leserechte besitzen. Diese Bedingung muss ohnehin erfüllt sein, wenn S-Knoten die Zulässigkeit von neuen S-Links dahin gehend prüfen können sollen, dass S-Links für keinen Leseberechtigten des Ausgangsbereichs je ins Leere zeigen. Das Abfragen der Zugriffsbedingungen der *Zieldatei* kann je nach Netzwerkverbindung zwischen den S-Knoten einige Zeit erfordern. Bei indirekt bestimmten S-Links müssen die Zugriffsbedingungen als Schnittmenge der *Bezugsdateien* nicht nur einmalig beim Erzeugen der S-Links geprüft werden, sondern auch bei folgenden Lesezugriffen.

Wird ein indirekt bestimmter S-Link L_1 erzeugt, der einen bereits indirekt bestimmten S-Link L_2 als eine seiner *Bezugsdatei* hat, steigt der Aufwand zur Feststellung der Zugriffsrechte für L_1, da eventuell bereits die Zugriffsrechte bei drei verschiedenen *Bezugsdateien* ausgewertet werden müssen. Für das S-Netzwerk muss eine niedrige Obergrenze definiert werden, wie indirekt bestimmt ein S-Link maximal sein darf, um den Aufwand in einem beherrschbaren Rahmen zu halten.

1.5 Das S-Web

Allgemeine indirekte Bestimmung mit Bezugsdateien

Es erscheint naheliegend, das Prinzip der indirekten Bestimmung zu verallgemeinern, sodass nicht nur die Zugriffsbedingungen von S-Links indirekt bestimmt werden können. Dafür muss allerdings zusätzliche Funktionalität auf den S-Knoten bereitgestellt werden. Im S-Netzwerk soll es zumindest möglich sein, das Zielpublikum von beliebigen sicheren Hinterlegungen indirekt zu erweitern. Ziel ist es, wiederverwendbare Listen von Zugriffsberechtigten zu ermöglichen.

Eine sichere Hinterlegung X muss dazu von einem ihrer Autorisierer durch einen S-Link L_B mit einer *bestimmenden Bezugsdatei B* verlässlich verlinkt werden. Der Zugriff auf L_B wird indirekt bestimmt. Der Zugriff auf B kann unbeschränkt gehalten werden. Zur Erweiterung des Zielpublikums von X um eine Person P kann dann ein S-Link L_P mit indirekt bestimmtem Zugriff verwendet, welcher B als *Ausgangsdatei* sowie zugleich als *Zieldatei* hat und dessen *Inhaltsdaten* die zu P gehörende S-Adresse speichern. Das Zielpublikum Γ_X von X wird durch den S-Link L_P um P nur dann erweitert, wenn der Herausgeber Π_{L_P} zu den Autorisierern A_B von B gehört. Der S-Link L_P kann in den Inhaltsdaten zusätzlich einen persönlichen Zugriffszeitraum Δ_{P*} für alle indirekt bestimmten Dateien und mithin auch Δ_{P_X} für X festlegen.

Der Zugriff auf die *bestimmenden Bezugsdatei B* für X darf auch beschränkt sein. Allerdings darf es dann nur genau eine *bestimmenden Bezugsdatei B* für X geben und alle Zugriffsberechtigten auf X müssen auch auf B zugreifen dürfen. Außerdem ist eine Erweiterung des Zielpublikums Γ_X dann nur über B zulässig. Andernfalls könnten eventuell nicht alle Zugriffsberechtigten für B die vollständigen Metadaten zu X erfassen. Mit dieser Technik können vertrauliche Listen von Zugriffsberechtigten wiederverwendet werden.

Sollen die Zugriffsrechte eines S-Links X indirekt durch eine *bestimmenden Bezugsdatei B* festgelegt werden, muss sichergestellt sein, dass Link X und *Rücklink* $\overline{X}$ immer die gleichen Zugriffsbedingungen aufweisen. Dafür sind zwei S-Links erforderlich: Ein S-Link L_X zwischen X und $\overline{X}$ und ein zweiter S-Link zwischen L_X und B.

Für eine beliebige sichere Hinterlegung X können grundsätzlich auch mehrere *bestimmende Bezugsdateien* verlinkt werden, sofern diese nicht zugriffsbeschränkt sind.

Außerdem kann von einer *bestimmenden Bezugsdatei B* für X auf weitere *bestimmende Bezugsdateien* verwiesen werden, deren Erweiterungen des Zielpublikums ebenfalls für X gelten sollen, so als wären diese Erweiterungen direkt auf B verlinkt. Mit derart verlinkten *bestimmenden Bezugsdateien* lassen sich baumartige Strukturen realisieren. Der Grad der zulässigen Indirektheit sollte in jedem Fall wiederum begrenzt werden, um die Kosten zur Bestimmung der Zugriffsrechte für die S-Knoten in einem vernünftigen Rahmen zu halten.

1.5.3 Das Potenzial des S-Webs – Risikoreduktion auf das S-Web

Das Informationssystem S-Web lässt sich als alleinige netzwerkseitige Plattform zur Lösung vieler Aufgaben verwenden. Durch den Verzicht auf anwendungsspezifische Services entsteht als Gegenentwurf zur serverlastigen Service Oriented Architecture eine neue S-Web orientierte Architektur. Jene Aufgaben, welche sich nicht mithilfe der allgemeinen Basisdienste der S-Knoten bewältigen lassen, werden dabei möglichst lokal und transparent auf der Clientseite erledigt, sodass keinen Anbietern zusätzlicher Services vertraut werden muss.

Für viele Lösungen mit dem S-Web zu diversen Aufgabenstellungen lässt sich zeigen, dass diese korrekt und sicher arbeiten, wenn die Basisdienste für reliable Publikationen, sichere Hinterlegungen und S-Links im S-Netzwerk korrekt sowie sicher funktionieren. Die operationellen Risiken reduzieren sich auf genau die Risiken, die mit der Nutzung von S-Netzwerk und S-Web ohnehin verbunden sind.

Von allen bisher entwickelten Hypertext Systemen ist das World Wide Web das bekannteste und erfolgreichste. Die Hypertext Transfer Protokolle (HTTP, HTTPS) und die standardisierte Hypertext Sprache HTML ermöglichen die Nutzung des Informationssystems mit komfortablen Web-Browsern, welche für eine Vielzahl von verschiedenen Systemen erhältlich sind. Durch die Kombination von HTML mit Programmiersprachen wie Javascript lassen sich Web-Interfaces für nahezu beliebige Anwendungen realisieren. Das Spektrum reicht von E-Mail Clients und sozialen Netzwerken bis hin zu kompletten Office Anwendungen. Dabei wird in der Regel nur ein kleiner Teil der Anwendungslogik im Web-Browser ausgeführt. Die HTML-Seiten, aus denen Web-Interfaces bestehen, werden typischerweise kontextabhängig dynamisch von Web-Servern erzeugt. Insbesondere auch rechenintensive sowie datenintensive Verarbeitungsschritte werden meist komplett von Web-Servern übernommen. Dafür müssen die Web-Server passende, entsprechend spezialisierte Dienste bereitstellen. Anwendungsspezifische Komplexität wird im World Wide Web tendenziell weg vom Client auf die Seite der Server verlagert.

Werden Anwendungen im Wesentlichen mithilfe von verschiedenen serverseitig oder cloudseitig bereitgestellten Diensten realisiert, wird dies als Service Oriented Architecture (SOA) bezeichnet. Dieser grundlegende konzeptionelle Ansatz geht von der Fragestellung aus, welche Services genutzt werden können, um eine bestimmte Aufgabe zu bewältigen. Dabei lassen sich diverse unabhängige Services in loser Kombination nutzen, auch wenn die Services von verschiedenen Betreibern bereitgestellt werden. Gerade bei der Nutzung von Services, die von Fremden betrieben werden, stellt sich die Frage, inwieweit

1.5 Das S-Web

diese vertrauenswürdig sind und künftig verfügbar sein werden. Fehlen für eine Anwendung noch passende Services, können neue Services entwickelt werden. Web-Server können quasi beliebige Services offerieren, sie können komplexe Funktionalität bereitstellen und unzählige Features bieten. Die Anwendungsmöglichkeiten sind dadurch praktisch unbegrenzt. Aus der Sicherheitsperspektive betrachtet ist das hingegen alles andere als wünschenswert.

Das S-Web ist als ein mit aufwendigen technischen sowie organisatorischen Sicherheitsmaßnahmen geschütztes Informationssystem mit rechtlichen Gewährleistungen konzipiert, das in seiner Funktionalität zugunsten der Sicherheit bewusst begrenzt gehalten wird. Von den „Servern" des S-Webs, also von den S-Knoten, dürfen nur genau jene anwendungsunabhängigen Services angeboten werden, die für eine allgemeine Netzwerkplattform für reliable Publikationen, sichere Hinterlegungen und verlässliche Verlinkung erforderlich sind. Zwar können außerhalb des S-Netzwerks angebotene zusätzliche Services von Anwendungsprogrammen im Zusammenspiel mit den Services des S-Webs genutzt werden. Die aufwendigen Konzepte zur Schaffung von Vertrauen in das S-Netzwerk mithilfe der Aufteilung von Verantwortungen über mehrere Misstrauensparteien können ihre Wirkung aber nur dann voll entfalten, wenn keine zusätzlichen kritischen Abhängigkeiten etwa von einzelnen Betreibern von externen Services geschaffen werden.

Die Service Oriented Architecture geht von der Frage aus, welche Services zur Bewältigung der Anforderungen geeignet wären, wobei neue, spezialisierte Services geschaffen und auch Services beliebiger fremder Anbieter einbezogen werden können.

Die S-Web-orientierte Architektur geht von der Fragestellung aus, wie die Anforderungen möglichst vollständig mit den Diensten des S-Webs erfüllt werden können – zumindest ohne die Services zusätzlicher Server oder Clouds zu benutzen, die nicht zum S-Web gehören. Aus diesem Ansatz ergibt sich eine neue Art, Aufgaben und Probleme zu analysieren und zu bewältigen. Die Lösungen sollen idealerweise nur aus reliablen Publikationen, sicheren Hinterlegungen sowie S-Links bestehen und sich alleine auf die Ergebnisse zu Abfragen über den Datenbestand des S-Webs stützen. Die Abfragen sind dabei jeweils lokal, sie werden auf bestimmten S-Knoten ausgewertet und Ergebnisse lassen sich lokal filtern, gruppieren, sortieren und aggregieren. Die anwendungsspezifische Funktionalität, die sich nicht mit den allgemeinen Diensten der S-Knoten bewältigen lässt, soll auf die Clientseite verlagert werden und somit unter die lokale Kontrolle der Nutzer gestellt werden. Das Potenzial und die Grenzen dieser S-Web-orientierten Art der Problemlösung sollen hier anhand einiger Beispiele aufgezeigt werden.

Einfacher Nachrichtenaustausch per S-Mail

Im Internet gehört die E-Mail zu den populärsten Kommunikationsmöglichkeiten. Laut [BFS 2011] geben 93% der Befragten an, dass sie das Internet im Laufe der letzten drei Monate für das Senden und Empfangen von E-Mails nutzen – das ist ein höherer Anteil als bei allen anderen dort aufgeführten Nutzungsmöglichkeiten. Die erste E-Mail wurde bereits 1971 im ARPANET von Raymond Samuel Tomlinson versendet [Tomlinson 2002].

Das S-Netzwerk kann zusammen mit dem Konzept des S-Webs ohne Weiteres zur Übermittlung von elektronischen Nachrichten zwischen beliebigen Teilnehmern verwendet werden, wobei von der Sicherheit, der Verlässlichkeit, der Rechtsgültigkeit und der Dauerhaftigkeit des S-Netzwerks profitiert werden kann. Es werden dazu keine speziellen Services benötigt. Auch auf Clientseite werden keine spezialisierten Programme benötigt. Es genügt vollkommen, eine Reihe von reliablen Publikationen oder sicheren Hinterlegungen zu machen und die Möglichkeiten des S-Webs auszunutzen.

Mit dem folgenden S-Mail Verfahren (siehe auch Abbildung 16) kann ein beliebiger Absender A eine Nachricht N an einen beliebigen Empfänger B senden, sofern A und B Teilnehmer am S-Netzwerk sind. S-Links werden hier als Tupel mit ihren *Attributen* notiert. Für einen S-Link L zwischen zwei *Bezugsdateien* X und Y sieht das wie folgt aus:

$$L = \left(X \left[\frac{\text{Bereichstyp } X}{\text{Bereich in } X} \right], \frac{\text{Typ Ausgangsbereich}}{\text{Inhalt Ausgangsbereich}}, \frac{\text{Typ Link}}{\text{Inhalt Link}}, \frac{\text{Typ Zielbereich}}{\text{Inhalt Zielbereich}}, Y \left[\frac{\text{Bereichstyp } Y}{\text{Bereich in } Y} \right] \right)$$

1 **Vorbereiten**:

Jeder Teilnehmer an einem Nachrichtenaustausch nach diesem Verfahren benötigt im S-Netzwerk ein *Postfach*. Hat ein Teilnehmer noch kein *Postfach* im S-Netzwerk, muss er eine reliable Publikation F als *Postfach* im S-Netzwerk erzeugen, um S-Mails senden und empfangen zu können. F kann beliebigen Inhalts sein – F dient nur als Anker für Verlinkungen.

Es sei F_A die reliable Publikation, welche als *Postfach* für A dienen soll. Es sei F_B die reliable Publikation, welche als *Postfach* für B dienen soll.

Der S-Identifikator des Postfachs dient beim S-Mail-Verfahren als Mail-Adresse. A benötigt den S-Identifikator I_{F_B} von F_B, um B eine Nachricht senden zu können.

2 **Senden**:

A erzeugt die reliable Publikation N mit dem Inhalt χ der zu übermittelnden Nachricht. A publiziert weiterhin zwei bidirektionale S-Links:

$$L_1 = \left(F_A, \frac{\text{Posausgang}}{\text{Priorität}}, \frac{\text{S-Mail}}{\text{Adressaten}}, \frac{\text{Nachricht}}{\text{Betreff}}, N \right)$$

1.5 Das S-Web

$$L_2 = \left(N, \frac{\text{Nachricht}}{\text{Betreff}}, \frac{\text{S-Mail}}{\text{Absender}}, \frac{\text{Posteingang}}{\text{Priorität}}, F_B \right)$$

3 **Empfangen**:
B fragt regelmäßig alle S-Links vom semantischen Typ „S-Mail" mit der *Ausgangsdatei* F_B ab, deren *Ausgangsbereich* den semantischen Typ „Posteingang" hat und deren *Zielbereich* den semantischen Typ „Nachricht" hat. So findet B den automatisch erzeugten Rücklink $\overline{L}_2$ zu L_2, welcher auf N als *Zielbereich* verweist.
B lädt den Inhalt χ von N herunter und liest χ.

3.1 **Bestätigen**: Falls B es wünscht, kann B den Erhalt der Nachricht mit einem weiteren S-Link bestätigen:

$$L_3 = \left(L_2, \frac{\text{Markierung}}{\text{Gelesen}}, \frac{\text{S-Mail}}{}, \frac{\text{Markierung}}{\text{Gelesen}}, \overline{L}_2 \right)$$

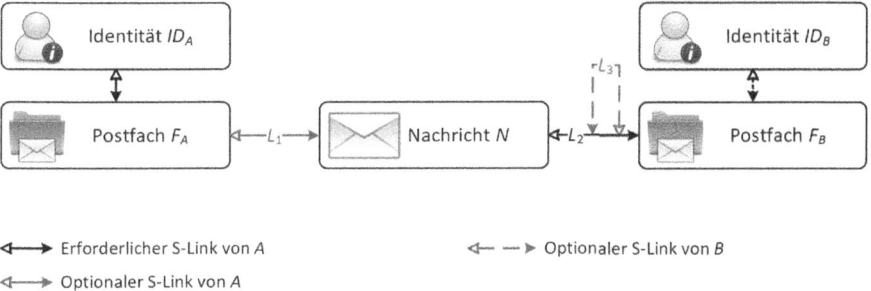

Abbildung 16: Versand und Empfang einer S-Mail

Für dieses Verfahren wird kein spezielles Anwendungsprogramm benötigt. Für A genügt ein Programm, mit dem sich beliebige reliable Publikationen und S-Links im S-Netzwerk erzeugen lassen. B benötigt ein Programm für die Abfrage nach eingehenden Mails, mit dem sich ganz allgemein reliable Publikationen und eingehende S-Links abrufen lassen, wozu beispielsweise ein S-Web fähiger Browser benutzt werden könnte.

Ein speziell für das S-Mail Verfahren geschaffenes Anwendungsprogramm kann jedoch den Aufwand der Verlinkung und der Publikationen im S-Web sowie der Abfragen eingehender Nachrichten vollständig vor den Anwendern verbergen (siehe Abbildung 17).

Eine solche Anwendung kann so gestaltet werden, dass sie sich genau so komfortabel bedienen lässt wie heute übliche E-Mail-Programme.

138   1 Die Schaffung des S-Netzwerks aus dem Misstrauen

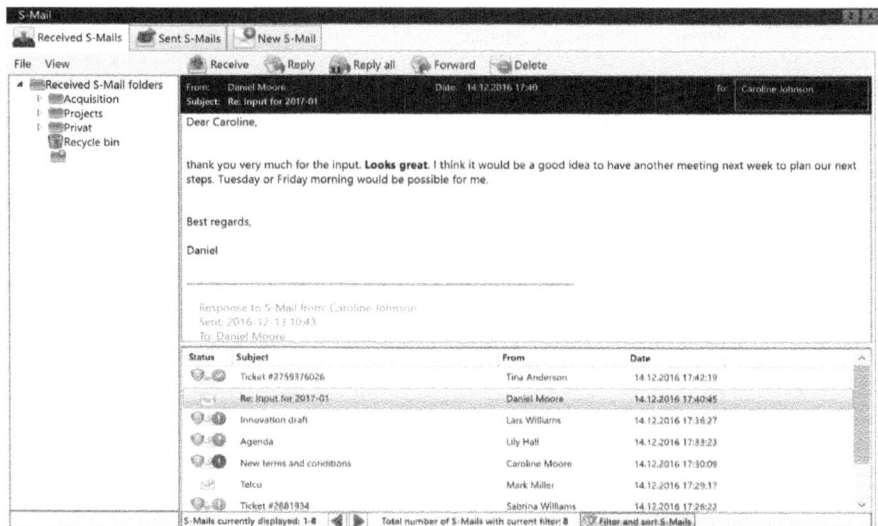

Abbildung 17: S-Netzwerk-Demonstrator mit S-Mail Client

Auch Nutzer eines S-Mail-Programms können die S-Mails jederzeit mit einem S-Web fähigen Browser überprüfen. Abbildung 18 zeigt die Darstellung einer S-Mail mit den zugehörigen S-Links in einem S-Web-Browser.

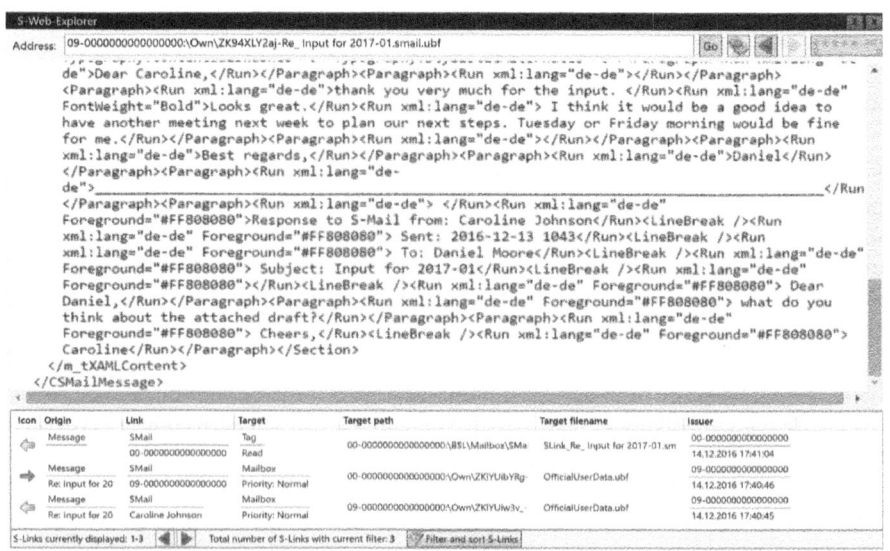

Abbildung 18: Kontrolle von S-Mails im S-Web-Browser

1.5 Das S-Web

Ein großer Vorteil der S-Mail gegenüber der heute üblichen unverschlüsselten E-Mail ist, dass der Inhalt χ der zu übermittelnden Nachricht N ohne Weiteres vor dem Lesen durch Dritte geschützt werden kann, indem das Zielpublikum Γ_N auf A und B beschränkt wird. Andererseits kann N von A auch gezielt weiteren Personen oder sogar allen Teilnehmern am S-Netzwerk zugänglich gemacht werden – N ist dann ein offener Brief. Wird N in Schritt 2 als sichere Hinterlegung mit nicht leerer Menge der Autorisierer A_N ins S-Netzwerk gestellt, so kann das Zielpublikum Γ_N auch nachträglich erweitert werden. Wenn B zu den Autorisierern A_N gehört, so kann sogar der Empfänger B diese Erweiterung durchführen.

Absender A und Empfänger B sind beide Teilnehmer am S-Netzwerk. Sowohl die Identität von A als Herausgeber Π_{F_A} des Postfachs F_A als auch die Identität von B als Herausgeber Π_{F_B} des Postfachs F_B müssen sich wie bei jeder anderen reliablen Publikation im S-Netzwerk rechtsgültig feststellen lassen.

Identität und Personensuche mit S-Web-Verzeichnissen

Damit sich die Identität des Herausgebers Π im S-Netzwerk immer zweifelsfrei feststellen lässt, ist ein geeignetes Konzept erforderlich. Um Manipulationen einzelner Parteien ausschließen zu können, müssen die Angaben zur Identität aus mindestens Ψ verschiedenen Misstrauensparteien bestätigt werden. Es kann beispielsweise verlangt werden, dass jeder neue Teilnehmer am S-Netzwerk zuerst Angaben zu seiner Person in einem standardisierten Dateiformat reliabel publiziert oder zumindest mit zunächst beschränktem Zielpublikum sicher hinterlegt. Die S-Betreiber in fremden Misstrauensparteien, welche die Identität des neuen Teilnehmers prüfen, bestätigen die Korrektheit der Identitätsangaben jeweils mit einem darauf verweisenden indirekt zugriffsbestimmten S-Link. Wo die Identitätsangaben gefragt sind, kann der S-Identifikator zu den Angaben zur Identität verwendet werden oder es kann direkt ein S-Link darauf gesetzt werden. Es lassen sich jedoch auch kompaktere Lösungen schaffen: Wenn eine Konvention getroffen wird, die es ermöglicht, alle Kopien der Identitätsangabe alleine anhand der S-Adresse des persönlichen S-Knotens ihres Herausgebers zu finden, genügt bereits die S-Adresse zur eindeutigen Identitätsbestimmung. So eine Konvention kann etwa ein Benennungsschema für die Identitätsdatei vorgeben und die Verteilung der Kopien der Identitätsdatei auf Bekannte vom S-Knoten ihres Herausgebers in fremden Misstrauensparteien vorschreiben.

Das S-Mail Verfahren setzt auf Postfächer als Ankerpunkte für die Verlinkung der zu übermittelnden Nachricht. Jeder Teilnehmer am S-Netzwerk kann sich seine eigenen Postfächer schaffen und diese falls gewünscht mit seiner Identitätsdatei verlinken.

Um sicher mit anderen Teilnehmern kommunizieren zu können, müssen auch deren Postfächer beziehungsweise zumindest deren Identitätsdateien gesucht und gefunden werden können. Im S-Netzwerk können dazu verteilte

S-Web-Verzeichnisse angelegt werden, die aus reliabel publizierten *Ordnern* und aus S-Links aufgebaut sind. *Ordner* enthalten nur eine Bezeichnung und sie dienen primär als Ankerdateien für S-Links. Die *Ordner* können mit der verlässlichen Verlinkung hierarchisch angeordnet werden, sodass sie mithilfe von den lokalen Suchfunktionen auf den S-Knoten schnell durchlaufen werden können. Beispielsweise kann so eine Hierarchie aus *Ordnern* zur Abbildung des Ortes von einem *Ordner* „Erde" über das Land und das Bundesland bis zur Stadt führen. In ein solches Verzeichnis können Personen mit ihrem Wohnort oder ihrem Geburtsort einsortiert werden. Für den Geburtsort können zu jeder Stadt die Jahre als *Unterordner* verlinkt werden, je nach Größe der Stadt gefolgt von den Anfangsbuchstaben der Nachnamen, den Nachnamen sowie schließlich den Vornamen. Für den Wohnort können Ordner für Stadtteile und Straßen angelegt werden. Parallel können weitere *Ordner*-Hierarchien geschaffen werden, etwa über die Branchen. Abbildung 19 zeigt das Prinzip.

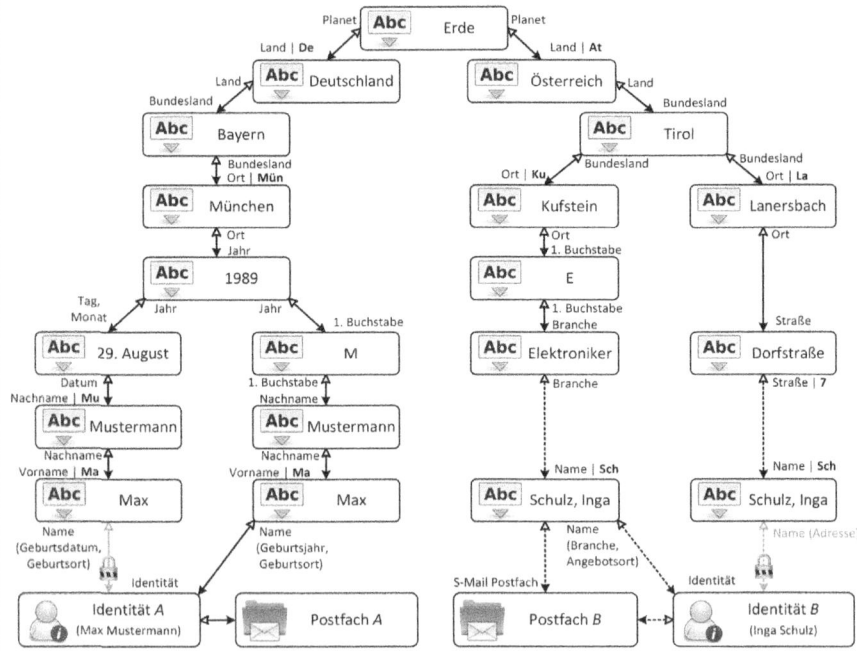

Abbildung 19: Verzeichnisse im S-Web

Jeder neue Teilnehmer kann seine Identitätsdatei und sein Postfach mit mehreren möglichst weit spezialisierten *Ordnern* verschiedener *S-Web-Verzeichnisse* verlinken, welche zu den eigenen Identitätsangaben passen. Existieren noch keine entsprechenden *Ordner*, etwa weil der eigene Nachname in einer Stadt noch nie eingetragen wurde, so kann der Teilnehmer die notwendigen Publikationen von *Ordnern* und S-Links selbst erzeugen.

1.5 Das S-Web

Soziale Netzwerke im S-Web

Außerdem können im S-Web private Adressbücher gepflegt und kontrolliert geteilt werden. Als privates Adressbuch für Teilnehmer A bietet sich eine leere sichere Hinterlegung $@_A$ an, deren Zielpublikum $\Gamma_{@_A}$ zunächst auf A beschränkt ist. Teilnehmer am S-Netzwerk, die engen Kontakt wünschen, können zum Zweck der sozialen Vernetzung ihre privaten Adressbücher einander öffnen. Dies kann so gemacht werden, dass ein Teilnehmer A nur genau seinen Kontakten erlaubt, sämtliche Kontakte aus dem Adressbuch $@_A$ von A einzusehen. Dazu erschafft A für einen Kontakt B einen S-Link mit der *Ausgangsdatei* und *Zieldatei* $@_A$, welcher B zum Zielpublikum $\Gamma_{@_A}$ des Adressbuches $@_A$ von A hinzugefügt, und zusätzlich einen zweiten indirekt bestimmten S-Link zwischen dem eigenen Adressbuch $@_A$ und der Identitätsdatei von B.

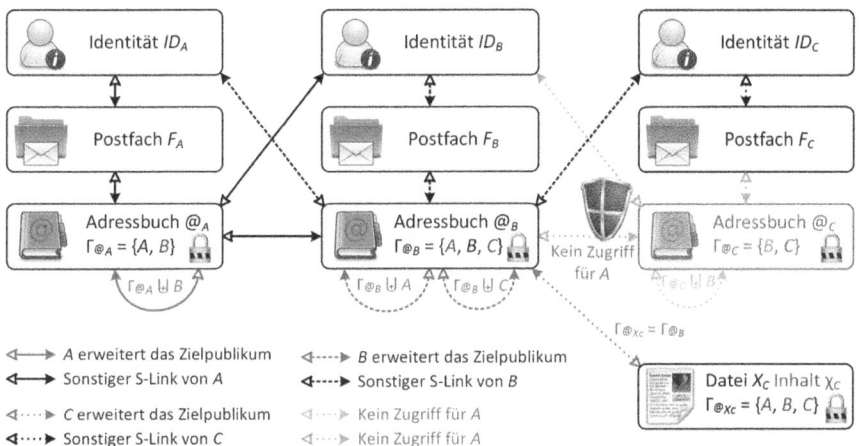

Abbildung 20: Soziale Vernetzung im S-Web

In dem in Abbildung 20 gezeigten Beispiel sieht A im Adressbuch von B den S-Link zur Identitätsdatei von dessen Kontakt C. Über die Identitätsdatei von C kann A das damit verlinkte Postfach von C finden und somit kann A eine S-Mail an C senden. Aber A hat keinen Zugriff auf das private Adressbuch $@_C$ von C, die Kontakte von C kann A also nicht einsehen. A kann an C per S-Mail eine Anfrage zur sozialen Vernetzung und zum gegenseitigen Öffnen der Adressbücher stellen.

Soziale Netzwerke wie Facebook sind auch dadurch reizvoll, dass Inhalte von den Nutzern geteilt werden. Das Teilen von Informationen kann auch dazu führen, dass Teilnehmer zu viele Informationen erhalten (*Oversharing*) und dass die Privatsphäre verletzt wird [Brandtzæg 2010]. Wichtig ist daher, dass Informationen gezielt nur mit bestimmten Gruppen geteilt werden können.

Abbildung 20 zeigt, wie im S-Web mithilfe von Adressbüchern begrenzt geteilt werden kann: Da C für die Datei X_C genau allen Kontakten von B Lese-

> rechte gewährt, hat auch A Zugriff auf X_C, obwohl A und C keinen direkten Kontakt haben. In Analogie zu aktuell populären sozialen Netzwerken wie *Facebook* kann die Hinterlegung von X_C und die Verlinkung mit der *indirekten Bestimmungsdatei* $@_B$ so interpretiert werden, dass C die Datei X_C als Beitrag in der Chronik von B postet. Zugriff auf X_C haben nur alle Kontakte in $@_B$. Durch die Vernetzung über S-Links und über Erweiterungen des Zielpublikums kann ein vollwertiges soziales Netzwerk im S-Web aufgebaut werden, in dem jeweils nur Kontakte oder Kontakte von Kontakten Zugriff auf geteilte S-Links und Inhalte erhalten. Nutzer können im S-Web separate Adressbücher für verschiedene Kontaktgruppen anlegen, um trotz sozialer Vernetzung die Privacy zu wahren und ein *Oversharing* zu vermeiden.
>
> Damit ein Kontakt B auch wieder aus dem Adressbuch $@_A$ von A entfernt werden kann und damit die Erweiterung des Zielpublikums $\Gamma_{@_A}$ um B wieder aufgehoben werden kann, muss in den Inhaltsdaten des das Zielpublikum $\Gamma_{@_A}$ um B erweiternden S-Link jeweils ein begrenzter persönlicher Zugriffszeitraum $\Delta_{B@_A}$ spezifiziert werden (siehe „Explizit festgelegte persönliche Zugriffszeiträume", Seite 132). Wird weiterhin Kontakt gewünscht, so muss der persönliche Zugriffszeitraum $\Delta_{B@_A}$ regelmäßig jeweils rechtzeitig verlängert werden.

Außerdem kann der Absender A beweisen, dass er die Nachricht N zum Zeitpunkt T_{L_2} an den Empfänger B abgeschickt hat. Die S-Mail im S-Web bietet die Sicherheiten, die ein Einwurfeinschreiben bieten kann. Der Empfänger B kann beweisen, dass er die Nachricht N vom Absender A bekommen hat und B kann sich sicher sein, dass N authentisch ist.

Der S-Link L_1 ist nicht unbedingt erforderlich, um nur die Zustellung der Nachricht N an B zu gewährleisten. Die Erzeugung vom S-Link L_1 dient A zur Dokumentation der über das Postfach F_A gesendeten Nachrichten. Wenn A dem Adressaten B Zugriffsrechte auf L_1 gewährt, kann B dank L_1 einfach antworten, da der automatisch erzeugte Rücklink $\overline{L}_1$ direkt von N auf das Postfach F_A des Absenders A verweist.

Um unnötiges wiederholtes Herunterladen zu vermeiden, sollte B gelesene Nachrichten markieren. B kann dazu clientseitig lokal die bereits betrachteten Mails kennzeichnen. Zur Markierung als gelesen kann B aber auch das S-Web nutzen, indem B den optionalen S-Link L_3 publiziert. Vorteil der Lösung mit S-Link ist, dass die Markierung im S-Web für B unabhängig davon verfügbar ist, von welchem lokalen System aus B zugreifen möchte.

> **Die Administration von S-Mail-Postfächern im S-Web**
>
> Durch die verlässliche Verlinkung mit S-Links können Nachrichten mit Schlagwörtern markiert werden. S-Knoten können solche Markierungen zum Filtern verwenden. Es ist sinnvoll, die vom Postfach ausgehenden S-Links L_1 bzw. $\overline{L}_2$ hin zu der S-Mail-Nachricht N mit Auszeichnungen zu versehen, an-

1.5 Das S-Web

statt N selbst zu markieren, denn dann können die Schlagwörter von S-Knoten bereits bei Abfragen über alle Verweise auf Nachrichten in einem Postfach effizient ausgewertet werden.

Um beispielsweise eine S-Mail aus dem Posteingang zu entfernen, bietet es sich an, einen indirekt zugriffsbestimmten S-Link L_D zu publizieren, dessen *Ausgangsdatei* $\overline{L}_2$ und dessen *Zieldatei* L_2 ist und dessen semantische Daten zum Ausdruck bringen, dass $\overline{L}_2$ und L_2 fortan als gelöscht betrachtet werden sollen.

Bei Abfragen nach gültigen S-Mails werden nur jene S-Links auf S-Mail-Nachrichten angefordert, von denen kein S-Link vom Typ L_D ausgeht. Derartiges Filtern lässt sich effizient realisieren: Ein S-Link L_D zum Löschen ist indirekt bestimmt und hat mithin genau die Zugriffsbedingungen wie $\overline{L}_2$ und L_2. S-Knoten müssen also keine zusätzlichen Zugriffsrechte feststellen, um zu entscheiden, ob L_D bei der Auswertung der Anfrage berücksichtigt werden darf.

Umgekehrt können auch gezielt nur die als gelöscht markierten Mails angefordert werden, die ja bis zum Ende ihres Gültigkeitszeitraums garantiert verfügbar sein müssen. Damit können S-Mail-Programme einen Papierkorb anzeigen, in dem gelöschte Nachrichten bei Bedarf zu finden sind.

Aufgeräumte Postfächer mit S-Web-Verzeichnissen

Gängige E-Mail-Programme bieten mittels IMAP [Crispin 2003] nicht nur die Möglichkeit, auf Mail-Servern Ordner anzulegen und E-Mails manuell in diese Ordner zu verteilen, sondern sie bieten auch automatische Funktionen zum Verschieben etwa anhand des Betreffs.

Zur Organisation von S-Mails bietet es sich für jeden Teilnehmer A an, ein *S-Web-Verzeichnis* zu schaffen, dessen oberster *Ordner* das eigene Postfach F_A ist. Weitere *Ordner* können geschaffen werden, indem Ankerdateien reliabel publiziert und mit bestehenden *Ordnern* verlinkt werden. Um eine S-Mail in einen *Ordner* O zu kopieren, genügt es, einen S-Link L_O zwischen der Nachricht N und der Ankerdatei O zu erzeugen, welcher N als im *Ordner* O liegend einsortiert. Soll verschoben und nicht kopiert werden, ist ein zusätzlicher S-Link L_D auf die alte Einsortierung in den bisherigen *Ordner* erforderlich, welcher diese Einsortierung als gelöscht markiert.

Alle *Ordner* in dem *S-Web-Verzeichnis* können genau so öffentlich zugänglich gemacht werden wie das S-Mail-Postfach F_A selbst. S-Mail-Programme können automatisch für sie zugängliche mit F_A verknüpfte *Ordner* abfragen. Anhand der semantischen Angaben der S-Links zwischen *Ordnern* können sie ihre zu sendenden Mails direkt möglichst passend einsortieren. Dies kann dazu genutzt werden, um dem Überfluten einzelner Ordner mit Nachrichten vorzubeugen.

Denkbar wäre eine Konvention, dass das S-Mail-Programm des Senders neue S-Mail Nachrichten automatisch immer nur in den *Unterordner* des Empfängers einsortiert, der für eine möglichst kleine Zeitspanne um den aktuellen Zeitpunkt herum steht. Dies kann etwa ein *Ordner* für den aktuellen Monat sein – oder für das aktuelle Jahr. Das S-Mail-Programm des Empfängers wird standardmäßig nur dort nach neuen eingehenden Mails suchen.

> Kommen in einem *Ordner* zu viele S-Mails an, können vom Empfänger jederzeit *Unterordner* mit kürzeren Zeitspannen erschaffen werden.
> Im *S-Web* darf jedes Element in mehreren *Ordnern* und *S-Web-Verzeichnissen* liegen. Eine S-Mail-Nachricht N kann somit gleichzeitig in diverse verschieden Strukturen eingeordnet sein. Es bietet sich an, mehrere baumartige Strukturen von Ordnern etwa zum Namen des Absenders, zum Zeitpunkt des Sendens sowie zu Schlagwörtern anzulegen, um eine schnelle Suche nach S-Mail Nachrichten auf den S-Knoten zu ermöglichen. Weil die S-Links bidirektional sind, lässt sich ausgehend von einer S-Mail-Nachricht N feststellen, in welchen *Ordnern* N liegt. Entsprechend einfach ist es, etwa sämtliche S-Links, die N als Bezugsbereich haben, als gelöscht zu markieren. Nachrichten bleiben im *S-Web* also verwaltbar, auch wenn sie in mehrere *Ordner* einsortiert sind.

Sofern B dem Absender A Zugriffsrechte zum Lesen von L_3 einräumt, kann A damit sogar beweisen, dass die Nachricht N von B bis zum Zeitpunkt T_{L_3} gelesen wurde. B kann bei dem bisher gezeigten Verfahren natürlich auch darauf verzichten, A diesen Beweis zukommen zu lassen, denn die Verlinkung mit S-Link L_3 ist optional und außerdem kann B das Zielpublikum von L_3 so beschränken, dass A keinen Zugriff darauf erhält.

Mit dem S-Web lässt sich jedoch auch ein Verfahren entwickeln, bei dem B den Inhalt der Nachricht N nur dann zu lesen bekommt, wenn B den Erhalt und die Kenntnisnahme von N auch rechtsverbindlich bestätigt – so wie bei einem Übergabe-Einschreiben.

Fair-Non-Repudiation S-Mail

Soll der Absender A zusätzlich auch auf jeden Fall beweisen können, dass der Adressat B die Nachricht N bekommen und bewusst zur Kenntnis genommen hat, sofern B die Möglichkeit dazu erhält, den Inhalt der Nachricht N zu lesen, spricht man von Fair-Non-Repudiation. Eine Übersicht über bekannte Protokolle zur Sicherstellung eines Fair-Non-Repudiation Nachrichtenaustausches findet sich in [Kremer 2002].

Das S-Web kann beispielsweise zur Unterstützung der Fair-Non-Repudiation Kommunikation nach dem in [Zhang 1996] vorgestellten Protokoll benutzt werden: Das S-Netzwerk kann dabei als "secure server" zur Publikation des Session-Keys verwendet werden, denn eine reliable Publikation bietet die geforderten Eigenschaften (nur lesender Zugriff, keine Manipulationen, langzeitliche Bewahrung, zuverlässige Angabe des Publikationszeitpunktes). Dieser Ansatz benötigt jedoch zusätzlich auch eine vollständige Public Key Infrastruktur und mithin eine Vertrauenspartei.

Im Folgenden wird ein neues Protokoll vorgestellt, das mit dem S-Web ganz ohne „Vertrauensparteien" Fair-Non-Repudiation Kommunikation ermöglicht.

1.5 Das S-Web

1. **Vorbereiten**:
   Jeder Teilnehmer an einem Nachrichtenaustausch nach diesem Verfahren benötigt im S-Netzwerk ein *Postfach*. Hat ein Teilnehmer noch kein *Postfach* im S-Netzwerk, muss er eine reliable Publikation F als *Postfach* im S-Netzwerk erzeugen, um S-Mails senden und empfangen zu können. F kann beliebigen Inhalts sein – F dient nur als Anker für Verlinkungen.
   Das *Postfach* soll mit der Identitätsangabe des Besitzers verlässlich verlinkt sein.
   Es sei F_A die reliable Publikation, welche als *Postfach* für A dienen soll. Es sei F_B die reliable Publikation, welche als *Postfach* für B dienen soll.
   Der S-Identifikator des Postfachs dient beim S-Mail-Verfahren als Mail-Adresse. A muss den S-Identifikator I_{FB} von F_B kennen, um B eine Nachricht senden zu können. Es sei ID_B die Publikation der Identitätsangaben zu B.

2. **Einladen**:
   A erzeugt die sichere Hinterlegung N mit dem Inhalt χ für einen Gültigkeitszeitraum Δ_N wobei das Zielpublikum Γ_N zunächst auf A beschränkt ist und nur A dieses erweitern darf. Alle weiteren Publikationen in diesem Protokoll haben einen mindestens gleich weit reichenden Gültigkeitszeitraum wie N.
   A erzeugt als Fair-Non-Repudiation-Einladung die reliable Publikation E, deren Zielpublikum Γ_E zumindest A und B enthält. Der Inhalt von E besteht aus drei Zeitangaben:
   Einem Zeitpunkt T_1, bis zu dem B die Einladung E akzeptieren kann.
   Einem Zeitpunkt T_2, bis zu dem A im Fall einer rechtzeitigen Akzeptanz von E durch B die Nachricht N für B freigeben kann.
   Einem Zeitpunkt T_3, bis zu dem B die Nachricht N zu lesen hat, wenn B spätestens ab dem Zeitpunkt T_2 zugriffsberechtigt für N ist.
   A hinterlegt zwei S-Links sicher:

   $$L_1 = \left(N, \frac{\text{Nachricht}}{\text{Betreff}}, \frac{\text{S-Mail}}{\text{Absender}}, \frac{\text{Posteingang}}{\text{Priorität}}, F_B \right)$$

   $$L_2 = \left(E, \frac{\text{Fair-Non-Repudiation Einladung}}{\text{Kurzfassung Einladung}}, \text{S-Mail}, \frac{\text{Nachricht}}{\text{Betreff}}, N \right)$$

   Das Zielpublikum von L_1 und L_2 wird fremdbestimmt durch die Bezugsdateien – es gilt also $\Gamma_{L_1} = \Gamma_{F_B} \cap \Gamma_N$ und $\Gamma_{L_2} = \Gamma_E \cap \Gamma_N$.
   A erzeugt zwei weitere S-Links:

   $$L_3 = \left(F_A, \frac{\text{Postausgang}}{\text{Adressaten}}, \frac{\text{S-Mail}}{}, \frac{\text{Fair-Non-Repudiation Einladung}}{\text{Kurzfassung Einladung}}, E \right)$$

   $$L_4 = \left(E, \frac{\text{Fair-Non-Repudiation Einladung}}{\text{Kurzfassung Einladung}}, \frac{\text{S-Mail}}{\text{Absender}}, \frac{\text{Posteingang}}{\text{Priorität}}, F_B \right)$$

L_3, L_4 und alle weiteren S-Links in diesem Protokoll haben jeweils das gleiche Zielpublikum Γ_E wie E.

3 **Akzeptieren**:
B fragt regelmäßig alle S-Links vom semantischen Typ „S-Mail" mit der *Ausgangsdatei* F_B ab, deren *Ausgangsbereich* den semantischen Typ „Posteingang" hat und deren *Zielbereich* den semantischen Typ „Fair-Non-Repudiation Einladung" hat. So findet B den automatisch erzeugten Rücklink $\overline{L}_4$ zu L_4, welcher auf E als *Zielbereich* verweist.

B lädt E herunter und liest die Fair-Non-Repudiation-Einladung. Wenn der Zeitpunkt T_1 noch nicht verstrichen ist und wenn B damit einverstanden ist, in dem Zeitraum bis zum Zeitpunkt T_3 nach der Fair-Non-Repudiation Nachricht N zu suchen und N auch zu lesen, kann B die Einladung mit folgenden Publikationen akzeptieren:

$$L_5 = \left(L_4, \frac{\text{Markierung}}{\text{Akzeptiert}}, \frac{\text{S-Mail}}{}, \frac{\text{Markierung}}{\text{Akzeptiert}}, \overline{L}_4 \right)$$

$$L_6 = \left(E, \frac{\text{Fair-Non-Repudiation Einladung}}{\text{Kurzfassung Akzeptanz}}, \frac{\text{S-Mail}}{\text{Absender}}, \frac{\text{Posteingang}}{}, F_A \right)$$

4 **Senden**:
A fragt regelmäßig alle S-Links vom semantischen Typ „S-Mail" mit der *Ausgangsdatei* F_A ab, deren *Ausgangsbereich* den semantischen Typ „Posteingang" hat und deren *Zielbereich* E den semantischen Typ „Fair-Non-Repudiation Akzeptanz" hat. So findet B den automatisch erzeugten Rücklink $\overline{L}_6$ zu L_6, welcher auf E als *Zielbereich* verweist.

Wenn $\overline{L}_6$ vor dem Zeitpunkt T_1 von B publiziert wurde und der Zeitpunkt T_2 noch nicht verstrichen ist, kann A das Zielpublikum Γ_N von der sicher hinterlegten zu übermittelnden Nachricht N so erweitern, dass es auch B einschließt.

A publiziert dazu folgenden S-Link:

$$L_7 = \left(N, \frac{\text{Hinterlegung}}{}, \frac{\text{Zielpublikum erweitern}}{}, \frac{\text{Person}}{\text{S-Adresse von }B}, N \right)$$

Mit der Erweiterung des Zielpublikums Γ_N erhält B auch Leserechte für die indirekt zugriffsbestimmten S-Links L_1 und L_2.

Außerdem publiziert A optional zur Protokollierung:

$$L_8 = \left(F_A, \frac{\text{Postausgang}}{\text{Priorität}}, \frac{\text{S-Mail}}{\text{Adressaten}}, \frac{\text{Nachricht}}{\text{Betreff}}, N \right)$$

$$L_9 = \left(L_3, \frac{\text{Markierung}}{\text{Gesendet}}, \frac{\text{S-Mail}}{\text{Gesendet}}, \frac{\text{Markierung}}{\text{Gesendet}}, \overline{L}_3 \right)$$

$$L_{10} = \left(L_6, \frac{\text{Markierung}}{\text{Gesendet}}, \frac{\text{S-Mail}}{\text{Gesendet}}, \frac{\text{Markierung}}{\text{Gesendet}}, \overline{L}_6 \right)$$

1.5 Das S-Web

5 **Empfangen**:
B fragt regelmäßig und mindestens einmal zwischen dem Zeitpunkt T_2 und dem Zeitpunkt T_3 alle S-Links vom semantischen Typ „S-Mail" mit der *Ausgangsdatei* F_B ab, deren *Ausgangsbereich* den semantischen Typ „Posteingang" hat und deren *Zielbereich* den semantischen Typ „Nachricht" hat.

Wenn B bis zum Zeitpunkt T_3 einen Link L_2 findet, welcher von der Fair-Non-Repudiation-Einladung E aus auf den Zielbereich N als Nachricht verweist, lädt B die Nachricht N herunter und liest deren Inhalt χ.

Optional kann B die Nachricht N mit einem weiteren S-Link als gelesen markieren:

$$L_{11} = \left(L_1, \frac{\text{Markierung}}{\text{Gelesen}}, \text{S-Mail}, \frac{\text{Markierung}}{\text{Gelesen}}, \overline{L}_1 \right)$$

Die S-Links L_1, L_3, L_5, L_8, L_9, L_{10} und L_{11} werden für den Fair-Non-Repudiation Nachrichtenaustausch in diesem Protokoll nicht unbedingt benötigt. Sie dienen nur dazu, eine vollständige Pflege der Zusammenhänge und der Postfächer im S-Web zu demonstrieren.

Vor dem Senden durch A (Schritt vier) kann B die Nachricht N noch nicht lesen, da B noch nicht zum Zielpublikum Γ_N von der sicheren Hinterlegung N gehört. Weder A noch B haben gültige Beweise für die erfolgreiche Fair-Non-Repudiation Kommunikation von N.

Mit der Erweiterung Zielpublikums Γ_N durch den S-Link L_7 in Schritt vier erhält B lesenden Zugriff auf N und somit zugleich auch auf L_1 und L_2. Damit ist sichergestellt, dass B die sichere Hinterlegung N finden kann. Das S-Netzwerk garantiert B in einer endlichen Zeit ε_N den lesenden Zugang zu N. Es ist nicht notwendig, dass B für das Lesen von N an A eine Bestätigung übermittelt, denn B hat A bereits in Schritt drei durch die Publikation von L_6 verbindlich zugesichert, N in der Zeit bis zum Zeitpunkt T_3 zu lesen, sofern A dies spätestens ab dem Zeitpunkt T_2 ermöglicht. B hat sich also selbst in die Pflicht genommen: B kann Schritt fünf zwar auslassen, B schadet sich damit aber nur selbst. Optional kann B die Nachricht N natürlich zusätzlich mit weiteren S-Links explizit als gelesen markieren.

A kann mit den reliablen Publikationen E, L_4, L_6 und L_7 sowie den sicheren Hinterlegungen N und L_2 beweisen, dass B die Nachricht N zum Zeitpunkt T_3 gelesen haben muss. E und L_4 belegen, dass A die Fair-Non-Repudiation Einladung an B übermittelt hat und L_6 belegt, dass B den Bedingungen der Einladung zugestimmt hat. N, L_2 und L_7 beurkunden, dass A Schritt vier des Protokolls bis zum Zeitpunkt T_2 korrekt absolviert hat.

Umgekehrt kann der Empfänger B sobald er zum Zielpublikum von N gehört auch beweisen, dass N von A stammt, schließlich ist N eine sichere Hinterlegung und mithin ist der Herausgeber zweifelsfrei feststellbar.

Zusammen mit E, L_2, L_4 und L_6 kann B sogar beweisen, dass ihm N im Fair-Non-Repudiation Nachrichtenaustausch übermittelt wurde.

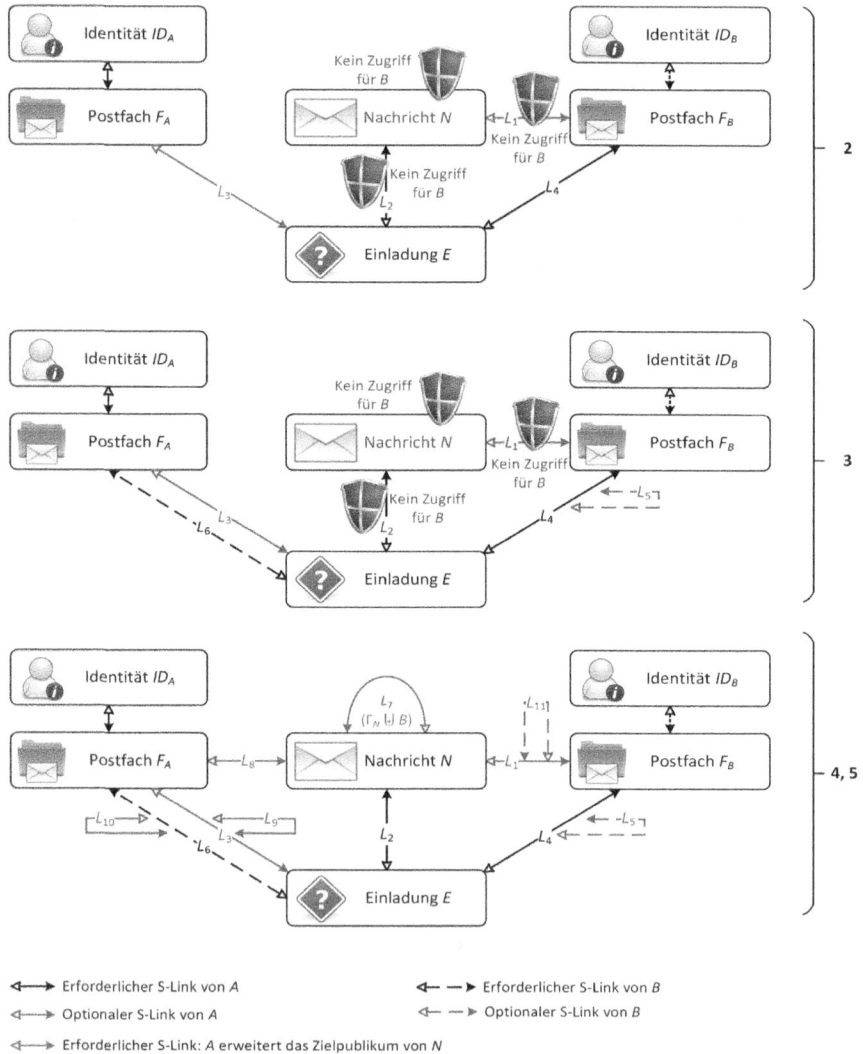

Abbildung 21: Ablauf des S-Mail FNR Protokolls

Dieses Verfahren garantiert also *starke Fairness* nach der Definition in [Kremer 2002], da die Übermittlung der Nachricht und die Schaffung der Beweise zeit-

1.5 Das S-Web

gleich genau in dem Moment von Schritt vier erfolgen, in dem das Zielpublikum Γ_N von N erweitert wird – also in dem Moment, in dem L_7 publiziert wird. Keine Partei kann zu irgendeinem Zeitpunkt einen unfairen Vorteil gegenüber der anderen Partei erlangen.

Das Protokoll endet außerdem auf jeden Fall in einer endlichen, bereits in der Fair-Non-Repudiation Einladung E festgelegten Zeit – es dauert maximal bis zum Zeitpunkt T_3. B kann das Protokoll bereits zum Zeitpunkt T_1 durch Unterlassung von Schritt drei für alle Beteiligten zweifelsfrei beenden, ohne dass ein Schaden entsteht. A kann das Protokoll zum Zeitpunkt T_2 durch Unterlassung von Schritt 4 für alle Beteiligten zweifelsfrei beenden, ohne dass ein Schaden entsteht. In dem vorgestellten Verfahren werden keine speziellen Dienste benötigt, es werden keine Abhängigkeiten von „Vertrauensparteien" generiert. Das Verfahren lässt sich außerdem leicht auf eine beliebige Anzahl von Teilnehmern erweitern.

S-Mail mit mehreren Adressaten

Um eine einfache S-Mail an einen zusätzlichen Adressaten zu senden, wird nur genau ein weiterer S-Link zwischen der Nachricht und dem Adressaten benötigt. Während bei SMTP/IMAP typischerweise eine Kopie der E-Mail auf dem Mailserver des Senders gespeichert wird und zusätzlich jeweils eine Kopie der E-Mail auf dem Mailserver eines jeden adressierten Empfängers landet, ist die Anzahl der im S-Netzwerk zu speichernden Kopien der Nachricht beim S-Mail-Verfahren unabhängig von der Anzahl der Adressaten. Wenn eine Nachricht umfangreiche Daten enthält, wird daher beim Einsatz des S-Mail-Verfahrens ab einer gewissen Zahl von Adressaten weniger Datenvolumen generiert. Das E-Mail-Verfahren ist besonders ineffizient beim Versenden von binären Daten wie etwa Bildern, da diese für SMTP als 7-Bit-ASCII Text codiert werden müssen [Klensin 2008] [Freed 1996], etwa mit Base64-Encoding [Josefsson 2006], und es müssen Zeilenumbrüche alle 76 Zeichen (jeweils plus zwei Zeichen) eingefügt werden [Freed 1996], wodurch die Datenmenge auf 136,84 % vergrößert wird.

Tabelle 7 zeigt die Datenmenge beim unverschlüsselten Versenden für eine E-Mail bzw. S-Mail-Nachricht mit einem Bild je nach Anzahl der Adressaten. Die Angabe pro Kopie bezieht sich auf die Größe der codierten Nachricht, mit zwei Kilobyte Header-/Metadaten und bei der S-Mail mit einem S-Link zur Mailbox des Senders. Jede S-Link-Kopie wird mit vier Kilobyte gerechnet. Bereits bei drei Adressaten kommt die S-Mail in dem Beispiel mit $\Psi = 3$ mit weniger Daten aus als die E-Mail. In der Konfiguration $\Psi = 5$ ist dies ab sechs Adressaten der Fall, mit $\Psi = 7$ ab neun Adressaten. Bei den zum E-Mail-Verfahren angegebenen Werten wird keine Datensicherheit durch Redundanz geboten – um Fehler erkennen und korrigieren zu können würden noch zusätzliche Backup-Daten benötigt, und zwar sowohl beim Absender als auch bei jedem Empfänger.

Tabelle 7: Vergleich des Datenvolumens bei E-Mail und S-Mail

Alle Mails mit Bild 1024 KB	Pro Kopie	1 Adressat	2 Adressaten	3 Adressaten	6 Adressaten	9 Adressaten
E-Mail	1.403 KB	2.807 KB	4.210 KB	5.613 KB	9.823 KB	14.033 KB
S-Mail, $\Psi=3$	1.030 KB	5.170 KB	5.190 KB	5.210 KB	5.270 KB	5.350 KB
S-Mail, $\Psi=5$	1.030 KB	9.306 KB	9.342 KB	9.378 KB	9.486 KB	9.630 KB
S-Mail, $\Psi=7$	1.030 KB	13.442 KB	13.494 KB	13.546 KB	13.702 KB	13.910 KB

Beim Versenden von einer durch Secret Sharing vor unbefugten Zugriffen geschützten Nachricht per S-Mail vervielfacht sich die Datenmenge um die Anzahl der Shares. Kommt Fair-Non-Repudiation zum Einsatz, werden mindestens zwei S-Links pro Adressat benötigt, sodass der Speicherplatzbedarf zweimal so schnell mit der Anzahl der Adressaten steigt.

Persönliche Rückmeldungen und Ergänzungen oder Korrekturen

Viele Web-Seiten erlauben es ihren Benutzern, Rückmeldungen zu geben. Im einfachsten Fall, wenn die Rückmeldung nur den Verantwortlichen einer Seite erreichen soll, können Rückmeldungen z. B. per E-Mail realisiert werden. In dem Fall genügt es bereits, eine gültige E-Mail-Adresse für Rückmeldungen auf der Web-Seite anzugeben. Der Rückmeldungsprozess kann mittels eines Hyperlinks unterstützt werden, durch den ein E-Mail-Programm gestartet wird, oder es kann ein HTML-Formular bereitgestellt werden, mit dem E-Mails direkt auf der Web-Seite verfasst werden können. Ein Autor kann auf per E-Mail übermitteltes Feedback zu seiner Web-Seite reagieren, er kann unter anderem einfach nur persönlich per E-Mail antworten oder aber auch in der Rückmeldung vorgeschlagene Korrekturen, Verbesserungen sowie Ergänzungen direkt in die Web-Seite einarbeiten.

Für persönliche Rückmeldungen, die unmittelbar für bestimmte verantwortliche Personen gedacht sind, bietet das S-Web mit dem S-Mail-Verfahren Möglichkeiten, um direkt über deren Postfächer in Kontakt zu treten und Konversation zu führen. Jede reliable Publikation oder sichere Hinterlegung kann durch verlässliche Verlinkung mit Postfächern von Ansprechpartnern verbunden werden, sodass die Nutzer mit diesen unkompliziert per S-Mail in Kontakt treten und sich austauschen können. S-Mail Nachrichten können offen, zugriffsbeschränkt oder unleugbar per Fair-Non-Repudiation Feedback übermittelt werden.

Anders als bei Web-Seiten im World Wide Web können Autoren und Herausgeber im S-Netzwerk keine direkten Änderungen an ihren bestehenden Inhalten vornehmen. Sie können aber Aktualisierungen im S-Web veröffentlichen und diese mit den ursprünglichen Inhalten per S-Link verlässlich verknüpfen.

1.5 Das S-Web

Dabei sind nicht nur komplett neue Versionen denkbar, es können auch Änderungen einzelner Bereiche von Dateien veröffentlicht und verlinkt werden. Programme auf Client-Seite können solche Änderungen dynamisch einbinden, sodass dem Nutzer ein vollständig aktualisiertes Dokument angezeigt werden kann.

Um Bereiche einer Publikation oder Hinterlegung X zu ersetzen, wird zunächst die neue Bitfolge y als eigenständige Datei Y reliabel publiziert oder sicher hinterlegt. Dann wird ein S-Link L_R erzeugt, der angibt, welcher Bereich in X mit dem neuen Inhalt y von Y ersetzt werden soll. Wird der S-Link L_R clientseitig ausgewertet, kann die Änderung Y in den Inhalt von X eingefügt werden, sodass eine vollständige aktualisierte Datei $Z(L_R)$ entsteht.

Wenn der Ersatzinhalt y in ein *Attribut* eines S-Links passt, kann auf die Publikation Y verzichtet werden. Es genügt ein einzelner S-Link zur Änderung – die neue Bitfolge y kann intern in dem *Inhaltsdaten-Attribut* von L_R zum *Zielbereich* gespeichert werden. Um deutlich zu machen, dass der *Zielbereich* nicht den Ersatzinhalt y enthält, kann in den *Inhaltsdaten* zum S-Link selbst optional vermerkt werden, dass die Änderungsdaten y intern in L_R zu finden sind. Der *Zielbereich* sollte in dem Fall genau gleich dem *Ausgangsbereich* sein. Die Übereinstimmung von *Ausgangsdatei* und *Zieldatei* erlaubt eine schnellere Ermittlung der Zugriffsrechte, falls diese für L_R indirekt bestimmt werden.

$$L_R = \left(X \left[\frac{\text{Bytes}}{\text{Index, Länge}} \right], \frac{\text{Wird ersetzt}}{\text{Intern}}, \frac{\text{Änderung}}{\text{Bitfolge } y}, \frac{\text{Ersetzen mit}}{\text{Bitfolge } y}, X \left[\frac{\text{Bytes}}{\text{Index, Länge}} \right] \right)$$

Wenn die neue Datei $Z(L_R)$ geändert werden soll, so muss von dem die nächste Änderung bewirkenden S-Link L_W aus die letzte vorausgesetzte Änderung L_R verwiesen werden.

Kommentare und Foren zum Meinungsaustausch

Es gibt auch wichtige Formen von Rückmeldungen, die bewusst allen Nutzern zur Verfügung gestellt werden sollen – und zwar direkt in ihrem Kontext. Dazu gehören Kommentare und Bewertungen. Um derartige Rückmeldungen im World Wide Web zu ermöglichen, können auf Web-Seiten Formulare bereitgestellt werden, mit denen die Rückmeldungen an Web-Server gesendet werden. Auf Web-Servern können diese Informationen dann von speziell dafür entwickelten Skripten weiterverarbeitet werden. Typischerweise werden in dynamisch generierten HTML Seiten zusätzlich zu den eigenen Inhalten der Herausgeber gleich auch zugehörige Rückmeldungen der Nutzer integriert. Problematisch ist, dass die Dienste, die das Feedback in die Inhalte bereitstellen und integrieren, unter der vollen Kontrolle ihrer Anbieter stehen. Für Außenstehende ist kaum nachvollziehbar, wie Kommentare und Bewertungen zustande kommen. Oftmals sind die Herausgeber der Inhalte zugleich auch die Betreiber der Dienste für

Kommentare und Bewertungen. Die Versuchung, Rückmeldungen zu manipulieren ist groß – allzumal, wenn es darum geht, Geld zu verdienen und wenn positive Beurteilungen höhere Absätze erwarten lassen, oder wenn Mitbewerber mit negativem Feedback geschwächt werden können.

Für das S-Web gilt das Minimalitätsprinzip – die S-Knoten stellen keine spezielle Funktionalität für Kommentare oder Bewertungen zu bestehenden Inhalten zur Verfügung. Stattdessen können die allgemeinen Funktionen des S-Webs für verlässliche Verlinkung und weitere reliable Publikationen oder sichere Hinterlegungen verwendet werden, um Lösungen für Kommentare und Bewertungen zu realisieren.

Es sei X eine reliable Publikation eines beliebigen Inhalts χ im S-Netzwerk. Um X zu kommentieren, wird zunächst die reliable Publikation K des Inhalts κ des Kommentars getätigt. Der Inhalt κ kann beispielsweise eine HTML-Datei sein, ein Video oder auch einfach eine Textdatei. Anschließend wird ein bidirektionaler S-Link L_K publiziert, für den gilt:

$$L_K = \left(X \left[\frac{\text{Bereichtyp}}{\text{Bereichsangabe}} \right], \frac{\text{Was kommentiert wird}}{\text{Rolle des Kommentars}}, \text{Kommentierung}, \frac{\text{Inhalt des Kommentars}}{\text{Kurzfassung von } \kappa}, K \right)$$

Die *Inhaltsdaten*-Attribute von L_K für die *Bezugsbereiche* können genutzt werden, um den Kommentar genauer zu kennzeichnen. Die *Inhaltsdaten* für den *Ausgangsbereich* X können die Rolle des Kommentars K bezüglich des *Ausgangsbereichs* genauer beschreiben, also etwa: „Ergänzt", „Lobt" oder „Bezweifelt". Die *Inhaltsdaten* für den *Zielbereich* K können beispielsweise eine Kurzfassung des Kommentarinhalts κ enthalten. Passt der Inhalt κ des Kommentars komplett in ein Attribut eines S-Links, genügt zur Kommentierung sogar ein einzelner S-Link, dessen *Ausgangsbereich* gleich dem *Zielbereich* ist.

Anwender können selbst entscheiden, ob und wie sie Kommentare sehen möchten. Eine Anwendung wie ein Browser kann auf Wunsch genau die S-Links mit der *Ausgangsdatei* X auflisten lassen, die Kommentarzuweisungen sind. Da die Inhalte der Kommentare selbst auch sehr umfangreich sein können, bietet es sich an, zunächst nur die darauf verweisenden S-Links herunterzuladen, um jeweils lediglich den intern im *Attribut* des S-Links enthaltenen Betreff des Kommentars zur Anzeige zu bringen. Die Inhalte werden dann erst auf Anfrage durch den Nutzer heruntergeladen.

Kommentare können von Anwendungen auf Clientseite direkt in den kommentierten Inhalt χ eingefügt werden. Grundsätzlich kann bei einem kommentierenden S-Link der *Ausgangsbereich* auch auf einen bestimmten Teil in der *Ausgangsdatei* beschränkt sein – wie bei jedem S-Link. So kann etwa ein bestimmter Textbereich, ein Bildausschnitt oder ein Zeitbereich gezielt kommentiert werden. Anwendungsprogramme auf Clientseite können diese Bereichsangaben zum Positionieren und Darstellen der Kommentare nutzen.

1.5 Das S-Web

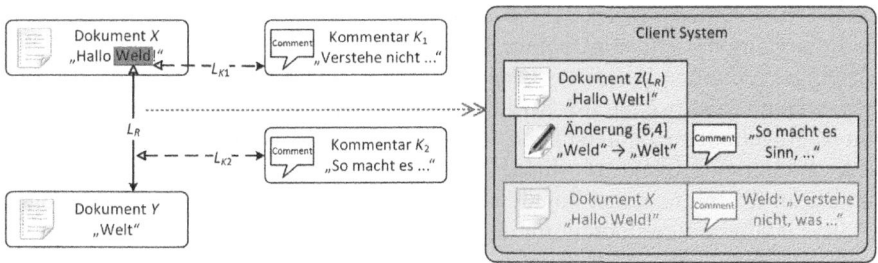

Abbildung 22: Beispiel für Kommentare und Korrektur

Abbildung 22 zeigt das Zusammenspiel von Kommentaren und Korrekturen im S-Web. Die S-Links enthalten dabei die nachstehenden Informationen:

$$L_{K1} = \left(X\left[\frac{\text{Zeichen}}{6,4}\right], \frac{\text{Was kommentiert wird}}{\text{Auf Fehler hinweisen}}, \frac{\text{Kommentierung}}{}, \frac{\text{Inhalt des Kommentars}}{\text{Wald? Wild?}}, K_1 \right)$$

$$L_R = \left(X\left[\frac{\text{Zeichen}}{6,4}\right], \frac{\text{Wird ersetzt}}{}, \frac{\text{Änderung}}{}, \frac{\text{Ersetzen mit}}{\text{Welt}}, Y \right)$$

$$L_{K2} = \left(L_R, \frac{\text{Was kommentiert wird}}{\text{Lobt}}, \frac{\text{Kommentierung}}{}, \frac{\text{Inhalt des Kommentars}}{\text{Besser!}}, K_2 \right)$$

Auf einem Client-System kann ein Anwendungsprogramm die Informationen wie folgt auswerten: Dem Anwender wird standardmäßig das aktuelle Dokument $Z(L_R)$ mit dem Inhalt *„Hallo Welt"* angezeigt. Auf Wunsch kann sich der Nutzer zusätzlich die Änderungen anzeigen lassen. Der Kommentar K_2 bezieht sich nur auf die Änderung L_R – er ist nur im Zusammenhang mit der expliziten Darstellung dieser Änderung anzuzeigen. Der Kommentar K_1 bezieht sich auf das originale Dokument X. Er ist folglich nur anzuzeigen, wenn das unveränderte Dokument X dargestellt werden soll.

Kommentare auf Kommentare lassen sich im S-Web ohne Weiteres realisieren, denn Kommentare sind selbst reliable Publikationen oder sichere Hinterlegungen, die sich wiederum frei verlinken lassen. Der gezeigte Ansatz für Kommentare stellt mithin alles bereit, was allgemein für ein Forum zum Meinungsaustausch benötigt wird.

Offene Bewertungen und Abstimmungen

Bewertungen können im S-Web mithilfe von S-Links realisiert werden. Es bietet sich daher an, für eine Bewertung etwa mit Sternen nur einen einzigen S-Link L_V zu erschaffen, bei dem *Ausgangsbereich* und *Zielbereich* auf denselben *Bezugsbereich* verweisen – nämlich auf den Bereich, der bewertet werden soll. Der semantische Typ des *Ausgangsbereiches* kann festlegen, dass die *Inhaltsdaten* des S-Links zum *Ausgangsbereich* eine Eigenschaft benennen, auf welche sich die Bewertung bezieht. Eine solche Eigenschaft könnte beispielsweise das Preis-Leistungs-Verhältnis sein. Der semantische Typ des *Zielbereiches* muss bestimmen, wie die *Inhaltsdaten* des S-Links zum *Zielbereich* das Urteil repräsentieren. Um Aggregationen zu unterstützen, kann hier ein Zahlformat vorgegeben werden oder es kann eine Skala mit diskreten Werten vorgegeben werden. Die *Inhaltsdaten* zum S-Link L_V selbst könnten benutzt werden, um zusätzlich eine optionale kurze textliche Begründung für das Urteil zu speichern.

$$L_V = \left(X \left[\frac{\text{Bereichstyp}}{\text{Bereich}} \right], \frac{\text{Was bewertet wird}}{\text{Welche Eigenschaft}}, \frac{\text{Bewertung}}{\text{Begründung}}, \frac{\text{Schema (z.B.: } \star \text{ mies} - \star\star\star\star\star \text{ top)}}{\text{Bewertung (z.B.: } \star\star\star \text{)}}, X \right)$$

Ein Anwendungsprogramm muss zum Analysieren der bisher abgegebenen Bewertungen nicht alle S-Links, welche Bewertungen beinhalten, herunterladen und einzeln auswerten. Vielmehr können auf den S-Knoten Aggregationen durchgeführt werden, um etwa die durchschnittliche Bewertung zu ermitteln. Erfolgt das Werturteil in Form von Zahlen, genügt es eventuell, von den S-Knoten einen arithmetischen Mittelwert über die *Inhaltsdaten* zum Zielbereich aller gültigen bewertenden S-Links bilden zu lassen. Werden die Werturteile in Form von diskreten Werten abgegeben, können die gültigen bewertenden S-Links von S-Knoten nach den *Inhaltsdaten* zum Zielbereich gruppiert und gezählt werden. Bei Bewertungen mit S-Links, welche dem Muster mit bis zu fünf Sternen entsprechen, würde nach der Anzahl der Sterne in den *Inhaltsdaten* zum *Zielbereich* gruppiert werden.

Um Abhängigkeiten von einzelnen Misstrauensparteien zu vermeiden, kann die Auswertung von $2*\Psi-1$ S-Knoten in eben so vielen verschiedenen Misstrauensparteien eingefordert werden und die so eingeholten Werte können miteinander verglichen werden. Ein Anwendungsprogramm kann aus den Anzahlen der Bewertungen pro Anzahl der Sterne die durchschnittliche Anzahl der vergebenen Sterne berechnen und diese zur Anzeige bringen.

Wenn von jeder Person nur höchstens eine Bewertung in die Durschnittsbewertung einfließen soll, so können die bewertenden S-Links von den S-Knoten zuerst anhand des Herausgebers Π gruppiert und anhand des Publikationszeitpunkts T sortiert werden, bevor die Aggregation begonnen wird.

Offene Abstimmungen

Dass jede Person nur eine Stimme abgeben kann, wird insbesondere bei Abstimmungen gefordert. Außerdem weist eine Abstimmung in der Regel eine zeitliche Begrenzung auf, zu der eine Entscheidung gefällt wird. Stimmen, die erst nach dem Erreichen der temporären Begrenzung abgegeben werden, dürfen keinen Einfluss auf das Ergebnis nehmen können. Es muss dazu bei der Auswertung zunächst über den Publikationszeitpunkt gefiltert werden.

1.5 Das S-Web

> Bei Abstimmungen ist in der Regel auch der Personenkreis der Stimmberechtigten eingeschränkt. Um zu verhindern, dass Stimmen Unberechtigter das Ergebnis verfälschen, kann auch über die Herausgeber gefiltert werden. Bei sehr vielen Stimmberechtigten kann dies jedoch aufwendig sein. Alternativ bietet es sich an, eine sichere Hinterlegung X als Anker für die Abstimmung zu verwenden, deren Zielpublikum Γ_X zumindest bis zum Erreichen der zeitlichen Begrenzung der Abstimmung genau auf die Abstimmungsberechtigten beschränkt bleibt. Der Zugriff eines S-Links L_V, der eine gültige Stimme sein soll, muss indirekt durch X bestimmt sein. Dann kann das Zielpublikum Γ_X ab dem Erreichen der zeitlichen Begrenzung der Abstimmung erweitert werden, sodass auch Personen, die nicht selbst abstimmen durften, das Ergebnis prüfen zu können.

Anders als im World Wide Web steht im S-Web die Funktionalität zum Kommentieren und Bewerten von allen Inhalten offen, für die Leserechte bestehen. Dabei spielt es keine Rolle, welchen Dateityp ein Inhalt hat, mit den S-Links verbindet sich alles zu einem einheitlichen Informationsraum. Es können auch beliebige Teile von Dateien bewertet werden. Jeder Kommentar kann bewertet werden, jede Bewertung kann kommentiert werden. Es muss keine spezielle dynamische Funktionalität auf Serverseite bereitgestellt werden. Somit muss auch keinem speziellen Service vertraut werden, dass Bewertungen und Kommentare nicht manipuliert werden. Rückmeldungen profitieren von den im S-Web aufwendig geschützten Eigenschaften von reliablen Publikationen, sicheren Hinterlegungen und S-Links.

Die bisher gezeigten Formen von Kommentaren und Bewertungen sind immer namentlich – der Kommentierende und Bewertende gibt sich auch als solcher zu erkennen. Dies kann gewollt sein, um eine Meinung offen zu vertreten und dafür einzustehen. In diesem Fall ergibt sich ein Vorteil für das S-Web gegenüber Rückmeldungen im World Wide Web, wo es nicht ohne Weiteres möglich ist, sich als Urheber einer Rückmeldung eindeutig auszuweisen. Aber diese Offenheit kann auch unerwünscht sein. Sie kann zu Benachteiligungen und Verfolgungen aufgrund von Meinungsäußerungen führen oder sich zumindest hemmend auf das Veröffentlichen von Rückmeldungen auswirken. Anonymisierung hat ohne Zweifel ihre Berechtigungen, um Unterdrückungen oder Zwängen entgegenzuwirken. Das S-Web selbst bietet keine Anonymität. Soll anonymisiert werden, sind dazu in jedem Fall zusätzliche, anwendungsspezifische Dienste nötig.

Risikoreduktion auf das S-Netzwerk

Bei typischen serviceorientierten Lösungen ist das Computersystem des Anwenders nicht viel mehr als ein Ein- und Ausgabeterminal. Dienste auf Servern irgendwo in einem Netzwerk erledigen die eigentliche Arbeit. Oft befinden sich weder die Dienste noch die Server unter der Kontrolle des Anwenders. Die Kontrolle haben nur die Anbieter von den Services.

Was ein Service macht, ob er korrekt und sicher arbeitet, das kann der Anwender bei Diensten von fremden Anbietern in der Regel nicht überprüfen oder gar beeinflussen. Entweder ein Anwender vertraut dem Anbieter des Services, dann wird er diesen nutzen, oder er vertraut ihm nicht und muss dann ohne den Service auskommen.

Für jeden einzelnen Service stellt sich dem Anwender wieder die gleiche Frage: Was passiert wirklich, wenn dieser Service genutzt wird? In den allgemeinen Geschäftsbedingungen oder einem Service Level Agreement (SLA) kann sich der Anbieter eines Services selbst gewisse Pflichten beziehungsweise Einschränkungen auferlegen und es gibt gesetzliche Bestimmungen etwa zum Datenschutz. Aber Anwender haben realistischerweise kaum die Chance, zu überprüfen, ob sich Anbieter an die Regeln halten. Selbst wenn der Anbieter eines Services behauptet, seinen Source Code offen zu legen, ist keineswegs verifizierbar, ob auch tatsächlich das daraus generierte Programm auf dem Server läuft.

Was ein Service auf dem Server eines Anbieters wirklich macht, bleibt für den Anwender letztlich eigentlich immer verborgen – wie in einem undurchdringlichen Nebel.

Und es ist kein Zufall, dass der Begriff Cloud Computing derzeit gerne als modisches Schlagwort für diffus verteilte Service-Konzepte verwendet wird. Eine genaue Definition des Begriffs Cloud Computing wird in [Mell 2011] gegeben. Sicherheitstechnisch ist eine externe Cloud für die Anwender ein erhebliches, unkalkulierbares Risiko. Mögliche technische Sicherheitslücken, wie die in [Somorovsky 2011] etwa für den Cloud-Dienst von Amazon aufgezeigten Schwachstellen, können in der Regel nach ihrem Bekanntwerden zumindest geschlossen werden.

Dass sich die Nutzer von Cloud Diensten den Anbietern der von ihnen genutzten Services ausliefern, ist hingegen Teil des Konzepts. Es handelt sich um ein designbedingtes Risiko. Einzelne fremde Unternehmen erhalten die volle Kontrolle etwa bezüglich der Verfügbarkeit.

"What does change with public cloud computing, however, is the potential for increased complexity and difficulty in providing adequate oversight to maintain accountability and control over deployed applications and systems throughout their lifecycle. This can be especially daunting when non-negotiable SLAs are involved, since responsibilities normally held by the organization are given over to the cloud provider with little recourse for the organization to address problems and resolve issues, which may arise, to its satisfaction.", zitiert aus *[Jansen 2011], S. 30.*

1.5 Das S-Web

Der Kontrollverlust macht die Risiken selbst mit Hilfsmitteln wie Sicherheitsleitfäden (z. B. [Viehmann 2014], [Weber 2017], S. 205ff) unkalkulierbar.
Zwar stellt auch das S-Netzwerk seinen Teilnehmern über die Services der S-Knoten Funktionalität für den Fernzugriff zur Verfügung. Aber die Funktionalität der Services ist sehr reduziert auf einen gemeinsamen in der S-Verfassung festgelegten Standard. Alles muss von mindestens Ψ verschiedenen logischen S-Knoten in Übereinstimmung erfolgen, wobei diese S-Knoten unter der Kontrolle von Ψ verschiedenen S-Betreibern aus Ψ verschiedenen Misstrauensparteien sein müssen. Keine einzelne Partei hat die Macht, erfolgreich und unbemerkt zu manipulieren. Die unveränderte Verfügbarkeit der Daten und der Services wird auf Dauer garantiert.

Das S-Netzwerk selbst bietet technisch nur Services für reliable Publikationen und sichere Hinterlegungen sowie für die beschriebene Funktionalität des S-Webs mit den S-Links. Dies ist minimalistisch, dafür wird ein hohes Maß an Transparenz und Vertrauenswürdigkeit geschaffen. Der damit verbundene Aufwand lohnt sich, weil so eine Plattform geschaffen wird, mit der sich viele sicherheitskritische Anwendungen verwirklichen lassen, ohne dass dafür neue spezielle Services angeboten werden müssten, von denen die Anwender nicht wissen können, was sie eigentlich machen.

Ein Problem oder eine Aufgabe ist genau dann *bezüglich der operationellen Risiken auf das S-Web reduzierbar*, wenn dafür ein Lösungskonzept existiert, für welches gezeigt werden kann, dass es mit Sicherheit korrekte Ergebnisse liefert, sofern die Eigenschaften von reliablen Publikationen, sicheren Hinterlegungen sowie verlässlichen Verknüpfungen mit S-Links im S-Netzwerk gewahrt bleiben.

Ist ein Problem oder eine Aufgabe *bezüglich der operationellen Risiken auf das S-Web reduzierbar*, so gibt es eine Lösung dafür, bei der keine neuen operationellen Risiken zu den Risiken hinzukommen, denen die Nutzer des S-Webs sich ohnehin aussetzen. Eine neue Vertrauensfrage stellt sich bezüglich des Lösungskonzeptes deshalb also nicht für jene Personen, die bereit sind, das S-Web zu nutzen.

Unabhängig von der *Reduzierbarkeit der operationellen Risiken auf das S-Web* kann ein Anwendungsszenario natürlich trotzdem andere spezielle Risiken bergen. Zu beachten sind z. B. auch bei technisch und operationell einwandfrei arbeitenden Kommunikationsverfahren rechtliche sowie unternehmerische Risiken, wenn die sicher ausgetauschten Nachrichten etwa zur Verbreitung vertraulicher Informationen genutzt werden.

Die gezeigte S-Mail Lösung für Fair-Non-Repudiation Kommunikation, welche mithilfe des S-Webs auf Anwendungsseite realisiert werden kann, garantiert starke Fairness genau dann, wenn das S-Netzwerk die Eigenschaften von den darin getätigten reliablen Publikationen, sicheren Hinterlegungen und von verlässlichen Verknüpfungen im S-Web mit seinen S-Links wahrt. Das Problem der fairen unleugbaren Kommunikation ist also *bezüglich der operationellen Risiken auf das S-Web reduzierbar*. Selbstredend kann das Versenden von S-Mails je nach Inhalt der Mails mit erheblichen Risiken verbunden sein – dies sind jedoch keine operationellen Risiken.

Eine Lösung für Fair-Non-Repudiation Kommunikation lässt sich prinzipiell auch verwenden, um das Problem des fairen Vertragsabschlusses zu lösen (Fair-Contract-Signing). Ein fairer Vertragsabschluss liegt genau dann vor, wenn zu jedem Zeitpunkt entweder alle Parteien ein Exemplar des Vertrags mit Unterschriften sämtlicher Beteiligter haben oder keine Partei ein Exemplar des Vertrags mit Unterschriften anderer Beteiligter erlangen kann. Um Fair-Contract-Signing mit dem gezeigten Verfahren zur Fair-Non-Repudiation Kommunikation zu realisieren, genügt es, in die Fair-Non-Repudiation Einladung E als zusätzliche Information den Vertragstext zu integrieren. Die semantischen Angaben zur Bezugsdatei E sollten dann jeweils darauf hinweisen, dass es um Fair-Contract-Signing geht.

Der Inhalt der unleugbar zu übermittelnden Nachricht spielt beim Fair-Contract-Signing keine Rolle – wenn die Nachricht per Fair-Non-Repudiation ausgetauscht wird, gilt der in der Einladung E enthaltene Vertrag als von allen Beteiligten unterschrieben.

Das Fair-Contract-Signing Problem ist also funktional auf das Problem der Fair-Non-Repudiation Kommunikation reduzierbar, welches wiederum *bezüglich der operationellen Risiken reduzierbar auf das S-Web* ist. Jenseits der operationellen Risiken kann das Abschließen von Verträgen erhebliche Risiken bergen. Vom Vertragsgegenstand und vom Vertragsinhalt abhängigen Risiken sind unabhängig von der Fairness beim Vertragsabschluss.

Während auch offene Kommentare, offene Bewertungen sowie offene Abstimmungen *bezüglich ihrer operationellen Risiken auf das S-Web reduzierbar* sind, gilt dies für die jeweiligen geheimen Pendants nicht: Das S-Web selbst erlaubt keine anonymen Publikationen, Hinterlegungen und Verlinkungen. Lösungen für geheime Abstimmungen sowie anonyme Bewertungen und Kommentare benötigen zusätzliche netzwerkseitige Dienste und sie sind mithin zumindest von der Verfügbarkeit und der Korrektheit dieser externen Dienste abhängig. Es entstehen mit jenen Abhängigkeiten also zusätzliche operationelle Risiken für Nutzer des S-Webs.

Wie externe Dienste wiederum die Misstrauensparteien und das S-Web nutzen können, um mit Transparenz Vertrauen zu schaffen, wird in den Kapiteln 1.6.3, 2.3.4 sowie 3.3.1 und in [Viehmann 2018 f] sowie [Viehmann 2018 o] erörtert.

1.6 Verantwortung, Freiheit und Schutz

Das reliable Publizieren, sichere Hinterlegen und verlässliche Verlinken bietet vielfältige Anwendungsmöglichkeiten, stellt aber auch hohe Anforderungen an die Nutzer: Mit dem S-Netzwerk und dem S-Web können Anwender sich selbst und Anderen erheblichen schaden zufügen. Zur Reduktion der Risiken sind pädagogische, rechtliche und technische Maßnahmen vorgesehen.

1.6.1 Spezielle Medienkompetenz

Das S-Netzwerk mit dem S-Web ist ein neues Medium mit großer Eigenverantwortung für die aktiven Teilnehmer. Es genügt nicht, dass die Nutzer ihre Zugangssysteme und Anwendungsprogramme bedienen können. Sie müssen in der Lage sein, die möglichen Folgen des reliablen Publizierens, sicheren Hinterlegens und verlässlichen Verlinkens abzuschätzen und sie müssen die Bedeutung der eigenen Informationen auch im potenziellen Zusammenspiel mit anderen Daten beurteilen können. Gegebenenfalls müssen sie Schutzmaßnahmen ergreifen oder auf die Publikationen, Hinterlegungen sowie Verknüpfungen im S-Netzwerk verzichten. Es ist möglich, die notwendige Qualifikation mit obligatorischen Prüfungen als Teilnahmevoraussetzung sicherzustellen, wobei je nach Art der Teilnahme unterschiedliche Kompetenznachweise verlangt werden können.

Um ein Informationsmedium gut und sinnvoll nutzen zu können, sind bestimmte Qualifikationen und Fertigkeiten erforderlich. Diese werden Menschen nicht in die Wiege gelegt – sie müssen gebildet werden.

Um den Wortlaut eines geschriebenen Textes direkt zu erfassen, ohne sich vorlesen zu lassen, sind die Fähigkeit zur Interpretation der Buchstabensymbole und das Wissen um die Schreibweise der Wörter notwendige Voraussetzungen, die erlernt werden müssen. Doch mit dem Entziffern eines Textes alleine ist es noch nicht getan – der Inhalt muss auch verstanden werden und es sollte eine kritische Auseinandersetzung damit ermöglicht werden. Je nach Textart gehört dazu etwa das Hinterfragen des Wahrheitsgehalts sowie der Intention des Verfassers.

Weitere Schwierigkeiten ergeben sich etwa bei der Auswahl von interessanten Texten aus einem unüberschaubaren Überangebot. Die Anforderungen zur effektiven und sinnvollen Nutzung von Geschriebenem sind also hoch und gehen über die bloße Fähigkeit einzelne Wörter zu lesen weit hinaus. Wie sich der Umgang mit Schriftstücken und anderen Medien bei einem Individuum entwickelt, hängt nicht alleine von Schule und Bildung ab – Geschlecht, Intelligenz und persönliche Interessen können eine Rolle spielen, aber auch das persönliche Umfeld und der soziale Hintergrund können Einfluss haben.

Durch die PISA-Studien ist die unter dem Begriff der Lesekompetenz zusammengefasste Thematik in Deutschland wieder stärker ins öffentliche Interesse gerückt, da es hier offenbar auch erhebliche Mängel gibt. Gemäß der PISA-Studie 2009 erreichen in Deutschland 24% der getesteten Jungen und 12,6% der getesteten Mädchen nicht einmal die Stufe 2 auf der in der PISA-Studie verwendeten Skala zur Beurteilung der Lesekompetenz, auf der die Stufe 6 für die beste Lesekompetenz steht. Immerhin erreichen andererseits auch 23,2% der Jungen und 38% der Mädchen die Stufe 4 oder eine höhere Stufe auf dieser Skala für Lesekompetenz. ([OECD 2010], S. 211 f).

PISA Skala für Lesekompetenz

Die für die PISA-Studie verwendeten Kompetenzstufen bezüglich des Lesens sind in [OECD 2010] ab Seite 54 definiert. Dort heißt es zu den hier als Grenzen verwendeten Stufen:

„Die Kompetenzstufe 2 gilt als das Basisniveau, ab dem die Schülerinnen und Schüler die Lesekompetenz unter Beweis zu stellen beginnen, die es ihnen ermöglichen wird, effektiv und produktiv am Leben teilzuhaben."

„Schülerinnen und Schüler, deren Leistungen Stufe 4 auf der Gesamtskala Lesekompetenz entsprechen, sind in der Lage, schwierige Leseaufgaben zu lösen, beispielsweise eingebettete Informationen zu finden, die Bedeutung sprachlicher Nuancen zu analysieren und einen Text kritisch zu bewerten."

Angesichts solch großer Unterschiede beim Umgang mit Informationen wird im Zusammenhang mit der *Wissenskluft*-These sogar von einer neuen „kulturell getrennten ‚Klassengesellschaft' " ([Enquete 1997], S. 24) gesprochen, wobei nicht nur die Lesekompetenz gemeint ist, sondern allgemein die **Medienkompetenz**.

Kompetenz braucht es schließlich auch zur positiven Nutzung von audiovisuellen und gemischten Medien wie Rundfunk, Fernsehen oder Internet. Jedes Medium hat seine Besonderheiten und es bedarf spezieller Kompetenzen für genau dieses Medium.

Medienspezifische Kompetenzen sind dementsprechend auch für das S-Netzwerk erforderlich, und zwar in einem besonderen Maß: Die aktiven Teilnehmer haben eine große Eigenverantwortung für die von ihnen getätigten Veröffentlichungen mit ihrer unwiderrufbaren Tragweite und mit ihrer weitreichenden rechtlichen Gültigkeit. Zunächst soll die für das S-Netzwerk erforderliche beziehungsweise wünschenswerte Medienkompetenz genauer analysiert werden und dann sollen Möglichkeiten aufgezeigt werde, wie eine gute Qualifikation der Teilnehmer erreicht werden kann.

Der Medienpädagoge Dieter Baacke hat den Begriff der Medienkompetenz als Teil der kommunikativen Kompetenz sowie der Handlungskompetenz definiert.

1.6 Verantwortung, Freiheit und Schutz

> **Medienkompetenz bei Baacke:**
>
> „*Medienkompetenz soll, aufs Ganze gesehen, den Nutzer befähigen, die neuen Möglichkeiten der Informationsverarbeitung souverän handhaben zu können. Auch der humane Fortschritt verläuft heute – und dies ist nicht rückgängig zu machen – über elektronische Technologien. Um an ihm teilhaben zu können, benötigen wir demnächst nicht nur Anschlüsse, um ans Netz gehen zu können. Wir müssen uns in der computerisierten Medienwelt auch zurechtfinden.*" ...
>
> „‚*Medien' stellen eine Besonderung kommunikativer Strukturen dar*" ...
>
> „‚*Kompetenz' ist also kein Besitz, kein statisches Zurverfügungstehen, sondern ein ständiger Prozeß*"
>
> Zitiert aus [Baacke 1999], S. 31f.

Dabei hat Baacke zwischen vier verschiedenen Dimensionen der Medienkompetenz unterschieden: „*Medienkritik*", „*Medienkunde*", „*Mediennutzung*" und „*Mediengestaltung*", wobei sich diese Dimensionen laut Baacke aus der „*Analyse des Medienfeldes selbst*" (zitiert aus [Baacke 1999], S. 34) ergeben. Diese differenzierte Betrachtung bietet sich auch für das S-Netzwerk an, um die dafür notwendigen Kompetenzen zu identifizieren:

Medienkritik

Die Fähigkeit zur kritischen Auseinandersetzung mit einem Medium ist die Grundlage für den weiteren sinnvollen und verantwortungsvollen Umgang damit. Ein Medium ist nicht neutral gegenüber den Inhalten, die es transportiert. Von einem Medium selbst geht aufgrund seiner Eigenschaften ein erheblicher Einfluss auf alle Nutzer aus. Der Philosoph und Medienkritiker Marshall McLuhan hat die Bedeutung des Mediums an sich in seinem bildreich gestalteten Buch *"The Medium is the Message"* sogar als höher eingeschätzt als den Einfluss des Inhalts:

> *"Societies have always been shaped more by the nature of the media by which man communicate than by the content of the communication."* ... *"It is impossible to understand social and cultural changes without a knowledge of the working media."*, zitiert aus [McLuhan 1967], S. 8. Die Idee *"The Medium is the Message"* findet sich auch bereits in [McLuhan 1964].

Das S-Netzwerk mit seinen reliablen Publikationen, sicheren Hinterlegungen und mit den verlässlichen Verlinkungen des S-Webs unterscheidet sich deutlich von den etablierten Medien. Die Teilnehmer sollen in der Lage sein, sowohl das

S-Netzwerk selbst und seine Auswirkungen zu analysieren, als auch das eigene Verhalten im Umgang mit dem Medium zu reflektieren.

Insbesondere sollen alle Teilnehmer ein Verständnis für das dem S-Netzwerk zugrunde liegende Konzept zum Schaffen von Vertrauenswürdigkeit mit der Aufteilung von Verantwortlichkeiten auf verschiedene Misstrauensparteien haben. Weiters sollen ihnen die verbleibenden Risiken und Unsicherheiten des Mediums S-Netzwerk vertraut sein.

Medienkunde

Hier unterscheidet Baacke nochmals zwischen einer informativen und einer instrumentell-qualifikatorischen Dimension.

Die informative Dimension bezieht sich auf ein theoretisches Wissen und theoretische Fähigkeiten. Im Fall des S-Netzwerks umfasst dies für die einfachen Teilnehmer zum einen das Verständnis der grundlegenden Terminologie und die Kenntnis der für sie wichtigen Bestimmungen der S-Verfassung. Das beinhaltet vor allem auch die Standards für die S-Verträge und für die S-Rechtsrahmen, aus denen sich die Pflichten, Rechte und Regeln aller Teilnehmer ergeben.

Zur informativen Medienkunde für das S-Netzwerk gehört unbedingt auch die Entwicklung eines Gespürs für das, was einmal in die Welt gesetzte Informationen anrichten können. Selbst jene Daten, die im S-Netzwerk nur eine begrenzte Gültigkeitsdauer haben und die mithin lediglich für eine gewisse überschaubare Zeit im S-Netzwerk verfügbar gehalten werden, lassen sich nicht mit Sicherheit *aus der Welt schaffen*. Leseberechtigte können Kopien der Inhalte anfertigen und diese über den Gültigkeitszeitraum hinaus verwahren sowie anderen zugänglich machen. Dass einmal herausgegebene Informationen kaum mehr zu kontrollieren sind, ist kein neues Phänomen, welches erst mit dem S-Netzwerk auftritt. Diese Schwierigkeit besteht beispielsweise auch schon bei den sozialen Netzwerken im Internet. Zeitlich begrenzte Verfügbarkeit im S-Netzwerk könnte Nutzer jedoch besonders dazu verleiten, zu glauben, dass die Daten mit Ende der Gültigkeitsdauer automatisch verschwinden würden.

Im Zusammenspiel mit anderen Daten können auch an sich auf den ersten Blick unkritisch erscheinende Informationen zu einer Bedrohung werden. Die Risiken langlebiger, potenziell hochgradig miteinander verknüpfter Inhalte abzuschätzen ist eine komplexe und anspruchsvolle Aufgabe. Im Vergleich zum World Wide Web lässt die freie bidirektionale Verlinkung mit externen S-Links im S-Web die Entstehung einer noch deutlich dichteren Vernetzung der Daten erwarten.

Ein Gespür für die potenziellen Folgen des Preisgebens von Informationen ist eine Voraussetzung, um das S-Netzwerk souverän und angstfrei nutzen zu können: Verantwortungsvoll handeln kann nur, wer die möglichen Konsequenzen seines Handelns auch realistisch abschätzen kann.

1.6 Verantwortung, Freiheit und Schutz

Die instrumentell-qualifikatorische Dimension bezieht sich auf die konkrete Fertigkeit im Umgang mit dem Medium, also auf die technische Bedienung. Die einfachen Teilnehmer des S-Netzwerks müssen in der Lage sein, ihre Computersysteme zusammen mit den darauf laufenden Anwendungsprogrammen korrekt zu pflegen und zu bedienen. Außerdem müssen sie verantwortungsvoll mit ihrem sicheren Zugangssystem [Viehmann 2018 d] umgehen können, das den Aufbau von sicheren Kanälen zum Computernetzwerk der S-Knoten ermöglicht. Zu den Dingen, die mit dem sicheren Zugangssystem geleistet werden müssen, gehört auch die Überprüfung und Autorisation von Publikationen, Hinterlegungen und Verlinkungen, welche im S-Netzwerk getätigt sollen und welche von einer nicht vertrauenswürdigen Quelle wie dem eigenen Computer oder Mobiltelefon stammen.

Der Umgang mit dem eigenen sicheren Zugangssystem und den zugehörigen Authentifikationsmerkmalen sowie Passwörtern ist einer der kritischsten Punkte für die Sicherheit des S-Netzwerks, der sich durch technische Maßnahmen nicht hundertprozentig abdichten lässt. Geht ein aktiver Teilnehmer fahrlässig um mit seinem sicheren Zugangssystem und den vertraulich zu haltenden Informationen zur Authentifikation sowie zur Autorisation, kann er damit zunächst einmal primär sich selbst schaden. Aber auch andere Personen können von unter einem fremden Zugang durchgeführten Publikationen und Hinterlegungen ernsthaft getroffen werden. Dessen muss sich jeder Teilnehmer bewusst sein.

Mediennutzung

Die Nutzung eines Mediums geht über die bloße technische Bedienung hinaus. Es geht darum mit dem Medium auch das zu erreichen, was beabsichtigt ist und nicht mit etwas ganz anderem verloren zu gehen. Eine gute Nutzung setzt voraus, einschätzen zu können, was überhaupt möglich ist, was auch nützlich ist und wie es zu erreichen ist.

Unterscheiden lässt sich gemäß Baacke zwischen der rezeptiven und der interaktiven Nutzung eines Mediums. Ein einfacher Teilnehmer am S-Netzwerk soll sowohl rezeptiv in der Lage zu sein, den Informationsbestand des S-Netzwerkes gezielt und effektiv zu erkunden, als auch selbst (inter-)aktiv Inhalte zu erzeugen, zu veröffentlichen und zu gestalten, was auch die Interaktion mit anderen Teilnehmern ermöglicht.

Die rezeptive Nutzung des S-Webs erfolgt mithilfe von komfortablen Browsern, welche die von Browsern für das World Wide Web gewohnte einfache Navigation mit klickbaren Links auch im S-Web ermöglichen. Allerdings wird mit externen S-Links gearbeitet und jede für einen bestimmten *Bezugsbereich* leseberechtigte Person kann eigene S-Links mit diesem Bezugsbereich erzeugen. Dadurch kann die Anzahl der S-Links, welche eine bestimmte Publikation als *Ausgangsbereich* haben, sehr groß werden, sodass die Teilnehmer mithilfe von

Filtern in den Anfragen an die S-Knoten diejenigen S-Links aus der Masse herausfiltern müssen, welche für sie relevant sind. Das Festlegen von geeigneten Filterkriterien wird dabei nicht immer einfach sein. Erleichtert werden kann das zielgerichtete Abfragen von S-Links durch Vorlagen für Filterregeln und übersichtliche statistische Darstellungen zu den insgesamt verfügbaren Verknüpfungen an einem bestimmten *Ausgangsbereich*. Die Teilnehmer am S-Netzwerk sollten in der Lage sein, ausgehend davon ihre eigenen Filter zu schaffen, um genau die gewünschten S-Links abfragen zu können.

Insgesamt ist der Schwierigkeitsgrad zur rezeptiven Nutzung des S-Netzwerks mit dem S-Web aufgrund der Filterung höher einzuschätzen als beim World Wide Web.

Das S-Netzwerk ist in erster Linie ein Medium zum Mitmachen und mithin zur interaktiven Nutzung: Jeder einfache Teilnehmer kann aktiv selbst reliable Publikationen und sichere Hinterlegungen tätigen sowie S-Links zu beliebigen lesbaren Inhalten hinzufügen.

Die Möglichkeiten zur Interaktion sind vielfältig, das S-Netzwerk ist zusammen mit dem S-Web ein universelles Basismedium. Verschiedenste Anwendungen können mit den grundlegenden Diensten des S-Netzwerks und des S-Webs ohne weitere anwendungsspezifische netzwerkseitige Unterstützung realisiert werden. Lösungen für Aufgaben und Probleme werden vollständig auf Client Seite entwickelt. Spezialisierte Anwendungsprogramme sollen dem interaktiven Nutzer den Aufwand der einzelnen notwendigen Publikationen, Hinterlegungen und Verlinkungen im S-Netzwerk abnehmen und eine komfortable Bedienung sowie eine ansprechende Darstellung ermöglichen.

Wie ein spezialisiertes Anwendungsprogramm aussieht und wie es zu nutzen ist, obliegt der Freiheit der Entwickler des Anwendungsprogramms. Je nach Zweck und Adressatenkreis können hier völlig unterschiedliche Designs sinnvoll sein. Die Teilnehmer am S-Netzwerk entscheiden selbst, welche spezialisierten Anwendungsprogramme sie einsetzen wollen. Ein Programm für den Nachrichtenaustausch kann beispielsweise genau so einfach zu bedienen sein wie ein aktuelles E-Mail Programm. Beurteilungen und Kommentare zur Einschätzung von einzelnen Anwendungskonzepten und Anwendungsprogrammen können verlässlich im S-Web veröffentlicht werden. So kann den anderen Teilnehmern die Auswahl ihrer Anwendungen erleichtert werden und eventuelle Risiken können bekannt gemacht werden.

Beim S-Netzwerk ist es immer möglich, die einzelnen Publikationen, Hinterlegungen und Verlinkungen, welche ein Anwendungsprogramm tätigen will, auf dem Zugangssystem zu prüfen. Einmal im S-Netzwerk, können alle Daten auch mit anderen Programmen wie S-Web-Browsern und Dateimanagern erkundet werden. Teilnehmer sollten mit dem Konzept des S-Webs so gut vertraut sein,

1.6 Verantwortung, Freiheit und Schutz

dass sie die Funktionsweise von spezialisierten Anwendungsprogrammen nachvollziehen, prüfen und selbst beurteilen können.

Mediengestaltung

Mediengestaltung beinhaltet nach Baacke wiederum zwei verschiedene Aspekte: zum einen die kreativ gestalterische Verwendung des Mediums, die über die gewöhnliche Benutzung hinausgeht und die neue Formen sowie Möglichkeiten der Nutzung erschließt. Zum Anderen beinhaltet Mediengestaltung auch die innovative Weiterentwicklung des Mediums selbst.

Die kreative Gestaltung besteht beim S-Netzwerk im Wesentlichen aus der Erschließung von neuen potenziellen Anwendungsfeldern. Die Teilnehmer des S-Netzwerks sollen in der Lage sein, zur Befriedigung ihrer Bedürfnisse sowie zur Lösung von offenen Problemen mithilfe des S-Netzwerks sowie des S-Webs selbst Ideen und Konzepte zu entwickeln. Diese sollen sie auch selbst umzusetzen können oder zumindest an potenzielle Entwickler kommunizieren können.

Es geht dabei nicht unbedingt um die technische Fähigkeit, selbst Client-Programme gegen die Schnittstellen der S-Verfassung entwickeln zu können, als vielmehr um die Vermittlung eines Verständnisses dafür, wie reliable Publikationen, sichere Hinterlegungen sowie S-Links zur Lösung von Problemen und Aufgaben eingesetzt werden können. Die Kompetenz zur kreativen Mediengestaltung ist beim S-Netzwerk in erster Linie eine Denkweise und Vorgehensweise, nämlich die *S-Web-orientierte* Art der Problemlösung. Ziel ist es dabei, Lösungen zu entwickeln, die sich *bezüglich ihrer netzwerkseitigen operationellen Risiken auf das S-Web reduzieren lassen* – also ohne Abhängigkeiten von spezialisierten Services, welche von Servern außerhalb des S-Web bereitgestellt werden.

Zur innovativen Weiterentwicklung des Mediums S-Netzwerk an sich sollen alle Teilnehmer beitragen können. Teilnehmer müssen dafür genau wissen, wie sie ihre Vorschläge einbringen können. Alle Teilnehmer sollten weiters wissen, wie die strategischen und politischen Entscheidungen für das S-Netzwerk zustande kommen und wie sie selbst am Entscheidungsfindungsprozess teilhaben können.

Maßnahmen zur Sicherstellung und Förderung der Medienkompetenz

Wie gut das S-Netzwerk wird, wie positiv es sich auswirken kann, das hängt nicht zuletzt von der Medienkompetenz und von dem praktischen Verhalten seiner Teilnehmer ab.

Das wünschenswerte und vielleicht auch erforderliche Qualifikationsniveau für die Teilnahme am S-Netzwerk ist hoch. Es kann nicht davon ausgegangen werden, dass sich alle Interessenten das nötige Wissen sowie die gefragten Fähigkeiten im freiwilligen Selbststudium aneignen können und erst recht nicht, dass sie dies auch machen werden. Das bloße Bereitstellen von Informationsmaterial wird realistischerweise nicht genügen.

Um die Nutzer davor zu schützen, sich selbst und anderen durch Unkenntnis unfreiwillig zu schaden, bietet es sich an, als Voraussetzung für die Teilnahme am S-Netzwerk den Nachweis angemessener Qualifikation zu verlangen.

Der Nachweis der erforderlichen Qualifikation kann über theoretische und praktische Prüfungen erfolgen. Eventuell macht es auch Sinn, eine Teilnahme an durch Lehrpersonen persönlich begleiteten Schulungen im Umfang von einer gewissen Anzahl von Pflichtstunden oder Pflichtübungen zu verlangen.

Für das S-Netzwerk könnte ein Qualifikationsverfahren mit einer Aufnahmeprüfung zweckdienlich und angemessen sein. Bevor ein zur Teilnahme am S-Netzwerk erforderlicher S-Vertrag abgeschlossen werden kann, muss dann durch das Ablegen einer entsprechenden Prüfung die notwendige Medienkompetenz nachgewiesen werden. Der Gegenstand und die Regeln für den Ablauf dieser Prüfung müssen dazu in der S-Verfassung festgelegt werden. Wie die Vorbereitung auf die Prüfung aussieht, sollte jedem angehenden Teilnehmer selbst überlassen bleiben. Es sollen sowohl Materialien für ein Selbststudium als auch entsprechende Kurse angeboten werden. Zu den wirtschaftlichen Aspekten einer derartigen Qualifikationsanforderung sei auf Kapitel 2.1.1 verwiesen.

Verschiedene Level der Medienkompetenz

Für das S-Netzwerk soll es verschiedene Stufen der Medienkompetenz geben. Auf jeden Fall benötigen jene Personen, die zusätzliche Verantwortung übernehmen wollen, indem sie selbst als S-Betreiber oder als Angestellte von Firmen, die als S-Betreiber auftreten, die Betreuung von S-Knoten leisten, erhebliche zusätzliche Qualifikationen.

Das Maß an durch Prüfungen nachzuweisendem Wissen und zu demonstrierenden Fähigkeiten wird für diese Personen wesentlich größer sein als für die einfachen Teilnehmer. Außerdem müssen sie auf jeden Fall regelmäßig nachweisen, dass sie sich weiterbilden und dass sie stets auf dem neuesten Stand der Technik sind.

Zusätzlich zu einer höheren Qualifikationsanforderung an die Betreuer von S-Knoten kann auch eine *limitierte* Teilnahme am S-Netzwerk ermöglicht werden, welche niedrigere Qualifikationsanforderungen hat als die *normale* aktive Teilnahme.

Die Möglichkeiten eines *limitierten* Teilnehmers sind reduziert, dafür könnte eine *limitierte* Teilnahme auch nach einer leichteren Prüfung ermöglicht werden. Beispielsweise könnten *limitierte* Teilnehmer darauf beschränkt sein, nur Publikationen und Hinterlegungen mit einer Gültigkeitsdauer von maximal einem Jahr publizieren zu dürfen. Weiters könnte festgelegt werden, dass sie gewisse Arten

1.6 Verantwortung, Freiheit und Schutz

von Verträgen im S-Web nicht abschließen dürfen. Damit sind die Möglichkeiten sich selbst und anderen zu schaden bereits erheblich reduziert.

Eine derartige *limitierte* Teilnahme bietet sich gerade für Kinder und Jugendliche an. Ein *limitierter* Teilnehmer schließt einen limitierten S-Vertrag ab. Von einer *limitierten* Teilnahme kann mit einer Prüfung und dem Abschluss eines vollständigen S-Vertrags der nahtlose Übergang zur *normalen* Teilnahme mit vollen Rechten und Pflichten erfolgen.

Juristische Personen als Teilnehmer

Wenn Organisationen wie beispielsweise Unternehmen als juristische Person am S-Netzwerk teilnehmen, muss die juristische Person sicherstellen, dass alle natürlichen Personen, welche deren sichere Zugangssysteme nutzen dürfen, auch entsprechend qualifiziert werden und dass sie etwaig notwendige Prüfungen erfolgreich ablegen, bevor ihnen Zugang gewährt wird.

Gibt es mehrere natürliche Personen, die berechtigt sind, ein sicheres Zugangssystem einer juristischen Person zu nutzen, so müssen die Verantwortlichkeiten innerhalb der jeweiligen Organisation festgelegt werden und die berechtigten Personen müssen auch von diesen internen Regelungen in Kenntnis gesetzt werden.

1.6.2 Garantierte Freiheit mit klaren Regeln

An der Verfügbarkeit der reliablen Publikationen und sicheren Hinterlegungen im S-Netzwerk für alle Leseberechtigten während des Gültigkeits- bzw. persönlichen Zugriffszeitraums darf es kein Rütteln geben. Für Inhalte, die gegen die Regeln des S-Netzwerks verstoßen, können jedoch Warnhinweise und eine unleugbare Rechtfertigungspflicht für die Zugriffe verhängt werden, sofern dies gemäß der S-Verfassung mindestens von einem Quorum der Misstrauensparteien in einem parteiübergreifenden Rechtsverfahren beschlossen wird.

Informationsmedien wie soziale Netzwerke können ein bedeutender Machtfaktor sein – sie können genutzt werden, um Revolutionen auszulösen und sie tragen zum Aufstieg oder zum Sturz von Regierungen bei. So spielten Facebook, Twitter und Blogs etwa eine wichtige Rolle bei der Revolution 2010 und 2011 in Tunesien [Mhenni 2011]. Sie können einzelnen Personen sowie Firmen zu Reichtum und Ruhm verhelfen oder auch deren Existenzen zerstören. So groß, wie der Einfluss eines Mediums sein kann, ist auch der Anreiz, es zu kontrollieren und zu zensieren.

Zensur kann entweder darauf abzielen, als *Vorzensur* schon die Veröffentlichung unerwünschter Informationen zu unterbinden oder sie kann versuchen, als *Nachzensur* die weitere Verbreitung bereits publizierter Daten zu unterbinden.

Für eine theoretische Einführung zum Thema Zensur mit Definitionen zu den Begriffen *Vorzensur* und *Nachzensur* sei hier auf „*Überlegungen zu einer Theorie der Zensur*" von Stephan Buchloh verwiesen (zu finden in [Lagenbucher 2003], S. 112-135).

Eine unmittelbare Folgeanforderung aus der Definition einer reliablen Publikation X ist, dass es keine *Nachzensur* geben darf: Das gesamte Zielpublikum Γ_X muss innerhalb des Gültigkeitszeitraums Δ_X in der endlichen Zeit ε_X lesend auf die reliable Publikation X zugreifen können, wobei die Publikation X auch nicht verändert werden darf. Kann der Zugriff auf eine Veröffentlichung im Gültigkeitszeitraum Δ_X nachträglich verhindert werden, handelt es sich bei der Veröffentlichung nicht um eine reliable Publikation. Das S-Netzwerk muss als Plattform für reliable Publikationen also gegen die nachträgliche Sperrung und Unterdrückung von seinen Inhalten effektiv geschützt werden.

Solange weniger als Ψ Misstrauensparteien an einem Versuch zur *Nachzensur* innerhalb des S-Netzwerks beteiligt sind, wird dieser Versuch scheitern: Das vorgestellte Konzept zur Datenbewahrung und zur sicheren Kommunikation ist resistent gegen solche Angriffe. Ein einzelner Staat hat beispielsweise keine Möglichkeit, nur bestimmte unliebsame Inhalte netzwerkseitig zu blockieren. Netzwerkseitig kann er höchstens versuchen, seinen Bürgern komplett die Möglichkeit zu nehmen, überhaupt auf das S-Netzwerk zuzugreifen.

Das S-Netzwerk garantiert seinen Teilnehmern ferner, dass sie in der Lage sein müssen, innerhalb einer endlichen Durchführungszeit ε_X reliable Publikationen sowie sichere Hinterlegungen zu tätigen. Dieses Recht darf nicht durch eine *Vorzensur* verletzt werden. Ab den S-Knoten wird ein über mehrere Misstrauensparteien ausgedehnter technischer Schutz vor Manipulationen geboten. *Vorzensur* kann jedoch bereits einsetzen, bevor eine Aufteilung über verschiedene Misstrauensparteien erfolgt. Bevor zu publizierende oder zu hinterlegende Inhalte überhaupt an ein sicheres Zugangssystem übertragen werden, kann bereits versucht werden, diese Inhalte zu beeinflussen. Manipulationen von zu publizierenden oder zu hinterlegenden Daten auf privaten Computersystemen können von Teilnehmern aufgrund der Kontrollanzeigen ihrer sicheren Zugangssysteme eventuell entdeckt werden. Doch selbst wenn ein Teilnehmer dann auf die Publikation der manipulierten Daten verzichtet, hat bereits eine *Vorzensur* stattgefunden – die eigentlich gewollte Publikation wird eben auch nicht getätigt.

Einzelnen Teilnehmern, die etwa versuchen, unliebsame Inhalte zu publizieren, kann der Zugriff zum S-Netzwerk auch vollständig und dauerhaft gesperrt werden, indem etwa deren Kommunikationskanäle ganz unterbrochen werden. Ohne Datenleitungen zu S-Knoten ist eine Nutzung des S-Netzwerks unmöglich. Es kann schließlich sehr viel radikaler versucht werden, verdächtige Personen durch Verschleppung und Haft ruhig zu stellen oder Personen gar durch Tötun-

1.6 Verantwortung, Freiheit und Schutz

gen für immer auszuschalten. Schon das Bedrohen mit diesem aggressiven Potenzial kann genutzt werden, um andere einzuschüchtern und abzuschrecken, was effektiv ebenfalls eine Form der *Vorzensur* darstellt.

Denial of Service Attacken und Terror lassen sich auch beim S-Netzwerk für eine *Vorzensur* einsetzen. Die kryptografischen Sicherheitsmaßnahmen sowie das Vertrauenskonzept des S-Netzwerks müssen dabei überhaupt nicht tangiert werden.

Vorzensur lässt sich mit technischen Maßnahmen nicht vollständig ausschließen – auch nicht mit dem aufwendigen Sicherheitskonzept des S-Netzwerks. Zusätzlich zu den technischen Maßnahmen soll beim S-Netzwerk auch das anwendbare Recht dazu beitragen, Zensur zumindest zu erschweren. In der S-Verfassung soll die Zensur des S-Netzwerks explizit verboten werden. Zusätzlich sollen den Teilnehmern auch Freiheitsrechte mit klar bestimmten Grenzen gewährt werden, welche dazu geeignet sind, etwaige Zensurversuche insbesondere auch mithilfe der technischen Möglichkeiten des S-Webs aufzudecken:

Meinungs-, Gedanken-, Kommunikations- und Informationsfreiheit

> »*La libre communication des pensées et des opinions est un des droits les plus précieux de l'Homme*«, zitiert aus der *Déclaration des Droits de l'Homme et du Citoyen, Article XI* der französischen Nationalversammlung von 1789 [AN 1789].

Eigene Übersetzung: „*Die freie Kommunikation von Gedanken und Meinungen ist eines der wertvollsten Rechte der Menschen*".

Diese Rechte der Meinungs- sowie Gedankenfreiheit sind eine Errungenschaft der Aufklärung. Die freie Kommunikation von Meinungen, von Gedanken und von anderen Informationen gilt als elementare Voraussetzung für Selbstbestimmung, Diskussionen, Wissenschaft und Fortschritt. Was passieren kann, wenn diese Freiheiten massiv eingeschränkt oder inexistent sind, lehren die Erfahrungen mit totalitären Regimes. Gerade auch, um zu verhindern, dass sich die Gräuel und Schrecken des Nationalsozialismus wiederholen, wurde die allgemeine Erklärung der Menschenrechte geschaffen und in ihr die Freiheit von Meinungen sowie anderen Informationen explizit gefordert.

> *"Everyone has the right to freedom of opinion and expression; this right includes freedom to hold opinions without interference and to seek, receive and impart information and ideas through any media and regardless of frontiers."*, zitiert aus der allgemeinen Erklärung der Menschenrechte [UN 1948], Artikel 19.

Heute werden Meinungs-, Gedanken-, Kommunikations- und Informationsfreiheit sowie Pressefreiheit in vielen Staaten verfassungsmäßig garantiert. Sie dienen nicht nur dazu, Zensur zu verhindern, sondern auch dazu, die Personen in ihrer Freiheit vor Verfolgung zu schützen. Uneingeschränkt werden diese Freiheitsrechte jedoch in keinem Staat eingeräumt. Wären diese Freiheitsrechte grenzenlos, könnten sie dazu genutzt werden, andere ebenfalls elementare Grundrechte zu verletzen. Rechte können eben auch kollidieren und dazu besteht im Bezug auf die genannten Freiheitsrechte eine umfangreiche Literatur. Exemplarisch sei hier verwiesen auf den Text *„Grundrechtskollisionen im Kontext der Kommunikationsfreiheiten"* von Mischa C. Senn ([Lagenbucher 2003], S. 340-357).

Herausforderung Freiheit am Beispiel der Meinungsfreiheit

Für die Bundesrepublik Deutschland wird die Meinungsfreiheit in Artikel 5.1 des Grundgesetzes [GG 1949/2010] gewährt. In Artikel 5.2 wird dieses Recht explizit durch die Wirkung der anderen allgemeinen Gesetze wieder eingeschränkt, insbesondere zum Schutz der „Ehre".

Um festzustellen, ob eine Aussage unter den Schutz der Meinungsfreiheit fällt, genügt es in Deutschland daher nicht, zu analysieren, ob es sich um eine Meinungsäußerung handelt – also um ein Werturteil und nicht etwa um eine Tatsachenbehauptung. Eine Meinungsäußerung muss jeweils zusätzlich auch noch gegen andere Normen abgewogen werden.

Es kommt somit auch bei Äußerungen, die zweifelsfrei als Meinungsäußerungen zu beurteilen sind, zu Rechtskollisionen mit erheblichem Ermessensspielraum.

Eine Abwägung zwischen der Meinungsfreiheit und dem Schutz der Ehre musste das Bundesverfassungsgericht beispielsweise bezüglich Verfassungsbeschwerden zu mehreren Urteilen zu Fällen von Äußerungen der Art *„Soldaten sind Mörder"* treffen. Diese geht ursprünglich auf einen Artikel von Kurt Tucholsky im Zusammenhang mit dem Ersten Weltkrieg zurück:

> *„Da gab es vier Jahre lang ganze Quadratmeilen Landes, auf denen war der Mord obligatorisch, während er eine halbe Stunde davon entfernt ebenso streng verboten war. Sagte ich: Mord? Natürlich Mord. Soldaten sind Mörder."*, zitiert aus [Tucholsky 1931].

Ist *„Soldaten sind Mörder"* als Werturteil und mithin als Meinungsäußerung aufzufassen oder handelt es sich um eine Tatsachenbehauptung? Wer ist gemeint? Handelt es sich um eine strafbare Beleidigung (§185 [StGB 1871/2012]), üble Nachrede (§186 [StGB 1871/2012]) oder Verleumdung (§187 [StGB 1871/2012])? Eine Beurteilung ist jeweils nur im genauen Kontext möglich. Daher müssen sich Gerichte immer wieder aufs Neue mit sehr ähnlichen Fällen beschäftigen. Eine einfache Berufung auf den Freispruch von 1932 im Prozess gegen Carl von Ossietzky als verantwortlichen Redakteur für den ursprünglichen Artikel von Tucholsky genügt für ähnliche Äußerungen in anderem Zusammenhang nicht. Wie schwierig und strittig selbst für Experten eine Beurteilung ist, zeigen die Fälle von Äußerungen der Art *„Soldaten sind*

1.6 Verantwortung, Freiheit und Schutz 171

> *Mörder"*, die 1995 vor dem Bundesverfassungsgericht verhandelt wurden: Zu den teilweise nicht einstimmigen Entscheidungen, die jeweils zugunsten der Meinungsfreiheit die Urteile der Vorinstanzen aufheben, wird auch die gegenteilige Ansicht einer Richterin wiedergegeben [BVerfG 93, 266 - 1995].

Gesetzliche Schranken sollen im Kollisionsfall bei der unausweichlichen heiklen Abwiegung der Rechte gegeneinander helfen und so zur Rechtssicherheit beitragen. Entsprechende Begrenzungen etwa der Informationsfreiheit werden nicht als Zensur bezeichnet, gleichwohl sie den Informationsaustausch behindernde Folgen haben können und somit eine vergleichbare Wirkung entfalten können.

Informationen, die im S-Netzwerk publiziert oder hinterlegt werden, unterliegen nicht der technischen Kontrolle eines einzelnen Staates. Die Informationen werden über mehrere Misstrauensparteien verteilt und sie können im ganzen S-Netzwerk verfügbar gemacht werden, für alle Teilnehmer – ungeachtet der Grenzen lokal bestehender Rechtsräume.

Ein Staat könnte zwar versuchen, die eigenen lokal gültigen gesetzlichen Bestimmungen etwa zur Meinungsfreiheit auch für Inhalte des S-Netzwerks anzuwenden. Diese wären jedoch kaum anwendbar im Bezug auf Teilnehmer am S-Netzwerk, die Bürger anderer Rechtsräume sind, in denen lokal eventuell ganz andere Bestimmungen zur Meinungsfreiheit bestehen. Die geforderte Gleichstellung aller Teilnehmer am S-Netzwerk bezüglich der rechtlichen Konsequenzen von reliablen Publikationen und sicheren Hinterlegungen wäre in keiner Weise gewährleistet. Außerdem könnte ein Staat die weitere Verbreitung lokal unzulässiger Informationen im S-Netzwerk technisch nur unterbinden, indem der komplette Zugang zu allen Informationen des S-Netzwerks blockiert wird.

Damit eine rechtliche Gleichstellung aller Teilnehmer des S-Netzwerks erzielt werden kann, wird es sich nicht vermeiden lassen, gemeinsame Regeln und Schranken für das Recht der freien Meinungsäußerung sowie der Gedanken-, Kommunikations- und Informationsfreiheit zu erschaffen. Die rechtlichen Vorgaben müssen in der S-Verfassung festgeschrieben werden und in jedem S-Rechtsrahmen implementiert werden. Ob die Regeln der S-Verfassung auch angewandt werden und tatsächlich zu einer möglichst guten Gleichstellung aller Teilnehmer führen, wird von der Qualität der Verankerung in den verschiedenen S-Rechtsrahmen der einzelnen unabhängigen Rechtsräume abhängen. Auf die Problematik der Beurteilung rechtlicher Implementierungen und Umsetzungen sowie auf die Durchsetzbarkeit rechtlicher Standards gegenüber souveränen Staaten wird in [Viehmann 2018 q] und [Viehmann 2018 r] eingegangen. Das S-Netzwerk eignet sich zumindest gut, um Missstände publik zu machen und so zum Schutz der Freiheitsrechte beizutragen.

Die Standards der S-Verfassung sollen das einzige Kriterium sein, anhand dessen über die Zulässigkeit von Inhalten im S-Netzwerk entschieden werden kann. Allerdings bedeutet das auch, dass ein eventuell sehr umfangreiches Regelwerk geschaffen und in die S-Verfassung aufgenommen werden muss. Jede Kommunikation im S-Netzwerk, deren Inhalt unter die Freiheitsrechte in der S-Verfassung fällt, darf für keinen Teilnehmer am S-Netzwerk zu Repressalien führen. Für Äußerungen und für jeglichen Informationsaustausch außerhalb des S-Netzwerks haben die Bestimmungen der S-Verfassung hingegen keine Relevanz – sie verbleiben unter der lokalen Gesetzgebung.

Doch wo sind die Grenzen zu ziehen? Was soll erlaubt sowie geschützt sein im Sinne der Freiheitsrechte und was soll nicht geduldet werden? Es wird eine der politischen Herausforderungen bei der Entwicklung des S-Netzwerks sein, hier das richtige Maß zu finden, was inhaltlich zulässig sein soll, damit die Bestimmungen für möglichst viele Staaten, Staatenbunde und Kulturen akzeptabel werden, ohne die Informationsfreiheit zu sehr aufgeben zu müssen.

Ein Ziel für das S-Netzwerk ist, dass die Teilnehmer selbst ihre Freiheitsrechte genau verstehen können und diese gerade auch als Herausgeber ausschöpfen können, ohne Angst haben zu müssen, dafür belangt werden zu können. Dazu sollen in der S-Verfassung nicht nur abstrakte Normen definiert, sondern auch Beispiele zur Auslegung derselben gegeben werden. Es kann versucht werden, einen Leitfaden zu erschaffen für den Entscheidungsfindungsprozess bei der Frage, ob etwas unter die Meinungs- oder Informationsfreiheit im Sinne der S-Verfassung fällt oder nicht. Im Rahmen der Berechtigungsprüfung zur Teilnahme am S-Netzwerk kann ein hinreichendes Verständnis der Freiheitsrechte und ihrer Grenzen geprüft werden. Diese Maßnahmen sollen zur Rechtssicherheit beitragen und dafür sorgen, dass niemand unfreiwillig Publikationen oder Hinterlegungen im S-Netzwerk tätigt, welche negative rechtliche Konsequenzen haben könnten.

Entscheidend ist neben einer entsprechenden Ausbildung auch, dass die technischen Möglichkeiten gegeben sind, um im Rahmen der Freiheitsrechte zu bleiben: Für manche Inhalte kann eine Beschränkung der Leseberechtigten obligatorisch sein, etwa zur Wahrung des Kinder- und Jugendschutzes. Dazu könnte als Kriterium etwa die Art der Mitgliedschaft am S-Netzwerk genutzt werden – Inhalte, die nur für voll mündige Teilnehmer geeignet sind und nur diesen zugänglich gemacht werden dürfen, können beispielsweise für alle *limitierten Teilnehmer* gesperrt werden.

In der S-Verfassung muss auch geregelt werden, wie festgestellt werden soll, ob die Inhalte von reliablen Publikationen oder sicheren Hinterlegungen gemäß der S-Verfassung zulässig sind und ob mithin ihre Herausgeber zu schützen sind.

Wer ist für Inhalte im S-Netzwerk rechtlich zuständig?

Für die Daten der reliablen Publikationen oder sicheren Hinterlegungen im S-Netzwerk soll kein Anknüpfungspunkt zur Feststellung der lokalen Zustän-

1.6 Verantwortung, Freiheit und Schutz

> digkeit eines einzelnen Rechtsraums definiert werden. Die Informationen des S-Netzwerks werden immer automatisch über verschiedene Misstrauenspartien verteilt – über die Grenzen von einzelnen Ländern hinaus. Die Shares und Kopien werden aufgrund der geografischen Separation mehrheitlich außerhalb des rechtlichen Zuständigkeitsbereichs eines jeden bestehenden territorialen Staates oder Staatenbundes verwaltet und gepflegt. Rein technisch hat keine einzelne Misstrauenspartei die Kontrolle über die Inhalte des S-Netzwerks – und mithin auch kein einzelner Rechtsraum. Es wäre inkonsequent, eine lokale juristische Zuständigkeit zu konstruieren und mithin einer einzigen Partei die gesamte Verantwortung überlassen zu wollen.
>
> Das S-Netzwerk ist nicht als rechtsfreier Raum gedacht. Alle Misstrauensparteien sind rechtlich für die reliablen Publikationen und sicheren Hinterlegungen gemeinsam zuständig, denn nur zusammen sind sie in der Lage, technische Kontrolle auszuüben. Dazu muss die S-Verfassung klare Regeln vorgeben, wie rechtliche Verhandlungen über mehrere Misstrauensparteien hinweg abzulaufen haben. Diese Regeln müssen von allen Staaten ratifiziert werden, welche einen gültigen S-Rechtsrahmen erschaffen wollen, der es ihren Bürgern ermöglicht, am S-Netzwerk teilzunehmen.
>
> Bei der Akzeptanz der Regeln der S-Verfassung mit der gemeinsamen rechtlichen Zuständigkeit und Verantwortung aller Misstrauensparteien muss kein souveräner Staat oder Staatenbund auf seine bestehenden Rechte verzichten. Über Misstrauensparteien verteilte reliable Publikationen und sichere Hinterlegungen sind schlicht und ergreifend etwas Neues – und es werden dazu neue Rechte erlangt, keine bereits vorhandenen Rechte aufgegeben.

Zumindest letztinstanzlich soll einem losen internationalen Gremium – genauer einem Quorum von Richtern aus verschiedenen Misstrauensparteien – die Entscheidung obliegen, ob Inhalte gemäß der S-Verfassung unzulässig sind. Werden Inhalte von einem solchen Quorum für unzulässig befunden, kann auf Basis dieses Urteils nach den Standards der S-Verfassung vor lokalen Gerichten in einzelnen Rechtsräumen über konkrete Rechtsfolgen verhandelt werden. Die S-Verfassung bestimmt dabei den zulässigen Rahmen für kompensatorische und strafende Maßnahmen.

In schweren Fällen kann ein Quorum von Richtern aus verschiedenen Misstrauensparteien auch feststellen, dass Inhalte nach den Regeln der S-Verfassung *untragbar* sind. Für Inhalte, die als *untragbar* beurteilt werden, muss der Beschluss des Quorums von Richtern aus verschiedenen Misstrauensparteien gemäß der S-Verfassung zusätzlich technische Rechtsfolgen festschreiben, sodass im S-Netzwerk die Zugriffsbedingungen für das gesamte Zielpublikum angepasst werden können.

Die dunkle Seite – untragbare Inhalte

Freiheiten können auch in einem negativen Sinn ausgenutzt werden. Die Schaffung eines absoluten Freiheitsrechts, welches das unbeschränkte Verbreiten beliebiger Informationen erlaubt, würde auch einen grenzenlosen Missbrauch ermöglichen.

Das S-Netzwerk soll sich weder für den Aufruf zum (Massen-) Mord noch für die Verbreitung von die Opfer erneut verletzenden Dokumenten von Vergewaltigungen, Missbrauchshandlungen und anderer Verbrechen nutzen lassen. Bei *untragbaren* Inhalten genügt es nicht, die dafür verantwortlichen Personen zu belangen und zu versuchen, Wiedergutmachung zu leisten. Kinderpornografisches Material beispielsweise soll nicht dauerhaft für jedermann frei zugänglich verfügbar gehalten werden. Das wäre ein neuerlicher schwerer Missbrauch an den Opfern.

Immerhin lässt sich im S-Netzwerk grundsätzlich die Identität des Herausgebers feststellen. Den Schutz der Anonymität, den andere Netzwerkplattformen und Netzwerkdienste für die Verbreitung beliebiger Inhalte bieten, gibt es im S-Netzwerk nicht. Es wird sich dennoch kaum verhindern lassen, dass gemäß S-Verfassung *untragbare* Inhalte auch im S-Netzwerk verbreitet werden. Menschen verhalten sich nicht immer vernünftig. Speziell Personen, die ohnehin keine Zukunft mehr für sich sehen, oder die gar ertappt werden wollen, lassen sich durch Verbote und Androhungen von Strafen nicht abschrecken.

Die Notwendigkeit, die Verbreitung *untragbarer* Inhalte, also tief greifend verletzender und schädigender sowie gefährlicher Daten zu unterbinden, kollidiert fundamental und scheinbar unausweichlich mit den grundsätzlichen rechtlichen Gewährleistungen, welche das S-Netzwerk wesentlich auszeichnen sollen. Das betrifft vor allem die jeweils für den gesamten Gültigkeitszeitraum Δ garantierte Verfügbarkeit der reliablen Publikationen und sicheren Hinterlegungen.

Was also soll geschehen, wenn ein Quorum von Richtern aus verschiedenen Misstrauensparteien in einem internationalen Verfahren gemäß der S-Verfassung Inhalte für *untragbar* befindet? Als *untragbar* eingestufte Daten parteiübergreifend zu löschen würde dem Konzept der Misstrauensparteien zuwiderlaufen. Die Verhandlung vor dem Gericht wäre ja gerade eine Absprache zu Manipulationen über die Grenzen von verschiedenen Misstrauensparteien hinweg. Genau solche Absprachen, die zu manipulativen Koalitionsbildungen führen können, sollen für das S-Netzwerk auf jeden Fall verhindert werden. Niemand könnte nach der Löschung von Daten nachprüfen, ob die entfernten Inhalte tatsächlich nach den in der S-Verfassung festgelegten Regeln des S-Netzwerks *untragbar* waren, oder ob sie einfach nur in der entsprechenden Verhandlung den Richtern (wie auch immer diese Vertreter berufen werden) aus verschiedenen Misstrauensparteien unliebsam waren. Und der Schaden einer falschen Löschung könnte nicht wieder repariert werden.

1.6 Verantwortung, Freiheit und Schutz 175

Andererseits kann es auch keine Lösung sein, alle Daten gleichrangig im S-Netzwerk zu belassen. Die Regelung muss das Konzept der Misstrauensparteien berücksichtigen, sie muss transparent, prüfbar und korrigierbar sein und sie muss etwaige Opfer der unzulässigen Inhalte hinreichend schützen. Für das S-Netzwerk wird das folgende Verfahren vorgeschlagen:

Unleugbare Rechtfertigungspflicht für Zugriffe auf untragbare Inhalte

Werden nach den Regeln der S-Verfassung in einem entsprechenden internationalen Verfahren von einem Quorum von Richtern aus verschiedenen Misstrauensparteien im S-Netzwerk publizierte oder hinterlegte Inhalte als *untragbar* eingestuft, so muss die Begründung dieses Urteils U im S-Netzwerk reliabel publiziert und nach bestimmten Vorgaben per S-Links mit den *untragbaren* Daten verbunden werden.

S-Knoten prüfen bei jedem lesenden Zugriffswunsch, ob die angeforderten Daten als *untragbar* verlinkt wurden. Für den Zugriff auf *untragbare* Inhalte gelten verschärfte Bedingungen: Wer eine Adresse von *untragbarem* Inhalt aufruft, wird darüber in Kenntnis gesetzt, dass bei den gewünschten Inhalten durch ein offizielles überparteiliches Verfahren ein Verstoß gegen die S-Verfassung festgestellt wurde. Auf Wunsch kann das Urteil U der Richter mit ihrer Begründung eingesehen werden.

Jeder Interessent kann *untragbare* Inhalte weiterhin anfordern, er muss sich dafür aber unleugbar registrieren (*Fair-Non-Repudiation*-Zugriff). Dazu muss er eine Begründung für den Zugriff im S-Web publizieren und diese verlässlich verlinken. Was zulässige Gründe für die Anforderung *untragbarer* Inhalte sind, wird in der S-Verfassung festgelegt sowie eventuell in der Urteilsbegründung erweitert. Wer *untragbare* Informationen unleugbar anfordert, wird sich gegebenenfalls dafür verantworten müssen.

Durch diese Maßnahmen soll z. B. verhindert werden, dass sich einzelne Teilnehmer kinderpornografische Materialien einfach und unbehelligt zur Befriedigung ihrer eigenen Lust beschaffen können.

Alternativ kann für eine neuerliche Überprüfung des Inhalts durch ein weiteres offizielles Verfahren mit anderen Richtern aus verschiedenen Misstrauensparteien plädiert werden. Jeder aktive Teilnehmer kann sich für eine persönliche Beteiligung an Berufungsverfahren zumindest als Beobachter bewerben. Die S-Verfassung soll festlegen, unter welchen Bedingungen ein neues Überprüfungsverfahren gestartet werden muss.

Kommt eine neue Überprüfung zu dem Schluss, dass die zuvor als *untragbar* beanstandeten Inhalte nach den Maßgaben der S-Verfassung doch *tragbar* oder sogar zulässig und schützenswert sind, kann der erschwerte *Fair-Non-Repudiation*-Zugriff wieder geöffnet werden. Die Informationen werden rehabilitiert. Da alle Daten unverändert und unter derselben Adresse vorhanden sind, genügt dafür eine neuerliche Anpassung der Zugriffsmodalitäten durch die Verlinkung des neu reliabel zu publizierenden Urteils T, welches fortan die Daten als *tragbar* markiert. Die Dokumentationen sowohl von der Verschärfung der Zugriffsmodalitäten als auch von der Aufhebung der Verschärfung bleiben in jedem Fall im S-Netzwerk erhalten.

Eine abweichende Neubewertung muss nicht bedeuten, dass die Richter in dem vorausgegangenen Verfahren einen Fehler gemacht haben. Werte können sich im Laufe der Zeit auch ändern, und auch die Maßgaben in der S-Verfassung können daran angepasst werden, sodass eventuell zu einem späteren Zeitpunkt Inhalte anders zu beurteilen sind.

Da das beschriebene Verfahren nicht destruktiv ist, können Urteile wieder aufgehoben werden und es kann jeweils der aktuellen Rechtslage Rechnung getragen werden.

Mit diesem Verfahren wird ein angemessener Schutz der Opfer von unzulässigen Inhalten geschaffen, ohne dass eine willkürliche Zensur erleichtert wird und ohne dass irreparable Schäden in Form von Datenverlusten entstehen könnten.

Die Eigenschaften der reliablen Publikationen und sicheren Hinterlegungen bleiben uneingeschränkt bestehen: Der Zugriff lässt sich auch bei *untragbaren* Inhalten für jede Person des Zielpublikums Γ während des gesamten Gültigkeitszeitraums Δ jederzeit erzwingen. Internationale Verhandlungen über die Tragbarkeit von Inhalten sind keine verbotenen Absprachen zwischen verschiedenen Misstrauensparteien, weil auch für *untragbare* Inhalte eben keine die Regeln des S-Netzwerks verletzenden parteiübergreifenden Manipulationen durchgeführt werden müssen.

Dieses Konzept bedingt, dass die S-Knoten eine zusätzliche technische Funktionalität für die Modifikation der Zugriffsmodalitäten bereitstellen müssen. Sie müssen dazu prüfen können, ob Daten nach den Regeln der S-Verfassung gegenwärtig als *untragbar* eingestuft sind. S-Knoten müssen bei korrekter unleugbarer Registrierung den Zugriff auf *untragbare* Daten gewähren.

Besteht noch keine unleugbare Registrierung, müssen S-Knoten auf das Urteil und auf die Möglichkeit des begründeten *Fair-Non-Repudiation*-Zugriffs hinweisen.

Abbildung 23 zeigt den Entscheidungsprozess für die Prüfung der Zugriffsmodalitäten mit dem Konzept für unleugbar registrierten Zugriff auf gemäß der S-Verfassung als *untragbar* eingestufte sowie eventuell als *tragbar* rehabilitierte Inhalte.

1.6 Verantwortung, Freiheit und Schutz

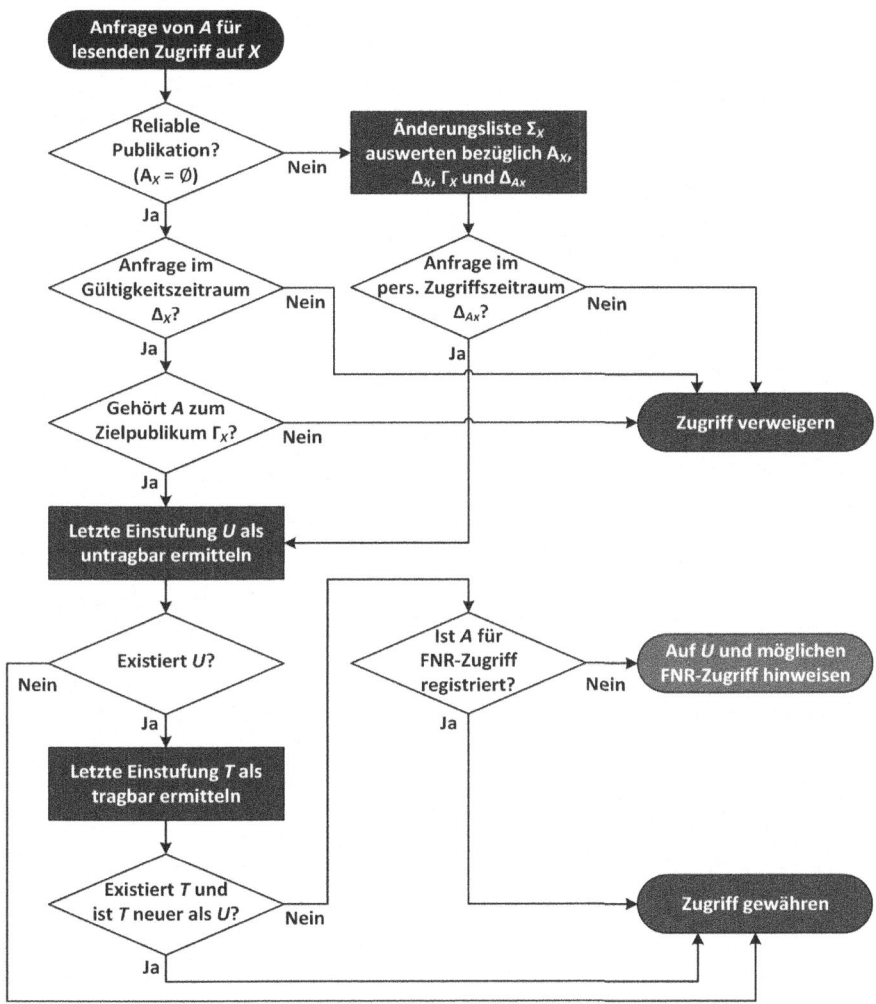

Abbildung 23: Entscheidungsprozess für S-Knoten bei Anfragen für lesenden Zugriff

1.6.3 Intim- sowie Privatsphäre und Datenschutz

Zum Datenschutz bietet das S-Netzwerk neben der Zugriffskontrolle auch die Möglichkeit, eine Unschärfe in den Informationen zum Veröffentlichungszeitpunkt und auch zur Herausgeberschaft zu erzielen. Externe Dienste können und dürfen anonymen Zugang zum S-Netzwerk anbieten, sofern dabei die Regeln der S-Verfassung gewahrt werden. Bestimmte Inhalte können mit

Anonymisierungsdiensten anonym im S-Netzwerk publiziert oder hinterlegt werden. Gerade wo einerseits Anonymität gefordert wird, aber andererseits Garantien etwa über die Zugehörigkeit des Herausgebers zu einer gewissen Gruppe von Personen benötigt werden, können mit dem S-Netzwerk und dem S-Web im Zusammenspiel mit Geflechten von externen Diensten zur Anonymisierung interessante Lösungen entwickelt werden.

Zu den wichtigen Grundrechten zählt das Recht auf Intim- und Privatsphäre, wozu der Schutz vor dem Missbrauch personenbezogener Daten zählt. In Deutschland wird das Persönlichkeitsrecht auf Intim- und Privatsphäre nicht explizit im Grundgesetz aufgeführt, es wird gewohnheitsrechtlich aus den Artikeln 1.1 und 2.1 [GG 1949/2010] abgeleitet und als „*verfassungsmäßig gewährleistetes Grundrecht angesehen*" (zitiert aus [BGH 1954]).

Dem Schutzbedürfnis der Intim- und Privatsphäre stehen verschiedene andere Interessen gegenüber: Die eigenen personenbezogenen Daten betreffend das Bedürfnis der Selbstoffenbarung und fremde Daten betreffend Neugier sowie das Bedürfnis zur Überwachung (*"Self-Revelation, Curiosity, and Surveillance"*, zitiert aus [Westin 1967], S. 52).

Privatsphäre und Computer

Privatsphäre ist nicht nur für Nutzer von Computernetzwerken, sondern für alle Menschen und sogar für andere Tiere wichtig (siehe [Westin 1967] S. 8ff). Mit der Technik der maschinellen Vernetzung und Datenverarbeitung vergrößert sich lediglich das Potenzial zur Anhäufung und Nutzung von personenbezogenen Daten, sodass die Dringlichkeit des Schutzes steigt.

"It is commonplace to observe that we all leave behind us a trail of personal records: birth certificates, school records, medical records, income-tax assessments, credit ratings and so forth. It is computer storage of such material that gives rise to the privacy fears." ...

"It is the ability of the computer to reorganise information it stores, to evaluate it in novel ways, to use sophisticated techniques of association and correlation that constitutes a large part of the fear that is provoked. There is a sense in which the evaluation of a vast quantity of information imparts a new and potentially more dangerous quality to it.", zitiert aus [Niblett 1971], S. 17-18.

Das Zusammenleben kann durch die intelligente Nutzung von persönlichen Daten auch bereichert werden, ohne dass dadurch ein Schaden entstehen muss. Es gilt die richtige Balance zu finden, um einen Missbrauch von Daten zu verhindern und gleichzeitig bestimmte Arten der Nutzung in einem festgelegten Rahmen zu ermöglichen.

1.6 Verantwortung, Freiheit und Schutz

In Deutschland werden mit dem Bundesdatenschutzgesetz (BDSG) Grenzen für das Erheben und Sammeln von personenbezogenen Daten gesetzt:

"Datenvermeidung und Datensparsamkeit
Die Erhebung, Verarbeitung und Nutzung personenbezogener Daten und die Auswahl und Gestaltung von Datenverarbeitungssystemen sind an dem Ziel auszurichten, so wenig personenbezogene Daten wie möglich zu erheben, zu verarbeiten oder zu nutzen. Insbesondere sind personenbezogene Daten zu anonymisieren oder zu pseudonymisieren, soweit dies nach dem Verwendungszweck möglich ist und keinen im Verhältnis zu dem angestrebten Schutzzweck unverhältnismäßigen Aufwand erfordert.", zitiert aus: *[BDSG 1990/2009], § 3a.*

Die Einhaltung einer solchen Norm lässt sich kaum überprüfen. Staatliche Organe und Institutionen haben selbst weitreichende Interessen an Daten und ihnen stehen auch die Mittel zur Verfügung, gezielte Informationen aus riesigen Datenmengen zu extrahieren. Von Staaten geht die vielleicht größte Bedrohung von Datenschutz und Privatsphäre aus.

"Relying on government to protect your privacy is like asking a peeping tom to install your window blinds.", zitiert aus [Barlow 1992], S. 26.

Es werden im Bundesdatenschutzgesetz mit dem Anonymisieren und Pseudonymisieren zwei Konzepte benannt, die zu einem technischen Schutz der Intim- und Privatsphäre auch vor dem Staat beitragen können. Weitere Maßnahmen setzen beim eigenen Verhalten an:

Selbstoffenbarung

In sozialen Netzwerken wie Facebook und auch im S-Netzwerk ist es für die Teilnehmer leicht, persönliche Informationen zu publizieren. In sozialen Netzwerken werden freiwillig sehr persönliche Profile erstellt. Allerdings ist es beispielsweise möglich, zum Schutz der Privatsphäre Profile unter falschem Namen anzulegen. Im S-Netzwerk in der bisher gezeigten Form wird hingegen immer unter dem richtigen Namen des Herausgebers veröffentlicht. Dessen eindeutige Identifizierbarkeit ist ein gewolltes Feature:

Reliable Publikationen und sichere Hinterlegungen sind definitionsgemäß dadurch gekennzeichnet, dass Herausgeber und Publikationszeitpunkt rechtsgültig feststellbar sein müssen. Das S-Netzwerk soll diese Eigenschaften für alle darin gespeicherten Inhalte garantieren. Es ist gedacht als ein Medium für Informationen, bei denen es gewünscht ist oder sogar ganz entscheidend darauf ankommt, zu wissen, wer sie wann herausgibt. Der Herausgeber einer reliablen Publikation oder einer sicheren Hinterlegung im S-Netzwerk ist verantwortlich für den Inhalt und er haftet im Fall eines Verstoßes gegen die Bestimmungen der

S-Verfassung. Die als Bedingung für die Teilnahme am S-Netzwerk nachzuweisende Kompetenz soll garantieren, dass alle Teilnehmer diese Verantwortung auch tragen können ohne sich selbst oder anderen unfreiwillig zu schaden.

Wäre die Identität des Herausgebers im S-Netzwerk nicht rechtsgültig feststellbar und würde der Herausgeber nicht die volle Verantwortung tragen, könnten die Grenzen der Meinungs-, Gedanken-, Kommunikations- und Informationsfreiheit im S-Netzwerk beliebig überschritten werden, da für Täter keine negativen Folgen zu befürchten wären. Der zu erwartende Aufwand an Untersuchungen der Zulässigkeit von Inhalten gemäß der S-Verfassung und die notwendigen Modifikationen an den Zugriffsmodalitäten für *untragbare* Inhalte würden zu einem kaum praktikablen Informationssystem führen.

Für beliebige anonyme Veröffentlichungen kann das S-Netzwerk keine Unterstützung bieten. Für Derartiges müssen andere Medien und Informationsplattformen genutzt werden. Unter bestimmten Einschränkungen können jedoch auch für Inhalte im S-Netzwerk gewisse Formen der Anonymität und auch der zeitlichen Unbestimmtheit ermöglicht werden:

Unschärfe

Bei einer reliablen Publikation oder sicheren Hinterlegung X muss sich der Publikationszeitpunkt T_X feststellen lassen. Für das S-Netzwerk wird der Anspruch erhoben, dass die erzielbare Genauigkeit zumindest im Sekundenbereich liegen soll. Es spricht jedoch nichts dagegen, auch eine weniger exakte Angabe zu ermöglichen, sofern der Herausgeber dies wünscht. Dazu könnte z. B. die Spezifikation eines Zeitintervalls angeboten werden, in dem der tatsächliche Publikationszeitpunkt T_X auf jeden Fall liegen muss. Die S-Verfassung würde die zulässigen Grenzen für ein Intervall als Publikationszeitfenster bestimmen. Der Gültigkeitszeitraum sollte frühestens am Ende des Publikationsintervalls beginnen. Würde bereits vor dem Ende des Publikationszeitfensters Zugriff auf die Daten gewährt werden, könnte durch eine erfolgreiche Anfrage für lesenden Zugriff während des Publikationsintervalls festgestellt werden, dass die Publikation eben bereits erfolgt sein muss.

Der rechtlich verantwortliche Herausgeber Π_X einer Publikation oder Hinterlegung X muss sich genau ermitteln lassen – er haftet für seine Inhalte. Daraus folgt jedoch nicht, dass jeder Teilnehmer den Namen und weitere personenbezogene Daten erfahren muss. Es genügt, wenn diese Daten in einem Rechtsstreit ermittelt werden können. Die öffentliche Angabe des Herausgebers kann pseudonym als S-Adresse erfolgen. Die personenbezogenen Daten zu einer S-Adresse sind allerdings mindestens Ψ Prüfern der Identität bekannt.

Eine gewisse Unschärfe bezüglich des Herausgebers lässt sich mit dem S-Netzwerk außerdem erzielen, wenn der Herausgeber eine juristische Person ist. In diesem Fall lässt sich eventuell nicht exakt feststellen, welche natürliche Per-

1.6 Verantwortung, Freiheit und Schutz

son tatsächlich dahinter steckt. Nimmt eine juristische Person am S-Netzwerk teil, haften gemäß der S-Verfassung die juristische Person und ihre Mitglieder sowie eventuell weiterer Personen, die deren Zugang nutzen dürfen, eventuell gemeinsam. Der Zugriff auf sichere Zugangssysteme einer juristischen Person darf nur jenen natürlichen Personen gewährt werden, welche die notwendige Qualifikation zur Nutzung des S-Netzwerks nachweisen können und welche von der juristischen Person dazu bemächtigt werden. Um gemeinsame Haftungen zu vermeiden, empfiehlt es sich, intern zu protokollieren, welche natürliche Person was macht und zu verantworten hat. Kommt es zu einem Rechtsstreit, kann die haftende Person aus der internen Protokollierung ermittelt und gegebenenfalls zur Verantwortung gezogen werden.

Offene Zugangsdienste zur automatischen Anonymisierung

Das Konzept der Unschärfe bezüglich des Herausgebers kann auch genutzt werden, um beliebigen Personen in einem von der S-Verfassung bestimmten Rahmen Zugang zum S-Netzwerk zu ermöglichen.

Dazu betreibt eine juristische Person einen sicheren Zugangsserver, der nur einen nach der S-Verfassung zulässigen Teil der Funktionalität eines sicheren Zugangssystems etwa über ein Web-Interface im Internet nutzbar macht. Ein solcher frei angebotener Service wird als *offener Zugangsdienst* bezeichnet. *Offene Zugangsdienste* zum S-Netzwerk anzubieten, die lediglich lesenden Zugriff auf Inhalte des S-Netzwerks ermöglichen, ist relativ unproblematisch. Solche Lese-Dienste können sogar für aktive Teilnehmer am S-Netzwerk attraktiv sein, denn sie können ein anonymes lesendes Zugreifen ermöglichen.

Anonym zum *offenen Zugangsdienst*

Um zu verhindern, dass der Anbieter eines *offenen Zugangsdienstes* Informationen zur Person erhält, sollte die Verbindung zum *offenen Zugangsdienst* so aufgebaut werden, dass dadurch keine aufschlussreichen Daten wie etwa die eigene IP-Adresse übermittelt werden.

Ein bekanntes Beispiel für eine passende Technik zur Verschleierung der eigenen Identität ist das Onion Routing [Goldschlag 1996], welches in "Tor" verwendet wird [Dingledine 2004].

In der S-Verfassung muss festgelegt werden, welche Inhalte des S-Netzwerks unter welchen Bedingungen anonym verfügbar gemacht werden dürfen. Denkbar wäre eine Regelung, die es *offenen Zugangsdiensten* erlaubt, jene Daten, welche im S-Netzwerk ohne Beschränkung des Zielpublikums frei zugänglich sind, auch ohne Weiteres nach außen weiterzugeben.

Komplizierter wird es bei Inhalten, die zwar für den *offenen Zugangsdienst* zugänglich sind, deren Zielpublikum aber beschränkt ist. Sollen auch solche

Daten über den *offenen Zugangsdienst* extern verfügbar gemacht werden, muss der Inhalt jeweils geprüft werden. Denn zugriffsbeschränkte Inhalte sind intentional eben nicht beliebigen Personen öffentlich zugänglich. Sie allgemein zugänglich zu machen, könnte eventuell rechtswidrig sein. Der Anbieter eines *offenen Zugangsdienstes* muss mit technischen Maßnahmen dafür sorgen, dass durch die Bereitstellung von Daten aus dem S-Netzwerk an Externe nicht gegen die S-Verfassung oder gegen sonstige rechtliche Bestimmungen verstoßen wird.

Unter Auflagen und bei voller Übernahme der Verantwortung können *offene Zugangsdienste* auch das Tätigen von reliablen Publikationen, sicheren Hinterlegungen und verlässlichen Verlinkungen erlauben. Die S-Verfassung kann derartige *offene Zugangsdienste* nur gestatten, wenn technisch sichergestellt wird, dass die externen Anwender nur Inhalte im S-Netzwerk publizieren oder hinterlegen können, welche den Bestimmungen der S-Verfassung entsprechen. Soll also Dritten schreibender Zugriff auf das S-Netzwerk angeboten werden, obliegt es dem Anbieter des *offenen Zugangsdienstes*, dafür zu sorgen, dass damit der rechtlich vorgegebene Rahmen gar nicht erst übertreten werden kann.

Folglich können *offene Zugangsdienste* mit Schreibzugriff nur zu Bedingungen angeboten werden, unter denen es möglich ist, der Prüfungspflicht auf Zulässigkeit gemäß S-Verfassung nachzukommen. Eine vollautomatische Untersuchung beliebiger Inhalte auf Konformität zu einem komplexen rechtlichen Regelwerk ist nach derzeitigem Stand der Forschung und der Technik nicht realisierbar – und das dürfte aufgrund der Schwierigkeit der rechtlichen Beurteilung auch noch lange so bleiben. Prüfverfahren mit manuellen Arbeitsschritten sind zwar prinzipiell möglich, aber auch teuer.

Wenn es hingegen nur um bestimmte Arten von Inhalten, sind eventuell vollautomatische Prüfungen auf Konformität zu den Bestimmungen der S-Verfassung realisierbar. Für viele Anwendungsfälle lässt sich der Inhalt relativ leicht hinreichend weit eingrenzen. Als Beispiel sollen hier Konzepte für anonyme Kommentare vorgestellt werden.

Ein *offener Zugangsdienst*, der Kommentare anonymer Herkunft ungeprüft in das S-Netzwerk hineinträgt, könnte z. B. dazu missbraucht werden, zu beleidigen und zu drohen. Den Urhebern böte die Anonymität Schutz vor rechtlichen Konsequenzen. Mutmaßlich gegen die S-Verfassung verstoßende Kommentare müssten in aufwendigen parteiübergreifenden Verfahren untersucht und ggf. auf unleugbar begründeten Zugriff beschränkt werden. Die Kosten und etwaige andere rechtliche Folgen blieben am Anbieter des *offenen Zugangsdienstes* hängen, denn die Urheber wären nicht zu identifizieren.

Zur Ermöglichung anonymer Kommentare muss ein *offener Zugangsdienst* geschaffen werden, der nur gemäß der S-Verfassung zulässige Inhalte passieren lässt. Der Ansatz vermeintlich Unzulässiges in frei formuliertem Text zu suchen, würde kaum alle möglichen Verstöße finden können, ohne auch Zulässiges zu

1.6 Verantwortung, Freiheit und Schutz

beanstanden. Würde es den Nutzern zugemutet, selbstständig die Filter passierende Formulierungen zu finden, wäre das zumindest kompliziert, wahrscheinlich äußerst mühsam und frustrierend.

Stattdessen bietet es sich an, mit positiven Listen von zulässigen Sätzen und Satzbausteinen zu arbeiten. Solange ein Kommentar nur Elemente dieser Listen enthält, kann er im S-Netzwerk publiziert oder hinterlegt werden. Anbieter der *offenen Zugangsdienste* können die Anwender mit Text-Generatoren beim Verfassen von Kommentaren unterstützen. Nutzer wählen dann nur Sätze und Satzbausteine aus den Listen zulässiger Elemente aus, welche von den Filtern der *offenen Zugangsdienste* akzeptiert werden. Niemand muss selbstständig ausformulieren und die maschinelle Auswertung der Kommentare wird erleichtert. Nachteil des Verfahrens ist, dass nicht die volle Expressivität freier Sprache zur Verfügung steht. Für Werturteile, also für Meinungsäußerungen im engeren Sinne, sollte es jedoch möglich sein, mit überschaubaren zulässigen Bausteinen gute Ausdrucksmöglichkeiten zu schaffen. Schließlich kann es auch Domain-Spezifische Assistenten geben, um adäquates Feedback zu bestimmten Arten von Inhalten und Produkten zu unterstützen.

Anonymisierung mit Geflächten im S-Web am Beispiel von Kommentaren

Es gibt eine Vielzahl von Szenarien, in denen Anonymität geboten werden soll, zugleich aber die Zugehörigkeit zu bestimmten Gruppen von Personen als Zugriffs- und Nutzungsvoraussetzung gewahrt werden soll. Ein Beispiel: Eine reliable Publikation X soll nur für Personen aus einer Gruppe G lesbar sein. Jede Person aus G soll lesend auf X zugreifen können und anonym Kommentare zu X verfassen können. Wer nicht zu G gehört, soll weder auf X zugreifen können noch Kommentare dazu veröffentlichen können.

Eine triviale Möglichkeit, dies zu erreichen, bestünde im Einsatz einer „Vertrauenspartei", der gegenüber sich jeder, der X lesen und kommentieren möchte, ausweisen muss. Zur Feststellung der Identität der Nutzer könnte die „Vertrauenspartei" das S-Netzwerk nutzen. Sofern die anfragende Person zu G gehört, würde die „Vertrauenspartei" dann anonymen lesenden Zugriff auf X gewähren und auf Anweisung Kommentare anonym publizieren, sofern diese nach den Regeln der S-Verfassung zulässig sind. Die „Vertrauenspartei" würde einen *geschlossenen Zugangsdienst* nur für Personen aus der Gruppe G anbieten. Die „Vertrauenspartei" müsste dazu zum Zielpublikum Γ_X von X gehören.

Anders als bei *offenen Zugangsdiensten* können durch einen nicht korrekt arbeitenden *geschlossenen Zugangsdienst* Identitäten der Nutzer offengelegt werden, schließlich müssen sich alle Nutzer einem solchen Dienst gegenüber ausweisen. Ferner könnte der *geschlossene Zugangsdienst* den Inhalt von X sowie der Kommentare auch an Personen preisgeben, die nicht zu G gehören. Außerdem könnte der *geschlossene Zugangsdienst* Kommentare veröffentlichen, die nicht von einer Person aus *G* stammen. Der Partei, die einen *geschlossenen Zugangsdienst* anbietet, müsste vollkommen vertraut werden. Derartige Abhängigkeiten von einer „Vertrauenspartei" zu vermeiden ist ein Hauptziel bei der Erschaffung des S-Netzwerks. Es wäre inkonsequent, für die Schaffung von Anonymität im S-Netzwerk wieder auf Konzepte mit Abhängigkeiten von „Vertrauensparteien" zu setzen.

Stattdessen soll eine Lösung konzipiert werden, welche die Verantwortlichkeiten über verschiedene Misstrauensparteien verteilt. Für anonyme Kommentare im S-Netzwerk, welche garantiert von Personen aus einer bestimmten Gruppe *G* stammen, lassen sich drei Aufgaben identifizieren, die von Diensten zur Anonymisierung bewältigt werden müssen:

Erstens ist zu prüfen und zu bescheinigen, ob der Kommentar *K* wirklich von einer Person aus der Gruppe *G* stammt. Zweitens ist zu prüfen und zu bescheinigen, ob der Inhalt κ des Kommentars *K* gemäß der S-Verfassung zulässig ist. Drittens muss der Kommentar *K* publiziert oder hinterlegt werden und mit dem zu kommentierenden Ziel *X* verlässlich verlinkt werden. Voraussetzung dafür ist, dass die Prüfungen der ersten sowie der zweiten Aufgabe absolviert wurden und dass jeweils ein positives Ergebnis bescheinigt wurde.

Vertraulichkeit und Sicherheit sollen gewährt werden, indem diese drei Aufgaben so weit wie möglich voneinander isoliert werden, sodass jede beteiligte Partei jeweils nur eine der Aufgaben erfüllt und nur ein dafür notwendiges Minimum an Informationen erhält.

Zur Bewältigung der ersten Aufgabe benötigt werden die Identität des Kommentators, die Mitglieder der Gruppe *G* und der Auftrag, wie genau das Prüfergebnis bescheinigt werden soll. Ein Dienst, der prüfen soll, ob die den Kommentar *K* verfassende Person zu *G* gehört (erste Aufgabe), darf nicht auf den Inhalt κ des Kommentars *K* zugreifen können und auch das Ziel *X* des Kommentars *K* muss vor ihm geheim gehalten werden.

Um die zweite Aufgabe erfüllen zu können, werden nur der Inhalt κ des Kommentars und der Auftrag, wie genau das Prüfergebnis bescheinigt werden soll, benötigt. Also darf ein Dienst, der den Inhalt κ des Kommentars *K* auf Zulässigkeit gemäß der S-Verfassung prüfen soll (zweite Aufgabe), weder das Ziel *X* erfahren noch Informationen über die Identität der Person erhalten, welche den Kommentar tätigen will.

Damit die dritte Aufgabe bewältigt werden kann, werden Informationen darüber benötigt, was das Ziel des Kommentars ist, was publiziert oder hinterlegt sowie verlinkt werden soll und es müssen Bescheinigungen darüber vorliegen, dass der Kommentar *K* von einer Person aus *G* stammt sowie dass der Inhalt κ des Kommentars *K* nach den Regeln der S-Verfassung zulässig ist. Vor einem Dienst, der den Kommentar *K* publizieren und verlinken soll (dritte Aufgabe), muss die Identität des Kommentators ebenso verborgen bleiben wie auch der

1.6 Verantwortung, Freiheit und Schutz

Inhalt κ des Kommentars K. Selbst der Inhalt χ des Ziels X von dem Kommentar K soll vor lesendem Zugriff eines solchen Dienstes geschützt bleiben können.

Die Korrektheit der Ausführung der Aufgaben einzelner Dienste soll sich unabhängig voneinander prüfen lassen – die einzelnen Schritte sind dazu im S-Web zu protokollieren.

S-Web-Zugriffsschutz: Verlässliche Verlinkung ohne Leserechte

Das anonyme Kommentieren soll auch für streng vertrauliche Dokumente χ als Ziel X des Kommentars möglich sein. Dabei sollte kein Dienst zur Anonymisierung von Kommentaren den Inhalt χ des zu kommentierenden Ziels X lesen können. Ein Kommentar K mit dem Inhalt κ muss allerdings mit seinem Ziel X verlinkt werden und ein S-Link kann prinzipiell nur zwischen Publikationen oder Hinterlegungen erzeugt werden, für die Leserechte bestehen.

Damit Dienste zur Anonymisierung verlässliche Verlinkungen erzeugen können, auch wenn ihnen für das Ziel keine Leserechte eingeräumt werden können, bietet es sich an, für die Zugriffsbeschränkung nicht direkt die Funktionalität des S-Netzwerkes zu nutzen, sondern ein manuelles Secret Sharing im S-Web zu verwenden. Der zu diskutierende Inhalt χ wird dazu clientseitig in Ψ Shares aufgeteilt und jeder Share wird als eigenständige reliable Publikation oder sichere Hinterlegung im S-Netzwerk gespeichert. Die separaten Shares werden verlässlich miteinander verlinkt, sodass alle zusammengehörenden Shares gefunden werden können.

Bei diesem *S-Web-Zugriffsschutz* können für jeden einzelnen Share die Zugriffsberechtigten frei bestimmt werden. Genau das lässt sich für die Anonymisierung nutzen: Jeder Dienst zur Anonymisierung erhält nur Leserechte für maximal einen Share von X. Zu dem Share, für den jeweils lesender Zugriff besteht, kann ein solcher Dienst dann S-Links erzeugen. Um an den Inhalt χ zu gelangen, müssen dann mindestens Ψ Dienste zur Anonymisierung zusammenarbeiten. Abbildung 24 zeigt die anonyme Kommentierung eines Ziels, welches den S-Web-Zugriffsschutz verwendet. Share $X_a(\chi)$ und Share $X_b(\chi)$ sind separate Publikationen, die per S-Link verbunden sind. Dienst E kann nur auf Share $X_a(\chi)$ zugreifen und er verlinkt Shares von Kommentaren nur damit. Dienst F kann nur auf Share $X_b(\chi)$ zugreifen, entsprechend wird von F nur auf Share $X_b(\chi)$ verlinkt. Nur jene mit Leserechten für beide Shares können χ und κ rekonstruieren.

Theoretisch wäre es möglich, den Zugriffsschutz für Daten im S-Netzwerk, der auf Secret Sharing beruht, ausschließlich über den *S-Web-Zugriffsschutz* zu realisieren. Bei diesem Ansatz würde immer jeder Share als eigenständige Publikation oder Hinterlegung realisiert. Die notwendige Funktionalität der S-Knoten würde so minimiert. Allerdings müssten bei N Shares zusätzlich mindestens $N-1$ S-Links erschaffen werden, um die Zusammengehörigkeit der Shares kenntlich zu machen. Angesichts dieses Aufwandes ist es besser, den *S-Web-Zugriffsschutz* nur zu verwenden, wenn Zugriff auf einzelne Shares gestatten werden soll.

Das folgende Verfahren erlaubt es einer Person Y aus der Gruppe G, einen Kommentar K mit dem Inhalt κ zum Ziel X mit dem Inhalt χ im S-Web zu publizieren und dabei zu belegen, dass der Urheber des Kommentars zu G gehört, ohne die Identität von Y zu verraten.

1. **Vorbereitung**: Der Kommentator Y wählt zunächst für jede der drei Aufgaben jeweils N Dienste zur Anonymisierung aus, wobei kein Dienst mehr als eine Aufgabe übernehmen darf und N größer gleich *Threshold T* sein muss. Dann erzeugt Y für jede der drei Aufgaben jeweils einen separaten Auftrag mit einer ID-Nummer. Der Auftrag zur ersten Aufgabe enthält insbesondere eine Spezifikation der Gruppe G.

   Für jeden Auftrag werden Prüfdaten erzeugt, um die Integrität sicherstellen zu können. Weiters erzeugt der Kommentator Y auch zu dem Inhalt κ des Kommentars Prüfdaten.

   Außerdem sind drei Secret Sharing Zerlegungen zu generieren: eine Zerlegung K_{NT} von dem Kommentar κ mit den zugehörigen Prüfdaten. Eine Zerlegung A_{2NT} von dem Auftrag für jene Dienste, welche die zweite Aufgabe erfüllen sollen, mit den zugehörigen Prüfdaten. Und schließlich eine Zerlegung A_3X_{NT} von dem Auftrag für die Dienste, welche die dritte Aufgabe erfüllen sollen, mit den zugehörigen Prüfdaten.

2. **Erste Aufteilung**: Y sendet den Auftrag für die Dienste, welche die erste Aufgabe erfüllen sollen, jeweils zusammen mit genau einem Share aus K_{NT}, genau einem Share aus A_{2NT} sowie genau einem Share aus A_{3NT} per S-Mail an die N verschiedenen Dienste, welche zur Prüfung der Identität (erste Aufgabe) vorgesehen sind, wobei jeder Share aus den drei Zerlegungen K_{NT}, A_{2NT} und A_{3NT} jeweils genau einmal versendet werden muss.

3. **Prüfung der Identität**: Jeder Dienst zur Prüfung der Identität verifiziert bei eingehenden Nachrichten der in Schritt 2 beschriebenen Form, ob der Absender der S-Mail zur im Auftrag angegebenen Gruppe G gehört. Ist dem nicht so, endet das Protokoll. Andernfalls erzeugt der jeweilige Dienst W eine Bescheinigung darüber, dass der Auftrag von einer Person aus G stammt. W erzeugt anschließend eine Secret Sharing Zerlegung Z_{WNT} von dieser Zugehörigkeitsbescheinigung zusammen mit Prüfdaten.

4. **Zweite Aufteilung**: In einem gültigen Auftrag findet ein Dienst W zur Prüfung der Identität eine Liste von N anderen Diensten, an welche er Nachrichten zu verschicken hat. Dabei darf W an jeden dieser Dienste nur maximal einen Share aus Z_{WNT} senden. Zugleich muss jeder Share aus Z_{WNT} mindestens einmal versendet werden.

   4.1 An genau einen dieser Dienste ist gemäß Auftrag eine Nachricht per S-Mail zu versenden, die aus der ID-Nummer des Auftrags, dem Share

1.6 Verantwortung, Freiheit und Schutz

aus K_{NT}, dem Share aus A_{2NT}, dem Share aus A_{3NT} und einem Share aus Z_{WNT} besteht. Dieser Dienst darf keinen anderen Share aus A_{3NT} erhalten.

4.2 An alle anderen Dienste aus der Liste im Auftrag ist eine Nachricht per S-Mail zu versenden, die aus der ID-Nummer des Auftrags, dem Share aus K_{NT}, dem Share aus A_{2NT} und genau einem Share aus Z_{WNT} besteht. Diese Dienste erhalten von W also keinen Share aus A_{3NT}.

5 **Prüfung der Zulässigkeit**: Jeder Dienst zur Prüfung der Zulässigkeit des Inhalts wartet auf Nachrichten der in Schritt 4 beschriebenen Form mit der gleichen Auftrags-ID-Nummer, bis er zu dieser ID einen Share aus A_{3NT} und zusätzlich mindestens T Shares aus K_{NT} sowie mindestens T Shares aus A_{2NT} von T verschiedenen Diensten zur Prüfung der Identität erhalten hat. Aus T Shares von A_{2NT} lässt sich der Auftrag zur Erfüllung der zweiten Aufgabe rekonstruieren. Stimmen die Prüfdaten zum Auftrag nicht, endet das Protokoll.

Ferner lässt sich aus T Shares von K_{NT} der Inhalt κ des Kommentars K gewinnen. Stimmen die Prüfdaten zu κ nicht, endet das Protokoll. Wenn κ nach den Regeln der S-Verfassung unzulässig ist, endet das Protokoll.

6 **Dritte Aufteilung**: In einem gültigen Auftrag zur Erfüllung der zweiten Aufgabe findet ein Dienst Q zur Prüfung der Zulässigkeit des Inhalts eine Liste von N anderen Diensten, an welche er Nachrichten zu verschicken hat. Jede dieser Nachrichten muss einen anderen Share aus K_{NT} enthalten, außerdem die ID-Nummer des Auftrags zur Erfüllung der zweiten Aufgabe, den zum Auftrag gehörenden Share aus A_{3NT} sowie jeden zum Auftrag gehörenden Share aus Z_{*NT}. Das Senden erfolgt wiederum per S-Mail.

7 **Eigentliche anonyme Kommentierung**: Jeder Dienst zur eigentlichen Kommentierung (dritte Aufgabe) wartet auf Nachrichten der in Schritt 6 beschriebenen Form mit der gleichen Auftrags-ID-Nummer und mit dem gleichen Share aus K_{NT}, bis er dadurch mindestens T Shares aus A_{3NT} erhalten hat. Zusätzlich muss der Dienst mit diesen Nachrichten aus mindestens T verschiedenen Secret Sharing Zerlegungen Z_{*NT} von Zugehörigkeitsbescheinigungen jeweils wenigstens T Shares erhalten.

Aus T Shares von A_{3NT} muss sich der Auftrag zur Bewältigung der dritten Aufgabe mit der Angabe des Ziels X des Kommentars K gewinnen lassen. Stimmen die zu dem Auftrag gehörenden Prüfdaten nicht, endet das Protokoll. Aus den Shares von wenigstens T unabhängig erzeugte Zerlegungen Z_{*NT} muss sich jeweils eine Zugehörigkeitsbescheinigung übereinstimmend rekonstruieren lassen, wobei die Prüfdaten der Secret Sharing Zerlegungen jeweils korrekt sein müssen, sonst endet das Protokoll.

Der Dienst publiziert oder hinterlegt den Share aus K_{NT} gemäß Auftrag und verlinkt diesen verlässlich mit dem im Auftrag zur Bewältigung der dritten Aufgabe angegebenen Ziel.

Außerdem wird die Zugehörigkeitsbescheinigung zur Gruppe G publiziert und mit dem Share aus K_{NT} verlässlich verlinkt.

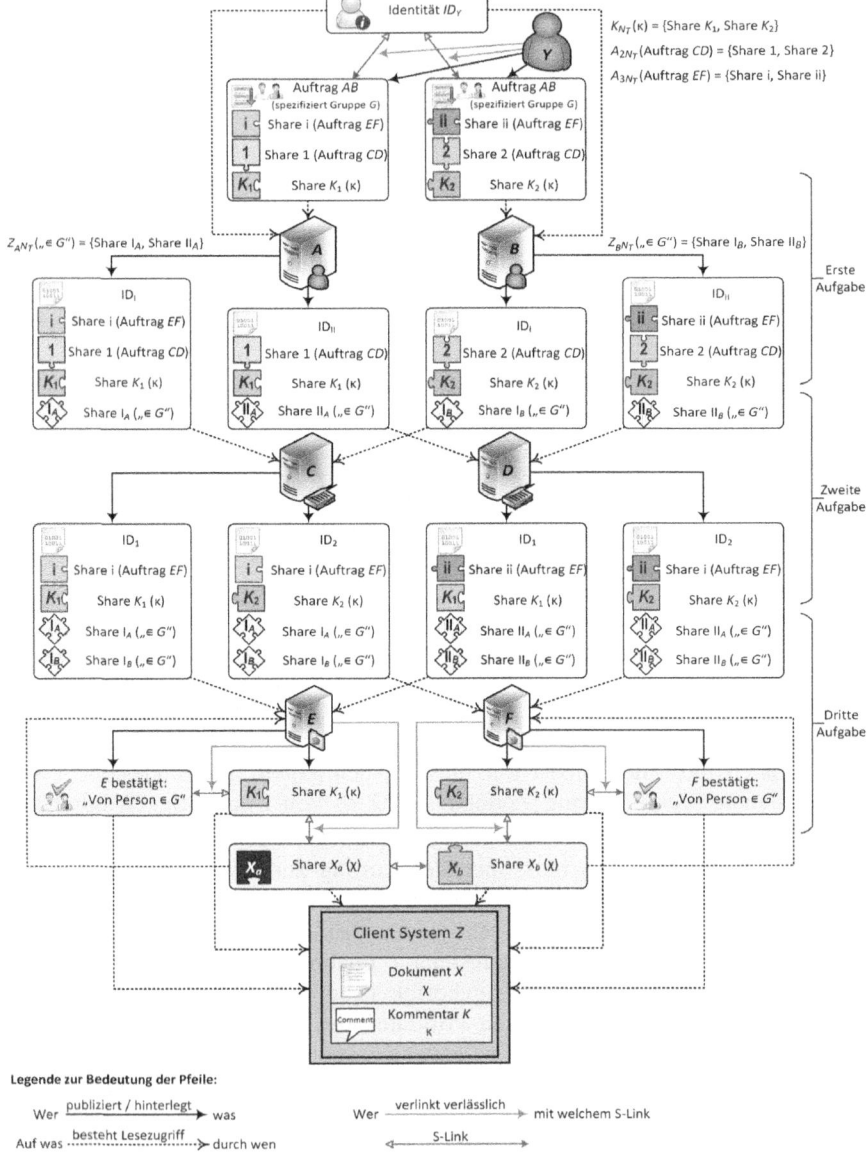

Abbildung 24: Verfahren für anonyme Kommentare von Personen aus einer Gruppe G mit $N=T=2$

1.6 Verantwortung, Freiheit und Schutz

Abbildung 24 visualisiert das Verfahren für $N = T = 2$. Damit bietet das Verfahren keine Ausfallsicherheit – ein einzelner nicht korrekt arbeitender Dienst kann die Veröffentlichung des Kommentars verhindern. Wird ein anonymer Kommentar nicht veröffentlicht, kann versucht werden, das Verfahren mit anderen Diensten durchzuführen. Alternativ kann das Verfahren mit Redundanz gestartet werden, indem N größer als T gewählt wird.

Potenzielle Bedrohungen für die Anonymität von Kommentaren

Ein kritischer Aspekt bei dem bisher gezeigten Verfahren ist, dass jedem der ersten Anonymisierungsdienste nicht nur die Identität des Kommentators bekannt ist – sondern eben auch die Gruppe G. Eventuell kann ein Dienst zur Erfüllung der ersten Aufgabe daraus, dass ein Kommentar publiziert wird, für den bescheinigt wird, dass der Kommentator aus G stammt, Rückschlüsse auf die Identität des Kommentators ziehen.

Als Gegenmaßnahme wird eine Art offenes Secret Sharing für Mengen benötigt. Die Idee ist, für jeden Dienst W zur Bewältigung der ersten Aufgabe eine eigene *dienstspezifische Gruppe* G_W zu definieren. W prüft und bescheinigt nur die Zugehörigkeit des Kommentators zu G_W. Dienste zur Bewältigung der dritten Aufgabe sollen aus *Threshold T* verschiedenen Zugehörigkeitsbestätigungen zu jeweils einer *dienstspezifischen Gruppe* eindeutig schließen können, dass eine Zugehörigkeit zur Gruppe G besteht und nur genau die Zugehörigkeit zu G für den Urheber des zu publizierenden und mit dem Ziel zu verlinkenden Kommentars beglaubigen. Dienste zur Erfüllung der ersten Aufgabe können anhand der bescheinigten Zugehörigkeit zu G den Kommentar nicht zuordnen – sie wissen nur, wer einen Kommentar mit Zugehörigkeit zu G_W verfasst hat.

Offenes Secret Sharing für Mengen

Es sei G eine Teilmenge eines Universums U, die mittels offenem Secret Sharing für Mengen geschützt werden soll. Es sei T der *Threshold*, der die Anzahl der Shares angibt, die benötigt werden, um G aus den Shares rekonstruieren zu können. Es sei M die gesamte Anzahl der Shares. Für M muss gelten $M \geqslant 2*T-1$. Die offene Secret Sharing Zerlegung $ZO_{MT}(G)$ ist dann eine Menge von M Teilmengen G_1 bis G_M aus U mit folgenden Eigenschaften:
Jede Schnittmenge von mindestens T Teilmengen aus $ZO_{MT}(G)$ ergibt genau G. Jede Schnittmenge von R Teilmengen aus $ZO_{MT}(G)$, für die $1 \leqslant R < T$ gilt, muss mindestens ein Element aus U enthalten, welches in keiner anderen Schnittmenge von R oder mehr Teilmengen aus $ZO_{MT}(G)$ enthalten ist. Abbildung 25 zeigt eine Visualisierung aller möglichen Schnittmengen für $M=5$ und $T=3$. Jede als gefüllte Fläche dargestellte Schnittmenge muss mindestens ein Element aus U enthalten. Die schraffierten Schnittmengen hingegen dürfen keine Elemente aus U enthalten. Es sind dies genau jene Schnittmengen mit

mindestens T Teilmengen aus $ZO_{NT}(G)$ minus der Schnittmenge aller M Teilmengen aus $ZO_{MT}(G)$.

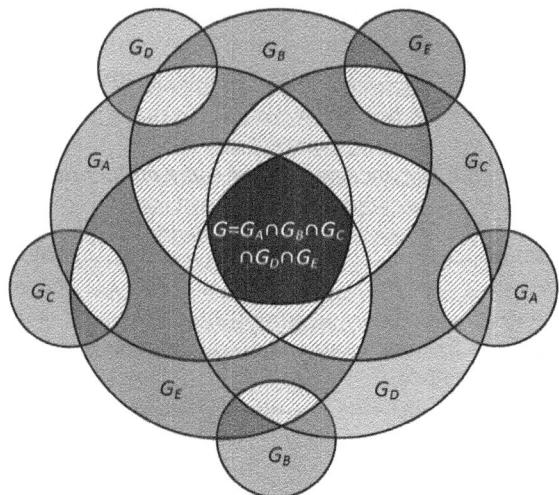

Abbildung 25: Offenes Secret Sharing für Mengen

Im Vergleich zu geschlossenen Secret Sharing Verfahren werden durch das offene Secret Sharing für Mengen bereits mit jeder einzelnen Teilmenge G_j Informationen über das Geheimnis G preisgegeben. G ist in jedem Fall eine echte Teilmenge von G_j. Es wird also keine perfekte Geheimhaltung erzielt. Bis zum Erreichen von *Threshold T* Shares vergrößert sich mit jedem weiteren Share das Wissen – die Anzahl der potenziellen Gruppenmitglieder von G wird kleiner. Ein exaktes Rekonstruieren von G aus weniger als T beliebigen Shares ist hingegen nicht möglich, da jede Schnittmenge zusätzliche Elemente aus U enthalten muss.

Aus T beliebigen Shares lässt sich G gewinnen – vorausgesetzt, dass die Shares nicht manipuliert wurden. Um zu verhindern, dass weniger als T Parteien G unbemerkt verändern können, müssen Schnittmengen verschiedener T-elementiger Teilmengen aus $ZO_{MT}(G)$ übereinstimmend genau G ergeben, wobei wenigstens $2*T-1$ Shares in den übereinstimmenden Schnittmengen vorkommen müssen. Mit $M=2*T-1$ wird folglich beim offenen Secret Sharing für Mengen noch keine Redundanz geboten.

Um Ausfallsicherheit bei weniger als T sich inkorrekt verhaltenden Diensten zu erreichen, muss mindestens $M=3*T-2$ gewählt werden. Im Vergleich zu geschlossenen Secret Sharing Verfahren ist das offene Secret Sharing für Mengen also weniger effizient, es werden mehr Shares benötigt. Außerdem ist jede Teilmenge aus $ZO_{MT}(G)$ größer als G und zur Beschreibung dieser Mengen wird eventuell pro Share mehr Datenvolumen erzeugt, als für die Spezifikation von G erforderlich ist.

1.6 Verantwortung, Freiheit und Schutz

Jeder Dienst zur Erfüllung der zweiten Aufgabe erfährt den kompletten Inhalt κ. Dienste, welche die zweite Aufgabe erfüllen sollen, können so eventuell den anonymen Kommentar alleine anhand des Inhalts κ wiederfinden und so das Ziel des Kommentars erfahren, welches idealerweise vor ihnen verborgen bleiben sollte. Ferner kann es unerwünscht sein, dass einzelne Parteien den ganzen Inhalt des zu anonymisierenden Kommentars erfahren.

In diesem Falle bietet es sich an, Kommentare in mehrere Veröffentlichungen aufzuteilen, sodass jedem Dienst zur Prüfung der Zulässigkeit des Inhalts nur ein kleiner Teil des Kommentars, etwa ein einzelner Satz, vorgelegt werden muss. Vorgefertigte zulässige Textbausteine erschweren zusätzlich das Ausfindigmachen des Ziels.

Soll eine höhere Robustheit gegenüber unkorrekten Diensten erzielt werden, genügt es bei dem gezeigten Verfahren nicht, nur den *Threshold T* zu erhöhen. Selbst bei beliebig hohem *Threshold* könnte z. B. ein Dienst zur Bewältigung der ersten Aufgabe in Kooperation mit einem Dienst zur Bewältigung der zweiten Aufgabe die Identität des Kommentators zusammen mit dem Inhalt κ des Kommentars verraten. Um das zu verhindern, müssen Dienste, welche unterschiedliche Aufgaben bewältigen sollen, voreinander geheim gehalten werden. In [Viehmann 2018 e] wird ein derartiges Verfahren skizziert.

Das korrekte Verhalten von einzelnen Diensten in Geflechten zur Anonymisierung und von ihren Anbietern lässt sich bezüglich der operationellen Risiken nicht auf die Risiken der Nutzung des S-Netzwerks und des S-Webs reduzieren. Anonymisierungsdienste bringen neue Risiken mit sich und es stellt sich damit eine neue Frage des Vertrauens. Zur Vertrauensbildung und Absicherung wird wieder das Konzept der Verteilung der Verantwortlichkeiten über verschiedene Misstrauensparteien verwendet.

Anonyme Bewertungen und Abstimmungen mit dem S-Web

Bei Bewertungen oder bei Wahlen wird anders als bei Kommentaren in der Regel gefordert, dass pro Person jeweils nur eine Stimme Einfluss nehmen darf. Sollen anonyme Stimmabgaben ermöglicht werden, darf trotzdem niemand mehrere Stimmen einbringen können. In [Viehmann 2018 f] werden geeignete Verfahren für das S-Web mit Geflechten aus Anonymisierungsdiensten im Detail vorgestellt. Hier wird nur die Idee grob skizziert.

Es sei G die Gruppe der Stimmberechtigten für Ziel X. Will Person Y aus G für X anonym abstimmen, muss Y eine Menge P von mehreren potenziellen Zielen wählen, welche X enthält. Für jedes Ziel in P veröffentlicht Y eine leere persönliche Stimme als *sperrende Bestätigung*.

Eine *sperrende Bestätigung* ist eine reliable Publikation, die nicht zugriffsbeschränkt ist, die unbegrenzt verfügbar zu halten ist und die verlässlich mit einem indirekt bestimmten S-Link mit ihrem Ziel verknüpft ist. Für alle Ziele in

P kann *Y* dann nur noch anonym abstimmen. Die Auftragserteilung an Anonymisierungsdienste muss dazu für alle dauerhaft sichtbar mit den *sperrenden Bestätigungen* verknüpft werden.

Wie bei anonymen Kommentaren prüfen und bezeugen die ersten Anonymisierungsdienste die Zugehörigkeit von *Y* zu *G*. Ferner prüfen und bezeugen sie, ob dies der erste Versuch von *Y* zur Abgabe einer Stimme für ein Ziel in *P* ist. Welchen Wert die Stimmen für Ziele in *P* haben – ob sie überhaupt gültig sind – bleibt vor ihnen geheim.

Die Anonymisierung gelingt nur, wenn für jedes Ziel in *P* zeitnah anonyme Stimmen von vielen Personen abgegeben werden. Insbesondere um zu fördern, dass auch für ein Ziel, das aktuell für einen Auftraggeber uninteressant ist, eine leere anonyme Stimme abgegeben wird, nur um eine bessere Anonymisierung zu ermöglichen, kann das Verfahren es ermöglichen, dass Auftraggeber ihre eigene anonymisierte Stimme später ändern können.

Während Kommentare einzeln heruntergeladen und erfasst werden können, müssen bei Bewertungen und Abstimmungen eventuelle große Datenmengen ausgewertet werden, um das Gesamtergebnis ermitteln zu können.

Es wurden für anonyme Bewertungen und Abstimmungen Lösungen implementiert und am S-Netzwerk-Demonstrator (siehe Kapitel 1.7) Messungen durchgeführt. Die auf einem Intel i7-6820HQ mit 16 GByte RAM und 256 GByte Solid State Disc ermittelten, in Tabelle 8, Abbildung 26, Tabelle 9 und Abbildung 27 dargestellten Messergebnisse zeigen, dass mit dem S-Web beim aktuellen Stand der Technik eine hinreichende Leistungsfähigkeit für derartige Analysen erzielt werden kann.

Tabelle 8: Performance der Evaluation einer anonymen Abstimmung mit Threshold 3

Anzahl der Stimmen	Dauer in Sekunden ohne Meilensteine	Dauer in Sekunden mit Meilenstein alle 100 Stimmen
10	0,03 s	0,03 s
100	0,09 s	0,08 s
1.000	0,90 s	0,08 s
10.000	4,70 s	0,09 s
100.000	39,00 s	0,09 s
1.000.000	568,19 s	0,08 s

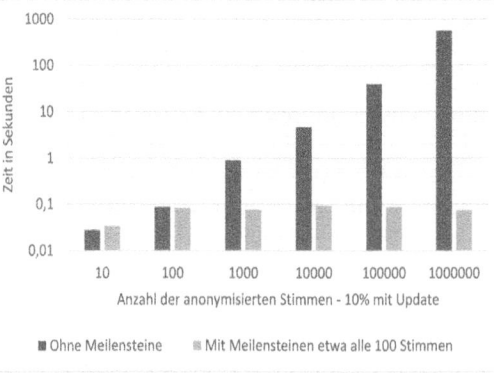

Abbildung 26: Performance der Evaluation einer anonymen Abstimmung mit Threshold 3

1.6 Verantwortung, Freiheit und Schutz

Tabelle 9: Analysedauer anonyme Abstimmung je nach Threshold bei 10.000 Stimmen

Threshold	Dauer in Sekunden ohne Meilensteine	Dauer in Sekunden mit Meilenstein alle 100 Stimmen
3	4,70 s	0,09 s
4	5,67 s	0,10 s
5	6,66 s	0,10 s
6	8,05 s	0,12 s
7	9,37 s	0,12 s
8	9,88 s	0,12 s

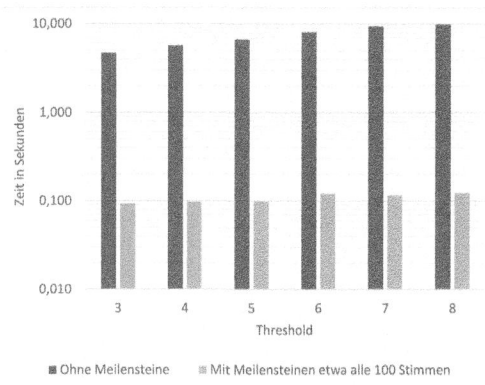

Abbildung 27: Abhängigkeit der Dauer der Analyse anonymer Abstimmungen vom Threshold bei 10.000 Stimmen

Fazit zur Intim- sowie Privatsphäre und zum Datenschutz in S-Netzwerk

Das S-Netzwerk bietet starken Zugriffsschutz und im S-Web lassen sich vertraulich Daten austauschen. Nicht zugriffsbeschränkte und speziell dauerhaft verfügbar zu haltende Inhalte im S-Netzwerk erleichtern hingegen durch die umfangreichen Metadaten und durch die Vernetzung mit bidirektionalen S-Links in einem einheitlichen Informationssystem das Ansammeln von Daten. Das Missbrauchspotenzial eigener Daten abzuschätzen erfordert hohe Medienkompetenz. Eine gewisse Unschärfe in den Metadaten etwa bei den Angaben zum Publikationszeitpunkt zu ermöglichen, mag dazu beitragen, die Risiken zu minimieren.

Anonymisierung gibt es beim S-Netzwerk nur mit zusätzlichen externen Diensten. Es treten bei der Inanspruchnahme solcher externen Dienste zusätzlich zu den Risiken der Nutzung des S-Netzwerks und des S-Webs weitere operationelle Risiken auf. *Offene Zugangsdienste* können bereits anonym erreicht werden, sodass ihnen nicht vertraut werden muss. Geflächte von *geschlossenen Zugangsdiensten* in verschiedenen Misstrauensparteien ermöglichen es, ohne einzelnen Parteien vertrauen zu müssen, etwa Zugehörigkeiten zu Gruppen oder die Einmaligkeit von Teilnahmen an Abstimmungen zu bescheinigen. Die erzielbare Performance genügt z. B. für die Auswertung von anonymen Bewertungen, auch wenn eine große Zahl an anonymen Stimmen inklusive Änderungen zu berücksichtigen ist. In Kapitel 2.3.4, 3.3.1 sowie in [Viehmann 2018 o] werden mit Verfahren für anonyme Transaktionen zwischen offenen Konten weitere Beispiele für das Potenzial gegeben.

1.7 Der S-Netzwerk-Demonstrator

Um die technische Machbarkeit zu zeigen und um einen Eindruck davon zu vermitteln, wie sich das S-Netzwerk nutzen lässt, wurde eine exemplarische informationstechnische Implementierung erschaffen. Der S-Netzwerk-Demonstrator eignet sich zum Experimentieren, zum Testen und bedingt auch zum Messen. Er kann als Hilfsmittel für die weitere Entwicklung verwendet werden. Zusätzlich wurden eine Reihe von Anwendungsprogrammen entwickelt, um das Potenzial und die Möglichkeiten insbesondere des S-Webs zu demonstrieren.

1.7.1 Zielsetzung und Architektur

Der informationstechnische S-Netzwerk-Demonstrator soll einen Testbetrieb sowohl in virtuellen als auch in realen Computernetzwerken erlauben und das Erproben der möglichen Konfigurationen des S-Netzwerks erlauben. Der Demonstrator umfasst das Computernetzwerk der S-Knoten, Simulationen der sicheren Zugangssysteme, Anwendungsprogramme und Dienste zur Anonymisierung sowie Verwaltungsprogramme zur Steuerung des Demonstrators.

Eine gute Eigenschaft vieler technischer Erfindungen ist, dass sie sich experimentell erproben lassen. Ein Prototyp oder Demonstrator kann anschaulich zeigen, ob und wie etwas funktioniert. Er kann helfen, die weitere Entwicklung zu verbessern und zu beflügeln.

Für den informationstechnischen Teil des S-Netzwerks kann risikofrei und mit relativ geringem materiellem Aufwand eine Implementierung geschaffen werden, die ein einfaches Ausprobieren ermöglicht. Um die noch ausstehende Entwicklung der S-Verfassung (siehe [Viehmann 2018 p]) zu unterstützen, ist es wünschenswert, einen Demonstrator zu erschaffen, mit dem sich verschiedene mögliche Vorgaben für den informationstechnischen Teil des S-Netzwerks realitätsnah erproben lassen. Für die politischen Entscheidungen, welche Möglichkeiten letztlich ausgewählt und umgesetzt werden, soll neben den technischen Erfahrungen mit dem Demonstrator und Risiko-Analysen auch ökologische [Viehmann 2018 g] sowie wirtschaftliche Überlegungen (Kapitel 2) berücksichtigt werden.

Demonstrator-S-Knoten und virtuelle sichere Zugangssysteme

Primäres Ziel bei der Entwicklung des ersten S-Netzwerk-Demonstrators ist es, ein Computernetzwerk von Demonstrator-S-Knoten aufzubauen, wobei diese S-Knoten logisch Misstrauensparteien zugeordnet werden. Es soll möglich sein,

1.7 Der S-Netzwerk-Demonstrator

in einem Demonstrator-Netzwerk reliable Publikationen, sichere Hinterlegungen sowie verlässliche Verlinkungen zu tätigen und darauf zuzugreifen.

Ein S-Netzwerk-Demonstrator kann nur einen experimentellen Charakter haben, solange die S-Verfassung mit ihren technischen Vorgaben und den genauen Zulassungsvoraussetzungen noch nicht existiert.

Die S-Knoten des Demonstrators sollen die hier beschriebenen Konzepte zur Schaffung von Vertrauen sowie Sicherheit mit Secret Sharing und der Verteilung von Verantwortlichkeiten über mehrere Misstrauensparteien technisch umsetzen. Es sollen verschiedene *Thresholds* Ψ, verschiedene Anzahlen von Misstrauensparteien $\#P$ und diverse kryptografische Verfahren erprobt werden können.

Der Anspruch ist, dass die S-Knoten des Demonstrators tatsächlich über verschieden Computersysteme verteilt mit ihren *Bekannten* sichere Kanäle aufbauen können. Dies soll so weit gehen können, dass auf jedem physischen Rechner nur genau ein S-Knoten betrieben wird und zwischen den Computern Verbindungen über das Internet aufgebaut werden. Zugleich soll es aber auch möglich sein, ein komplettes Demonstrations-S-Netzwerk auf einem einzigen handelsüblichen Rechner zu betreiben.

Bei der Implementierung der S-Knoten für den Demonstrator soll das Hauptaugenmerk darauf liegen, die gewollte Funktionalität so umzusetzen, dass ein zum Experimentieren hinreichend stabiler Testbetrieb ermöglicht wird. Hingegen wird kein Anspruch darauf erhoben, dass jedes unerwünschte Verhalten bereits ausgeschlossen wird. Für die S-Knoten des Demonstrators soll nicht versucht werden, sie so zu entwickeln, dass sie irgendwann nach der noch nicht einmal festgeschriebenen S-Verfassung zugelassen werden können – sie sind überhaupt nicht für den Praxiseinsatz vorgesehen.

Im Gegenteil, es wurden zu Testzwecken bei den S-Knoten des Demonstrators explizit Funktionen etwa zum Manipulieren oder Zerstören von Daten implementiert, welche ein realer zulassungsfähiger S-Knoten auf keinen Fall enthalten dürfte. Außerdem enthalten die S-Knoten des Demonstrators zusätzliche Funktionalität, mit der sich interne Vorgänge protokollieren und veranschaulichen lassen. Zulassungsfähig sollen nach der S-Verfassung aufgrund des Minimalitätsprinzips nur Implementierungen von S-Knoten sein, welche solche Features nicht bieten.

Es geht beim Demonstrator noch nicht darum, eine sichere Realisierung zu schaffen. *Umsetzungsbedingte Risiken* zu beseitigen oder zu reduzieren hat bei der Entwicklung des Demonstrators keine Priorität. Eine realistische Umsetzung von S-Knoten, die tatsächlich zum Betrieb im S-Netzwerk zulassungsfähig werden soll, wird auf jeden Fall mehr Prüfungen der Eingaben durchführen müssen, um ausschließen zu können, dass Angreifer erfolgreiche Attacken durchführen können. Der damit verbundene Programmieraufwand wäre für einen experimentellen Demonstrator unverhältnismäßig hoch.

Beim realen S-Netzwerk sollen S-Knoten in verschiedenen Misstrauensparteien möglichst heterogene Implementierungen aufweisen, damit etwaige implementierungsspezifische Sicherheitslücken nicht automatisch Angriffe auf S-Knoten in verschiedenen Misstrauensparteien ermöglichen. Für den S-Netzwerk-Demonstrator hingegen nutzen alle logischen S-Knoten dieselbe Software, um den Entwicklungsaufwand im Rahmen zu halten.

Außerdem ist es auch nicht das Ziel, die S-Knoten für den Demonstrator bereits so weit wie möglich auf Leistung zu optimieren. Es soll zwar eine gute Performance erzielt werden, sodass der Demonstrator etwa ein vernünftiges Reaktionsverhalten zeigt – auch wenn Hunderte S-Knoten auf einem einzigen physischen Rechner betrieben werden.

Beim Demonstrator mehr Entwicklungsaufwand als dafür unbedingt erforderlich in die Leistungsoptimierung bzw. Ressourcenschonung zu stecken, ergibt hingegen wenig Sinn, weil vom Demonstrator ohnehin nur bedingt Rückschlüsse auf die Performance eines realen S-Netzwerks möglich sind: Für realistische Implementierungen sind mehr Sicherheitsabfragen für alle Eingaben zu erwarten. Mit weitergehender Performance-Optimierung beim Demonstrator erzielbare positive Effekte würden bei real zulassungsfähigen S-Knoten zumindest teilweise wieder durch den Sicherheitsaufwand ausgeglichen. Insofern ergeben die noch nicht hochgradig optimierten, potenziell unsicheren Implementierungen der S-Knoten für den Demonstrator eventuell durchaus ein realistisches Bild dessen, was letztlich leistungsmäßig möglich sein wird.

Der Zugriff von Nutzern auf die S-Knoten des Demonstrators soll über virtuelle sichere Zugangssysteme erfolgen. Es werden also für den Demonstrator keine spezialisierten Hardwaresysteme eingesetzt, um die notwendigen Daten für den Aufbau von sicheren Kanälen zu schützen und um sicherzustellen, dass nur der rechtmäßige Besitzer das Zugangssystem nutzen kann. Zugangssysteme sollen beim Demonstrator nur in Software simuliert werden, wobei es möglich sein soll, auch die Benutzerinteraktion mit dedizierten Hardwaresystemen erlebbar zu machen, also etwa die Eingabe eines Codes auf einem extra dafür vorgesehenen Display. Zum Testen soll sich beim Demonstrator die simulierte Benutzerinteraktion zur Autorisierung andererseits auch komplett deaktivieren oder automatisieren lassen.

Auf welchen Computersystemen die virtuellen sicheren Zugangssysteme des Demonstrators betrieben werden, soll keine Rolle spielen, solange von diesen eine Netzwerkverbindung zu den *bekannten* S-Knoten hergestellt werden kann. Im Extremfall sollen sämtliche S-Knoten sowie alle sicheren Zugangssysteme des Demonstrators auch auf einem einzigen physischen Rechner laufen können. Mehr noch, sie sollen sich beim Demonstrator sogar auf einem einzigen logischen System betreiben lassen, also ohne virtuelle Maschinen. Das hilft, beim Einsatz des Demonstrators Ressourcen zu sparen.

1.7 Der S-Netzwerk-Demonstrator

Für das reale S-Netzwerk wird hingegen aus Sicherheitsgründen verlangt, dass jeder S-Knoten zumindest auf einem eigenständigen virtuellen Server laufen muss, sodass die einzelnen logischen Systeme hochgradig unabhängig und isoliert voneinander betrieben werden. Sichere Zugangssysteme müssen in der Realität sogar immer eigenständige Hardware-Systeme sein, die jeweils ausschließlich als Zugangsgeräte dienen.

Verwaltung des Demonstrators

Zum Experimentieren soll der Demonstrator es ermöglichen, komfortabel verschiedenste denkbare Konfigurationen des S-Netzwerks zu erschaffen und jeweils ein entsprechendes virtuelles Demonstrator-S-Netzwerk aufzubauen. Dazu muss ein Programm entwickelt werden, mit dem sich derartige Einstellungen vornehmen lassen. Diese Funktionalität hat beim realen S-Netzwerk keine technische Entsprechung. In der Realität werden die Entscheidungen im Zuge der Festlegung der S-Verfassung [Viehmann 2018 p] getroffen.

Zu einem neuen Demonstrator-S-Netzwerk sollen sich S-Knoten auch im laufenden Betrieb hinzufügen lassen. Der erforderliche Austausch mit bestehenden Demonstrator-S-Knoten in anderen Misstrauensparteien soll dabei automatisch durchgeführt werden. Dazu wird im S-Netzwerk-Demonstrator Funktionalität nachgebildet, welche in der Realität durch S-Betreiber geleistet werden muss.

Ein S-Netzwerk soll im Demonstrator auf einem einzigen Computersystem laufen können und es soll auch möglich sein, es über mehrere Computersysteme verteilt zu betreiben, sofern diese miteinander vernetzt sind. Dazu muss der Demonstrator über komfortable Verwaltungswerkzeuge verfügen, mit denen sich S-Knoten auf verschieden Rechner verschieben lassen und mit welchen sich die erforderlichen Verbindungsdaten verwalten lassen. Es soll auch möglich sein, alle S-Knoten eines S-Betreibers oder einer Misstrauenspartei auf einen Schlag auf andere Systeme zu transferieren.

Darüber hinaus soll der Prototyp auch ein zentrales Logging unterstützen, in dem alle wesentlichen Vorkommnisse aufgelistet und protokolliert werden. Außerdem sollen Animationen das kommunikative Geschehen im S-Netzwerk-Demonstrator veranschaulichen können. Insbesondere das Multi-Partitions-Routing soll sich selbsterklärend visualisieren lassen.

Schließlich soll es im S-Netzwerk-Demonstrator möglich sein, gezielt besondere unerwünschte Vorkommnisse zu simulieren, etwa den Ausfall beziehungsweise die physische Zerstörung von S-Knoten oder gar von ganzen Misstrauensparteien. Die Steuerung dieser Simulationen soll aus den Verwaltungswerkzeugen heraus möglich sein.

Anwendungsprogramme

Sichere Zugangssysteme für die Teilnehmer sind beim S-Netzwerk dazu vorgesehen, Manipulationen bei der Authentifikation und der Autorisation sowie beim Datenaustausch mit bekannten S-Knoten verhindern. Um ein hohes Maß an Sicherheit gewährleisten zu können, soll die Funktionalität der Zugangssysteme möglichst reduziert sein. Alles, was nicht unmittelbar für Authentifikation, Autorisation, Integritätssicherung sowie für die Kommunikation mit bekannten S-Knoten über sichere Kanäle erforderlich ist, müssen externe Systeme und Client-Programme übernehmen. Die externen Systeme und Client-Programme sind funktional nicht beschränkt und sie müssen daher als potenziell unsicher betrachtet werden – deswegen dürfen sie nur über sichere Zugangssysteme mit den S-Knoten kommunizieren, welche eine Kontrolle der zu übermittelnden Nachrichten ermöglichen.

Damit der S-Netzwerk-Demonstrator für Anwender benutzbar wird, werden also sowohl virtuelle sichere Zugangssysteme als auch Anwendungsprogramme (Client-Programme) benötigt. Der Datenaustausch dieser Anwendungsprogramme mit den S-Knoten erfolgt nur über die sicheren Zugangssysteme des Demonstrators. Erst mit solchen Client-Programmen wird es möglich, Inhalte im S-Netzwerk zu publizieren oder zu hinterlegen sowie auf die Daten zuzugreifen.

Eine Reihe von beispielhaft für den S-Netzwerk-Demonstrator geschaffenen Client-Programmen soll den Anwendern das Potenzial des S-Netzwerks und des S-Webs erschließen. Dabei lässt sich unterscheiden zwischen universellen Anwendungsprogrammen und spezialisierten Anwendungsprogrammen, welche primär dazu dienen, den Komfort der Nutzer zu erhöhen.

Ein grundlegendes universelles Anwendungsprogramm ist ein Dateimanager für das S-Netzwerk, der ähnlich wie ein FTP-Client funktioniert. Der *S-Node-Explorer* soll auf einzelnen S-Knoten das Durchsuchen und Auflisten jener dort gespeicherten Dateien erlauben, für die Zugriffsrechte bestehen. Zu jeder Datei sollen sich die Metadaten anzeigen lassen. Dateien sollen auf Wunsch heruntergeladen und geöffnet oder lokal gespeichert werden können. Auch die Prüfung der Korrektheit aller Sicherungskopien auf Anfrage durch den Nutzer soll zum Funktionsumfang des *S-Node-Explorers* gehören. Außerdem soll es der *S-Node-Explorer* erlauben, beliebige Dateien im S-Netzwerk reliabel zu publizieren oder sicher zu hinterlegen. Dabei soll es möglich sein, die frei wählbaren Metadaten und mithin speziell die Zugriffsbedingungen festzulegen. Bei bestehenden sicheren Hinterlegungen soll es für Autorisierer außerdem mithilfe des *S-Node-Explorers* möglich sein, die Metadaten zu erweitern. Speziell für den Demonstrator soll mit dem *S-Node-Explorer* schließlich auch die Manipulation und Zerstörung einzelner Kopien angestoßen werden können, welche von den S-Knoten des Demonstrators ausschließlich zu Testzwecken unterstützt werden soll.

Das S-Web des Demonstrators soll sich mit einem universellen Anwendungsprogramm nutzen und gestalten lassen: Der *S-Web-Browser* soll zunächst einmal für das S-Web das leisten, was ein Web-Browser für das World Wide Web leistet. Dazu soll der *S-Web-Browser* die von einer *Bezugsdatei* ausgehenden S-Links suchen, filtern und auflisten können, für die Leserechte bestehen. Außerdem soll der *S-Web-Browser* jeweils einfachen Zugriff auf den *Zielbereich* gewähren. Für (X)HTML *Ausgangsdateien* sollen S-Links vom *S-Web-Browser* auch direkt in den Inhalt der *Ausgangsdatei* integriert werden können und dort zur Anzeige gebracht werden. Mithilfe des *S-Web-Browsers* soll es ferner möglich sein, S-Links zwischen beliebigen *Bezugsdateien* zu erstellen, auf die Leserechte bestehen.

Mit den beiden universellen Client-Programmen *S-Node-Explorer* und *S-Web-Browser* lässt sich im Prinzip bereits das S-Netzwerk mit dem S-Web vollständig nutzen. Trotzdem sollen für den S-Netzwerk-Demonstrator zusätzliche, spezialisiertere Client-Programme für bestimmte Anwendungen zeigen, dass ein hoher Komfort für die Anwender erzielt werden kann. Als Beispielanwendungen sollen unter anderem ein S-Mail-Client, ein Fair-Contract-Signing-Client und ein Wahl-Client dienen. Außerdem sollen Anwendungen zum Anfertigen und Darstellen von Benutzerfeedback in Form von Kommentaren und Bewertungen realisiert werden. Die spezialisierten Anwendungen sollen sich auf Wunsch in den *S-Web-Browser* integrieren lassen, sodass deren Komfort auch beim Surfen im S-Web genutzt werden kann.

Zu Demonstrations- und Testzwecken sollen außerdem einfache Anwendungsprogramme geschaffen werden, mit denen etwa einzelne Nachrichten oder Echo-Requests (eine Art *Ping*) im S-Netzwerk verschickt werden können.

Zusätzlich sollen für den Demonstrator auch automatisierte Dienste zur Anonymisierung von Abstimmungen und Bewertungen [Viehmann 2018 f] sowie von Transaktionen zwischen Konten (mit passenden Anwendungsprogrammen zur Kontoführung, siehe Kapitel 2.3.4) entwickelt werden.

1.7.2 Implementierung

Die Umsetzung des S-Netzwerk-Demonstrators erfolgt primär mit C# auf der .NET Plattform. Für die Speicherung der Daten und für die provisorischen Netzwerkprotokolle des S-Netzwerk-Demonstrators wird das eigens entwickelte effiziente Universal Binary Format verwendet. Eine einheitliche animierbare 3D-Oberfläche dient als das zentrale Benutzerinterface für die Verwaltungsumgebung des Demonstrators. Aus dieser 3D-Umgebung heraus können auch die simulierten sicheren Zugangssysteme der Teilnehmer und ihre Client-Systeme mit den Anwendungsprogrammen gesteuert werden, sodass Nutzer des S-Netzwerk-Demonstrators sie nie verlassen müssen.

Die Implementierung des S-Netzwerk-Demonstrators besteht aus den Programmen, welche die Funktionalität der S-Knoten und der sicheren Zugangssysteme bereitstellen sollen sowie aus Werkzeugen zur Verwaltung von Demonstrator-S-Netzwerken. Die Erschaffung eines konkreten virtuellen S-Netzwerks in einer bestimmten Konfiguration zu Demonstrationszwecken, dessen logische Systeme dann auf auswählbaren physischen Rechnern betrieben werden können, ist bereits eine Form der Nutzung des S-Netzwerk-Demonstrators.

Der S-Netzwerk-Demonstrator läuft auf handelsüblichen x86/x64 Computern unter dem Betriebssystem Microsoft Windows ab Version 8. Entwickelt wurde der Demonstrator hauptsächlich in C# für die .NET Plattform mithilfe der Entwicklungsumgebung Microsoft Visual Studio. Diese Entscheidung sollte eine schnelle Bewältigung des alleine schon quantitativ hohen Entwicklungsaufwands begünstigen und trotzdem große Flexibilität bieten. Es entfällt etwa gegenüber der nativen Entwicklung mit C/C++ weitgehend die Notwendigkeit, sich selbst um das Speichermanagement kümmern zu müssen.

Dieser Komfort bringt auch Nachteile im Hinblick auf Performance und Ressourcenverbrauch. Für einen ersten Demonstrator bietet C# mit der .NET Plattform einen guten Kompromiss, denn damit ist es auch möglich, *unsicheren* performanten Code mit Pointern zu schreiben und es ist relativ einfach, Assembler, C oder C++ Binaries einzubinden. Darin ist ein Vorteil gegenüber Java zu sehen – es ist mit C# leichter, näher an das System heranzukommen. Teile des S-Netzwerk-Demonstrators wurden vom Autor native in C/C++ entwickelt und es werden mit C/C++ und Assembler von Dritten geschriebene Programmbibliotheken etwa für Verschlüsselungsverfahren verwendet.

Auch die Anwendungsprogramme und Anonymisierungsdienste, welche zusammen mit dem S-Netzwerk-Demonstrator genutzt werden können, wurden der Einfachheit halber mit C# für die .NET Plattform unter Microsoft Windows auf x86/x64 Computern programmiert.

Protokolle, Datenformate und Datenaustausch

Da noch keine fertige S-Verfassung mit exakten Vorgaben existiert, müssen als Vorgaben zur Implementierung des S-Netzwerk-Demonstrators und der dafür vorgesehenen Client-Programme eine ganze Reihe von technischen Entscheidungen getroffen werden. Diese Festlegungen dienen nur der Demonstration, sie sind provisorisch. Bis zum Ende der formgebenden Phase zur Erschaffung des S-Netzwerks können auch ganz andere Lösungen gefunden werden – die Festlegungen für den Demonstrator sind nur als ein Beispiel unter vielen Möglichkeiten gedacht. Nichtsdestotrotz resultieren die für den Demonstrator getroffenen Entscheidungen aus reiflicher Überlegung. Die wichtigsten provisorischen Festlegungen sollen hier vorgestellt und kurz begründet werden.

1.7 Der S-Netzwerk-Demonstrator

Solange die Kommunikation mit den S-Knoten nur funktional sowie allenfalls logisch unter sicherheitstheoretischen Überlegungen betrachtet wird, genügt es, zu fordern, dass durch die Zustellung von Nachrichten auf S-Knoten bestimmte Reaktionen ausgelöst werden. Inhalt und Form der Nachrichten sowie die Art der Nachrichtenübermittlung müssen dafür nicht exakt bestimmt werden. Es kommt etwa bei einer parteigetreuen Weiterleitung so betrachtet nur darauf an, dass die Nachricht den Adressaten in einer Form beschreibt, welche die S-Knoten erfassen und nutzen können, um ein nächstes Weiterleitungsziel zu bestimmen. Wie dies realisiert wird, wie also die Adresse des Adressaten codiert wird, interessiert hingegen erst, wenn es darum geht, eine Implementierung zu erschaffen. Für die Implementierung müssen auch ganz konkrete kryptografische Verfahren ausgewählt und zur Anwendung gebracht werden, um etwa die Anforderung zum Aufbau eines sicheren Kanals zwischen zwei *Bekannten* erfüllen zu können.

Zur Implementierung der Demonstrator-S-Knoten müssen zumindest provisorische Protokolle und Datenformate für die Kommunikation und Interaktion festgelegt werden. Demonstrator-S-Knoten müssen feststellen können, wo eine Nachricht beginnt und wo sie endet. Sie müssen den kryptografischen Schutz prüfen und entfernen können. Schließlich muss festgelegt werden, wie sie den Inhalt interpretieren sollen und wie darauf zu reagieren ist.

Benötigt werden dazu passende Netzwerkprotokolle, welche alle Ebenen des *Open Systems Interconnection* (OSI) Modells abdecken (*Application Layer, Presentation Layer, Session Layer, Transport Layer, Network Layer, Data Link Layer, Physical Layer* nach [ISO/IEC 7498-1 1994]).

Es ist naheliegend, zu versuchen, so weit wie möglich auf etablierte, bestehende Protokolle und Formate zu setzen. Für den S-Netzwerk-Demonstrator könnte beispielsweise versucht werden, bei direkten Verbindungen zu *Bekannten* HTTP als Netzwerkprotokoll auf den anwendungsorientierten Ebenen (*Application Layer, Presentation Layer, Session Layer*) zu verwenden, TCP auf dem *Transport Layer* und IP auf dem *Network Layer*, sodass etwa Internetverbindungen genutzt werden könnten. Für das Multi-Partitions-Routing zu S-Knoten, die keine *Bekannten* sind, müssen hingegen eigene Netzwerkprotokolle geschaffen werden, da keine passenden Lösungen existieren. Als universelles Austauschformat könnte XML verwendet werden, so wie es für Web-Services üblich ist.

Bei genauerer Betrachtung ergeben sich jedoch Komplikationen. Erstens bietet HTTP keinen sicheren Kanal, wie er für das S-Netzwerk gefordert wird. Es müsste ein zusätzliches Netzwerkprotokoll genutzt werden, welches dem *Presentation Layer* zuzuordnen ist und welches den kryptografischen Schutz einzelner Nachrichten leistet. Wird nicht HTTP, sondern HTTPS mit TLS auf dem *Presentation Layer* genutzt, können zwar sichere Kanäle erzeugt werden. Damit würden aber auch Abhängigkeiten von Public Key Cryptography und von „Vertrauensparteien" geschaffen. Es kann nicht erwartet werden, dass bestehende Protokolle auf den anwendungsorientierten Ebenen genau den Ansprüchen für das S-Netzwerk genügen und dass sie auch optimal zur Sicherung einzelner Übertragungen zu *Bekannten* im Multi-Partitions-Routing genutzt werden können.

Die Verwendung von textbasierten Formaten wie XML ist für den Datenaustausch beim S-Netzwerk ebenfalls keine gute Idee, da häufig der Austausch von Binärdaten zu erwarten ist. Selbst Textinhalte werden bei Zugriffsschutz mit Secret Sharing Binärdaten beliebigen Inhalts. Zwar ist es möglich, Binärdaten in XML zu codieren, allerdings wird dadurch die Datenmenge erhöht. Bei Codierung als Hexadezimalzahlen (Base16-Encoding) sind 200% der binären Datenmenge zu übertragen. Bei Base64-Encoding [Josefsson 2006] wird die Datenmenge immerhin noch auf 133% vergrößert. Zudem wird Rechenleistung für die Codierung und Decodierung benötigt. Das Parsen von XML ist speziell bei großen Datenmengen sehr aufwendig, weil jedes einzelne Zeichen sequenziell geprüft werden muss.

Um bestehende Netzwerk- und Internetverbindungen flexibel nutzen zu können, wie es für den S-Netzwerk-Demonstrator gefordert ist, macht es Sinn, auf *Transport Layer* und *Network Layer* Standardprotokolle wie TCP und IP zu verwenden. Auf den oberen anwendungsorientierten Ebenen (*Application Layer, Presentation Layer, Session Layer*), ist die Entwicklung von spezifisch für das S-Netzwerk optimierten Netzwerkprotokollen in Kombination mit effizienten binären Formaten für den Datenaustausch hingegen eine vielversprechende Option. Für den S-Netzwerk-Demonstrator wurde diese Variante gewählt.

Abbildung 28 zeigt das Übermitteln einer Nachricht mit den Netzwerkprotokollen, welche beim S-Netzwerk-Demonstrator zum Einsatz kommen. Auf der linken Seite werden die Schritte beim Sender beschrieben, auf der rechten Seite die Schritte beim Empfänger.

Das S-Netzwerk-Applikation-Protokoll SNA auf Ebene des *Application Layers* bestimmt, wie die Inhalte, die kommuniziert werden sollen, in einer Nachricht codiert werden müssen und wie auf die Nachrichten reagiert werden soll. Dazu enthält der Nachrichtenkopf gemäß SNA-Protokoll ein Kommando, das ausgeführt werden soll. Beim S-Netzwerk-Demonstrator besteht jedes Kommando aus zwei Konstanten: Eine dient zur Kennzeichnung der auszuführenden Aktion. Die zweite Konstante beschreibt, was der Inhalt des Nachrichtenkörpers bedeuten soll. Der Nachrichtenkörper dient allgemein zur Übergabe von Parametern, also von Informationen, welche zur Ausführung der Aktion benötigt werden. Für manche Aktionen kann es verschiedene Arten von Parametern geben. Die Aufteilung des Kommandos in die Kennzeichnung der Aktion und in die Beschreibung der Bedeutung des Nachrichtenkörpers wird diesem Umstand gerecht.

1.7 Der S-Netzwerk-Demonstrator

Auf Ebene des *Presentation Layers* soll die komplette kryptografische und sicherheitstechnische Funktionalität sauber abgekapselt werden. Dazu verwendet der S-Netzwerk-Demonstrator zwei Protokolle. Das S-Netzwerk-Presentation-Multi-Partitions-Routing-Protokoll SNPM für das Aufteilen und Weiterleiten von Shares über Misstrauensparteien kommt nur zum Einsatz, wenn der Adressat *unbekannt* ist. Das S-Netzwerk-Presentation-Base-Protokoll SNPB schafft einen sicheren Kanal zu einem *Bekannten*.

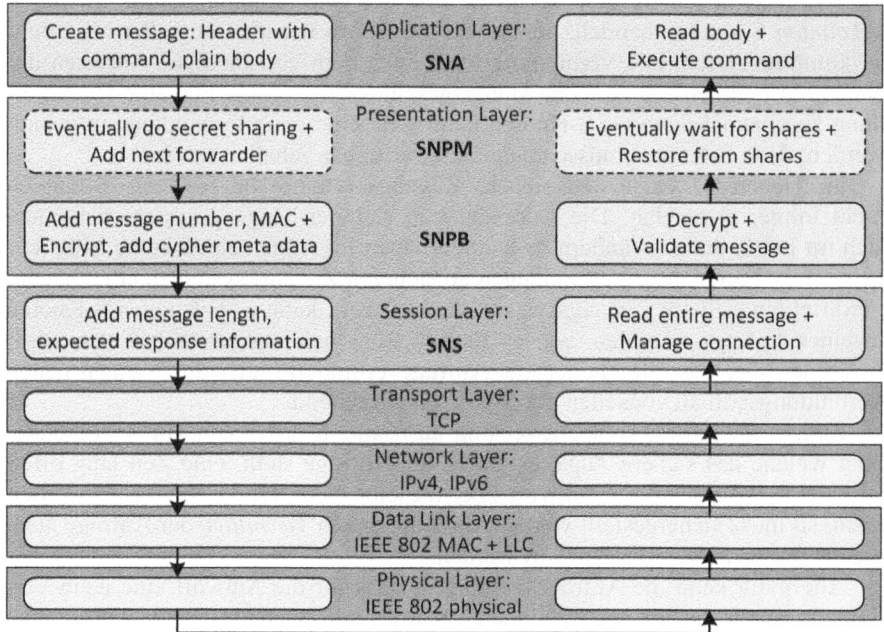

Abbildung 28: Netzwerkprotokolle für den S-Netzwerk-Demonstrator

Das SNPM-Protokoll legt fest, wie einzelne Shares der Secret Sharing Zerlegung einer SNA-Nachricht in mindestens Ψ SNPM-Nachrichten verpackt werden. SNPM-Nachrichten enthalten neben den Adressen von Absender und Adressat die Gesamtzahl der Shares in ihrem Nachrichtenkopf. Im Nachrichtenkörper wird jeweils genau ein Share gespeichert. Zählt der Adressat nicht zu den *Bekannten*, so ist die S-Adresse des nächsten *Vermittlers* im (Multi-)Partitions-Routing zu bestimmen und dem Nachrichtenkopf hinzuzufügen.

Für den Aufbau und die Nutzung eines sicheren Kanals zwischen zwei *Bekannten* beziehungsweise zwischen sicherem Zugangssystem und einem *bekannten* S-Knoten ist das SNPB-Protokoll vorgesehen. Der Nachrichtenkörper einer SNPB-Nachricht ist verschlüsselt und er enthält neben der SNPM-Nachricht (oder der SNA-Nachricht, wenn der Adressat dem Absender *bekannt* ist) eine Nachrichtennummer und Prüfdaten. Der Nachrichtenkopf der SNPB-Nachricht enthält die IP-Adresse sowie die Port-Nummer des nächsten Ziels und notwendige Angaben zum eingesetzten Verschlüsselungsverfahren, zur Art der Prüfdaten sowie eventuell zu den verwendeten Schlüsseln.

Ein für das S-Netzwerk optimiertes S-Netzwerk-Session-Protokoll SNS auf der Ebene des *Session Layers* kann simpel gehalten werden. Es müssen nur zwei Fälle unterschieden werden: Wenn es sich um eine Kommunikation zwischen *bekannten* S-Knoten handelt, genügt es, die zu erwartende Länge der Nachricht zu kommunizieren. Die Verbindung kann nach dem vollständigen Auslesen der Nachricht oder einem Timeout immer geschlossen werden. Für eine Rückmeldung zu einem *bekannten* S-Knoten kann stets eine neue Verbindung aufgebaut werden, denn S-Knoten müssen dauerhaft verfügbar gehalten werden.

Im Gegensatz dazu sind sichere Zugangssysteme für *bekannte* S-Knoten nicht immer erreichbar. Die Adressen von sicheren Zugangssystemen können sich im Laufe der Zeit ändern. S-Knoten haben im Allgemeinen keine Möglichkeit, von sich aus neue Verbindungen zu sicheren Zugangssystemen aufzubauen. Erwartet ein sicheres Zugangssystem eine Antwort, kann es *bekannten* S-Knoten in einer Anfrage mitteilen, wie es für die Rückmeldung erreichbar sein wird: Entweder über das Offenhalten der Anfrageverbindung oder durch einen neuen Verbindungsaufbau vonseiten der S-Knoten ausgehend.

Enthält die Anfrage die Anweisung an *bekannte* S-Knoten, die Verbindung, über welche das sichere Zugangssystem die Anfrage stellt, eine Zeit lang offen zu halten, damit auch die Antwort über dieselbe Verbindung übertragen werden kann, so muss sichergestellt werden, dass die ersten *Vermittler* der Anfrage auch die letzten *Vermittler* der Antwort werden.

Alternativ kann die Anfrage verlangen, dass für die Antwort eine neue Verbindung durch die S-Knoten aufgebaut werden soll. Dann muss die Anfrage die dafür notwendigen Informationen enthalten. Diese Daten können etwa eine IP-Adresse und eine TCP-Port-Nummer sein, für welche das sichere Zugangssystem eine Zeit lang auf eingehende Nachrichten wartet. Auch die Antwort eines dem Anfragesteller nicht *bekannten* S-Knotens muss diese Informationen enthalten. Sobald die Shares der Antwort durch das (Multi-)Partitions-Routing einen S-Knoten erreichen, dem der Anfragesteller ein *Bekannter* ist, kann der jeweilige S-Knoten versuchen, über die IP-Adresse und die TCP-Port-Nummer in der Antwort eine neue Verbindung zum sicheren Zugangssystem aufzubauen, einen sicheren Kanal zu öffnen und die Antwort darüber weiterzuleiten. Da die Antwort alle nötigen Informationen für den Verbindungsaufbau enthält, dürfen die letzten *Vermittler* der Antwort auch S-Knoten sein, welche die Anfrage nicht als erste *Vermittler* weitergeleitet haben.

1.7 Der S-Netzwerk-Demonstrator

> **Direkte sichere Kanäle zu S-Knoten, die keine Bekannten sind**
>
> Wenn immer nur zu *bekannten* S-Knoten direkt sichere Kanäle aufgebaut werden und für die geschützte Kommunikation mit nicht *bekannten* S-Knoten stets das (Multi-) Partitions-Routing zum Einsatz kommt, so ist das alleine schon durch die Anzahl der zu übermittelnden Shares besonders bei großen Dateien sehr aufwendig. Werden Schlüssel verwendet, die kürzer als die zu übermittelnde Nachricht sind, ist es viel effizienter, das (Multi-) Partitions-Routing nur zu nutzen, um Verbindungsdaten und geheime Schlüssel (Session-Keys) auszutauschen, mit denen dann einmalig ein direkter sicherer Kanal zwischen Absender und Adressat aufgebaut werden kann.
>
> Der S-Netzwerk-Demonstrator ist standardmäßig so konfiguriert, dass bei der Kommunikation mit nicht *bekannten* S-Knoten zunächst die notwendigen Daten für den Aufbau eines direkten sicheren Kanals ausgetauscht werden, über den dann der weitere Datenaustausch abgewickelt wird. Beim Einsatz von One-Time-Pad und One-Time-MAC wird immer nur das (Multi-) Partitions-Routing verwendet, da dabei die Schlüsseldaten größer als die auszutauschenden Daten sind.
>
> Der Austausch von Verbindungsdaten und Schlüsseln zum Aufbau direkter sicherer Kanäle gehört zum Session Management. Die Session-Keys dürfen jedoch nicht mit dem SNS-Protokoll auf dem Session Layer des OSI-Modells übertragen werden, da die Schlüsseldaten geheim zu halten sind – insbesondere auch vor allen *Vermittlern*. Der Austausch der Session-Keys muss auf der Anwendungsebene erfolgen. Die Schlüssel sind also im Inhalt der ersten SNA-Nachricht zu speichern.

Für das S-Netzwerk Protokoll SNS auf der Ebene des *Session Layers* wird die SNPB-Nachricht nur um Informationen darüber ergänzt, wie die Antwort erwartet wird und wie lang die Nachricht insgesamt ist.

Als Format für den effizienten Datenaustausch (also ohne Textformate wie XML) könnte im Prinzip ein simples binäres *Tag-Length-Value-* (TLV-) Format eingesetzt werden. TLV-Formate sind flexibel genug, um optionale Werte zu speichern und um sicherzustellen, dass ein Parsen auch über unbekannte Tags möglich ist. Diese Eigenschaften haben TLV-Formate mit XML-Formaten gemein. Nachteil eines TLV-Formats ist, dass auch für Typen mit konstanter Länge eine Längeninformation gespeichert werden muss. Sind die Tags einfach nur nummern, wird keine Information über den Typ oder die Funktion des Wertes geliefert – die Bedeutung des Tags muss separat bekannt gemacht werden.

Gerade im Zusammenhang mit dem S-Netzwerk und dem S-Web bietet sich eine effizientere Lösung an, bei der Angaben zum Format einmalig reliabel publiziert werden – separat von den Daten. Die Angaben zum Format enthalten für jedes Feld ein Tag, den Datentyp und eine Beschreibung der Bedeutung beziehungsweise Funktion des Wertes. Die in dem Format codierten Daten verweisen dann nur auf die Angaben zum Format. Durch die garantierte Verfügbarkeit von reliablen Publikationen können die Angaben zum Format jederzeit aus dem S-Netzwerk bezogen werden. Für den S-Netzwerk-Demonstrator wurde mit dem *Universal Binary Format* UBF ein solches Datenaustauschformat entwickelt, welches zugleich auch beispielsweise zum Speichern von Daten durch die S-Knoten dient. Bei UBF-Daten werden Längenangaben nur für Typen gespeichert, die eine variable Länge aufweisen. Für Elemente, die nicht optional sind, kann sogar auf Tags verzichtet werden.

UBF-Daten lassen sich einfach in ein XML-Format und wieder zurück konvertieren. Für den S-Netzwerk-Demonstrator wurde zur Unterstützung der Entwicklungsarbeit ein eigener Viewer geschrieben, mit dem sich beliebige UBF-Dateien im XML-Format anzeigen lassen. UBF-Codierte Nachrichten werden außerdem im Debugging in Visual Studio über eine *Property* im XML-Format angezeigt. Auf diese Weise besteht der gleiche Komfort, als würde tatsächlich ein für menschliche Betrachter freundliches XML-Format genutzt, während intern das für Maschinen optimierte UBF-Format verwendet wird.

Das Universal Binary Format und Serialization

Das Codieren und Decodieren von Informationen zum Datenaustausch oder zum Speichern beziehungsweise Einlesen in einem bestimmten Format lässt sich auf verschiedene Arten realisieren. Entsprechende Methoden manuell zu programmieren ist mit einem hohen Aufwand verbunden.

Eine gebräuchliche Alternative in objektorientierten Programmiersprachen wird als *Serialization* bezeichnet. Die Idee dabei ist, dass die Felder eines Objekts mithilfe der dynamisch zur Laufzeit abrufbaren Typ-Informationen (*Reflection*) auch automatisch ausgelesen oder beschrieben werden können. Damit lässt sich ein Codieren und Decodieren realisieren, ohne manuell Methoden schreiben zu müssen. Für diverse Formate wie XML bietet .Net beispielsweise bereits eine *Serialization*. Auch für das Universal Binary Format lässt sich eine dynamische *Serialization* realisieren und diese wurde für den Demonstrator auch implementiert.

Dynamische *Serialization* zur Laufzeit hat jedoch einen Nachteil gegenüber der manuellen Programmierung: Das Abfragen und Auswerten von Typ-Informationen zur Laufzeit kostet Performance. Schon das Aufrufen einer Methode mittels *Reflection* dauert bei .Net erheblich länger als ein direkter Aufruf [Twist 2005].

Wesentlich bessere Performance lässt sich erzielen, wenn die Abfrage und die Auswertung der Typ-Informationen – soweit dies möglich ist – nicht erst zur Laufzeit bei jeder Codierung oder Decodierung erfolgen, sondern bereits zur Entwicklungszeit. Die Idee ist, vor dem Kompilieren automatisch Methoden für das Codieren und Decodieren zu generieren. Mithilfe von Attributen für die Klassen und Felder lässt sich die automatische Methoden-Generierung steuern, sodass etwa nur die gewünschten Felder codiert und decodiert werden. Die UBF-Code-Generierung kann von den generischen Typ-Informationen in

1.7 Der S-Netzwerk-Demonstrator

Templates profitieren, um die Abfrage und die Auswertung der Typ-Informationen zur Laufzeit zu vermeiden. *Reflection* wird dann zur Laufzeit nur noch benötigt, wenn Vererbung auftreten könnte. UBF ist besonders effizient, wenn die zu speichernden Klassen keine Vererbung erlauben ("sealed class"). Alternativ können auch Attribute genutzt werden, um zu signalisieren, dass bestimmte Felder nur den Basistyp erhalten werden. Kann ein Feld Objekte verschiedener Typen enthalten, besteht die Möglichkeit, bei der Kompilierung für erwartete Typen automatisch eine Tabelle (Lookup Table) anlegen zu lassen, sodass in diesen Fällen nicht der qualifizierte Name des Typs gespeichert werden muss und beim Laden entfällt die Notwendigkeit, einen Konstruktor für den Typ aufwendig über *Reflection* zu suchen.

Zum Vergleich wurde eine Klasse mit mehreren optionalen Integer- und String-Feldern, teils in Listen und Verzeichnissen organisiert, sowie mit einem Byte-Array-Feld für Binärdaten erzeugt. Für drei verschiedene Größen des Byte-Array-Feldes wurden von dieser Klasse jeweils 10.000 Instanzen erzeugt. Auf einem Intel Core i7-820QM Prozessor wurde dann die Zeit gemessen, die es braucht, um die 10.000 Objekte zu codieren und wieder zu decodieren.

Tabelle 10: Vergleich der Serialization Performance zwischen .NET XML, .NET Binary und UBF

10.000 Encode / Decode Vorgänge	.NET XML Serialization	.NET Binary Serialization	UBF
Mit 1.000 Bytes Binärdaten	1.635 ms	1.586 ms	222 ms
Mit 10.000 Bytes Binärdaten	3.631 ms	1.803 ms	389 ms
Mit 100.000 Bytes Binärdaten	30.723 ms	6.217 ms	4.438 ms

Tabelle 10 zeigt die Ergebnisse. Je größer der Anteil der Binärdaten in dem Byte-Array-Feld wird, desto schlechter eignet sich XML. Mit automatisch generierten UBF-Methoden zum Codieren und Decodieren lässt sich auch im Vergleich zur dynamischen binären *Serialization* von .NET eine wesentlich höhere Performance erzielen.

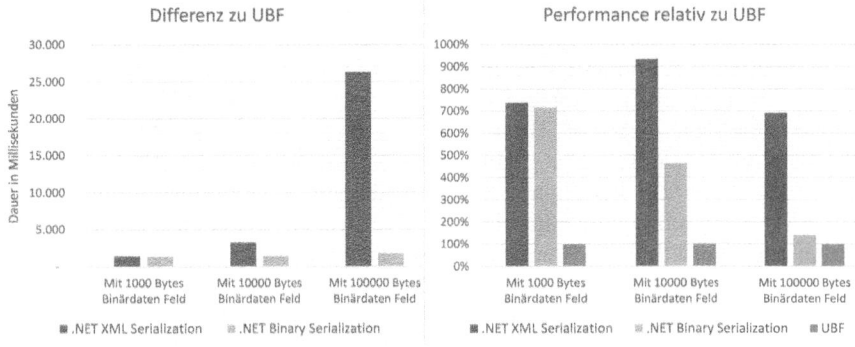

Abbildung 29: Performancevergleich zwischen .NET XML, .NET Binary und UBF Serialization

> Der relative Unterschied (Abbildung 29) zwischen UBF und der binären *Serialization* von .NET verringert sich, je größer einzelne Byte-Array-Felder sind, denn die Inhalte von Byte-Feldern werden in beiden binären Formaten gleich effizient gespeichert.

Beim S-Netzwerk-Demonstrator wird UBF sowohl für den Datenaustausch als auch für die Speicherung von Daten und Metadaten auf den S-Knoten verwendet. [Viehmann 2018 h] zeigt die Datenstruktur der Nachrichten.

Optionen und kryptografische Verfahren

Vor der Erzeugung eines neuen virtuellen S-Netzwerks mit dem S-Netzwerk-Demonstrator können die gewünschten Eigenschaften des zu erschaffenden virtuellen S-Netzwerks über eine grafische Oberfläche konfiguriert werden.

Optionen für den Threshold Ψ sind die natürlichen Zahlen von 2 bis 10. Die Anzahl der Misstrauensparteien $\#P$ lässt sich zwischen $3*\Psi-2$ (bzw. $2*\Psi-1$ bei Zugriffsschutz mit kurzen Schlüsseln) und $\Psi*(2*\Psi-1)$ festlegen. Neben der Art des Zugriffsschutzes kann auch gewählt werden, ob ggf. Multi-Partitions-Routing zum Einsatz kommen soll.

Außerdem ist zu bestimmen, wie viele S-Knoten initial pro Misstrauenspartei geschaffen werden. Es lässt sich festlegen, wie der Speicher pro S-Knoten beschaffen sein soll. Weitere S-Knoten lassen sich im laufenden Betrieb jederzeit hinzufügen. Der Demonstrator ist in der Lage, automatisch Inhalte im neuen virtuellen S-Netzwerk reliabel zu publizieren oder sicher zu hinterlegen. Dazu können Skripte gewählt werden, die nach dem ersten Start des neuen S-Netzwerks ohne weitere Nutzerinteraktion ausgeführt werden.

Der S-Netzwerk-Demonstrator unterstützt die Verwendung und Erprobung verschiedener kryptografischer Techniken. Bevor ein S-Netzwerk im Demonstrator erschaffen wird, sind die zu nutzenden Techniken auszuwählen. An Verschlüsselungsalgorithmen sind im S-Netzwerk-Demonstrator verfügbar: One-Time-Pad, AES, Twofish, Serpent und außerdem AES, Twofish sowie Serpent in allen möglichen Kombinationen. Im S-Netzwerk-Demonstrator werden folgende C/Assembler optimierte Implementierungen verwendet: One-Time-Pad Eigenimplementierung, AES von Brian Gladman [Gladman 2014], AES von Intel, Twofish von Bruce Schneier [Schneier 1998] und Serpent von Brian Gladman [Gladman 2000]. Zur Erzeugung von Prüfdaten sind als Optionen wählbar: One-Time-MAC (Eigenimplementierung mit Blockgrößen zwischen 64 und 512 Bit, wobei entweder alle Prüf-Blöcke oder nur die XOR-Verknüpfung der Prüf-Blöcke als Prüfdaten übertragen werden), HMAC (SHA256, SHA512) und CMAC (AES). Als Zufallsgenerator dient im S-Netzwerk-Demonstrator der „kryptografisch sichere Pseudozufallsgenerator" (cryptographically secure pseudo-random number generator, CSPRNG) des .Net Frameworks.

1.7 Der S-Netzwerk-Demonstrator

Verwaltungs- und Visualisierungsprogramme

Sobald im Demonstrator ein neues virtuelles S-Netzwerk erschaffen und aktiviert wird, startet das zentrale Verwaltungsprogramm, welches das S-Netzwerk erfahrbar und nutzbar machen soll. Die optionale Aufteilung von S-Knoten über verschiedene Computer ist beim S-Netzwerk-Demonstrator erst im laufenden Betrieb vorgesehen. Auf einem Rechner, auf den S-Knoten verschoben werden sollen, muss dafür ein spezielles Teilnetzwerk-Programm gestartet werden. Außerdem muss das Computersystem über eine Netzwerkverbindung per TCP erreichbar sein. Mit dem Verwaltungsprogramm des Demonstrators können einzelne S-Knoten oder ganze Misstrauensparteien mit allen Daten auf ausgewählte Computer transferiert werden, auf denen das Teilnetzwerk-Programm läuft. Umgekehrt ist auch eine Rückholung auf das System möglich, auf dem das Verwaltungsprogramm läuft. Die Verbindungsdaten betroffener S-Knoten zu Bekannten werden dabei automatisch angepasst.

Um das (Multi-) Partitions-Routing anschaulich und übersichtlich abbilden zu können, sollen die jeweils die zu einer Misstrauenspartei gehörenden S-Knoten in einer eigenen Ebene dargestellt werden. Zugleich müssen aber auch Verbindungen zu S-Knoten in anderen Misstrauensparteien visualisiert werden. Eine Möglichkeit besteht darin, eine dreidimensionale Darstellung zu verwenden. Da das .Net Framework mit der Windows Presentation Foundation (WPF) für die Erschaffung dreidimensionaler Benutzeroberflächen gute Unterstützung bietet, auch die sicheren Zugangssysteme und die Client-Systeme mit den Anwendungsprogrammen in der 3D-Umgebung nutzbar zu machen.

Punkt und Linie zu Fläche

In WPF lassen sich neben Benutzeroberflächen mit ihren Steuerelementen auch komplexe texturierte 3D-Modelle visualisieren. Für viele Anwendungsfälle entfällt die Notwendigkeit, sich mit Low-Level Grafikschnittstellen wie OpenGL oder DirectX auseinanderzusetzen. Allerdings gibt es eine Reihe von Limitationen – es wird in WPF nur ein Teil der veralteten DirectX 9 Technologie unterstützt. Für den S-Netzwerk-Demonstrator relevant ist insbesondere, dass es in WPF nicht möglich ist, einfache Linien hardwarebeschleunigt im dreidimensionalen Raum zu zeichnen.

Für den Demonstrator wird zur Visualisierung des S-Netzwerks und zur Animation des Nachrichtenflusses über der WPF-3D-Ansicht ein transparentes Fenster gelegt, in dem nativ in C/C++ realisierte DirectX 11 3D-Grafik ausgegeben wird. Die Stellen, an denen Steuerelemente der Benutzeroberflächen sicherer Zugangssysteme oder von Anwendungsprogrammen zu sehen sein sollen, werden in der DirectX 11 Ansicht transparent gemacht, sodass die darunter liegende WPF-Grafik zum Vorschein kommt. So kann das Potenzial aktueller 3D-Grafikkarten genutzt werden und zugleich können WPF Steuerelemente im dreidimensionalen Raum genutzt werden.

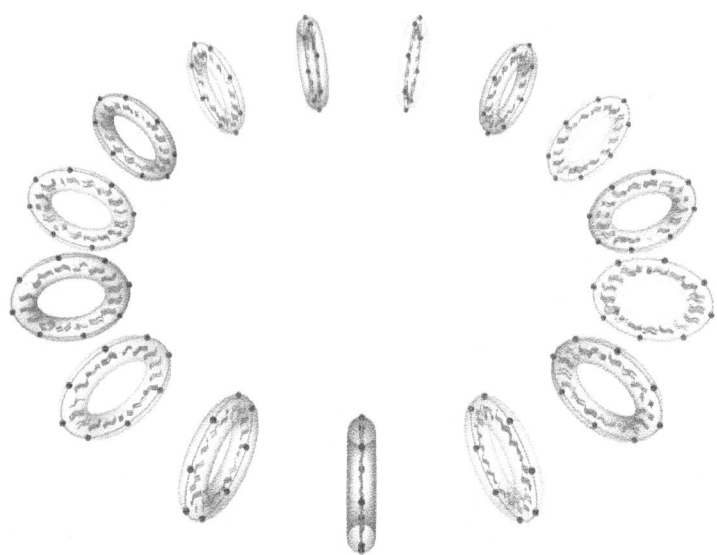

Abbildung 30: 3D-Darstellung eines S-Netzwerks mit 15 Misstrauensparteien

Abbildung 30 zeigt die 3D-Visualisierung eines virtuellen S-Netzwerks im Demonstrator. Um den tatsächlichen Nachrichtenfluss im S-Netzwerk-Demonstrator visualisieren zu können, muss jede Nachrichtenübermittlung an die Visualisierungsumgebung gemeldet werden. Wenn die S-Knoten auf verschiedene Rechner verteilt sind, müssen diese Meldungen ebenfalls über Netzwerkverbindungen erfolgen. Die Kommunikationsvorgänge in einem virtuellen S-Netzwerk im S-Netzwerk-Demonstrator werden in einer baumartigen Struktur neben der 3D-Ansicht dargestellt. Auf Wunsch kann der Anwender ausgewählte Nachrichtenflüsse nachträglich animiert in der 3D-Umgebung darstellen lassen.

Neben der Nachrichtenübermittlung werden auch andere Ereignisse wie etwa das Durchführen einer reliablen Publikation oder die Reparatur einer Sicherungskopie an das zentrale Verwaltungsprogramm gemeldet. Diese Meldungen werden in einer einfachen Log-Liste zur Anzeige gebracht.

Die S-Knoten des Demonstrators

Mit dem S-Netzwerk-Demonstrator soll es möglich sein, jeden S-Knoten auf einem eigenen System laufen zu lassen – sei es auf einem exklusiven virtuellen Rechner oder auf einem physisch eigenständigen Computer. Für ein reales S-Netzwerk ist so eine Separation der S-Knoten auf jeweils eigene Systeme aus sicherheitstechnischen Gründen erforderlich.

1.7 Der S-Netzwerk-Demonstrator

Beim S-Netzwerk-Demonstrator ist es nicht das Ziel, die Implementierung hochgradig sicher zu machen. Es soll möglich sein, auch große Netzwerke mit vielen S-Knoten auf einem einzigen handelsüblichen physischen Rechner zu simulieren. Jeden S-Knoten in einer eigenen virtuellen Maschine laufen zu lassen, mit eigenem Betriebssystem, wäre zu aufwendig. Unter einem Multitasking-fähigen System sollen Tausende S-Knoten laufen können. Dazu müssen die S-Knoten so schlank wie möglich gehalten werden.

Mehrere S-Knoten des Demonstrators in einem Thread-Pool

Für den S-Netzwerk-Demonstrator soll es nicht einmal erforderlich sein, dass jeder S-Knoten in einem eigenen Prozess läuft, also einen eigenen exklusiven Adressbereich im Speicher erhält. Mit Threads ist es möglich, auch in einem einzigen Prozess mehrere S-Knoten parallel und relativ unabhängig voneinander zu betreiben. Wenn nichts zu erledigen ist, soll ein S-Knoten mit einem einzigen eigenen Thread auskommen, der permanent auf neue TCP-Nachrichten wartet. Sobald neue Nachrichten eintreffen, werden für deren Auswertung weitere Threads benötigt, damit währenddessen auch neue TCP-Nachrichten empfangen werden können.

Es ist aufwendig, Threads zu erzeugen und zu verwalten. Die Anzahl der Threads, die tatsächlich parallel abgearbeitet werden können, ist begrenzt – sie hängt von der Anzahl der Prozessorkerne sowie vom verfügbaren Speicher ab. Oftmals ist es besser, nur eine begrenzte Anzahl von Threads zu erzeugen und zu versuchen, diese wenn möglich mehrfach zu verwenden. Dazu können sogenannte *Thread-Pools* verwendet werden. Braucht ein S-Knoten einen zusätzlichen Thread, soll dieser aus einem gemeinsamen *Thread-Pool* von zur Verfügung bereitgehaltenen Threads angefordert werden, den sich beim S-Netzwerk-Demonstrator alle S-Knoten auf demselben logischen System teilen. Auf diese Weise soll verhindert werden, dass ständig neue Threads erzeugt werden müssen und dass zu viele Threads zur gleichen Zeit das System lähmen.

Dieser Ansatz ist gefährlich, denn wenn alle Threads aus dem *Thread-Pool* bereits verwendet werden und alle Threads auf Antworten für Anfragen warten, stehen für die Bearbeitung dieser Anfragen auf anderen S-Knoten keine Threads mehr zur Verfügung – ein klassischer *Deadlock*. Selbst wenn dieser durch Timeouts aufgelöst wird, entstehen Verzögerungen. Wegen der Timeouts gescheiterte Anfragen müssen erneut gestartet werden. Mit der *Thread-Pool*-Implementierung, welche das .Net Framework bereitstellt, lässt sich dieses Problem kaum lösen. Ein Manko dabei ist, dass es nur einen statischen .Net *Thread-Pool* pro Prozess gibt. Dieser steht nicht exklusiv nur für die S-Knoten zur Verfügung. Jeder Versuch einer bedarfsgerechten Steuerung der Obergrenze für die Größe des .Net *Thread-Pools* alleine von den S-Knoten aus ist damit sehr gefährlich.

Um die Anzahl der Threads möglichst niedrig zu halten, aber zugleich keine *Deadlocks* zu generieren, wurde für den S-Netzwerk-Demonstrator extra eine

> eigene *Thread-Pool*-Implementierung entwickelt. Diese erlaubt es, mehrere *Thread-Pools* pro Prozess zu betreiben. Außerdem ist es möglich, zu markieren, ob sich ein Thread in einer potenziellen *Deadlock*-Situation befindet, also auf einen anderen Thread wartet. Im Notfall, wenn alle Threads warten, wird der exklusiv für die S-Knoten bereitstehende *Thread-Pool* automatisch nach Bedarf erweitert.

Bei der Erschaffung eines jeden S-Knotens kann festgelegt werden, wie der permanente Speicher des S-Knotens beschaffen sein soll – also beispielsweise, wie groß er maximal sein soll. Zur Beschaffenheit des Speichers gehört auch, wie die S-Knoten ihre Daten organisieren sollen. Der S-Netzwerk-Demonstrator sieht dazu folgende Optionen vor: NTFS (eigenes Verzeichnis), NTFS in Kombination mit Microsoft SQL Server (eigenes Verzeichnis und eigene Tabellen) oder ein extra entwickeltes optimiertes S-Netzwerk-Dateisystem (letztlich Container-Dateien ebenfalls in eigenen NTFS-Verzeichnissen).

> **Das S-Netzwerk-Dateisystem**
>
> Das Windows Dateisystem NTFS bietet alles, was für das Speichern von einzelnen Kopien von reliablen Publikationen, sicheren Hinterlegungen sowie verlässlichen Links erforderlich ist. Allerdings braucht bei NTFS gerade das Erzeugen, Öffnen, Speichern und Löschen von vielen kleinen Dateien viel Zeit, u. a., weil parallele Dateizugriffe systemweit geregelt werden müssen.
>
> Für das S-Netzwerk besteht auf jedem S-Knoten die Möglichkeit, dass beliebig viele Threads zeitgleich auf eine Datei zugreifen wollen – allerdings jeweils nur Threads von eben jenem S-Knoten. Mit diesem Wissen kann ein effizienteres Dateisystem entwickelt werden, welches weitgehend nicht blockierende Kollektionen einsetzt, um ein sicheres massiv paralleles Zugreifen zu ermöglichen. Das S-Netzwerk-Dateisystem fasst dazu viele kleine Dateien in Blöcke zusammen.

Tabelle 11: Dateisysteme auf einem S-Knoten im Vergleich

	i7 820 QM mit magnetischer Festplatte		i7 6820 HQ mit Solid State Disc	
	NTFS	S-Netzwerk-Dateisystem	NTFS	S-Netzwerk-Dateisystem
100 S-Links speichern	1.623 ms	489 ms	227 ms	83 ms
1.000 S-Links speichern	25.774 ms	2.289 ms	2.077 ms	531 ms
10.000 S-Links speichern	369.424 ms	37.211 ms	20.383 ms	4.986 ms

Zum Test wird hier das Speichern jeweils einer Kopie pro S-Link (inklusive Datenstrukturen für schnellen Zugriff) auf einem einzigen S-Knoten betrachtet. Tabelle 11 zeigt, wie sich auf Notebooks mit Intel Core i7 820QM Prozessor und magnetischer 512 GB Festplatte (5400 RPM) bzw. auf mit Intel Core i7 6820 HQ und 256 GB Solid State Disc das S-Netzwerk-Dateisystem im Ver-

1.7 Der S-Netzwerk-Demonstrator

gleich zu der nur auf NTFS aufsetzenden Lösung schlägt. Abbildung 31 veranschaulicht den relativen Geschwindigkeitsvorteil des S-Netzwerk-Dateisystems gegenüber NTFS.

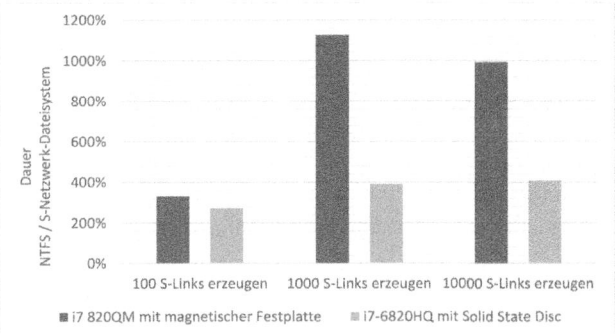

Abbildung 31: Dateisysteme auf einem S-Knoten in Relation

Da einzelne S-Links wenige Hundert Bytes klein sind, kommt bei dem reinen NTFS-Ansatz zur geringen Geschwindigkeit auch noch hinzu, dass pro S-Link viel mehr Speicherplatz auf dem Datenträger belegt wird, als die eigentlich zu speichernde Datenmenge – nämlich mindestens die Blockgröße pro Datei. Bei den Tests belegen 1.000 S-Links (~4.000 einzelne Dateien – u. a. für Metadaten und für schnellen Zugriff) auf einem S-Knoten 18,8 MB, wenn nur NTFS zum Einsatz kommt. Beim S-Netzwerk-Dateisystem werden lediglich 3,9 MB belegt.

Sichere Zugangssysteme, Anwendungsprogramme und Anonymisierung

Die sicheren Zugangssysteme und die Anwendungsprogramme des Demonstrators sollen sich sowohl in der 3D-Umgebung des Verwaltungsprogramms als auch auf beliebigen Rechnern als eigenständige Applikationen starten und nutzen lassen. In der 3D-Ansicht der Verwaltungsumgebung des Demonstrators wird sogar die Hardware simuliert. Die 3D-Darstellung vermittelt einen realistischeren Eindruck von den vorgesehenen Zugangssystemen. In der 3D-Simulation sind die Displays von virtuellen sicheren Zugangssystemen z. B. nur dann lesbar, wenn sich der Nutzer frontal vor dem jeweiligen Zugangssystem befindet. Bei realen sicheren Zugangssystemen könnte dieser erwünschte Effekt durch ein extrem winkelabhängiges Display erreicht werden, sodass nicht von der Seite mitgelesen werden kann. Außerdem zeigt das virtuelle sichere Zugangssystem nur ein Bild, wenn der Nutzer nah genug dran ist, sodass ein Mitlesen durch Dritte ausgeschlossen werden kann – so wie es auch bei realen sicheren Zugangssystemen vorgesehen ist [Viehmann 2018 d], um ein über die Schulter Blicken und Mitlesen aus allzu ähnlichem Blickwinkel zu verhindern.

Die selbst entwickelten Anwendungsprogramme nutzen im Wesentlichen die WPF-Steuerelemente des .Net Frameworks. Eine Ausnahme bildet in dieser Hinsicht der S-Web-Browser. Zwar beinhaltet das .Net Framework selbst auch ein Browser-Control, allerdings lässt sich dieses nicht in WPF-3D-Ansichten nutzen. Also wurde mit CefCharp ein alternatives Open-Source-Control eingesetzt, welches auf Google Chrome / Chromium aufsetzt.

Alle Anwendungsprogramme lassen sich über eine zentrale Client-Applikation starten. Zur Auswahl von einzelnen S-Knoten und zum Aufrufen des sicheren Zugangssystems und der zentralen Client-Applikation des Besitzers kann die 3D-Umgebung genutzt werden.

Bei der Implementierung der Anonymisierungsdienste für Bewertungen, Abstimmungen und Transaktionen wurde darauf verzichtet, eigene externe Netzwerkschnittstellen für die Nutzung dieser Services zu programmieren. Zur Kommunikation mit den einzelnen Anonymisierungsdiensten wird im Demonstrator ausschließlich das S-Web genutzt. Jeder Anonymisierungsdienst hat eine Ankerdatei und prüft regelmäßig, ob es neue eingehende Anfragen per S-Link mit dem Anker als *Zieldatei* gibt. Die Anonymisierungsdienste lassen sich automatisch mit dem S-Netzwerk aktivieren oder auch manuell über die Anwendungsprogramme zum Bewerten, Abstimmen oder Überweisen starten.

1.7.3 Erste Erfahrungen, Tests und Messergebnisse

Der S-Netzwerk-Demonstrator zeigt, dass sich auch auf bescheidener Hardware ein komplettes virtuelles S-Netzwerk mit für viele Anwendungen ausreichender Performance betreiben lässt.

Ungeachtet der zu Testzwecken sowie zu Vorführungszwecken bewusst geschaffene Manipulationsmöglichkeiten und der mithin nicht gewährleisteten Sicherheit der Implementierung des S-Netzwerk-Demonstrators muss der Demonstrator doch zugleich gewissen Qualitätsanforderungen genügen, um das Potenzial des S-Netzwerks aufzeigen zu können. Eine allzu langsame, kompliziert zu bedienende, instabile sowie funktional fehlerhafte Implementierung würde ein entstellendes Zerrbild erzeugen.

Ein sorgfältiges Qualitätsmanagement ist folglich auch bei der Entwicklung eines nicht für den realen Einsatz gedachten Demonstrators durchzuführen. Zur Qualitätssicherung bei komplexen IT-Systemen bietet sich der systematische Einsatz von Tests an. Mit automatisierten Tests lässt sich während des gesamten Entwicklungsprozesses immer wieder überprüfen, ob die Anforderungen erfüllt werden. Tests eignen sich nicht nur, um Fehler aufzudecken, sondern beispielsweise auch zur reproduzierbaren Analyse der Performance.

Als Testumgebung für den S-Netzwerk-Demonstrator dient zum einen die Entwicklungsumgebung Visual Studio, welche weitgehende Unterstützung bietet für automatisierte Unit-Tests, User-Interface-Tests, Last-Tests und Integrations-

1.7 Der S-Netzwerk-Demonstrator

tests. Der Code zum Testen kann in Visual Studio sauber in eigene Testprojekte abgekapselt werden. Die Tests lassen sich jederzeit automatisiert wiederholen und etwa an den *Build*-Vorgang koppeln.

Zusätzlich bieten auch die Verwaltungswerkzeuge des S-Netzwerks-Demonstrators Unterstützung für systematische Tests und zur Visualisierung der Ergebnisse. So können beispielsweise in einem neu erzeugten S-Netzwerk voll automatisiert bestimmte Inhalte publiziert, hinterlegt und verlinkt werden, wobei dann etwa die benötigte Zeit gemessen wird und eventuell auftretende Fehler im Logging aufgezeichnet werden.

Die Performance des Demonstrators

Die Leistungsfähigkeit des Demonstrators soll zeigen, dass es beim derzeitigen Stand der Technik möglich ist, den informationstechnischen Teil des S-Netzwerks zu realisieren. Trotz der aufwendigen Sicherheitskonzepte wie dem sicheren Kommunizieren mit Secret Sharing und (Multi-)Partitions-Routing soll mit dem Demonstrator eine für viele Anwendungsmöglichkeiten hinreichende Performance erzielt werden.

Mit dem S-Netzwerk-Demonstrator soll sich insbesondere auf einem einzigen handelsüblichen Notebook ein komplettes S-Netzwerk mit Hunderten oder Tausenden S-Knoten erzeugen, betreiben und mit Anwendungsprogrammen benutzen lassen. Alle Messwerte in diesem Kapitel wurden auf einem auf einem Dell Precision 7510 Notebook mit Intel i7-6820HQ Quadcore (2.7Ghz), 16 GByte RAM und 256 GByte Solid State Disc ermittelt. Jeder hier angegeben Wert ist der arithmetische Mittelwert aus drei einzelnen Messergebnissen, welche wiederum die mittleren Ergebnisse aus fünf Einzelmessungen sind.

Tabelle 12 zeigt den Zeitbedarf des Demonstrators zum Erschaffen sowie zur Inbetriebnahme eines neuen S-Netzwerks. Die Prozedur umfasst jeweils den Start des Verwaltungsprogramms mit Log-Ansicht und 3D-Visualisierung des S-Netzwerks, das Erzeugen der S-Knoten, das Erschaffen eines virtuellen sicheren Zugangssystems pro S-Knoten, die Generierung und den Austausch der erforderlichen kryptografischen Schlüssel sowie den Start der S-Knoten. Außerdem werden die Daten der S-Knoten sowie der virtuellen sicheren Zugangssysteme auf der Festplatte gespeichert. Verwendet werden für diese Messreihe jeweils die Standard-Einstellungen des Demonstrators für ein neues S-Netzwerk: Es wird das Multi-Partitions-Routing verwendet, als Verschlüsselung der sicheren Kanäle zu Bekannten kommt AES zum Einsatz, als MAC dient CMAC und als Dateisystem auf den S-Knoten wird das optimierte S-Netzwerk-Dateisystem verwendet.

Nach dem Starten aller S-Knoten wird für jeden S-Knoten jeweils genau eine kleine Datei (< 4 KByte) im S-Netzwerk reliabel publiziert, die zufällig ausgewählte Name und andere Angaben zum jeweiligen fiktiven Besitzer des S-Knotens enthält. Diese Publikation erfolgt ohne Zugriffsbeschränkung. Es werden daher nur $2*\Psi-1$ Kopien im Klartext erzeugt, verteilt und gespeichert. Auch der Zeitbedarf dieses automatisierten Publizierens ist in Tabelle 12 angegeben.

Tabelle 12: Erzeugung und Start eines neuen S-Netzwerks im Demonstrator

Ψ	#P	Anzahl der S-Knoten insgesamt (= zu publizierende Dateien)	Kopien insgesamt auf S-Knoten zu speichern	Dauer Erzeugung und Start	Dauer des Publizierens
3	10	320	1.600	3,60 s	2,02 s
3	15	480	2.400	5,48 s	2,77 s
4	15	480	3.360	5,92 s	4,19 s
4	21	672	4.704	8,98 s	5,35 s
4	28	896	6.272	12,22 s	7,29 s
5	28	896	8.064	12,43 s	9,48 s
5	36	1.152	10.368	17,45 s	12,35 s
5	45	1.440	12.960	23,90 s	16,37 s
6	36	1.152	12.672	18,51 s	16,25 s
6	45	1.440	15.840	23,45 s	20,54 s
6	66	2.112	23.232	37,32 s	40,82 s
7	45	1.440	18.720	25,85 s	26,17 s
7	66	2.112	27.456	39,52 s	49,99 s
7	91	2.912	37.856	58,21 s	75,29 s
8	66	2.112	31.680	43,70 s	61,57 s
8	91	2.912	43.680	65,87 s	93,10 s
8	120	3.840	57.600	96,31 s	132,59 s
9	66	2.112	35.904	54,79 s	74,78 s
9	91	2.912	49.504	69,58 s	110,97 s
9	120	3.840	65.280	100,33 s	156,52 s
10	91	2.912	55.328	78,62 s	127,45 s
10	120	3.840	72.960	113,72 s	174,36 s

Je höher der *Threshold* Ψ ist, desto stärker fällt das Publizieren im Vergleich zum Kreieren und Starten ins Gewicht. Auch von einer steigenden Anzahl der Misstrauensparteien und der S-Knoten wird das Publizieren stärker beeinflusst

1.7 Der S-Netzwerk-Demonstrator

als das Erzeugen und Starten. Abbildung 32 zeigt die Messwerte für ausgewählte Konfigurationen im direkten Vergleich.

Mit der Anzahl der S-Knoten im Demonstrator steigt natürlich auch der Aufwand, zumal sich alle virtuellen S-Knoten die Ressourcen eines Computersystems teilen müssen. Da bei mehr S-Knoten auch die Zahl der zu schließenden parteiinternen *Bekanntschaften* pro S-Knoten steigt, ist für das Starten ohnehin kein lineares Skalieren der Dauer mit der Anzahl der S-Knoten zu erwarten.

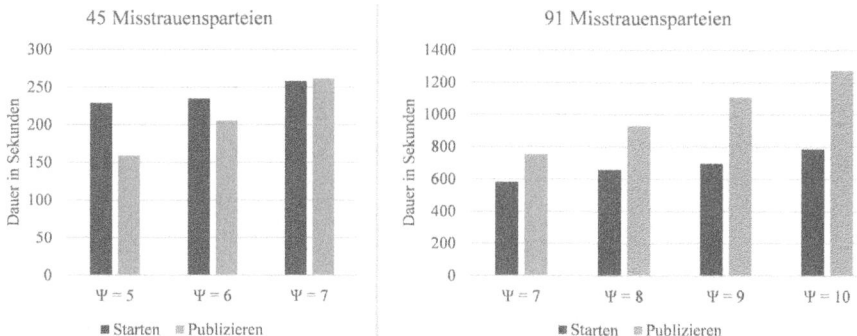

Abbildung 32: Einfluss des Thresholds Ψ und der Anzahl der Misstrauensparteien beim Starten und Publizieren im Demonstrator

Abbildung 33 zeigt, wie der Demonstrator mit der Anzahl der S-Knoten skaliert, wobei auf beiden Achsen logarithmische Einteilungen verwendet werden.

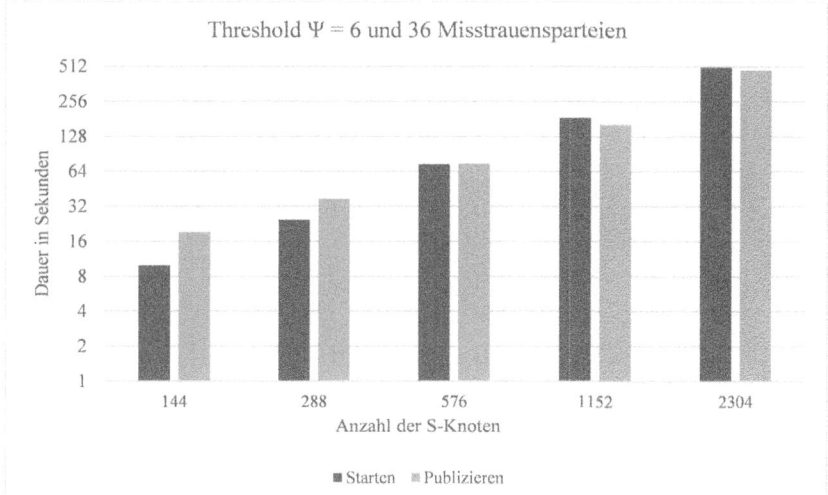

Abbildung 33: Skalierungsverhalten mit der Zahl der S-Knoten beim Starten und Publizieren im Demonstrator

Die Messwerte zeigen: Auch ein virtuelles S-Netzwerk mit Tausenden S-Knoten lässt sich im Demonstrator in wenigen Minuten neu erzeugen, starten und mit Inhalten befüllen. Ein bestehendes virtuelles S-Netzwerk kann im Demonstrator mit allen Inhalten dupliziert werden, sodass sich etwa Tests mit gleichen Ausgangsdaten wiederholen lassen, ohne jedes Mal die Ausgangslage neu herstellen zu müssen.

Tabelle 13 und Abbildung 34 zeigen den Geschwindigkeitsvorteil des Duplizierens im Vergleich zum neu Erzeugen und Befüllen.

Tabelle 13: Duplizieren eines kompletten virtuellen S-Netzwerks im Demonstrator

Ψ	#P	S-Knoten pro Misstrauenspartei	Anzahl der S-Knoten insgesamt	Kopien insgesamt auf S-Knoten	Dauer Erzeugung und Publikation	Dauer des Duplizierens
6	66	32	2.112	23.232	78,14 s	36,88 s
7	66	32	2.112	27.456	89,51 s	42,33 s
8	66	32	2.112	31.680	105,28 s	50,74 s
9	66	32	2.112	35.904	129,57 s	54,50 s

In den für das Duplizieren angegebenen Zeiten wird das komplette virtuelle S-Netzwerk unter einem neuen Pfad gespeichert und das Duplikat wird automatisch direkt im Demonstrator geladen, sodass das Original vom weiteren Geschehen im Demonstrator nicht mehr verändert wird.

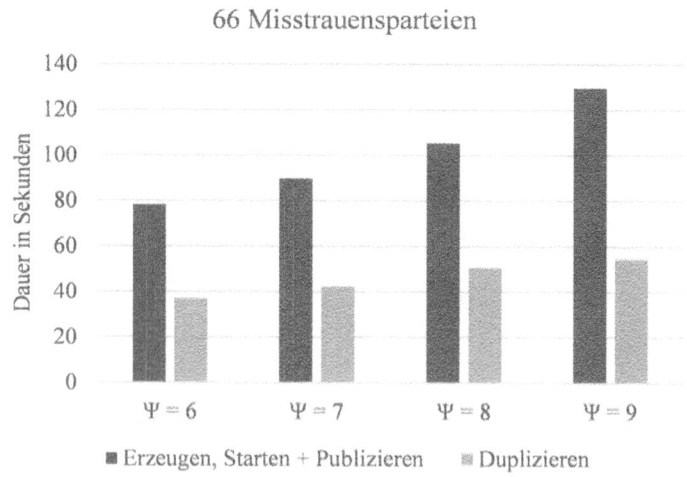

Abbildung 34: Duplizieren eines kompletten virtuellen S-Netzwerks im Demonstrator

1.7 Der S-Netzwerk-Demonstrator

Abbildung 35 und Tabelle 14 zeigen die Dauer des Öffnens und Startens eines bereits bestehenden virtuellen S-Netzwerks im Demonstrator. Da beim Öffnen ein bedeutender Teil der Zeit für das Lesen von den Dateien benötigt wird, in denen die Konfigurationen und Schlüssel der S-Knoten gespeichert werden, ergibt sich eine Beschleunigung des Lade- und Startvorgangs, wenn die Dateien bereits in einem schnellen Zwischenspeicher (Cache) verfügbar sind und nicht erst von der vergleichsweise langsamen Festplatte gelesen werden müssen. Angegeben sind daher jeweils sowohl Messwerte für das Laden und Starten direkt von einer Solid State Disc (SSD) als auch für das Laden und Starten aus dem Cache, wie es etwa beim Duplizieren nach dem Kopieren automatisch durchgeführt wird.

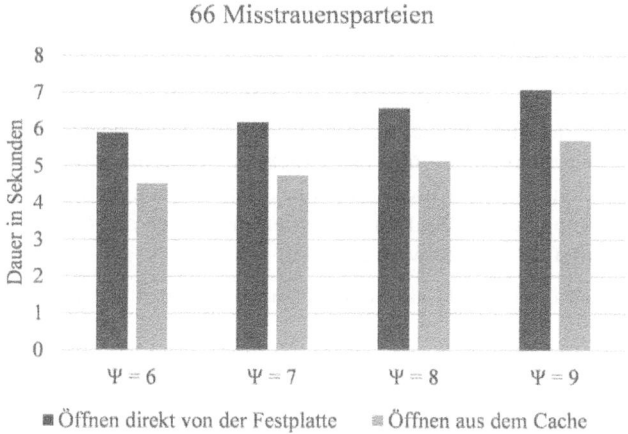

Abbildung 35: Dauer des Öffnens und Startens eines gespeicherten S-Netzwerks im Demonstrator

Tabelle 14 enthält zusätzlich noch die Dauer für das Erzeugen und Starten eines neuen virtuellen S-Netzwerks mit den gleichen Eigenschaften und Publikationen.

Tabelle 14: Öffnen und Starten eines gespeicherten S-Netzwerks im Demonstrator

Ψ	#P	S-Knoten pro Misstrauenspartei	Anzahl der S-Knoten insgesamt	Dauer Erzeugung und Publikation	Dauer des Öffnens + Starts von SSD	Dauer des Öffnens + Starts mit Cache
6	66	32	2.112	78,14 s	5,90 s	4,53 s
7	66	32	2.112	89,51 s	6,19 s	4,76 s
8	66	32	2.112	105,28 s	6,57 s	5,14 s
9	66	32	2.112	129,57 s	7,08 s	5,70 s

Ist ein virtuelles S-Netzwerk im Demonstrator einmal gestartet, steht es zum weiteren Testen und Ausprobieren bereit. Um immer eine vergleichbare Ausgangssituation zu erschaffen, wird bei den automatisierten Testfällen des S-Netzwerk-Demonstrators in der Regel zuerst ein komplett neues virtuelles S-Netzwerk erschaffen und gestartet, bevor der eigentlich Test beginnt.

Im S-Netzwerk ist mit der Publikation und Hinterlegung von sehr vielen kleinen Dateien mit einer Größe von wenigen Kilobyte zu rechnen. Beispielsweise fällt jeder S-Link in diese Größenordnung. Entsprechend wichtig ist eine gute Performance gerade im Umgang mit kleinen Dateien.

Tabelle 15 und Tabelle 16 zeigen elementare Messwerte für die Performance des S-Netzwerk-Demonstrators im Umgang mit kleinen Dateien. Bei den zugrunde liegenden Tests werden über ein virtuelles sicheres Zugangssystem 4KB Dateien reliabel publiziert, auf Korrektheit überprüft und zum lokalen Öffnen heruntergeladen. Bei Letzterem wird gegebenenfalls das Secret-Sharing für den Zugriffsschutz entfernt, sodass der Klartext zur Verfügung steht. Pro Messwert wurden in jeder der fünf Einzelmessungen jeweils 8 kleine Dateien publiziert, geprüft sowie heruntergeladen und das Ergebnis wurde durch 8 geteilt. Von den fünf so ermittelten Werten wurden wie bei allen Messungen in diesem Kapitel wiederum Minimum und Maximum ignoriert und über die drei Verbleibenden wurde der arithmetische Mittelwert gebildet.

Tabelle 15: Publizieren, Prüfen und Laden von 4KB Dateien ohne Zugriffsschutz

Ψ	#P	Zugriffsschutz Threshold	Shares	Kopien	Datenmenge (ohne Metadaten)	Dauer zum Publizieren	Dauer des Prüfens	Dauer des Öffnens
5	45	1	1	9	37 KB	39 ms	13 ms	<3 ms
6	66	1	1	11	45 KB	57 ms	17 ms	<3 ms
7	66	1	1	13	53 KB	101 ms	33 ms	<3 ms
7	91	1	1	13	53 KB	109 ms	32 ms	<3 ms
8	66	1	1	15	61 KB	113 ms	34 ms	<3 ms
8	120	1	1	15	61 KB	117 ms	35 ms	<3 ms
9	91	1	1	17	70 KB	128 ms	35 ms	<3 ms
9	120	1	1	17	70 KB	131 ms	36 ms	<3 ms

1.7 Der S-Netzwerk-Demonstrator

Tabelle 16: Publizieren, Prüfen und Laden von 4KB Dateien, voller Zugriffsschutz

Ψ	#P	Zugriffsschutz Threshold	Shares	Kopien	Datenmenge (ohne Metadaten)	Dauer zum Publizieren	Dauer des Prüfens	Dauer des Öffnens
5	45	5	5	45	184 KB	262 ms	117 ms	7 ms
6	34	6	24	264	1.081 KB	275 ms	127 ms	18 ms
6	45	6	12	132	541 KB	329 ms	150 ms	11 ms
6	66	6	6	66	270 KB	484 ms	209 ms	8 ms
7	66	7	13	169	692 KB	677 ms	295 ms	15 ms
7	91	7	7	91	373 KB	1.027 ms	386 ms	10 ms
8	66	8	28	420	1.720 KB	762 ms	343 ms	19 ms
8	91	8	13	195	799 KB	1.220 ms	539 ms	15 ms
8	120	8	8	120	492 KB	2.138 ms	616 ms	11 ms
9	66	8	227	3859	15.806 KB	782 ms	404 ms	38 ms
9	91	8	24	408	1.671 KB	1.424 ms	596 ms	22 ms
9	120	8	14	238	975 KB	2.503 ms	1.108 ms	19 ms

Performance Features versus reduzierte Komplexität für mehr Sicherheit

Gerade im Umgang mit vielen kleinen Dateien und mit vielen kurzen Nachrichten bieten sich bei der Implementierung einige Möglichkeiten, die Leistung zu verbessern und den Speicherbedarf zu verringern. Muss dafür zusätzliche, eventuell komplizierte Funktionalität bereitgestellt werden, vergrößert sich die Komplexität der Systeme und mithin wird es auch schwieriger, diese sicher zu gestalten. Für das S-Netzwerk gilt es daher sorgsam, die Vorteile und Nachteile gegeneinander abzuwiegen.

Dabei kann der Demonstrator bereits wertvolle Erkenntnisse liefern. Hier sollen zwei Beispiele gezeigt werden:

Optimierungsvariante gepackte Shares

Eine relativ einfache Möglichkeit zur Verbesserung der Performance bietet das Zusammenfassen von mehreren Shares in eine einzige Datei. Die Idee ist, wenn ein S-Knoten mehrere verschiedene Shares derselben Publikation oder Hinterlegung speichern sowie verfügbar halten soll, diese Shares in einen gemeinsamen Container zu packen. Ein beträchtlicher Teil der Metadaten ist bei jedem dieser Shares gleich – es genügt also, diese Metadaten nur einmal in dem Container zu speichern. Und anstatt mehrere Shares jeweils als einzelne kurze Nachrichten an denselben S-Knoten zu senden, genügt eine einzige Nachricht mit dem gemeinsamen Container als Inhalt.

Einen Vorteil kann das Packen von Shares nur dann bieten, wenn Zugriffsschutz mit Secret-Sharing verwendet wird und wenn tatsächlich mehrere Shares auf einem S-Knoten zu speichern sind. S-Knoten müssen dafür zusätzlich in der Lage sein, Container mit mehreren Shares zu verwalten. Sie müssen einzelne Shares extrahieren können und sie müssen auch in der Lage sein, einzelne Shares in dem Container zu korrigieren, wenn sie aus Ψ verschiedenen Misstrauensparteien dazu aufgefordert werden. Der S-Netzwerk-Demonstrator bietet das Feature der gepackten Shares.

Optimierungsvariante gepackte Nachrichten

Von dem Ansatz her ähnlich ist die Idee, mehrere Nachrichten in einen Container zu packen und diese gemeinsam zu versenden. Das Versenden vieler kleiner Nachrichten ist aufwendiger als das Versenden weniger dafür aber größerer Nachrichten, allzumal wenn für jede Nachricht ein vollständiger Verbindungsaufbau mit der Schaffung eines sicheren Kanals erforderlich ist.

Zunächst einmal können selbstverständlich mehrere Nachrichten zusammengefasst werden, welche an den gleichen Adressaten gehen sollen. Dies ist beispielsweise dann der Fall, wenn mehrere Shares einer Publikation oder Hinterlegung auf demselben S-Knoten gespeichert werden sollen und das Feature der gepackten Shares nicht verwendet wird.

Mit dem Multi-Partitions-Routing ergeben sich jedoch viel weitergehende Möglichkeiten. Es können alle Nachrichten zusammengefasst werden, welche an denselben ersten Vermittler gehen sollen. Außerdem bietet es sich an, innerhalb dieses großen Pakets jeweils jene Nachrichten zusammenzufassen, welche an dieselbe Misstrauenspartei weitergeleitet werden sollen. Jeder Vermittler entnimmt dem Paket nur die Nachrichtenpäckchen, welche für seine Misstrauenspartei bestimmt sind. Das verbleibende Nachrichtenpaket wird weitergeleitet. Und aus dem Nachrichtenpäckchen für die eigene Misstrauenspartei werden nur die an den S-Knoten adressierten (eventuell wiederum gepackten) Nachrichten entnommen, das verbleibende Nachrichtenpäckchen wird parteiintern weitergeleitet.

Schon bei einzelnen Vorgängen wie dem Publizieren einer Datei mit Zugriffsbeschränkung entsteht durch das Secret-Sharing eine große Menge an zu übermittelnden Nachrichten. Sollen mehrere Aktionen hintereinander weg ausgeführt werden, können theoretisch auch die Nachrichten all dieser Vorgänge gemeinsam gepackt werden.

Im S-Netzwerk-Demonstrator wurde das Feature der gepackten Nachrichten implementiert, allerdings nur für einzelne Vorgänge.

Ganz, halb oder gar nicht?

Mithilfe von den genannten zusätzlichen Features lässt sich die Performance je nach Konfiguration mehr oder weniger stark steigern. Tabelle 17 Und Tabelle 18 sowie Abbildung 36 und Abbildung 37 zeigen Messergebnisse des Demonstrators jeweils bei vollem Zugriffsschutz mit den verschiedenen Optimierungsvarianten.

1.7 Der S-Netzwerk-Demonstrator

Tabelle 17: Vergleich der Optimierungsvarianten gepackte Shares und mit gepackte Nachrichten

Ψ	#P	Shares	Ohne Optimierung		Gepackte Nachrichten		Gepackte Shares		Beide Optimierungen	
			Publish	Verify	Publish	Verify	Publish	Verify	Publish	Verify
5	45	5	292 ms	132 ms	273 ms	119 ms	303 ms	137 ms	262 ms	117 ms
6	45	12	402 ms	352 ms	397 ms	208 ms	349 ms	167 ms	329 ms	150 ms
7	45	64	2025 ms	3318 ms	1543 ms	586 ms	523 ms	202 ms	484 ms	195 ms
7	91	7	1663 ms	580 ms	1113 ms	375 ms	1688 ms	681 ms	1027 ms	386 ms
8	91	13	1710 ms	1458 ms	1498 ms	686 ms	1528 ms	777 ms	1220 ms	539 ms
9	91	24	2826 ms	3383 ms	2127 ms	1122 ms	1722 ms	773 ms	1424 ms	596 ms

Tabelle 18: Vergleich der Optimierungsvarianten gepackte Shares und mit gepackte Nachrichten

Ψ	#P	Shares	Öffnen ohne Optimierung	Öffnen gepackte Nachrichten	Öffnen gepackte Shares	Öffnen beide Optimierungen
5	45	5	7 ms	6 ms	6 ms	7 ms
6	45	12	14 ms	14 ms	11 ms	11 ms
7	45	64	125 ms	134 ms	23 ms	24 ms
7	91	7	10 ms	11 ms	10 ms	10 ms
8	91	13	20 ms	18 ms	16 ms	15 ms
9	91	24	42 ms	44 ms	24 ms	22 ms

Vorteilhaft sind die Optimierungsverfahren insbesondere, wenn die Anzahl der für vollen Zugriffsschutz erforderlichen Shares groß gegenüber dem *Threshold* Ψ ist. Die besten Ergebnisse werden erzielt, wenn beide Optimierungsvarianten miteinander kombiniert werden.

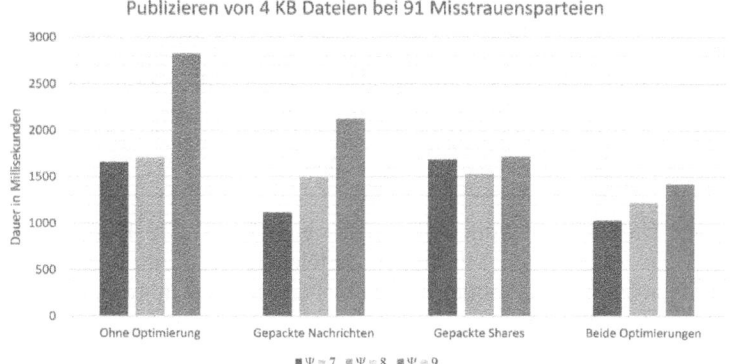

Abbildung 36: Vergleich der Optimierungsvarianten beim Publizieren

Allerdings erhöht sich mit zusätzlichen Features auch die Komplexität. Die Implementierung der sicheren Zugangssysteme und der S-Knoten wird aufwendiger und anspruchsvoller. Die Chance, dass dabei Schwachstellen entstehen, welche Angreifer ausnützen könnten, vergrößert sich prinzipiell. Das sicherheitstechnische Ideal der Minimalität, der Vermeidung von Komplexität spricht dagegen, zu viele Features zu integrieren. Es gilt, sorgfältig die Vor- und Nachteile gegeneinander abzuwiegen. Lohnt sich für den mit einer Optimierungsvariante erzielbaren Performancegewinn die damit verbundene Erhöhung der Komplexität?

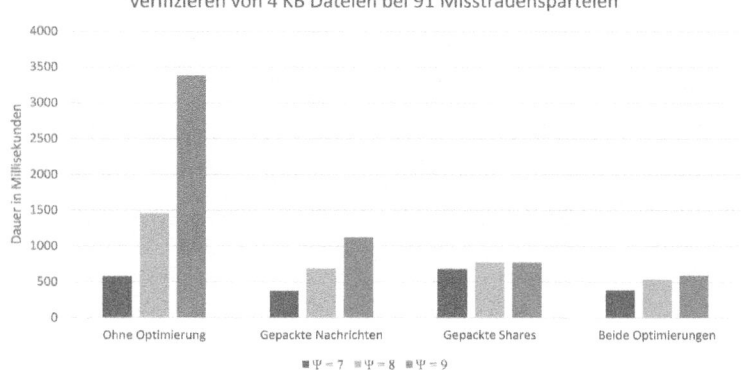

Abbildung 37: Vergleich der Optimierungsvarianten beim Prüfen

Die optionalen Features, welche ausschließlich der Verbesserung der Performance dienen, sind immerhin für die Endanwender vollständig transparent – für sie wird die Nutzung des S-Netzwerks nicht schwieriger. Außerdem ist der Entwicklungsaufwand grad für die Optimierung mit gepackten Shares überschaubar – die Komplexität erhöht sich nur geringfügig. Beides spricht dafür, die Optimierungen der Performance zuzulassen.

Ohne Unterstützung durch die Netzwerkprotokolle des S-Netzwerks lassen sich die hier aufgezeigten Optimierungsvarianten nicht realisieren. Es kann nicht jeder Entwickler von S-Knoten für sich entscheiden, ob er diese Features unterstützen will oder nicht. In der formgebenden Phase [Viehmann 2018 p] muss verbindlich für das gesamte S-Netzwerk festgelegt werden, welche Optimierungsvarianten unterstützt werden sollen.

Bei kleinen Dateien und vollem Zugriffsschutz kann eine Konfiguration mit einer niedrigen Anzahl von Misstrauensparteien je nach eingesetzten Optimierungsvarianten zu einer erheblich besseren Performance führen als eine Konfiguration mit mehr Misstrauensparteien, obwohl die zu speichernde Datenmenge bei mehr Misstrauensparteien erheblich kleiner ist.

Beim Umgang mit größeren Dateien und vollem Zugriffsschutz wird hingegen unabhängig von etwaigen Optimierungen die Anzahl der Shares und mit-

1.7 Der S-Netzwerk-Demonstrator

hin der insgesamt zu speichernden Kopien zum bestimmenden Faktor bei der erzielbaren Performance. Tabelle 19 und Abbildung 38 zeigen den Unterschied für Ψ = 6 mit den beiden Optimierungen gepackte Shares und gepackte Nachrichten.

Tabelle 19: Publizieren, Prüfen und Laden von Dateien diverser Größen bei vollem Zugriffsschutz

Ψ	#P	Shares	Kopien	Dateigröße	Datenmenge (ohne Metadaten)	Dauer zum Publizieren	Dauer des Prüfens	Dauer des Öffnens
6	34	24	264	0,004 MB	1,08 MB	275 ms	127 ms	18 ms
6	45	12	132	0,004 MB	0,53 MB	329 ms	150 ms	11 ms
6	66	6	66	0,004 MB	0,26 MB	484 ms	209 ms	8 ms
6	34	24	264	1 MB	264,00 MB	2.126 ms	1.050 ms	220 ms
6	45	12	132	1 MB	132,00 MB	1.092 ms	538 ms	91 ms
6	66	6	66	1 MB	66,00 MB	759 ms	337 ms	36 ms
6	34	24	264	100 MB	26.400,00 MB	349.823 ms	214.123 ms	33.721 ms
6	45	12	132	100 MB	13.200,00 MB	118.620 ms	70.918 ms	11.787 ms
6	66	6	66	100 MB	6.600,00 MB	51.1860 ms	27.108 ms	6.121 ms

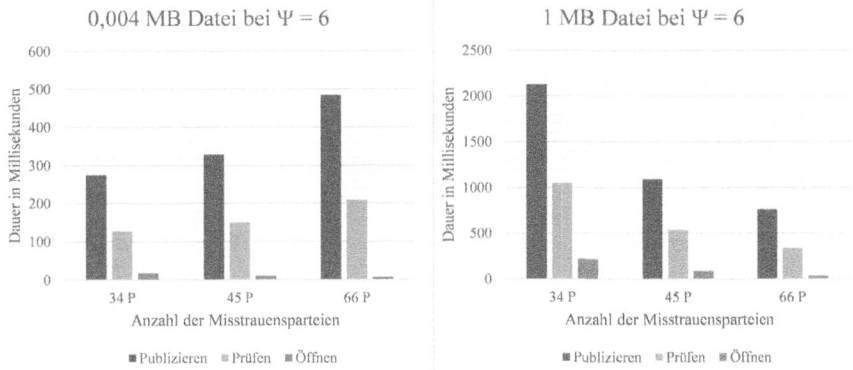

Abbildung 38: Performance bei kleinen und mittelgroßen Dateien mit vollem Zugriffsschutz

---

Große Dateien im S-Netzwerk

Damit eine Datenplattform mit einer Vielzahl winziger Dateien effizient umgehen kann, bietet es sich an, Speicherplatz sparende und die Performance verbessernde Features wie gepackte Shares zu implementieren. Die geschickte Handhabung sehr großer Dateien ist ebenfalls eine Herausforderung – wobei es zunächst einmal darum gehen muss, dafür zu sorgen, dass die Umsetzung überhaupt mit riesigen Dateien zurechtkommt und zuverlässig funktioniert.

Eine Möglichkeit besteht darin, Dateien ab einer gewissen Größe in mehrere Teile zu zerlegen und diese Teile jeweils als separate Dateien zu pflegen. Der Vorteil ist, dass einzelne kompakte Teile für sich geladen, verarbeitet und gespeichert werden können. Bei der Implementierung der Aufteilung großer Dateien in handhabbare Teile sind für das S-Netzwerk zwei verschiedene Lösungen denkbar: Einerseits können sichere Zugangssysteme entsprechende Features bereitstellen, sodass die Anwenderseite damit nichts zu tun hat. Anwendungsprogramme müssen sich dann gar nicht um das Aufteilen und Zusammensetzen großer Dateien kümmern.

Andererseits kann auch nur eine Obergrenze festgelegt werden für die Dateigröße, welche maximal im S-Netzwerk gespeichert werden kann. Größere Dateien müssen dann auf Anwenderseite aufgeteilt werden und die Teile müssen einzeln im S-Netzwerk publiziert oder hinterlegt werden. Ein Vorteil dieser Lösung ist, dass sichere Zugangssysteme nur Dateien bis zu der fixen Obergrenze unterstützen müssen. Beim S-Netzwerk-Demonstrator macht es in der Regel praktisch keinen Unterschied, wo die Aufteilung großer Dateien erfolgt, da die sicheren Zugangssysteme nur simuliert werden und da diese Simulationen üblicherweise auf demselben Computersystem laufen, auf dem auch die Anwendungsprogramme laufen.

Die zu einer großen Datei gehörenden Teile können im S-Netzwerk durch S-Links verlässlich miteinander verbunden werden. Bei der Aufteilung im S-Netzwerk-Demonstrator wird ein simples Benennungsschema verwendet, um die zusammengehörigen Teile finden zu können, sodass eine Verknüpfung mit S-Links gar nicht erforderlich ist.

Hybride Lösungen für den Zugriffsschutz

Der Zugriffsschutz mit Secret Sharing für Dateien im S-Netzwerk vervielfacht durch die Shares auch die Anzahl der insgesamt verfügbar zu haltenden Kopien. Bei großen Dateien ist der Zugriffsschutz mittels Secret Sharing entsprechend aufwendig. Je nach Anforderungen kann es Sinn machen, die Anzahl der Shares bei großen Dateien zu verringern oder gleich ganz auf das Secret Sharing zu verzichten.

Dann können allerdings weniger als Ψ verschiedene Misstrauensparteien den Inhalt rekonstruieren. Um trotzdem einen wirksamen Schutz vor unbefugtem Zugriff zu erzielen, bietet es sich an, die Daten vor dem Publizieren oder Hinterlegen im S-Netzwerk mit kurzen Schlüsseln symmetrisch zu verschlüsseln und nur die vergleichsweise kleinen Schlüssel mittels vollständigem Secret Sharing vor unbefugten Zugriffen geschützt im S-Netzwerk zu speichern. Die Schlüssel werden mit den verschlüsselten Dateien verknüpft. Um an die Schlüssel zu kommen, werden Daten aus mindestens Ψ verschiedenen Misstrauensparteien benötigt.

1.7 Der S-Netzwerk-Demonstrator

Tabelle 20: Zugriffsschutzvarianten beim Publizieren und Prüfen von 100 MB Dateien mit $\Psi=6$

#P	Vollschutz nur Secret Sharing			Hybrid max. 1 Share pro P, #Shares = #Keys			Hybrid max. 1 Share pro P, 1 Key			Hybrid kein Secret Sharing, 1 Key		
	Shares / Keys	Publish	Verify	Shares / Keys	Publish	Verify	Shares / Keys	Publish	Verify	Shares / Keys	Publish	Verify
34	24 / 0	349,8 s	214,1 s	3 / 3	26,4 s	13,3 s	3 / 1	26,1 s	12,9 s	0 / 1	9,6 s	3,9 s
45	12 / 0	118,6 s	70,9 s	4 / 4	35,7 s	18,3 s	4 / 1	34,8 s	17,9 s	0 / 1	10,8 s	4,0 s
66	6 / 0	51,9 s	27,1 s	-	-	-	-	-	-	0 / 1	11,2 s	4,3 s

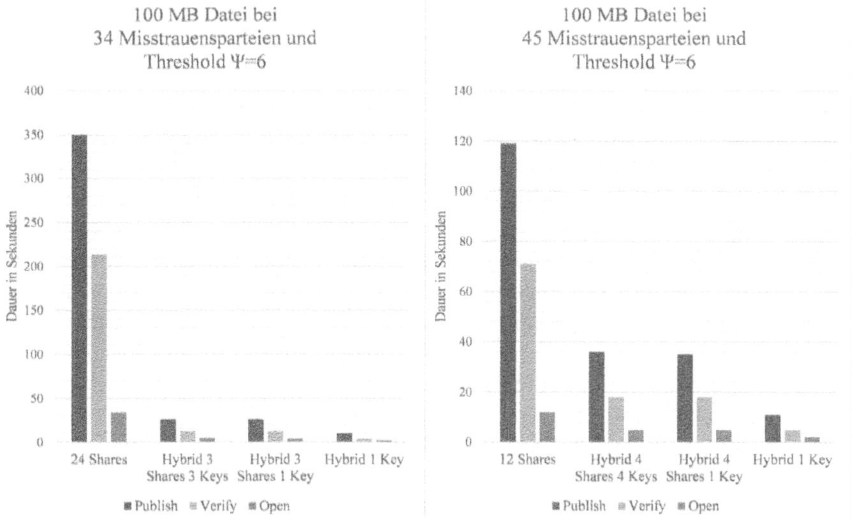

Abbildung 39: Zugriffsschutzvarianten beim Publizieren, Prüfen und Öffnen von 100 MB Dateien

Der Demonstrator unterstützt das Verweisen auf hybride Schlüssel direkt in den Metadaten einer reliablen Publikation oder einer sicheren Hinterlegung. Mit diesem Feature ist es nicht notwendig, durch zusätzliche S-Links auf zugehörige Schlüssel zu verweisen. Tabelle 20 und Abbildung 39 zeigen die Performance bei den verschiedenen Zugriffsschutzvarianten im direkten Vergleich.

Manuelles Testen und Anwendungserfahrung

Die Bedienbarkeit von Computersystemen und Programmen gehört zu den Dingen, bei deren Analyse die manuelle Mitwirkung von Personen quasi in der Natur der Sache liegt. Manuelles Testen über die Benutzeroberflächen des

Demonstrators und der dafür geschaffenen beispielhaften Anwendungsprogramme ist eine einfache und wirkungsvolle Maßnahme, auch wenn sie einen gewissen Aufwand bedeutet.

Solange die Entwicklung erster physischer sicherer Zugangssysteme noch aussteht, ist ein manuelles Testen am S-Netzwerk-Demonstrator im Hinblick auf die Benutzererfahrung nicht ganz realistisch. In der 3D-Simulation wird versucht, die sicheren Zugangssysteme wirklichkeitsgetreu nutzbar zu machen. Die Authentifikation des Zugangssystems erfolgt in der Simulation des Demonstrators jedoch nur über eine Bildschirmausgabe. Bei einem realen Zugangssystem wäre an der Stelle etwa eine haptische Überprüfung durchzuführen.

Andererseits eröffnet der S-Netzwerk-Demonstrator dem Nutzer auch Möglichkeiten, die für ein reales S-Netzwerk nicht gedacht sind. So hat der Anwender im Demonstrator eine Visualisierung aller verfügbaren S-Knoten in ihrer Verteilung über die verschiedenen Misstrauensparteien zur Verfügung. Diese 3D-Karte kann in Anwendungsprogrammen des Demonstrators genutzt werden, um S-Adressen bzw. S-Knoten auszuwählen. In einem realen S-Netzwerk können prinzipiell im S-Web mit S-Links Verzeichnisse geschaffen werden, in denen jeweils alle S-Knoten pro Misstrauenspartei aufgelistet werden. Diese S-Web-Verzeichnisse könnten Anwendungsprogramme nutzen, um eine Benutzeroberfläche ähnlich der des Demonstrators zu erzeugen. Ab einer gewissen Zahl von S-Knoten dürfte dies jedoch keinen praktischen Wert mehr haben, da jede Übersicht verloren geht.

Im Demonstrator erlaubt die 3D-Visualisierung aller S-Knoten die Animation von Kommunikationsvorgängen und insbesondere des Multi-Partitions-Routings. Sie trägt somit dazu bei, das S-Netzwerk im Demonstrator interaktiv erlebbar zu machen. In einem realen S-Netzwerk braucht es keine entsprechende Funktionalität – wer etwas über die grundlegenden Konzepte erfahren möchte, der kann dazu den Demonstrator nutzen.

Ebenso nur auf den Demonstrator beschränkt sind die Möglichkeiten zur Manipulation, welche die Anwendungs- und Administrationsprogramme bereitstellen. Sie eignen sich zum manuellen Testen der Fähigkeiten des Demonstrators, etwaige Schäden zu erkennen und gegebenenfalls Reparaturen durchzuführen. Zerstörungen und andere Manipulationen können über die grafische Benutzeroberfläche des Demonstrators gezielt von Hand ausgelöst werden. Ebenso lassen sich Prüf- und Reparaturvorgänge manuell anstoßen.

Automatisiertes Testen

Zum Vorführen und um die Anwenderfreundlichkeit zu untersuchen, sind manuelle Tests gut geeignet. Für die Qualitätssicherung und zum Messen sind jedoch automatische durchführbare und exakt reproduzierbare Tests unbedingt vorzuziehen. Für den S-Netzwerk-Demonstrator wurden bereits über 500 verschiedene Testfälle entwickelt, die sich vollautomatisch ausführen lassen. Die automatisierten Testfälle reichen von einfachen funktionalen Tests einzelner Komponenten bis zu komplexen Szenarien, in denen mehrere Systeme parallel ausfallen oder manipuliert werden, um die Robustheit des S-Netzwerks im Demonstrator auch unter widrigen Bedingungen zu testen. Komplexe Test-Szenarien können beispielsweise dazu genutzt werden, reproduzierbar zu überprüfen, welche alternativen Routen im Multi-Partitions-Routing bei Störungen tatsächlich genutzt werden. So können etwaige Implementierungsfehler aufgespürt werden.

Im Prinzip lassen sich automatische Tests so wie die manuellen Tests auch über die Benutzeroberfläche ausführen. Visual Studio bietet bereits alles Nötige für die komfortable Generierung entsprechender User-Interface-Testfälle. Dabei müssen die Testfälle nicht von Hand programmiert werden – sie können während der manuellen Nutzung des zu testenden Systems bequem aufgezeichnet und anschließend angepasst werden. Für Analysen einzelner Funktionen und Komponenten sind Tests über die Nutzeroberfläche kaum geeignet. Es ist vielmehr direkter Zugriff auf die zu testenden Einheiten gefragt. Auch für umfangreiche Tests des Gesamtsystems mit vielen Aktionen, die über die Benutzeroberfläche jeweils für sich aufgerufen werden müssten, ist ein direkter Zugang über Programmschnittstellen vorzuziehen, um Performance-Verluste durch das User-Interface zu vermeiden.

Die Implementierung des S-Netzwerk-Demonstrators bietet für das automatisierte Testen insbesondere einzelner Einheiten oder auch komplexer Szenarien Schnittstellen zur Stimulation und vor allem zur Observation. Da das S-Netzwerk ein hochgradig paralleles System ist, erfolgt die Observation oftmals asynchron über *Callback*-Mechanismen, welche von zu testenden Systemen aus aufgerufen werden können.

Der S-Netzwerk-Demonstrator soll künftig zu einer Testumgebung zur Unterstützung der Entwicklung real zulassungsfähige S-Knoten ausgebaut werden [Viehmann 2018 h].

1.8 Fazit zum S-Netzwerk und zum S-Web

Mit dem S-Netzwerk und mit dem S-Web besteht die Chance, ein neues Informationszeitalter beginnen zu lassen. Der S-Netzwerk-Demonstrator zeigt, dass die technischen Voraussetzungen für eine hochgradig verteilte Plattform mit den gezeigten Sicherheitskonzepten gegeben sind. Ob und wie gut es gelingt, S-Netzwerk sowie S-Web zu realisieren und als universelle Plattform zu etablieren, wird vom politischen Willen, von der Wirtschaftlichkeit sowie letztlich vom Engagement der potenziellen Gestalter und Nutzer abhängen.

Durch die Innovation des S-Netzwerks steht erstmals die Schaffung einer Plattform in Aussicht, auf der sich reliable Publikationen und sichere Hinterlegungen tätigen lassen. Das S-Netzwerk ist aufgrund der Vertrauensbildung durch die Aufteilung aller Verantwortungen über Misstrauensparteien und durch den gezielten Einsatz von bestimmten Formen des Misstrauens konzeptionell auch gegen manipulative Kollaborationen gewappnet, womit die erste These erfüllt wird. Die Sicherheitskonzepte des (Multi-)Partitions-Routings und des Zugriffsschutzes jeweils mit Secret Sharing setzen lediglich das generieren hinreichend zufälliger Bitfolgen voraus – ansonsten können beweisbar sichere Verfahren eingesetzt werden. Durch die geringe Anzahl der *Bekannten*, mit denen ein manueller Schlüsseltausch erforderlich ist, ist auch der Einsatz von One-Time-Pad und One-Time-MAC zur Absicherung der Kommunikation durchaus eine realistische Option, womit auch die zweite These grundsätzlich bestätigt ist. In der Praxis wird es vielleicht dennoch sinnvoller sein, stattdessen kurze Schlüssel zu verwenden – der Einsatz verschiedener symmetrischer Schlüsselungsverfahren für die einzelnen Shares verspricht auch für diesen Fall ein hohes Maß an Sicherheit. Die angestrebte langzeitliche Unleugbarkeit und einheitliche rechtliche Standards gehen weit über das derzeit Verfügbare hinaus. Jeder Teilnehmer wird in die Lage versetzt, ein dauerhaft verfügbares digitales Vermächtnis zu hinterlassen.

Mit dem S-Web können die Informationen im S-Netzwerk flexibel organisiert und genutzt werden, sodass etwa Inhalte gezielt über verschiedene Verzeichnisse gesucht und gefunden werden können. Die bidirektionale verlässliche Verlinkung zwischen beliebigen Inhalten im S-Netzwerk mit S-Links ermöglicht die Entstehung eines dicht verknüpften einheitlichen Informationsraums. Dadurch, dass es in diesem Informationsraum ausschließlich reliable Publikationen und sichere Hinterlegungen gibt, lässt sich verhindern, dass S-Links brechen und ins Leere zeigen. Eine Plattform, welche keine dauerhaft unleugbare Verfügbarkeit garantiert, lässt sich mit externen Links – so sie sich denn überhaupt zwischen beliebigen Inhalten erzeugen lassen – hingegen kaum sinnvoll organisieren, da sich die Bezugsbereiche der Links jederzeit ändern könnten. Damit hat sich auch die dritte These bestätigt.

Viele Aufgaben lassen sich mithilfe des S-Webs ohne Abhängigkeiten von anwendungsspezifischen Services lösen. Etliche Probleme lassen sich *bezüglich ihrer netzwerkseitigen operationellen Risiken auf das S-Netzwerk zusammen mit dem S-Web reduzieren.* Grenzen ergeben sich notwendigerweise dort, wo Anonymität gefragt ist. Anonymität kann das S-Netzwerk nur im Zusammenhang mit externen Diensten bieten, da sich beim aktuellen Stand der Forschung und der Technik nur für spezielle Anwendungsbereiche Prüfungen auf Zulässigkeit gemäß der S-Verfassung realisieren lassen. Derartig spezialisierte Funktionalität gehört mithin nicht in eine kompakte und zugleich universell nutzbare Informa-

1.8 Fazit zum S-Netzwerk und zum S-Web

tionsplattform. Die vierte These bleibt dennoch naturgemäß eine Vermutung – vielleicht lässt sich eine noch kompaktere Basis schaffen, auf die sich eben so viele oder noch mehr Anwendungen bezüglich der operativen Risiken reduzieren lassen. Nach Besserem zu forschen, dazu sollte immer motiviert werden, und diese These darf durchaus als Herausforderung aufgefasst werden.

Rein technisch betrachtet lässt sich das S-Netzwerk gewiss realisieren: Der S-Netzwerk-Demonstrator beweist, dass der aktuelle Stand der Technik es erlaubt, mit handelsüblichen Computern ein Netzwerk von S-Knoten zu betreiben und eine hinreichende Performance für viele Anwendungsbereiche zu erzielen.

Für ein reales S-Netzwerk sollen zusätzlich auch sichere Zugangssysteme und mithin speziell geschützte Hardware-Systeme eingesetzt werden. Im Demonstrator kommen nur virtuelle Zugangssysteme zum Einsatz. Der Zugangs- und Autorisationsschutz besteht bei reinen Software-Lösungen wie im Demonstrator nur in einer Passworteingabe. Es ist zwar auch ein reales S-Netzwerk denkbar, welches den Zugang nur mit Passworteingaben oder besser mit anderen bestehenden Technologien wie der Zwei Faktor Authentifizierung und Autorisierung durch PIN und Smartcard schützt. Besser erscheint aber die Entwicklung explizit sicherer Hardware-Zugangssysteme, wie sie in [Viehmann 2018 d] skizziert werden, mit gegenseitiger Authentifikation von Zugangsgerät und Anwender. Wie sicher Zugangssysteme dieser Art tatsächlich sein können, wie gut etwa der Tresor geschützt werden kann und wie zuverlässig im Angriffsfall die Selbstzerstörung durchgeführt werden kann, muss sich noch erweisen. Hier besteht noch Forschungsbedarf. Auch für die Wahl der technischen Konfiguration für ein reales S-Netzwerk sind noch weitere Analysen erforderlich.

Entscheidungen wie die Wahl der Anzahl der Misstrauensparteien gehen über die Technik hinaus. Die technischen Standards und insbesondere auch die abstrakten rechtlichen Vorgaben der S-Verfassung zu gestalten wird eine große Herausforderung. Die gegebene technische Machbarkeit ist eine notwendige, aber keine hinreichende Bedingung dafür, dass das S-Netzwerk realisiert und dauerhaft betrieben werden kann. Politisch müssen die erforderlichen rechtlichen Voraussetzungen und Rahmenbedingungen geschaffen werden, damit die Konzepte zur Vertrauensbildung mit Misstrauensparteien verwirklicht werden können und damit die Teilnahme am S-Netzwerk durch Abschlüsse gültiger S-Verträge ermöglicht werden kann. Souveräne Staaten müssen bereit sein, etwas Überstaatliches, unter gemeinsamer Kontrolle Stehendes zu unterstützen. Eine für viele Staaten implementierbare und nicht zu unpräzise, die Freiheit sowie die Rechte aller Beteiligten schützende S-Verfassung zu erschaffen wird ein Balanceakt.

Wenn die technischen und die politisch rechtlichen Voraussetzungen gegeben sind, bedeutet das noch keineswegs, dass das S-Netzwerk auch aufgebaut, akzeptiert und genutzt wird. Über den Erfolg entscheiden wird letztlich, wie wirtschaftlich attraktiv das S-Netzwerk erscheint. Es muss sich lohnen, S-Knoten zu entwickeln und zu betreiben.

Das S-Netzwerk wird nur dann eine Chance haben, zu einer bedeutenden Plattform mit vielen Nutzern aufzusteigen, wenn es auch seinen Preis wert ist. Sicherheit kostet – und die für das S-Netzwerk vorgesehenen Konzepte sind keinesfalls billig, sondern mit hohem Aufwand verbunden. Im folgenden zweiten Kapitel soll das S-Netzwerk aus wirtschaftlicher Sicht betrachtet werden und insbesondere soll erörtert werden, ob das S-Netzwerk den Aufwand ökonomisch rechtfertigt – ob der zu erwartende Nutzen also die Kosten übersteigen wird.

2 Das S-Netzwerk in der Wirtschaft

Für die wirtschaftliche Einschätzung des S-Netzwerks sind die Aufwendungen dem zu erwartenden Nutzen gegenüberzustellen und es muss ein geeignetes Konzept zur Finanzierung entwickelt werden.

Sollte sich das S-Netzwerk etablieren, könnte das erhebliche Auswirkungen auf bestehende Geschäftsprozesse, Verwaltungsaufgaben und ganze Industrien haben, insbesondere im Zusammenhang mit beliebig reproduzierbaren immateriellen Gütern. Eventuell können neue Wirtschaftssysteme mithilfe des S-Netzwerks verwirklicht werden.

2.1 Der Betrieb des S-Netzwerks

Dem Anspruch der langzeitlichen Verfügbarkeit kann nur eine dauerhaft wirtschaftlich tragfähige Lösung gerecht werden.

Egal wie technisch fortschrittlich, sicher und vertrauenswürdig eine vernetzte Datenplattform sein mag: Letztlich entscheidet ihre Wirtschaftlichkeit ganz wesentlich mit darüber, ob sie erschaffen, genutzt und gepflegt wird. Das S-Netzwerk muss wie jedes andere digitale Repository zur Langzeitarchivierung ein Konzept aufweisen, mit dem die ökonomischen Voraussetzungen für einen nachhaltigen tragfähigen Betrieb sichergestellt werden.

"A trusted digital repository should be able to prove its financial sustainability over time. Overall, trusted repositories will adhere to all good business practices and should have a sustainable business plan in place." … "Both short- and long-term financial planning cycles should demonstrate an ongoing commitment to a balance of risk, benefit, investment, and expenditure.", zitiert aus [RLG 2002], S. 14.

Für das S-Netzwerk müssen die Kosten in einem attraktiven Verhältnis zum potenziellen Nutzen stehen und es muss eine dauerhaft solide Finanzierung sichergestellt werden.

2.1.1 Zu erwartende Kosten

Die für das S-Netzwerk vorgesehenen vertrauensbildenden und absichernden Maßnahmen lassen sich nur mit erheblichen Aufwendungen umsetzen. Je nach Konfiguration des S-Netzwerks werden die Kosten unterschiedlich ausfallen. Mit Modellen lässt sich die zu erwartende Höhe der Kosten zumindest grob abschätzen.

Informationssicherheit ist nicht nur ein technisches und rechtliches Thema – sondern auch ein ökonomisches [Anderson 2001] [Eeten 2008]. Viele vertrauensbildende und sicherheitstechnische Maßnahmen verursachen erhebliche Kosten. Je nachdem, wem ein Schaden droht und wer dafür gegebenenfalls haftbar ist, kann es zu Interessenkonflikten zwischen der Sicherheit und der Wirtschaftlichkeit kommen. In der Literatur finden sich Empfehlungen, wie viel präventiv in die Sicherheit von IT-Systemen investiert werden sollte. In [Gordon 2002] werden 37% der möglichen Verluste im Fall eines Versagens des Sicherheitskonzepts als Obergrenze angeführt. Einige Sicherheitstechniken sind nicht nur teuer, sie machen auch die Nutzung schwieriger. Sie können daher zum Wettbewerbsnachteil gegenüber weniger sicheren Systemen werden. "*A secure platform would impose more burdens*" ... "*so security is neglected at the start*", zitiert aus [Moore 2012].

Um entscheiden zu können, in welcher Konfiguration das S-Netzwerk geschaffen werden soll und wie stark die vertrauensbildenden und sicherheitstechnischen Maßnahmen mithin genau sein sollen, müssen die Auswirkungen des jeweils erzielbaren Schutzes gegen Bedrohungen auf die Performance, die Bedienbarkeit und vor allem auf die Kosten gegeneinander abgewogen werden. Die Wahl des optimalen Sicherheitsniveaus für das S-Netzwerk ist eine politische Angelegenheit. Hier wird der Gestaltungsspielraum bewusst offen gelassen. Grundlegende Konfigurationsparameter wie die Anzahl der Misstrauensparteien oder der *Threshold* Ψ sollen erst mit der S-Verfassung festgelegt werden. Die im Folgenden aufgestellten Prognosen der zu erwartenden Kosten sollen die Entscheidungsfindung im Zuge der Ausgestaltung der S-Verfassung in der formgebenden Phase [Viehmann 2018 p] unterstützen. Dazu werden die mit dem S-Netzwerk verbundenen Kostenfaktoren identifiziert und es wird versucht die Höhe der zu erwartenden Kosten anhand von Vergleichbarem, was sich bereits auf dem Markt befindet, zumindest grob abzuschätzen. Für die Abschätzung der Grenzkosten wird ein Modell in Abhängigkeit der Nutzerzahl entwickelt.

Qualifikations- und Zulassungskosten

Aktive Teilnahme am S-Netzwerk beginnt mit dem Abschließen eines S-Vertrags. Voraussetzungen dafür soll eventuell der Nachweis gewisser Qualifikationen sein (siehe Kapitel 1.6.1). Eine entsprechende Prüfung durchzuführen und die Ergebnisse zu bescheinigen wird Kosten verursachen. Zur Vorbereitung auf die Prüfung müssen zusätzlich im Selbststudium oder in (kostenpflichtigen) Schulungen die nötigen Kompetenzen entwickelt werden.

Solche Prüfungsaufwendungen für die Teilnahme am S-Netzwerk können bereits eine abschreckende Einstiegshürde sein. Dies zeigen die Erfahrungen mit bestehenden IT-Qualifikationsmaßnahmen, Prüfungen und Zertifizierungen: In der Studie [Weiß 2005] wurden die Studienteilnehmer gefragt, ob sie die erforderlichen Aufwendungen für IT-Zertifizierungen als Barriere empfinden, was von 58 % (S. 34) der Befragten bejaht wurde.

2.1 Der Betrieb des S-Netzwerks   235

Reale Qualifikationsmaßnahmen für die Nutzung technischer Geräte
Als Voraussetzung für die rechtmäßige Benutzung vieler technischer Geräte werden das Bestehen von Prüfungen und der Erwerb entsprechender Lizenzen verlangt. Um etwa in Deutschland bestimmte Kraftfahrzeuge im öffentlichen Straßenverkehr führen zu dürfen, ist eine Fahrerlaubnis erforderlich, für welche sowohl eine theoretische als auch eine praktische Prüfung zu bestehen ist [FeV 2010/2012]. Die Gesamtkosten für eine entsprechende Schulung und Prüfung lagen 2011 je nach Region laut der Studie [ADAC 2011] im Schnitt zwischen 1.371 € und 2.219 €.

Auch bei einigen kommunikationstechnischen Geräten ist das Erlangen einer Erlaubnis für deren rechtmäßige Benutzung obligatorisch. Für die Teilnahme am Amateurfunk ist in Deutschland beispielsweise ebenfalls eine Erlaubnis erforderlich, welche erst nach erfolgreicher fachlicher Prüfung für Funkamateure erteilt wird [AFuG 1997/2008]. Die Kosten für die Zuteilung der Erlaubnis (Zeugnis, Rufzeichen) liegen nach [AFuV 2005/2008] zwischen 150 € und 180 €. Hinzu kommen gegebenenfalls noch Kosten für freiwillige Schulungen als Vorbereitung auf die Prüfung.

In manchen Bereichen werden Bescheinigungen über Fähigkeiten auch ohne gesetzlichen Zwang erworben, z. B. beim sportlichen Gerätetauchen. Wer selbstständig tauchen möchte, der absolviert in der Regel einen Tauchkurs mit Prüfungen und erwirbt damit einen Tauchschein von einem anerkannten Tauchverband (CMAS, PADI). Kommerzielle Tauchkurse sind an sich auch ein gutes Geschäft für die Anbieter [Wilks 1992] [Cummins 1995]. Für freiwillige Schulungen und Prüfungen wird eventuell durchaus gezahlt, wenn sie der Sicherheit und dem Selbstschutz der Prüflinge dienen – was bei Qualifikationsprüfungen für das S-Netzwerk der Fall wäre.

Zum Vergleich aus der aktuellen Ausbildungs- und Zertifizierungspraxis in der Informatik können die Kosten des *Europäischen Computer Führerscheins* ECDL dienen. Neben einer einmaligen Gebühr von 44 € wird auch für jede der sieben Teilprüfungen des ECDL eine Gebühr erhoben, wobei 25 € pro Test als Richtwert gelten [DLGI 2011]. Ein kompletter ECDL kommt somit auf Gebühren in Höhe von 220 €. Ein ECDL Base mit nur vier Prüfungen schlägt mit 144 € zu Buche.

Zur einfachen Teilnahme am S-Netzwerk soll es höchstens eine Pflichtprüfung geben, sodass der Verwaltungsaufwand niedriger ausfällt. Zugleich kann die Zulassungsprüfung genutzt werden, um die ohnehin erforderliche Feststellung der Identität des Kandidaten zu erledigen. Die zuständigen Prüfer – S-Betreiber mit entsprechender Lizenz – sollten die Identitäts- und Teilnahmeprüfung zur einfachen Teilnahme am S-Netzwerk gegen eine einmalige Gebühr von 50 € bis 100 € anbieten können.

Werden die nötigen Fähigkeiten für den ECDL nicht im Selbststudium erlernt, fallen Schulungskosten an, die je nach Umfang etwa zwischen 500 € und

2.500 € liegen. So bietet z. B. GPB Berlin ECDL Standard Schulungen für 1.908 € und ECDL Base Schulungen für 1.060 € an (https://www.gpb.de, 15.06.2018) – das sind jeweils rund 270 € pro Prüfungsvorbereitung. Optionale Schulungen für die einfache Teilnahme am S-Netzwerk sollten aufgrund der Fokussierung auf eine einzige Prüfung für 200 bis 400 Euro möglich sein.

Als S-Betreiber zugelassen zu werden wird einen größeren Aufwand erfordern: Für den korrekten Betrieb von S-Knoten sind wesentlich weitergehende Qualifikationen erforderlich als für die einfache Nutzung des S-Netzwerks mit clientseitigen Systemen und Applikationen. Voraussetzung für die Zulassung als S-Betreiber sollen entsprechend anspruchsvollere Prüfungen sein, die bspw. von anerkannten Universitäten oder Hochschulen durchgeführt werden könnten. Die einmaligen Kosten zur Erlangung der notwendigen S-Netzwerk-spezifischen Kenntnisse sowie Fähigkeiten und zur Zulassung als S-Betreiber werden für interessierte IT-Experten in einer Größenordnung von 5.000 € bis 10.000 € liegen. Einfache Teilnehmer am S-Netzwerk, die ihre S-Knoten nicht selbst betreiben, benötigen die Dienste eines kommerziellen S-Betreibers, welcher die Kosten für seine Qualifikation und Zulassung an seine Kunden weitergibt. Hat ein S-Betreiber 250 Kunden, sind das jeweils einmalig 20 € bis 40 € für jeden einfachen Teilnehmer.

Identitätsprüfungen durch mehrere Misstrauensparteien

In dem für das S-Netzwerk entworfenen Vertrauenskonzept müssen Identitäten jeweils durch ein Quorum von mindestens Threshold Ψ verschiedenen Misstrauensparteien bestätigt werden. Damit Ψ Misstrauensparteien die Identität unabhängig bezeugen können, muss streng genommen jede von ihnen die Identität des Kandidaten einmal für sich separat feststellen. Je nachdem, ob und wie dies gemäß S-Verfassung durchzuführen ist, können dabei erhebliche Kosten entstehen.

Wenn die persönliche Prüfung der Identität vor Ort durch S-Betreiber aus Ψ verschiedenen Misstrauensparteien verlangt werden sollte, würden aufgrund der geografischen Separation der Misstrauensparteien für jeden Prüfvorgang hohe Reisekosten anfallen. Die Kosten könnten zwar durch gleichzeitige Prüfungen mehrerer Beitrittskandidaten gesenkt werden, es wären aber trotzdem Größenordnungen von mehreren Hundert Euro zu erwarten. Günstiger dürfte der Einsatz von bestehenden Dienstleistern wie etwa der gegenständlichen Post sein. Die Deutsche Post AG bietet ihre Postident genannten Identifikationsdienste schon für unter 10 € an [Post 2010]. Voraussetzung dafür ist, dass jeweils zumindest die unmittelbar Beteiligten dem Authentifikationsdienstleister vertrauen. Für die weiteren Kalkulationen wird hier davon ausgegangen, dass die Identitätsfeststellung durch Ψ Misstrauensparteien mithilfe von verschiedenen Authentifikationsdienstleistern für etwa $\Psi*10€$ durchgeführt werden können.

Okkasionelle Kosten durch das Schlüssel-Management

Ein sicherheitskritischer Tausch von Verbindungsdaten inklusive geheimer Schlüssel ist mit den S-Betreibern von jenen S-Knoten durchzuführen, welche in der Lage sein müssen, direkt sichere Kanäle aufzubauen (*Bekannte*). Der Verbindungsdatenaustausch kann im Zuge der Identitätsprüfung vollzogen werden. Um effiziente Weiterleitungen zu ermöglichen und eine hohe Ausfallsicherheit bieten zu können, sind beim gezeigten Verfahren zur sicheren Kommunikation mit Secret Sharing zusätzlich auch Verbindungsdaten und Schlüssel mit S-Betreibern zu tauschen, welche keine Identitätsprüfung durchführen müssen. Der Schlüsselaustausch ist ggf. von Zeit zu Zeit zu wiederholen, z. B. wenn nur einmal nutzbare Schlüsseldaten aufgebraucht sind oder wenn durch Fortschritte in der Kryptoanalyse neue (längere) Schlüssel benötigt werden. Bei beweisbar sicheren Verfahren ist das auszutauschende Datenvolumen ein großer Faktor für die zu erwartenden Kosten, da mindestens das Ψ-fache der zu übertragenden Datenmenge an Schlüsseldaten benötigt wird.

Wie teuer der Tausch von Verbindungsdaten inklusive geheimer Schlüssel wird, hängt ferner von der Methode des Austausches ab. Für große S-Betreiber kann es sich lohnen, untereinander sichere Kanäle für einen effizienten immateriellen Austausch der einzelnen Verbindungsdaten einzurichten und den Prozess zu automatisieren. Die notwendigen Aufwendungen für einen reinen Verbindungsdatenaustausch sollten unter denen einer Identitätsprüfung liegen. Hier werden für einen einmaligen Verbindungsdatenaustausch mit all jenen S-Betreibern von S-Knoten, die *Bekannte* sein sollen, Kosten in der Größenordnung von insgesamt $\Psi * 5\,€$ angenommen.

Die Kosten und sonstigen Folgen der Wahl des Schutzes

Besondere Hardware zur Authentifikation und Autorisation ist heute üblich, wenn ein gewisses Maß an Sicherheit erforderlich ist. Einfachste Kartenleser mit Display sowie eigenem Eingabefeld wie etwa PIN-Generatoren für das Online-Banking sind bereits ab 10 € erhältlich.

In [Viehmann 2018 d] wird ein sicheres Zugangssystem für das S-Netzwerk vorgeschlagen, das zu S-Knoten sichere Kanäle aufbauen kann und welches durch die gegenseitige Authentifikation von Gerät sowie Besitzer auch gegen *Man-in-the-middle*-Attacken mit Fake-Geräten geschützt ist. Das physische Authentifikationsmerkmal des Zugangssystems gegenüber dem Besitzer muss dazu in einem *Tresor* abgeschirmt werden und bei physischen Angriffen dagegen müssen die Schlüssel automatisch unbrauchbar werden. Für ein solches System ist noch Forschungs- und Entwicklungsarbeit zu leisten. Mithin werden zunächst große Investitionen notwendig sein, um das erste Zugangssystem überhaupt erschaffen zu können. Diese Fixkosten dürften in der Größenordnung von 10.000.000 € liegen. Das Herstellen weiterer Einheiten sollte dann kostenmäßig im Bereich von Mittelklasse-Smartphones liegen, also etwa bei 200 €. Um auf Gesamtkosten von 250 € pro Zugangssystem zu kommen, müssen demnach 200.000 Einheiten produziert und veräußert werden.

> Die Zugangsgeräte müssen mit der Zeit eventuell gelegentlich erneuert werden, sei es, weil sie funktionsunfähig werden oder weil die Technik aufgrund des Fortschritts nicht mehr als sicher genug gilt. Werden beweisbar sichere Verschlüsselungstechniken eingesetzt, müssen die Zugangsgeräte große Speicherkapazitäten für die nur einmal verwendbaren Schlüsseldaten bereitstellen – mindestens das Ψ-Fache der zu übertragenden Datenmenge. Sichere Zugangsgeräte werden bei beim Einsatz von One-Time-Pad und One-Time-MAC entsprechend teurer und unhandlicher.

Regelmäßige Kosten für Informationstechnik und Informationsdienstleister

Um die Daten des S-Netzwerks unleugbar hochgradig verfügbar zu halten, ist der permanente Betrieb der S-Knoten notwendig. Zur Abschätzung der fortlaufenden Kosten können Hosting Angebote für (virtuelle) Webserver verwendet werden, auf denen sich auch logische S-Knoten betreiben ließen. Leistungsfähige virtuelle Webserver können bereits seit Jahren für unter 10 € pro Monat bei diversen Anbietern gemietet werden [Bleich 2006] [Bleich 2009]. Nach [Keul 2013] gibt es Angebote für virtuelle Webserver mit 100 GB Speicherplatz und automatischen Backups für unter 8 € pro Monat. Ein virtueller Server für einen S-Knoten sollte sich bereits zu einer Gebühr von etwa 100 € für ein Jahr mit unbegrenztem Traffic gewinnbringend bereitstellen sowie verwalten lassen.

Die Kosten für zusätzlichen Speicherplatz hängen von der verwendeten Technologie und der Dauer der Nutzbarkeit der Speichermedien ab. Kein bekanntes Speichermedium hält ewig – also ist mit wiederkehrenden Kosten zu rechnen. Der Preis für magnetische Festplatten pro 100 GB lag 2012 bei ca. 5 € [Kugler 2012], vier Jahre später bei 3,3 € [Ha 2016] und 2018 nur noch bei gut 2 € (abgefragt am 28. Juni 2018 unter: https://www.heise.de/preisvergleich/?cat=hde7s&sort=r#productlist). Für schnellere Solid State Disks ist derzeit etwa der zehnfache Preis zu rechnen. Hier wird jeweils von einer effektiven Nutzbarkeit von 5 Jahren ausgegangen [Schascha 2018].

Sollen die Kosten für einfache Teilnehmer abgeschätzt werden, so interessiert besonders, welchen Preis reliable Publikationen und sichere Hinterlegungen im S-Netzwerk haben werden, die über die Grundkapazität des virtuellen Servers hinausgehen. Aufwände entstehen für die Bereitstellung von zusätzlichem Speicherplatz sowie für die Sicherstellung der Korrektheit aller Kopien bis zum Ende des Gültigkeitszeitraums.

Die erforderliche Speicherkapazität ist näherungsweise das Produkt aus der Dateigröße und der Anzahl der insgesamt im S-Netzwerk erforderlichen Kopien. Hier wird davon ausgegangen, dass 100 GB Speicherkapazität für 0,4 € pro Jahr zu haben sind. Hinzu kommen Kosten für den Betrieb (Rechenleistung, Strom) und die Betreuung (Aufwand zur Beschaffung, zum Einbau) in Höhe von 0,2 € pro Jahr. Abbildung 40 und Abbildung 41 zeigen darauf aufbauend Kostenab-

2.1 Der Betrieb des S-Netzwerks

schätzungen für eine ein Gigabyte große Datei in verschiedenen Konfigurationen.

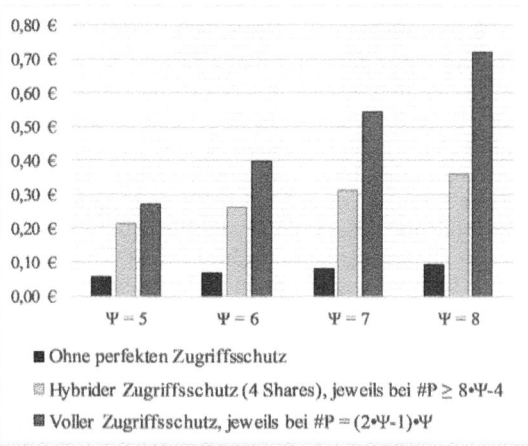

Abbildung 40: Kostern pro GB Daten in einem Jahr mit verschiedenen Zugriffsschutzvarianten

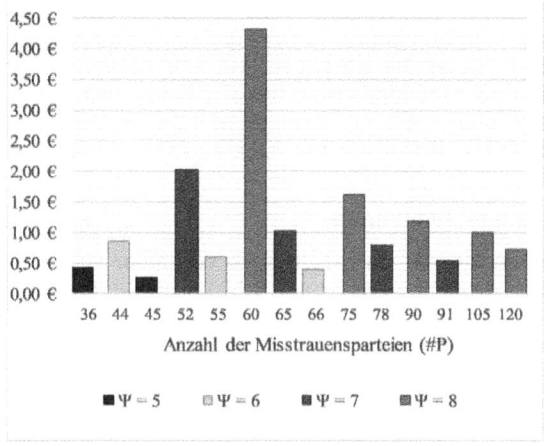

Abbildung 41: Kostern pro GB Daten in einem Jahr bei vollem Zugriffsschutz *je nach* Ψ *und* #P

Die Kosten langzeitlicher Datenerhaltung

Je längerfristiger Daten verfügbar gehalten werden müssen, desto schwieriger wird es, eine Prognose für die zu erwartenden Aufwendungen zu machen. Die Kosten für die langzeitliche Archivierung entstehen über den ganzen, eventuell unbegrenzten Gültigkeitszeitraum Δ hinweg. Zwar existiert eine Reihe von Modellen zur Abschätzung der Kosten von digitaler Langzeitarchivierung.

Daten aus der Praxis um deren Genauigkeit beurteilen zu können fehlen bisher allerdings ([Watson 2005], S. 45) (Kapitel 14.2 „Kosten" in [Neuroth 2009/2010]).

Der technische Fortschritt macht langfristige Prognosen unmöglich – es kann nicht einfach von einer kontinuierlichen Entwicklung ausgegangen werden. So hat z. B. die Weiterentwicklung von magnetischen Festplatten über Jahrzehnte hinweg zu einem exponentiellen Preisverfall der Kosten pro GB Speicherplatz geführt [Morris 2003]. Aber ob und wie sich die Entwicklung in Zukunft fortsetzen wird, das lässt sich nicht sicher vorhersagen: Eventuell werden physikalische Grenzen erreicht, sodass sich kaum noch Verbesserungen erzielen lassen und die Kosten dann stabil bleiben. Ein Beispiel für eine solche Grenze ist das superparamagnetische Limit [White 2000]. Neue bahnbrechende disruptive Technologien können andererseits plötzlich zu unerwartet großem Fortschritt führen (etwa *Heat Assisted Magnetic Recording* [Kryder 2008], *Bit-Patterned Media* [Vogler 2016]). Wenn sie Marktreife erlangen, können in Folge die Preise pro GB erneut einbrechen.

Die daraus resultierende Unsicherheit, was digitale Langzeitarchivierung über große Zeiträume hinweg kosten wird, ist ein unvermeidbares Risiko. Hier wird davon ausgegangen, dass sich die kaufkraftbereinigten Kosten für Speichermedien in den nächsten zwei bis fünf Jahren aufgrund des derzeit bereits erkennbaren technischen Potenzials noch einmal halbieren werden. Für die Zeit danach wird lediglich angenommen, dass es zumindest zu keinem Kostenanstieg kommen wird. Die Kosten für 100 GB zusätzliche Speicherkapazität werden demnach hier langfristig mit 0,2 € pro Jahr angenommen. Die Kosten für Betrieb und Betreuung werden mit 0,2 € pro Jahr auf dem aktuellen Niveau bleiben, sodass insgesamt mit 0,4 € pro Jahr zu rechnen ist (ohne Inflation).

S-Knoten ehemaliger Teilnehmer

Logische S-Knoten müssen im S-Netzwerk verfügbar gehalten werden, auch wenn der Besitzer nicht mehr aktiv am S-Netzwerk teilnimmt. Für einen verwaisten S-Knoten entfällt die Aufgabe der sicheren Kommunikation mit seinem vormaligen Besitzer ersatzlos. Einsparpotenzial ergibt sich, wenn es gelingt, verwaiste S-Knoten ganz aus dem (Multi-) Partitions-Routing herauszunehmen. Die Idee dazu ist, die damit verbundenen kommunikativen Aufgaben von einem neuen S-Knoten, dessen Besitzer gerade zum aktiven Teilnehmer am S-Netzwerk wird, übernehmen zu lassen.

Der S-Betreiber des neuen S-Knotens verwaltet und pflegt fortan zusätzlich den verwaisten S-Knoten. Der neue S-Knoten wird quasi zum Proxy für den verwaisten S-Knoten. Verbindungen zu anderen S-Knoten werden vom verwaisten S-Knoten nur noch über den Proxy aufgebaut. Weiterleitungen im (Multi-) Partitions-Routing, die zuvor über den verwaisten S-Knoten vermittelt wurden, führen fortan ausschließlich über den Proxy. Voraussetzung dafür ist, dass der neue Proxy S-Knoten eine S-Adresse erhält, mit der er von *Bekannten* als *Vermittler* und Proxy anstelle des verwaisten S-Knotens angesteuert werden

2.1 Der Betrieb des S-Netzwerks

kann. Dazu ist es zweckdienlich, die parteiinterne Adresse in zwei Teile aufzuteilen. Der erste Teil dieser Adresse wird für das (Multi-) Partitions-Routing passend vergeben. Ein neuer S-Knoten, der Proxy für einen verwaisten S-Knoten werden soll, erhält den gleichen ersten Teil der parteiinternen Adresse wie der verwaiste S-Knoten. Der zweite Teil der Adresse ist die kleinste natürliche Zahl, die in der Misstrauenspartei nie in Kombination mit dem ersten Teil vergeben wurde. Abbildung 42 veranschaulicht das Prinzip.

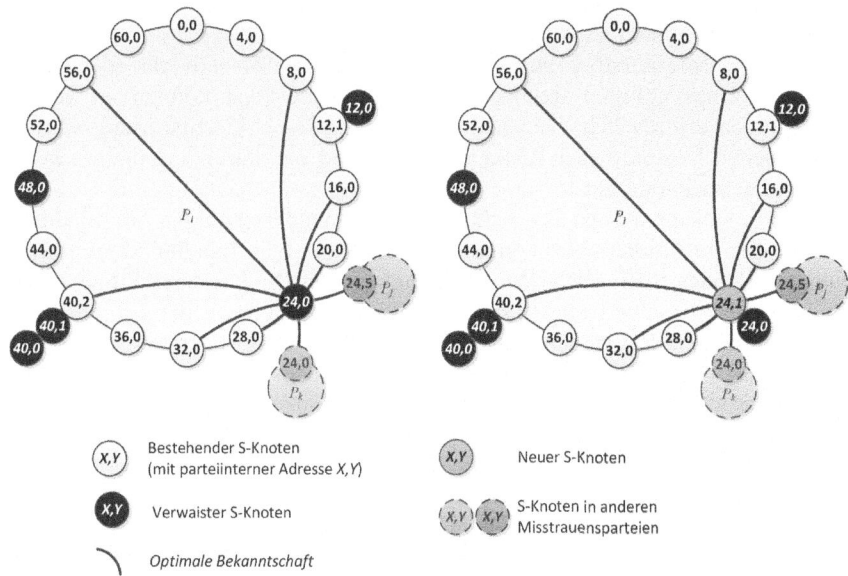

Abbildung 42: Verwaiste S-Knoten

Verwaist ein S-Knoten, der bereits als Proxy für andere verwaiste S-Knoten gedient hat, kann ein einziger neuer S-Knoten die kommunikativen Aufgaben all der verwaisten S-Knoten übernehmen. Verwaiste S-Knoten müssen weder Zwischenspeicher noch Rechenleistung zum *Vermitteln* im Partitions-Routing bereitstellen. Die Anzahl der am Routing beteiligten S-Knoten steigt nur, wenn ein neuer S-Knoten nicht die kommunikativen Aufgaben eines verwaisten S-Knotens als dessen Proxy übernehmen kann. Da es weniger potenzielle *Vermittler* gibt, sind parteiinternen Weiterleitungen entsprechend kürzer. Die Belastung des S-Netzwerks reduziert sich damit. Es können Kosten und Ressourcen gespart werden, die Umwelt wird weniger belastet.

Die als Proxy eingesetzten S-Knoten aktiver Teilnehmer müssen allerdings Funktionalität bereitstellen, um die Kommunikation mit verwaisten S-Knoten als Startpunkt oder Zielpunkt abwickeln zu können. Der zusätzlich zu erwartende Implementierungsaufwand ist gering und die Kostenersparnis sowie auch der ökologische Vorteil rechtfertigen in diesem Fall eventuell eine Abweichung vom sicherheitstechnischen Ideal der minimalen Komplexität.

Kosten durch Verwaltung, unerwartete Ereignisse und rechtliche Verfahren

Die S-Netzwerk-Organisation benötigt für die Wahrnehmung ihrer Aufgaben Mittel. Die Formulierung möglicher Regeln für das S-Netzwerk und die Organisation von Abstimmungen darüber [Viehmann 2018 p] verursachen beispielsweise Kosten.

Hier wird angenommen, dass dazu ein fixes Budget von 1.000.000 € erforderlich ist und zusätzlich mit Verwaltungskosten von 4 € im Jahr per aktivem Teilnehmer zu rechnen ist.

Ereignisse wie Zerstörungen von Infrastruktur des S-Netzwerks oder das das Wegfallen eines gültigen Rechtsrahmens in einem Staat können aufwendige Anpassungen erforderlich machen [Viehmann 2018 r]. Als Erwartungswert für die jährlichen Kosten dieser Risiken pro Jahr und per aktivem Teilnehmer werden hier 5 € angenommen.

Weitere Kosten können aus rechtlichen Auseinandersetzungen um Inhalte des S-Netzwerks resultieren. Bei vermeintlich regelwidrigen Inhalten kann ein parteiübergreifendes Sperrverfahren eingeleitet werden. Ein solcher Prozess muss mindestens Ψ verschiedene Misstrauensparteien involvieren, damit eine gültige Entscheidung gefällt werden kann.

Es handelt sich um ein internationales juristisches Verfahren und es ist mit erheblichen Kosten in Höhe von vielen Tausend Euro zu rechnen. Wie hoch genau die Prozesskosten sind, wird vom Gegenstand des Sperrverfahrens und vom Prozessverlauf abhängen.

In der Regel werden die Unterlegenen die Kosten ihres Sperrverfahrens selbst zu tragen haben. Allerdings ist nicht gesagt, dass die Unterlegenen die Finanzierung der Prozesskosten leisten können. Ist bei ihnen nicht genug zu holen, muss ggf. die Gemeinschaft der Teilnehmer am S-Netzwerk die verbleibenden Kosten des Sperrverfahrens tragen. Das S-Netzwerk wird nur dann akzeptiert werden, wenn die Kosten für solche Sperrverfahren für die Allgemeinheit nicht zu hoch sind – es sollten nicht mehr als ein paar Euro im Jahr per aktivem Teilnehmer sein.

Bestehende und gemeinsam nutzbare Ressourcen sowie Infrastrukturen

Für das S-Netzwerk werden neben sicheren Zugangssystemen und Servern für den Betrieb der logischen S-Knoten weitere Ressourcen und Vorrichtungen benötigt.

Einfache Teilnehmer brauchen zusätzliche Systeme, mit denen sie über ihre sicheren Zugangssysteme geladene Daten nutzen können und mit denen sie selbst Daten zum Publizieren oder Hinterlegen erzeugen können. Der Betrieb der Client-Anwendungen kann auf marktüblichen Computern und Mobiltelefonen erfolgen, welche sich mit sicheren Zugangssystemen verbinden lassen. Sofern passende Geräte und Programme bereits vorhanden sind, entstehen da-

2.1 Der Betrieb des S-Netzwerks

> durch für das S-Netzwerk keine neuen Kosten. Die zusätzliche Nutzung für das S-Netzwerk lässt auch keinen signifikant erhöhten Verschleiß der Komponenten erwarten.
> Für die Datenübertragung können bestehende Kanäle und das Internet genutzt werden. Die Kosten für den Austausch zwischen den S-Knoten sind in den hier angenommenen 100 € pro Jahr für einen (virtuellen) Server enthalten. Endkunden erhalten einen unlimitierten Flatrate Internetzugang ab etwa 250 € pro Jahr. Wer ohnehin einen Flatrate-Tarif für den Datenaustausch mit dem Internet hat, dem entstehen keine extra Kosten durch dessen Verwendung für das S-Netzwerk.
> Schließlich benötigt das S-Netzwerk elektrischen Strom. Während die Stromkosten für den Betrieb eines S-Knotens auf einem virtuellen Server bereits in den hier angenommenen 100 € pro Jahr enthalten sind, entstehen für die einfachen Teilnehmer durch den Stromverbrauch von sicherem Zugangssystem, Computer mit Internetzugang oder Mobiltelefon weitere Kosten. Die Energiekosten für den Betrieb eines Smartphones oder eines Tablets liegen bei unter 5 € im Jahr [EON 2013]. Ein sicheres Zugangssystem sollte einen ähnlich niedrigen Strombedarf haben können.
> Die Kosten der gemeinsam nutzbaren Ressourcen und Infrastrukturen inklusive Internetzugang sowie Stromversorgung werden hier für einen einfachen Teilnehmer mit 500 € im Jahr kalkuliert.

Überblick über die Größenordnung der Kosten für einfache aktive Teilnehmer

Tabelle 21 zeigt die zu erwartenden Kosten und die Unsicherheiten für ein S-Netzwerk mit $\Psi = 5$ und 1.000.000 einfachen Teilnehmern, 4.000 S-Betreibern sowie fünf verschiedenen Herstellern von sicheren Zugangsgeräten. Eine aktive Teilnahme am S-Netzwerk sollte unter diesen Bedingungen beim aktuellen Stand der Technik mit einer einmaligen Gebühr von ca. 100 € (400 € inklusive optionaler Schulung) und einem jährlichen Beitrag von etwa 200 € mit 100 GB Speicherplatz möglich sein.

Die 100 GB Speicherplatz sind das gesamte eigene Speichervolumen im S-Netzwerk – also inklusive aller Sicherheitskopien und Shares. Zu diesen Kosten können bei $\Psi = 5$ maximal 11 GB eigene Daten mit begrenztem Gültigkeitszeitraum im S-Netzwerk reliabel publiziert oder sicher hinterlegt werden. Je nachdem, welche Zugriffsschutzverfahren wie stark eingesetzt werden, wird es weniger sein.

Einige der Kosten sind unmittelbar abhängig von der Zahl der Teilnehmer. Das betrifft besonders die sicheren Zugangssysteme – die einzigen für das S-Netzwerk speziell zu erschaffenden Hardware-Komponenten, aber auch die Verwaltungs- und Organisationskosten.

Tabelle 21: Kostenschätzung pro Teilnehmer am S-Netzwerk mit $\Psi=5$ (1.000.000 Teilnehmern total)

Posten	Fälligkeit	Höhe	Risiken
Zulassung mit Identitätsprüfung	1 × Beginn	75 €	Prüfung wird nicht bestanden
Gebühr für Qualifikation eigener S-Betreiber	1 × Beginn	25 €	✗
Schlüsseltausch (30 € alle 5 Jahre)	1 × pro Jahr	6 €	Evtl. öfters neue Schlüssel nötig
Sicheres Zugangsgerät (250 € alle 5 Jahre)	1 × pro Jahr	50 €	Evtl. öfters neues Gerät nötig
Betreuter S-Knoten, 100 GB (mit allen Kopien)	1 × pro Jahr	100 €	✗
Verwaltung, Organisation	1 × pro Jahr	5 €	✗
Unerwartete Ereignisse	1 × pro Jahr	5 €	Unregelmäßig
Sperrverfahren von Anderen	1 × pro Jahr	5 €	Verhalten anderer Teilnehmer
Optional: Qualifikation mit Schulung	1 × Beginn	300 €	✗
Optional: Zusätzliche 100 GB Daten (~1 TB mit allen Kopien)	1 × pro Jahr	6 €	✗
Optional: Langzeitbewahrung mit $\Delta \to \infty$ 100 GB Daten (~1 TB mit allen Kopien)	1 × bei +0,2% Jahreszins nach Inflationsausgleich	2.000 €	Technischer Fortschritt
Bei Verstößen: Eigene Sperrverfahren	1 × pro Niederlage	20.000 €	Ausgang des Sperrverfahrens
Sonstige geteilte IKT und Ressourcen	1 × pro Jahr	500 €	✗

Abbildung 43 und Tabelle 22 zeigen die Teilnehmerzahl berücksichtigende modellhafte Kostenabschätzungen.

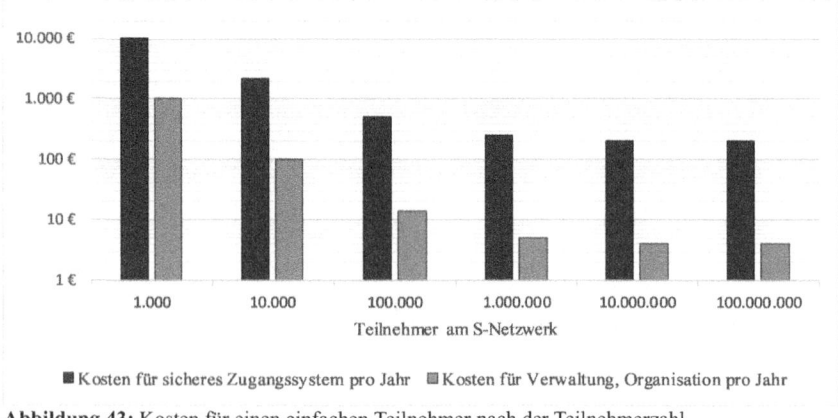

Abbildung 43: Kosten für einen einfachen Teilnehmer nach der Teilnehmerzahl

2.1 Der Betrieb des S-Netzwerks

Die Kosten erreichen nach diesem Modell erst ab mindestens 100.000 Teilnehmern ein Niveau, bei dem das S-Netzwerk auch für Privatpersonen interessant sein kann.

Tabelle 22: Kosten für einen einfachen Teilnehmer in Abhängigkeit von der Teilnehmerzahl

Anzahl A der Teilnehmer	Zahl H der Hersteller sicherer Zugangsgeräte	Kosten für sicheres Zugangssystem pro Jahr $$\frac{10.000.000\,€ + (200\,€ * A \div H)}{A \div H}$$	Kosten für Verwaltung, Organisation pro Jahr $$\frac{1.000.000\,€ + (4\,€ * A)}{A}$$
1.000,00	1	10.200,00 €	1.004,00 €
10.000,00	2	2.200,00 €	104,00 €
100.000,00	3	500,00 €	14,00 €
1.000.000,00	5	250,00 €	5,00 €
10.000.000,00	10	210,00 €	4,10 €
100.000.000,00	20	202,00 €	4,01 €

2.1.2 Potenzielle Nutzwerte

Die S-Mail kann auf dem Markt für unleugbare Nachrichtenzustellungen eine attraktive Alternative zu gegenständlichen Einschreiben sein, wenn das S-Netzwerk viele aktive Teilnehmer und mithin potenziell erreichbare Adressaten hat. Für faire Vertragsabschlüsse kann sich das S-Web sogar schon in Einzelfällen lohnen.

Das S-Netzwerk mit dem S-Web ermöglicht es aktiven Teilnehmern, per S-Mail (Kapitel 1.5.3), vertraulich sowie rechtsverbindlich unleugbar miteinander zu kommunizieren, ohne dass speziellen netzwerkseitigen Services von fremden Parteien vertraut werden müsste.

Das S-Mail-Verfahren mit *Fair-Non-Repudiation* bietet als immaterielle Alternative für gegenständliche Einschreiben den Vorteil der verzögerungsfreien Zustellung der einzelnen Elemente (Einladung, Nachricht, Rückschein). Es garantiert sogar *Fair-Non-Repudiation* mit *starker Fairness* – auch mit beliebig vielen Adressaten, was mit gegenständlichen Einschreiben nicht möglich ist. Andererseits können per S-Mail keine physischen Objekte unleugbar transferiert werden. Die S-Mail kann lediglich gegenständliche Einschreiben ersetzen, bei denen es nur um den reinen Informationsaustausch geht.

Bei der Deutschen Post kostet ein inländisches gegenständliches *Einschreiben eigenhändig mit Rückschein* aktuell 6,80 € (Abgefragt am 01. Juli 2018 unter: http://www.deutschepost.de/de/e/einschreiben.html), wobei noch das normale Briefporto von mindestens 0,70 € hinzukommt.

Die Teilnahme am S-Netzwerk kostet einmalig 100 € (bei Selbststudium zum Erlangen der nötigen Qualifikation) und fortlaufend 200 € pro Jahr. Da die sicheren Hinterlegungen von Textnachrichten zusammen mit den verlässlichen Verlinkungen des S-Mail-Verfahrens nur sehr wenig Speicherplatz benötigen und weil sie typischerweise bloß wenige Jahre aufbewahrt werden müssen, entstehen pro S-Mail nur zusätzliche Kosten im Bereich von einem Cent. Die durch das Verschicken von S-Mails anstelle von gegenständlichen Einschreiben mit Rückschein erzielbare Kostenersparnis zählt zum potenziellen Nutzwert des S-Netzwerks. Wie hoch dieser erzielbare Nutzwert im Einzelfall ist, hängt nicht nur von der Anzahl der unleugbar zu versendenden Nachrichten ab und von der sonstigen Nutzung des S-Netzwerks ab, sondern zuerst einmal davon, wie viele der Adressaten selbst das S-Netzwerk nutzen und wie viele von ihnen mithin per S-Mail überhaupt erreichbar sind.

Tabelle 23: Potenzial von Briefen per S-Mail statt Post Einschreiben eigenhändig mit Rückschein

Zahl der Teilnehmer am S-Netzwerk (nur in Deutschland)	Wahrscheinlichkeit für Zustellbarkeit per S-Mail anstelle von Post Einschreiben bei insgesamt 5 Briefen innerhalb Deutschlands					
	0 von 5 (Wert: 0,00 €)	1 von 5 (Wert: 7,50 €)	2 von 5 (Wert: 15,00 €)	3 von 5 (Wert: 22,50 €)	4 von 5 (Wert: 30,00 €)	5 von 5 (Wert: 37,50 €)
100.000	99,169%	0,828%	0,003%	0,000%	0,000%	0,000%
1.000.000	91,940%	7,792%	0,264%	0,004%	0,000%	0,000%
5.000.000	64,723%	29,419%	5,349%	0,486%	0,022%	0,000%
10.000.000	40,188%	40,188%	16,075%	3,215%	0,322%	0,013%
40.000.000	0,412%	4,115%	16,461%	32,922%	32,922%	13,169%

Tabelle 23 und Abbildung 44 zeigen in Abhängigkeit von der Anzahl der aktiven Teilnehmer am S-Netzwerk in Deutschland, wie hoch die Wahrscheinlichkeiten sind, dass jemand, der fünf Nachrichten unleugbar versenden will, diese auch per S-Mail versenden kann. Hier wird davon ausgegangen, dass es in Deutschland 60 Millionen potenzielle Teilnehmer am S-Netzwerk bzw. Empfänger von Post Einschreiben gibt. Die Berechnung der Wahrscheinlichkeit P, dass N der 5 Nachrichten bei D Teilnehmern am S-Netzwerk per S-Mail zugestellt werden können erfolgt mit dem Binomialkoeffizienten 5 über N wie folgt:

$$P = \left(1 - \frac{D}{60.000.000}\right)^{5-N} * \left(\frac{D}{60.000.000}\right)^{N} * \binom{5}{N}$$

Fünf inländische Einschreiben eigenhändig mit Rückschein kosten bei der Deutschen Post gegenwärtig insgesamt 37,50 €. Selbst mit einer sehr hohen Teil-

2.1 Der Betrieb des S-Netzwerks

nehmerzahl am S-Netzwerk nur in Deutschland von 40.000.000, also Zwiedritteln des angenommenen Potenzials, wäre die Wahrscheinlichkeit, dass auch alle fünf Adressaten per S-Mail zu erreichen sind und dass mithin die vollen 37,50 €, welche in dem Fall nicht an die Deutsche Post gezahlt werden müssen, den Kosten der aktiven Teilnahme am S-Netzwerk und den zusätzlichen Kosten pro S-Mail gegenübergestellt werden können, mit 13 % relativ gering.

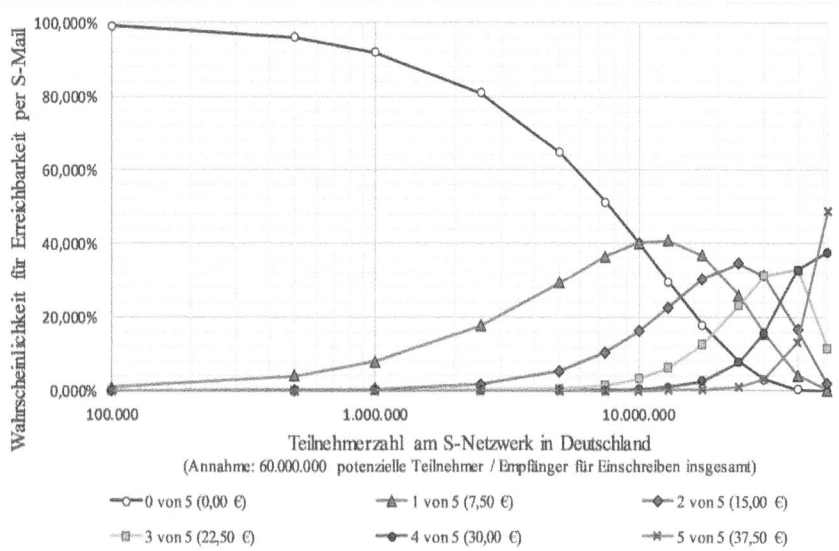

Abbildung 44: Potenzial von Briefen per S-Mail statt Post Einschreiben eigenhändig mit Rückschein

Wenn nur drei Briefe mit einem Versandkostenwert von 22,50 € bei der Post als S-Mails verschickt werden können, was mit 32,92 % viel wahrscheinlicher ist, müssen zwei Briefe eben doch für 15,00 € mit der Deutschen Post gesendet werden. Bei immer noch beachtlichen 5.000.000 aktiven Teilnehmern beträgt die Wahrscheinlichkeit, keine einzige der fünf Nachrichten per S-Mail übermitteln zu können, bereits 65 %. Bei 1.000.000 Teilnehmern in Deutschland gibt es selbst auf die minimal mögliche Ersparnis von gerade einmal 7,50 € an Versandkosten bei der Deutschen Post nur mehr eine Chance von unter 8 %.

Das beste System zur Nachrichtenübermittlung bringt erst etwas, wenn die Adressaten auch über ein entsprechendes System verfügen. Ein von der Verbreitung abhängiger Nutzwert ist typisch für moderne Kommunikationstechnik. In der Fachliteratur [Katz 1985], [Liebowitz 1994], [Anderson 2001] werden derartige Phänomene als *consumption externalities*, *network externalities* oder *Netzwerkeffekte* bezeichnet. Für S-Mail ist ein ausgeprägter *Netzwerkeffekt* zu erwarten.

Die Fälle, in denen teure *Einschreiben eigenhändig mit Rückschein* oder vergleichbar sichere Verfahren eingesetzt werden müssen, sind außerdem für die meisten Personen und Organisationen begrenzt, sodass die Wahrscheinlichkeit, keine dieser Nachrichten per S-Mail übermitteln zu können, sehr hoch ist, solange nicht die Mehrheit aller per Post erreichbaren Adressaten am S-Netzwerk teilnimmt. Dieser Anwendungsfall ist also kein gutes Argument, dem S-Netzwerk frühzeitig beizutreten.

Die Nutzung des S-Netzwerks einzig zum Ersatz von Einschreiben Einwurf

Häufiger sind vermutlich zu übermittelnde Nachrichten, bei denen es genügt, sie als *Einschreiben Einwurf* zu versenden. Dieses Verfahren bietet zwar weniger Sicherheit, dafür ist es bei der Deutschen Post mit 2,15 € (Abgefragt am 01. Juli 2018 unter: http://www.deutschepost.de/de/e/einschreiben.html) zuzüglich des Briefportos von mindestens 0,70 € aber deutlich kostengünstiger. Es ist damit auch für umfangreiche Volumen an Briefen interessant.

Im Folgenden soll untersucht werden, unter welchen Bedingungen es sich für Personen und Organisationen, die eine hohe Anzahl an Nachrichten mindestens mit den Sicherheiten eines *Einschreibens Einwurf* versenden müssen, lohnt, alleine zu diesem Zweck aktiv am S-Netzwerk teilzunehmen und die gegenständlichen *Einschreiben Einwurf* der Post soweit möglich durch S-Mails zu ersetzen. Dazu ist die erzielbare Kostenersparnis durch den Verzicht auf gegenständliche *Einschreiben Einwurf* den Kosten gegenüberzustellen, welche durch die Teilnahme am S-Netzwerk entstehen und welche dadurch entstehen, dass geprüft wird, ob der Adressat einer Nachricht per S-Mail zu erreichen ist. Bei einer hohen Anzahl von Nachrichten können schließlich auch die benötigte Arbeitszeit und die erforderlichen Ressourcen (Papier, Briefumschläge) für das Versenden der Nachrichten ein Faktor sein.

Hier werden jährliche Kosten für die aktive Teilnahme am S-Netzwerk von 205 € pro Jahr angenommen. Dieser Betrag beinhaltet 5 € Umlage der einmaligen Beitrittskosten von 100 €, die sich bei einer angenommenen aktiven Teilnahmedauer von 20 Jahren ergibt. Für das Prüfen, ob ein Adressat per S-Mail erreichbar ist oder nicht, werden hier Arbeitszeitkosten in Höhe von 0,05 € angenommen.

Die Kosten für das Versenden einer einzelnen S-Mail werden hier mit 0,02 € kalkuliert. Für das Drucken des Briefes auf ein Blatt Papier und den Umschlag werden 0,15 € gerechnet, sodass ein *Einschreiben Einwurf* insgesamt inklusive Porto 3,00 € kostet. Hier wird wiederum angenommen, dass es in Deutschland 60 Millionen potenzielle Teilnehmer am S-Netzwerk bzw. Empfänger von Post Einschreiben gibt.

2.1 Der Betrieb des S-Netzwerks

Tabelle 24: Kostenvergleich zwischen S-Mail und Einschreiben Einwurf der Deutschen Post

Zahl der Teilnehmer am S-Netzwerk (nur in Deutschland)	Kosten für 1.000 Briefe im Jahr: Versand möglichst als S-Mail – sonst als Post Einschreiben Einwurf				Kosten ohne das S-Netzwerk (Versand nur als Post Einschreiben Einwurf)
	Prüfung: per S-Mail erreichbar?	Nutzung des S-Netzwerks	Post Einschreiben Einwurf	Gesamtsumme	
10.000	50,00 €	205,00 €	3.000,00 €	3.255,00 €	3.000,00 €
100.000	50,00 €	205,04 €	2.994,00 €	3.249,04 €	3.000,00 €
1.000.000	50,00 €	205,34 €	2.949,00 €	3.204,34 €	3.000,00 €
5.000.000	50,00 €	206,66 €	2.751,00 €	3.007,66 €	3.000,00 €
10.000.000	50,00 €	208,34 €	2.499,00 €	2.757,34 €	3.000,00 €
17.500.000	50,00 €	210,84 €	2.124,00 €	2.384,84 €	3.000,00 €
24.000.000	50,00 €	213,00 €	1.800,00 €	2.063,00 €	3.000,00 €
30.000.000	50,00 €	215,00 €	1.500,00 €	1.765,00 €	3.000,00 €
40.000.000	50,00 €	218,34 €	999,00 €	1.267,34 €	3.000,00 €
52.000.000	50,00 €	222,34 €	399,00 €	671,34 €	3.000,00 €

Tabelle 24 und Abbildung 45 zeigen in Abhängigkeit von der aktiven Teilnehmerzahl D am S-Netzwerk in Deutschland die zu erwartenden Kosten, wenn das S-Netzwerk ausschließlich dafür genutzt wird, pro Jahr $M = 1.000$ Briefe möglichst per S-Mail (sonst per *Einschreiben Einwurf* der Deutschen Post) zu versenden. Es sei A die Anzahl der Briefe, für die zu erwarten ist, dass sie per S-Mail zustellbar sind, also:
$$A = \lfloor (D \div 60.000.000) * M \rfloor$$
Dann berechnen sich die Gesamtkosten G wie folgt:
$$G = (0,05\,€ * M) + (A * 0,02\,€ + 205,00\,€) + ((M - A) * 3,00\,€)$$
Dem gegenübergestellt werden die Kosten für den Versand aller Nachrichten per *Einschreiben Einwurf* der Deutschen Post ohne Teilnahme am S-Netzwerk.

Erst bei $D = 5.130.000$ Teilnehmern in Deutschland ist zu erwarten, dass sich der Einsatz des S-Netzwerks nur zur Substitution von 1.000 Einschreiben Einwurf im Jahr rentiert.

Die Kosten für die aktive Teilnahme am S-Netzwerk pro Jahr sind unabhängig von der Anzahl der S-Mails und die zusätzlichen Kosten pro S-Mail sind niedrig. Daher wird die Nutzung des S-Mail-Verfahrens anstelle von gegenständlichen *Einschreiben Einwurf* der Deutschen Post günstiger, je größer die Gesamtzahl der Nachrichten ist.

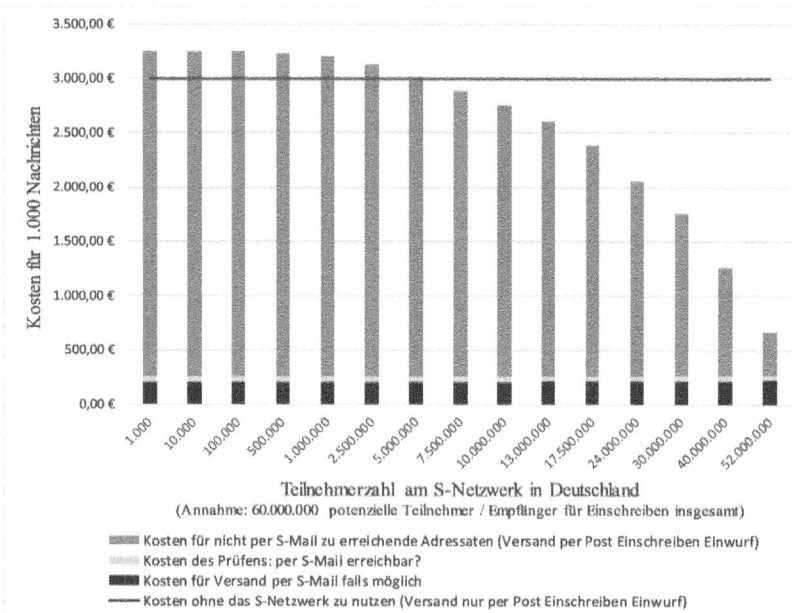

Abbildung 45: Kosten S-Mail oder Deutsche Post Einschreiben Einwurf für 1.000 Briefe im Jahr

Selbst bei sehr vielen unleugbar zu sendenden Briefen pro Jahr rentiert sich die Verwendung des S-Netzwerks alleine zu diesem Zweck anstelle von *Einschreiben Einwurf* der Deutschen Post erst, wenn das S-Netzwerk in Deutschland über eine Million Teilnehmer hat (Abbildung 46).

Die meisten Personen und Organisationen dürften einen geringeren Bedarf haben, Nachrichten unleugbar sicher zu verschicken. Für sie kann unabhängig von der Teilnehmerzahl am S-Netzwerk das Substituieren von Einschreiben mit S-Mails alleine kein hinreichender Anreiz sein, selbst aktiv am S-Netzwerk teilzunehmen.

Wer das S-Netzwerk ohnehin wegen anderer Anwendungsmöglichkeiten nutzt, der kann durch den sporadischen Einsatz von S-Mails Kosten für dadurch ersetzte gegenständliche Einschreiben sparen. Zusätzlich profitieren Nutzer von den Vorteilen der S-Mail wie der zeitnahen Zustellung, der *starken Fairness* und der erhöhten Sicherheit, die das S-Netzwerk bietet, da keinem einzelnen Anbieter wie der Deutschen Post vollständig vertraut werden muss.

Dadurch unterscheidet sich die S-Mail auch vom *De-Mail*-Verfahren, bei dem einzelne Parteien zu Manipulationen sowie zum Auslesen von vertraulich zu haltenden Daten befähigt werden.

2.1 Der Betrieb des S-Netzwerks

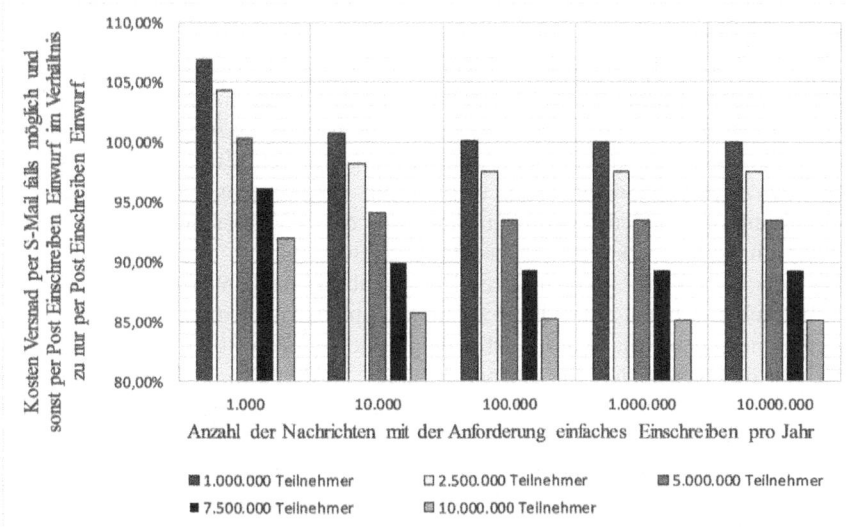

Abbildung 46: Kostenänderung mit S-Mail falls möglich statt nur mit Einschreiben Einwurf

Dafür und für die nationale Beschränktheit wird *De-Mail* zurecht als untaugliche Insellösung kritisiert [Welte 2011] [Neumann 2013] [Biselli 2015]. Für das Gebotene – nichts außer sicherem Nachrichtenaustausch – ist *De-Mail* auch teuer: So kostet *De-Mail* bei 1&1 stolze 119,88 € pro Jahr inklusive 100 Mails und jedes weitere Einschreiben kostet 0,39 € (abgerufen am 3. Juli 2018 unter https://hosting.1und1.de/de-mail). Das macht 470,88 € für 1.000 *De-Mail*-Nachrichten im Jahr statt 225 € für 1.000 S-Mails.

Der Nutzwert von fairen Vertragsabschlüssen im S-Web

Bei fairen Vertragsabschlüssen (*Fair-Contract-Signing*) erhalten entweder alle Parteien den Vertrag mit Unterschriften aller Beteiligten oder keine einzige Partei. Derzeit erfordert dies typischerweise persönliche Treffen, was je nach Standort der Vertragspartner zu Reisen mit entsprechend hohen zeittechnischen, organisatorischen und finanziellen Aufwendungen führt. Dabei können leicht Kosten in der Größenordnung von einigen Hundert bis mehreren Tausend Euro pro Vertragspartei entstehen. Bei persönlichen Treffen mit mehr als zwei Vertragsparteien ist es trotz des Aufwands kompliziert, Fairness sicherzustellen: Sobald die erste Unterschrift von jeder Partei unter je ein Exemplar des Vertrags geleistet wurde, könnte eine Partei vom weiteren Prozedere ausgeschlossen werden und sie würde keinen Vertrag mit allen Unterschriften erhalten, während die übrigen Parteien einen Vertrag mit allen Unterschriften komplettieren und behalten können. Das faire Abschließen von Verträgen wird mit dem S-Netzwerk zwischen beliebigen aktiven Teilnehmern aus der Ferne möglich. *Fair-Contract-Signing* lässt sich mit einer *Fair-Non-Repudiation* S-Mail realisieren. Dazu wird der Vertragstext in die Einladung geschrieben, mit der Annahme und Zustellung der S-Mail wird unterzeichnet. Neben dieser technischen Unterstützung können eventuell auch die internationalen rechtlichen Standards der S-Verfassung für aktive Teilnehmer am S-Netzwerk Vertragsabschlüsse erleichtern.

Bereits bei einem einzigen fairen Vertragsabschluss kann es sich rein finanziell betrachtet lohnen, extra dafür zumindest ein Jahr lang aktiv am S-Netzwerk teilzunehmen, denn die damit verbundenen Kosten von 300 € dürften oftmals unterhalb der Reiskosten für ein persönliches Treffen liegen. Die Verwendung des S-Netzwerks könnte sogar dann eine attraktive Option sein, wenn noch kein Vertragspartner aktiver Teilnehmer am S-Netzwerk ist. *Fair-Contract-Signing* ist folglich ein Anwendungsfall mit schwachem *Netzwerkeffekt*, dessen Nutzwert kaum von der Anzahl der Teilnehmer am S-Netzwerk abhängt.

Weitere wirtschaftliche Nutzungsmöglichkeiten

Je nachdem inwieweit das S-Netzwerk rechtlich auch Aufgaben eines Notars (Aufnahme in die Urkundenrolle) oder eines Patentregisters [Viehmann 2018 j] übernehmen darf, ergeben sich weitere Anwendungsfälle mit potenziell hohem Nutzwert selbst im Einzelfall.

Der Datenbestand des S-Netzwerks könnte auch schlicht als zitierfähige Informationsquelle einen Nutzwert haben. Reliable Publikationen und sichere Hinterlegungen an sich können als digitales Vermächtnis einen subjektiven Nutzwert haben und mit *immateriellen Gütern* im S-Netzwerk lassen sich eventuell Einnahmen erzielen – siehe dazu Kapitel 2.2. Kapitel 2.3.4 und Kapitel 3 stellen mit dem S-Netzwerk als Plattform für ergänzende oder alternative Wirtschaftssysteme wie *Tauschringe* weitere Nutzungsmöglichkeiten vor.

2.1.3 Möglichkeiten zur Finanzierung

Gebühren lasen sich als Zugangsvoraussetzung für die Teilnahme am S-Netzwerk einfordern. Zur Finanzierung der dauerhaft sicheren Verfügbarkeit des S-Netzwerks sind u. a. generationsübergreifende Umlageverfahren, Kapitaldeckungsverfahren und Ausgleichsverfahren zwischen Misstrauensparteien sowie S-Betreibern gedacht.

Zur Finanzierung des S-Netzwerks müssen alle aktiven Teilnehmer beitragen. Welche Beiträge Voraussetzung für den Zugang zum S-Netzwerk sind, regelt die S-Verfassung.

2.1 Der Betrieb des S-Netzwerks

Für die Identitäts- und Zulassungsprüfungen sowie für etwaige Schulungen als Vorbereitung auf diese Prüfung können unmittelbar von den Prüfern bzw. Lehrpersonen Zahlungen eingefordert werden. Frühestens dann, wenn diese Zahlungen getätigt sind, erfolgt die Bestätigung des Beginns der aktiven Teilnahme am S-Netzwerk.

Die Verwaltung des S-Netzwerks durch die S-Netzwerk-Organisation muss fortlaufend finanziert werden. Wenn aktive Teilnehmer keine Beiträge dazu leisten, können sie nach den Regeln in der S-Verfassung vom Zugang zum S-Netzwerk ausgeschlossen werden.

Viele Teilnehmer am S-Netzwerk werden einen kommerziellen S-Betreiber mit der Bereitstellung und Pflege ihres S-Knotens beauftragen, der sich dafür bezahlen lässt. Dazu wird ein Vertrag mit dem S-Betreiber abgeschlossen, welcher die Zahlungsmodalitäten regelt. S-Betreiber können dabei auch andere Gebühren z. B. für die S-Netzwerk-Organisation eintreiben und weiterleiten, sodass einfache Teilnehmer nur mit ihrem eigenen S-Betreiber abrechnen müssen. Jeder Kunde zahlt bequem nur an seinen Anbieter für die Leistungen, welche er in Anspruch nimmt. Soweit unterscheidet sich das Angebot eines S-Betreibers kaum von dem Angebot eines Hosters für Webserver, der zugleich auch die Gebühr für die Domain-Registrierung eintreibt. Es gibt jedoch einige Besonderheiten:

Über die aktive Teilnahmedauer hinaus fortlaufender Finanzierungsbedarf
Reliable Publikationen und sichere Hinterlegungen im S-Netzwerk müssen für ihren gesamten Gültigkeitszeitraum Δ verfügbar gehalten werden, welcher auch endlos lang sein darf. Δ kann über die Dauer der Teilnahme am S-Netzwerk und insbesondere auch über das Ableben des Herausgebers hinausgehen. Daten können also im S-Netzwerk verwaisen.

Dafür, dass auch für verwaiste noch gültige Inhalte laufend Leistungen erbracht werden, muss bis zum Ende des Gültigkeitszeitraums Δ die Finanzierung sichergestellt werden.

Von Personen, welche nicht mehr am S-Netzwerk teilnehmen, lassen sich kaum Beiträge für das Verfügbarhalten der von ihnen herausgegebenen Inhalte eintreiben. Aktiven Teilnehmern kann der Zugang zum S-Netzwerk genommen werden, um bestehende Zahlungsverpflichtungen durchzusetzen. Bei ehemaligen Teilnehmern könnte höchstens versucht werden, Forderungen juristisch geltend zu machen – mit ungewissem Ausgang.

Bei unbeschränktem Gültigkeitszeitraum Δ kann keine Vorleistung von sich aus sämtliche Kosten abdecken: Publikationen oder Hinterlegungen unbegrenzt verfügbar zu halten verursacht auch unbegrenzt Aufwendungen. Um Dauerhaftigkeit finanzieren zu können, kommen Kapitaldeckungsverfahren, Umlageverfahren und Kombinationen daraus infrage.

Dauerhaftigkeit mit Kapitaldeckungsverfahren

Es gibt nach derzeitigem Recht in Deutschland nicht viele Optionen, etwas zu erschaffen, was dauerhaft über den eigenen Tod hinaus fortwährende Leistungen gemäß einer bestimmbaren Intention erbringt. Eine Möglichkeit ist die Gründung einer Stiftung (§80 bis §88 [BGB 1896/2011]). Bei Stiftungen wird ein Vermögen zweckgebunden so angelegt, dass nur mit den Renditen die in der Stiftungssatzung vorgesehenen Leistungen erbracht werden. So ein Finanzierungskonzept wird als Kapitaldeckungsverfahren bezeichnet. Das S-Netzwerk könnte als eine Gemeinschaftsstiftung betrieben werden. Die aktiven Teilnehmer zahlen jeweils für ihre eigenen Publikationen und Hinterlegungen in das Stiftungsvermögen ein, welches möglichst gewinnbringend und sicher angelegt wird. Alleine aus den Renditen dieser Anlagen würden der Erhalt und die dauerhafte Verfügbarkeit der Daten finanziert werden. Der Vorteil wäre, dass so jeder Herausgeber selbst für die aus seinen Hinterlegungen und Publikationen erwachsenen Aufwendungen aufkommen könnte und dennoch nur eine einmalige Zahlung benötigen würde.

Ein Nachteil dieser Form der Finanzierung ist, dass sichere Anlagemöglichkeiten vorausgesetzt werden, die dauerhaft hinreichend Renditen abwerfen, um den Fortbestand pflegen zu können. Das S-Netzwerk wird in diesem Fall abhängig von den Anlagemärkten, von einer hohen Wertstabilität und hohe Renditen ermöglichenden wirtschaftlichen Bedingungen. In einer Finanzkrise ist es schwierig, eine Anlageform zu finden, welche ohne große Risiken auch nur die Inflationsrate ausgleicht. Laut der Studie [Bischoff 2010] hatten 2008 30 % der an der Befragung teilnehmenden Stiftungen einen Buchwertverlust zu verzeichnen, 19 % hatten realisierte Vermögenswertverluste hinzunehmen. Um in Zeiten niedriger Zinsen der Verpflichtung zum Erhalt des Stiftungskapitals nachkommen zu können, müssen z. B. Einschnitte bei den Ausgaben gemacht werden [Uken 2009]. Rücklagen gegen Verluste können nur kurzfristige Krisen am Anlagemarkt überbrücken.

Ein Beispiel: Die Nobel Fundation

Eine sehr bekannte Stiftung ist die von Alfred Nobel, aus deren Vermögen die Nobelpreise finanziert werden. Infolge der Finanz- und Wirtschaftskrise mussten 2012 die Preisausschüttungen im Vergleich zu 2011 um 20% von 10.000.000 SEK auf 8.000.000 SEK gesenkt werden [Nobel Foundation 2012]. Inflationsbereinigt lag der Marktwert des investierten Kapitals 2011 nur noch bei 62,6% im Vergleich zum Höchststand 1999 von 4,75 Milliarden SEK [FinManNF 2012].

Die reduzierte Preisgeldausschüttung der Nobel Fundation gefährdet nicht unmittelbar die Einhaltung der Stiftungsziele. Erfolgen längerfristig mehrere derart drastische Kürzungen bei den Preisgeldern, könnte dies allerdings dem Ansehen des Nobelpreises schaden [Rampell 2012].

2.1 Der Betrieb des S-Netzwerks

Für das S-Netzwerk als Stiftung könnten in Krisenzeiten eventuell nur unzureichende Renditen für die Pflege der Datenbestände erzielt werden. Im Extremfall könnte das angelegte Vermögen auch ganz vernichtet werden – wie es z. B. durch die Hyperinflation in der Weimarer Republik mit Anlagen zur kapitalgedeckten Altersvorsorge geschah (vgl. [Blaich 1985] S. 16-17). Mit Kapitaldeckungsverfahren können dann selbst bei einem wirtschaftlichen Aufschwung keine Rendite mehr erzielt werden: Das erforderliche Kapital wäre verloren – und würde nie wieder zurückkehren. Kapitaldeckungsverfahren skalieren also nur begrenzt mit der Wirtschaftsleistung und den auf dem Markt erzielbaren Renditen.

Ein weiterer Nachteil ist, dass viel Kapital vorab eingesetzt werden muss. Die Kosten für die langzeitliche Erhaltung der Verfügbarkeit von digitalen Daten sind gegenwärtig in Ermangelung von Erfahrungswerten kaum vorhersehbar. Zur vagen Prognose der erforderlichen Mittel kommt die Unsicherheit bezüglich der erzielbaren Rendite hinzu. Die Konsequenzen möglicher Fehlprognosen können sich verstärken: Wird der Bedarf zu niedrig und die Rendite zu hoch eingeschätzt, wird das Kapitaldeckungsverfahren zur Finanzierung nicht dauerhaft funktionieren. Um dennoch Vertrauen zu schaffen, müsste eine Sicherheitsreserve einkalkuliert werden, wodurch das Publizieren und Hinterlegen im S-Netzwerk zunächst einmal teurer würde, als es wahrscheinlich notwendig wäre.

Schließlich stellt sich auch die Frage, wie das Stiftungsvermögen angelegt werden soll. Eine zentrale Institution zu schaffen und ihr die Verantwortung zu übertragen läuft der Idee des S-Netzwerks zuwider, ohne Abhängigkeiten von der Korrektheit einzelner Parteien auszukommen. Demokratische, quorumsbasierte Verfahren zur Vermögensverwaltung oder die Aufteilung auf mehrere unabhängige Anlageparteien sind aufwendige Alternativen.

Dauerhaftigkeit mit Umlageverfahren

Bei Umlageverfahren finanzieren die gegenwärtig Einzahlenden die Kosten derer mit, die keine Beiträge mehr zahlen (Generationenvertrag).

Die Umlageverfahren des „Schreiber-Plans" und ihre Umsetzung

Die Rentenreform in der BRD von 1957 ging auf Ideen von Wilfrid Schreiber zurück. Umgesetzt wurde jedoch nur ein Teil von dessen Konzept zum Einsatz von Umlageverfahren, und zwar der „Solidar-Vertrag zwischen jeweils zwei Generationen" (zitiert aus [Schreiber 1954], S. 28) für die Altersrente, wobei auch diese Umsetzung wiederum nicht im Sinne Schreibers geschehen ist.

Schreiber wollte eine Rentenbeitragspflicht auch für selbstständig erzielte Einkommen und es sollten Rentenansprüche erst mit erreichen des gesetzlichen Rentenalters bestehen. Die Versorgung von Bedürftigen, welche vorzeitig

> aus dem Berufsleben ausscheiden, sollte nicht aus der Rentenkasse finanziert werden. Zuschüsse aus Steuermitteln und jede Kapitalbildung wären nach Schreiber kontraproduktiv. Die Beiträge für die Altersrente im Umlageverfahren sollten jederzeit genau kostendeckend sein. Ausgeschüttet werden sollten nur anteilige Ansprüche an dem der Rentenkasse aus den Beiträgen zur Verfügung stehenden Mitteln, sodass eine Anpassung an die jeweils aktuelle Wirtschaftsleistung automatisch erfolgt. Zum Ausgleich eines möglichen demografischen Wandels sieht Schreiber bereits 1954 eine dynamische Anpassung des Rentenalters vor.
>
> Bei der Umsetzung in der BRD können stattdessen Rentenansprüche schon vor Erreichen der gesetzlichen Altersgrenze geltend gemacht werden. Die Rentenbeiträge sind nicht kostendeckend. Dagegen sind steuerliche Zuschüsse vorgesehen, welche etwa 2010 einen Anteil von über 25% der Einnahmen der deutschen Rentenversicherung ausgemacht haben ([DRV-Bund 2011], S. 222).
>
> Die von Schreiber vorgesehene Rente für Kinder und Jugendliche ([Schreiber 1954], S. 31-36), deren Beiträge im Umlageverfahren von Arbeitenden gestaffelt entgegen der Kinderzahl erbracht werden sollten, wurde nicht umgesetzt. Der Generationsausgleich ist daher einseitig: Personen, die keine Kinder haben und aufziehen, haben einen Vorteil. Zum Ausgleich sind stattdessen Steuervergünstigungen und die Sozialleistung des Kindergeldes gedacht. Anhand von den Erfahrungen mit Rentensystem der BRD lassen sich keine Aussagen über die Tauglichkeit von Schreibers Idee oder von Umlageverfahren im Allgemeinen gewinnen, zu groß sind die Abweichungen.

Für das S-Netzwerk ist ein Umlageverfahren denkbar, bei dem die aktiven Teilnehmer des S-Netzwerks auch den Erhalt und die fortlaufende Verfügbarkeit der verwaisten Inhalte finanzieren. Ein Vorteil von Umlageverfahren ist die Unabhängigkeit von Währungen und Anlagemärkten. Umlageverfahren sind nicht auf eine funktionierende Geldwirtschaft mit Preisstabilität angewiesen, sie sind sogar in Wirtschaftssystemen denkbar, welche keine freien Finanzmärkte mit gewinnbringenden Kapitalanlagen ermöglichen oder erlauben.

Anders als ein Kapitaldeckungsverfahren funktioniert ein Umlageverfahren auch nach einem totalen wirtschaftlichen Zusammenbruch. Ein Umlageverfahren kann eingeführt werden und genutzt werden, ohne dass erst mal ein Kapital angesammelt werden müsste, aus dem sich dauerhaft Leistungen finanzieren ließen. 1957 gab es in der BRD kaum Ersparnisse, aus denen eine Altersrente hätte per Kapitaldeckungsverfahren finanziert werden können. Durch die Währungs- und Wirtschaftskrisen (1923, 1929) sowie Weltkriege waren große Vermögen vernichtet worden. Ein Umlageverfahren konnte hingegen sofort verwirklicht werden, sodass die Rentner am wirtschaftlichen Aufschwung teilhaben konnten.

Umlageverfahren sind total abhängig von aktiven Beitragszahlern. Problematisch wird es, wenn die Beiträge im Verhältnis zu den Aufwendungen abnehmen. Dies kann durch einen demografischen Wandel selbst bei obligaten

Rentensystemen passieren. Beim S-Netzwerk sind die Voraussetzungen auf den ersten Blick ungünstiger als bei einer gesetzlich erzwungenen Altersrente, bei der einzelne rentenversicherungspflichtige Arbeitnehmer nicht entscheiden können, ob sie Beiträge leisten: Die Teilnahme am S-Netzwerk und mithin die Beteiligung an einem etwaigen Umlageverfahren zu dessen Finanzierung sollen freiwillig sein. Wenn die Anzahl der aktiven Mitglieder des S-Netzwerks zurückgehen sollte, könnte das Aufrechterhalten des regulären Betriebes für die verbleibenden aktiven Teilnehmer teurer und eventuell irgendwann unattraktiv oder gar untragbar werden.

Beim S-Netzwerk ist damit zu rechnen, dass sich mit einem Rückgang der Anzahl der aktiven Teilnehmer auch die Nutzung der Plattform reduziert. Bei weniger Zugriffen könnten Kosten gespart werden, weil weniger Rechenleistung beansprucht wird und langsamere, billigere Speichermedien genügen. Sparmaßnahmen müssen bei sinkender Zahl der aktiven Teilnehmer nicht zwangsläufig zu einer schlechteren Performance führen. Das verfügbar zu haltende Datenvolumen und mithin die bereitzustellende Speicherkapazität skalieren mit einer zurückgehenden Zahl der aktiven Teilnehmer hingegen nur träge in dem Anteil der Publikationen und Hinterlegungen, deren Gültigkeitszeitraum begrenzt ist. Das Volumen dauerhaft verfügbar zu haltender Daten reduziert sich nie. Daraus entstehende Kosten sind unabhängig von der Zahl der der aktiven Teilnehmer und Beitragszahler.

Der Einfluss der Finanzierungskonzepte auf die Höhe der Einstiegshürde

Bei vielen innovativen Produkten verursacht die Entwicklung und Herstellung oder Bereitstellung zu Beginn recht hohe fixe Kosten. Davon dürften speziell sichere Zugangssysteme für das S-Netzwerk betroffen sein. Zugleich ist oft der Nutzen bescheiden, solange die Verbreitung gering ist. Derartige *Netzwerkeffekte* (*network externalities*) betreffen viele potenzielle Anwendungen des S-Netzwerks etwa zum unleugbaren Nachrichtenaustausch.

Der Zusammenhang zwischen erzielter Verbreitung und dem möglichen Nutzen muss nicht linear sein. Es kann eine Schwelle geben, ab der der Nutzen plötzlich so stark ansteigt, dass auch die Verbreitung aufgrund der erhöhten Attraktivität ohne weiteres Zutun beschleunigt wird. In Anlehnung an die kritische Masse für eine Kettenreaktion in der Kernphysik wird eine derartige Schwelle in der Soziologie als *critical mass* bezeichnet. Die soziologische Theorie der *kritischen Masse* wird in [Oliver 1985], [Oliver 1988], [Marwell 1988], [Prahl 1991] formuliert und in [Markus 1987] auf interaktive Medien angewandt. Der Effekt der *kritischen Masse* zeigt sich besonders, wenn Nutzer selbst die Inhalte erschaffen [Peddibhotla 2007], z. B. bei der Enzyklopädie Wikipedia [Prasarnphanich 2008].

Hohen Fixkosten und Netzwerkeffekte beim Nutzwert, eventuell mit einer kritischen Masse, können die Verbreitung neuer Technologien verzögern (*"late take-off"*, [Lim 2003]) oder verhindern: Wird die kritische Masse nicht erreicht, kann sich das Potenzial eventuell gar nicht erst zeigen. Dann ist die Einstiegshürde zu hoch.

Für einen frühzeitigen Beitritt zum S-Netzwerk sind erhöhte Kosten zu erwarten, während gleichzeitig der Nutzen erheblich reduziert ist. Ein Abwarten wird damit gegenüber einer frühzeitigen Mitgliedschaft attraktiv.

Opferbereitschaft, Freiwilligkeit und das Volunteer's Dilemma

«Gautier, vous en irez à ceux de Calais; et direz au capitaine que la plus grand' grâce qu'ils pourront trouver ni avoir en moi, c'est que ils partent de la ville de Calais six des plus notables bourgeois, en purs leurs chefs tous déchaux, les hars au col, les clefs de la ville et du châtel en leurs mains; et de ceux je ferai ma volonté; et le demeurant je prendrai à merci.», zitiert aus [Froissart 1347/1835], S. 269.

Eigene freie Übersetzung: *„Richten Sie aus: Wenn sich sechs angesehene Bürger von Calais freiwillig barfuß, mit Strick um den Hals und die Schlüssel zur Stadt in der Hand ausliefern, werden die Übrigen verschont."* Nach der Chronik fanden sich sechs Freiwillige. Erst auf Bitten der Königin wurden sie verschont ([Froissart 1347/1835], S. 272).

Abbildung 47: Die Bürger von Calais, Eugen Viehmann (*7.9.1930; † 19.6.2011)

2.1 Der Betrieb des S-Netzwerks

> Die Opferbereitschaft der Bürger von Calais inspirierte zahlreiche Künstler zu Werken, das bekannteste ist die Skulptur *Le Monument aux Bourgeois de Calais* von Auguste Rodin. Abbildung 47 zeigt ein weiteres Beispiel.
>
> Die Situation bei Gründung des S-Netzwerks ohne ausgleichende Finanzierungskonzepte ist weniger dramatisch, sie entspricht dem in [Diekmann 1985] spieltheoretisch erörterten Volunteer's Dilemma (Freiwilligendilemma): Die, welche zuerst beitreten, müssen hohe Kosten tragen, während jene, die zunächst abwarten und sich die Kosten sparen, einen ähnlichen Nutzen erwarten dürfen. Also ist es für jeden Einzelnen besser, erst abzuwarten. Wenn jedoch alle zögern und keiner das Opfer erbringt, dann kommt niemand in den Genuss des Nutzens.
>
> In [Diekmann 2009] findet sich nicht nur eine Darstellung der verschiedenen Strategien und Gleichgewichte des Freiwilligendilemmas, sondern es wird auch speziell auf das Phänomen der „Diffusion der Verantwortung" eingegangen: Verschiedene Experimente zeigen reproduzierbar, dass die individuelle Bereitschaft zum Erbringen des Opfers mit der Zahl der möglichen Personen, die dieses Opfer ebenfalls erbringen könnten, abnimmt. Für das jedem offen stehende S-Netzwerk bedeutet dies, dass eine stark ausgeprägte Zurückhaltung gegenüber einem teuren frühzeitigen Beitritt zu erwarten ist – schließlich könnten Milliarden anderer Personen das übernehmen.

Wenn alle Interessenten zögern und wenn keiner den ersten Schritt machen möchte, dann kann sich das S-Netzwerk gar nicht entwickeln, die Einstiegshürde wird nie überwunden.

Umlageverfahren haben bezüglich der Einstiegshürde Vorteile gegenüber Kapitaldeckungsverfahren: Zu Beginn gibt es keine Datenbestände von ehemaligen Teilnehmern, deren Erhalt und Verfügbarkeit mittels Umlagen finanziert werden müssen. Die ersten Teilnehmer am S-Netzwerk müssen mithin, selbst wenn sie Daten mit unbegrenzter Gültigkeitsdauer publizieren, keine Beiträge für das Umlageverfahren entrichten. Durch das Umlageverfahren werden der frühzeitige Beitritt und die frühzeitige intensive Nutzung automatisch gefördert. Das Erreichen der *kritischen Masse* wird dadurch wahrscheinlicher.

Bei Kapitaldeckungsverfahren muss schon für die erste Publikation ein hinreichend großes Vermögen eingefordert werden, um den dauerhaften Erhalt und die langfristige Verfügbarkeit dieser Daten aus den damit erzielbaren Renditen finanzieren zu können. Eventuell zeigt sich im Laufe der Zeit, dass die langfristige Bewahrung von Daten im S-Netzwerk auch mit weniger Kapital möglich sein wird. Die Reserven der Anlagen für dauerhaft verfügbar zu haltende Publikationen und Hinterlegungen könnten im Laufe der Zeit aufgrund der wachsenden Erfahrung gesenkt werden. Damit wird es eventuell später billiger sein, langlebige reliable Publikationen und sichere Hinterlegungen zu erschaffen. Die Kosten für die Sicherheitsreserve sind beim Einsatz von Kapitaldeckungsverfahren gerade in der Frühphase eine zusätzliche Hürde. Die Gefahr, dass die *kri-*

tische Masse nie erreicht wird, ist höher. Es kann zugesichert werden, dass zu große Sicherheitsreserven früher Einzahler später wieder ausgeschüttet werden. Ob die Aussicht, eventuelle Jahre später etwas zurück zu bekommen die Einstiegshürde senken kann, sei dahingestellt.

Die Versuchung, Umlageverfahren mit einer neuen Plattform zu umgehen

Warum sollte jemand freiwillig an einem bereits seit vielen Jahren bestehenden S-Netzwerk teilnehmen und dafür Kosten finanzieren, die aus der Pflege der Daten ehemaliger Teilnehmer entstehen? Es wäre billiger, auf eine neue Plattform zu setzen und sich so Umlagekosten zu sparen.

Unabhängig von der Finanzierung einer neuen Plattform bestünde bei einem Neuanfang ein Nachteil in der Aufgabe der alten Datenbestände. Die Hinterlassenschaften von ehemaligen Teilnehmern am S-Netzwerk sind nicht nur eine Last, sie bilden vielmehr eine zuverlässige und mächtige Informationsquelle. Der Zugriff auf das digitale Erbe der ehemaligen Teilnehmer ist zugleich auch eine wesentliche Attraktion und ein Grund für den Beitritt zum S-Netzwerk. Eine neue, leere Plattform mag zwar im Umlageverfahren billiger sein, aber sie bietet dafür auch viel weniger. Die Finanzierung einer neuen Plattform per Umlageverfahren verbietet sich für jene, die darauf hoffen, dass etwas über das eigene Leben hinaus bewahrt sowie verfügbar gehalten wird, ohnehin: Wer selbst auf eine neue Plattform setzt, um Kosten zu sparen, der kann nicht erwarten, dass die nächsten Generationen das anders machen wird. Ist das Vertrauen in die Sicherheit der dauerhaften Datenpflege per Umlageverfahren einmal ruiniert, wird es kaum mehr wiederherzustellen sein. Im Kapitaldeckungsverfahren wiederum hat eine neue Plattform eine höhere Einstiegshürde.

Kombinierte Verfahren mit Anlage von Reserven für unerwartete Ereignisse

Sowohl Kapitaldeckungsverfahren als auch Umlageverfahren haben zur Finanzierung zeitlich unbegrenzter Verfügbarkeit ihre Stärken, Schwächen und Risiken. Für das S-Netzwerk können beide Verfahren kombiniert werden. Dabei muss darauf geachtet werden, dass nicht die Risiken beider Ansätze vollumfänglich in Kauf genommen werden. Eine Idee ist, die beiden Verfahren zu unterschiedlichen Zwecken zu nutzen. Also etwa das Umlageverfahren zur Sicherstellung des langzeitlichen Betriebs unter normalen Umständen einzusetzen und mit Kapitalanlagen Rücklagen als Reserve für Kosten besonderer Ereignisse aufzubauen. Solche Ereignisse können etwa Zerstörungen von Infrastruktur des S-Netzwerks durch Katastrophen oder das Ausscheiden eines Staates aus dem S-Netzwerk sein [Viehmann 2018 r]. Im Extremfall kann die Migration des gesamten Datenbestandes des S-Netzwerks auf eine neue Plattform erforderlich sein, wenn sich diese als Nachfolger des S-Netzwerks durch-

2.1 Der Betrieb des S-Netzwerks

setzt (zu den Bedingungen dafür siehe [Viehmann 2018 p] – *5. Auflösungsphase: Migration auf eine Nachfolgeplattform*). Um in solchen Situationen handlungsfähig zu sein und um fällige Anpassungen finanzieren zu können, müssen ohnehin Rücklagen gebildet werden. Vorsichtige Anlagen der dazu gesparten Mittel bieten sich als Reserve an.

Hauptsächlich als Rücklage für unerwartete Ereignisse eingesetzt, genügt es auch, wenn die Kapitalanlagen über etliche Jahre hinweg nur mehr oder weniger das Vermögen erhalten kann – regelmäßige Ausschüttungen sind unnötig. Es liegt in der Natur einer Reserve für unerwartete Ereignisse, dass ihre Stärke schwanken wird. Das Vertrauen in die Fähigkeit zur Langzeitbewahrung unter normalen Bedingungen wird dadurch nicht beeinträchtigt. Hat die Reserve eine gewisse Mächtigkeit erlangt und werden aus den Anlagen Erträge erzielt, können Teile dieser Gewinne auch genutzt werden, um die Langzeitarchivierung zu fördern und um die aktiven Teilnehmer am S-Netzwerk im Umlageverfahren zu entlasten. Das Kapitaldeckungsverfahren leistet dabei nur eine Unterstützung, wenn es gut läuft.

Zusätzliche Ausgleichsverfahren für das S-Netzwerk

Unabhängig von den Verfahren zur Finanzierung langfristiger Verfügbarkeit muss ein Teilnehmer am S-Netzwerk für jede von ihm getätigte reliable Publikation oder sichere Hinterlegung einen Beitrag leisten, damit der entstehende Aufwand bewältigt werden kann. Die Finanzierung von kurzfristig zu bewahrenden Inhalten soll sogar immer nur dem Herausgeber obliegen. Einfache Teilnehmer sollen dies mit ihrem S-Betreiber abrechnen können.

Kommerzielle S-Betreiber können sich allerdings nicht nur über die Zahlungen jener Teilnehmer finanzieren, deren S-Knoten sie selbst betreuen. Und wer selbst seinen eigenen S-Knoten betreibt, dessen Beitrag kann nicht einfach der eigene S-Knoten sein mit so viel Speicherkapazität, wie alle von ihm selbst publizierten oder hinterlegten Daten mit sämtlichen Sicherungskopien belegen. Schließlich sind auch Shares und Kopien anderer Teilnehmer zu speichern und zu pflegen. Innerhalb einer Misstrauenspartei sollen die Sicherungskopien gleichmäßig über die S-Knoten verteilt werden. Ein S-Knoten muss dafür eventuell Speicherkapazitäten bereitstellen, welche in einem Missverhältnis zu der Datenmenge steht, die von dessen Besitzer insgesamt durch die Kopien eigener Publikationen oder Hinterlegungen erzeugt wird.

Idealerweise sollten alle Misstrauensparteien für das S-Netzwerk über eine ähnliche Stärke verfügen und auch eine ähnlich hohe Verantwortung tragen. In diesem Sinne muss es das Ziel sein, dass die Sicherungskopien gleichmäßig über die Parteien verteilt werden. Für Sicherungskopien sollen alle Parteien unabhängig vom Verhalten ihrer Mitglieder die gleiche Speicherkapazität bereitstellen und sie müssen denselben Aufwand zur Datenpflege betreiben. Realistischerweise wird in einigen Misstrauensparteien eine größere Datenmenge ins S-Netzwerk gestellt werden als in anderen.

Um solche Unproportionalitäten zu kompensieren, sind für das S-Netzwerk Ausgleichsverfahren vorgesehen. Zur Bereitstellung von Kapazitäten für die Sicherungskopien der selbst erzeugten Inhalte wird damit gegebenenfalls in die informationstechnische Infrastruktur anderer Misstrauensparteien bzw. anderer S-Betreiber investiert. Der Ausgleich soll zweistufig gebündelt und in regelmäßigen Abständen erfolgen: Einerseits innerhalb einer Misstrauenspartei ein Ausgleich zwischen den S-Betreibern und andererseits ein Ausgleich zwischen den Misstrauensparteien, welcher gesammelt über je eine Clearing-Stelle pro Misstrauenspartei abgewickelt werden könnte. S-Betreiber müssten dann nicht direkt mit S-Betreibern in anderen Misstrauensparteien abrechnen. Abbildung 48 veranschaulicht ein solches Konzept für das S-Netzwerk.

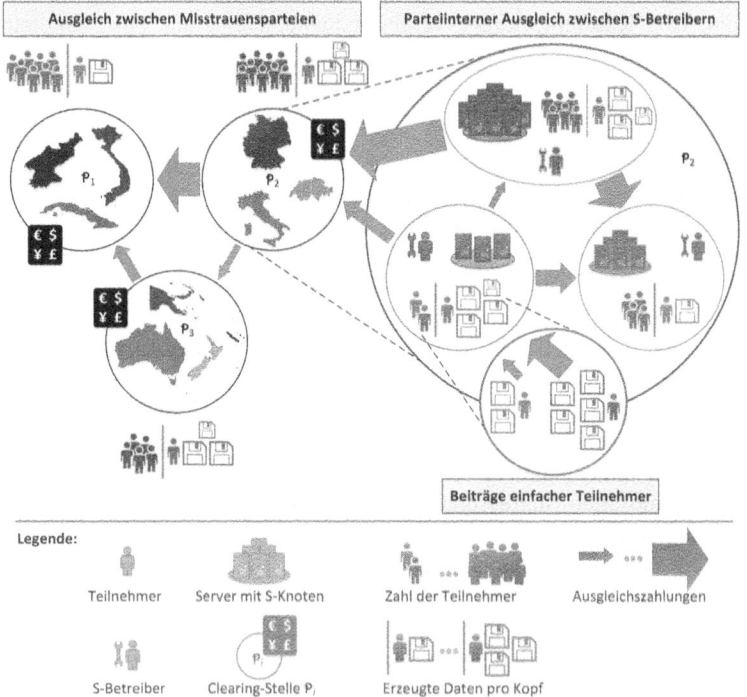

Abbildung 48: Ausgleichsverfahren zur Finanzierung des S-Netzwerks

Die hier skizzierten Ausgleichsverfahren leisten keinen sozialen Ausgleich zwischen den Beteiligten des S-Netzwerks. Wenn eine Unterstützung für ärmere

2.1 Der Betrieb des S-Netzwerks

Teilnehmer am S-Netzwerk politisch gewünscht wird, etwa zur Überwindung einer „digitalen Kluft" [Chinn 2004], die auch beim S-Netzwerk auftreten könnte, so sollte dies mit Maßnahmen realisiert werden, die von den vorgestellten Umlage-, Kapitaldeckungs- und Ausgleichsverfahren klar abgegrenzt sind, damit die Finanzierung des S-Netzwerks transparent bleibt.

Abrechnungszeitpunkte für aktive Teilnehmer und Zahlungsausfälle

Für das Erzeugen einer neuen reliablen Publikation oder sicheren Hinterlegung muss der Herausgeber einen Beitrag leisten. Das hier vorgeschlagene Ausgleichsverfahren setzt voraus, dass die Teilnehmer auch bezahlen. Am sichersten wäre es, dafür Vorkasse vom Herausgeber zu verlangen.

Das S-Netzwerk bietet auch relativ günstige Voraussetzungen für eine bequemere verzögerte Abrechnung: Bei mittel- oder längerfristig verfügbar zu haltenden Inhalten genügt die Publikation oder Hinterlegung selbst als unleugbarer rechtsgültiger Beleg einer Zahlungsverpflichtung. Nur kurzfristig verfügbar zu haltende Inhalte müssen für eine spätere Verrechnung gesondert erfasst werden, da sie bei einem potenziellen Rechtsstreit nicht mehr gültig und mithin auch nicht länger verfügbar sein werden. Zu dieser Protokollierung könnte das S-Netzwerk selbst verwendet werden.

Trotz unbestreitbarer Zahlungspflicht kann es ohne Vorkasse zu Zahlungsausfällen kommen. Diese könnten von allen aktiven Teilnehmern gemeinsam in Form einer Versicherung finanziert werden, damit nicht einzelne S-Betreiber ein unakzeptabel hohes Risiko alleine tragen müssen.

2.2 Ökonomische Aspekte der Informationen im S-Netzwerk

Richtig wertvoll und nützlich als universelles Informationssystem wird das S-Netzwerk nur, wenn auch hoch qualitative Inhalte darin publiziert werden. Für die Erschaffung und für die Bereitstellung immaterielle Güter eine Vergütung zu erzielen, kann schwierig sein – selbst wenn die Güter gefragt sind. Wirtschaftliche Probleme rühren daher, dass digitale Informationen beliebig reproduzierbar sind. Kopien können rein technisch betrachtet in Netzwerken praktisch kostenfrei von jedem weitergegeben werden. Stehen dem juristische Beschränkungen entgegen, könnte gerade das S-Netzwerk wegen seiner Verfügbarkeitsgarantien von teuren immaterialgüterrechtlichen Konflikten erdrückt werden. Trotz einiger alternativer Konzepte mit immateriellen Gütern Geld zu verdienen fehlt noch eine Lösung, die restriktive Schutzrechte für alle verzichtbar macht.

Mit der Erschaffung des S-Netzwerks würde erstmals jeder Interessierte in die Lage versetzt, mit sehr begrenztem Aufwand etwas Dauerhaftes zu erschaffen und es über den eigenen Tod hinaus der ganzen Welt zugänglich zu hinterlassen. Reliable Publikationen und sichere Hinterlegungen im S-Netzwerk haben durch die mögliche langzeitlich unbegrenzt garantierte Verfügbarkeit an sich bereits eine Attraktivität. Zu einem gemeinsamen kulturellen Erbe beizutragen, Spuren zu erzeugen und zu verknüpfen, die nachfolgende Generationen für sich entdecken können – das ist eine Form des Weiterlebens. Eine solche Perspektive ist für viele Personen völlig neu. Bisher bieten sich derartige Möglichkeiten nur einflussreichen Personen, die etwa selbst als Wissenschaftler, Künstler, Denker, Erfinder, Entdecker, Politiker, Sportler, Journalisten, Unternehmer, Eroberer, außergewöhnlich Reiche oder als Verbrecher bekannt und einflussreich geworden sind. Und natürlich jenen, die nur durch ihre Abstammung von beziehungsweise durch ihre Beziehung mit anderen Prominenten berühmt sind.

Reliable Publikationen und sichere Hinterlegungen im S-Netzwerk bieten einen neuen, auch „gewöhnlichen" Personen offenstehenden Weg, selbstbestimmt ein ewig leuchtendes Vermächtnis zu gestalten und so der Vergessenheit zu entgehen. Dieses Potenzial mag für einige bereits Grund genug sein, die mit dem S-Netzwerk verbundenen Kosten zu tragen.

Hochqualitative Inhalte machen ein Informationssystem erst richtig wertvoll. Das eigene Werk von erfolgreichen Wissenschaftlern oder Künstlern wird bereits ohne das S-Netzwerk dauerhaft bewahrt und gepflegt. Für jene, die ohnehin Bleibendes erschaffen, ist langzeitliche Verfügbarkeit an sich weder neu noch attraktiv.

„Der Prinz. Guten Morgen, Conti. Wie leben Sie? Was macht die Kunst?
Conti. Prinz, die Kunst geht nach Brot.
Der Prinz. Das muß sie nicht; das soll sie nicht – in meinem kleinen Gebiete gewiß nicht. – Aber der Künstler muß auch arbeiten wollen.
Conti. Arbeiten? Das ist seine Lust. Nur zu viel arbeiten müssen kann ihn um den Namen Künstler bringen.
Der Prinz. Ich meine nicht vieles, sondern viel; ein weniges, aber mit Fleiß. ",
zitiert aus [Lessing 1772/1994] S. 6 (Emilia Galotti, 1. Aufzug, 2. Auftritt).

Damit die Personen, welche die populärsten Werke erschaffen, auch selbst im S-Netzwerk reliabel publizieren, braucht es neben der Selbstbestimmung zusätzliche Anreize – auch ökonomische Anreize. Der richtige Umgang mit wertvollen immateriellen im S-Netzwerk ist eine ökonomische und mehr noch eine rechtliche Herausforderung.

2.2.1 Direkte Vermarktung von Informationen

Einmalig können gefragte geheime Daten einfach verkauft werden. Informationen mehrfach zu verkaufen ist hingegen schwierig: Nach der ersten Veräußerung könnten andere Interessenten auch verlustfreie Kopien von den ersten Kunden beziehen. Die Weiterverbreitung der Informationen durch

2.2 Ökonomische Aspekte der Informationen im S-Netzwerk

Dritte zu unterbinden ist sowohl rechtlich als auch technisch schwierig zu realisieren. Ferner würden immaterielle Güter künstlich schlechter gemacht, als sie eigentlich von sich aus sind. Mit dem derzeitigen Immaterialgüterrecht könnten Verstöße dagegen im S-Netzwerk aufgrund der garantierten Verfügbarkeit reliabler Publikationen oder sicherer Hinterlegungen und wegen des Aufwands von parteiübergreifenden Sperrverfahren ein großes Problem werden.

Um für die Bereitstellung von Informationen auf einem freien Markt Geld einzunehmen, ist eine einfache und naheliegende Möglichkeit, die Informationen selbst ähnlich wie ein materielles Gut zum Verkauf anzubieten. Dazu müssen die Informationen geheim sein und geheim gehalten werden, bis das Geschäft erfolgreich abgeschlossen ist. Aus Angebot und Nachfrage ergibt sich der Preis.

Der Preis von geheimen Informationen

Als Beispiel dafür, wie lukrativ das einmalige Veräußern von geheimen Daten sein kann – selbst wenn die Daten zweifelhaften Inhalts oder illegalen Ursprungs sind – lassen sich etwa die Erwerbungen von Steuerdaten durch deutsche Behörden ab 2006 anführen, welche in der Presse viel Beachtung fanden („Steuersünder-CDs" [Schickling 2010], „Die erfolgreichste CD der Welt" [Prantl 2010], „Hehlerei" [Schäfers 2010]). Dabei wurden für einige Hundert bis Tausende Datensätze auf einem Datenträger Preise von bis zu 4.600.000 € erzielt [Balzli 2008] – ein bei Gelingen für den Informanten sehr einträgliches, aber eben auch eventuell gefährliches Geschäft [Gyr 2012].

Eine Besonderheit beim Verkauf von geheimen Informationen im Vergleich zum Verkauf von gegenständlichen Gütern ist, dass die Informationen nicht notwendigerweise an den Kunden abgegeben werden müssen: Der Anbieter kann die Informationen behalten, er kann sie verlustfrei duplizieren und dem Kunden nur eine Kopie übergeben, ohne dass ihm daraus nennenswerte Kosten entstehen würden.

Wer für mehrere Marktteilnehmer attraktive Informationen anbietet, der wird sich eventuell nicht mit dem begnügen wollen, was ein einzelner Meistbietender dafür zu zahlen bereit ist. Da Informationen und insbesondere binäre Daten beliebig reproduziert werden können, entspricht der Marktwert von Informationen nicht unbedingt dem höchsten Gebot, das ein einzelner Interessent zu machen bereit ist. Der Anbieter kann versuchen, die Informationen zu vervielfältigen und sie mehrfach gewinnbringend zu veräußern. Sind mehrere Interessenten bereit, an den Anbieter zu zahlen, um die Informationen direkt von diesem zu bekommen, so ergibt sich der Marktwert der Informationen aus der Summe der Gebote – und diese kann erheblich über dem höchsten Einzelgebot liegen.

Allerdings sind die Informationen nach dem ersten Verkauf nicht mehr nur exklusiv dem Anbieter zugänglich, sondern zumindest auch dem ersten Kunden. Schon der erste Käufer könnte die Information ebenso gut wie der ursprüngliche Anbieter beliebig kopieren und sie selbst weiter vertreiben – er könnte also zum Konkurrenten werden. Kunden könnten die Informationen gar verschenken. Informationen, die allen weiteren potenziellen Interessenten etwa im Internet frei zugänglich gemacht werden, lassen sich auf einem freien Markt nicht mehr gut verkaufen.

Es gibt verschiedene rechtliche und technische Ansätze, mit denen die Erschaffer und Bereitsteller von Informationen versuchen können, dennoch bei möglichst allen Interessenten abzukassieren.

Schutzrechte und Lizenzierung

Mit rechtlichen Mitteln kann das Vervielfältigen und Verbreiten von Informationen reguliert und sanktioniert werden. Dazu wird ein privilegierter Rechteinhaber bestimmt, der insbesondere das alleinige Recht zum Duplizieren und Weitervertreiben hat und behält.

Die Konstruktion des Eigentumsanspruchs auf immaterielle Güter

Es ist nicht selbstverständlich, dass auf *immaterielle Güter* Besitzanspruch erhoben werden kann und dass dafür einklagbare Schutzrechte mit Vergütungsansprüchen bestehen. Neu ist die Idee nicht, bereits im antiken Griechenland wurden dem heutigen Schutzrecht ähnliche Besitz- und Monopolansprüche erdacht: *„Wenn aber einer der Köche"* ... *„ein eigenes (neues) köstliches Gericht erfinden würde, so solle es keinem anderen vor Ablauf eines Jahres gestattet sein von dieser Erfindung Gebrauch zu machen, sondern nur dem Erfinder selbst; während dieser Zeit solle er den geschäftlichen Gewinn davon haben, damit die anderen sich anstrengend und (wetteifernd) sich in solchen Erfindungen zu übertreffen suchten."*, zitiert aus [Cichorius 1922], S. 47 (übersetzt nach Athenaeus, von dem zitiert nach Phylarch). Ob diese Rechte durchgesetzt wurden, ist unbekannt.

Massenhaft und günstig reproduzierbare Informationsmedien kommen erst mit Gutenbergs maschinellem Buchdruck ab etwa 1440 auf. Diese Technik, die Renaissance, die Reformationen und der Humanismus markieren den Beginn eines neuen Zeitalters der Entdeckungen und Erfindungen. Aus dieser Zeit sind erste in Kraft tretende Schutzrechte überliefert: Für Venedig sind Patenterteilungen ab 1469 nachgewiesen [Gradenico 1469], ein allgemeines Patentstatut gab es dort ab 1474 [Anauzoceno 1474]. Einem Autor wurde erstmals 1486 ein entsprechendes Monopol zuerkannt, und zwar an Marco Antonio Sabellico [Navaierio 1486] für ein Werk über die Geschichte von Venedig. 1710 wurde mit dem Statute of Anne [PoGB 1710] in Großbritannien das erste Copyright erlassen, welches allerdings noch eine Registrierung durch den Autor voraussetzte.

2.2 Ökonomische Aspekte der Informationen im S-Netzwerk

> Das moderne Konstrukt des geistigen Eigentums beinhaltet über das Wirtschaftliche hinausgehende Schutzrechte, die jeder an seinen Werken hat, ohne etwas dafür tun zu müssen. Die philosophische Rechtfertigung des geistigen Eigentums kann dem naturrechtlichen Verständnis von John Locke folgen, dem zufolge ein legitimer Eigentumsanspruch durch eigene Arbeitsleistung entsteht.
>
> *"Whatsoever, then, he removes out of the state that Nature hath provided and left it in, he hath mixed his labour with it, and joined to it something that is his own, and thereby makes it his property. It being by him removed from the common state Nature placed it in, it hath by this labour something annexed to it that excludes the common right of other men."*, zitiert aus [Locke 1689/1924], S. 130.
>
> Sowohl die Existenz des geistigen Eigentums, speziell die Vereinbarkeit von Eigentum und Veröffentlichung (siehe [Pfister 2010], S. 124-126), als auch die aus der etwaigen Existenz abzuleitenden rechtlichen Konsequenzen sind seit Aufkommen der Idee und nach wie vor umstritten.
>
> „*Paris, 31. Merz 1841*
>
> *Die Debatten in der Deputiertenkammer über das literarische Eigenthum sind sehr unersprießlich. Es ist aber jedenfalls ein bedeutendes Zeichen der Zeit, daß die heutige Gesellschaft, die auf dem Eigenthumsrechte basiert ist, auch den Geistern eine gewisse Theilnahme an solchem Besitzprivilegium gestatten möchte, aus Billigkeitsgefühl, oder vielleicht auch als Bestechung! Kann der Gedanke Eigenthum werden? Ist das Licht das Eigenthum der Flamme, wo nicht gar des Kerzendochts? Ich enthalte mich jedes Urtheils über solche Frage, und freue mich nur darüber, daß Ihr dem armen Dochte, der sich brennend verzehrt, eine kleine Vergütung verwilligen wollt für sein großes, gemeinnütziges Beleuchtungsverdienst.*", zitiert aus [Heine 1841/1988], S. 120.
>
> In deutschen Gesetzen ist der „*Schutz des geistigen Eigenthums*" ([Bismarck 1867], Art. 4.6) 1867 erstmals in der Verfassung des Norddeutschen Bundes nachweisbar. Ende des 19. Jahrhunderts wurden die ersten internationalen Schutzrecht-Abkommen geschlossen (Pariser Verbandsübereinkunft zum Schutz des gewerblichen Eigentums 1883, Berner Übereinkunft zum Schutz von Werken der Literatur und Kunst 1886). Heuet waltet die Weltorganisation für geistiges Eigentum (World Intellectual Property Organization, WIPO) über diese und weitere Abkommen [WIPO 1967].

Kunden erhalten gegen die Bezahlung eines Geldbetrages lediglich eingeschränkte Nutzungs- und Verwertungsrechte, welche etwa die Vervielfältigung und die Weitergabe an Dritte ausschließen können. Wenn das Weiterverbreiten der Informationen den Kunden nicht gestattet wird, ist der legale Bezug der Informationen nur beim privilegierten Rechteinhaber möglich und dieser kann für jeden legalen Bezug neu kassieren.

Realisiert werden kann eine Regulierung in diesem Sinne z. B. durch gesetzliche Schutzrechte für *immaterielle Güter*. In Deutschland zählen zu diesen Schutzrechten das Patentrecht [PatG 1936/2011], das Urheberrecht [UrhG 1965/2011], das Verlagsrecht [VerlG 1901/2002], das Markenrecht [MarkenG 1994/2011] und das Geschmacksmusterrecht [GeschmMG 2004/2011]. Wo Schutzrechte für *immaterielle Güter* bestehen, liegt kein freier Markt vor. Mit den Schutzrechten werden gezielt temporäre Monopole als Anreiz für geistige Schöpfungen geschaffen, die es den Rechteinhabern ermöglichen sollen, für ihre Leistungen und Erzeugnisse eine Vergütung zu erzielen.

Monopole tendieren dazu, die ökonomische Wohlfahrt zu vermindern: Für den Monopolisten ist es naheliegend, den Stückpreis gewinnmaximierend im cournotschen Punkt (benannt nach Augustin Cournot, dessen Analyse zum Monopol findet sich in [Cournot 1838/1924], S. 47ff) zu wählen. Einen finanziellen Anreiz, das Angebot weiter zu verbessern, also größere Mengen zu produzieren und diese mittels eines niedrigeren Verkaufspreises abzusetzen, gibt es dann nicht, weil die zu geringeren Preisen möglichen Mehrabsätze in Summe weniger Profit bringen würden als weniger Veräußerungen zum höheren Preis im cournotschen Punkt. Alle anderen Marktteilnehmer würden von möglichen niedrigeren Preisen und einer breiteren Versorgung zweifelsohne profitieren, der Monopolist müsste dafür aber einen kleineren Gewinn hinnehmen. Eine für die restliche Wirtschaft optimale Angebotsgestaltung und Versorgungsleistung ist von einem an maximalem Gewinn interessierten Monopolisten daher nicht zu erwarten.

Auf einem funktionierenden freien Markt hingegen gibt es Konkurrenten. Zwischen diesen entsteht ein Wettbewerb darum, möglichst attraktive Angebote im Sinne der potenziellen Kunden zu machen. Die Versorgungsleistung für alle anderen Marktteilnehmer wird durch den Konkurrenzdruck optimiert. Deswegen wird wettbewerbsrechtlich die Monopolbildung oftmals gezielt unterbunden und ein freier Markt mit Konkurrenz gefördert. Bei *immateriellen Gütern* hingegen wird mit Schutzrechten genau das Gegenteil geleistet, es werden per Gesetz Monopole geschaffen.

Das Auslaufen von Schutzfristen – Zufluss in die Gemeinfreiheit

Monopole aus Schutzrechten für *immaterielle Güter* sind nicht nur wirtschaftlich problematisch. Sie können etwa dazu führen, dass zulasten der Umwelt schlechte Techniken eingesetzt werden. Die Schutzrechte für *immaterielle Güter* werden daher bewusst nur auf begrenzte Zeit gewährt.

Im Deutschen Patentrecht ist z. B. eine Schutzfrist von 20 Jahren ab der Anmeldung festgelegt ([PatG 1936/2011], §16). Nur in diesem Zeitraum hat

2.2 Ökonomische Aspekte der Informationen im S-Netzwerk 269

der Patentinhaber ein Monopol auf seine Erfindung. Gelingt es nicht, in der Schutzfrist Profit aus dem Patent zu schlagen, so hat der Erfinder ein Problem, denn das Patent hat auch eine Offenbarungsfunktion: Mit der Patentierung erfolgt zwingend die Veröffentlichung der Erfindung. Nach Ablauf der Schutzfrist kann mithin jeder die Erfindung nutzen. Gerade für Erfindungen, die ihrer Zeit voraus sind, können 20 Jahre zu kurz sein.

Auch im Urheberrecht sind zeitliche Schranken vorgesehen. Im deutschen Urheberrecht wird derzeit eine Frist von 70 Jahren nach dem Tod des Urhebers ([UrhG 1965/2011], §64) als Grenze festgelegt, anschließend werden die Werke gemeinfrei. Das Urheberrecht an geistigem Eigentum ist dazu ähnlich wie das materielle Eigentum vererblich und mithin übertragbar ([UrhG 1965/2011], §28-§30). Anders als im Patentrecht wird im Urheberrecht von einem Verblassen der Schutzrechte zum Fristende hin ausgegangen. Bei dem Urheberrecht verwandten Schutzrechten etwa für wissenschaftliche Sammelwerke, für Veröffentlichungen zuvor noch nicht publizierter Werke oder für Aufzeichnungen von ausübenden Künstlern gelten abweichende Schutzfristen von 50 bzw. 25 Jahren ab Veröffentlichung bzw. ab Herstellung ([UrhG 1965/2011], §70-§82).

Warum die Schutzfristen jeweils gerade 70, 50, 25 oder 20 Jahre sein sollen und etwa beim Urheberrecht erst mit dem Tod des Urhebers beginnen sollen, lässt sich nur schwer begründen. Im Laufe der Geschichte wurden die Fristen willkürlich geändert und nicht nur in Deutschland tendenziell verlängert [Siegrist 2006]. Eine höhere zeitliche Schranke (speziell post mortem) liegt nicht immer im Interesse der Schöpfer: Der Bestand an frei nutzbaren Werken wächst mit einer entsprechenden temporalen Verzögerung beständig an. Je größer die kostenlose Konkurrenz wird, desto schwieriger ist der Stand für vergleichbare neue Werke, für die noch Schutzrechte bestehen. Eine neue Oper beispielsweise hat für ein Opernhaus nicht nur den Nachteil, dass das Werk noch nicht so bekannt und anerkannt ist wie das etablierte Repertoire, sondern es sind im Gegensatz zu den gemeinfreien Werken etwa von Mozart oder Verdi außerdem auch noch Lizenzgebühren an die Rechteinhaber zu zahlen. Werke können wegen der Schutzfristen lange über den Tod des Urhebers hinaus gemieden werden und dadurch in Vergessenheit geraten.

Unabhängig von den gesetzlichen Schutzrechten kann auch vertragsrechtlich direkt mit einem Kunden eine Vereinbarung über dessen Nutzungs- und Verwertungsrechte getroffen werden. Dazu muss ein rechtsgültiger Lizenzvertrag mit jedem Kunden abgeschlossen werden. Die Informationen werden nicht verkauft, sondern lediglich lizenziert. Ein großer Vorteil der Lizenzverträge gegenüber den gesetzlichen Schutzrechten ist die erhöhte Flexibilität – mit jedem Kunden können individuelle Konditionen vereinbart werden. Bei kommerzieller Software ist die vertragliche Lizenzierung die übliche Vergabeform [Rowland 2002]. Mit Lizenzverträgen kann neben der Weiterverbreitung etwa auch ein Disassemble verboten werden und auch die Art der Nutzung (z. B. nur auf bestimmten Rechnern, nur zu nicht kommerziellen Zwecken) reglementiert werden. Der Kunde muss beim Vertragsabschluss die limitierten Rechte bewusst akzeptieren. Gesetzliche Schutzbestimmungen hingegen sind Kunden eventuell nicht bekannt. Vor allem betrifft ein Lizenzvertrag nur diejenigen, welche diesen abschließen möchten. Vertragsfreiheit ist somit die einzige notwendige Voraussetzung. Gesetzliche Schutzrechte für *immaterielle Güter* betreffen hingegen zwanghaft jeden im Gültigkeitsbereich. Daher müssen sie politisch gerechtfertigt werden, wozu etwa auf das umstrittene Konstrukt des *„geistigen Eigentums"* zurückgegriffen wird. Lizenzverträge bedürfen keiner derartigen ideologischen Stützung.

Das rechtsgültige Abschließen eines Lizenzvertrags beim Kauf eines Datenträgers, beim Download aus dem Internet oder bei der Installation eines Programms bzw. im laufenden Betrieb (bei Shareware) hat jedoch seine Tücken ([Maxeiner 2003], [Rowland 2002]). Musikstücke oder Filme, die in der Öffentlichkeit gezeigt werden oder über Rundfunkmedien verbreitet werden, können durch Lizenzverträge nicht geschützt werden. Wie sollte ein Nutzungsvertrag mit der Öffentlichkeit abgeschlossen werden können? Gesetzliche Schutzrechte für *immaterielle Güter* kommen ohne einen Vertragsabschluss aus.

Sowohl für die Verwendung von Schutzrechten als auch von Lizenzverträgen hat das S-Netzwerk im Vergleich zu anderen Medien einige günstige Eigenschaften. Das S-Netzwerk weist für alle Inhalte rechtsgültig aus, wer sie wann publiziert oder hinterlegt hat, sodass sich die Urheberschaft durch frühzeitiges Stellen in das S-Netzwerk leicht zweifelsfrei belegen lässt. Das faire Abschließen und Hinterlegen von rechtsgültigen Lizenzverträgen ist im S-Web ebenfalls ohne Weiteres möglich. Die Durchsetzung von Restriktionen, speziell im Umgang mit unzulässigen Kopien ist beim S-Netzwerk hingegen problematisch.

Damit Schutzrechte für immaterielle Güter oder Lizenzverträge auch eingehalten werden, kann zunächst einmal versucht werden, an das Rechtsempfinden zu appellieren.

Raubkopie – Krieg und Propaganda

Für die rechtswidrige Vervielfältigung ist der Begriff *„Raubkopie"* gebräuchlich. Dieser Begriff ist dafür jedoch wertend und er verleitet zu bestimmten problematischen Assoziationen. Vergleichbar ist das mit der Verwendung der Begriffe *„Selbstmord"* oder *„Freitod"* für Suizid [Stoecker 2006]. Eine Selbsttötung erfolgt eben oftmals aus schwerwiegenden Beweggründen, aus höchster Not heraus. Mit dem Wort *„Selbstmord"* wird ein Suizid pauschalisierend und in der Regel falsch verurteilt, denn ein *„Mord"* bezeichnet sowohl im juristischen Sinn als auch im allgemeinen modernen Sprachgebrauch ein Tötungsdelikt aus niederen Beweggründen. In einigen Kulturen ist eine rituelle Selbsttötung als ehrenvolle Option etwa nach Niederlagen tradiert, und auch einflussreiche Philosophen haben eine positive Auffassung von bestimmten Selbsttötungen. *„Meinen Tod lobe ich euch, den freien Tod, der mir kommt*

2.2 Ökonomische Aspekte der Informationen im S-Netzwerk 271

weil ich will." (zitiert aus [Nitzsche 1883/1983], S. 347). Heute wird für Suizid auch der Euphemismus *"Freitod"* verwendet. Dieser Begriff ist falsch und unangemessen für jene, die nicht frei im Sinne Nietzsches Suizid begehen, sondern aus Not und Schmach. Die beiden Begriffe *"Selbstmord"* bzw. *"Freitod"* werden aufgrund ihrer impliziten Wertung auch gezielt eingesetzt, um Stellung zu beziehen. Suizid und Selbsttötung sind hingegen wertneutral und unabhängig von den jeweiligen Umständen und Motiven immer passend.

Wie der Begriff *"Selbstmord"* ist auch der Begriff *"Raubkopie"* wertend und er weckt Assoziationen zu einem Delikt, mit dem der Sachverhalt nichts zu tun hat: Ein *Raub* ist eine Wegnahme unter Gewaltanwendung. Nach deutschem Strafrecht wird *Raub* mit Freiheitsstrafe von mindestens einem Jahr bestraft (§249 [StGB 1871/2012]). Raub ist folglich also ein Verbrechen (§12 [StGB 1871/2012]). Eine Gewaltanwendung liegt bei der rechtswidrigen Vervielfältigung von Informationen nicht vor. In vergleichbarer Weise wird die rechtswidrige Vervielfältigung von rechtlich geschützten Informationen auch mit dem im Englischen gebräuchlichen Wort *"piracy"* moralisierend kriminalisiert [Yar 2005] [Drahos 2002] (insbesondere S. 21-S. 29).

Ehr als von *Raub* oder *Piraterei* könnte man noch von *Diebstahl* sprechen, der nach deutschem Strafrecht (§242 [StGB 1871/2012]) ein Vergehen, aber kein Verbrechen ist. *Diebstahl* bezeichnet ein Wegnehmen. Dadurch wird der Besitzer unmittelbar geschädigt, er erleidet einen Verlust. Deswegen wird *Diebstahl* in den meisten Kulturen und Rechtstraditionen auch geächtet und verboten. Wer etwas rechtswidrig vervielfältigt, der nimmt niemandem direkt etwas weg. Dem Rechteinhaber werden nur mögliche Einnahmen vorenthalten. Ein Unrechtsbewusstsein für rechtswidrige Vervielfältigungen ist aufgrund der höchstens indirekten Schädigung der Rechteinhaber weniger ausgeprägt als beim gegenständlichen *Diebstahl* [Logsdon 1994] [Seale 1998].

Abbildung 49: Screenshot von copykillsmusic.de (August 2000)

Abbildung 50: Screenshots aus einem Spot gegen „Piracy" auf einer DVD des Films Ice Age 2

> Deswegen wird – wie in [Logsdon 1994] suggeriert – versucht, mit moralisierenden Werbekampagnen ein Unrechtsbewusstsein für die urheberrechtswidrigen Vervielfältigungen zu schaffen. Dabei wird das Delikt bewusst übertrieben als Verbrechen dargestellt. Martialisch wurde *"copy kills music"* postuliert (Abbildung 49). Bisweilen wurden Käufer von DVDs mit kurzen Propagandafilmen zwangsbeglückt (etwa Ice Age 2, siehe Abbildung 50). Die Nutzer von *"Raubkopien"* können derartige Filme trotzdem schauen, ohne die Spots jedes Mal ertragen zu müssen. Nur die brav zahlenden Kunden werden mit dem Spot belästigt.

Zwingende Wirkung zeigen Gesetzen und Verträge erst, wenn sich die Einhaltung auch überprüfen lässt und wenn Übertretungen tatsächlich sanktioniert werden – oder wenn Verstöße mit technischen Maßnahmen von vorneherein verhindert werden.

Personalisierung

Ein Ansatz um die Weitergabe zu beschränken besteht darin, von einem *immateriellen Gut* pro Kunden eine eigene Version mit einem exklusiven und eindeutigen *Lizenzcode* zu erschaffen und diese gegen den Abschluss eines Lizenzvertrags, der die Weitergabe verbietet, nur an genau den einen Kunden zu liefern, für den die Personalisierung bestimmt ist. Ein individueller *Lizenzcode* kann etwa steganografisch als „unsichtbares" Wasserzeichen in das Produkt eingefügt werden [Petitcolas 1999]. Tauchen irgendwo Kopien mit einem individuellen *Lizenzcode* auf, kann die Person, für welche diese Version ursprünglich lizenziert wurde, haftbar gemacht werden. Aber kann ein durchschnittlicher Endkunde die Geheimhaltung von Daten auf seinem Computer überhaupt sicherstellen? Was, wenn Schad-Software die personalisierten Daten ausliest? Kann der Rechteinhaber nachweisen, nicht selbst (versehentlich oder willentlich) weitere Kopien mit demselben *Lizenzcode* in Umlauf gebracht zu haben? Zu verhindern, dass sich Wasserzeichen wieder entfernen lassen, ist nicht trivial – es sind zahlreiche Attacken bekannt [Voloshynovskiy 2001].

Das S-Netzwerk ist nicht konzipiert für die Generierung von personalisierten Inhalten. Eine reliable Publikation oder eine sichere Hinterlegung muss per Definition allen Leseberechtigten identisch und unabänderlich bereitgestellt werden. Mit dem S-Netzwerk bietet es sich an, eventuell sehr große Daten allen gemeinsam in identischer Form so bereitzustellen, dass zu deren Nutzung zusätzlich ein kurzer separat zu ladender Schlüssel erforderlich ist. Nur gegen den Abschluss eines Lizenzvertrags wird jedem Interessenten ein exklusiver, persönlicher *Product-Key* als *Lizenzcode* bereitgestellt [Oleg 2002]. Dazu wird im S-Web keine spezifische netzwerkseitige Funktionalität benötigt – Vertragsabschluss und Schlüsselübergabe können mit S-Links und reliablen Publikationen realisiert werden.

Restrictive Digital Rights Management, Pay Per Use
Eine Redensart besagt: Gelegenheit schafft Diebe. Restriktives Digital Rights Management (DRM) versucht, die Gelegenheit technisch zu eliminieren. Eine Idee ist, die Reproduktion an sich zu unterbinden. Dazu können Kopierschutzmechanismen wie das bei der DVD eingesetzte Content Scrambling System (CSS, inzwischen gebrochen [Becker 2004]) eingesetzt werden. Ein weitergehender Ansatz besteht darin, die Nutzung zu kontrollieren und insbesondere die Nutzbarkeit von unzulässigen Kopien durch Dritte technisch weitgehend auszuschließen ("playback control", zitiert aus [Bloom 1999]). Dazu können beispielsweise Hardwarebindungen eingesetzt werden. Wird die Nutzung effektiv kontrolliert, so können deutlich restriktivere Lizenzmodelle durchgesetzt werden: Es ist dann beispielsweise möglich, nur eine einmalige Nutzung zu erlauben ("pay per use").

Gäbe es ein hinreichend sicheres DRM-System, um Kopierschutz oder Nutzungskontrolle technisch zu realisieren, so wären keine rechtlichen Maßnahmen erforderlich, um für Informationen wiederholt Geld einfordern zu können. Jeder Interessent müsste aus rein technischen Gründen für den Bezug der Informationen (oder für jede Nutzung) zahlen.

Bei den bekannten Vorschlägen zur Umsetzung von DRM werden potenziell unsichere Verschlüsselungstechniken eingesetzt. Es müssen Schlüssel in den Geräten der Konsumenten vor den Konsumenten geheim gehalten werden. Ein hohes Sicherheitsniveau zu erzielen ist technisch schwierig und außerdem teuer. Häufig werden DRM-Systeme in kurzer Zeit gebrochen [Hauser 2003]. Hinzu kommt, dass das Sicherheitskonzept nicht notwendigerweise gebrochen werden muss, um Informationen vom DRM zu lösen – die Sicherheitsmaßnahmen können auch einfach über die *analoge Lücke* umgangen werden.

Die analoge Lücke und weitere Tücken des technischen Kopierschutzes

Damit ein technischer Kopierschutz für Informationen wie Musikdaten oder Videodaten tatsächlich funktionieren kann, dürfen die Informationen den geschützten Bereich nie verlassen. Bei der Blue-ray Disc sind nicht nur die Daten auf dem Datenträger verschlüsselt. Durch strenge Lizenzbedingungen [AACS 2009] für die Hersteller von Abspielgeräten und Programmen soll sichergestellt werden, dass die Daten von der Blue-ray Disc bis zum Ausgabegerät geschützt bleiben und nur verschlüsselt übertragen werden, damit sie nirgendwo ausgelesen und kopiert werden können. Bei den eingesetzten Techniken AACS, BD+ und HDCP und in den Implementierungen wurden jedoch Schwachstellen gefunden (siehe [Wang 2008], [Lomb 2011], [Bangeman

2007], [Zota 2010]). De facto können mit Tools wie *AnyDVD HD* von SlySoft [Novack 2008] alle Blue-ray Discs kopiert werden – trotz der im Vergleich zur Video DVD aufwendigen Schutzmaßnahmen.

Selbst wenn sich eine solche Kette vom Datenträger bis zum Ausgabegerät vollständig abdichten ließe, würde das noch nicht genügen, um jede Form der Vervielfältigung zu unterbinden. Die Informationen werden zwischen Bildschirm und Augen sowie zwischen Lautsprechern und Ohren unverschlüsselt übertragen. Diese Schnittstelle wird als *analoge Lücke* (*analog gab, analog hole*) bezeichnet und genau dort können die ungeschützten Informationen einfach sensorisch abgegriffen werden. Je nach verwendeten Aufnahmegeräten entsteht zwar einmalig ein gewisser Qualitätsverlust, aber dieser wird von vielen Anwendern nicht wahrgenommen bzw. akzeptiert [Sicker 2007] und dafür werden die Informationen ohne jedes DRM gewonnen.

Analoge Kopierschutzsysteme wie *Macrovision Analog Protection System* (APS) funktionieren nur bei bestimmten Aufnahmegeräten, welche im Fall von APS diesen Kopierschutz sogar aktiv unterstützen müssen [Miller 1999] (mit *Automatic Gain Control Circuitry*) und entsprechend leicht zu umgehen sind, indem ein nicht kompatibles Aufnahmegerät verwendet wird.

Es darf bezweifelt werden, dass auf absehbare Zeit ein DRM realisiert werden kann, bei dem die *analoge Lücke* vollständig geschlossen wird. Denkbar wäre ein System, bei dem im menschlichen Gehirn kryptografische Technologien implantiert werden. Dann könnten Informationen nicht einfach analog sensorisch abgegriffen werden – sie würden verschlüsselt in den Kopf gelangen.

Selbst wenn die Entwicklung so weit kommen sollte, dass es technisch möglich wäre, den Menschen mit kryptografischen Implantaten zu erweitern, stellt sich doch die Frage, ob dies wünschenswert wäre. Zur Wahrung von Kopierschutzmaßnahmen dürfte ein solcher Eingriff jedenfalls weder verhältnismäßig noch angemessen sein.

Die Absicherung von DRM wird in der Praxis im Wesentlichen durch rechtliche Verbote der Umgehung von DRM Systemen geregelt.

> *"First, technical protection measures – no matter how strong – will always be vulnerable to attack by dedicated hackers, especially because the processing capabilities of computer hardware and software continue to increase rapidly. Therefore, there must be legal safeguards against the circumvention of copy protection technology. Moreover, there are real economic constraints on the strength of technical protection measures that can be implemented in copyrighted works and playback devices. Technical protection measures therefore cannot prevent piracy by resourceful individuals or organizations. Rather, they can serve basically just "to keep honest people honest"—to facilitate respect of rights in works—and to pose an obstacle to those who seek to violate such rights."*, zitiert aus [Marks 1999].

2.2 Ökonomische Aspekte der Informationen im S-Netzwerk

Wie beim Verbot der Vervielfältigung und der Weitergabe von Informationen stellt sich auch beim Verbot der Umgehung von DRM die Frage, wie dieses effektiv kontrolliert und durchgesetzt werden soll. Selbst für die Käufer, welche ihre legal erstandenen Informationen an niemanden weitergeben wollen, kann es hochgradig attraktiv sein, an Hardwaregeräte gebundene Informationen vom DRM zu befreien – schließlich sollen die für Geld erstandenen Informationen eventuell irgendwann auch auf anderen Geräten noch nutzbar sein, etwa wenn die Hardware, an die sie gebunden sind, nicht mehr funktioniert.

Mit restriktivem DRM wird versucht, aus beliebig reproduzierbaren Informationen ein begrenzt verfügbares Produkt zu machen. Selbst wenn diese künstliche Verknappung gelingen sollte: Ein Produkt schlechter zu machen, als es eigentlich ist, kann nicht als zufriedenstellende Lösung betrachtet werden. Restriktives DRM wird nicht akzeptiert, sondern es wird umgangen und überwunden. Apple hatte zunächst in seinem iTunes Store DRM für Musikstücke vorgesehen, doch das DRM wurde inzwischen aufgegeben.

"DRMs haven't worked, and may never work, to halt music piracy.", zitiert aus [Jobs 2007]

Das Ausmaß von illegalen Kopien

Teile der Musikindustrie, der Filmbranche und der Softwareproduzenten sowie auch der Verlage von Zeitungen, Zeitschriften und Büchern sehen durch die Reproduzierbarkeit und die Vernetzung ihre Geschäftsmodelle bedroht. Unternehmen und Interessenverbände beklagen hohe Umsatzeinbußen durch „Raubkopien". Das Ausmaß der gegen bestehende Schutzrechte verstoßenden Verbreitung und Verwendung von Informationen in belastbaren Zahlen zu erfassen ist nicht trivial. Es liegt im ureigenen Interesse derer, die mit geltendem Recht brechen, dieses eben heimlich und anonym zu machen, damit sie nicht belangt werden können.

Da das Messen schwierig ist, kann versucht werden, durch Umfragen ein realistisches Bild zu bekommen. Die Studie in [BSA 2012] liefert als Ergebnis, dass 57% aller Computernutzer unrechtmäßig Software nutzen und dass 14% der Befragten hauptsächlich oder ausschließlich Software nutzen, für die sie kein Nutzungsrecht haben.

Selbst wenn zur Anzahl der widerrechtlichen Nutzungen eines Produktes verlässliche Zahlen gewonnen werden können, lässt sich der Schaden nicht durch Multiplikation dieser Anzahl mit dem Listenpreis des Produktes errechnen: Die widerrechtlichen Nutzer sind ja eben gerade nicht bereit, den Listenpreis für das Produkt zu bezahlen. Wenn es keine illegale Möglichkeit gäbe, die Informationen günstiger zu nutzen, würden manche Personen wohl auf die Informationen verzichten, anstatt den Listenpreis dafür zu bezahlen. In vielen Studien (bspw. [BSA 2012]) wird dies jedoch ignoriert, was zu unrealistisch hohen Schadenswerten führt.

> Die auf einer Umfrage unter Studenten basierte Studie in [Rob 2006] zeigt, dass eine Person, die Informationen rechtswidrig beschafft, im Schnitt dafür nur einen Preis zahlen würde, der deutlich unter dem offiziellen Preis liegt. Illegale Kopien kompensieren quasi den durch das Monopol des Rechteinhabers verursachten Wohlfahrtsverlust. Sie ersetzen nicht zwingend einen legalen Kauf – eine Kaufabsicht ist zu den gebotenen Konditionen eventuell nicht vorhanden. Nach dieser Studie verhindert das rechtswidrige Herunterladen von fünf CDs in etwa den Verkauf einer CD.
>
> Als indirekter Indikator für den wirtschaftlichen Schaden kann die Veränderung der Umsätze beim Auftreten von neuen technischen Möglichkeiten zur illegalen Verbreitung von Informationen dienen. Fällt ein markanter Umsatzeinbruch mit einem solchen einschneidenden Entwicklungsereignis zusammen und gibt es keine anderen plausiblen Erklärungen für die Umsatzeinbuße im Vergleich zum Vorzustand, spricht dies dafür, dass die neue illegale Nutzungsmöglichkeit eine wesentliche Ursache ist. Der entstandene Schaden hat dann etwa die Größenordnung der Umsatzeinbuße. Um mit diesem Ansatz gute Ereignisse bekommen zu können, muss es einen stabilen Vorzustand gegeben haben. Bei sich schnell entwickelnden Technologien und hochgradig dynamischen Märkten ist das kaum der Fall. In [Liebowitz 2004] wird bei der Analyse zum Einfluss der ersten File-Sharing-Dienste auf die Absätze von Musik CDs versucht, die dynamische Entwicklung auf dem Musikmarkt und andere mögliche Störfaktoren zu berücksichtigen. Demnach lässt sich ein Einbruch von etwa 16% bis 20% auf das Aufkommen des File-Sharings zurückführen.

Rechtsfolgen von Verstößen gegen das Immaterialgüterrecht

Infolge von vermeintlichen Urheberrechtsverletzungen kommt es massenhaft zu Abmahnungen sowie in Folge zu Unterlassungserklärungen und in einigen Fällen auch zu Klagen und Prozessen vor Gericht [Neiße 2013]. Im Internet ist es – sofern nur der Wille vorhanden ist – für die Bereitsteller von Daten relativ einfach, eine beanstandete Datei nicht mehr anzubieten, indem sie gelöscht wird oder indem der Zugang beschränkt wird.

Im S-Netzwerk können Inhalte hingegen nicht gelöscht werden. Es sind zwar Sperren für Inhalte vorgesehen, welche gegen die Regeln der S-Verfassung verstoßen und diese Regeln könnten Schutzbestimmungen für *immaterielle Güter* enthalten, aber der zu erwartende Aufwand wäre im S-Netzwerk dramatisch hoch. Um Zensur und Manipulationen durch einzelne Parteien zu verhindern, können Sperren für Inhalte im S-Netzwerk nur durch wenigstens Threshold Ψ Misstrauensparteien einbeziehende und mithin kostspielige internationale Verfahren verhängt werden. Entsprechend groß wäre die Angst jedes einzelnen Teilnehmers, versehentlich gegen das Immaterialgüterrecht zu verstoßen. Die Nutzung des S-Netzwerks würde unter der Furcht vor den Kosten potenzieller Sperrprozesse leiden.

2.2 Ökonomische Aspekte der Informationen im S-Netzwerk

Die Kosten eines Sperrverfahrens entstehen auch, wenn diejenigen, welche den internationalen Prozess verlieren, diese nicht tragen können. Bei schwerwiegenden Delikten wie der Verbreitung von Kinderpornografie im S-Netzwerk sind Sperrverfahren alternativlos. Die Gemeinschaft der aktiven Teilnehmer am S-Netzwerk wird Sperren zum Schutz der Opfer bereitwillig finanzieren, wenn die Täter dazu nicht in der Lage sind. Gegen das Immaterialgüterrecht verstoßende Kopien sind hingegen hauptsächlich ein finanzielles Problem für die Rechteinhaber. Von breiter Akzeptanz der Vergemeinschaftung der Kosten von Sperrverfahren wegen des Immaterialgüterrechts auszugehen ist illusorisch. Könnten Rechteinhaber auf der Vergemeinschaftung bestehen, würde das S-Netzwerk unattraktiv.

Für das S-Netzwerk sollten besser Alternativen zu den restriktiven Verfahren zur direkten Vermarktung von Informationen mit Sperrverfahren gefunden werden.

2.2.2 Geschäftsmodelle für offene Informationen

Immaterielle Güter lassen sich indirekt über den Werbemarkt und mittels Merchandising finanzieren. Beides führt jedoch zu Abhängigkeiten. Werbung kann Nutzer zudem belästigen und im Gegenzug von diesen weggefiltert werden. Für manche Inhalte sind Werbung und Merchandising keine Option und sowohl Werbung als auch Merchandising verursachen eventuell erhebliche ökologische Belastungen. Freiwillige Spenden können in einigen Fällen eine einfach nutzbare Einnahmequelle bilden – für eine vollständige Finanzierung sind sie aber nicht immer eine realistische Option.

Um für Informationen Geld erwirtschaften zu können, müssen nicht zwingend Forderungen direkt an die Interessenten gestellt werden – es geht auch mit allen frei zugänglichen Daten.

Finanzierung mit Werbung

Eine mögliche Einnahmequelle für die Bereitstellung und Verbreitung von Informationen ergibt sich aus der kommerziellen Werbung. Dabei wird von den Werbenden dafür gezahlt, dass den Interessenten zusammen mit den gewollten *immateriellen Gütern* auch ihre Werbung zugeführt wird. Diese indirekte Verwertung auf dem Werbemarkt durch den Verkauf von Platz für Werbung kann sowohl parallel als auch alternativ zur direkten Verwertung auf dem Endkundenmarkt eingesetzt werden. Die Finanzierung mit Werbung ist im Internet weit verbreitet und insbesondere Google verdient damit als Dienstleister zwischen den Anbietern von Inhalten und den Auftraggebern von Werbung viel Geld [Evans 2008].

Ist Werbung eine wichtige oder gar die einzige Einnahmequelle, besteht eine Abhängigkeit von den Unternehmen, welche für die Werbeleistung Geld bezahlen. Im Zuge der Finanzkrise kam es 2009 zu einem erheblichen Einbruch auf dem deutschen Werbemarkt: Laut [ZAW 2011] war ein Minus von 6% bei den Investitionen in die Werbung zu verzeichnen. Dies bekamen sowohl die Werbeagenturen [Steinkirchner 2009] als auch die ganz oder teilweise werbefinanzierten Unternehmen deutlich zu spüren. Bei den Medienunternehmen schrumpften die Werbeeinnahmen 2009 gemäß [ZAW 2011] sogar um 9,8%. Die Studie in [Beck 2010] zeigt die negativen Konsequenzen der Finanzkrise speziell für Presseverlage und untersucht, inwieweit die journalistische Qualität unter krisenbedingten Sparmaßnahmen zu leiden hat. Auch das werbefinanzierte Privatfernsehen in Deutschland wurde von der Krise getroffen [Kors 2010] – wenn die vorgesehenen Zeiten zur Sendung von Werbespots nicht verkauft und gefüllt werden konnten, sahen sich die Zuschauer bisweilen mit Programmanpassungen konfrontiert [Ries 2009]. In Griechenland sind die Folgen der Finanzkrise auf dem Werbemarkt und die daraus resultierenden Einbrüche für die Medienbranche besonders ausgeprägt zu beobachten [Galiatsatos 2012].

Für die Werbung im Internet gibt es bereits Praxiserfahrungen und zahlreiche Studien. Werbung mit Bannern auf Webseiten ist relativ ineffektiv [Benway 1998] und sie wird als ablenkend sowie störend empfunden [Burke 2005]. Je auffälliger die Werbung etwa durch Animationen ist, je mehr sie dem Betrachter etwa in Form von Pop-Up Fenstern aufgedrängt wird und je mehr dieser unterbrochen wird – je intrusiver [Li 2002] Werbung also ist – desto stärker ist die Beeinträchtigung der eigentlich gefragten Inhalte sowie Dienste und desto höher ist die Wahrscheinlichkeit, dass die Seite ganz verlassen und künftig gemieden wird [McCoy 2007]. Zu viel Werbung macht unattraktiv.

Es ist nicht erstaunlich, dass Filter wie *Adblock Plus* entwickelt wurden, mit denen die Anwender Werbung unterdrücken und umgehen können, wobei dieses mit relativ simplen Maßnahmen sehr weitgehend gelingt [Krammer 2008]. Wer mit Werbung Geld verdienen will, kann versuchen, die Werbung so zu gestalten, dass sie nicht herausgefiltert wird oder dass die gefragten Inhalte nicht geliefert werden, wenn ein Filter wie *Adblock Plus* aktiv ist. Allerdings werden auch die Filter weiterentwickelt. Es zeichnen sich ähnliche Konflikte wie bei der Umgehung von Kopierschutzmaßnahmen ab, wobei das Umgehen von Werbung anders als das Umgehen vom Kopierschutz rechtlich zulässig ist [Vallade 2009].

Eine mögliche Maßnahme, um das Ausblenden und Übergehen von Werbung zu verhindern, ist die Integrierung der Werbung, sodass sie ein Teil vom Inhalt wird. Dies wird als Product Placement bezeichnet und wird etwa in Filmen [Snyder 1992] oder Computerspielen [Winkler 2006] angewandt. Im Inhalt integrierte Werbung lässt sich nicht mehr einfach verlustfrei herausfiltern. Die Interessen der Werbenden und die Interessen der Künstler können im Konflikt

2.2 Ökonomische Aspekte der Informationen im S-Netzwerk

zueinanderstehen – integrierte Werbung kann das Werk beeinträchtigen und umgekehrt kann das Produkt im fertigen Werk unvorteilhaft wirken oder untergehen [Karrh 2003]. In einem in weit zurückliegender Vergangenheit spielenden Film etwa lässt sich gar kein Product Placement für aktuelle Güter betreiben.

Für manche Inhalte wird Werbung auch aus Pietätsgründen keine Finanzierungsoption sein. Der Film Schindlers Liste wurde und wird beispielsweise vielfach ganz ohne Werbeunterbrechungen ausgestrahlt [Lowry 1997] – kommerzielle Werbung in einem Film über den Holocaust wäre unangemessen und eventuell nicht förderlich für die Werbenden.

Durch Webung können massiv Ressourcen verbraucht werden, und das nicht nur bei der Herstellung des Werbematerials. Die Bereitstellung von Webung in Computernetzwerken kostet Speicherplatz und beim Zugriff Rechenleistung sowie Bandbreite. Nach der Studie in [Krishnamurthy 2006] sind bei den untersuchten Webseiten im Schnitt 25% bis 30% des beim Besuch ohne Filter wie *Adblock Plus* zu übertragenden Datenvolumens nur Werbung.

Darüber hinaus kann Werbung den Konsum der beworbenen Produkte ankurbeln. Weil Werbung wirtschaftlich kurz- und mittelfristig einen beflügelnden Effekt haben kann, besteht die Gefahr, dass dies auf Kosten der Umwelt geht und dass dabei unnötig Ressourcen vernichtet werden [Nieves 2009]. Der Philosoph Günther Anders hat die Wirkung der Reklame wie folgt charakterisiert:

„Schonungslosigkeit ist für uns zum moralischen Gebot geworden." ... *„Jede Werbung ist ein Appell zur Zerstörung.",* zitiert aus *[Anders 1980/1987], S 40f.*

Werbung verleite gezielt auch dort zu Kaufentscheidungen, wo keine offenen Bedürfnisse bestehen:

„Unsere heutige Endlichkeit besteht nicht mehr in der Tatsache, daß wir animalia indigentia, bedürftige Lebewesen, sind; sondern umgekehrt darin, daß wir (zum Bedauern der untröstlichen Industrie) viel zu wenig bedürfen können – kurz, in unserem Mangel an Mangel", zitiert aus *[Anders 1980/1987], S. 20.*

Die Freiheit *„der Werbung zu widerstehen"* sieht er nicht gewährleistet [Anders 1980/1987], S 163.

Werbung lässt sich im S-Netzwerk leicht einsetzen. Sie kann als Werbeblock fest in Dokumente, Filme, Spiele oder Musikstücke integriert werden oder sie kann in Form von Product Placement auch direkt als Teil des Inhalts platziert werden. Limitierte Plätze für Werbung im S-Netzwerk lassen sich auf dem Werbemarkt gegen Geld veräußern.

Mittels S-Links können zu jedem Inhalt im S-Web, für den Leserechte bestehen, Werbebotschaften publiziert werden – ohne den Herausgeber des Inhalts zu bezahlen oder auch nur zu fragen. Dies ist eine Konkurrenz zu den Werbeplätzen, welche der Herausgeber verkaufen könnte. Natürlich können die Inhalte auch ohne die separaten S-Links geladen werden und werbende S-Links können eventuell effizient herausgefiltert werden. Insofern kann es dem Herausgeber trotzdem gelingen, für direkt in den Inhalt platzierte und kaum herauszufilternde Werbung Einnahmen zu erzielen. Werbeeinnahmen können Rechteinhabern auch durch Neuveröffentlichungen von Dritten im S-Netzwerk entgehen.

Finanzierung mit Merchandising

Merchandising ist eine potenziell ergiebige Einnahmequelle, durch welche die Offenlegung von Inhalten quer finanziert werden kann. Beim Merchandising werden begrenzt verfügbare Güter verkauft, welche ihren Reiz in hohem Maße aus ihrem Bezug zu bestimmten *immateriellen Gütern* beziehen.

Ein Vorteil vom Merchandising gegenüber der Werbung ist, dass das *immaterielle Gut* selbst davon nicht beeinträchtigt wird. Die Interessenten müssen keine Werbebotschaft über sich ergehen lassen, wenn sie nur das *immaterielle Gut* genießen möchten. Wer ein Merchandising-Produkt sucht und kauft, kann damit intensiver eintauchen, nacherleben oder nachspielen. Während Werbung tendenziell zu einer Beeinträchtigung der Kundenerfahrung führt, kann Merchandising eine mögliche Erweiterung der Erlebnisse bieten.

Merchandising bietet sich immer dort an, wo Inhalte eine ganze Welt eröffnen, also speziell im Bereich der Fantasy- und Science-Fiction-Kunst. Bei *Star Wars* konnten beispielsweise durch Merchandising höhere Einnahmen erzielt werden als durch die ebenfalls sehr erfolgreiche direkte Vermarktung der Filme [Greenberg 2007]. Für viele andere Inhalte dürfte es hingegen schwierig sein, hohe Einnahmen mittels Merchandising zu generieren. Außerdem bestehen ähnlich wie bei der Werbung Abhängigkeiten von Märkten, die eigentlich nichts mit dem *immateriellen Gut* zu tun haben, beispielsweise vom Spielzeugmarkt.

Für im S-Netzwerk publizierte *immaterielle Güter* lässt sich Merchandising uneingeschränkt nutzen – es besteht diesbezüglich kaum ein Unterschied zu anderen Medien. Wird mittels entsprechend semantisch gekennzeichneter S-Links auf die Merchandisingprodukte hingewiesen, so können jene Nutzer, welche Interesse daran haben, diese gezielt herunterladen, um sich zu informieren, während andere Nutzer nicht behelligt werden.

Finanzierung mit freiwilligen Spenden

Das Erbitten von Spenden ist eine weitere Möglichkeit, Einnahmen für offene Inhalte zu erzielen – insbesondere wenn kommerzielle Werbung sowie Merchandising etwa aus Pietätsgründen oder zur Wahrung der Unabhängigkeit ausgeschlossen werden sollen.

2.2 Ökonomische Aspekte der Informationen im S-Netzwerk

Ein Beispiel dafür, dass ein spendenbasiertes Finanzierungskonzept auch im Großen funktionieren kann, ist die freie Enzyklopädie Wikipedia. Die Wikimedia Fundation betreibt Wikipedia und ähnliche Informationsplattformen (Commons, Wiktionary, Wikibooks etc.). Die Inhalte werden von den Nutzern erstellt und bearbeitet. Wikipedia ist eines der meistgenutzten Angebote im Web und es ist eine entsprechend leistungsfähige Infrastruktur mit einer dezentralen Architektur notwendig [Urdaneta 2009]. Alleine der technische Betrieb von Projekten der Wikimedia Fundation verursacht Kosten in der Größenordnung von 8 Millionen Dollar im Geschäftsjahr 2010-2011 [Wikimedia 2011].

Bei Wikipedia wird bewusst auf eine Finanzierung mit Werbung verzichtet. Die wesentliche Einnahmequelle bilden freiwillige Spenden der Anwender, wobei im Zuge des jährlichen Spendenaufrufs über 20 Millionen Dollar eingesammelt werden [Walsh 2012]. Der Verzicht auf kommerzielle Werbung hat für Wikipedia einige Vorteile: Bei einer Enzyklopädie ist die Unabhängigkeit vom Werbemarkt eine wichtige Voraussetzung für die Qualität, die Neutralität und die Glaubwürdigkeit des Produkts.

Die Nutzer werden nicht mit ungewollter Werbung belästigt und niemand kommt auf die Idee, dass die Finanzierung bereits mit Werbung sichergestellt sei. Werbung und Spendenaufrufe zugleich, das würde nach übertriebenem Kommerz aussehen. Stattdessen ist die Wikimedia Fundation eine gemeinnützige Non-Profit Organisation. Die Spender leisten mit ihrer Unterstützung anerkanntermaßen eine Wohltätigkeit. Weil sich viele Menschen besser fühlen, wenn sie etwas „Gutes" tun, kann sich aus der Aussicht auf dieses Glück auch eine positive egoistische Motivation zum Spenden entwickeln [Anik 2009]. Außerdem können die Spenden steuerlich abgesetzt werden [Lischka 2010], was die Bereitschaft erhöhen mag.

Spendenaufrufe, deren Authentizität sich feststellen lässt, können mithilfe des S-Netzwerks einfach realisiert werden. Die Ausstellung von Spendenquittungen kann direkt im S-Netzwerk erfolgen. Ebenso kann hier eine zuverlässige Dokumentation dessen geleistet werden, was mit den Spendengeldern gemacht wird. Die Voraussetzungen für das Sammeln von Spenden mit dem S-Netzwerk sind also prinzipiell ausgesprochen gut.

Ob Werbung, Merchandising oder das Sammeln von Spenden geeignete Methoden sind, um Geld für offene Daten im S-Netzwerk einzunehmen, hängt letztlich vom Dateninhalt ab. Es sei dahingestellt, ob es immer möglich sein wird, zufriedenstellende oder zumindest kostendeckende Einnahmen alleine mit Spenden, Werbung und Merchandising zu erzielen.

2.2.3 Verwertungsgesellschaften

Pauschale Vergütungsmodelle mit Verwertungsgesellschaften sollen den Umgang mit immateriellen Gütern erleichtern. Aufgrund ihrer Macht besonders bei der Festlegung der Gebühren sind Verwertungsgesellschaften umstritten. Ihre Politik könnte für das S-Netzwerk zu einem existenziellen Problem werden.

Bei der direkten Vermarktung von Informationen mithilfe von Schutzrechten und Lizenzen ist die illegale Vervielfältigung sowie Verbreitung der Daten nur eines von mehreren Problemen. Schwierig wird es z. B. auch, wenn immaterielle Güter von verschiedenen Rechteinhabern öffentlich genutzt werden. Dies kann bei einer Tanzveranstaltung der Fall sein, wo zahlreiche Musikstücke diverser Künstler von Tonträgern abgespielt werden – ganz, in Teilen oder auch zu neuen Werken zusammengemixt. Es wäre unpraktikabel aufwendig, wenn der Veranstalter mit jedem Rechteinhaber, von dessen Musik auch nur ein paar Takte gespielt werden, die Erlaubnis und die Kosten der Nutzung aushandeln müsste. Auch für die Rechteinhaber wäre es zu kostspielig, sich mit jedem Fall zu beschäftigen.

Indirekte Vermarktung durch *Copyright Collectives*

Abhilfe verspricht der Ansatz, eine *Verwertungsgesellschaft* (*copyright collective*) zu schaffen, welche die Ansprüche aller Rechteinhaber vertritt. Veranstalter müssen sich dann nur mit der *Verwertungsgesellschaft* einigen und auch nur an diese zahlen. Die *Verwertungsgesellschaft* übernimmt mit ihren Einnahmen die Vergütung der einzelnen Rechteinhaber, deren Interessen sie vertritt. Durch die Bündelung sinken mit dem administrativen Aufwand auch die Kosten und *Verwertungsgesellschaften* haben dadurch zugleich häufig mit Beträgen zu tun, bei denen es sich lohnt, Ansprüche geltend zu machen und diese im Streitfall juristisch durchzusetzen. Wirtschaftstheoretische Betrachtungen zu *Verwertungsgesellschaften* finden sich bspw. in [Besen 1989] und [Handke 2008].

In Deutschland sind *Verwertungsgesellschaften* genehmigungspflichtig durch das Patentamt und das Bundeskartellamt ([UrhWG 1965/2007], §1 – §4 und §18) und sie sind auf bestimmte Zuständigkeitsbereiche beschränkt, auf denen sie jeweils de facto ein nationales Monopol besitzen. Zugleich bestehen internationale Kooperationen in Form von Gegenseitigkeitsverträgen (eine Liste für die GEMA findet sich in [Heker 2011], S. 186-189), sodass sich etwa Veranstalter nur mit einer lokal zuständigen *Verwertungsgesellschaft* einigen müssen. Nationale Monopolstellungen können von *Verwertungsgesellschaften* ausgenutzt und missbraucht werden. In [Bremkamp 2001] werden die Möglichkeiten für mehr Wettbewerb zwischen *Verwertungsgesellschaften* erörtert. Durch Konkurrenz

2.2 Ökonomische Aspekte der Informationen im S-Netzwerk

würde allerdings der positive Synergieeffekt geschmälert: Ein Veranstalter müsste sich dann beispielsweise mit mehreren *Verwertungsgesellschaften* einigen.

Auch für die Inhalte im S-Netzwerk könnten *Verwertungsgesellschaften* zentralwirtschaftlich die Vergütung der Rechteinhaber übernehmen. Es stellen sich die Fragen, wer wie viel wofür einzahlen muss und wie diese Einnahmen verteilt werden sollen.

Einnahmequellen

Gerecht wäre es, wenn jeder Anwender einen genau seinem Nutzungsverhalten entsprechenden Beitrag zahlen müsste. Für die Anzahl der Zugriffe auf Inhalte im S-Netzwerk ließen sich einfach belastbare Daten gewinnen: Die Lesezugriffe von Anwendern auf S-Knoten könnten erfasst und mitgezählt werden. Allerdings sagt der bloße Zugriff wenig über die tatsächliche Nutzung aus. Informationen könnten offline gespeichert, wiederverwendet und extern weitergegeben werden. Sobald für jeden Zugriff im S-Netzwerk bezahlt werden müsste, wäre eine starke Motivation gegeben, Informationen aus anderen Quellen (z. B. Filesharing-Dienste im Internet) als aus dem S-Netzwerk zu beziehen und sie auch außerhalb zu lagern, sodass die Zugriffsgebühren des S-Netzwerks umgangen werden.

Eine mögliche Alternative wäre die Erhebung einer pauschalen Gebühr, einer Flatrate für alle Teilnehmer am S-Netzwerk, welche jedem eine beliebige Nutzung der Inhalte erlauben würde. Dies wird auch als *"blanket licensing"* bezeichnet [Handke 2008]. Eine pauschale Gebühr lässt sich einfach, stringent und ohne großen Aufwand umsetzen. Durch die Unabhängigkeit der Flatrate von der tatsächlichen Inanspruchnahme würde das S-Netzwerk allerdings für Gelegenheitsnutzer unattraktiver.

Schließlich können *Verwertungsgesellschaften* zusätzlich auch durch gesetzlichen Zwang aus anderen Bereichen der Wirtschaft quer finanziert werden. In Deutschland wird dies praktiziert, womit zwangsläufig auch Unternehmen und Personen getroffen werden, die keinerlei Interesse an den Gütern haben, welche die *Verwertungsgesellschaften* betreuen (siehe [Viehmann 2018 k] zu der Problematik). Sogar eine pauschale Steuer wäre denkbar. Damit würde allerdings auch eine sehr weitgehende Entkopplung vom Markt einhergehen.

Das Dilemma der Tarifhöhe

Der heikelste Punkt ist die Festlegung, wie viel Geld *Verwertungsgesellschaften* verlangen soll. Zur Bestimmung der Tarifhöhe findet sich im aktuellen deutschen Urheberrechtswahrnehmungsgesetz folgende Vorgabe: *„Berechnungsgrundlage für die Tarife sollen in der Regel die geldwerten Vorteile sein, die durch die*

Verwertung erzielt werden.", zitiert aus [UrhWG 1965/2007] §13 (3). Wie allerdings der *geldwerte Vorteil* bemessen werden soll, dazu werden keine hilfreichen Vorgaben gemacht.

Allgemein wird im aktuellen deutschen Urheberrecht in §11 und in §32 [UrhG 1965/2011] die Formulierung einer „*angemessenen Vergütung*" als Ziel vorgegeben. Es wird im Gesetz festgelegt, dass „*Vereinigungen von Urhebern mit Vereinigungen von Werknutzern oder einzelnen Werknutzern gemeinsame Vergütungsregeln*" (zitiert aus [UrhG 1965/2011], §36) bestimmen sollen. Aber zur Höhe derselben wird wieder keine konkrete Vorgabe geleistet. Es bleibt völlig unklar, was eine *angemessene Vergütung* sein soll.

Wenn die Finanzierung mithilfe von Nutzungsgebühren erfolgt, ergibt sich eine natürliche Begrenzung für die Höhe der forderbaren Summen. Die Zahlungsbereitschaft für *immaterielle Güter* ist wesentlich davon abhängig, dass die Preise als verhältnismäßig wahrgenommen werden [Seale 1998]. Stimmt die Proportionalität nicht, so wird die Versuchung der (rechtswidrigen) Umgehung der Nutzungsgebühren befeuert.

Werbefinanzierung und Verwertungsgesellschaften

Beim Video-Portal *YouTube* von Google zeigt sich in über 40 Ländern [Kompa 2012] seit Jahren, wie ein Zusammenspiel aus Werbefinanzierung und der Verteilung der Einnahmen mittels *Verwertungsgesellschaften* für eine große, offen zugängliche Netzwerkplattform funktionieren kann. Google hat Einigungen mit *Verwertungsgesellschaften* erzielen können, mit denen jeweils eine Vergütung von Musik Schaffenden sichergestellt wurde und zugleich die legale offene Verbreitung ihrer Musikwerke auf YouTube ermöglicht wurde.

In Deutschland war bis Ende 2016 hingegen ein Scheitern dieses Modells über einen langen Zeitraum hinweg zu beobachten. Die für Musik zuständige *Verwertungsgesellschaft*, die GEMA, hat die Verhandlungen mit Google abgebrochen [GEMA 2010]. Infolge einer Klage der GEMA bezüglich 12 ausgesuchter Werke, für welche die GEMA die Rechte wahrnimmt und welche auf YouTube verfügbar waren, mussten sich die Gerichte mit dem Kampf zwischen der GEMA und Google befassen [Kuhn 2012] [Briegleb 2012].

Solange es keine Einigung für Deutschland gab, versucht Google, jene Videos, welche die Rechte der GEMA tangieren, in Deutschland zu blockieren – schließlich besitzt Google die Rechte in vielen anderen Ländern und eine Löschung oder Sperre für alle wäre nicht verhältnismäßig. Google nutzt die selbst errichteten YouTube-Sperren auch, um Druck auf die GEMA auszuüben, indem sie den Nutzern mitteilt, dass die GEMA die entsprechenden Rechte nicht eingeräumt hat. Unüberwindliche Sperren für Nutzer eines Landes lassen sich jedoch mit keiner verfügbaren Technologie mit vertretbarem Aufwand realisieren.

Google nutzte nur IP-Adress-Filter, welche sich etwa durch die Verwendung von Proxyservern leicht umgehen lassen. Effektiv waren daher zumindest für

2.2 Ökonomische Aspekte der Informationen im S-Netzwerk

technisch versierte Nutzer alle Videos auf YouTube in Deutschland verfügbar, nur erhielt die GEMA kein Geld dafür. Vonseiten der Unternehmen der Künstler, deren Interessen die GEMA vertreten sollte, wurde die GEMA für ihr Vorgehen scharf kritisiert [Pluta 2011] [Reißmann 2011]. Nach sieben Jahren kam es am ersten November 2016 zu einer zeitlich begrenzten geheimen außergerichtlichen Einigung zwischen der GEMA und Google [GEMA 2016]. Bezüglich der Frage, ob ein Plattformbetreiber überhaupt zuständig ist – oder nur diejenigen, welche die Inhalte hochladen, gibt es weiterhin keine Rechtssicherheit [Rabe 2016] [Dobusch 2016]. Abbildung 51 zeigt, dass in Deutschland auf YouTube trotz der erzielten Einigung weiterhin Musikwerke durch Google gesperrt werden.

Josef Strauss - Herbstrosen, Walzer, op. 232

Abbildung 51: Musik, die auf Youtube gesperrt wurde (Screenshot am 21. Juni 2017)

Eine Firma, welche die Vermarktung aller Inhalte durch die Platzierung von Werbung übernehmen könnte und bei welcher die *Verwertungsgesellschaften* für sämtliche Inhalte des S-Netzwerks Gebühren einfordern könnten, gibt es für das S-Netzwerk nicht. Das bei YouTube in vielen Ländern erfolgreich angewandte Konzept einer zentralistischen Werbevermarktung mit Verteilung über *Verwertungsgesellschaften* lässt sich so nicht auf das S-Netzwerk übertragen.

Für das S-Netzwerk kann daraus eine existenzielle Bedrohung erwachsen: Wenn *Verwertungsgesellschaften* willkürlich die Tarife für die Gebühren zur Nutzung des S-Netzwerks erhöhen, wird eventuell irgendwann ein Punkt erreicht, an dem die Plattform unattraktiv wird, sodass in Folge die Zahl der aktiven Teilnehmer einbricht. Und dass es zu maßlosen Erhöhungen kommt, zeigt die Erfahrung aus der Praxis in Deutschland (siehe [Viehmann 2018 k]). Gäbe es beim S-Netzwerk Nutzungsgebühren, welche von *Verwertungsgesellschaften* bestimmt werden, würden Abhängigkeit von deren Verhalten und mithin eben von diesen einzelnen Parteien entstehen.

Was beim S-Netzwerk auf jeden Fall vermieden werden muss, ist eine Fragmentierung der Rechtslage. Schließlich ist Rechtsgleichheit und Rechtssicherheit bezüglich der Nutzung des S-Netzwerks für alle Teilnehmer ein wesentlicher Anspruch, der für das S-Netzwerk erhoben wird. Wenn verschiedene lokale *Verwertungsgesellschaften* bei der Vergütung für Inhalte im S-Netzwerk eine Rolle spielen sollen, so müssen diese auch eine gemeinsame Position beziehen.

Auf der Ebene der Europäischen Union wird versucht, eine Vereinheitlichung der länderübergreifenden Lizenzierung durch *Verwertungsgesellschaften* insbesondere für den Onlinemarkt zu realisieren [COM 2012]. Für das S-Netzwerk wäre eine entsprechende globale Lösung nötig, sofern *Verwertungsgesellschaften* für *immaterielle Güter* im S-Netzwerk zuständig sein sollen. Damit steigt aber die Macht der *Verwertungsgesellschaften*, wenn sie etwa gemeinsam beschließen, die Tarife zu erhöhen.

Es müssten mindestens Regeln gegen die willkürliche Selbstbedienung der *Verwertungsgesellschaften* aufgestellt werden, welche die Höhe der Gebühren für aktive Teilnehmer des S-Netzwerks dauerhaft begrenzen. Möglichkeiten zur Anpassung an sich ändernde Bedingungen wären trotzdem unverzichtbar. Wer die Maßgaben wie bestimmen soll und ob eine akzeptable Lösung gefunden werden kann, wird hier offengelassen.

Verteilungspläne mithilfe des S-Webs

Verwertungsgesellschaften sind nach deutschem Recht dazu verpflichtet, einen Verteilungsplan festzulegen, der Regeln für die Aufteilung der eingenommenen Gelder aufstellt, *„die ein willkürliches Vorgehen bei der Verteilung ausschließen. Der Verteilungsplan soll dem Grundsatz entsprechen, daß kulturell bedeutende Werke und Leistungen zu fördern sind"*, zitiert aus [UrhWG 1965/2007] §7. Aber wie bemisst man die kulturelle Bedeutung?

Der Verteilungsplan der GEMA hat beispielsweise einen Umfang von über hundert Seiten. Er berücksichtigt als Faktoren Aufführungsziffern, Programmminuten sowie die sich aus den verschiedenen Sparten (Musikverwertungsgebieten), dem Umfang und den zur Aufführung nötigen Musikern ergebenden Verrechnungsschlüssel. Hinzu kommen Wertungsverfahren und Schätzungsverfahren (siehe [Heker 2011], S. 291-393).

Einen Verteilungsplan vorzulegen, der von allen Beteiligten als nachvollziehbar und gerecht begrüßt wird, ist sicher schwierig. Es erstaunt nicht, dass es

2.2 Ökonomische Aspekte der Informationen im S-Netzwerk

darüber zu rechtlichen Auseinandersetzungen zwischen den *Verwertungsgesellschaften*, Künstlern und Verlagen kommt [Bielicki 2013]. Die GEMA wird nicht nur für ihren Verteilungsplan, sondern auch für die hohen Hürden bis zur vollständigen, stimmberechtigten Mitgliedschaft kritisiert, welche dazu führen, dass neue und bisher weniger erfolgreiche Künstler keinen Einfluss auf den Verteilungsplan nehmen können und benachteiligt werden [König 2012].

Beim S-Netzwerk besteht die Verteilungsproblematik in sehr ausgeprägter Weise: Hier kann jeder Teilnehmer Inhalte beisteuern und publizieren – und jeder, der das tut, könnte eine *angemessene Belohnung* dafür einfordern. Es würde notwendigerweise so sein, dass viele mehr einzahlen müssten, als sie zurückbekommen würden, während andere tatsächlich an ihren Publikationen verdienen könnten. Eine Einflussnahme auf bei der Festlegung des Verteilungsplans zu den eigenen Gunsten erscheint verlockend. Entsprechend schwierig wird es sein, hier Fairness zu garantieren.

Andererseits bietet das S-Netzwerk mit dem S-Web sehr gute Voraussetzungen, um verlässlich Feedback für die Beurteilung des Wertes von Informationen einzuholen. Anonyme quantifizierbare Bewertungen im S-Web, wie sie in Kapitel 1.6.3 und detailliert in [Viehmann 2018 f] vorgestellt werden, können ein guter Indikator für die anteilsmäßige Bemessung der Vergütung in Verteilungsplänen sein. Mit dem S-Netzwerk als einheitlicher Datenplattform könnte der Verwaltungsaufwand zur Erfassung und Auswertung derartiger Daten sehr niedrig gehalten werden. Es könnten dadurch Kostenvorteile gegenüber bestehenden teils manuellen Erfassungsverfahren entstehen.

Fazit zu Verwertungsgesellschaften im Zusammenspiel mit dem S-Netzwerk

Grundsätzlich kann versucht werden, die Vergütung für die Bereitstellung *immaterieller Güter* im S-Netzwerk mithilfe von *Verwertungsgesellschaften* zu realisieren. Während das S-Web als Datengrundlage für Verteilungspläne von *Verwertungsgesellschaften* gute Voraussetzungen bietet, wäre es mit dem S-Netzwerk nicht zu vereinbaren, wenn *Verwertungsgesellschaften* willkürlich Nutzungsgebühren von den aktiven Teilnehmern am S-Netzwerk einfordern könnten.

Andernfalls lägen die wirtschaftliche Attraktivität und mithin der Fortbestand des S-Netzwerks in den Händen der *Verwertungsgesellschaften*. Eine flexible Lösung zu finden, welche den diesbezüglichen Handlungsspielraum der *Verwertungsgesellschaften* dauerhaft auf ein tragbares Maß begrenzt, wäre zumindest schwierig.

Alternativ blieben streitbare staatlich verordnete Querfinanzierungen – darauf sollte sich das S-Netzwerk nicht stützen.

2.2.4 Crowdfunding

Crowdfunding kann dazu eingesetzt werden, die Einnahmen für die Erzeugung und die Bereitstellung eines Produktes vor der Fertigstellung zu erzielen. Ein so vorfinanziertes immaterielles Gut kann anschließend gratis zur freien Nutzung zur Verfügung gestellt werden, da alle Aufwendungen bereits vergolten wurden. Das S-Netzwerk selbst kann ein hilfreiches Medium für Crowdfunding Prozesse sein.

Crowdfunding (im Deutschen wird auch der Begriff *Schwarmfinanzierung* verwendet) bezeichnet allgemein eine Finanzierung durch eine breite Masse von Investoren. Es gibt verschieden Arten von *Crowdfunding* (vgl. dazu [Kaltenbeck 2011]): So können etwa Kredite durch eine Vielzahl von Geldgebern erteilt werden (*Crowdlending*). Bestimmte Aktiengesellschaften, die sogenannte Volksaktien herausgeben, sind ein weiteres Beispiel (*Crowdinvesting*). In beiden Fällen erwartet die Menge der Investoren als Gegenleistung eine monetäre Überkompensation, also einen finanziellen Gewinn. Da eine große Anzahl an Geldgebern gemeinsam das Kapital aufbringt, sind mit den vergleichsweise kleinen Beiträgen der Einzelnen auch die persönlichen Risiken gering. Die Masse übernimmt dabei die traditionelle Rolle einzelner Großinvestoren oder Banken. Diese *Crowdfunding* Konzepte sind nicht geeignet, um für offene Informationen Geld einzunehmen.

Für die Finanzierung von Inhalten, welche im S-Netzwerk bereitgestellt werden sollen, sind hingegen jene *Crowdfunding* Konzepte interessant, bei denen keine monetäre oder zu Geld machbare Gegenleistung erwartet wird: Beim *Crowdsupporting* erhalten die Geldgeber unmittelbare, aber nicht geldwertige Gegenleistungen, welche z. B. die Schaffung und die Bereitstellung von *immateriellen Gütern* beinhalten können. Durch die unmittelbaren Gegenleistungen unterscheidet sich *Crowdsupporting* von Spenden (*Crowddonating*).

Weiters wird unterschieden zwischen *Crowdfunding* vor der Fertigung eines Gutes (*ex ante Crowdfunding*) sowie *Crowdfunding* nach Abschluss aller Arbeiten (*ex post facto Crowdfunding*) [Kappel 2009]. *Ex post facto Crowdfunding* ist nur dann eine Option, wenn das nötige Kapital für die Entwicklung und Produktion vorab anderweitig aufgetrieben werden kann. Es ist ein Bezahlverfahren für die Bereitstellung von fertigen Produkten. *Ex ante Crowdfunding* hingegen ist ein Investitionskonzept für anstehende Entwicklungs- und Produktionsprozesse. Werden immaterielle Güter mit *ex ante Crowdfunding* komplett vorfinanziert, können diese als Gegenleistung ohne Beschränkungen der Verwendung, der Vervielfältigung und der Weitergabe der Allgemeinheit bereitgestellt werden.

An einem *ex ante Crowdfunding*-Prozess aktiv beteiligt sind im Wesentlichen zwei verschiedene Parteien: der Hersteller und die Masse der potenziellen Investoren. Der Prozess besteht aus drei Phasen: Zuerst wird die Idee in einem

2.2 Ökonomische Aspekte der Informationen im S-Netzwerk

Projektplan erfasst, der beschreibt, was das Ergebnis sein soll, wie es bis wann erreicht werden soll und wie hoch der Finanzbedarf sein wird. Außerdem sind darin die Risiken, welche den Projekterfolg gefährden könnten, zu kommunizieren. Dieser Projektplan wird veröffentlicht.

In der zweiten Phase hat die Masse der potenziellen Geldgeber die Gelegenheit, das Projekt zu begutachten und bei Interesse sowie Vertrauen in das Projekt zu investieren.

In der dritten Phase wird zunächst ausgewertet, ob in der im Projektplan festgelegten Zeit die notwendige Summe zusammengekommen ist, mit der das Projekt laut Plan zu realisieren ist. Wenn dies der Fall ist, startet die Entwicklungs- und Produktionsarbeit und die Investoren erhalten ihre vereinbarte Gegenleistung. Falls hingegen nicht genügend Geld zusammengekommen ist, müssen die gesammelten Gelder den Investoren zurückerstattet werden oder einer abweichend vereinbarten Alternativnutzung zugeführt werden.

Crowdfunding in der Praxis am Beispiel von Filmen

Es gibt eine Reihe von Filmen, die mithilfe von *Crowdfunding* realisiert wurden – oft allerdings nicht, um den Film gratis zur Verfügung zu stellen. Ein bekanntes Beispiel dafür ist *Iron Sky* vom Regisseur Timo Vuorensola [Jones 2012], bei dem eine Million Euro mittels *ex ante Crowdfunding* (*Crowdsupporting* und *Crowdinvesting*) aufgebracht wurden.

Crowdfunding – prädestiniert zur Grenzüberschreitung

Für bestimmte Inhalte ist es schwierig, traditionelle Investoren zu finden. Die Weltraum-Nazi-Groteske *Iron Sky* ist aufgrund der vielen Spezialeffekte ein aufwendiger Film. Diese Effekte hochwertig umzusetzen, obwohl der Film inhaltlich gewollt trashig und absurd gehalten wird, ist ein spezieller Anspruch – und die Umsetzung braucht erhebliche Mittel. Ein komischer Film über fiktive Nazis von der dunklen Seite des Mondes, der zugleich respektlose Satire über reale aktuelle irdische Zustände sein will, wandelt angesichts der historischen Verbrechen der Nazis auf einem schmalen Grad. Er könnte als den Nationalsozialismus verharmlosend, als dessen Opfer verhöhnend angesehen und deshalb gemieden werden.

Einzelnen Kritikern werden die Nazis in *Iron Sky* tatsächlich nicht eindeutig genug als ausschließlich böse und / oder lächerlich dargestellt:

„Weil aber der Film die Mondnazis als existenzielle Bedrohung später noch für eine Weltraumschlacht braucht, dürfen sie sich eben nicht ihrer offensichtlichen Lächerlichkeit Preis geben oder nach Strich und Faden vermöbelt werden." … *„die Siedlung auf dem Mond ist zwar etwas antiquiert, funktioniert aber einwandfrei und die Reichsflugscheiben fliegen innerhalb von Augenblicken vom Mond zur Erde. So wirkt der Film bisweilen wie der Traum eines jeden startrekbegeisterten Neonazis und*

strickt, sicher ungewollt, an kryptofaschistischen Legenden.", zitiert aus [Erk 2012].

Abbildung 52: Iron Sky Theatrical Poster
frei verwendbares Bild von http://www.ironsky.net

Andere sehen gerade darin eine wertvolle Selbsterkenntnis – der Faschismus kann trotz aller Verwerflichkeit auch verführerisch sein: *„Man erwischt sich dabei, dass man den Mondnazis den Sieg in der Weltraumschlacht zuweilen gönnen würde."*, zitiert aus [Hesselmann 2012].

Allerdings hat nicht jeder die Fähigkeit zu derartiger Reflexion. Und nicht jeder versteht die Ironie einer Satire. Beides kann gefährlich sein. *„Tatsächlich finden sich im Internet auch Seiten, auf denen Rechtsradikale versuchen, 'Iron Sky' für ihre trüben Zwecke einzuspannen.*

Was wohl vor allem beweist, dass die stumpfen Rechten die Mission dieses Films nicht verstanden haben", zitiert aus [Höbel 2012].

Ohne die *Crowd* hätte dieser umstrittene Film in Europa wohl nicht realisiert werden können – und auch in Hollywood bei den großen Studios hätte die Filmidee vermutlich keine Chance gehabt: *„Es erscheint undenkbar, dass ein Film wie dieser in Amerika zustande gekommen wäre – zu respektlos und unverfroren geht Vuorensola seine Story an"*, zitiert aus [Ostwald 2012].

Insbesondere zur Produktion von streitbaren Werken und zum Brechen mit bestehenden Tabus scheint *Crowdfunding* neue Möglichkeiten zu bieten. Ein weiteres Beispiel dafür ist der Kurzfilm *Hotel Desire*, bei dem eine explizite Darstellung sexueller Handlungen auf künstlerisch anspruchsvolle Art realisiert werden sollte [Linde 2011].

2.2 Ökonomische Aspekte der Informationen im S-Netzwerk

Das Gesamtbudget von *Iron Sky* betrug siebeneinhalb Millionen Euro – der Rest wurde herkömmlich (u. a. mittels staatlicher Filmförderung) finanziert. Nicht nur an der Finanzierung war die *Crowd* beteiligt – erhebliche Beiträge zum Film wurden zusätzlich von und mit zahlreichen freiwilligen Helfern gestaltet (*Crowdsourcing*) [Herrmann 2012]. *Iron Sky* wurde und wird nach der Fertigstellung konventionell vermarktet. Der Film wurde zuerst auf einem Festival (62. Berlinale 2012) präsentiert, dann im gewöhnlichen Kinoprogramm gezeigt sowie später auf Blue-ray Disc und DVD vertrieben.

Ein Beispiel für einen teilweise mit *Crowdfunding* finanzierten, nun aber auch frei verfügbaren Film ist der Zeichentrickfilm *Sita Sings the Blues* von Nina Paley. Bei diesem Film entstand wegen eines unerwarteten Copyright-Problems bezüglich der Filmmusik ein erheblicher Finanzbedarf zur Lizenzierung der Musik, wofür die Künstlerin zunächst selbst mit einer Anleihe aufkam. Aufgrund der ausgehandelten Lizenzbedingungen, die bei herkömmlicher Vermarktung des Films weitere Gebühren zugunsten der Rechteinhaber beinhalten, wurde eine freie Bereitstellung des Films als primäre Vertriebsart gewählt, wobei die Refinanzierung teilweise mit Konzepten des *Crowdfundings* erfolgte [Paley 2008].

Problematische Aspekte beim ex ante Crowdfunding für immaterielle Güter

Der Ansatz mit *ex ante Crowdsupporting* zur kompletten Vorfinanzierung, bei dem die zu erschaffenden Informationen als Gegenleistung zur freien Verwendung offengelegt werden, hat den Nachteil, dass früh festgelegt werden muss, für welche Summe die Informationen erzeugt und bereitgestellt werden. Wird der Wert zu hoch angesetzt, kommt der geforderte Betrag nicht zustande. Wird der Wert zu niedrig angesetzt, so entgehen dem Schöpfer mögliche Einnahmen. Schlimmstenfalls stellt sich während der Umsetzung heraus, dass das Projekt mit den geplanten Mitteln nicht zu einem erfolgreichen Abschluss geführt werden kann und dass es daher scheitert. Folgen können Schadensersatzansprüche der Geldgeber sein und es wird kaum gelingen, ein weiteres Projekt mit *ex ante Crowdfunding* zu starten.

Ex ante Crowdfunding bietet keine Erfolgsbeteiligung. Die Einnahmen sind unabhängig davon, wie stark die immateriellen Güter letztlich gefragt und genutzt werden. Erst für Folgeprojekte ist ein Einfluss zu erwarten: War das vorherige Werk überzeugend, so besteht fortan eventuell eine höhere Investitionsbereitschaft und es lassen sich künftig höhere Gewinnmargen erzielen. Jene, welche nur ein großartiges Erstlingswerk vorlegen, erzielen mit *ex ante Crowdfunding* eventuell keinen dem einmaligen Erfolg entsprechenden Profit. Zusätzlich zum *ex ante Crowdfunding* kann versucht werden, nach der Offenlegung freiwillige Spenden einzusammeln, sodass zumindest eine freiwillige Erfolgsbeteiligung erreicht wird. Sofern die Platzierung von Werbung im Werk die Investitionsbereitschaft der *Crowd* nicht schmälern sollte, ist auch die Kom-

bination mit Product Placement denkbar, wobei die Vergütungshöhe für die Platzierung von Werbung vom Erfolg abhängen könnte.
Für die, welche mit ihren *ex ante* Investitionen erst dazu beitragen, dass das Projekt überhaupt begonnen und durchgeführt wird, können Ungerechtigkeiten entstehen, selbst wenn sie nach erfolgreichem Abschluss Zugriff auf die angekündigten Informationen erhalten. Diesen Zugriff erhalten eben auch alle jene, welche kein Geld in die Entwicklung investiert haben. Mehr noch, nur für die freiwilligen Investoren besteht das Risiko, dass beim Scheitern des Projekts ihre Investition einfach verloren gehen kann. Es handelt sich um ein Freiwilligen-Dilemma (vgl. Opferbereitschaft, Freiwilligkeit und das Volunteer's Dilemma, S. 258): Wenn niemand die Last auf sich nimmt, zu investieren, werden die Informationen gar nicht generiert. Aber wenn sich genug andere Freiwillige finden, lassen sich die Kosten ohne Nachteil sparen. Sollten stets nur die gleichen Personen investieren und andere sich immer davor drücken, könnte in Konsequenz mit der Zeit insgesamt die Bereitschaft zu investieren verebben. Um dem entgegenzuwirken, können Investoren exklusive Extraleistungen geboten werden. Solche zusätzlichen Leistungen können Merchandising Artikel oder etwa im Fall eines Films namentliche Nennungen in dessen Abspann sein.

Crowdfunding im Zusammenspiel mit dem S-Netzwerk

Ex ante Crowdfunding lässt sich für immaterielle Güter, die irgendwann ins S-Netzwerk gestellt werden sollen, uneingeschränkt nutzen. Für die notwendige Öffentlichkeitsarbeit, um Investoren zur Vorfinanzierung gewinnen zu können, um Vertrauen in den Projektplan zu schaffen, bietet sich das S-Netzwerk als Medium an. Im S-Web können Verträge mit den Investoren der *Crowd* auch gleich fair abgeschlossen werden.
Mit dem veröffentlichten Projektplan erhalten Kokurrenten die Möglichkeit, die Ideen aufzugreifen. Das dürfen sie nach geltendem Urheberrecht in gewissen Grenzen auch, solange sie eine Eigenleistung erbringen und eine eigene Form finden, denn anders als im Patentrecht werden im Urheberrecht nur bestimmte Ausgestaltungen und nicht Ideen sowie Konzepte an sich geschützt. Es könnte auch passieren, dass Konkurrenten früher fertig werden und dann umgekehrt Plagiatsvorwürfe erheben. Um derart falsche Anschuldigungen zu entkräften, können im S-Netzwerk früh Details zum Projekt sicher hinterlegt werden.
Das S-Netzwerk kann auch als Plattform für eine kreative Zusammenarbeit im Sinne des *Crowdsourcing* mit Rechtssicherheit eingesetzt werden (siehe [Viehmann 2018 i]).

2.2.5 Konflikte im Zusammenspiel mit der Geldwirtschaft

Neuerungen wecken schnell politische Begehrlichkeiten. Teile der Informationsindustrie sehen sich durch die Digitalisierung existenziell bedroht in ihrem Geschäft, für beliebig reproduzierbare immaterielle Güter Geld einzunehmen. Sie fordern stärkeren Schutz, während ihre Gegner für mehr Freiheit kämpfen. Mit dem S-Netzwerk könnte sich die Lage weiter zuspitzen. Eventuell gibt es keine für alle zufriedenstellende Lösung, weil ein passendes Wirtschaftssystem für das Informationszeitalter fehlt. Angesichts anhaltender Finanzkrisen und sich abzeichnender neuer Herausforderungen für die Zukunft durch ökologische Veränderungen sowie durch eine weiter zunehmende Automatisierung liegt es nah, die Geldwirtschaft an sich als eine mögliche gemeinsame Ursache dieser Probleme in Betracht zu ziehen.

Die vorgestellten Konzepte zur Vermarktung *immaterieller Güter* sollen hier verglichen und speziell bezüglich ihrer Eignung im Zusammenspiel mit dem S-Netzwerk evaluiert werden.

Der Ansatz mit restriktiven Schutzrechten und Lizenzrechten ist mit dem S-Netzwerk und dessen Regeln zur Verhinderung von Manipulationen praktisch inkompatibel: Gäbe es ein umfassendes Verbot des Kopierens und Weiterverbreitens von Informationen im S-Netzwerk, müsste für jede zur Anzeige gebrachte Publikation oder Hinterlegung ein parteiübergreifendes Sperrverfahren zur Untersuchung der Rechtmäßigkeit eingeleitet werden. Der daraus zu erwartende Aufwand wäre kaum zu bewältigen und zu finanzieren.

Solange es kein technisch lückenlos sicheres restriktives *DRM* gibt, können Kopierschutz und Nutzungskontrolle nur mit dem Verbot der Umgehung der technischen Schutzmaßnahmen gewährleistet werden. Da sich die Einhaltung derartiger Verbote nicht erzwingen lässt, werden zusätzlich auch die Reproduktion und die Weitergabe verbietende Schutzrechte oder Lizenzrechte benötigt. Dieser kombinierte Ansatz ist daher auch von der Problematik teurer Sperrverfahren betroffen und ist somit für das S-Netzwerk ungeeignet.

Damit das S-Netzwerk mit vernünftigem Aufwand betrieben werden kann, muss als notwendige Voraussetzung die Weiterverbreitung von inhaltlich gemäß der S-Verfassung zulässigen Informationen durch Dritte gestattet werden. Eine solche Offenheit muss nicht zulasten der kreativen Schöpfungsleistungen gehen und bei freier Vervielfältigung lässt sich auch Geld verdienen. Schließlich werden *DRM* und *copy restrictions* vielfach auch als Bedrohung und Hemmschwellen für die Kultur und Wissenschaft angesehen [Healy 2002].

Um trotzdem eine *angemessene Vergütung* für die Rechteinhaber sicherzustellen, kann versucht werden, eine mehr oder weniger pauschale Lösung im Zusammenspiel mit *Verwertungsgesellschaften* zu schaffen. Ein Finanzierungs- und Vergabeverfahren für das gesamte S-Netzwerk zu finden, das auf breite Akzeptanz stößt und gleichzeitig keinen übermäßigen Verwaltungsaufwand kreiert, ist jedoch eine nicht zu unterschätzende Herausforderung. Vor allem aber muss für das Zusammenspiel mit dem S-Netzwerk sichergestellt werden, dass *Verwertungsgesellschaften* nicht nach eigenem Ermessen willkürlich die Bedingungen ändern können. Wenn sie etwa die Höhe von Nutzungsgebühren für die aktive Teilnahme am S-Netzwerk beliebig erheben dürften, könnte dies dazu führen, dass einzelne *Verwertungsgesellschaften* den Fortbestand des gesamten S-Netzwerks gefährden könnten.

Neben den *Verwertungsgesellschaften* sind auch die Ansätze Werbung, Merchandising, Spenden und *(ex ante) Crowdfunding* geeignet, um für Informationen im S-Netzwerk Geld einzunehmen. Allerdings ist keine generell optimale Lösung auszumachen. Die besten Ergebnisse sind bei der Nutzung von verschiedenen Ansätzen oder von Kombinationen derselben je nach Inhalt und Zielsetzung zu erwarten. Tabelle 25 gibt eine Übersicht über die Vor- und Nachteile der Konzepte im Zusammenspiel mit dem S-Netzwerk.

Tabelle 25: *Vergleich von Möglichkeiten, mit Informationen Geld zu erwirtschaften.*

	Schutzrechte, Lizenzrechte	DRM	Werbung, Merchandising	Spenden	Verwertungs-gesellschaften	Ex ante Crowd-funding
Im freien Markt möglich	✗	✗ *evtl. in Zukunft*	✔	✔	✗	✔
Offenheit der Inhalte	✗	✗	✔	✔	✔ / ✗ *je nach Regeln*	✔
Technisch unumgehbar	✗	✗ *evtl. in Zukunft*	✗	✗	✗	✔
Ganz vorfinanzierend	✗	✗	✔ / ✗ *je nach Vertrag*	✗	✗	✔
Erfolgsbeteiligung	✔	✔	✔ / ✗ *je nach Vertrag*	✔	✔	✗
Unabhängig von anderen Märkten	✔	✔	✗	✔	✔ / ✗ *je nach Einnahmequellen*	✔
Externe Weitergabe schadet niemandem	✗	✗	✗ Werbung ✔ Merchandising	✔ / ✗ *je nach Art des Spendenaufrufs*	✔ / ✗ *je nach Einnahmequellen*	✔
Nutzererlebnis wird nicht beeinträchtigt	✔	✗	✗ Werbung ✔ Merchandising	✔ / ✗ *je nach Art des Spendenaufrufs*	✔	✔

2.2 Ökonomische Aspekte der Informationen im S-Netzwerk

	Schutzrechte, Lizenzrechte	DRM	Werbung, Merchandising	Spenden	Verwertungs-gesellschaften	Ex ante Crowd-funding
Für bereits Publiziertes geeignet	✔	✗	✗ Werbung ✔ Merchandising	✔	✔	✗
Naheliegende Kombinations-möglichkeiten	DRM, Werbung, Merchandising, Verwertungs-gesellschaften	Schutz-/Lizenzrechte (derzeit obligat), Werbung, Merchandising	Schutz-/Lizenzrechte, DRM, Verwertungs-gesellschaften, Crowdfunding	Merchandising, Crowdfunding	Schutzrechte, Werbung, Merchandising	Spenden, Merchandising
Durchsetzbarkeit	⊕	−(evtl. in Zukunft ⊕⊕⊕)	⊕⊕	⊕	⊕⊕	⊕⊕⊕
Einfach zu realisieren	⊕	−(evtl. in Zukunft ⊕⊕)	⊕⊕	⊕⊕⊕	⊕	⊕
Passend für Kommerzielles	⊕⊕	−(evtl. in Zukunft ⊕⊕⊕)	⊕⊕⊕	−	⊕⊕	⊕⊕
Passend für Gemeinnütziges	−	−	Werbung: − Merchandising: ⊕⊕	⊕⊕⊕	⊕	⊕⊕⊕
Eignung für das S-Netzwerk	Ungeeignet wegen Korrekturproblematik bei Verstößen	Derzeit ungeeignet wegen technischer Umgehbarkeit und Korrekturproblematik bei Verstößen	Nur für bestimmte Inhalte geeignet, nur dezentes Sponsoring, Product Placement und Merchandising	Nur für gemeinnützige Inhalte gut geeignet	Nur bedingt geeignet wegen problematischer Finanzierung, Verteilung und Beitragshöhe	Nur für neue Inhalte gut geeignet

Keines der vorgestellten Konzepte und auch keine Kombination aus mehreren dieser Konzepte scheint überzeugend genug sein, dass eine allgemeine Bereitschaft zum Verzicht auf bestehendes restriktives Immaterialgüterrecht zugunsten einer offenen Informationskultur im S-Netzwerk zu erwarten wäre. Das Problem ist damit noch ungelöst und starker Widerstand der Betroffenen ist zu erwarten.

Die mögliche Wirkung des S-Netzwerks auf die Informationsindustrie

Im S-Netzwerk kann jeder Teilnehmer reliabel publizieren. Die verlässliche bidirektionale Verlinkung des S-Webs ist geeignet, um Inhalte durch alle Leseberechtigten beurteilen, gegebenenfalls weiterempfehlen und organisieren zu lassen, sodass die qualitativ hochwertigen relevanten Informationen auch gefunden werden können. Wenn sich das S-Netzwerk etablieren sollte, schwände dadurch der Bedarf an anderweitiger Publikationsinfrastruktur. Die professionelle Schöpfung, Bewerbung und Verbreitung von *immateriellen Gütern* käme fortan ohne mächtige Konzerne und industrielle Strukturen aus. Damit würden die herkömmlichen Bereitsteller von entsprechenden Leistungen wie Verlage oder Musikstudios, aber auch die kommerziellen Betreiber von Informationsplattformen und Suchdiensten in ihren Kerngeschäften herausgefordert. Unternehmen der Kultur- und Unterhaltungsindustrie drohen nicht nur erhebliche Einbußen, sondern deren gesamte Tätigkeits- und Geschäftsfelder könnten dauerhaft ausgehöhlt und zerstört werden.

Die Informationsindustrie entstand durch die technische Erfindung des Buchdrucks. Um Werke auflagenstark publizieren und verfügbar machen zu können, brauchte es eine Verlags- und Druckindustrie, den Buchhandel sowie Bibliotheken. Das digitale Informationszeitalter macht solche Strukturen wieder verzichtbar. Ihr Untergang muss keine Verschlechterung des Informationsangebots mehr bedeuten. Im Gegenteil, er könnte befreiend sein, denn einige Kreative fühlen sich durch große Konzerne ausgebeutet und gegängelt:

"Today I want to talk about piracy and music. What is piracy? Piracy is the act of stealing an artist's work without any intention of paying for it. I'm not talking about Napster-type software.
I'm talking about major label recording contracts." ...
"We don't have to work with major labels anymore, because the digital economy is creating new ways to distribute and market music. And the free ones amongst us aren't going to.", zitiert aus [Love 2000].

Der technische Fortschritt, der diese Informationsindustrie erst hat entstehen lassen, macht sie nun eventuell vollständig obsolet. Eine solche Veränderung ist eine erwartbare Weiterentwicklung. Dennoch wird versucht, sie regulatorisch zu bekämpfen – wie aktuell mit den *Leistungsschutzrechten* [Krempl 2018]. Der Wandel wird sich so nicht aufhalten lassen.

Dadurch erlischt jedoch nicht die soziale Verantwortung derer, welche einen entsprechenden Fortschritt vorantreiben, gegenüber den Individuen, die infolge dieser Weiterentwicklungen ihrer Arbeit verlustig werden könnten. Teile der bisherigen Informations- und Unterhaltungsindustrie, z. B. Angestellte von Verlagen und auch frei schaffende Künstler, sehen sich bereits bedroht durch das Aufkommen von sogenannten Online-Tauschbörsen, One-Click-Hostern, Streaming-Portalen, sozialen Netzwerken und die von diesen sowie anderen Entwicklungen ausgelösten Veränderungen. Durch die Wirkung dieser Innovationen auf die Musikindustrie sind eventuell bereits viele Arbeitsplätze verloren gegangen [Siwek 2007] [Wray 2008]. Das S-Netzwerk könnte eine beschleunigende und verschärfende Wirkung auf sich bereits vollziehende Änderungsprozesse zeigen.

Eine direkte Kompensation für die möglicherweise durch das S-Netzwerk verloren gehenden Arbeitsplätze wird es durch das S-Netzwerk selbst nur be-

2.2 Ökonomische Aspekte der Informationen im S-Netzwerk 297

grenzt geben können: Einige Betroffene könnten vermutlich als Dienstleister für das S-Netzwerk eine neue Beschäftigung finden, beispielsweise als S-Betreiber von S-Knoten – aber wohl nicht alle. Durch den Einsatz des S-Netzwerks auch in anderen Branchen entstehen eventuell erhebliche Rationalisierungspotenziale bezüglich der erforderlichen menschlichen Arbeitskräfte.

Neben den Schwierigkeiten, für die Bereitstellung von Informationen eine angemessene Vergütung zu erzielen, lässt sich mit den möglicherweise negativen Folgen für die Beschäftigungszahlen und daraus potenziell folgender Arbeitslosigkeit ein zweiter wirtschaftlicher Aspekt der Einführung des S-Netzwerks ausmachen, der problematisch sein könnte.

Die Stunde der Piraten?

Bei offenkundigen sowie breite gesellschaftliche Schichten betreffenden Problemen und Konflikten liegt es nahe, dass versucht wird, politische Lösung dafür zu finden. Wenn sich in einer repräsentativen Demokratie die etablierten Parteien derartiger Anliegen nicht annehmen, können daraus neue Parteien entstehen. Die von anderen vernachlässigte Problematik wird dabei zum *Gründungskonflikt* [Zolleis 2010].

So entstand 1979 in Deutschland mit dem aufkommenden Bewusstsein für Umweltprobleme und aus dem Wettrüsten im Kalten Krieg heraus die Partei „die Grünen" [Argo 2009], welche sich inzwischen als regierungsfähige Partei mit einem vollständigen Programm etabliert hat.

Digitale Informations- und Kommunikationstechnik hat viele Lebensbereiche durchdrungen. Diese Entwicklung und ihre Folgen werden als *digitale Revolution* bezeichnet. Es entstanden einige Probleme, z. B. im Immaterialgüterrecht oder beim Schutz der Privatsphäre. Als Reaktion haben sich ausgehend von Schweden in vielen Ländern Parteien gebildet, die sich als *Piraten* bezeichnen [Uszkai 2012] [Zolleis 2010].

In Deutschland wurde 2006 die *Piratenpartei* gegründet. Das Parteiprogramm der *Piratenpartei* [Nerz 2012] deckt längst auch Themen wie Drogen oder sexueller Identität ab, welche nicht direkt mit Informationstechnik zu tun haben.

Allerdings werden meist nur vage Ideen beschriebenen. Eine konkretere Forderung der *Piratenpartei* ist die nach der Legalisierung und Förderung der freien Nutzung, Reproduktion sowie Verbreitung von künstlerischen Werken und Informationen. Wie die ebenfalls geforderte Abminderung von *„negativen Nebenwirkungen"* funktionieren soll, was eine *„faire Rückführung in den öffentlichen Raum"* zum *„Ausgleich zwischen Ansprüchen der Urheber und der Öffentlichkeit"* (Zitate aus [Nerz 2012], S. 10) bedeuten soll und wie diese funktionieren soll, bleibt offen.

> **Automation und bedingungsloses Grundeinkommen**
>
> Als weiterer Programmpunkt findet sich bei den *Piraten* die Forderung nach einem bedingungslosen Grundeinkommen. Befürworter sehen darin u. a. eine Möglichkeit, mit der Reduktion des notwendigen manuellen Arbeitsvolumens durch die zunehmende Automatisierung umzugehen [Franzmann 2010]. Es erscheint durchaus möglich, dass künftig ein technischer Level erreicht werden könnte, bei dem kein Mensch mehr manuell arbeiten muss. Es mögen zwar durch den technischen Fortschritt stets neue Arten von Arbeiten anfallen – einen Bedarf für die Beschäftigung von Menschen bringt dies aber nur dann hervor, wenn die neuen Tätigkeiten nicht ebenfalls sofort von Maschinen übernommen werden können. Es lässt sich gewiss darüber streiten, ob – und wenn ja wann – dieses Niveau erreicht wird. Für den sozialen Frieden in einer *weitgehend freien Geldwirtschaft* könnte es in der Tat schon ein Problem sein, wenn auch nur ein bedeutender Teil der Menschen trotz wirtschaftlicher Blüte und hohem Wohlstand dauerhaft kein Arbeitseinkommen erwirtschaften könnte, weil Maschinen praktisch jede Form von Arbeit übernehmen.
>
> *„Diese Arbeitslosigkeit ist eine völlig neuartige, nämlich eine die man sich leisten kann. Arbeitslosigkeit ist in diesem Falle also ein Stadium des Aufstiegs."*, zitiert aus [Anders 1980/1987], S. 101.
>
> Angesichts der Fortschritte der Informationstechnik lässt sich zumindest feststellen, dass die Automatisierung wohl erst am Anfang steht. Wenn das S-Netzwerk und das S-Web realisiert werden, ergeben sich neue Rationalisierungsmöglichkeiten. Keine Partei hat bisher ein überzeugendes Programm vorgelegt, das mit einer möglichen künftigen Verschärfung der Arbeitslosigkeit durch weitere Automatisierung überzeugend und sozial ausgewogen kompatibel wäre. Dabei bildet die *Piratenpartei* keine Ausnahme: Die Forderung nach einer Existenzsicherung in Form von einem bedingungslosen Einkommen für alle Menschen wird im Programm der *Piratenpartei* als bloße Forderung leer in den Raum gestellt (siehe [Nerz 2012], S. 31-32) – ohne Finanzierungskonzepte zu benennen oder vorzulegen, deren Realisierbarkeit sich auch nur diskutieren ließe.

Der *Piratenpartei* gelangen einige Wahlerfolge. So konnte sie in Berlin bei den Landtagswahlen 2011 die Fünfprozenthürde nehmen [Paetau 2011], ebenso bei den Landtagswahlen 2012 im Saarland [Reinbold 2012]. Die *Piratenpartei* profitierte davon, dass die etablierten Parteien die durch die Informationstechnik bedingten Änderungen und Probleme zu wenig beachtet haben. In Ermangelung realistischer Konzepte etwa zur Bewältigung der Herausforderungen um Umgang mit beliebig reproduzierbaren Gütern ist die *Piratenpartei* bisher eine Protestpartei geblieben.

Und es entstand neue Konkurrenz um Protestwähler:

2.2 Ökonomische Aspekte der Informationen im S-Netzwerk

Wirtschaftliche Krisen und Probleme

In jüngster Vergangenheit führten weitere Probleme, für die überzeugende politische Antworten noch ausstehen, zur Formierung von Protestbewegungen und zur Gründung neuer Parteien. Die 2007 ausgebrochene Finanzkrise und ihre Folgen [Cafruny 2013] sind noch nicht überwunden. Die Wirtschaft schrumpfte in einigen Staaten. Die Arbeitslosigkeit stieg und hat etwa in Spanien unter Jugendlichen eine Quote von über 45% erreicht [Brenke 2012]. Neben Unternehmen und Privatpersonen haben auch Staaten mit Überschuldungssituationen zu kämpfen. Obwohl sicher wesentliche Ursachen in der Haushaltspolitik zu finden sind, ist die Staatsschuldenkrise doch durch die Finanzkrise ausgelöst worden [Neubäumer 2011]. Schuldenschnitte wurden erforderlich. Das Vertrauen in Banken wurde z. B. durch Ausfälle für Sparer in Zypern massiv gestört [Kopf 2013].

Als Protest formierte sich die *Occupy Bewegung* [Schneider 2011]. In Deutschland bildete sich in Folge der Krise mit der selbst ernannten *Alternative für Deutschland AfD* eine rechtspopulistische Protestpartei, die zunächst mit Kampagnen gegen den Euro und die Europäische Union auf Anhieb beinahe die Fünfprozenthürde zum Einzug in den Bundestag genommen hätte [Beitzer 2013]. Die *AfD* radikalisierte sich im Zuge der angeblichen Flüchtlingskrise 2015 weiter [Virchow 2018] und wurde bei der Bundestagswahl 2017 drittstärkste Partei mit 12,6% der Stimmen. Die Parallelen zum Aufstieg der NSDAP sind auffallend – ohne die Verunsicherung durch die Finanz- und Wirtschaftskrisen wäre der Aufstieg der Extremisten jeweils gar nicht zustande gekommen [Falter 2017].

Eine hohe wirtschaftliche und industrielle Produktivität verursacht eventuell auch ökologische Probleme, etwa durch die Luftverschmutzung [Holland 2011]. Mit Beginn der jüngsten Finanzkrise erhielt das Wirtschaftswachstum global einen Dämpfer, Ressourcenverbrauch und Umweltverschmutzung entwickelten sich kurzzeitig weniger fatal [Peters 2011]. Es bestehen offensichtlich Konflikte zwischen einem zur Maximierung der wirtschaftlichen Produktion und des Profits anreizenden *weitgehend freien Geldwirtschaft* und ökologischer Nachhaltigkeit [Steurer 2002]. Politisch gesetzte Klimaschutzziele zur Verhinderung von dämmernden Katastrophen können derzeit kaum durchgesetzt werden. In Folge haben sich wiederum lose Protestbewegungen gebildet [Rest 2011].

So unterschiedlich die genannten offenen Probleme mit *immateriellen Gütern*, mit der Arbeitslosigkeit, mit der Finanz- und Wirtschaftskrise sowie mit der nachhaltigen Bewahrung der Umwelt sind, sie haben alle einen unmittelbaren und klaren Zusammenhang mit der Geldwirtschaft. Bisher fehlen jeweils überzeugende politische Lösungen und diffuser Protest wird laut. Es ist keineswegs sicher, dass es zufriedenstellende politische Antworten auf derartige Herausforderungen überhaupt gibt. Wenn sich diese Probleme eventuell gar nicht mit politischen Mitteln bewältigen lassen, so wäre ein Protest gegen vermeintlich unfähige oder unwillige Politiker ungerechtfertigt und wenig hilfreich. Vielleicht besteht aber auch gar kein Bedarf an politischen Lösungen. So wie technischer Fortschritt die Schwierigkeiten erst entstehen ließ und ein Bewusstsein für sie wachsen ließ, so könnten durch weiteren Progress auch technische anstelle von politischen Wegen gefunden werden, um die Probleme zu überwinden.

Gerade Weiterentwicklungen bestehender Formen der Geldwirtschaft oder Alternativen dazu könnten alle genannten Punkte zugleich beeinflussen. Im Folgenden soll analysiert werden, inwieweit das S-Netzwerk dabei eine treibende und tragende Rolle spielen könnte.

2.3 Neuerungen zur Geldwirtschaft mit dem S-Netzwerk

Hier werden mögliche Weiterentwicklungen der Geldwirtschaft und bekannte alternative Wirtschaftssysteme vorgestellt. Einige dieser Ideen könnten vom S-Netzwerk und S-Web profitieren.

In Zeiten von Wirtschafts- und Finanzkrisen sind mögliche Reformen der vorherrschenden Ausprägungen der Geldwirtschaft gefragt und es werden Alternativen dazu gesucht. Auch andere Veränderungen, welche etwa durch den technischen Fortschritt ausgelöst werden, können ohne akute Not die Suche nach Verbesserungen bzw. Neuerungen beflügeln.

Gegenwärtig ist wohl beides zugleich gegeben: Es herrscht einerseits seit Jahren eine Finanz- und Wirtschaftskrise, deren Ausgang noch ungewiss ist. Die *digitale Revolution* hat andererseits zu weitreichenden Veränderungen geführt, sodass es eventuell an der Zeit sein könnte, Wirtschaftssysteme an die neuen Gegebenheiten und Möglichkeiten anzupassen.

2.3.1 Die Entwicklung des Geldes

Geld und Geldwirtschaft sind keine unveränderliche Gegebenheit, sondern das Produkt nicht abgeschlossener technischer und sozialer Entwicklungen. Bei den heute verbreiteten Formen der weitgehend freien Geldwirtschaft handelt sich um komplexe Systeme mit zentralen Vertrauensparteien und den daraus resultierenden Risiken.

Schon seit Jahrtausenden wird Geld täglich als Zahlungsmittel benutzt. Gegenwärtig werden diverse Geldarten gleichzeitig verwendet. Geld spielt bei vielen wirtschaftlichen Abläufen eine entscheidende Rolle. Die Geldwirtschaft in ihren verschiedenen Ausprägungen ist die dominante Wirtschaftsform gegenüber bestehenden Alternativen wie Barter (eine Form des geldlosen Tauschhandels zwischen Unternehmen) [Marvatsi 1998]. Obwohl Geld so alltäglich ist, gibt es

2.3 Neuerungen zur Geldwirtschaft mit dem S-Netzwerk

verbreitet Unsicherheiten und Wissenslücken bezüglich des Geldes und der elementaren Konzepte der Geldwirtschaft [Bucher-Koenen 2011].

In Anlehnung an [Geiger 2001] lässt sich der Geldbegriff wie folgt definieren: *Geld* ist ein abzählbares allgemeines Tausch- und Bezugsmittel, das sich horten lässt. Die darauf basierende *Geldwirtschaft* ist dadurch gekennzeichnet, dass nicht Leistungen und Güter unmittelbar gegeneinander gehandelt werden, sondern indirekt über das Geld. Geld dient als Wertanlage, Bezugsmaß und als Recheneinheit. Geldwirtschaft kann diverse Formen haben, von völlig unkontrolliert freier Marktwirtschaft bis zur Planwirtschaft. Hier werden die heute dominierenden Formen einer in bestimmten Grenzen freien Marktwirtschaft mit gewissen staatlichen Sektoren als *weitgehend freie Geldwirtschaft* zusammengefasst. Die wichtigsten Funktionen des Geldes in der *weitgehend freien Geldwirtschaft* sind:

- Den Vergleich sowie den Bezug von Gütern und Dienstleistungen zu erleichtern
- Anreize zum Angebot von Gütern und zur Erbringung von Arbeitsleistungen zu liefern
- Ein Sparen und Anlegen auch über lange Zeiträume hinweg zu ermöglichen

Was mit dem Geld passiert, ist vielfältig, bisweilen auch undurchsichtig und problematisch: Es wird verdient, besessen, ausgegeben, gestohlen, hergestellt, gefälscht, verliehen, gewaschen, vererbt, gespart, vernichtet ...

Geld wird begehrt, es bedeutet bestechende Macht und Wohlstand, dafür ist praktisch alles zu haben. Wer nicht genug besitzt oder gar Schulden hat, kann verdursten, verhungern oder erfrieren. Für Geld wird hart gearbeitet, aber es ist auch möglich, Geld „für sich arbeiten zu lassen". Es werden Betrug, Raub und Mord um Geldes willen begangen. Sogar Kriege werden aus ökonomischen Gründen geführt und mit Geld erkauft [Münkler 2004].

Die Bedeutung von Geld und Geldmangel

„wir sehen hier, wie klein der Mensch und wie groß Gott ist! Denn das Geld ist der Gott unserer Zeit", zitiert aus [Heine 1841/1988], S. 123.

Wie wichtig Geld sein kann, erschließt sich dort, wo es fehlt. Auf Arme wird anders reagiert als auf wohlhabende Personen – mit Ängsten, Ablehnung und Vorurteilen. Thomas Mann beschreibt dieses Phänomen in seinem Roman *Bekenntnisse des Hochstaplers Felix Krull* wie folgt:

„Ich besaß fast kein Geld". ... „bei Vorübergehenden erkundigte ich mich sittsam nach der Richtung" ... „mehrmals ohne daß die Leute auch nur ihren Schritt gehemmt und meiner Frage ihr Ohr geliehen hätten." ... „ein junges Blut, das keinen Gepäckträger in Arbeit setzt, sondern auf der Straße selbst seine Habe schleppt und keines Fiakers mächtig scheint, ist

> *den Zöglingen unserer Zivilisation keines Blickes und Wortes wert, oder richtiger: eine gewisse Angst warnt sie davor, mit ihm im geringsten zu schaffen zu haben; denn er ist einer beunruhigenden Eigenschaft, nämlich der Armut, verdächtig, damit aber auch gleich wohl noch schlimmerer Dinge, und somit scheint es der Gesellschaft am weisesten, über ein solches Fehlprodukt ihrer Ordnung wie blind hinwegzusehen. »Armut«, heißt es wohl, »ist keine Schande«, aber es heißt nur so. Denn sie ist den Besitzenden höchst unheimlich, ein Makel halb und halb ein unbestimmter Vorwurf, im ganzen also sehr widerwärtig, und zu unangenehmen Weiterungen mag es führen, sich mit ihr einzulassen.*
>
> *Dieses Verhalten der Menschen zur Armut ist mir oft schmerzlich auffällig gewesen und war es auch hier."* zitiert aus [Mann 1954/1981], S. 179-180.

Bei gemeinsamem produktivem Agieren stellt sich die Frage, wie die Ergebnisse verteilt und genutzt werden sollen. Begrenzt Verfügbares lässt sich teilen, verschenken, stehlen, rauben, tauschen oder durch Erpressung erlangen. Bezüglich dieser Methoden haben sich unterschiedliche Akzeptanzen herausgebildet. Im nächsten Umfeld, wo direkte Beziehungen zu den Empfängern bestehen, speziell in der Familie, wird viel geschenkt, gemeinsam genutzt und geteilt, ohne direkt Gegenleistungen zu erwarten. Gegeben wird aus Zuneigung, um Beziehungen zu festigen und zu vertiefen [Komter 1996]. Diebstahl, Raub und Erpressung werden kaum akzeptiert. Gäbe es dafür keine rechtlichen Schranken ([StGB 1871/2012] §242-§255), wäre ein friedliches Zusammenleben undenkbar.

Unter den genannten Möglichkeiten hat der Tausch den Vorteil des Eigennutzens für alle Beteiligten. Ist er frei und einvernehmlich, garantiert er eine gewisse Verhältnismäßigkeit (Reziprozität). Daher eignet er sich zum friedlichen Handeln unter Fremden. Adam Smith hat gezeigt ([Smith 1776/2005], S. 28ff), dass sich beim direkten und fairen Tausch praktische Probleme ergeben: Decken sich Angebot und Bedarf nur in einer Richtung, wird es kompliziert. Damit dennoch ein Tausch zustande kommen könnte, müssten in einer Richtung Güter angenommen werden, an denen kein Interesse besteht – in der Hoffnung, dass diese Produkte weiter getauscht werden können. Sollen sich $n \in \mathbb{N}$ Güter und Dienstleistungen direkt tauschen lassen, sind $n*(n-1)$ verschiedene Relationen nötig, um die Werte in allen möglichen Tauschbeziehungen anzugeben. Bei Einigung auf ein Gut, wonach sich der Wert aller anderen bemessen lässt, werden nur $n-1$ Relationen benötigt. Wird das als Bezugsmaß dienende Gut auch als allgemeines Bezugsmittel verwendet, sodass alle Leistungen und Waren dagegen gehandelt werden, wird das Gut für alle gleichermaßen nützlich. Ein allgemeines Bezugsmittel braucht eine hinreichend verfügbare Gestalt. Naheliegend ist es, ein gegenständliches Gut auszuwählen. Während *Naturalgeld* einfach in der Natur gefunden werden kann, muss *Warengeld* oder *Geräte-*

geld zuerst gewonnen und verarbeitet werden. Hat das Bezugsmittel nur äußere Ähnlichkeit zu einem nützlichen Gut, wird es *Zeichengeld* genannt (siehe [Viehmann 2018 l]).

Die Zentralbank als Vertrauenspartei der Geldwirtschaft

Viele Erze besitzen durch ihren Glanz, ihre Nutzungsmöglichkeiten (Schmuck, Werkzeuge) und ihre begrenzte Verfügbarkeit einen Wert. Sie sind fein teilbar und wieder verschmelzbar. Edelmetalle wie Gold, Silber sowie Legierungen wie Elektron sind langfristig haltbar. Ihre Verwendung als Geldsubstanz ist daher naheliegend ([Göbl 1978], S. 34ff).

Für die Praxis haben Erze und Legierungen auch Schwächen: Zum einen ist eine Abzählbarkeit das Wertes beliebig geformter Metallklumpen nicht gewährleistet. Es ist aufwendig, im Zahlungsverkehr immer abwiegen zu müssen. Einheitlich geformte Barren, das *Barrengeld* ([Göbl 1978], S. 145), schafft auf den ersten Blick Abhilfe. Aber die Qualität und mithin die Wertigkeit könnten bei gleichem Aussehen (etwa durch Hohlräume) und selbst bei gleichem Gewicht (durch andere Materialien) von Barren zu Barren divergieren. Um sicherzugehen, müssen Barren trotzdem gewogen und auf Echtheit sowie Reinheit des Materials geprüft werden. Um dieses Manko zu überwinden, sind vertrauensschaffende Maßnahmen erforderlich. Ein Ansatz dazu nutzt das Konzept der „Vertrauenspartei" (siehe Kapitel 1.2.2). Die Idee dabei ist, dass die „Vertrauenspartei" mittels eines Siegels auf den Metallstücken deren Authentizität garantiert. Durch dieses Versprechen werden aus Barren *Geldmünzen*. Die für das *Münzgeld* erforderliche „Vertrauenspartei" wird im Folgenden *Zentralbank* genannt. Die *Zentralbank* erhält ein Monopol: Niemand darf ohne die Erlaubnis der *Zentralbank* in ihrem Zuständigkeitsgebiet *Geldmünzen* produzieren. Um unautorisierte Münzproduktion zu unterbinden, werden sowohl schwierig zu fälschende technische Merkmale der Münzen selbst genutzt als auch rechtliche Maßnahmen eingesetzt.

Die *Zentralbank* muss dafür sorgen, dass das Geld als wertvoll angesehen und im Handel akzeptiert wird. Eine mögliche vertrauensbildende Maßnahme besteht darin, dass die *Zentralbank* verspricht, dass die Münzen wertvolle Substanzen in bestimmter Qualität und Quantität enthalten. Münzen mit erheblichem Substanzwert werden *Kurantmünzen* genannt. Auch wenn echte *Kurantmünzen* ihrer Geldfunktion verlustig würden, ließe sich ihr Material auf einem freien Markt eventuell ohne großen Wertverlust weiter tauschen.

Münzen jenseits der Geldfunktion

Das aufgeprägte Siegel auf Münzen kann Zeichen sowie Bilder enthalten, die zur Kommunikation, Verbreitung und Bewahrung von Informationen genutzt werden können. So ließen sich z. B. römische Kaiser auf Münzen verewigen

[Trillmich 1978]. Münzen können auch zu kultischen Zwecken erschaffen werden. Eventuell dienten die ersten Münzen primär als Opfergaben – sie waren vielleicht gar nicht als Bezugsmittels gedacht [Laum 1924/2006] [Peacock 2011]. Als Sammler- sowie Ausstellungsstücke können auch Münzen, die nicht als allgemeines Bezugsmittel akzeptiert werden, begehrt und wertvoll sein oder im Laufe der Zeit wieder wertvoll werden [Czycholl 2011]. Schließlich sind alle Münzen noch als Spielzeug, als einfacher Pseudo-Zufallsgenerator verwendbar – und sie lassen sich einschmelzen, zu neuen Objekten formen.

Werden Münzen geprägt, deren Substanzwert klein gegen die Wertigkeit in ihrer Geldfunktion ist, werden diese Münzen als *Scheidemünzen* bezeichnet. Solche unterwertigen Münzen wurden schon in der Antike geprägt ([Anderegg 2007], S. 8). *Scheidemünzen* sind so abstrakt wie das *Zeichengeld* – werden sie als Bezugsmittel nicht mehr akzeptiert, drohen den Besitzern herbe Verluste. Wer Scheidemünzen annimmt, ist darauf angewiesen, den münzprägenden Staat bzw. Staatenbund und das Währungssystem zu bewahren.

Papiergeld ist eine den *Scheidemünzen* ähnliche Geldform, die anstelle von Münzen leichtere Geldscheine aus Papier mit dem Siegel der *Zentralbank* verwendet. Die Geldscheine ähneln auch äußerlich nichts Nützlichem. *Papiergeld* ist insofern noch etwas abstrakter als *Münzgeld* in Form von *Scheidemünzen* und als das *Zeichengeld*. *Papiergeld* und *Münzgeld* werden unter dem Begriff *Bargeld* zusammengefasst.

Zur Schaffung von Vertrauen in die Wertigkeit von Geldformen mit geringen Substanzwerten wurden verschiedene Strategien mit *gedecktem Geld* entwickelt. Dabei garantiert die *Zentralbank* für von ihr herausgegebene Scheine oder Münzen die Einlösung gegen ein Gut (oftmals Gold) in bestimmten Quantitäten und Qualitäten. Als Forderung gegenüber der Zentralbank ist derart *gedecktes* Geld eine Form von *Kreditgeld*.

Bleibt bei der Einlösung der Scheine oder Münzen gegen das Garantiegut durch die *Zentralbank* der Wert erhalten, so ist das Geld *gedeckt*. Wird durch die *Zentralbank* nur für einen gewissen Prozentsatz der Kaufkraft des Geldes eine Einlösung garantiert, dann ist das Geld *teilgedeckt*.

Für *ungedecktes Geld*, sogenanntes *Fiatgeld*, gibt es keine Einlösegarantie durch die *Zentralbank*. Neben der Verteidigung ihres Monopols auf die Geldproduktion garantiert die *Zentralbank* für *Fiatgeld* lediglich, eine *angemessene Geldpolitik* zu betreiben.

Papiergeld als diabolischer Scherz

Darüber, dass Papier als Geld akzeptiert wird, lässt Goethe in Faust II den Kaiser wie folgt staunen:

2.3 Neuerungen zur Geldwirtschaft mit dem S-Netzwerk

> *„KAISER. Ich ahne Frevel, ungeheuren Trug!*
> *Wer fälschte hier des Kaisers Namenszug?*
> *Ist solch Verbrechen ungestraft geblieben?*
> *SCHATZMEISTER. Erinnre dich! hast selbst es unterschrieben;*
> *Erst heute nacht. Du standst als großer Pan,*
> *Der Kanzler sprach mit uns zu dir heran:*
> *»Gewähre dir das hohe Festvergnügen,*
> *Des Volkes Heil, mit wenig Federzügen.«*
> *Du zogst sie rein, dann ward's in dieser Nacht*
> *Durch Tausendkünstler schnell vertausendfacht.*
> *Damit die Wohltat allen gleich gedeihe,*
> *So stempelten wir gleich die ganze Reihe,*
> *Zehn, Dreißig, Fünfzig, Hundert sind parat.*
> *Ihr denkt euch nicht, wie wohl's dem Volke tat.*
> *Seht, eure Stadt, sonst halb im Tod verschimmelt,*
> *Wie alles lebt und lustgenießend wimmelt!*
> *Obschon dein Name längst die Welt beglückt,*
> *Man hat ihn nie so freundlich angeblickt.*
> *Das Alphabet ist nun erst überzählig,*
> *In diesem Zeichen wird nun jeder selig.*
>
> *KAISER. Und meinen Leuten gilt's für gutes Gold?*
> *Dem Heer, dem Hofe genügt's zu vollem Sold?*
> *So sehr mich's wundert, muß ich's gelten lassen."*, zitiert aus [Goethe 1831/1986], S. 42 f.
>
> Goethe lässt auch dem Narren die neuen *„Zauberblätter"* zufallen:
>
> *„NARR. Da seht nur her, ist das wohl Goldes wert?"* ...
> *„Heut Abend wieg ich mich in Grundbesitz! - (Ab.)*
> *MEPHISTOPHELES (solus). Wer zweifelt noch an unsres Narren Witz!"*,
> zitiert aus [Goethe 1831/1986], S. 45.
>
> In Faust II ist das Geld durch Grund und Boden gedeckt. In der Weimarer Republik wurde mit der *Rentenmark* ernstlich eine über eine Grundschuld *gedeckte* Währung eingeführt. Die Grundschuld wurde zur Hälfte auf dauernd land-, garten- und forstwirtschaftlich genutzte Grundstücke sowie zur Hälfte auf Industrie, Gewerbe und Handel erhoben ([Stresemann 1923/2011] §2, §6, §8).
>
> **Warum Deckungsversprechen real keinen Sicherheitsgewinn bieten**
>
> Im Zuge der aktuellen Finanzkrise wird von einigen die Forderung nach einer *goldgedeckten* Währung gestellt [Domitrovic 2011]. Der Blick in die Geschichte zeigt jedoch, dass ein Übergang von einer *gedeckten* zu einer *ungedeckten* Geldform jederzeit vollzogen werden kann. Gerade in Krisenzeiten wurden immer wieder Einlöseversprechen aufgekündigt. Das Deutsche Kai-

> serreich sagte sich z. B. ebenso wie andere Staaten 1914 zur Finanzierung des Ersten Weltkrieges von der Goldbindung los [Höpker-Aschoff 1949]. 1971 hob US-Präsident Richard Nixon die internationale Goldgarantie des Bretton-Woods Systems für Dollarreserven der Zentralbanken anderer Länder (von dieser Garantie abgesehen war der Dollar bereits *ungedeckt*) per einseitiger Erklärung auf.
>
> *"I have directed Secretary Connally to suspend temporarily the convertibility of the dollar into gold or other reserve assets, except in amounts and conditions determined to be in the interest of monetary stability and in the best interests of the United States."*, zitiert aus [Nixon 1971].
>
> Die Einlösung des Geldes gegen *Deckungsgüter* lässt sich kaum durchsetzen. Speziell im Krisenfall wird eine Forderung gegen eine *Zentralbank* mit hoher Wahrscheinlichkeit erfolglos bleiben. Auch als Mittel gegen einen inflationären Wertverfall des Geldes durch ein Überangebot von Geld ist eine *Deckung* untauglich: Die Verfügbarkeit eines vermeintlich knappen *Deckungsgutes* kann sich unvorhersehbar ändern, etwa wenn neue Rohstoffvorkommen entdeckt und erschlossen werden.

Politik und die Problematik der „Vertrauensparteien" in der Geldwirtschaft

Eine *Zentralbank* muss festlegen, wie viel *Bargeld* sie erschafft und wie sie es verteilt. Sie steuert so neben der verfügbaren Geldmenge weitere Faktoren wie das Zinsniveau für Kredite. [Viehmann 2018 m] zeigt historische Beispiele für die Tragweite verfehlter Geldpolitik. Als „Vertrauenspartei" muss die *Zentralbank* möglichst unabhängig sein:

> *„Die Organe, Einrichtungen oder sonstigen Stellen der Union sowie die Regierungen der Mitgliedstaaten verpflichten sich"* ... *„nicht zu versuchen, die Mitglieder der Beschlussorgane der Europäischen Zentralbank oder der nationalen Zentralbanken bei der Wahrnehmung ihrer Aufgaben zu beeinflussen."*, zitiert aus Artikel 130 [AEU 2012].

Die Entscheidungsträger in einer *Zentralbank* sind nicht von allem losgelöst, sie können z. B. durch Eigeninteressen, Ideologien, freie Meinungsäußerungen und durch die Berichterstattung in den Medien beeinflusst werden. Es bietet sich erheblicher Ermessensspielraum, je nachdem, wie die Lage bewertet wird. Eine Zielvorgabe wie die mittlere Preissteigerung unter, aber nahe 2 % bei der EZB [EZB 2011] öffnet Raum für willkürliche Interpretationen, denn Preise können z. B. durch technischen Fortschritt oder politische Entwicklungen stark schwanken. Entsprechend umstritten ist die Geldpolitik, etwa wenn sich Krisen und Ölpreisschwankungen überlagern [Ohr 2015]. Strittig ist ferner, wieweit das Mandat einer *Zentralbank* geht – also welche Maßnahmen sie einsetzen darf. So beschäftigen die Anleihenkäufe der EZB die höchsten deutschen und europäischen Gerichte [BVrefG 2017]. Wenn Richter verschiedener Gerichtshöfe über die Zulässigkeit von einzelnen Entscheidungen zu befinden haben, bestehen zusätzliche Abhängigkeiten von den Richtern als übergeordneten „Vertrauensparteien". Ferner gibt es mehr als eine einzige *Zentralbank* und so wird die Unabhängigkeit bei Entscheidungen eventuell auch durch die Politik anderer *Zentralbanken* beeinflusst – im Idealfall durch Zusammenarbeit im Interesse aller Beteiligten [Jordan 2012]. Allerdings können auch Konflikte und Wettbewerbe etwa um die höchste Abwertung entstehen [Menkhoff 2015]. Es bestehen also Abhängigkeiten von mehreren sich gegenseitig beeinflussenden *Zentralbanken* als „Vertrauensparteien".

Buchgeld und Geldschöpfung durch Geschäftsbanken

Geschäftsbanken erhalten Geld unter anderem von ihren Kunden, wenn diese es auf ihren Girokonten und Tagesgeldkonten einzahlen. Die Kontoinhaber können jederzeit die Überweisung oder die bare Auszahlung dieser Guthaben einfordern. Da es unwahrscheinlich ist, dass in großem Maße gleichzeitig viele die bare Auszahlung dieser Einlagen fordern werden und weil Gesetzgeber dies gestatten, nutzen *Geschäftsbanken* auch verfügbar zu haltende Vermögen, um davon zinspflichtige Kredite zu geben oder um sie anderweitig gewinnbringend einzusetzen. Die Geldmenge wird dadurch quasi verdoppelt, die Ansprüche der Kontoinhaber werden als *Buchgeld* bezeichnet. In der Realität vergrößert privat geschöpftes *Buchgeld* die Geldmenge erheblich [Neubäumer 2008].

Wenn zu viele Kontoinhaber gleichzeitig Auszahlungen fordern, sind *Geschäftsbanken* nicht fähig, alle Forderungen zu erfüllen. Bei schwindendem Vertrauen in die Zahlungsfähigkeit von Banken steigt die Wahrscheinlichkeit, dass es zu *"Bank Runs"* kommt und plötzlich verbreitet viel Geld abgehoben wird. Eventuell wird eine Bank dann alleine dadurch, dass viele Kunden aus Angst ihr Geld abziehen, tatsächlich zahlungsunfähig. Dass Verluste für Kontoinhaber infolge von in Not geratenden Geschäftsbanken auch in Europa möglich sind, hat sich in Zypern gezeigt [Kopf 2013].

Multiple Abhängigkeiten – Vollgeld oder der Verzicht auf eine Zentralbank als Auswege

Es genügt nicht, nur der *Zentralbank* zu vertrauen, dass sie die Geldmenge adäquat steuert. Sind *Geschäftsbanken* z. B. zögerlich bei der Kreditvergabe, kann es passieren, dass die Menge von *Buchgeld* plus *Zentralbankgeld* sogar schrumpft, obwohl die *Zentralbank* versucht, die Geldmenge zu erweitern. Auch den *Geschäftsbanken* muss vertraut werden. Große *Geschäftsbanken* gelten als *"too big to fail"* [Roosebeke 2010]. Die Situation mit Abhängigkeiten von vielen „Vertrauensparteien" unterschiedlichen Ranges ist so ungünstig und riskant wie die Situation mit den multiplen hierarchischen *Certification Authorities* für die Internet-Technologien SSL / TLS (Kapitel 1.2.2).

> *Vollgeld* bezeichnet u. a. die Idee, die Abhängigkeiten zu reduzieren, indem *Geschäftsbanken* die Ausdehnung der Geldmenge verboten wird [Bacchetta 2017]. Vollgeld soll Sicherheit vor *"Bank Runs"* bieten. Die Zentralität ist dafür höher. Ob eine *Zentralbank* die Geldmenge besser dem Bedarf anpassen kann als viele *Geschäftsbanken*, sei dahingestellt. Umgekehrt wäre auch dezentrales System denkbar, das auf die *Zentralbank* verzichtet. In dem Fall steuern nur die *Geschäftsbanken* die Geldmenge, indem sie nach gewissen Regeln Geld als Kredite erschaffen.

Die aktuelle Wirkung des technischen Fortschritts auf das Geldsystem

Bargeld ist das offizielle Zahlungsmittel in der Eurozone (Münzen nur bis 50 Stück, [Brown 1998]). Im Zahlungsverkehr sind *immaterielle* Verfahren noch nicht gleichgestellt. Dabei bediente man sich mit dem *Korngiro* schon im antiken Ägypten eines Systems für den *immateriellen Zahlungsverkehr*: Anstatt Getreide zu tauschen, stellte man schriftliche Wechsel auf die Besitzverhältnisse der Kornvorräte aus. Es wurde auch ein Fernverkehr zum Ausgleich zwischen verschiedenen Speichern realisiert ([Preisigke 1910/1971], S. 89-109). Parallel gab es bereits ein Girosystem, welches auf Geldkonten basierte ([Preisigke 1910/1971], S. 185ff) – ähnlich dem heute weitverbreiteten Girosystem.

Die Entwicklungen in der Informations- und Kommunikationstechnologie haben viele effiziente *immaterielle* Transaktions- und Zahlsysteme hervorgebracht [Sumanjeet 2009], darunter Lösungen, die sich mit Mobiltelefonen nutzen lassen [Au 2008]. Durch Mikro-Bezahlsysteme können auch Transaktionen von kleinen Beträgen wirtschaftlich realisiert werden [Baddeley 2004] [See-To 2007]. Das ist gerade im Umgang mit beliebig reproduzierbaren digitalen Gütern wichtig – die Zahlungsbereitschaft wird bei geringen einzelnen Beträgen höher sein. Elektronische Transaktions- und Zahlsysteme sind sicherheitskritisch, Ängste und Bedenken diesbezüglich sind weit verbreitet [Bamasak 2011]. Das Schaffen von Vertrauen und der Einsatz leistbarer sicherer und leicht zu bedienender Technologien sind wichtig für die Akzeptanz derartiger Systeme [Kim 2010].

Das S-Netzwerk könnte als Medium für Zahlungsanweisungen und zur Kontoführung eingesetzt werden. Transaktionen ließen sich im S-Web als S-Links verbuchen. Während es sich alleine für ein elektronisches Zahlsystem oder nur für das Internet-Banking bei einer *Geschäftsbank* nicht lohnt, teure Hardware für die Absicherung des Zugangs anzuschaffen und eine Schulung zur korrekten Nutzung mitzumachen, könnte es diesbezüglich beim S-Netzwerk aufgrund der vielen anderweitigen Nutzungsmöglichkeiten besser aussehen. Außerdem müssten *Geschäftsbanken* nicht jede für sich hochgradig sichere mehrfach redundante Rechenzentren betreiben – sie könnten gemeinsam das S-Netzwerk nutzen.

2.3 Neuerungen zur Geldwirtschaft mit dem S-Netzwerk

Die Verwendung eines Girosystems alleine bedeutet nicht, dass das Geld selbst dadurch *immateriell* wird – nur die Handhabung wird von der Materie gelöst. Da der monetäre Zahlungsverkehr auch ohne das Tauschen von Gegenständen mit Geldfunktion abgewickelt werden kann und weil ein Speicher voll *Fiatgeld* kaum einen substanziellen Wert besitzt, ist ein möglicher und naheliegender nächster Abstraktionsschritt, ganz auf die kostspielige Herstellung von *Bargeld* zu verzichten. *Immaterielles Geld* hat keine gegenständliche Ausprägung, es existiert nur als Information. *Immaterielles Geld* könnte von *Geschäftsbanken* nach bestimmten Regeln als zinspflichtiger Kredit auf Girokonten erzeugt werden. Auf eine *Zentralbank* als „Vertrauenspartei" könnte verzichtet werden. Das korrekte Verhalten der *Geschäftsbanken* zu kontrollieren wird dafür zur großen Herausforderung.

Immaterielles Geld bringt je nach technischer Ausgestaltung erhöhte Anforderungen mit sich: Girosysteme setzen informationsverarbeitende (Lesen, Schreiben) und mathematische Fähigkeiten voraus. Das Abstraktionsniveau ist so hoch, dass elementare Schulbildung zur Voraussetzung für die Nutzung der *immateriellen Geldwirtschaft* wird. Das Handeln mit gegenständlichem *Bargeld* ist hingegen auch für Ungebildete ohne Hilfe möglich.

Das S-Netzwerk könnte eine Rolle dabei spielen, dem *immateriellen Geld* zum Durchbruch zu verhelfen. Es könnte als Plattform für ein *immaterielles Geldsystem* dienen, bei dem einzelne *Geschäftsbanken* nicht manipulieren können, weil alle Vorgänge als reliable Publikationen oder sichere Hinterlegungen unleugbar im S-Netzwerk verbucht werden. Die Einhaltung der Regeln etwa für die *immaterielles Geld* erschaffende Kreditvergabe könnte jederzeit überprüft werden. In Kapitel 2.3.4 werden die Möglichkeiten eines noch einen Schritt weitergehenden alternativen Wirtschaftssystems mit offenen Konten im S-Netzwerk aufgezeigt, bei dem die Schöpfung eines *immateriellen Bezugsmittels* ohne *Zentralbank* und zusätzlich auch ohne *Geschäftsbanken* auskommt. Die dort vorgestellten Techniken und Verfahren für ein skalierendes Transaktionssystem im S-Web könnten jedoch auch genau so gut auf Konten bei *Geschäftsbanken* in der *Geldwirtschaft* angewendet werden.

2.3.2 Die Geschichte des Strebens nach neuen Wirtschaftsformen

Ideen für „bessere" Wirtschaftssysteme unterscheiden sich bereits darin, wie Änderungen erreicht werden sollen: Durch ideologische Überzeugung und Revolution oder durch die gestalterische Wirkung technischer Innovationen. Die Erfahrung mit ideologisch getriebenen Umwälzungen spricht für deren Unterbindung. Geringer sind die Risiken bei technischen Neuerungen, die jeder Einzelne freiwillig nutzen kann, sodass Verbote solcher Innovationen unangemessen sind.

Geld und Formen der Geldwirtschaft sind gegenwärtig so verbreitet und derart existenziell bedeutsam, dass sich ihnen kaum ein Mensch wirklich entziehen kann.

"Money has reorganized the sense life of peoples just because it is an extension of our sense lives. This change does not depend upon approval or disapproval of those living in the society.", zitiert aus [McLuhan 1964], S. 19.

Die *weitgehend freie Geldwirtschaft* mag nicht perfekt sein, aber für bedeutende Teile der Menschheit ermöglicht sie ein sicheres Leben in Wohlstand. In jüngster Zeit wurden Fortschritte in der Bekämpfung der Armut erzielt ([OECD 2010 b], speziell S. 97ff). Das ist nicht selbstverständlich. Es gibt viel zu verlieren. Entsprechend große Vorsicht ist geboten.

Natürlich bestehen Missstände und es gibt Krisen [Reinhart 2009] [Cafruny 2013]. Probleme aufzuzeigen ist eine Sache. Eine andere ist es, Veränderungen herbeizuführen, die der Intention entsprechend wirken. Die Gefahr, etwas Abweichendes zu erzielen, ist erheblich. Im Folgenden werden konstruktive Kritiken und Alternativen zum Geld und zur Geldwirtschaft aufgeführt. Es wird kein Anspruch auf Vollständigkeit erhoben.

Wie lassen sich soziale, wirtschaftliche und politische Änderungen erzielen? Neben von *ideologischer* Überzeugung ausgelösten Umwälzungen können auch mittels der *gestalterischen Wirkung* von *technischen Innovationen* Veränderungen eingeleitet werden.

Bei Umwälzungen durch *ideologische* Überzeugung geht jede Initiative vom Kopf aus, Änderungen werden willentlich herbeigeführt mit politischen oder revolutionären Mitteln. Erst wenn sich genug mächtige Personen auf die *Ideologie* einlassen, wenn sie überzeugt oder *gläubig* sind, kann die *Ideologie* Wirkung entfalten.

Die *gestalterische Wirkung* einer *technischen Innovation* umfasst die direkten Folgen ihres Einsatzes, aber auch die Reaktionen der damit konfrontierten Personen. Diese können durch die Erfahrungen und Eindrücke der Nutzung oder auch nur der Kenntnisnahme der *technischen Innovation* ausgelöst werden. Erfindungen oder wissenschaftliche Entdeckungen können Erweiterungen der Handlungsmöglichkeiten und der Sinneswahrnehmungen [McLuhan 1964] bewirken. Eine *technische Innovation* kann in der Regel ausprobiert, simuliert oder vorberechnet werden. Ein Prototyp kann das Potenzial zeigen. Bei vielen Erfindungen kann dann jeder für sich selbst entscheiden, ob er die Erfindung auch ausprobieren und gegebenenfalls nutzen will oder nicht. Wenn die Realisierung und Nutzung einer Erfindung hingegen auch unfreiwillige Personen in erheblichem Maße betreffen sollte, so ist darüber vorab eine politische Entscheidung zu treffen.

Ob eine *technische Erfindung* funktioniert ist objektiv messbar und hängt nicht davon ab, ob an sie *geglaubt* wird. Es braucht keine *ideologische* Überzeugung. *Technische Entwicklungen* können auch Bewusstseinsänderungen herbeiführen, etwa im Nachhinein bei der Verarbeitung der Eindrücke von der Erprobung der Innovation, wenn Potenziale für die künftige Nutzung erkannt werden. Aber ein solcher Prozess ist keine a priori Bedingung.

Ideologien und *Glaubenslehren* müssen hingegen zuerst in die Köpfe hinein, bevor sie ihre Wirkung entfalten können. Für die Verbreitung von Ideen kommen Propaganda und Missionierung als Mittel in Betracht. *Ideologien* vertragen sich oft nicht mit anderen *Ideologien* oder *Ungläubigen*. Lassen sich *Andersgläubige* und *Zweifler* bekehren oder können sie toleriert werden? Wer läuft nur mit? Wer tut nur so, als *glaube* er? Der Erfolg von Überzeugungsarbeit lässt sich nie sicher eruieren und daraus kann viel Unheil entstehen.

Technische Entwicklungen sind natürlich nicht automatisch harmlos, im Gegenteil, mit der Wasserstoffbombe ließe sich praktisch alles Leben auf der Erde vernichten. Es kommt darauf an, wie *technische Innovationen* genutzt werden und wofür. Oftmals sind nicht alle Wirkungen absehbar. Selbstverständlich kann jede *technische Entwicklung* propagiert werden oder ein Druck erzeugt werden, sie zu nutzen. Aber es besteht zumindest die Chance, dass sich *technologische Innovationen* frei und freiwillig durchsetzen, unabhängig von der Einstellung der Nutzer. Das gilt für *Ideologien* und *Glaubenslehren* eben nicht.

Hier wird die These aufgestellt, dass aufgrund der notwenigen Überzeugung im Vorhinein der Versuch, Veränderungen durch *Ideologie* herbeizuführen viel gefährlicher ist, als der Versuch, durch die *gestalterische Wirkung* von *technischen Innovationen* zu verändern.

Kommunismus: Marx Klassenkampf

Die angestrebte kommunistische Weltrevolution durch eine Massenbewegung der Arbeiter, welche *„nur vermittels despotischer Eingriffe"* (zitiert aus [Marx 1848], S. 16) durchzuführen sei, ist keine *technische Neuerung*. Einzelne Elemente – etwa der zentralen Planwirtschaft – können als mehr oder minder konkrete *technische Erfindungen* bezeichnet werden. Aber Marx und Engels lassen keinen Zweifel daran, dass das Ziel, Kapitalismus sowie Privatbesitz zugunsten einer klassenlosen Gesellschaft abzuschaffen, nur mit Gewalt zu erreichen sei. Direkte, willentliche Aktionen soll die Änderung herbeiführen. Eine breite Zustimmung ist dafür nötig: Zunächst gilt es, die Massen von der kommunistischen Idee zu überzeugen und kampfbereit zu machen. Entsprechend energisch appelliert Marx:

"Die Proletarier haben nichts zu verlieren als ihre Ketten. Sie haben eine Welt zu gewinnen. Proletarier aller Länder vereinigt euch!", zitiert aus [Marx 1848], S. 23.

"Ein Gespenst geht um in Europa!" (zitiert aus [Marx 1848], S. 3) heißt es zu Beginn im Manifest von Marx – und als wie gespenstisch erwiesen sich bzw. erweisen sich die Regime der Diktatur des Proletariats? Massenmorde gab es z. B. unter Stalin [Rosefielde 1996], Mao [Jisheng 2012] und Pol Pot [Sharp 2005]. Liegt der Grund für das millionenfache Leid in den Inhalten der kommunistischen Lehre? Oder reicht es, dass der Kommunismus eben eine *Ideologie* ist, um ein Klima des internen Terrors und der Angst zu erzeugen?

Unter den Faschisten fanden im 20. Jahrhundert ebenfalls extreme Verbrechen statt. Auch im Namen von vielen Religionen wurde und wird Krieg geführt, unter Drohung von Folter und Mord missioniert – selbst wenn die *Glaubenslehre* inhaltlich ein solches Vorgehen ablehnt oder gar explizit verbietet. Eine vergleichende Darstellung zu den Genoziden in der Menschheitsgeschichte, von denen sich keiner ohne *ideologische* Stützung ereignete, findet sich in [Kiernan 2007]. Selbst die liberale Umwälzung der Französischen Revolution ging mit Strömen von Blut einher. Es kommt auf den Inhalt der *Ideologie* oder *Glaubenslehre* kaum an. Wenn es um innerste Einstellungen geht, ist Einflussnahme darauf höchst problematisch – unabhängig von der Absicht und der Art und Weise. Überzeugung und *Glaube* behindern freies Denken und entbinden von der Eigenverantwortung.

"Die Phantasie und Geisteskraft der shakespearischen Bösewichter machte an einem Dutzend von Leichen halt. Denn es fehlte ihnen die Ideologie. Die Ideologie! Sie ist es, die der bösen Tat die gesuchte Rechtfertigung und dem Bösewicht die nötige zähe Härte gibt. Jene gesellschaftliche Theorie, die ihm hilft, seine Taten vor sich und vor den anderen reinzuwaschen, nicht Vorwürfe zu hören, nicht Verwünschungen, sondern Huldigungen und Lob. So stärkten sich die Inquisitoren am Christentum, die Eroberer an der Erhöhung der Heimat, die Kolonisatoren an der Zivilisation, die Nationalsozialisten an der Rasse, die Jakobiner (die früheren und die späteren) an der Gleichheit, an der Brüderlichkeit und am Glück der künftigen Generationen.", zitiert aus [Solchenizyn 1973], S. 172.

Wenn *Überzeugung* und *Glauben* – unabhängig von Intention und Inhalt – solche Risiken bergen, sind diese Ansätze zum Herbeiführen von Neuerungen nicht zu verantworten. Radikale, irreversible Umstürze sind evtl. unnötig. In [Viehmann 2018 n] wird mit Fouriers Ideen eine Form des Sozialismus vorgestellt, die auf revolutionäre Gewalt verzichten will.

Anarchismus: Proudhons Tauschbank

Pierre-Joseph Proudhon attackiert direkt das Geld an sich: Für ihn ist Geld die Voraussetzung für Zins und Spekulationen. Durch diese zur Zurückhaltung führenden Gewinnmöglichkeiten hemme das Geld den Handel und stürze die Wirtschaft in Krisen ([Proudhon 1963], S. 125). Um einen natürlicheren Tausch ohne Geld praktikabel zu machen, soll eine wechselbasierte *Tauschbank*, geschaffen werden.

„Auf das Bargeld zu verzichten und den Zins für das Umlaufkapital zu beseitigen, das ist die erste Fessel der Freiheit, die ich durch die Gründung einer Tauschbank zu sprengen vorschlage.", zitiert aus [Proudhon 1963], S. 125.

1849 gründete Proudhon seine *Tauschbank*. Er wurde wegen Kritik an der Regierung inhaftiert und gab seinen Versuch frühzeitig wieder auf ([Woodcock 1956/1969] S. 143ff).

Die *Tauschbank* ist eine *technische Innovation*. Es ist möglich, eine *Tauschbank* versuchsweise aufbauen, so wie Proudhon es getan hat. Jeder kann für sich wählen, ob er die *Tauschbank* selbst nutzen will. Zur Beschleunigung einer Verbreitung seiner Idee denkt der Politiker Proudhon zwar neben Propaganda auch an stützende Gesetze – etwa die Bank von Frankreich zur *Tauschbank* zu erweitern. Aber *Bargeld* soll parallel weiter bestand haben. Proudhon fordert eine Auseinandersetzung mit seinen Ideen ([Proudhon 1963], S. 126) und nicht, dass sich andere glaubend anschließen, um einen revolutionären Umsturz auszulösen.

Proudhon und Marx

« Qu'est-ce que la propriété? » ...
« La propriété, c'est le vol! », zitiert aus [Proudhon 1840/1848], S. 1f.

(*„Was ist das Eigentum?"* ... *„Das Eigentum ist der Diebstahl!"*)
Diese Provokation hat Marx begeistert und er hat versucht, Proudhon zur Zusammenarbeit zu gewinnen [Marx 1846]. Die rhetorisch wirkungsvolle Gleichstellung von Eigentum und Diebstahl gibt Proudhons Standpunkt zum Besitz unvollständig wieder, denn was er ablehnt, ist Eigentum, das nicht durch Leistung entsteht und Besitz, der anderen Zins abverlangt. Ansonsten will Proudhon das Recht auf Privateigentum erhalten. Proudhon lehnt den gewaltbereiten, Freiheit und Frieden missachtenden Eifers der Kommunisten ab ([Proudhon 1842-1849/1875], S. 199f).

Marx hat sich von Proudhon abgewandt und er hat zu dessen Werk *Système des contradictions économiques, ou, Philosophie de la misère* [Proudhon 1846] eine scharfe Gegenschrift *Misère de la philosophie. Réponse a la philosophie de la misère de M. Proudhon* [Marx 1847/1896] publiziert, mit der er betont, dass er eine Veränderung nur durch Kampf für möglich halte.

Die Veränderung soll durch eine konkrete technische Veränderung des wirtschaftlichen Systems initiiert werden. Proudhon beabsichtigt *„durch eine wirtschaftliche Kombination in die Gesellschaft die Reichtümer eintreten zu lassen, die diese infolge einer anderen wirtschaftlichen Kombination verlassen haben."* (zitiert aus [Proudhon 1963], S. XXIV).

Für den Umgang mit *immateriellen Gütern*, die sich wegen ihrer Reproduzierbarkeit nicht wie Begrenztes tauschen lassen, lässt Proudhons *Tauschbank* keine Vorteile erkennen. Die Frage, ob die *Tauschbank* für Güter funktionieren würde, die sich tauschen lassen, soll hier offen bleiben. Proudhons eigenes *Experiment* war zu kurz für eine Beurteilung. Proudhons Ansatz einer *Tauschbank* wird heute z. B. durch die *Continuous Linked Settlement Bank* zumindest begrenzt umgesetzt [Geiger 2001]. Proudhons Ideen bereiteten ferner den Weg für die nachstehend vorgestellten Alternativen *Freiwirtschaft* und *Tauschringe*.

Natürliche Wirtschaftsordnung: Gesells Freiwirtschaft, Freigeld und Freiland

"I believe that the future will learn more from the spirit of Gesell than from that of Marx.", zitiert aus [Keynes 1936/1997], S. 355.

In der *Geldwirtschaft* haben Kredite und Anleihen wichtige Funktionen. Die *Zentralbank* bringt damit neues Geld auf den Markt. Sie ermöglichen Vorfinanzierungen, wobei die Aussicht auf Zinseinkünfte dazu motiviert, Ausfallrisiken einzugehen. Kreditnehmer müssen einen Mehrwert erzielen, sodass die Wirtschaftsleistung angekurbelt wird.

Zinsen sind umstritten. Weil das um die Zinseinnahmen vergrößerte Vermögen zur Vergabe neuer Kredite genutzt werden kann, können Kreditgeber damit ein exponentielles Wachstum ihres Geldvermögens erreichen. Platon und Aristoteles lehnen Zinsen ab [Baloglou 1994] und in vielen Religionen findet sich ebenfalls ein explizites Verbot, für das Verleihen von Geld Zinsen zu verlangen, etwa im Judentum, Christentum und Islam [Geitmann 2008]. Ohne Kredite kam und kommt die Geldwirtschaft allerdings kaum aus. Also wurde das als unmoralisch verachtete Geschäft des zinspflichtigen Geldverleihens Andersgläubigen überlassen. Vielfach übten Juden (deren Zinsverbot in Deuteronomium 23, 20-21 gilt nur gegenüber Juden) die Kreditgeschäfte aus – zumal ihnen andere Tätigkeiten verwehrt wurden [Seubert 2009]. Das führte zu Neid und Hass. Immer wieder wurden sie deshalb diskriminiert, verfolgt und ermordet [Geitmann 2008].

In der *natürlichen Wirtschaftsordnung* oder *Freiwirtschaft* nach Silvio Gesell [Gesell 1919] soll das *Freigeld* ein anderes Kreditsystem ermöglichen. *Freigeld* ist als eine *Schwundwährung* konzipiert. Die Idee ist, dass sich der Betragswert eines *Freigeldscheins* über die Zeit verringert. Mit Marken oder Stempeln kann der volle Betragswert gegen eine Gebühr wieder hergestellt werden. Wer keinen

2.3 Neuerungen zur Geldwirtschaft mit dem S-Netzwerk

Kaufkraftverlust hinnehmen will, hat zwei Möglichkeiten: Entweder kauft er sich etwas, bevor der Betrag des Geldscheins sich verringert, oder er stellt das *Freigeld* als zinslosen Kredit zur Verfügung. Mit letzterer Option kann der Betragswert über lange Zeit stabil gehalten werden, es wird also ein Sparen ermöglicht. Ein betragsmäßiger Zuverdienst ist hingegen nicht möglich. Wer einen zinslosen *Freigeldkredit* aufnimmt, der muss nur den geborgten Betrag zurückzahlen – allerdings verlieren die geliehenen *Freigeldscheine* über die Zeit betragsmäßig an Wert. Der Kreditnehmer muss also etwas leisten, um später den geliehenen Betrag zurückzahlen zu können. Somit erfüllen *Freigeldkredite* die wichtige Funktion, die Wirtschaftsleistung anzukurbeln.

Im Gegensatz zu anderen Geldformen fördert das *Freigeld* durch die *Schwundeigenschaft* auch ohne *Inflation* ein schnelles Ausgeben oder Investieren, da es sonst für jeden sichtbar betragsmäßig verrinnt. Die Geldmengensteuerung kann ganz auf Preisstabilität ausgerichtet werden, da die Umlaufsicherung dem *Freigeld* innewohnt.

Ein Vergleich zwischen Inflationsgeld und Freigeld

Einige Ziele der *Freigeldbewegung* werden heute auch ohne das *Freigeld* näherungsweise erreicht [Weizsäcker 1993], denn durch kontrollierte gemäßigte *Inflation* kann herkömmliches Geld ähnliche Eigenschaften wie das *Freigeld* haben: Es entstehen Einbußen, wenn nichts mit dem Geld getan wird. Um verlustfrei sparen zu können, muss Geld z. B. bei Geschäftsbanken angelegt werden.

Liegen die *nominell* erzielbaren Zinsen für die Anlage bei der Inflationsrate, werden Umlaufsicherung und Kreditvergabe mit einem *effektiven Zins* von null Prozent ohne *Freigeld* ermöglicht. Sogar negative *effektive Zinsen* sind möglich, wenn die nominellen Zinsen unter der *Inflationsrate* liegen [Mankiw 2009].

Der Doppelantrieb für die Wirtschaft aus Zinsen und *Inflation* ist nur schwer kontrollierbar und steuerbar. Beim Schwundgeld gibt es nur einen Antrieb, und der wirkt direkt auf die Beträge. Er ist folglich für jeden Teilnehmer unmittelbar sichtbar. Mathematisch betrachtet mutet das *Freigeldmodell* eleganter an, die betragsmäßige Entwertung des Geldes über die Zeit ist aber mit einem gewissen zusätzlichen Aufwand verbunden. Außerdem ist es vielleicht psychisch unangenehmer, durch ein *Schwundgeld* belohnt zu werden, dessen betraglicher Wertverfall direkt sichtbar abnimmt. Die *Inflation* bei herkömmlichem Geld trügt durch gleichbleibende Beträge beim Sparen über evtl. größere (weil exponentielle) Wertminderung hinweg.

Freiland

Gesell war bewusst, dass auf andere Anlageformen ausgewichen werden würde, wenn sich aus monetärem Vermögen kein Profit erzielen ließe. Gesell schlug neben dem *Freigeld*, welches eine *technische Neuerung* ist, mit dem

> *Freiland* auch eine Bodenreform vor, die klar *ideologisch* getrieben Veränderungen herbeiführen sollte. Den Unterschied bringt er selbst zum Ausdruck:
>
> *„Und wenn der Schweizer Freiland-Freigeld-Bund eine Massenbewegung werden soll, so müssen die Gemüter bewegt werden. Gerade hierfür aber finden wir im Freiland so wunderbares Material. Ist Freigeld vor allem eine Verstandessache, so ist Freiland eine Gemüts- und Moralfrage."*, zitiert aus [Gesell 1881-1930/2009], Band 18, S. 168.
>
> *Freiland* bedarf einer Enteignung der Grundbesitzer. Auch wenn Gesell Entschädigungen vorsieht ([Gesell 1881-1930/2009], Band 4, S. 45f), handelt es sich doch um eine zwanghafte Umstürzung.

Freigeld lässt sich als *technische Innovation* freiwillig erproben. Bekanntheit erlangte das *Freigeld*-Experiment der Jahre 1932/1933 in Wörgl (Abbildung 53,

Abbildung 53: Geldschein und Marken aus dem Freigeld-Experiment von Wörgl
(Foto der öffentlichen Gedenktafel von Johannes Viehmann)

Abbildung 54). In Folge der Weltwirtschaftskrise wurde *Freigeld* eingeführt. Die Arbeitslosigkeit sank daraufhin in Wörgl, während die Entwicklung im restlichen Österreich in der Zeit gegenteilig verlief ([Schneegans 2003], S. 45).

Darüber, ob der belebende Effekt von Dauer gewesen wäre, kann nur spekuliert werden, denn die österreichische Notenbank sah ihr Geldmonopol unterwandert und intervenierte. Das Freigeld-Experiment wurde nach wenigen Monaten per Verbot gestoppt und die Arbeitslosigkeit stieg daraufhin wieder an ([Schneegans 2003], S. 44).

Durch das Einschreiten, obwohl es durch das Experiment nichts zu verlieren gab, wurde die Chance vertan, das *Freigeld* als Mittel zur nachhaltigen Krisenbewältigung zu erproben. Vielleicht hätte *Freigeld* zur Überwindung der Weltwirtschaftskrise beitragen können. Stattdessen wurde das Feld den *Ideologen* – den Nazis und den Kommunisten – überlassen.

2.3 Neuerungen zur Geldwirtschaft mit dem S-Netzwerk

Abbildung 54: Informationstafel für mit Freigeld errichtete Brücke
(Foto der öffentlichen Gedenktafel von Johannes Viehmann)

Der *Chiemgauer* ist ein aktuelles Beispiel für eine regionale Form von *Freigeld* [Gelleri 2006]. Da *Chiemgauer* nur für Mitglieder im *Chiemgauer e. V.* sind, ist der *Chiemgauer* kein allgemeines Bezugsmittel. Er verstößt nicht gegen das Monopol der *Zentralbank*. Es droht kein Verbot.

Technisch betrachtet wäre es mithilfe von einer Plattform wie dem S-Netzwerk möglich, eine *immaterielle* Form von *Freigeld* auch in größerem Maßstab zu realisieren, bei der durch die betragsmäßige Verringerung von ungenutzten Freigeldvermögen im Laufe der Zeit kein Aufwand entstehen würde. Dieses *immaterielle Freigeld* könnte dazu alleine mithilfe von S-Links auf Konten im S-Web verbucht werden.

Aus ökologischer Sicht mutet die verstärkte Befeuerung der Wirtschaft durch drohenden Kaufkraftverlust bei Zurückhaltung inzwischen kontraproduktiv an [Weizsäcker 1993].

Zur Lösung des Konfliktes zwischen begrenzt verfügbaren und beliebig reproduzierbaren Gütern, der erst Jahrzehnte später mit der Digitalisierung richtig aufkam, vermag die Idee des *Freigelds* nichts beizutragen. Erst bei neuesten Entwicklungen wie den im Folgenden vorgestellten Kryptowährungen bestand die Chance, dieses Problem gezielt zu adressieren.

2.3.3 Kryptogeld: Nakamotos Bitcoin und die Variante Devcoin

Mit dem Internet entstehen neue dezentrale Möglichkeiten für Wirtschaftssysteme. *Kryptowährungen* zeigen, wie wenig es braucht, um ein Transaktionssystem mit eigenem Bezugsmittel zu erschaffen. Bei der Variante *Devcoin* wird die Finanzierung immaterieller Güter direkt aus der Schöpfung des Bezugsmittels heraus geleistet.

Im Zuge einer Banken- und Finanzkrise könnte eine Geldform, die ohne Geldinstitutionen auszukommen verspricht, eine attraktive Alternative sein. Die dezentrale Kryptowährung *Bitcoin* funktioniert mit offenen Nummernkonten ohne Banken oder „Vertrauensparteien" – stattdessen setzt das aus informationstheoretischer Sicht bahnbrechende *Blockchain* Vertrauenskonzept von *Bitcoin* auf den korrekten Einsatz der Mehrheit an Rechenleistung (siehe Kapitel 1.2.2). Es verwundert nicht, dass *Bitcoin* aufgrund der Umstände, der innovativen Technik sowie aufgrund des Erfolgs als Spekulationsobjekt ([Sixt 2017], S. 20f) viel Aufmerksamkeit bekam und beträchtlichen Zulauf verzeichnen konnte. Bereits nach kurzer Zeit konnte eine Marktkapitalisierung von über einer Milliarde US-Dollar erreicht werden [Kannenberg 2013].

Mining – Transaktionen beglaubigen und Bitcoins als Lohn erschaffen

Um Manipulationen zu verhindern, müssen alle Transaktionen bei *Bitcoin* beglaubigt werden. Als Beglaubigung muss regelmäßig ein Zufallswert gefunden werden, sodass der Hashwert über dessen Verkettung mit den bisherigen Transaktionen bestimmte Eigenschaften hat. Gültig ist die Transaktionsfolge mit der Mehrheit an Beglaubigungen. Die Berechnungen zur Beglaubigung gelten derzeit als rechenintensiv. Manipulationen sind nur mit der Mehrheit des Rechenaufwands möglich (*proof-of-work*). Die als *Mining* bezeichnete Geldschöpfung in Form eines neuen *Bitcoins* wird jenen als Belohnung zugestanden, welche in die Berechnung neuer Beglaubigungen investieren:

> "Incentive
> By convention, the first transaction in a block is a special transaction that starts a new coin owned by the creator of the block. This adds an incentive for nodes to support the network, and provides a way to initially distribute coins into circulation, since there is no central authority to issue them. The steady addition of a constant of amount of new coins is analogous to gold miners expending resources to add gold to circulation. In our case, it is CPU time and electricity that is expended.", zitiert aus [Nakamoto 2008].

Anstelle einer *Zentralbank* mit Monopol kommen mit den *Minern* wieder private Geldproduzenten ins Spiel. Es gibt keinen Rückfluss einmal im Umlauf befind-

2.3 Neuerungen zur Geldwirtschaft mit dem S-Netzwerk

licher *Bitcoins* – die Menge der *Bitcoins* expandiert. Nakamoto hat eine Obergrenze für die Anzahl an *Bitcoins* festgesetzt. Anschließend soll die Zahl der *Bitcoins* konstant bleiben und die Berechnung neuer Beglaubigungen soll fortan über Transaktionsgebühren finanziert werden.

"Once a predetermined number of coins have entered circulation, the incentive can transition entirely to transaction fees and be completely inflation free.", zitiert aus [Nakamoto 2008].

Es ist zu bezweifeln, dass damit der wirtschaftliche Bedarf an *Bitcoins* dauerhaft gedeckt werden kann. *Deflationäre* Tendenzen und mithin Zurückhaltung scheinen dadurch vorprogrammiert zu sein [Barber 2012] – allzumal *Bitcoins* auch unbrauchbar werden können, wenn private Schlüssel für Konten verloren gehen. Eine starre Obergrenze taugt entgegen der Annahme von Nakamoto auch nicht als Mittel gegen *Inflation*: Wenn plötzlich in großem Umfang *Bitcoins* verkauft würden, könnte das vermehrte Angebot der *Bitcoins* den Wert und die Kaufkraft von *Bitcoins* reduzieren, obwohl deren nominelle Menge konstant bleibt. Zeichnet sich erst ein Wertverlust von *Bitcoins* und mithin eine *Inflation* ab, wären jene, die noch *Bitcoins* halten, versucht, diese so schnell es geht abzustoßen, um ihre persönlichen Verluste so gering wie möglich zu halten. Damit würden sie die *Inflation* zusätzlich beschleunigen. Es kann also gar zu einer *Hyperinflation* kommen, wenn die nominelle Menge des Bezugsmittels konstant bleibt und nicht bedarfsgerecht reduziert werden kann [Viehmann 2013 b].

Auch die fixen Raten an neuen *Bitcoins*, welche bis zum Erreichen der Obergrenze von den *Minern* geschaffen werden, sind nicht geeignet, um die Menge der *Bitcoins* an den wirtschaftlichen Bedarf anzupassen und mithin zumindest eine gewisse Preisstabilität zu gewährleisten. Es überrascht nicht, dass der *Bitcoin* Kurs etwa zum Euro erheblichen Schwankungen unterliegt [Kuri 2013]. *Bitcoins* werden dadurch zu einem riskanten Spekulationsobjekt reduziert, die Funktion als Transaktions- und Zahlsystem leidet unter zurückhaltender Hortung zwecks Gewinnmaximierung ([Sixt 2017], S. 21). Die Funktion des Sparens des Bezugsmittels wird zugleich durch jederzeit mögliche Abstürze des Kurses bedroht. Der Erfolg des Spekulationsobjekts *Bitcoin* schadet so dem Kryptogeld *Bitcoin*.

Damit *Bitcoin* ernsthaft als allgemeines Bezugsmittel mit Sparfunktion genutzt werden kann, müsste fortwährend eine Steuerung der verfügbaren Menge der *Bitcoins* anhand des wirtschaftlichen Bedarfs sichergestellt werden. Die Kaufkraft von *Bitcoins* mindernde Wirkung kann eine Ausdehnung der Menge der *Bitcoins* erst entfalten, wenn die neu geschaffenen *Bitcoins* so verteilt werden, dass sie auch eingesetzt und nicht zurückgehalten werden. Umgekehrt müsste sich bei schwindender Kaufkraft der *Bitcoins* deren auf dem Markt befindliche Menge reduzieren lassen. Möglich wäre eine solche Reduktion über

Transaktionsgebühren, bei denen ein Teil der *Bitcoins* aus dem Verkehr gezogen wird. Transaktionsgebühren müssen ohnehin erhoben werden, sobald keine neuen *Bitcoins* geschaffen werden, um das Berechnen von Beglaubigungen für Transaktionen trotzdem motivieren und finanzieren zu können. Solche ausgleichenden Steuerungsmechanismen dezentral zu realisieren ist als eine noch offene Herausforderung anzusehen.

Aufwendige Transaktionen und das Schlüsselproblem

Bitcoins werden auf offenen Nummernkonten geführt. Transaktionen von einem Konto zum anderen kann jeweils nur der veranlassen, welcher den privaten Schlüssel des Kontos besitzt. Transaktionen müssen an alle Teilnehmer des *Bitcoin*-Systems kommuniziert werden. Das Datenaufkommen ist damit hoch – und die zu speichernde, gegebenenfalls zu analysierende Datenmenge wächst stetig. Gesichert sind Überweisungen erst, wenn sie mehrfach beglaubigt wurden, was zu zeitlichen Verzögerungen von etwa einer Stunde bis zu zwölf Stunden ([Sixt 2017], S. 99ff) führen kann. Mit freiwilligen Transaktionsgebühren, die dem *Miner* zugeschrieben werden, welcher die Transaktion als Erster in einen Block aufnimmt und beglaubigt, kann immerhin versucht werden, den Prozess zu beschleunigen.

Es liegt bei *Bitcoin* an den Besitzern, ihre privaten Schlüssel sicher aufzubewahren, denn ohne diese Schlüssel verlieren sie ihre *Bitcoins* unwiederbringlich. Sie müssen also sicherstellen, dass nur sie diese streng geheimen Schlüssel einsetzen können. Die einzige praktikable Lösung zur Datenerhaltung besteht darin, mehrere Kopien eines privaten *Bitcoin* Schlüssels räumlich separiert voneinander aufzubewahren. Damit kein Fremder eine der Kopien lesen und den Schlüssel missbrauchen kann, müssten entweder alle Standorte der Kopien physisch vor Zugriff geschützt werden (was Privatpersonen kaum leisten können) oder die Kopien müssten wiederum kryptografisch geschützt werden, mit einem anderen Schlüssel. Dieser Schlüssel kann ein symmetrischer und dadurch vielleicht kürzerer Schlüssel sein – aber es wären beim aktuellen Stand der Technik immer noch mindestens 128 komplett zufällige Bits (das entspricht einer 39-stelligen Dezimalzahl) nötig, die der Besitzer sich merken müsste, um seine *Bitcoins* zu sichern. Schließlich können Angreifer beliebig lange mit aller ihnen zur Verfügung stehenden Rechenkapazität versuchen, eine erbeutete Kopie zu entschlüsseln – die Anzahl der Versuche ist unbegrenzt.

Durch die Nutzung einer Bank als „Vertrauenspartei" ist der Schutz des eigenen Kontos in der traditionellen Geldwirtschaft viel einfacher. Geht etwa eine Debitkarte verloren, auf welcher ein privater Schlüssel für die Kontoführung gespeichert ist, kann der Kunde die Karte sperren lassen und gegen eine geringe Gebühr einfach eine neue Karte mit neuem Schlüssel beantragen. Das Vermögen auf dem Konto bleibt unberührt. Eben deshalb kann auch die Absicherung der

2.3 Neuerungen zur Geldwirtschaft mit dem S-Netzwerk

Debitkarte gegen missbräuchliche Verwendung mit einem leicht zu merkenden nur vier Dezimalzahlen langen Passwort realisiert werden, denn die Karte kann nach wenigen Fehleingaben einfach unbrauchbar gemacht werden.

Zur dezentralen Aufbewahrung privater *Bitcoin*-Schlüssel könnte theoretisch das S-Netzwerk verwendet werden. Sichere Zugangssysteme für das S-Netzwerk [Viehmann 2018 d] speichern nur geheimen Schlüssel zum Schutz der Kommunikation mit S-Knoten. Diese Schlüssel können im Notfall ersetzt werden, wenn sie verloren gehen oder wenn sie aus Sicherheitsgründen unbrauchbar gemacht werden, bevor Angreifer sie auslesen und missbrauchen können. Die Shares im S-Netzwerk bleiben trotzdem alleine für den zugriffsberechtigten Besitzer erreichbar. Es muss keiner einzelnen Partei vertraut werden.

Allerdings ist das S-Netzwerk an sich bereits so konzipiert, dass es das leistet, was die *Blockchain* macht – nämlich einen Integritätsschutz über Daten zur Verhinderung von Manipulationen zu realisieren. Das S-Netzwerk sieht darüber hinaus auch eine dauerhafte dezentrale Datenerhaltung vor, ohne sämtliche Daten an alle Beteiligten senden zu müssen. Es bietet sich also viel mehr an, ein Transaktionssystem mit offenen Konten und eine darauf aufbauende digitale Währung alleine mithilfe des S-Netzwerks und des S-Webs zu erschaffen (siehe Kapitel 2.3.4 und Kapitel 3) – ohne zusätzliche Abhängigkeiten von der Korrektheit einer *Blockchain* und ohne den massiven Ressourcenaufwand, den *Bitcoin* mit sich bringt ([Sixt 2017], S. 102f).

Denn das ist ein erhebliches Problem bei *Bitcoin*: Das System ist teuer. Pro Tag werden gegenwärtig als Vergütung für die *Miner* 1.800 neue *Bitcoin* erschaffen. Angenommen, dass ein *Bitcoin* 2.400 € wert sei, und angenommen, dass pro Tag 432.000 Transaktionen getätigt werden, dann ergeben sich pro Transaktion Kosten von 10,00 €. Hinzu kommen eventuell freiwillig gezahlte Transaktionsgebühren, um eine schnelle Beglaubigung zu erwirken.

Laut [Malmo 2015] liegt alleine der Stromverbrauch bei *Bitcoin* pro Transaktion um das 5.033-Fache über dem bei etablierten Systemen wie Kreditkarten. Damit *Bitcoin* als sicher gelten kann, *muss* das *Mining* so aufwendig sein, dass keine Partei eine Mehrheit der dafür eingesetzten Rechenleistung aufbringen kann. Effiziente, kostengünstige Lösungen würden Manipulationen ermöglichen. Zwar kann die Zahl der Transaktionen pro Block und dafür berechnetem Hashwert bei zunehmender Verbreitung von *Bitcoin* gesteigert werden, sodass der Anteil einer einzelnen Transaktion an den Kosten verringert wird. Zugleich wächst aber auch die Attraktivität, zu versuchen, eine Mehrheit der Rechenleistung aufzubringen und daraus Vorteile zu ziehen, sodass insgesamt mehr in das *Mining* investiert werden muss. Dass *Bitcoin* trotz der immensen Kosten überhaupt akzeptiert wird, liegt wohl daran, dass die Finanzierung bis zum Erreichen der Obergrenze noch weitgehend unsichtbar über die Schöpfung des Bezugsmittels selbst erfolgt.

Rechtliche Probleme

Als frei konvertierbares allgemeines Bezugsmittel steht *Bitcoin* potenziell in Konflikt mit Rechtsvorgaben wie den Monopolen der *Zentralbanken* oder der europäischen Bestimmung für elektronisches Geld [Guadamuz 2011] [Jacobs 2011]. *Bitcoin* könnte verboten werden. Technisch lässt sich ein dezentrales Kryptogeldsystem selbst zwar kaum abschalten, aber es kann durchaus gegen einzelne Kunden und Dienstleister vorgegangen werden, wie es bei der Schließung von *Silk Road* geschehen ist ([Sixt 2017] S.158ff). Die Akzeptanz von *Bitcoin* würde durch ein umfassendes Verbot von Kryptowährungen wohl einbrechen.

Pseudonyme unkontrollierbare Transaktionen: eine Stärke und Gefahr

Nachdem die Enthüllungsplattform *Wikileaks* u. a. geheime US-Militärdokumente veröffentlicht hatte, wurden alle Spenden und Zahlungen zugunsten von *Wikileaks* durch große Kreditkartengesellschaften, etliche Banken und andere Bezahldienste wie PayPal eingestellt [Benkler 2011]. Eine derartige finanzielle Blockade, ob sie nun von mächtigen privaten Unternehmen freiwillig vorgenommen wird oder ob sie nur auf Druck von Regierungen errichtet wird, kann existenzbedrohend sein und etwa die Meinungsfreiheit gefährden.

Zahlungen mit *Bitcoin* lassen sich technisch nicht durch irgendeine zentrale Institution oder Behörde verhindern. Außerdem sind die Konten bei *Bitcoin* pseudonym. Das lässt sich nutzen, um ein hohes Maß an Anonymität im *immateriellen Zahlungsverkehr* zu erreichen – nämlich dann, wenn jeder Konto-Schlüssel nur genau einmal zum Zahlen verwendet wird [Nakamoto 2008]. Diese neu mögliche Form der Anonymität scheint ein Argument für *Bitcoin* zu sein, denn zuvor war Anonymität eine Stärke des Zahlens mit *Bargeld* gegenüber den bargeldlosen Zahlverfahren.

Realistisch betrachtet könnte dieses Feature jedoch entscheidend zu einem möglichen Verbot von *Bitcoin* beitragen, denn *Bitcoin* kann natürlich nicht nur für die Unterstützung der vermeintlichen Freiheitsaktivisten von Plattformen wie *Wikileaks*, sondern auch für diverse kriminelle Handlungen und insbesondere zur Geldwäsche verwendet werden [Brezo 2012]. Derartiger Missbrauch von *Bitcoin* könnte dem Ansehen und der Akzeptanz von *Bitcoin* schaden. Für Staaten bedeutet *Bitcoin* einen weitgehenden Machtverlust im *immateriellen Zahlungsverkehr*. Organisierte Kriminalität wirkungsvoll zu bekämpfen wird dadurch nicht einfacher. Dass alle Staaten dies einfach so hinnehmen werden, muss bezweifelt werden.

Insgesamt lässt sich feststellen, dass *Bitcoin* nicht nur ein zumindest in der Theorie interessantes neues dezentrales Konzept zur Erzeugung von Vertrauen gebracht hat, sondern dass es auch die grundlegende Auseinandersetzung mit Währungssystemen bereichert hat. Mit *Blockchain* und Kryptowährungen öffnen sich ganz neue Forschungsfelder, die Ideen werden laufend weiterentwickelt. Zu

2.3 Neuerungen zur Geldwirtschaft mit dem S-Netzwerk

Bitcoin gibt es bereits viele Varianten mit eigenen Eigenschaften wie *PPCoin*, *Litecoin* und *Devcoin [Steier 2013]*.

Devcoin zur Finanzierung von immateriellen Gütern

Devcoin ist hier insofern von besonderem Interesse, als dass es mit der Finanzierung von Open-Source-Projekten genau auf den Aspekt abzielt, der den Ausgangspunkt für die Überlegungen zu einer alternativen Währung in dieser Arbeit bildet.

Die Idee bei *Devcoin* ist, dass automatisch ein Anteil der pro *Mining*-Zyklus neu geschaffenen *Devcoins* zur Finanzierung von *immateriellen Gütern* eingesetzt wird. Darüber, wer *Devcoins* für seine offen zur Verfügung gestellten beliebig reproduzierbaren Güter erhält, wird mit einem Abstimmungsverfahren entschieden [Devtome 2013].

Bei *Bitcoin* erhalten nur die *Miner* das neu geschaffene Bezugsmittel. Profitorientierte *Miner* können durch Zurückhaltung ihrer neu geschaffenen *Bitcoins* versuchen, deren Wert noch zu steigern. Bei *Devcoin* hingegen erhalten auch Schöpfer von *immateriellen Gütern* neue *Devcoins*, mit denen sie etwa die Kosten für die Schaffung ihrer Werke finanzieren können. Dies könnte dazu führen, dass neue *Devcoins* schneller als Zahlmittel auf dem Markt eingesetzt werden und dass sie so direkter Einfluss auf die Kaufkraft pro *Devcoin* nehmen können. Die Bekämpfung deflationärer Tendenzen könnte so erleichtert werden.

Soll eine stabile Kaufkraft pro *Devcoin* dauerhaft sichergestellt werden, muss es zusätzlich auch eine alternative Finanzierungsmöglichkeit für *immaterielle Güter* geben, die genutzt werden kann, wenn die Menge der *Devcoins* kaum weiter ausgedehnt werden kann oder wenn sie gar reduziert werden muss. Möglich wäre in dem Fall wiederum eine Finanzierung mithilfe von Transaktionsgebühren.

Mit dem *Mining* neuer Bezugsmitteleinheiten oder mit Transaktionsgebühren zusätzlich zu der Berechnung der *Blockchain* auch noch die Schöpfung *immaterieller Güter* zu finanzieren, führt zwangsläufig zu nochmals höheren Kosten im Vergleich zum ohnehin schon teuren *Bitcoin*. Ob der Nutzwert der dadurch entstehenden *immateriellen Güter* den Mehraufwand von *Devcoin* rechtfertigt, sei dahingestellt.

2.3.4 Das S-Netzwerk als Medium für Tauschringe

Die LETSysteme und ähnliche lokale Tauschringe sind Alternativen zur Geldwirtschaft, die aktuell in beschränktem Rahmen legal nutzbar sind. Mit dem S-Netzwerk als Plattform für Tauschringe könnten deren Skalierungs- und Vertrauensprobleme überwunden werden.

Vorgänger der als *lokale Tauschringe* bezeichneten alternativen Wirtschaftssysteme mit offenen Nullsummenkonten waren 1832 die *National Equitable Labour Exchange* (unter dem Einfluss von Robert Owen, siehe [Harrison 1969]) und 1849 die *Tauschbank* von Pierre-Joseph Proudhon (siehe S. 313). 1983 wurde mit dem *LETSystem (Lokal Exchange and Trading System)* von Michael Linton in Kannada ein erster *Tauschring* geschaffen, um die dortige Wirtschaftskrise zu überwinden. Linton definiert ein *LETSystem* wie folgt:

> *"A LETSystem, Local Exchange Trading System, is a self-regulating network which allows its users to issue and manage their own money supply within the boundaries of the network."*, zitiert aus [Linton 1994/1995 a].

In einem *LETSystem* wird der Austausch von Waren und Leistungen durch eine eigene Verrechnungseinheit erleichtert. Diese Verrechnungseinheit erfüllt im *LETSystem* die wesentlichen Geldfunktionen der Motivation von Leistungen, des Vergleichs und der Verteilung von Gütern oder Dienstleistungen sowie der Hortung. Insofern ist es naheliegend, von einem *LETSystem*-Geld zu sprechen. Nach Linton muss dieses *LETSystem*-Geld vom Wert her eins zu eins dem offiziellen allgemeinen Zahlungsmittel entsprechen, also z. B. dem kanadischen Dollar in Kanada. Damit wird keine Einlösegarantie verbunden – es handelt sich nicht um eine Deckung. Vielmehr soll dies nur die Koexistenz zweier Währungen erleichtern (Prinzip *"no confusion"*, zitiert aus [Linton 1994/1995 b]).

Zur Erzeugung von Vertrauen wird bei einem *LETSystem* auf Offenheit gesetzt, genauer gesagt auf offene Konten, auf welchen *LETSystem*-Geld geschaffen und transferiert wird.

> *"Disclosure of key information is necessary for the users to have control over their system. First and foremost the users have to be able to trust the system. This takes pressure off them when it comes to trusting each other. The ability to know the balance and total trading of another account is both necessary and sufficient for users to regulate the system collectively. The balance shows the commitment of an account holder and the total trading volume demonstrates the degree of participation."*, zitiert aus [Linton 1994/1995 b].

Alle Konten starten bei null und die Summe über alle Konten im *LETSystem* bleibt immer null. *LETSystem*-Geld wird per Überweisung von Konto zu Konto erschaffen, wobei ein Betrag auf der einen Seite subtrahiert und auf der anderen Seite addiert wird. In einem *LETSystem* gewähren sich die Teilnehmer quasi gegenseitig Kredite ohne Zinsen.

Trotz anfänglicher Erfolge wurde das erste *LETSystem* nach wenigen Jahren aufgelöst. Die Idee hat sich jedoch verbreitet und auch im deutschsprachigen Raum haben sich diverse *lokale Tauschringe* gebildet [Hinz 2010]. Jeder hat eigene Regeln. Manche *lokalen Tauschringe* erfüllen nicht sämtliche von Linton

2.3 Neuerungen zur Geldwirtschaft mit dem S-Netzwerk 325

gestellten Forderungen – diese sind mithin keine *LETSysteme*. So haben viele *Tauschringe* keine eins zu eins Entsprechung zum offiziellen Zahlungsmittel. Einige *Tauschringe* beziehen die Freigeld-Idee Gesells mit ein und nutzen eine Schwundwährung, damit der Umlauf angekurbelt wird [Gelleri 2006].

Lokale Tauschringe sind in Deutschland im Rahmen klar definierter rechtlicher Schranken legal, sie bilden keinen rechtsfreien Raum [Brandenstein 1997]. In ihnen findet nicht automatisch Schwarzarbeit statt, Umsätze und Einkünfte aus Tauschringen müssen jenseits einer Geringfügigkeitsgrenze in der offiziellen Landeswährung versteuert werden.

Lokale Tauschringe mit offenen Nullsummenkonten sind eine *technische Innovation*. Sie kommen ohne politischen Zwang wie Monopole aus. Als alternative Wirtschaftsform lassen sich *lokale Tauschringe* ohne jede Überzeugung von einer *Ideologie* oder *Glaubenslehre* auf rein freiwilliger Basis erproben und parallel zur Geldwirtschaft nutzen.

In der Praxis allerdings spielen Überzeugung und *Idealismus* gegenwärtig eine wichtige Rolle bei der Motivation vieler *Tauschring*-Mitglieder. Die rein wirtschaftliche Attraktivität ist oft nicht hinreichend und einige Autoren halten es für unwahrscheinlich, dass *lokale Tauschringe* je größere Bedeutung jenseits der vergleichsweise wenigen Überzeugungsteilnehmer erlangen werden (etwa in [Peacock 2006]). Andere hingegen bescheinigen *lokalen Tauschringen* nachhaltiges Potenzial nicht nur in ökonomischer und sozialer Hinsicht, sondern auch in ökologischer Hinsicht (etwa in [Kristof 2001]).

LETSysteme und ähnliche *lokale Tauschringe* wurden erdacht, um das Geldwirtschaftssystem in begrenztem Rahmen zu ergänzen. Trotzdem könnte versucht werden, das Konzept auch in großen Maßstab und eventuell sogar als vollständigen Ersatz anzuwenden. Dafür müsste ein endsprechend skalierbarer, stabiler, vertrauenswürdiger und sicherer *Tauschring* erschaffen werden. Für die Transaktionen in Tauschringen sind durchaus ähnliche Herausforderungen zu meistern wie für das Girosystem der Geldwirtschaft. *LETSysteme* und ähnliche *Tauschringe* kommen zwar ohne eine *Zentralbank* mit Geldschöpfungsfunktion aus, nicht aber ohne Konten und einen sicheren Zahlungsverkehr.

Benötigt werden also Leistungen, welche in der *Geldwirtschaft* von *Geschäftsbanken* und von anderen Finanzdienstleistern erbracht werden. Zur Kontoführung und zur Abwicklung des Zahlungsverkehrs dienen in gegenwärtigen *Tauschringen* typischerweise *Verrechnungsstellen*. Eine zentrale *Verrechnungsstelle*, die als „Vertrauenspartei" alle Konten führt und mithin den gesamten Wert im Tauschring verwaltet, ist nicht nur ein potenzieller Flaschenhals, sondern eine derartige Machtfülle lässt sich auch kaum kontrollieren. Kommen hingegen verschiedene *Verrechnungsstellen* zum Einsatz, erhöht sich der Aufwand und zugleich vergrößert sich je nach Konzeption auch die potenzielle Angriffsfläche.

Es soll im Folgenden erörtert werden, wie mithilfe des S-Webs ein effizienter und dezentraler Betrieb von *Tauschringen* auch in großem Maßstab ermöglicht werden könnte, bei dem keinen einzelnen Parteien (wie etwa *Verrechnungsstellen*) vertraut werden muss.

Tauschringe mit dem S-Web

Damit Transaktionen zwischen offenen Konten unleugbar sind, können sie im S-Netzwerk verbucht werden, wobei das S-Web die nötige netzwerkseitige Funktionalität bereitstellt.

Der erste Schritt zur Schaffung eines *Tauschrings* im S-Netzwerk ist die Festlegung der Regeln, nach denen der *Tauschring* funktionieren soll. Jeder *Tauschring* kann seine eigenen Regeln haben. Diese Regeln werden im S-Netzwerk reliabel publiziert als Regelwerk R des *Tauschrings*. Um ein offenes Konto zu erschaffen, tätigt ein angehender Kontoinhaber A eine reliable Publikation K_A beliebigen Inhalts, welche das Konto an sich repräsentiert. Der S-Identifikator von K_A ist die Kontonummer. Die Mitgliedschaft von A im Tauschring wird durch einen S-Link vom Konto K_A auf das Regelwerk R hergestellt, mit welchem A einen rechtsgültigen Vertrag zur Akzeptanz der in R publizierten Bestimmungen abschließt.

Eine Überweisung von einem Konto K_A auf ein anderes Konto K_B wird einfach in Form eines S-Links L_T mit den beiden Konten als *Bezugsbereichen* realisiert und reliabel publiziert. L_T selbst wird dazu mit der semantischen Angabe zum Typ des S-Links als Überweisung gekennzeichnet. Der Betrag der Überweisung wird in den zugehörigen *Inhaltsdaten* gespeichert. Die semantischen *Attribute* zu den beiden *Bezugsbereichen* legen die Richtung der Überweisung vom Konto K_A des Senders zum Konto K_B des Empfängers eindeutig fest. Die *Inhaltsdaten* zu den *Bezugsbereichen* können dazu verwendet werden, dem Empfänger die Zuordnung der Überweisung zu erleichtern, indem sie die Herkunft der Transaktion kennzeichnen und den Verwendungszweck bestimmen.

$$L_T = \left(K_A, \frac{\text{Konto des Senders}}{\text{Sender ID (z.B. Kundennummer)}}, \frac{\text{Überweisung}}{\text{Zu überweisender Betrag}}, \frac{\text{Konto des Empfängers}}{\text{Verwendungszweck}}, K_B \right)$$

Eine Überweisung mit K_A aufseiten des Senders ist in *Tauschringen* nur gültig, wenn sie vom Besitzer A von K_A gebucht wird. Zur Feststellung des Kontostands auf einem Konto K_A ist die Summe über die Beträge aller abgehenden Überweisungen von der Summe über die Beträge aller zulässigen eingehenden Überweisungen zu subtrahieren.

Die Zulässigkeit von Überweisungen – Grenzen für negative Kontostände

Ein Tauschring funktioniert nur, wenn seine Nutzer Überweisungen tätigen. Es entstehen zwangsläufig auf einigen Konten negative Saldi. Problematisch wird

2.3 Neuerungen zur Geldwirtschaft mit dem S-Netzwerk

> das erst, wenn einige Nutzer dauerhaft erheblich mehr selbst überweisen, als ihnen von anderen überwiesen wird.
> Um zu verhindern, dass einzelne Nutzer nur konsumieren und exzessiv Schulden machen, ohne etwas zu leisten, muss es in dem Regelwerk R eines *Tauschrings* Einschränkungen geben, etwa eine Obergrenze für die maximal tolerierten Schulden. Diese Begrenzung könnte für längerfristig aktive Nutzer, die in der Vergangenheit auch signifikante Einnahmen erzielt haben, höher liegen als für neue Nutzer.
> Bei einer Schuldengrenze muss geregelt werden, was mit aufgrund des Kontostands unzulässigen Überweisungen geschehen soll. Es bietet sich an, dass der Empfänger die Zulässigkeit eingehender Überweisungen prüfen und per S-Link kennzeichnen muss.
> Nur vom Empfänger als zulässig gekennzeichnete eingehende Überweisungen gelten als durchgeführt und nur sie dürfen in die Berechnung des Kontostands einfließen. Eine Kontrolle der Einhaltung der Regeln ist jederzeit durch alle Teilnehmer am S-Netzwerk möglich. Zusätzlich können auch automatisierte Dienste eingerichtet werden, die regelmäßig die Zulässigkeit der Transaktionen prüfen.
>
> **Das Ausscheiden aus einem Tauschring**
>
> *Tauschringe* werden von jeder einzelnen sterblichen Person nur für eine endliche, zumindest durch den Tod begrenzte Zeit aktiv benutzt. Der Kontostand auf dem offenen Konto der aus dem Tauschring ausscheidenden Person wird beim Ende der aktiven Nutzung anders als beim Beginn oftmals nicht null sein. Es kann insbesondere passieren, dass ein negativer Kontostand zu verzeichnen ist – und dass sich daran auch nichts mehr ändern wird. Während die Summe über alle offenen Konten in einem *LETSystem* null bleibt, kann die Summe über die offenen Konten der aktiven Nutzer, die selbst auch Überweisungen tätigen können, ganz erheblich schwanken. Eine Obergrenze der zulässigen Schulden pro Nutzer sollte eventuell auch an diese Schwankungen angepasst werden.

Performance und Überprüfbarkeit bei Systemen offener Konten im S-Web

Da S-Links bidirektional sind, können für ein Konto K_A sowohl eingehende als auch ausgehende Transaktionen lokal abgefragt werden. Die Aggregation kann jeweils komplett auf all jenen S-Knoten durchgeführt werden, welche eine Kopie von K_A speichern, sodass sich mindestens *Threshold* Ψ unabhängige Berechnungen des Kontostands einfordern lassen.

Um den Rechenaufwand gering zu halten, kann das Regelwerk R des *Tauschrings* verlangen, dass zyklisch der aktuelle Kontostand zu publizieren ist. Der Kontostand kann mit einem S-Link zwischen K_A und der letzten berücksichtigten Überweisung L_T dokumentiert werden. Dann lässt sich der aktuelle Kontostand berechnen, indem zum zuletzt publizierten Kontostand nur seither verbuchte Überweisungen aufsummiert werden. Zugleich kann jeder Teilnehmer am S-Netzwerk jederzeit prüfen, ob alle zulässigen Überweisungen zur Berechnung eines reliabel publizierten Kontostands korrekt berücksichtigt wurden.

Vollständige Überprüfbarkeit ergibt sich nur, wenn sämtliche zu einem offenen Konto gehörenden Daten unbegrenzt lange verfügbar gehalten werden. Der Wert einer ewigen Validierbarkeit wäre indes bescheiden: Sollten Inkorrektheiten etwa bei der Publikation des Kontostands erst nach Jahrzehnten entdeckt werden, wäre das für die Praxis eines *Tauschrings* zu spät – der Kontoinhaber existiert eventuell längst nicht mehr.

Neu publizierte Kontostände sollten wie die Überweisungen möglichst zeitnah mehrfach geprüft werden. Dafür kann es automatisierte Dienste geben. Überprüft werden müssen jeweils nur Kontostände aus der jüngsten Zeit und die Transaktionen dazwischen. Kontostände und Transaktionen, die älter als ein oder zwei Jahre sind, werden dabei in der Regel nicht benötigt, da sie zuvor schon oft geprüft wurden und als entsprechend vertrauenswürdig anzusehen sind. Die Gültigkeitsdauer von Überweisungen und Kontoständen eines *Tauschrings* kann daher durchaus auf einige Jahre begrenzt werden.

Um zu untersuchen, wie ein Tauschring im S-Netzwerk skaliert, wurde eine Anwendung zur Führung offener Konten für den S-Netzwerk-Demonstrator entwickelt. Tests mit dieser Anwendung zeigen, dass die Performance kaum abhängig von der Anzahl der Transaktionen auf dem Konto ist. Die in Abbildung 55 und Tabelle 26 angegebenen Werte sind jeweils arithmetische Mittelwerte aus drei einzelnen Messergebnissen, welche wiederum die mittleren Ergebnisse aus fünf Einzelmessungen auf einem auf einem Dell Precision 7510 Notebook mit Intel i7-6820HQ Quadcore und 16 GByte RAM sind.

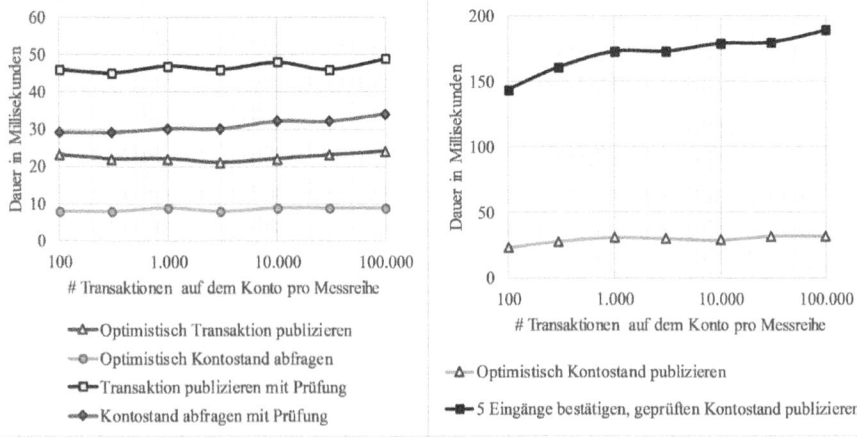

Abbildung 55: Performance der Demonstrator-LETSystem-Anwendung mit $\Psi = 5$ und $\#P = 36$

2.3 Neuerungen zur Geldwirtschaft mit dem S-Netzwerk

Tabelle 26: Performance der Demonstrator-LETSystem-Anwendung mit $\Psi = 5$ und $\#P = 36$

Gesamtanzahl der Transaktionen auf dem Konto pro Messreihe	Dauer mit optimistischer Annahme der Korrektheit			Dauer mit Prüfung und Bestätigung der Korrektheit		
	Transaktion publizieren	Kontostand abfragen	Kontostand publizieren	Transaktion publizieren	Kontostand abfragen	5 Eingänge bestätigen, Kontostand publizieren
100	23 ms	8 ms	23 ms	46 ms	29 ms	144 ms
1.000	22 ms	9 ms	31 ms	47 ms	30 ms	173 ms
10.000	22 ms	9 ms	29 ms	48 ms	32 ms	180 ms
100.000	24 ms	9 ms	32 ms	49 ms	34 ms	189 ms

Die Kosten von Zahlvorgängen bei Tauschringen im S-Netzwerk

Für die Teilnahme am S-Netzwerk entstehen Kosten von 200 € pro Jahr inklusive 100 GB Speicherplatz, wovon bei einem *Threshold* $\Psi = 5$ aufgrund der nötigen Sicherheitskopien etwa 11 GB für eigene Daten bereitstehen. Werden die 100 € einmaligen Kosten für die Zulassung hinzugezählt und auf 20 Jahre umgelegt, ergibt das 205 € pro Jahr. Hier wird mit zusätzlichen Kosten von zwei Cent pro Transaktion für Strom und Speicherplatz kalkuliert. Hat jede Sicherungskopie einer Transaktion 10 KB Daten, könnte die erste Million Transaktionen aufgrund des inkludierten Speicherplatzes wohl noch günstiger verbucht werden.

Tabelle 27: Transaktionskosten pro Jahr in verschiedenen Transaktionssystemen im Vergleich

Anzahl Transaktionen pro Jahr	Girokonto, 50 % mit Bezahldiensten	Bitcoin	Tauschring im S-Web
100	53,50 €	1.005,00 €	207,00 €
1.000	211,00 €	10.050,00 €	225,00 €
10.000	1.786,00 €	100.500,00 €	405,00 €
100.000	17.536,00 €	1.005.000,00 €	2.205,00 €

Zur Einordnung der zu erwartenden Kosten wird in Tabelle 27 ein Tauschring im S-Web mit den Kosten anderer Transaktions- und Zahlsysteme verglichen. Die aufgeführten Werte für das Girokonto beruhen auf der Annahme, dass aufgrund der zeitlichen Dauer von mitunter mehreren Tagen bis zum Abschluss nur 50 % der Transaktionen unmittelbar als Überweisungen getätigt werden können und die anderen 50 % der Transaktionen mithilfe von Bezahldiensten wie Paydirect, PayPal, Sofortüberweisung oder über Kreditkarten durchgeführt werden müssen. Die jährlichen Kosten für ein Girokonto inklusive beliebig vieler Online-Überweisungen werden hier mit 48 € veranschlagt, was aktuell etwa mit dem *Girokonto Digital* bei der Sparkasse Berlin angeboten wird (abgerufen am 18.7.2018:

https://www.berliner-sparkasse.de/de/home/privatkunden/girokonto/girokonto-online.html).

Die Kosten, welche Anbietern mit einem Bezahldienst entstehen, setzen sich typischerweise aus Fixkosten und einem Anteil am Umsatz zusammen. Sie werden hier in Anlehnung an die Übersicht in [Siegert 2016] auf durchschnittlich 0,35 € pro Transaktion geschätzt.

Bei den aufgeführten Kosten für Transaktionen im *Bitcoin*-System wird davon ausgegangen, dass pro Transaktion direkt Gebühren im Wert von 0,05 € für eine zeitnahe Bestätigung gezahlt werden (ein üblicher Wert gemäß [Sixt 2017], S. 101). Außerdem wird angenommen, dass pro Transaktion *Bitcoins* im Wert von 10,00 € erschaffen werden. Dieser Wert ergibt sich bei 3.000 neuen Transaktionen pro Block (es wird etwa alle zehn Minuten ein Block berechnet, das wären also 432.000 Transaktionen pro Tag), wenn für jeden Block jeweils 12,5 *Bitcoin* neu geschaffen werden und ein *Bitcoin* 2.400 € wert ist.

Ab etwa tausend Transaktionen pro Jahr könnte ein *Tauschring*, der mithilfe des S-Netzwerks betrieben wird, demnach günstiger sein als aktuelle Lösungen in der Geldwirtschaft – selbst wenn das S-Netzwerk ausschließlich als Transaktions- und Kontoführungssystem genutzt würde. Damit Privatanwender auf Transaktionszahlen in derartigen Größenordnungen kommen, müsste sich wohl ein erheblicher Teil aller anfallenden Zahlvorgänge mit dem S-Netzwerk im Tauschring realisieren lassen. Das setzt voraus, dass die jeweilige Gegenseite dieser Geschäftsvorgänge auch am S-Netzwerk und an dem gleichen Tauschring teilnimmt. Es ist angesichts der erheblichen Fixkosten für die Teilnahme am S-Netzwerk also wieder ein ausgeprägter Netzwerkeffekt zu erwarten.

Bitcoin scheint hingegen auf den ersten Blick nicht konkurrenzfähig zu sein – allzumal eine Transaktion von *Bitcoins* erst nach einer zeitlichen Verzögerung als gesichert angesehen werden können, die für gewisse Anwendungsbereiche wie das Zahlen an einer Kasse im Supermarkt zu groß ist. Dass *Bitcoin* trotzdem genutzt wird, hat einen Grund in der Besonderheit, dass gegenwärtig weder der Sender noch der Empfänger einer Transaktion den Großteil der Kosten direkt selbst tragen muss. Die Finanzierung erfolgt derzeit hauptsächlich über die Schöpfung des Bezugsmittels, sodass die Kosten versteckt sind und keine abschreckende Wirkung entfalten. Das ändert sich natürlich spätestens, wenn keine neuen *Bitcoins* mehr geschaffen werden. Andererseits bietet *Bitcoin* auch einen potenziellen Mehrwert durch die bei vorsichtiger Verwendung von Konten erzielbare Anonymität.

Privatsphäre: Anonyme Überweisungen im S-Netzwerk mit Verteilern

Ein *Tauschring*, der das S-Netzwerk als Medium nutzt, wäre in der bisher gezeigten Form allzu offen: Jeder Teilnehmer könnte alle Transaktionen im *Tauschring* sehen. Kontostände und deren Änderungen müssen zwar als ein Be-

2.3 Neuerungen zur Geldwirtschaft mit dem S-Netzwerk

standteil des Konzepts zur Erzeugung von Vertrauen in den *Tauschring* öffentlich feststellbar sein. Zu wissen, wer an wen wann wie viel wofür überweist, ist jedoch unnötig. Diese Daten sollen sich auch geheim halten lassen.

Es soll möglich sein, eine Überweisung zu tätigen, deren Korrektheit jeder prüfen kann und bei der jede Verbindung zwischen Sender und Empfänger möglichst verborgen bleibt. Das S-Netzwerk selbst bietet keine Anonymisierung, da anonymisierte Inhalte, die gegen S-Verfassung verstoßen, aufwendig in parteiübergreifenden Verfahren auf unleugbaren Zugriff beschränkt werden müssten. Drohten anonymen Herausgebern keine Kosten und Rechtsfolgen, entstünde ein enthemmter rechtsfreier Raum. Es darf jedoch externe Dienste geben, die bestimmte nach der S-Verfassung zweifelsfrei zulässige Inhalte für ihre Nutzer anonym im S-Netzwerk speichern. Überweisungen zwischen offenen Konten lassen sich leicht automatisch auf Konformität zur S-Verfassung prüfen, insbesondere wenn *Attribute* wie der Verwendungszweck auf vorgegebene Textbausteine und Zahlen beschränkt werden.

Spezialisierte Services, die anonyme Transaktionen für Tauschringe im S-Netzwerk anbieten, können mithilfe des S-Webs überprüfbar und mithin vertrauenswürdig gemacht werden. Das einfachste Verfahren, um gegenüber Dritten eine Überweisung mit dem Verwendungszweck θ_B und dem Betrag χ von einem Sender A an einen Empfänger B zu anonymisieren, benötigt nur eine zusätzliche Partei, einen *vertrauenswürdigen Verteiler V*.

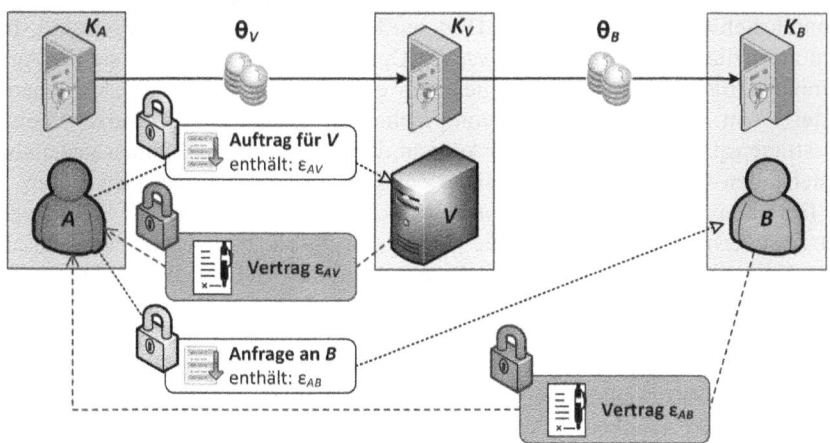

Abbildung 56: Einfachste Form der anonymen Überweisung

Ein solches Verfahren ist in Abbildung 56 dargestellt und funktioniert wie folgt:
1 A schließt mit *Verteiler V* einen geheimen Vertrag ε_{AV} darüber ab, dass V den Betrag χ mit dem Zweck θ_B an B überweisen muss, wenn A den Betrag χ mit

einem Zweck θ_V an V überweist, wobei θ_B und θ_V von A bestimmte zufällige Zeichenfolgen sind.

2 A und B vereinbaren in einem geheimen Vertrag ε_{AB}, dass die Überweisung von A an B mit dem Betrag χ und mit dem Zweck θ_B über den *Verteiler V* erfolgen wird.

3 A überweist für alle Teilnehmer am Tauschring einsehbar von seinem Konto K_A den Betrag χ mit Zweck θ_V auf das Konto K_V von *Verteiler V*.

4 *Verteiler V* überweist für alle Teilnehmer am Tauschring einsehbar den Betrag χ von K_V mit Zweck θ_B auf das Konto K_B von B.

Dieses Verfahren bietet nur einen sehr begrenzten Schutz der Privatsphäre: Da es auf dem Konto K_V einen Zahlungseingang über den Betrag χ sowie eine Abbuchung über den gleichen Betrag χ gibt, lässt sich auch für Unbeteiligte eventuell leicht eine Verbindung zwischen den Überweisungen aus Schritt 3 und Schritt 4 ersehen und somit der Zahlungsvorgang zwischen A und B rekonstruieren. Das gilt insbesondere, wenn die beiden Überweisungen zeitnah erfolgen und insgesamt nur wenige Zahlvorgänge über K_V abgewickelt werden oder wenn χ ein ungewöhnlicher Betrag ist. Außerdem schließen A und B einen Vertrag miteinander ab – daher ist bei der Transaktion Sender A gegenüber Empfänger B nicht anonym. Anonymität wird nur gegenüber Dritten erreicht.

In [Viehmann 2018 o] werden Verfahren zur Anonymisierung von Überweisungen zwischen offenen Konten im S-Netzwerk vorgestellt, welche die genannten Schwächen überwinden. Dort wird auch ein Verfahren präsentiert, bei dem zusätzlich keine einzelnen *Verteiler* Daten erhalten, mit denen sie die Anonymität aufheben könnten. Anstelle eines einzelnen *Verteilers* als „Vertrauenspartei" tritt dabei ein Netz von mehreren *Verteilern* in verschiedenen Misstrauensparteien. Die *Verteiler* können dabei trotz der auch ihnen gegenüber bestehenden Anonymität die rechtliche Zulässigkeit von Transaktionen prüfen.

Bei anonymisierten Transaktionen zwischen offenen Konten im S-Netzwerk mit *Verteilern* erhöht sich durch die Vertragsabschlüsse und zusätzliche Transaktionen die Zahl der nötigen Publikationen. Dadurch steigen die Kosten gegenüber einer Transaktion ohne Anonymität. Externe voll automatisierte Dienste als *Verteiler* zu betreiben, verursacht weitere Kosten. Anbieter solcher Dienste können zur Finanzierung eine Gebühr pro Transaktion erheben. Hier wird davon ausgegangen, dass sich die Kosten pro Transaktion mit jedem involvierten *Verteiler* um 0,20 € erhöhen. In einem Verfahren mit vier *Verteilern*, bei dem kein einzelner Vermittler die Anonymität aufheben kann, führt das zu Mehrkosten von 0,80 €. Wenn mit 25 *Verteilern* erst fünf von ihnen gemeinsam die Anonymität aufdecken können, sind bereits Mehrkosten in Höhe von 5,00 € pro Transaktion zu erwarten.

2.3 Neuerungen zur Geldwirtschaft mit dem S-Netzwerk

Anders als bei anonymen *Bitcoin*-Transaktionen können die *Verteiler* die Zulässigkeit anonymer Transaktionen prüfen, sodass rechtswidriger Missbrauch verhindert werden kann.

Das Potenzial von Tauschringen mit dem S-Netzwerk

Das S-Netzwerk lässt sich nutzen, um dezentral *Tauschringe* zu realisieren, welche auch für eine Verwendung in großem Maßstab hinreichend gut skalieren. Vorausgesetzt dass das S-Netzwerk die Eigenschaften reliabler Publikationen, sicherer Hinterlegungen und verlässlicher Verlinkungen wahrt, lässt sich der regelkonforme Betrieb eines Tauschrings für jeden Teilnehmer am S-Netzwerk überprüfen, ohne Abhängigkeiten von der Korrektheit spezialisierter netzwerkseitiger Dienste. Für einen offenen *Tauschring* im S-Netzwerk muss keinen extra zu schaffenden *Verrechnungsstellen* vertraut werden. Offene *Tauschringe* sind bezüglich ihrer operationellen netzwerkseitigen Risiken auf das S-Web reduzierbar.

Ein Schutz der Privatsphäre durch anonyme Überweisungen lässt sich hingegen bei einem *Tauschring* im S-Netzwerk nur mit zusätzlichen netzwerkseitigen Diensten realisieren. Anonyme Transaktionen sind wegen der benötigten *Verteiler* bezüglich ihrer operationellen netzwerkseitigen Risiken nicht auf das S-Web reduzierbar – es bestehen zusätzlich Abhängigkeiten vom korrekten Verhalten der *Verteiler*. Wenn erst mehrere sich regelwidrig verhaltende *Verteiler* zusammen die Anonymität aufheben können, wenn diese *Verteiler* wie die S-Knoten verschiedenen Misstrauensparteien des S-Netzwerks angehören und wenn das korrekte Verhalten der *Verteiler* zur Vertrauensbildung aktiv getestet wird, lässt sich ein hohes Sicherheitsniveau mit geringem zusätzlichem Aufwand erreichen.

Technisch betrachtet wäre mit dem S-Netzwerk ein großer *Tauschring* ohne lokale Begrenzung machbar. Aber wäre die Umsetzung auch erstrebenswert? Was kann ein *Tauschring* beitragen zur Lösung der Probleme im Zusammenhang mit der beliebigen Reproduzierbarkeit von immateriellen Gütern auf der einen Seite und nur begrenzt verfügbaren Gütern sowie Dienstleistungen auf der anderen Seite?

Es lassen sich in *LETSystemen* oder anderen *Tauschringen* sämtliche in den Kapiteln 2.2.1 bis 2.2.4 vorgestellten Ansätze zur Generierung von Einnahmen für die Bereitstellung von Informationen nutzen. Im Vergleich zur *weitgehend freien Geldwirtschaft* ergibt sich diesbezüglich weder ein Vorteil noch ein Nachteil. Das ist nicht verwunderlich, da *Tauschringe* darauf abzielen, ungehinderten Tausch zu ermöglichen, sodass die Wirtschaft nicht aus Mangel an durch Banken geschaffenem Geld oder durch dessen unvorteilhafte Verteilung und Zurückhaltung gehemmt wird. Das Wirtschaften mit beliebig reproduzierbaren Informationen wird in der *weitgehend freien Geldwirtschaft* jedoch nicht erst deshalb schwierig, weil das Geld eventuell falsch verteilt ist, weil dessen Kaufkraft vielleicht nicht immer stabil genug ist oder weil das Geld unter Umständen nicht hinreichend zirkuliert.

Informationen sind keine einfache Tauschware. Der Ansatz, mit einem Tauschring eine dem direkten Tausch ähnlichere Wirtschaftsform als die *weitgehend freie Geldwirtschaft* zu wählen, ist für die Lösung der Probleme des Wirtschaftens einerseits mit knappen Gütern und zugleich andererseits mit beliebig reproduzierbaren Gütern nicht wirklich zielführend.

In Kapitel 3 *Jad und Jadwirtschaft* wird die Idee eines neuen Wirtschaftssystems mit offenen Konten entwickelt, das durch sein nicht frei übertragbares Bezugsmittel zur Überwindung aktueller Probleme etwa im Umgang mit *immateriellen* Gütern beitragen könnte.

2.4 Fazit zum S-Netzwerk in der Wirtschaft

Der Nutzwert vieler Anwendungsmöglichkeiten des S-Webs wie S-Mail hängt stark von der Teilnehmerzahl ab. Die hohen Kosten der Sicherheitskonzepte für das S-Netzwerk müssen etwa mit Umlageverfahren nachhaltig so finanziert werden, dass trotz starker *Netzwerkeffekte* ein frühzeitiger Beitritt attraktiv wird. Entscheidend erhöhen kann sich der Nutzwert einer Datenplattform durch hoch qualitative Inhalte.

Um mit solchen Inhalten im S-Netzwerk Geld zu verdienen, sind die Ansätze Werbung, Merchandising, freiwillige Spenden und *ex ante Crowdfunding* je nach Inhalt mehr oder weniger geeignet. S-Netzwerk-weite *Verwertungsgesellschaften* wären hingegen problematisch, wenn sie mit willkürlichen Beitragsforderungen den Fortbestand des S-Netzwerks gefährden könnten. Schlecht verträglich ist das S-Netzwerk mit restriktiven Schutz- und Lizenzrechten, da Verstöße zu aufwendigen parteiübergreifenden Verfahren führen würden. Auf die mit gewohnten restriktiven Schutzrechten erzielbare Einnahmen werden Betroffene kaum ohne Weiteres ganz verzichten.

Ein universelles Konzept zur Belohnung für frei und offen nutzbare Informationen fehlt noch.

Vielleicht ist das Problem in dem Bezugsmittel Geld an sich begründet: Ein begrenzt verfügbares Tauschmittel ist eventuell nicht geeignet für beliebig verlustfrei reproduzierbare Güter. Es wurden diverse Alternativen zur *weitgehend freien Geldwirtschaft* entwickelt.

Technische Innovationen ermöglichen neue Bezugsmittelsysteme wie das Kryptogeld *Bitcoin*. Mit dem S-Netzwerk und mit dem S-Web entsteht das Potenzial, sichere und gut skalierende dezentrale Tauschringe in großem Maßstab zu realisieren (Tabelle 28).

Devcoin ist ein erster Ansatz, der direkt Offenheit von Informationen aus der Schöpfung des Bezugsmittels finanziert.

2.4 Fazit zum S-Netzwerk in der Wirtschaft

Das S-Netzwerk selbst erlaubt es vielleicht, ein für begrenzt Verfügbares und beliebig Reproduzierbares gleichermaßen geeignetes Bezugsmittelsystem zu kreieren, mit dem offene Informationen im Interesse aller liegen und Rechtssicherheit gewonnen werden kann. Ein Entwurf dazu findet sich in Kapitel 3: *Jad und Jadwirtschaft*.

Tabelle 28: Vergleich zwischen verschiedenen Bezugsmittelsystemen

	Geldwirtschaft	Kryptogeld (*Bitcoin, Devcoin* ...)	Tauschring mit S-Netzwerk
Vertrauenskonzept	Vertrauensparteien	Mehrheit der Rechenleistung	Misstrauensparteien
Abhängig von Korrektheit einzelner Parteien	Zentralbank, große Geschäftsbanken	✗	✗
Schöpfung des Bezugsmittels	Kreditvergabe und Investitionen der Banken	Belohnung für erfolgreiches *Mining*	Jeder Teilnehmer durch Überweisung
Steuerung der Bezugsmittelmenge	Geldpolitik der Zentralbank, Geschäftsbanken	*Bitcoin*: Fixbeträge pro Block bis zur Obergrenze	Regeln für Kontostand und Partizipation
Vermögen trotz Verlust von Schlüsseln zugänglich	✔	✗	✔
Rückfallkonzept ohne Strom, ohne IKT	Checks in Papierform, Bargeld	✗	Temporär papiergebundener Betrieb (manuell nachzutragen)
Vor allen Parteien anonyme Transaktionen	✗	Bei vorsichtiger Kontonutzung: ✔	Mit mehreren *Verteilern*: ✔
Rechtliche Zulässigkeit von Transaktionen prüfbar	✔	✗	✔
Transaktionsdauer	Sofort bis einige Tage	Einige Minuten bis 12 Stunden	Sofort
Transaktionskosten	0,18 €	10,05 €	0,02 €
Fixkosten Konto p. a.	48,00 €	0,00 €	205,00 €
Bezugsmittelsystem fördert direkt offene Daten	✗	*Bitcoin*: ✗ *Devcoin*: ✔	✗

3 Jad und Jadwirtschaft

Die Jadwirtschaft ist als eine neue Alternative zur Geldwirtschaft konzipiert, die sich wie LETSysteme und andere Tauschringe auf ein System mit offenen Konten stützt. Die Jadwirtschaft setzt mit Jad (Justification, Accounting, Destruction) jedoch auf ein Einweg-Bezugsmittel, das nicht frei transferierbar ist. Ein solches Bezugsmittel verspricht Vorteile dort, wo nicht einfach getauscht werden kann, also etwa im Umgang mit beliebig reproduzierbaren Gütern. Die Menge eines nicht beliebig transferierbaren Bezugsmittels lässt sich leichter steuern. Als technische Erfindung kann die Jadwirtschaft risikoarm in kleinem Maßstab realisiert und parallel zur weitgehend freien Geldwirtschaft genutzt werden. Für eine effiziente dezentrale Verwirklichung der Jadwirtschaft wird eine Plattform für reliable Publikationen, sichere Hinterlegungen und verlässliche Verknüpfungen benötigt – eine Plattform wie das S-Netzwerk.

3.1 Grundkonzeption

Bezugsmittelsysteme werden geschaffen, um die Komplexität des Handels zu reduzieren. Zu starke konzeptionelle Simplifikation kann jedoch aufwendige Ausgleichsmaßnahmen nach sich ziehen. Vielleicht ist es besser, die Komplexität dort zu belassen, wo sie in Form einer fein differenzierten Motivation von Leistungen förderlich sein kann.

3.1.1 Ideal und Realität des indirekten Tauschs mit Bezugsmitteln

Obwohl Geld mit erheblichem Aufwand den Tausch technisch ermöglicht, wird auch in der weitgehend freien Geldwirtschaft in der Regel nicht wirklich getauscht – es müssen beispielsweise Steuern gezahlt werden und auch das Bezugsmittel selbst muss bereitgestellt werden.

Der freie, faire Tausch wird zurecht als hervorragende Möglichkeit des friedlichen Handelns betrachtet. Während direkter Tausch in einer komplexen arbeitsteiligen Wirtschaft unpraktikabel ist, scheint sich der indirekte Tausch mit einem allgemeinen Bezugsmittel weitgehend durchgesetzt zu haben. Sowohl die verschiedensten Ausprägungen der *weitgehend freien Geldwirtschaft* sowie *Bitcoin* als auch *LETSysteme* und andere *Tauschringe* ermöglichen technisch den indirekten Tausch. Dazu muss jeweils ein mehr oder weniger großer Aufwand mit verschiedenen Risiken betrieben werden, um das allgemeine Bezugsmittel zu erschaffen und um es in angemessenem Umfang zur Verfügung zu stellen.

Eine indirekte Tauschwirtschaft mit allgemeinem Bezugsmittel lässt sich anschaulich mit Kreisläufen modellieren. Die Idee einer Zirkulation des Geldes findet sich bereits in [Cantillon 1755/2011], ab S. 38. Andere Modelle wie die

Tableaus von François Quesnay [Quesnay 1766/1888] zeigen auch die Abläufe, sind aber nicht so intuitiv verständlich. Wird eine freie indirekte Tauschwirtschaft mit allgemeinem Bezugsmittel aus der Perspektive einer einzelnen Teilnehmerin *Alice* betrachtet, lassen sich im Wesentlichen zwei verschiedene Typen von Geschäften ausmachen, welchen das Prinzip des fairen Tauschs zugrunde liegt:

1 *Alice* lässt sich für erbrachte Leistungen und Güter mit dem Bezugsmittel belohnen.
2 Mit dem Bezugsmittel kauft *Alice* wiederum andere Leistungen und Güter.

Diese beiden Vorgänge lassen sich mit zwei Kreisläufen modellieren: Abbildung 57 zeigt sowohl den Kreislauf der Leistungen und Güter (gestrichelte Pfeillinien) als auch den Kreislauf des Geldes (durchgezogene Pfeillinien).

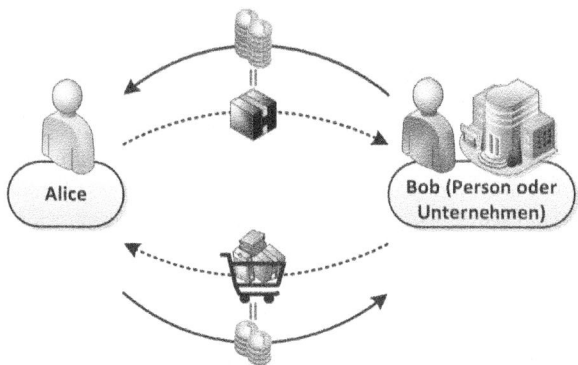

Abbildung 57: Basismodell Tauchkreisläufe

Auf beliebig reproduzierbare Güter lässt sich das Prinzip des fairen Tausches nicht einfach anwenden. Für die Bereitstellung von Informationen das allgemeine Bezugsmittel zu gewinnen, ist wie in Kapitel 2.2 dargestellt mit Problemen verbunden. Beim Bereitstellen von etwas beliebig Reproduzierbarem wird nicht unbedingt etwas abgegeben, das Annehmen ermöglicht technisch wiederum eine Vervielfältigung und Weitergabe ohne Verlust. Damit ist eine unmittelbare Reziprozität nicht gewährleistet.

Wenn sich der indirekt Tausch mit allgemeinem Bezugsmittel für die weiterhin bedeutsamen nur beschränkt verfügbaren Leistungen und Güter tatsächlich überall etabliert hat und gut funktioniert, wäre es unverhältnismäßig, nur wegen der beliebig reproduzierbaren Güter das Tauschprinzip an sich zu hinterfragen. Es soll im Folgenden analysiert werden, welche Rolle der freie, faire Tausch in der wirtschaftlichen Wirklichkeit spielt.

3.1 Grundkonzeption

Gewollte Grenzen des Tausches: Steuern und andere Abgaben

Es ist in der *Geldwirtschaft* üblich, Abgaben (z. B. Steuern, Zölle, Geldstrafen) zu erheben, um Staatliches zu finanzieren. Nach Adam Smith ist das in folgenden Bereichen gerechtfertigt: Verteidigung, Justiz, Bildung und Verkehrs- sowie Kommunikationsinfrastruktur ([Smith 1776/2005], S. 705-707). Auch für Geschäfte in *Tauschringen* oder anderen Alternativen zur *Geldwirtschaft* sind prinzipiell Abgaben zu zahlen [Brandenstein 1997].

In der EU werden – abgesehen von Ausnahmen und Ermäßigungen – Umsätze mit mindestens 15 % besteuert [EURAT 2006]. In Ungarn werden 27 % eingefordert, in Schweden, Dänemark und Kroatien 25 %, während nur Luxemburg den minimalen Satz von 15 % erhebt und die anderen Länder um die 20 % erheben [EUKOMSZ 2013]. Auch Arbeitseinkommen werden mit Pflichtabgaben belastet. So reicht der Grenzsteuersatz für Arbeitseinkommen in Deutschland bis zu 47 %, in Großbritannien bis zu 50 % und auch die effektive Einkommensteuer (nicht nur Arbeitseinkommen) erreicht für hohe Einkommen in beiden Ländern höhere Prozentsätze als die Umsatzsteuer [Bach 2012].

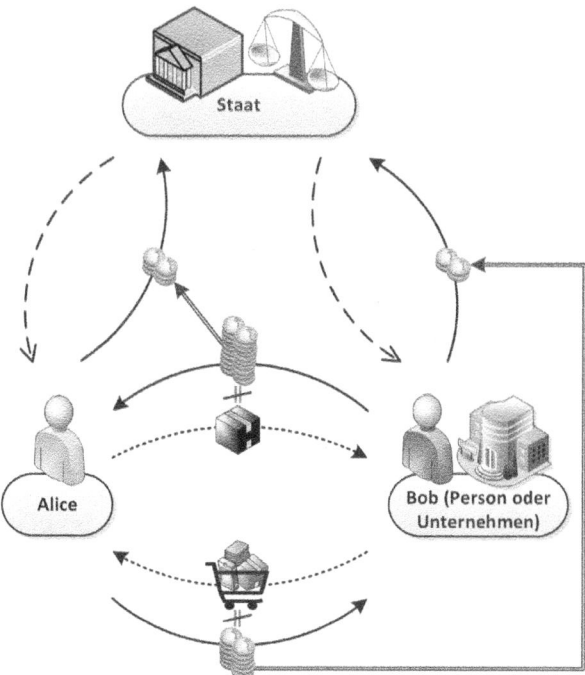

Abbildung 58: Wirtschaftskreisläufe mit Steuern

Wenn bei einem Geschäft in erheblichem Maß Steuern abgeführt werden müssen, handelt es sich dabei nicht um einen freien, fairen Tausch. Es fehlt die Reziprozität. Zwar erbringt der Staat mit den Steuern Leistungen, welche eventuell auch dem Steuerzahler wieder zugutekommen können, aber es wird keine unmittelbare Verhältnismäßigkeit der Leistungen sichergestellt.

Steuersysteme sind oft komplex und verursachen dadurch erheblichen Aufwand, wobei das System in Deutschland verglichen mit anderen Staaten im Mittel liegt [Wagner 2011]. Legal darf der faire Tausch nur begrenzt angewendet werden, etwa bis zu Freibeträgen. Arbeitseinkommen sind in Deutschland z. B. ab der Höhe des Grundfreibetrags einkommensssteuerpflichtig (§32a [EStG 2009/2017]).

Das Modell in Abbildung 58 berücksichtigt den staatlichen Sektor und weist bereits vier Kreisläufe auf. Der einfache Tausch mit unmittelbarer Reziprozität ist bereits weitgehend verschwunden. *Tauschringe* werden damit im Wesentlichen erfasst, denn in ihnen wird das Bezugsmittel von den Teilnehmern durch Transaktionen zwischen offenen Konten geschaffen. Für die *Geldwirtschaft* hingegen fehlen die Geldschöpfung und der Bankensektor.

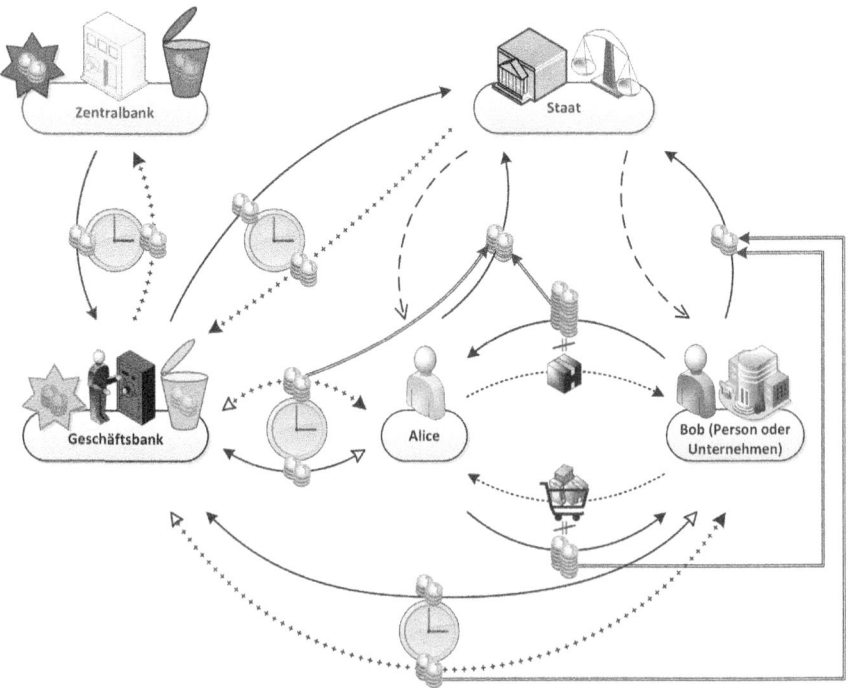

Abbildung 59: Wirtschaftskreisläufe der weitgehend freien Geldwirtschaft mit Banken

3.1 Grundkonzeption

In Abbildung 59 werden auch Banken berücksichtigt. Die Rückzahlungspflicht von Krediten und Anleihen wird mit dem Uhr-Symbol zwischen dem Pfeil in Richtung der Kreditvergabe und dem Pfeil der Kreditrückzahlung visualisiert. Zinsen werden durch zusätzliche Münzen aufseiten der Rückzahlung dargestellt. Die beidseitigen Pfeile verdeutlichen, dass es möglich ist, Geld anzulegen (massive Pfeilspitzen) und auch Geld in Form von zinspflichtigen Krediten auszuleihen (hole Pfeilspitzen).

Obwohl dieses komplexe Modell bereits eine Vielzahl von Zyklen beinhaltet, kann es nur einen kleinen Teil der Realität abbilden. Verschieden Währungen und Zentralbanken bleiben z. B. unberücksichtigt. Auch Geschäftsbanken können zur Zahlung von Steuern verpflichtet sein. Zentralbanken können auch (mehr oder weniger direkt) in Staatsanleihen sowie in Unternehmen investieren und ihre Gewinne können eventuell der Staatskasse zugutekommen. Die vielen ineinandergreifenden Kreisläufe führen zu einer hohen Komplexität mit gegenseitigen Abhängigkeiten und machen etwa die bedarfsgerechte Steuerung der im Umlauf befindlichen, verfügbaren Menge des Bezugsmittels schwierig.

Durch beträchtlichen Aufwand wird der freie faire Tausch mit einem allgemeinen Bezugsmittel wie dem Geld in Formen der *weitgehend freien Geldwirtschaft* technisch praktikabel. Am Ende darf trotzdem nur in engen Grenzen fair getauscht werden. Der in Gesetze gefasste politische Wille verhindert den freien Tausch letztlich weitgehend.

Vielleicht ist der freie faire Tausch gar nicht das erstrebenswerte Ziel. Um das Erbringen von Leistungen sowie die Vergabe von Gütern zu belohnen und um das Kaufen von Leistungen oder Gütern praktikabel zu machen, ist ein allgemeines Bezugsmittel zweifelsfrei nützlich. Daraus folgt allerdings noch nicht, dass dieses Bezugsmittel auch ein Tauschmittel sein muss. Im Folgenden soll versucht werden, eine Alternative zu erdenken.

3.1.2 Die Jadwirtschaft mit der Einbahnstraße der Jad

Die Jadwirtschaft bricht mit der Idee, dass ein den freien fairen Tausch optimal unterstützendes Wirtschaftssystem erstrebenswert sei. Sie ist anders als etwa die Geldwirtschaft mit ihren Geldkreisläufen bezüglich ihres allgemeinen Bezugmittels Jad azyklisch. Die Komplexität wird dort belassen, wo detaillierte Differenzierung unbedingt hingehört – nämlich bei der Motivation von Leistungen durch Ansprüche auf die Schaffung von Jad. Dafür wird anderes einfacher.

Jad steht für eine neue Art von allgemeinem Bezugsmaß und Bezugsmittel; eine spezielle Währung, welche anders als das Geld oder die Währungen von *LET-Systemen* und anderen *Tauschringen* nicht als Tauschmittel konzipiert ist.

Der Begriff *Jad* ist eine Abkürzung für die in Abbildung 60 dargestellten wesentlichen Stationen, die alle *Jad* durchlaufen: *Justification, accounting, destruction*. Also: *Rechtfertigung, Buchung* und *Zerstörung*.

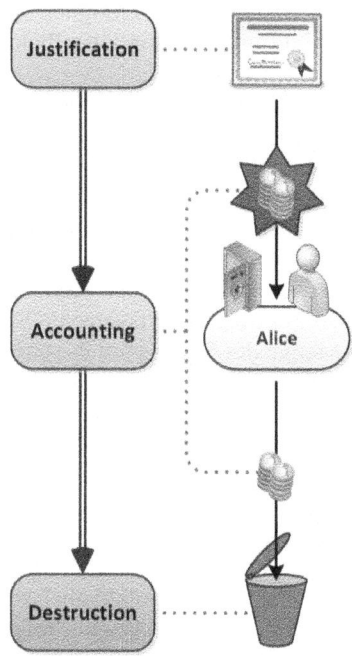

Abbildung 60: Einbahnstraße der Jad

Die das allgemeine Bezugsmittel *Jad* nutzende Wirtschaftsform wird *Jadwirtschaft* genannt. Zum Rechnen und als allgemeines Bezugsmaß werden in der *Jadwirtschaft* Beträge in der Einheit *Jad* verwendet, wobei diese *Jadbeträge* als Festkommazahl mit zwei Nachkommastellen dargestellt und gehandhabt werden.

Jad haben keine materielle Form, sie existieren ausschließlich immateriell in einem Girosystem mit offenen Konten, welche anfänglich einen Kontostand von null *Jad* haben. Die *Jadwirtschaft* soll vollständig dezentral sein. Das offene Kontensystem soll auf einer dezentralen Plattform für unleugbare Daten betrieben werden. Im Folgenden wird davon ausgegangen, dass das S-Netzwerk als diese Plattform genutzt wird.

Anders als Geld, welches durch gesetzliche Monopole geschützt ausschließlich durch Zentralbanken und eventuell Geschäftsbanken sowie andere Kreditinstitute geschaffen wird, werden *Jad* von allen Teilnehmern der *Jadwirtschaft*

3.1 Grundkonzeption

erschaffen – und zwar meist jeweils für sich selbst. Im Gegensatz zu Guthaben bzw. Schulden in den Tauschwährungen von *LETSystemen* und anderen *Tauschringen* entstehen Vermögen in *Jad* nicht durch Umverteilung zwischen Nullsummenkonten. Neue *Jad* in Höhe eines bestimmten Betrags werden tatsächlich erschaffen. Voraussetzung zur Erzeugung der *Jad* ist, dass ein legitimer *Anspruch* nach gewissen Regeln besteht. Für jeden *Anspruch* muss vor der Schaffung von *Jad* jeweils eine *Rechtfertigung* (*Justification*) im S-Netzwerk reliabel publiziert werden.

Ein *gerechtfertigter Anspruch* wird geltend gemacht, indem durch *Buchung* (*Accounting*) neue *Jad* kreiert werden. Die *Buchung* erfolgt in der Regel auf das eigene offene Konto, wodurch sich der Kontostand additiv um den gebuchten *Jadbetrag* erhöht. Dieses *Buchen* kann im S-Web als S-Link zwischen *Rechtfertigung* und Konto realisiert werden.

Jede an der *Jadwirtschaft* teilnehmende Privatperson hat ein eigenes offenes Konto, auf dem sich *Jad* sparen lassen. *Jad* sind persönlich und grundsätzlich nicht frei übertragbar. *Jadbeträge* können nicht von einem Konto zu einem anderen Konto überwiesen werden.

Begrenzt verfügbare Güter haben auch in der *Jadwirtschaft* einen Preis, notiert als *Jadbetrag*. Zum Erstehen solcher Güter muss der Käufer einen entsprechenden *Jadbetrag* investieren und von seinem offenen Konto abbuchen. Der *Jadbetrag* wird dabei vom Kontostand subtrahiert. Die *Jad* werden bei der Ausgabe entwertet. Es erfolgt keine entsprechende Gutschrift auf einem anderen Konto. Der *Jadbetrag* wird tatsächlich *zerstört*.

Diese *Zerstörung* (*Destruction*) wird bei der Nutzung des S-Netzwerks als Plattform technisch wiederum mit einem S-Link realisiert, welcher ausgehend vom Konto optional auf eine zuvor reliabel publizierte oder sicher hinterlegte Rechnung verweisen kann. Die Rechnung und der S-Link können zusammen als Zahlungsbeleg dienen. Der Verkäufer erhält zwar keine Gutschrift über den *Jadbetrag* auf sein Konto, aber er kann den Zahlungsbeleg eventuell nutzen, um entsprechend der Regeln der *Jadwirtschaft Ansprüche* auf die Erschaffung von *Jad* zu rechtfertigen.

Jad können auch ohne ein Konto zu benutzen direkt mit einem einzigen S-Link von der *Rechtfertigung* auf die Rechnung erschaffen, gebucht und zerstört werden. Dies bietet sich insbesondere an, wenn der legitime Anspruch eine Zweckbindung enthält.

Wird das Konto eines Teilnehmers der *Jadwirtschaft* dauerhaft geschlossen, werden automatisch alle *Jad* auf dem Konto zerstört. Dies wird spätestens dann der Fall sein, wenn der Teilnehmer vom Leben scheidet.

Weil *Jad* nicht frei transferierbar sind und da sie zerstört werden, sobald sie eingesetzt werden oder spätestens dann, wenn ihre Besitzer endgültig aus der

Jadwirtschaft ausscheiden, bleibt die Menge der *Jad* kontrollierbar, obwohl es keinerlei Rückzahlungsverpflichtungen für neu geschaffene *Jad* gibt.

Daraus ergibt sich ein anderes Modell für die wirtschaftlichen Abläufe als in der Geldwirtschaft. Während Kreisläufe die Geldwirtschaft abbilden können, eignet sich die Einbahnstraße als Modell zum Verständnis der Jadwirtschaft (siehe Abbildung 61).

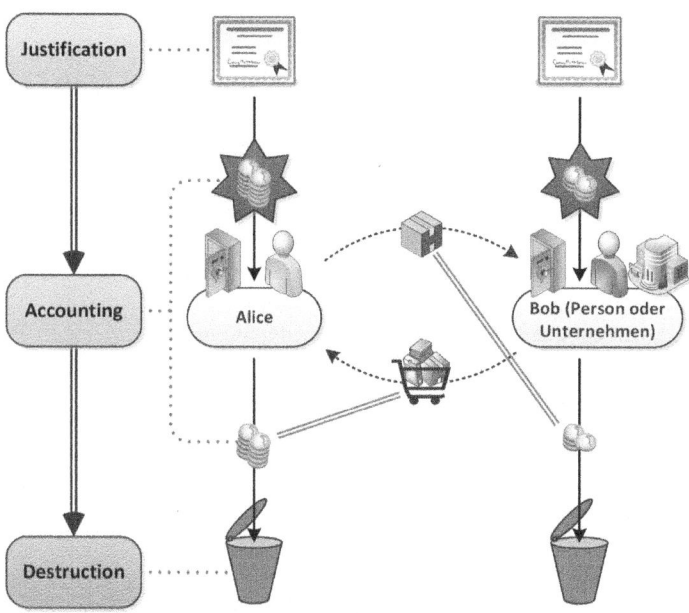

Abbildung 61: Jadwirtschaft als Einbahnstraße der Jad

Jad sollen sich in der *Jadwirtschaft* auch indirekt mittels anderer Güter nicht frei von Konto zu Konto transferieren lassen. Es darf nicht ermöglicht werden, beliebig viele *Jad* über Generationen hinweg anzuhäufen. Die *Jadwirtschaft* soll bezüglich der *Jad* möglichst strikt azyklisch gehalten werden. Trotzdem sollen alle wichtigen wirtschaftlichen Abläufe bei praktikablem Aufwand abgedeckt werden können. Selbst einige grundlegende Vorgänge wie etwa Weiterverkäufe erfordern besondere Vorkehrungen, damit sie nicht indirekt zu beliebiger Transferierbarkeit des Bezugsmittels führen.

Die *Jadwirtschaft* ist, soweit sie bisher gezeigt wurde, in ihren sonstigen Eigenschaften praktisch noch nicht festgelegt. Der Grund dafür ist, dass die Regeln für einen legitimen *Anspruch* zur Erschaffung von neuen *Jad* noch nicht spezifiziert wurden. Je nachdem, wie diese Regeln gefasst werden, kann die darauf aufbauende *Jadwirtschaft* so ziemlich jeden Charakter haben. Aus den Regeln wird sich beispielsweise ergeben, wie die Preise für begrenzt Verfügbares in der *Jadwirtschaft* zustande kommen. An dieser Stelle bietet die *Jadwirtschaft* einen erheblichen gestalterischen Spielraum. Was genau zur Erschaffung von *Jad* berechtigt, das ist eine politische Entscheidung. Im Folgenden sollen einige Möglichkeiten aufgezeigt werden.

3.2 Die anspruchsvolle Erschaffung des Bezugsmittels Jad

In der Jadwirtschaft werden im Wesentlichen vier verschiedene Klassen von Ansprüchen unterscheiden, die das Verbuchen von neuen Jad auf ein Konto erlauben: Sicherungsansprüche, Ansprüche des öffentlichen Bedarfs, Lohnansprüche und Erstattungsansprüche.

Hier wird davon ausgegangen, dass ein offenes Konto der *Jadwirtschaft* als reliable Publikation im S-Netzwerk realisiert wird. Auch jede *Rechtfertigung (Justification)* für die Erschaffung von *Jad* muss als reliable Publikation im S-Netzwerk gespeichert werden. Ein *Anspruch* auf die Erschaffung von *Jad* wird geltend gemacht durch einen S-Link mit der *Rechtfertigung* als *Ausgangsbereich*, wobei der zu erschaffende und zugleich zu buchende *Jadbetrag* im *Attribut* der Inhaltsdaten für den *Zielbereich* des S-Links gespeichert wird.

3.2.1 Sicherungsansprüche

In der Jadwirtschaft können nach den Regeln für Sicherungsansprüche neue Jad geschaffen werden, um dafür zu sorgen, dass die wichtigsten Grundbedürfnisse gedeckt werden können und dass Risiken sowie soziale Härten abgefedert werden können. Dazu sind keine Versicherungsorganisationen und keine Beitragszahlungen nötig.

Das Vorhandensein eines wohlbalancierten Schutzes vor existenziellen Bedrohungen hilft nicht nur denen, welchen die Schutzleistungen unmittelbar und überdurchschnittlich zugutekommen, sondern es mindert auch die Angst und den Stress derer, welche der Schutzleistungen noch nicht bedürftig waren und wohlmöglich nie bedürftig werden. So zeigt sich etwa ein deutlicher Rückgang von psychischen Erkrankungen, wenn eine Krankenversicherung besteht [Baicker 2013].

Die Grundidee sozialer Absicherungen ist, die eventuell untragbar hohen Risiken für einzelne Individuen zu mindern, indem die Gesamtheit einer großen Gemeinschaft die Last gemeinsam stemmt, da dies letztlich dem friedlichen und sicheren Zusammenleben aller zuträglich ist. In sozialen Formen der *weitgehend freien Geldwirtschaft* dienen dem Schutz vor Bedrohungen der Existenz beispielsweise Kranken-, Arbeitslosen-, Pflege- und Rentenversicherungen, wobei diese sowohl staatlich verpflichtend als auch freiwillig privat organisiert werden können. Zu umfangreiche gesetzlich geregelte soziale Schutzleistungen können als ungerecht empfunden werden und etwa die Motivation zur Erbringung von persönlichen Arbeitsleistungen reduzieren. Bei freiwilligen Schutzangeboten muss jeder Einzelne die Risiken selbst managen und außerdem werden eventuell erhebliche Mittel benötigt, um überhaupt in den Genuss des Schutzes zu kommen. Das kann dazu führen, dass einige nicht das gewollte Schutzniveau gegenüber existenziellen Bedrohungen erreichen. Die Schutzbedürfnisse und die Kosten sowie andere unerwünschte Folgen von Schutzleistungen sind in jedem Fall gegeneinander abzuwiegen – entweder von den politischen Entscheidungsträgern oder von den Individuen.

In der *Jadwirtschaft* sind *Sicherungsansprüche* dazu vorgesehen, die wesentlichen Risiken für das Leben und das Wohlbefinden auf ein bestimmtes Maß zu reduzieren. Wie umfangreich der Schutz aus *Sicherungsansprüchen* in der *Jadwirtschaft* konkret sein soll, ist eine politische Frage und wird hier offen gelassen.

Bedingungen, Bindungen und Schutz der Privatsphäre

In der *Jadwirtschaft* kann die soziale und gesundheitliche Absicherung direkt durch die Schöpfung des allgemeinen Bezugsmittels *Jad* finanziert werden. Dabei werden neue *Jad* genau dann geschaffen, wenn nach den politisch festgelegten Regeln ein legitimer *Sicherungsanspruch* vorliegt. Es werden dazu Vorgaben gemacht, welche Voraussetzungen gegeben sein müssen, welche Nachweise als *Rechtfertigung* erforderlich sind und wie die Höhe des *Jadbetrags* bestimmt wird, der dafür geschaffen und verbucht werden darf.

Ein *Sicherungsanspruch* in der *Jadwirtschaft* kann etwa aus dem Rezept eines Arztes resultieren. Das Rezept dient als *Rechtfertigung* (*Justification*). Um solche Ansprüche geltend machen zu können, muss das Rezept vom Arzt im S-Netzwerk reliabel publiziert werden. Gegebenenfalls muss der Arzt Diagnoseergebnisse als Beleg in das S-Netzwerk stellen und diese verlässlich mit dem Rezept verlinken. Die Schöpfung und Buchung der neuen *Jad* muss per S-Link mit dem Rezept als *Ausgangsbereich* realisiert werden.

Sicherungsansprüche können eine Zweckbindung haben: Eventuell erfordert die *Rechtfertigung* einen Nachweis darüber, wofür die neu geschaffenen *Jad* eingesetzt werden. Der Anspruch auf die Erschaffung von *Jad*, welcher sich beispielsweise aus einem Rezept ergibt, lässt sich an die Bedingung binden, dass dafür Arzneimittel mit genau den im Rezept aufgeführten Wirkstoffen bezogen werden müssen. Der mit dem *Sicherungsanspruch* erschaffene *Jadbetrag* muss dann mit einem S-Link eingesetzt und zerstört werden (*Destruction*), der auf die Rechnung für den Bezug entsprechender Medikamente verweist. Aufgrund der

3.2 Die anspruchsvolle Erschaffung des Bezugsmittels Jad

Zweckbindung ist es naheliegend, die Buchung direkt mit einem einzigen S-Link von der *Rechtfertigung* zur Rechnung zu realisieren – ohne ein Konto zu nutzen. Bei privaten Krankenversicherungen in der *weitgehend freien Geldwirtschaft* wird letztlich auch mittels einzureichender Rezepte und Quittungen abgerechnet (Abbildung 62). Die Krankenversicherung kann anhand dieser Dokumente die Rechtmäßigkeit des Versicherungsanspruchs prüfen. Um überhaupt Versicherungsleistungen erhalten zu können, müssen regelmäßig Versicherungsbeiträge eingezahlt werden. Oftmals muss der Kunde zusätzlich in Vorkasse gegenüber dem Leistungserbringer gehen. Die Kosten werden dann erst nachträglich erstattet, wenn ein legitimer Anspruch darauf besteht.

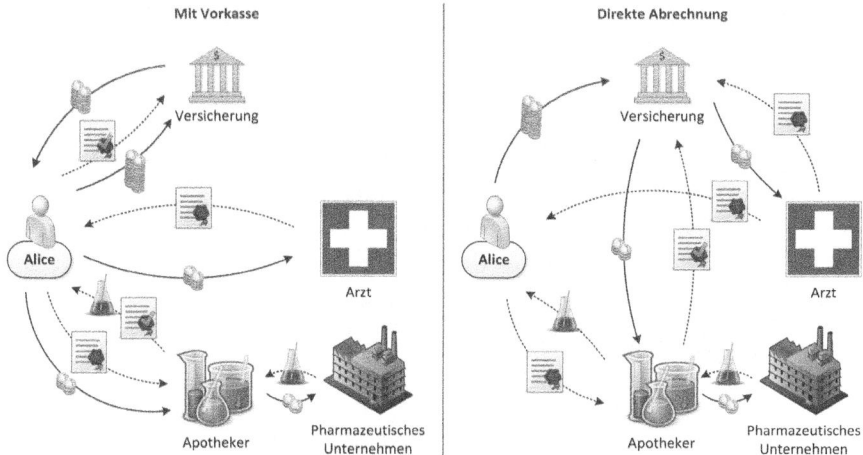

Abbildung 62: Krankenversicherungen in der Geldwirtschaft

In der *Jadwirtschaft* soll die Prüfung, ob ein berechtigter Anspruch besteht, nicht durch ein bestimmtes Versicherungsunternehmen erfolgen. Vielmehr sollen sowohl die *Rechtfertigungen* für *Sicherungsansprüche* als auch die *Buchungen* für den Einsatz der Mittel allen Teilnehmern der *Jadwirtschaft* zugleich zugänglich gemacht werden, sodass jeder die Möglichkeit erhält, die *Sicherungsansprüche* einzusehen und zu überprüfen. Davon unbeschadet kann es auch in der *Jadwirtschaft* zusätzlich trotzdem Institutionen geben, welche professionell auf Missbrauch der *Sicherungsansprüche* und Betrug prüfen.

Bei der Publikation hochgradig sensibler Daten im Zusammenhang mit *Sicherungsansprüchen* müssen geeignete Verfahren entwickelt werden, um eine zur Prävention von Missbrauch hinreichende Transparenz zu erreichen sowie um einen angemessenen Datenschutz zu gewähren. Im Gesundheitswesen kommt dem umfassenden Schutz der Privatsphäre der Patienten eine besondere Bedeu-

tung zu [Welch 2001]. Die medizinischen Befunde, welche einen *Sicherungsanspruch* rechtfertigen, müssen anonym bleiben.
Dazu bietet es sich an, den *Sicherungsanspruch* dort geltend zu machen, wo die Leistung erbracht wird – und nicht bei dem Leistungsempfänger. Der Apotheker erschafft die *Jad* selbst und er verbucht sie auch gleich, um die Medikamente zu bezahlen, welche der Kunde erhält (Abbildung 63). Dazu erzeugt er einen einzigen S-Link mit der *Rechtfertigung* des *Sicherungsanspruchs* als *Ausgangsbereich* und der Rechnung von einem pharmazeutischen Unternehmen für das abgegebene Arzneimittel als *Zielbereich*.

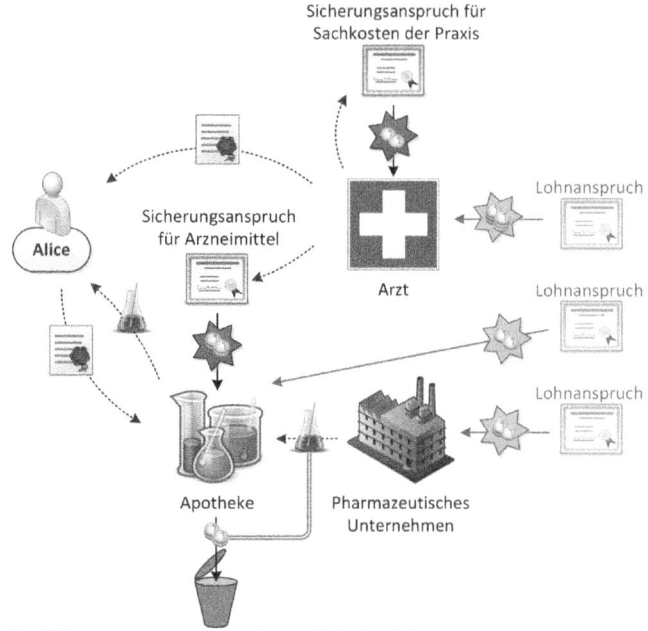

Abbildung 63: Sicherungsansprüche im Gesundheitsbereich

Zusätzlich können eventuell sowohl der Apotheker als auch der Arzt und andere Beteiligte für ihre Arbeitsleistungen *Ansprüche* auf die Schaffung von *Jad* geltend machen – dies sind jedoch in der *Jadwirtschaft* gewöhnliche *Lohnansprüche* (siehe Kapitel 3.2.3 bis 3.2.7) und keine *Sicherungsansprüche*. Mit *Sicherungsansprüchen* im Gesundheitsbereich werden nur die Sachkosten der Krankenhäuser, Arztpraxen und Apotheken finanziert.
Der Leistungsempfänger, also der Patient, muss sich in der Apotheke als die Person ausweisen, welche berechtigt ist, die Leistung in Anspruch zu nehmen.

3.2 Die anspruchsvolle Erschaffung des Bezugsmittels Jad 349

Um volle Anonymität zu wahren, kann dies mit einer vom Arzt unterschriebenen Version des Rezeptes erfolgen. Es könnte ferner verlangt werden, dass der Patient anonym und doch überprüfbar die Diagnose und den Leistungsbezug gegen das Rezept bestätigen muss, um etwa zu verhindern, dass Arzt und Apotheker für fiktive Patienten Abrechnungen durchführen. Soll dies im S-Netzwerk erfolgen können, sind dazu weitere netzwerkseitige Dienste erforderlich, da das S-Netzwerk an sich keine Anonymisierung unterstützt. Mit speziellen Anonymisierungsdiensten ließe sich auch ein vertrauliches Feedback etwa zur Beurteilung der Beratungsleistung einholen. Wie das S-Web und das Prinzip der Verteilung von Verantwortlichkeiten über Misstrauensparteien allgemein genutzt werden können, um die Korrektheit und die Sicherheit bei Anonymisierungsverfahren vertrauenswürdig zu machen, wird speziell in Kapitel 1.6.3, [Viehmann 2018 e] und [Viehmann 2018 f] thematisiert.

Für den Fall, dass der *Sicherungsanspruch* nicht die volle Finanzierung bestimmter bezogener Leistungen erlaubt, könnten schließlich auch anonyme private Zuzahlungen mit dem Bezugsmittel *Jad* durch Kunden ermöglicht werden. Wie genau in der *Jadwirtschaft* Zahlvorgänge mithilfe des S-Netzwerks und mit anonymisierenden *Verteilern* realisiert werden könnten, wird in Kapitel 3.3.1 erörtert.

Das Konzept der *Sicherungsansprüche* in der *Jadwirtschaft* unterscheidet sich vom Versicherungswesen in der *weitgehend freien Geldwirtschaft* dadurch, dass in der *Jadwirtschaft* die zur Erbringung der Sicherungsleistungen notwendigen Mittel nicht einkassiert werden müssen, sonder genau dann geschaffen werden, wenn sie gebraucht werden. Eventuell sogar bereits dort, wo die Mittel gebraucht werden. Versicherungsunternehmen zur Verwaltung gemeinschaftlicher Mittel werden nicht benötigt. Die a priori schwierige Festlegung von Beiträgen entfällt, es müssen keine Gebühren eingefordert werden und es entstehen nie Defizite oder Überschüsse.

Wie hoch die *Sicherungsansprüche* insgesamt sein sollen, muss politisch bestimmt werden. Im Beispiel mit dem Rezept kann etwa eine gewisse Selbstbeteiligung des Patienten dazu motivieren, die Kosten niedrig zu halten und Missbrauch zu verhindern. Denn dass keine Beiträge erhoben werden müssen, bedeutet nicht, dass *Sicherungsansprüche* nichts kosten. In der *Jadwirtschaft* ändert sich durch die Erschaffung neuer *Jad* die Bezugsmittelmenge und infolge dessen tendenziell die Kaufkraft aller *Jad* – unabhängig davon, aufgrund welcher Ansprüche die *Jad* erschaffen werden. Die Leistungen aus *Sicherungsansprüchen* werden also von allen aktiven Teilnehmern der *Jadwirtschaft* gemeinsam getragen, denn sie reduzieren den Wert der selbst verdienten *Jad*.

Um in der *weitgehend freien Geldwirtschaft* mit Versicherungsunternehmen ein vergleichbar breit aufgestelltes Schultern der individuellen Risiken zu ermöglichen, ist eine große Basis an beitragszahlenden Versicherungsmitgliedern notwendig. Also benötigt die Geldwirtschaft neben den Banken mit den Versicherungsunternehmen weitere tendenziell zentralistische und mächtige Finanzdienstleister – und analog zum Monopol der Zentralbank eventuell gesetzliche Mitglieds- und Beitragspflichten. Dadurch, dass mitgliederstarke Versicherungen sehr große Geldmengen verwalten, sind auch die Risiken potenzieller Misswirtschaft, Veruntreuung und Korruption entsprechend hoch zu bewerten. Große Versicherungsunternehmen werden hingegen in der *Jadwirtschaft* nicht benötigt, um ein breit aufgestelltes soziales Sicherungssystem zu erschaffen.

Umfang und Rechtfertigung von sozialen Sicherungsansprüchen

Rentenversicherungen werden in der *weitgehend freien Geldwirtschaft* genutzt, um jene zu versorgen, die aus Altersgründen oder eventuell auch aus gesundheitlichen Gründen nicht in der Pflicht gesehen werden, arbeiten zu gehen. Auch für Kinder kann eine solche Zuwendung vorgesehen werden [Schreiber 1954]. Zusätzlich können auch Arbeitslosen- und Sozialversicherungen eine Versorgung von anderen, arbeitsfähigen Personen ohne eigene Einkommen sicherstellen. Die *Jadwirtschaft* könnte an vergleichbare Bedingungen geknüpfte *soziale Sicherungsansprüche* bieten. Gerechtfertigte *soziale Sicherungsansprüche*, die keiner Zweckbindung unterliegen, werden von den Empfängern durch Verbuchung mit S-Links auf ihre eigenen offenen Konten geltend gemacht.

Es wäre in der *Jadwirtschaft* sogar möglich, alternativ oder zusätzlich eine Grundsicherung für wirklich alle aktiven Teilnehmer in Form von *Sicherungsansprüchen* einzurichten. Ein „bedingungsloses Grundeinkommen" auch für jene, die zusätzlich weitere Einkünfte haben, wobei ihnen das pauschal zugeteilte Bezugsmittel zur Finanzierung nicht wieder abgenommen werden müsste, da es immer neu geschaffen wird. Ganz anders sind die Bedingungen in der Geldwirtschaft: Zur Finanzierung eines „bedingungslosen Grundeinkommens" müsste hier jenen, welche zusätzlich zum Grundeinkommen weitere Einkünfte beziehen, mehr als das ihnen zugeteilte Grundeinkommen wieder abgenommen werden, was die Idee eines „bedingungslosen Grundeinkommens" für alle in der Geldwirtschaft ad absurdum führt, denn effektiv profitieren würden davon nur Personen ohne große sonstige Einkommen und eben nicht alle [Enz 2016].

Aus dem technischen Potenzial der *Jadwirtschaft* zu einem „bedingungslosen Grundeinkommen" folgt jedoch nicht, dass dies einen positiven Nutzen hätte. Jede pauschale Schaffung von *Jad* aus persönlichen sozialen *Sicherungsansprüchen* aller Art erhöht die Bezugsmittelmenge. Die Kaufkraft von zusätzlichen Einkünften aus *Lohnansprüchen* muss im Verhältnis zu (möglichen) Einkünften arbeitsfähiger Personen aus *Sicherungsansprüchen* zumindest so hoch sein, dass sich daraus noch wirksame Anreize zur Leistungserbringung ergeben. Bei allzu großzügigen sozialen Sicherungsleistungen für Erwerbsfähige wird das nicht gelingen.

3.2.2 Ansprüche des öffentlichen Bedarfs

Ansprüche zur Erschaffung von Jad aus öffentlichem Bedarf bilden das funktionale Äquivalent zum staatlichen Finanzierungssystem mit Steuern und sonstigen Abgaben in der weitgehend freien Geldwirtschaft, wobei durch die Ansprüche in der Jadwirtschaft praktisch kein Verwaltungsaufwand entsteht.

Hier wird davon ausgegangen, dass es unabhängig von den Wirtschaftssystemen auch zukünftig Staaten oder staatenähnliche Einheiten geben soll, damit eine öffentliche Hand für ein gewisses Maß an Recht und Ordnung sorgen kann. Diese politischen Entitäten benötigen ein Budget in Form des allgemeinen Bezugsmittels zur Umsetzung ihrer Ziele, zur Wahrung ihrer Aufgaben. In der *weitgehend freien Geldwirtschaft* werden dazu Steuern und andere Abgaben erhoben (siehe Kapitel 3.1.1, S. 339f). Außerdem nehmen Staaten eventuell Anleihen auf, um sich zu finanzieren, und sie können unternehmerisch tätig sein.

Ein erheblicher Bedarf zur Finanzierung mit dem allgemeinen Bezugsmittel ist auch für politische Entitäten in der *Jadwirtschaft* zu erwarten. Anstelle von Abgaben und Anleihen erfolgt die Finanzierung der öffentlichen Hand in der *Jadwirtschaft* mit *Ansprüchen des öffentlichen Bedarfs* auf die Erschaffung von neuen *Jad*, welche durch politische Beschlüsse gerechtfertigt werden müssen.

In der *Jadwirtschaft* werden mit *Ansprüchen des öffentlichen Bedarfs* auf die Erschaffung von neuen *Jad* ausschließlich Sachkosten finanziert. Dazu zählen etwa Investitionen in die Infrastruktur sowie in Sachmittel zur Forschung, zur Bildung und für die Sicherheit. Anders als in der *weitgehend freien Geldwirtschaft* dienen die Bezugsmittel der öffentlichen Hand in der *Jadwirtschaft* nicht zur Finanzierung der Vergütung von staatlichen Angestellten sowie von Beamten, denn dazu sind ausschließlich *Lohnansprüche* vorgesehen. Ferner werden die *Ansprüche des öffentlichen Bedarfs* ebenfalls nicht dazu verwendet, existenzielle und soziale Schutzmaßnahmen für Personen zu finanzieren oder zu bezuschussen, weil dafür *Sicherungsansprüche* vorgesehen sind.

Es ist zu unterscheiden zwischen zwei verschiedene Arten von *Ansprüchen des öffentlichen Bedarfs* auf die Erschaffung von neuen *Jad*: Den *regulären Ansprüchen* und den *Sonderansprüchen*.

Reguläre Ansprüche des öffentlichen Bedarfs und Ausgleichsansprüche

Die *regulären Ansprüche* dienen zur Deckung des planbaren und steuerbaren öffentlichen Finanzierungsbedarfs. Die *Rechtfertigungen* von *regulären Ansprüchen des öffentlichen Bedarfs* in der *Jadwirtschaft* werden direkt durch Beschlüsse der lokal zuständigen politischen Entscheidungsträger geleistet. In einer Basisdemokratie liefert das Quorum der Stimmberechtigten die *Rechtfertigung*.

Die Höhe der von einer beliebigen politischen Einheit geltend gemachten *regulären Ansprüche des öffentlichen Bedarfs* betrifft nicht nur das lokal begrenzte Zuständigkeitsgebiet dieser Einheit, sondern sie hat tendenziell auch Einfluss auf die Kaufkraft aller *Jad* – schließlich wird mit jedem Anspruch auf die Erschaffung von neuen *Jad* die insgesamt verfügbare Menge des Bezugsmittels *Jad* vergrößert. Jeder lokal begründete und gerechtfertigte *reguläre Anspruch des öffentlichen Bedarfs* beeinflusst so die gesamte *Jadwirtschaft*. Es sind mithin Maßnahmen erforderlich, um für Ausgeglichenheit unter den politischen Einheiten zu sorgen und um die Höhe der *regulären Ansprüche* auf ein gesundes, dem jeweils lokalen Bedarf gerechtes Maß zu begrenzen. Die einzelnen politischen Einheiten sollen flexibel und weitgehend autonom wirtschaften können. Außerdem bestehen eventuell föderalistische Strukturen: Es kann für ein und denselben Ort verschiedene hierarchische Ebenen von politischen Einheiten geben, die jeweils für bestimmte Aspekte zuständig sind. Jede dieser politischen Einheiten hat Aufgaben gemäß ihrer Zuständigkeit zu bewältigen und muss dies finanzieren.

Für die gesamte der *Jadwirtschaft* wird eine einheitliche Obergrenze bestimmt, wie viele *Jad* pro Teilnehmer und Jahr über alle zuständigen politischen Einheiten hinweg aus *regulären Ansprüchen des öffentlichen Bedarfs* erschaffen werden dürfen. Sinnvollerweise wird diese Obergrenze an die Höhe der *Lohnansprüche* gekoppelt, sodass sich eine feste mit der Wirtschaftsleistung skalierende Obergrenze für die Staatsquote ergibt. Die verschiedenen politischen Einheiten in einer bestimmten Region müssen lediglich sicherstellen, dass die Summe aller *regulären Ansprüche* pro Kopf die Obergrenze nicht überschreitet. Die Aufteilung der Ansprüche untereinander können sie autonom aushandeln, solange die Grenze pro Person in ihrer Region eingehalten wird.

Finanzpolitische Grenzen in einer Währungsunion in der Geldwirtschaft

In der *weitgehend freien Geldwirtschaft* erfolgt die staatliche Finanzierung teilweise über Abgaben wie Steuern und Zölle. Dadurch, dass dabei jeweils nur Teile von realwirtschaftlichen Vorgängen wie Vergütungen, Umsätzen sowie Transaktionen oder von Vermögen eingefordert werden, sind die erzielbaren Einnahmen nach oben begrenzt. Um diese Grenze temporär überwinden zu können, finanzieren sich Staaten auch über Kredite – über Staatsanleihen. Staatliche Verschuldung kann weitreichende Folgen haben, Staaten können etwa zahlungsunfähig werden ([Beck 2011], S. 8ff). Für die maximal tragbare Höhe der Staatsschulden gibt es keine klar auszumachende und unumstrittene Begrenzung [Wentzel 2005]. Soll auch die implizite Staatsverschuldung berücksichtigt werden, ist schon die Feststellung von deren Höhe schwierig ([Beck 2011] S. 14ff). So wie in der *Jadwirtschaft* ohne eine Obergrenze beliebig viele neue *Jad* aufgrund von *regulären Ansprüchen des öffentlichen Bedarfs* geschaffen werden könnten, können in der *weitgehend freien Geld-*

3.2 Die anspruchsvolle Erschaffung des Bezugsmittels Jad 353

> *wirtschaft* mit ungedecktem Geld zumindest die nominellen internen Staatsschulden nahezu beliebig vergrößert werden. Bestehen Zweifel an der Kreditwürdigkeit eines Staates, kann die Zentralbank selbst dessen Staatsanleihen kaufen, wovon die Europäische Zentralbank EZB zwecks Krisenbewältigung indirekt massiv und durchaus erfolgreich gebrauch gemacht hat [Brockmann 2012]. EZB-Präsident Draghi hat sogar unlimitierte Staatsanleihenkäufe versprochen – eine umstrittene Maßnahme [Schönwitz 2013] – die den Frieden und Zusammenhalt in Europa gerettet hat.
>
> Ein einzelner Staat, der seine eigene Währung und seine eigene Zentralbank hat, kann für sich selbst entscheiden, bis zu welchem Maß er sich verschulden will und wie weit er mit der Ausdehnung der Geldmenge eventuell einhergehende Entwicklungen riskieren möchte. In einer Währungsunion wie der Europäischen Währungsunion ist das anders. Wenn einzelne Staaten massiv Schulden machen und andere eine mehr oder minder ausgeprägte Sparpolitik verfolgen, kann daraus eine gefährliche Schieflage entstehen. Gibt es keine gemeinsamen Regeln, drohen Staatspleiten für die sich ausufernd verschuldenden Staaten, wenn diese nicht durch eine Ausweitung der Geldmenge finanziert werden. Wird hingegen die Geldmenge in der gesamten Währungsunion durch Kredite zugunsten der sich hoch verschuldenden Staaten uferlos ausgeweitet, werden also mögliche Abwertungen des Geldes gegenüber Fremdwährungen und eine eventuell hohe Inflationsrate in Kauf genommen, werden damit die sparsamen Staaten benachteiligt. Schuldenmachen würde sich rechnen und es wäre dumm, selbst keine zu machen. Diejenigen zu belohnen, die sich am stärksten verschulden, könnte zu einem Wettbewerb des Schuldenmachens und in Folge zu einer *Hyperinflation* führen.
>
> Um das zu verhindern, wurden für die Europäische Währungsunion Stabilitätskriterien entwickelt und Überwachungsmaßnahmen zu deren Einhaltung geschaffen, welche unter anderem sicherstellen sollen, dass sich jeder Staat pro Jahr höchstens um 3% seines Bruttoinlandsprodukts neu verschuldet [Juncker 1997]. Diese Regelungen sind von der beabsichtigten Wirkung vergleichbar mit der gemeinsamen Obergrenze für die Höhe der *regulären Ansprüche des öffentlichen Bedarfs* pro Person im Vergleich zu den *Lohnansprüchen* in der *Jadwirtschaft*. Staaten in der Europäischen Währungsunion können sich allerdings trotz drohender Sanktionen über die beschlossenen Grenzen hinwegsetzen und sie haben dies teilweise auch gemacht, ohne dass Maßnahmen ergriffen wurden. Auf Druck insbesondere Deutschlands wurden die Regulationen verwässert, womit die Wirkung des Stabilitätspaktes unterwandert wurde [Wentzel 2005] und mithin die Entstehung der aktuellen Finanz- und Schuldenkrise begünstigt wurde.

Für jede Region können die zuständigen politischen Einheiten in der *Jadwirtschaft* außerdem für sich entscheiden, wie viel Prozent des Rahmens bis zur Obergrenze der *regulären Ansprüche des öffentlichen Bedarfs* pro Teilnehmer sie gemeinsam geltend machen wollen. Es können höchstens 100% ausgeschöpft werden. Wenn in einer Region weniger zu finanzieren ist und die öffentliche Hand entsprechend weniger reguläre Ansprüche stellt, als sie könnte, soll daraus kein Nachteil für die dortigen Teilnehmer gegenüber Personen in Gebieten entstehen, in denen die öffentliche Hand mehr investiert.

Über den *Jadbetrag X*, der sich aus der Differenz zwischen den höchsten irgendwo pro Person geltend gemachten *regulären Ansprüchen des öffentlichen Bedarfs* und den in einer bestimmten Region R pro Person geltend gemachten *regulären Ansprüchen des öffentlichen Bedarfs* ergibt, soll jede Person dieser Region R einen persönlichen *Ausgleichsanspruch aufgrund des öffentlichen Bedarfs* auf die Erschaffung von bis zu X neuen *Jad* auf dem eigenen privaten Konto geltend machen können. Eine niedrige Staatsquote kommt mit diesen *Ausgleichsansprüchen aufgrund des öffentlichen Bedarfs* direkt Privatpersonen zugute. Auf diese Weise sind die politisch eigenständigen Regionen der *Jadwirtschaft* trotz einer einheitlichen Obergrenze flexibel in ihrer Budgetplanung und es besteht ein Anreiz zum sparsamen Umgang mit den *regulären Ansprüchen des öffentlichen Bedarfs*.

Reguläre Ansprüche des öffentlichen Bedarfs können nur zu einem bestimmten Zweck geltend gemacht werden. Eine einzige *Rechtfertigung* kann über einen langen Zeitraum hinweg immer wieder neue *reguläre Ansprüche des öffentlichen Bedarfs* legitimieren. Die mit solchen Ansprüchen geschaffenen *Jad* sind zweckgebunden immer sofort einzusetzen.

Sonderansprüche des öffentlichen Bedarfs

Zu den wichtigen Aufgaben, welche die öffentliche Hand typischerweise zu tragen hat, gehört der Katastrophenschutz und die Durchführung oder Unterstützung etwaiger Maßnahmen zur Überwindung von Krisensituationen. Aufgrund von unvorhersehbaren Ereignissen wie Naturkatastrophen, Krieg und Terrorakten kann der lokale Bedarf am allgemeinen Bezugsmittel der öffentlichen Hand dramatisch steigen.

Für plötzlich auftretende und außergewöhnliche Krisensituationen sind in der *Jadwirtschaft* die *Sonderansprüche des öffentlichen Bedarfs* auf die Erschaffung von neuen *Jad* vorgesehen, deren Höhe keine begrenzende Bindung an die durchschnittlichen Lohnansprüche aufweist. Als Rechtfertigung für *Sonderansprüche* genügt nicht der politische Beschluss der regional zuständigen politischen Organisationen – sie müssen durch einen gemeinsamen politischen Beschluss eines Quorums bewilligt werden, welchem auch nicht unmittelbar von der Krise betroffene Regionen angehören. Für die gesamte *Jadwirtschaft* werden einheitliche konkrete Regeln für die *Sonderansprüche* festgelegt. Die Kontrolle über die Rechtmäßigkeit von *Sonderansprüchen* obliegt allen an der *Jadwirtschaft* beteiligten politischen Einheiten gemeinsam.

3.2 Die anspruchsvolle Erschaffung des Bezugsmittels Jad

Der Anlass – ein unvorhersehbares, katastrophales Ereignis – muss genau dokumentiert werden. Außerdem müssen die *Jad* jeweils zu einem konkreten, mit dem Ereignis in Verbindung stehenden Zweck erschaffen und dafür auch unmittelbar eingesetzt werden.

Die *Sonderansprüche* werden nicht mit den *regulären Ansprüchen* verrechnet. Es findet kein Ausgleich zugunsten der Gebiete statt, welche keine *Sonderansprüche* geltend machen mussten. Die *Sonderansprüche des öffentlichen Bedarfs* haben funktional betrachtet für ganze politische Einheiten die Aufgaben, welche *Sicherungsansprüche* für einzelne Personen haben – nämlich im Einzelfall untragbare Risiken durch Vergemeinschaftung der Kosten über die Senkung der Kaufkraft aller Jad auf ein akzeptables Niveau zu reduzieren.

Vergleich zur weitgehend freien Geldwirtschaft

In der *weitgehend freien Geldwirtschaft* muss sich die öffentliche Hand typischerweise durch Steuern oder andere Abgaben finanzieren. Davon müssen zusätzlich zu den Sachkosten insbesondere auch die Löhne für Personen im öffentlichen Dienst bezahlt werden. Die Höhe der Einnahmen schwankt, sie hängt u. a. davon ab, wie viel konsumiert wird. Um bei schwächelnder Konjunktur handlungsfähig zu bleiben, benötigen Staaten in der Geldwirtschaft zusätzlich die Möglichkeit, sich zu verschulden.

Das Einfordern der Steuergelder und Abgaben ist in der *weitgehend freien Geldwirtschaft* aufwendig und oftmals schwierig durchzusetzen. Groß ist die Versuchung, die Abgaben an politische Einheiten zu vermeiden. Dazu werden verbreitet sowohl legale (etwa *Double Irish* [Duhigg 2012]) als auch illegale Tricks (speziell in Verbindung mit dem Bankgeheimnis [Gärtner 2012]) genutzt. Da Geheimhaltung im Interesse der Beteiligten liegt, ist es schwierig, den Umfang von Steuerhinterziehung und Steuervermeidung zu erfassen. Für Deutschland wird in [Bach 2013] festgestellt, dass erhebliche Teile der Unternehmensgewinne in der Größenordnung von 100 Milliarden Euro pro Jahr nicht besteuert werden. Gerade für *immaterielle Güter* lässt sich eine Steuerflucht in einer Geldwirtschaft mit unterschiedlichen Steuersystemen kaum unterbinden, denn *immaterielle Güter* lassen sich leicht in Regionen mit niedrigen Steuersätzen transferieren und dort verbuchen. Dies wird beispielsweise durch Unternehmen wie Apple [Levin 2013], Microsoft und HP [Levin 2012] massiv zur Vermeidung von Steuerzahlungen genutzt.

In der *Jadwirtschaft* hingegen gibt es keine Abgaben, zu deren Umgehung jemand versucht sein könnte. Die Finanzierung der öffentlichen Hand dient nur der Deckung von Sachkosten und sie erfolgt direkt durch die Schaffung von neuen *Jad* mit *Ansprüchen des öffentlichen Bedarfs* – und zwar genau dann, wenn es nötig ist. Sie ist unabhängig von der aktuellen Konjunktur und losgelöst vom Konsumverhalten. Auf eine *Rechtfertigung* hin kann die öffentliche Hand zeitlich flexibel mehrere verschiedene *Ansprüche des öffentlichen Bedarfs* geltend machen. Jeder einzelne *Anspruch des öffentlichen Bedarfs* ist zweckgebunden und sofort zu nutzen, sodass er direkt mit einem S-Link zwischen *Rechtfertigung* und Rechnung geltend gemacht werden kann, der die *Buchung* und *Zerstörung* der *Jad* zugleich leistet. Die öffentliche Hand braucht in der *Jadwirtschaft* daher keine eigenen offenen Konten. Sie macht weder Schulden noch erwirtschaftet sie Überschüsse. Über die mit der Ausdehnung der Menge des Bezugsmittels verbundene Kaufkraftminderung der *Jad* beteiligen sich alle Teilnehmer der *Jadwirtschaft* gleichermaßen an der Finanzierung der *Ansprüche des öffentlichen Bedarfs*. Wirtschaften die zuständigen politischen Einheiten einer Region sparsamer als ihre Pendants in anderen Regionen, profitieren die Bürger davon durch *Ausgleichsansprüche aufgrund des öffentlichen Bedarfs*.

Mit den heute üblichen Steuern- und Zollsystemen entfällt in der *Jadwirtschaft* ein erheblicher bürokratischer Aufwand. So wie Vorschläge zu einer radikalen Vereinfachung von staatlichen Finanzierungssystemen und mithin zu einer Reduzierung der Bürokratie in der *weitgehend freien Geldwirtschaft* zu eventuell unerwünschte Auswirkungen etwa bezüglich der sozialen Gerechtigkeit führen würden [Löffler 2011], hat auch die Simplizität der Finanzierung des öffentlichen Bedarfs in der *Jadwirtschaft* Nebeneffekte. Beispielsweise haben viele Staaten ein progressives Steuersystem, bei dem zumindest theoretisch die Besserverdienenden und Vermögenden mit einem höheren prozentualen Anteil an ihren Verdienste und gegebenenfalls an ihrem Besitz zur Finanzierung des Staates beitragen müssen als ärmere Personen, wodurch ein sozialer Ausgleich geleistet wird [Joumard 2012]. In der *Jadwirtschaft* hingegen ändert sich die Kaufkraft aller *Jad* durch die Ausdehnung der Menge aller *Jad* aufgrund von *Ansprüchen des öffentlichen Bedarfs* gleichermaßen. Mithin tragen Arm und Reich jeweils zu gleichen Anteilen zur Finanzierung bei.

Ist die *Jadwirtschaft* also weniger sozial ausgelegt bei der Finanzierung der politisch-öffentlichen Organisationseinheiten als die *weitgehend freie Geldwirtschaft* mit einem komplexen progressiven Steuersystem? In der Praxis funktionieren progressive Steuersysteme oftmals nicht intentionsgemäß. Es zeigt sich, dass vielfach gerade die Reichsten kaum Steuern zahlen [Stiglitz 2012] und die Mittelschicht überproportional stark belastet wird. Die Leistungsmotivation wird außerdem eingeschränkt, wenn höhere Steuersätze für größere Einkommen die Steigerung des Nettoverdienstes fast vollständig verschlucken.

In der *Jadwirtschaft* entstehen private Einkünfte anders als in der *weitgehend freien Geldwirtschaft*. Mit der Gestaltung der Regeln für *Lohnansprüche* bietet die *Jadwirtschaft* eventuell Möglichkeiten, ein gewisses Maß an Ausgewogenheit direkt sicherzustellen und so andere Formen des staatlichen sozialen Ausgleichs überflüssig zu machen.

3.2.3 Lohnansprüche als direkte Leistungsmotivation

In der Jadwirtschaft sind als Arbeitsanreiz leistungsabhängige Lohnansprüche vorgesehen, wobei die Leistungsdifferenzierung jeweils nur für vergleichbare Tätigkeiten vorgenommen wird. Für jede den Signifikanzanforderungen genügende Art von Tätigkeit legen die unmittelbar Betroffenen fest, wie die Leistungen erfasst, bemessen sowie nachgewiesen werden müssen. Ein statistisches Verfahren sorgt dafür, dass durchschnittliche Leistungen jeweils gleich vergütet werden, sodass keine Art von Tätigkeit privilegiert oder benachteiligt wird.

Wenn eine Tätigkeit, die (noch) nicht vollautomatisch von Maschinen übernommen werden kann, an sich reizvoll und befriedigend ist, bestehen durchaus gute Chancen, dass Menschen sie freiwillig erledigen. Für Tätigkeiten, die von Menschen ausgeführt werden müssen, die aber unbefriedigend, abstoßend, mühsam oder gefährlich sind, muss hingegen ein zusätzlicher Reiz geschaffen werden, damit diese Arbeiten trotzdem geleistet werden.

Die Zahlung eines kompensatorischen Lohns für die Leistung von Arbeit ist ein positiver und effektiver Anreiz, der sowohl in der Geldwirtschaft als auch in *Tauschringen* etabliert ist. Lohn motiviert friedlich zur Produktivität, ohne in die Freiheitsrechte der Arbeitskräfte einzugreifen. Das allgemeine Bezugs- und Zahlmittel ist eine besonders attraktive Kompensation für die Erbringung von Arbeitsleistungen, denn gegen dieses Mittel können alle anderen zum Verkauf stehenden Güter am Einfachsten bezogen werden.

Wie der Arbeitslohn zustande kommt, das hängt vom Wirtschaftssystem ab. In einer vollkommen freien Geldwirtschaft würde nur der Markt den Lohn bestimmen – es würde Arbeitsleistung gegen Geld getauscht. Der Lohn für eine Tätigkeit ergäbe sich demnach alleine daraus, wie viel andere Marktteilnehmer bereit wären, dafür zu zahlen. Nach Keynes wirken freie Märkte nicht automatisch beschäftigungs-, wohlstands- sowie wirtschaftsfördernd ([Keynes 1936/1997], S. 261ff): Wenn die Löhne durch ein Überangebot an Arbeitskräften gedrückt würden, sänken zwar die Produktionskosten und die Preise könnten reduziert werden, aber wegen der niedrigen Einkommen hätte das nicht notwendigerweise eine Erhöhung der Kaufbereitschaft zufolge. Der Konsum würde nicht angekurbelt und es sei weder eine Belebung der Wirtschaft noch eine Mehrbeschäftigung zu erwarten. Ein staatliches Eingreifen sei zur Krisenüberwindung eventuell erforderlich.

In der Realität haben sich komplexe Tarifsysteme herausgebildet – unter anderem, um die Kräfteverhältnisse von großen Unternehmen im Vergleich zu einzelnen Personen auszugleichen und um soziale Härten sowie die Ausbeutung von Arbeitskräften zu verhindern. Gestützt auf mehr oder minder soziale Gesetzgebungen handeln in der Praxis vielfach Interessenverbände sowohl auf Seiten von

Arbeitgebern als auch auf Seiten von Arbeitnehmern Verträge (in Deutschland Tarifverträge, auf Grundlage des Tarifvertragsgesetzes [TVG 1949/2010]) aus, welche den Rahmen für die Arbeitsbedingungen und den Lohn vorgeben. Dabei können verschiedene Faktoren wie Arbeitszeit, Qualifikation, Erfahrung, Beschäftigungsdauer und Leistungsdaten bestimmt werden, mit denen sich die Höhe des Lohns bemessen lässt. Auch wo eigentlich keine Flächentarifverträge gelten, werden in Deutschland Arbeitskonditionen und Löhne oftmals in Anlehnung an Flächentarifverträge gestaltet, sodass insgesamt knapp dreiviertel der Beschäftigten direkt oder indirekt gemäß eines Flächentarifvertrags ihren Lohn erhalten [Kohaut 2007]. In vielen Staaten bestehen zusätzlich auch gesetzliche nationale Mindestlöhne [Schulten 2012].

Zeitlohn und Leistungsentgelt in der Geldwirtschaft

In der *weitgehend freien Geldwirtschaft* wird die Höhe des Lohns von Angestellten oftmals über die Arbeitszeit und tätigkeitsspezifische Leistungsfaktoren bemessen. In Deutschland wird inzwischen auch im Tarif des Öffentlichen Diensts ein kombinierter Lohn gezahlt, der sich zum einen aus dem für die absolvierte Arbeitszeit vorgesehenen Zeitlohn und zum anderen aus einem Leistungsentgelt, welches bis zu 8% des gesamten Lohns ausmachen soll, zusammensetzt ([TVöD 2005/2012] §15-§18). Dieses Modell kommt auch bei Fraunhofer zum Einsatz. Die Arbeitszeit wird mittels Selbstauskunft gemessen und nach dem Tarif für den öffentlichen Dienst gemäß Entgeltgruppen und Erfahrungsstufen pauschal abgerechnet. Zur Feststellung des Leistungsentgelts wird zwischen jedem Angestellten und dessen Vorgesetzten eine jährliche Zielvereinbarung getroffen, wobei die Überprüfung der Ergebnisse nach einem Jahr die Höhe des Leistungsentgelts für diesen Zeitraum bestimmt. Darüber hinaus gibt es bei Fraunhofer auch weitere Leistungszulagen, beispielsweise wird die Anmeldung eines Patents ebenso belohnt wie auch die erfolgreiche Erteilung eines Patents.

Weitere übliche Formen von Leistungsentgelt sind Gewinnbeteiligungen – etwa in Form von Aktien – oder auch „Trinkgelder", also freiwillige Zahlungen durch Kunden, welche durch die Festlegung der Höhe dieser Zahlung direkt eine subjektive Leistungsbewertung geben können.

Für bestimmte Berufe wäre es problematisch, den Lohn über den Tausch von Arbeitsleistung gegen Geld auf dem freien Markt bestimmen zu lassen. Richter oder Lehrer etwa wären bezüglich ihrer Urteile käuflich, wenn sie alles annehmen dürften, was ihnen geboten würde. Für Tätigkeiten, welche nicht zum Kauf für den Meistbietenden angeboten werden dürfen, da sie sonst nicht korrekt ausgeführt würden, muss der Lohn explizit losgelöst vom freien Markt politisch bestimmt werden. Die Gesetze und Tarifverträge in Deutschland verbieten für Beamte ([BeamtStG 2008/2009], §42 – gilt sogar nach Ende der Dienstzeit) und Angestellte des öffentlichen Dienstes (auf Bundesebene zu finden in [TVöD

3.2 Die anspruchsvolle Erschaffung des Bezugsmittels Jad 359

2005/2012], §3 (2) – inklusive einer Meldepflicht von Offerten) explizit die Annahme von Geschenken und Belohnungen von Dritten, um Korruption vorzubeugen. Die Einhaltung dieser Bestimmungen zu kontrollieren und Verstöße zu ahnden ist hingegen schwierig.

Nur eine Minderheit der Deutschen erzielt ein Einkommen direkt auf dem freien Markt. Die Höhe der Einkünfte ergibt sich für die Mehrheit nicht einfach aus monetärem Gewinn. Eine einheitliche Basis für die Feststellung der Lohnhöhe gibt es in einer *weitgehend freien Geldwirtschaft* nicht. Tätigkeiten leistungsfördernd und die korrekte Ausführung stützend zu belohnen ist eine komplexe Herausforderung – in jedem Wirtschaftssystem.

Signifikanz, tätigkeitsspezifische Normarbeitsstunden und Vergütungsregeln

In der *Jadwirtschaft* erfolgt die Vergütung für Arbeitsleistungen mit *Lohnansprüchen* auf die Erschaffung von *Jad*. *Lohnansprüche* können nur von natürlichen Personen für eigene legale Tätigkeiten geltend gemacht werden. Eine gewisse *Signifikanz* der Art von Tätigkeit ist die Voraussetzung dafür, dass überhaupt ein *Lohnanspruch* geltend gemacht werden kann. Es genügt, wenn eine der folgenden Voraussetzungen erfüllt ist:

- Andere Teilnehmer der *Jadwirtschaft* sind bereit, für Leistungen in der Art der Tätigkeit bzw. für die daraus resultierenden Erzeugnisse das Bezugsmittel *Jad* in gewissen Größenordnungen zu investieren und mithin zu zerstören (*Destruction*).
- Gemäß eines politischen Beschlusses in Übereinstimmung mit den diesbezüglichen Regeln für die *Jadwirtschaft* festgelegte Indikatoren liefern für Leistungen in der Art der Tätigkeit bzw. für die daraus resultierenden Erzeugnisse bestimmte Werte.
- Gemäß eines politischen Beschlusses in Übereinstimmung mit den diesbezüglichen Regeln für die *Jadwirtschaft* ist die Art der Tätigkeit an sich wertvoll.

Rechtfertigungen von *Lohnansprüchen* für eine Art von Tätigkeit benötigen einen *Signifikanznachweis*, der von allen Personen, welche dieser Art von Tätigkeit nachgehen, gemeinsam erbracht werden muss. Die *Signifikanz* dient nicht der Leistungsdifferenzierung.

Ob eine Person für eine legale Tätigkeit, die ihrer Art nach *signifikant* ist, einen *Lohnanspruch* geltend machen darf und wie hoch dieser sein kann, soll in der *Jadwirtschaft* aus der persönlichen Arbeitsleistung ermittelt werden. Dazu soll eine möglichst einheitliche und stringente Methode bestimmt werden, die es trotzdem erlaubt, tätigkeitsspezifische Besonderheiten zu berücksichtigen. Durch ein hohes Maß an Transparenz und Nachvollziehbarkeit soll eine starke Leistungsmotivation ermöglicht werden.

Das einzige Kriterium, welches sich bei allen manuellen Tätigkeiten erfassen lässt, aus denen *Lohnansprüche* abgeleitet werden können, ist der dafür notwendige Zeitaufwand: Jede Tätigkeit erfordert den Einsatz von Lebenszeit – einem beschränkten, kostbaren Gut. In der *Jadwirtschaft* soll der notwendige Zeitaufwand als kleinster gemeinsamer Nenner und als tätigkeitsunabhängiger Maßstab für die Berechnung der Höhe der *Lohnansprüche* verwendet werden. Der notwendige Zeitaufwand ist die Arbeitszeit, die eine durchschnittliche Fachkraft in der Art von Tätigkeit benötigt, um Vergleichbares zu erreichen.

Für die Feststellung, was genau erreicht wurde, gibt es keine universellen Indikatoren und Formeln, die sich gleichsam für alle Tätigkeiten eignen, welche signifikant sind und aus denen in der *Jadwirtschaft Lohnansprüche* abgeleitet werden können. Deshalb soll für jede Art von Tätigkeit weitgehend autonom festgelegt werden, welche Kriterien jeweils zur Erfassung der Arbeitsleistung zu verwenden sind. Bei ähnlichen Arten von Tätigkeiten gelingt es eventuell, viele gemeinsame Regeln aufzustellen. Wo sich hingegen für zwei verschiedene Arten von Tätigkeiten keine gemeinsamen Maßgaben zur stimmigen Leistungserfassung finden lassen, müssen eben für jede der Arten von Tätigkeiten eigene Maßgaben entwickelt und verwendet werden. Mögliche Kriterien sind z. B. Zahlungen von Jad, messbare Arbeitsprodukte und Bewertungen durch Kunden, Vorgesetzte oder Experten.

Am Besten können die Betroffenen selbst – also die, welche die Tätigkeit ausüben und die, für welche sie die Tätigkeit erbringen – gemeinsam entscheiden, wie das Erreichte zu erfassen ist. Die Kriterien und Formeln zur Bemessung des Erreichten dienen hauptsächlich der leistungsgerechten Lohndifferenzierung innerhalb von einer Art von Tätigkeit. Insofern sind sie in der Tat primär eine interne Angelegenheit innerhalb einer Tätigkeitsklasse.

Zur internen Lohndifferenzierung wird in jeder Art von Tätigkeit eine eigene statistische Auswertung durchgeführt. Für diese Auswertung wird regelmäßig erhoben, wie viel jeder Einzelne in dieser Art Tätige gemäß der tätigkeitsspezifischen Kriterien erreicht hat und wie viel Zeit er dafür aufgewendet hat. Dazu müssen Belege für die tätigkeitsspezifische Bemessung des Erreichten und Arbeitsnachweise (*proof of work*) reliabel publiziert werden. Die Arbeitsnachweise enthalten mindestens Angaben der Zeiten, in denen der Tätigkeit nachgegangen wurde. Für die *Jadwirtschaft* soll eine tätigkeitsübergreifende allgemeine Obergrenze für die Angabe der persönlichen Arbeitszeit festgelegt werden. Denkbar ist etwa eine flexible Regelung mit einer Begrenzung der durchschnittlichen individuellen Wochenarbeitsstunden in einem längeren Beobachtungszeitraum auf einen bestimmten Wert. Phasen mit erhöhter Tätigkeit aufgrund von besonderem temporärem Bedarf können dann trotzdem voll in die Datenerfassung für *Lohnansprüche* eingebracht werden, wenn zum Ausgleich auch Phasen mit reduzierter Tätigkeit bestehen.

3.2 Die anspruchsvolle Erschaffung des Bezugsmittels Jad

Dafür, dass überhaupt von einer Person ein *Lohnanspruch* geltend gemacht werden kann und dass die Daten dieser Person in der statistischen Auswertung berücksichtigt werden dürfen, kann tätigkeitsspezifisch auch das Erreichen bestimmter *Mindestanforderungen* für die Werte ausgewählter Indikatoren verlangt werden. *Mindestanforderungen* können absolut oder pro Arbeitszeitstunde festgelegt werden. Auch für die Anzahl der Arbeitszeitstunden kann eine *Mindestanforderung* festgelegt werden.

Aus etwaigen *Mindestanforderungen* gerecht werdenden von allen gleichartig Tätigen gewonnenen Daten für das Erreichte und für die eingesetzte einbringbare Arbeitszeit wird berechnet, wie viel im Mittel in einer Stunde geschafft wird. Das Ergebnis wird hier als *tätigkeitsspezifische Normarbeitsstunde* bezeichnet. Eine *tätigkeitsspezifische Normarbeitsstunde* gibt an, was eine durchschnittlich leistungsfähige Fachkraft bei erwartbarem, normalem Einsatz auf ihrem Fachgebiet in einer Zeitstunde erreicht.

Anschließend wird für jede Person, die in der gleichen Art tätig ist, berechnet, wie vielen *tätigkeitsspezifischen Normarbeitsstunden* die erbrachte Leistung entspricht. Dazu werden die in die statistische Analyse eingegangenen reliabel publizierten Belege für die tätigkeitsspezifische Bemessung des Erreichten dieser Person verwendet und ins Verhältnis zu dem gesetzt, was der Durchschnitt in einer Stunde erreicht hat. Wird die tätigkeitsspezifische Bemessung des Erreichten auf einer eindimensionalen Skala reeller Zahlen abgebildet, kann einfach das persönlich Erreichte durch das im Schnitt von allen pro Stunde Erreichte dividiert werden, um die Anzahl der individuell geleisteten *tätigkeitsspezifischen Normarbeitsstunden* zu berechnen. Die Funktion zur Berechnung der Anzahl der erbrachten *tätigkeitsspezifischen Normarbeitsstunden* soll so gestaltet sein, dass in der jeweiligen Art von Tätigkeit die Summe über die berechneten Anzahlen von *tätigkeitsspezifischen Normarbeitsstunden* aller dieser Tätigkeit nachgehenden Personen kleiner gleich der Summe der angegebenen und anrechenbaren Arbeitszeitstunden dieser Personen ist.

Die berechnete Anzahl der geleisteten *tätigkeitsspezifischen Normarbeitsstunden* einer Person kann hingegen je nach Leistung deutlich über oder unter der von der Person eingebrachten Arbeitszeit liegen. Wie stark die Leistungskomponente ist, das kann unterschiedlich gestaltet werden: Für manche Arten von Tätigkeiten ist eventuell keine oder eine nur wenig ausgeprägte Differenzierung angemessen, während für andere stark unterschieden werden soll. Damit nicht in einer Art von Tätigkeit eine durchaus mögliche Leistungsdifferenzierung ganz unterlassen wird, um einen bequemen Zeitlohn für alle zu erzielen, wird in der *Jadwirtschaft* folgende Regel aufgestellt: Beträgt in einer Art von Tätigkeit die Abweichung der Arbeitszeitstunden von den berechneten *Normarbeitsstunden* pro Person im Durchschnitt nicht einen *Mindestwert*, muss die fehlende Leistungsdifferenzierung politisch gerechtfertigt werden oder die Zahl der

Normarbeitsstunden wird für jeden um den Fehlbetrag der mittleren Abweichung zum *Mindestwert* gekürzt.

Weitere Korrekturen für die Berechnung der *Normarbeitsstunden*
Wenn die Arbeitszeit nur durch Selbstauskunft erfasst wird, besteht die Gefahr, dass versucht wird, durch falsche Angaben höhere *Lohnansprüche* zu erzielen. Überhöht angegebene Arbeitszeitstunden reduzieren das, was in einer *tätigkeitsspezifischen Normarbeitsstunde* geleistet wird. Zwar ist in der *Jadwirtschaft* eine Obergrenze für die Anzahl der anrechenbaren Arbeitszeitstunden vorgesehen, sodass die Angabe nicht beliebig erhöht werden kann. Aber Personen, die weniger als die Zahl der höchstens anrechenbaren Stunden arbeiten, wären versucht, trotzdem maximale Arbeitszeiten anzugeben, damit das, was sie und alle Anderen in derselben Art von Tätigkeit erreichen, letztlich zu höheren berechneten Anzahlen von persönlich geleisteten *tätigkeitsspezifischen Normarbeitsstunden* führt. Starre *Mindestanforderungen* für ausgewählte Indikatoren pro Arbeitszeitstunde können verhindern, dass allzu unrealistische Zeitangaben ohne zählbare Ergebnisse überhaupt in die statistische Ermittlung der *tätigkeitsspezifischen Normarbeitsstunde* einfließen.

Um Missbrauch flexibler zu unterbinden, kann außerdem die Anzahl der persönlich geleisteten *tätigkeitsspezifischen Normarbeitsstunden* korrigiert werden. Dazu wird pro Person ein *Effizienzfaktor* bestimmt, indem die ohne Korrektur errechnete Anzahl der geleisteten *tätigkeitsspezifischen Normarbeitsstunden* durch die Anzahl der angegebenen persönlichen Arbeitszeitstunden geteilt wird. Ist dieser individuelle *Effizienzfaktor* kleiner als ein für alle Personen einheitlich bestimmter *Schwellwert* (z. B. 80 %), wird die zuvor berechnete Anzahl der geleisteten *tätigkeitsspezifischen Normarbeitsstunden* korrigiert, indem sie mit *Effizienzfaktor* multipliziert wird und durch den *Schwellwert* dividiert wird. Die Höhe des *Lohnanspruchs* verringert sich entsprechend. Für Personen, die vergleichsweise wenig erreicht haben, lohnt es sich angesichts einer eventuell drohenden Korrektur mit dem nur vage prognostizierbaren *Effizienzfaktor*, eine geringe Anzahl von aufgewendeten Arbeitszeitstunden anzugeben, vielleicht sogar etwas unter der tatsächlich aufgewendeten Stundenzahl, um Verluste zu vermeiden.

Ist der *Effizienzfaktor* hingegen größer gleich dem *Schwellwert*, braucht es keine Korrektur der Anzahl der persönlich geleisteten *tätigkeitsspezifischen Normarbeitsstunden*. Für Personen, die viel erreicht haben, lohnt es sich, die volle Anzahl der aufgewendeten Arbeitszeitstunden bis hin zur Obergrenze anzugeben, denn dadurch erhöht sich die Anzahl der berechneten *tätigkeitsspezifischen Normarbeitsstunden* und es können entsprechend höhere *Lohnansprüche* geltend gemacht werden.

Der Umgang mit außergewöhnlichen Arbeitsleistungen
Normarbeitsstunden sollen typische Arbeitsleistungen widerspiegeln. Es kann eventuell auch Arbeitsleistungen geben, die so außergewöhnlich sind, dass sie nicht schlüssig zur Berechnung eines Durchschnitts auswerten lassen, etwa

3.2 Die anspruchsvolle Erschaffung des Bezugsmittels Jad

> weil niemand Vergleichbares macht. Insbesondere kann es auch sein, dass einzelne Personen in ihrer Tätigkeit etwas erreichen, was eine durchschnittliche Fachkraft in derselben Art von Tätigkeit auch bei beliebigem Zeiteinsatz nie schaffen würde.
>
> Es soll nicht versucht werden, exzeptionelle singuläre Leistungen in die statistische Bestimmung von einer *tätigkeitsspezifischen Normarbeitsstunde* einzubeziehen oder sie auf unpassende *tätigkeitsspezifische Normarbeitsstunden* zu projizieren. Stattdessen können *spezielle Lohnansprüche* frei wählbarer Höhe gestellt werden. Um Missbrauch zu verhindern, sind für *spezielle Lohnansprüche* besondere Rechtfertigungen mit Nachweisen über die Signifikanz der atypischen Tätigkeit, belastbaren Arbeitsnachweisen und Begründungen der Einzigartigkeit der Leistung zu erbringen.

Aus dem berechneten und gegebenenfalls mit dem *Effizienzfaktor* korrigierten Wert für die Anzahl der von einer Person geleisteten *tätigkeitsspezifischen Normarbeitsstunden* soll schließlich der *Jadbetrag* bestimmt werden, der in einem *Lohnanspruch* für die Leistung geschaffen werden kann. Dazu wird ein allgemeiner *Vergütungsfaktor* festgelegt. Der *Jadbetrag* wird dann berechnet, indem die korrigierte Anzahl der *tätigkeitsspezifischen Normarbeitsstunden* mit diesem *Vergütungsfaktor* multipliziert wird. Der *Vergütungsfaktor* bestimmt den Wert einer *tätigkeitsspezifischen Normarbeitsstunde* in Jad. Prinzipiell könnte für jede Art von Tätigkeit autonom festgelegt werden, wie hoch der *Vergütungsfaktor* für die *tätigkeitsspezifische Normarbeitsstunde* in dieser Art von Tätigkeit sein soll. In der *Jadwirtschaft* wird ein anderer Ansatz gewählt: Jede *tätigkeitsspezifische Normarbeitsstunde* wird unabhängig von der Art der Tätigkeit gleich belohnt. Die Festlegung des *Vergütungsfaktors* erfolgt global für die gesamte *Jadwirtschaft* durch einen politischen Beschluss. Für die Höhe des *Lohnanspruchs* aus einer geleisteten *tätigkeitsspezifischen Normarbeitsstunde* spielt die Art der Tätigkeit keine Rolle. Differenziert wird der Lohn jeweils nur für die Leistungen innerhalb von einer bestimmten Art von Tätigkeit.

Jede *tätigkeitsspezifische Normarbeitsstunde* erfordert im Mittel eine Zeitstunde – die Kosten in Lebenszeit sind also gleich – und es wird jeweils eine für eine Fachkraft durchschnittliche Arbeit in einer bestimmten Art von Tätigkeit geleistet. Gleicher Lohn für jede *tätigkeitsspezifische Normarbeitsstunde* könnte so betrachtet als „gerecht" angesehen werden. Mit dem Zeitaufwand sind die Gemeinsamkeiten allerdings auch erschöpft. Es wäre Unfug, zu behaupten, dass die Leistungen von *tätigkeitsspezifischen Normarbeitsstunden* in zwei grundverschiedenen Arten von Tätigkeiten gleich viel wert wären. Vielmehr gibt es zwischen ihnen bezüglich ihrer Wertigkeiten einfach keine Ordnung, keine vernünftige Vergleichsmöglichkeit. Es fehlt eine gemeinsame Basis, von der ausgehend eine Differenzierung der Lohnhöhe nach der Art der Tätigkeit bemessen werden könnte. Dass in der *Jadwirtschaft* jede geleistete *tätigkeitsspezi-*

fische Normarbeitsstunde unabhängig von der Art der Tätigkeit jeweils einen *Lohnanspruch* in derselben Höhe rechtfertigt, hat nichts mit einem Streben nach „Gleichheit" und „Gerechtigkeit" zu tun, sondern es handelt sich vielmehr um einen rein pragmatischen Ansatz.

Die konsequente Verfolgung dieses Ansatzes hat motivationstechnisch weitreichende Folgen. Einige sind eventuell erwünscht, etwa dass schlechte Leistungen in einer bestimmten Art von Tätigkeit niemals besser belohnt werden als hervorragende Leistungen in einer anderen Art von Tätigkeit. Andere Konsequenzen erscheinen jedoch auf den ersten Blick höchst problematisch: Erst für eine Fachkraft ist die Leistung einer konkreten Normarbeitsstunde in ihrem Fach durchschnittlich – für Fachfremde hingegen wäre sie vielleicht extrem oder unmöglich. Für einige Berufe ist ein aufwendiges und schwieriges Studium erforderlich. Erst nach der erfolgreichen Qualifikation ist es in diesen Arten von Tätigkeiten möglich, für die Erbringung von Leistungen *Lohnansprüche* geltend zu machen. Jene Berufe, die sich ohne mühsame Qualifikation ausüben lassen, können bereits um Jahre früher ausgeübt werden. Bei gleicher Entlohnung für durchschnittliche Arbeitsleistungen pro Stunde ließe sich in Berufen, die niedrigere Qualifikation erfordern, mithin im Laufe eines Lebens sogar erheblich mehr verdienen, weil diese Tätigkeiten bereits früher aufgenommen werden können. Es würde sich nicht lohnen, einen langen Bildungsweg zu bestreiten, im Gegenteil, die Vergütung wäre effektiv über das ganze Arbeitsleben sogar niedriger und es wäre ein entsprechender Mangel an hoch qualifizierten Fachkräften zu erwarten.

Wird jede *tätigkeitsspezifische Normarbeitsstunde* tatsächlich undifferenziert nach der Art der Tätigkeit gleich belohnt, obwohl der erforderliche Aufwand, um überhaupt tätig werden zu können, zwischen den Arten von Tätigkeiten extrem stark variiert, braucht es in der *Jadwirtschaft* andere starke Reize, um die Qualifikationsanstrengungen zu motivieren.

3.2.4 Lohnansprüche für Bildungsleistungen

Anstatt Tätigkeiten die ein höheres Maß an Qualifikation erfordern besser zu vergüten, können in der Jadwirtschaft das Lernen und das Lehren zeitnah leistungsabhängig mit dem allgemeinen Bezugsmittel Jad belohnt werden, um stets eine optimale Motivation zu erreichen.

Alle *Lohnansprüche* in der *Jadwirtschaft* benötigen eine *Rechtfertigung*, da bildet der Bildungsbereich keine Ausnahme. Die *Signifikanz* der Tätigkeiten von Lernenden und auch von Lehrkräften soll in der *Jadwirtschaft* durch einen politischen Beschluss bestimmt werden. Gute Bildung trägt zum Fortschritt und zum Wohlstand bei – sie wird als Schlüssel zur Eindämmung von Hunger, Krankheiten und Gewalt angesehen [Birdsall 2005]. Bildung wird als Menschenrecht proklamiert und der Schulbesuch wird sogar zur Pflicht erklärt.

3.2 Die anspruchsvolle Erschaffung des Bezugsmittels Jad

"Everyone has the right to education. Education shall be free, at least in the elementary and fundamental stages. Elementary education shall be compulsory. Technical and professional education shall be made generally available and higher education shall be equally accessible to all on the basis of merit.", zitiert aus [UN 1948], Article 26 (1).

Bildung als Anliegen der öffentlichen Hand

In der Erklärung der Menschenrechte wird eine Loslösung vom Markt verlangt: Die grundlegende Bildung soll kostenlos sein. Die Idee kostenloser Schulbildung findet sich schon bei Thomas Paine ([Paine 1792/1894], S. 486f, S. 490). In weiten Teilen der Welt besteht eine Schulpflicht und die Kosten des obligatorischen Schulbesuchs werden großteils staatlich finanziert [UNESCO 2007].

Obwohl sich technisch für den Schulbesuch Geld kassieren lässt, obwohl etliche private Schulen auch funktionieren, hat das privatwirtschaftliche Bildungswesen gerade im elementaren Bereich gegenüber dem staatlich finanzierten Bildungsangebot einige Nachteile. Zunächst sind die Voraussetzungen für einen vermeintlich optimalen freien Markt durch die Schulpflicht, also ohne freie Wahl zur Schulabstinenz, nicht gegeben. Gerade in dünn besiedelten Regionen stehen auch nicht immer verschiedene Schulen zur Auswahl, sodass de facto Monopole für einige Schulen bestehen. Schließlich würde mit Schulgebühren ein zusätzlicher materieller Anreiz geschaffen, Kinder nicht zur Schule zu schicken. Angesichts der Wichtigkeit der schulischen Bildung wäre das fatal.

Allerdings wird trotz der breiten sozialstaatlichen Unterstützung und erheblichen internationalen Anstrengungen das zweite *Millennium-Entwicklungsziel*, allen Kindern eine elementare Schulbildung zukommen zu lassen, nach wie vor deutlich verfehlt [Wall 2012].

Mit den auch für Lernende angedachten leistungsabhängigen *Lohnansprüchen* geht die *Jadwirtschaft* noch einen Schritt weiter – der Besuch von Schule oder Universität soll für Schüler und Studenten nicht nur gebührenfrei sein, sondern er soll auch unmittelbar mit dem allgemeinen Bezugsmittel *Jad* belohnt werden. Lernende werden nicht als Konsumenten eines Bildungsangebots betrachtet. Vielmehr sollen sowohl die Lehrenden als auch die Lernenden etwas leisten, wobei letztlich beides auch dem Gemeinwohl zugutekommt. Das Lehren und ebenso das Lernen sind demnach an sich wertvolle Tätigkeiten. Es handelt sich jeweils um anspruchsvolle, mit Mühen verbundene Arbeiten. Belohnungen können für beide Arten von Tätigkeiten ein effektiver Anreiz sein, um gute Leistungen zu erbringen.

Mit Geld werden gegenwärtig in der Regel nur die Lehrenden direkt belohnt. Zwar bestehen mit Stipendien und anderen Fördergeldern auch in Formen der *weitgehend freien Geldwirtschaft* direkte Verdienstmöglichkeiten für die akademischen Leistungen von Lernenden, die in Form des allgemeinen Bezugsmittels Geld gezahlt werden. Die Anfertigung dieser Dissertation wurde z. B. zum Teil durch ein Stipendium vergütet. Derartiger Lohn wird jedoch vielfach nur für außergewöhnliche Leistungen und Talente gewährt. In Deutschland erhalten nur etwa 4% der Studierenden ein Stipendium, davon 47% eine Begabtenförderung ([Middendorff 2013] S. 204ff). Einige Stipendien werden erst ab einem bestimmten Punkt, etwa ab Bachelor oder ab Master Grad erteilt. Eine überwiegende Mehrheit muss ohne solche Zuwendungen auskommen. Selbst wenn ein Stipendium gezahlt wird, ist dies in der Geldwirtschaft oft relativ gering bemessen. Im Schnitt erhalten deutsche Studenten nur 336 € pro Monat ([Middendorff 2013] S. 204). Für Begabtenförderung und ab Promotion sind gut tausend Euro monatlich zu erwarten ([BMBF 2009], S. 8). Das ist niedriger als der Lohn, welcher sich mit anderen Tätigkeiten verdienen ließe.

Leistungsanreiz für Schüler und Studenten sollen Noten, Zeugnisse und Urkunden bieten. Diese sind aber kein allgemeines Bezugsmittel und motivieren daher nicht so direkt.

"In education, for example, the individual behaves in part because of the marks, grades, and diplomas which he has received. These are not so readily exchanged for primary reinforcement as money", zitiert aus [Skinner 1953/2005], S. 80.

Der eigentliche monetäre Lohn für die Bildung wird in der *weitgehend freien Geldwirtschaft* erst später ausgeschüttet, wenn der Qualifikation entsprechend gearbeitet wird. Daraus ergeben sich Risiken, weil zu Beginn einer Spezialisierung kaum der Bedarf an Fachkräften zum Zeitpunkt des Abschlusses abgeschätzt werden kann. Viele studieren gut, ohne materiell davon zu profitieren. Sie arbeiten in prekären Beschäftigungsverhältnissen oder in fachfremden Berufen (vgl. Statistiken in [Briedis 2007]). Einige können aus gesundheitlichen Gründen nie eine Arbeit antreten. Manche leben nicht lang genug, um je ihrer Qualifikationsleistung entsprechend Geld zu verdienen. Alleine in Deutschland verstarben im Jahr 2011 4.308 Personen im Alter zwischen 6 und 26 Jahren [DeStatis 2013]. Knapp 5.000 Personen bis zum Alter von 26 Jahren bezogen 2011 ferner eine Rente wegen verminderter Erwerbsfähigkeit ([DRV 2012], S. 42f).

Die materielle Belohnung für Leistungen nur indirekt, stark verzögert und risikobehaftet auszuschütten ist in der *Geldwirtschaft* nicht üblich, davon sind in der Form nur Schüler und Studenten betroffen. Andere erhalten monatlich oder jährlich den Lohn für ihre Tätigkeiten. Welcher Berufstätige würde hart arbeiten, wenn er dafür *eventuell* Jahrzehnte später einmal bezahlt würde? Die Schüler und Studenten sollen in der *weitgehend freien Geldwirtschaft* aber genau das tun.

3.2 Die anspruchsvolle Erschaffung des Bezugsmittels Jad

Ausgerechnet die Jüngsten sollen Weitblick zeigen und einen *möglichen* Vorteil in zehn, zwanzig Jahren als Antrieb erkennen und akzeptieren. Der verzögerte monetäre Lohn reflektiert nur unscharf die Leistungen in Schule und Studium: Bessere Leistungen und Noten führen nicht unbedingt zu einem besser bezahlten Job. Zur zielgenauen Motivation wäre direkte und zeitlich nahe Belohnung viel effektiver.

"The reinforcement which develops skill must be immediate. Otherwise, the precision of the differential effect is lost.", zitiert aus [Skinner 1953/2005], S. 96.

Keinen direkten monetären Lohn für die Lernenden zu gewähren bedeutet nicht, dass das Geld dadurch motivationstechnisch neutral ist. Vielmehr wird das Geld zum belastenden, hemmenden Faktor. Wer keine reichen und wohlwollenden Eltern hat, sieht sich verleitet oder gar gezwungen, während der Schul- und Studienzeit in oft schlecht bezahlten fachfremden Nebenjobs Geld zu verdienen. Das läuft dann der Bildung zuwider – je mehr Lohnarbeit geleistet wird, anstatt zu lernen und zu forschen, desto ehr wird darunter die Bildung leiden. Der Einsatz für die Bildung wird zugunsten der Erwerbstätigkeit reduziert ([Middendorff 2011], S. 21). Die Doppelbelastung kann zulasten der Gesundheit gehen und dazu führen, dass das Bildungsziel nur verzögert erreicht wird oder sogar verfehlt wird.

Ein früher Abbruch der akademischen Ausbildung zugunsten von Lohnarbeit in Vollzeit bietet in der *Geldwirtschaft* zunächst verlockende monetäre Vorteile. Nach ihrem Abschluss erzielen im Gegenzug viele Akademiker erheblich höhere Einkommen. Im Nachhinein ist das Frustrationspotenzial für Personen mit kurzer akademischer Laufbahn dadurch erheblich. Herausragende Leistungen in Tätigkeiten mit geringen akademischen Anforderungen, die an sich anspruchsvoll sein können (etwa physisch) und eventuell ein hohes Maß an persönlichem Einsatz unter widrigen Bedingungen erfordern, werden vielfach schlechter bezahlt als Minimalleistungen in Berufen, die zwar ein Hochschulstudium voraussetzen, die aber für entsprechender Qualifizierte oft dankbar und angenehm sind. Akademische Abschlüsse und Titel trennen die Lohnschichten und die Grenzen sind nachträglich kaum überwindbar. Neben einem Beruf die Hochschulreife zu erlangen (zweiter Bildungsweg) oder ohne Hochschulreife die Zulassung zum Studium zu erhalten (dritter Bildungsweg) und ein Studium erfolgreich zu absolvieren, ist für viele nicht schaffbar. Im Beruf kürzerzutreten und auf den gewohnten Lohn zugunsten später Bildung zu verzichten ist schwer. Entsprechend wenige beschreiten in Deutschland diese Wege ([Freitag 2012], S. 18f). Ein Schulabbruch wegen Problemen in der Kindheit kann daher ein ganzes Leben in relativer Armut zur Folge haben – trotz harter und gut ausgeführter Arbeit im Erwachsenenalter.

In einem Anreizsystem, in dem die Leistungen immer dann möglichst zeitnah bemessen und belohnt werden, wenn sie erbracht werden, ist das anders. Das Erringen von akademischen Qualifikationen wird wie andere Tätigkeiten auch direkt leistungsabhängig mit dem allgemeinen Bezugsmittel vergütet. Bei der Belohnung von Arbeitsleistungen spielen zuvor geschaffte und bereits vergoltene akademische Abschlüsse, Titel oder sonstige Etablierungen keine Rolle. Es zählt immer ausschließlich die aktuelle Leistung.

Im Prinzip kann auch in Formen der *Geldwirtschaft* versucht werden, einen direkten Lohn für die Leistungen von Schülern und Studenten in Form des allgemeinen Bezugsmittels zu zahlen. Die Finanzierung ausgewogen und gerecht zu gestalten dürfte sich zwar als schwierig erweisen, könnte aber etwa in einer sozialen Marktwirtschaft staatlich mithilfe von Steuergeldern erfolgen. Steuern, die auch Personen zahlen müssten, die frühzeitig den akademischen Bildungsbereich verlassen und einer Lohnarbeit nachgehen. Es würde sich um eine Umverteilung zugunsten der Lernenden handeln. Dadurch würden nicht automatisch die teils großen Unterschiede bei der Lohnhöhe nivelliert, die in der *Geldwirtschaft* für verschiedene Arten von Tätigkeiten bestehen. So hätten jene, die vorzeitig den Bildungsweg verlassen, um einer Erwerbstätigkeit nachzugehen, keinen kurzzeitigen finanziellen Vorteil und eventuell erhielten sie später trotzdem unabhängig von ihren Arbeitsleistungen in den ihnen möglichen Tätigkeiten dauerhaft einen Lohn, der erheblich unter dem läge, der für Tätigkeiten gezahlt würde, die höhere Qualifikationen voraussetzen.

Die Finanzierungsproblematik stellt sich in der *Jadwirtschaft* nicht, denn sie erlaubt es, alle Beteiligten gleichermaßen leistungsgerecht zu belohnen. Das Bezugsmittel *Jad* muss nirgendwo eingenommen werden, es wird mit gerechtfertigten Ansprüchen neu geschaffen. Lohn für Lernende ist in der *Jadwirtschaft* keine staatliche Zuwendung, keine Umverteilung. Er unterscheidet sich nicht von dem Lohnanspruch, der für irgendeine andere Art von Tätigkeit geltend gemacht wird. Über die allgemeinen Regeln für die *Lohnansprüche* wird für die *Jadwirtschaft* sichergestellt, dass keine Art von Arbeit privilegiert oder benachteiligt wird. Jede *tätigkeitsspezifische Normarbeitsstunde* wird gleich entlohnt. Es entstehen keine mittel- und langfristigen Frustrationspotenziale: Das Erbringen von geringeren Leistungen in schulischen und studentischen Tätigkeiten führt zwar kurzfristig zu niedrigeren Lohnansprüchen sowie zu einer schlechteren akademischen Qualifikation, aber in einer späteren Erwerbstätigkeit entsteht keine fortwährende Benachteiligung.

Erhalten Schüler und Studenten direkt leistungsgerechte Anreize in Form des allgemeinen Bezugsmittels, können sie sich durch gute Leistungen in Schule und Studium bereits früh Vermögen erwirtschaften. Der Kauf eines Hauses lässt sich in einem solchen System viel leichter mit selbst verdienten Mitteln aus eigener Kraft finanzieren – eventuell schon zu dem Zeitpunkt, zu dem typischerweise

3.2 Die anspruchsvolle Erschaffung des Bezugsmittels Jad

erstmals der Bedarf entsteht, also wenn ein eigener Haushalt eröffnet werden soll und vielleicht eine Familie gegründet werden soll. Der private Finanzierungsbedarf mit fremden Mitteln wird dadurch in der *Jadwirtschaft* tendenziell niedriger sein als in einer *weitgehend freien Geldwirtschaft* ohne adäquate Vergütung für Schüler und Studenten, wo nicht wenige bei ihrem Abschluss mittellos oder gar verschuldet sind. Kredite werden in der Geldwirtschaft verbreitet zur Studienfinanzierung aufgenommen, wegen der Studiengebühren speziell in den USA [Boushey 2009] [Williams 2008], aber auch in Deutschland [Tutmann 2010] ([Middendorff 2013], S. 206).

Die Bemessung der Leistung von Schülern

Die Lohnansprüche für Schüler eignen sich gut, um die Herausforderungen sowie das Potenzial der tätigkeitsspezifischen Leistungsbelegung und der Leistungsbemessung mithilfe von *tätigkeitsspezifischen Normarbeitsstunden* exemplarisch vorzustellen. Viele Personen haben selbst Erfahrungen als Schüler und mithin eine gewisse fachliche Einsicht. Weiterhin bestehen bereits etablierte Systeme zur akademischen Leistungsbeurteilung, an die angeknüpft werden kann. Da es bei Schülern in der Regel um Kinder und Jugendliche geht, soll das Anreizsystem den Entwicklungsstand, die Fähigkeiten und Bedürfnisse der Schüler adäquat berücksichtigen. Außerdem sollen Kinder und Jugendliche einen besonderen Schutz ihrer Privatsphäre genießen. Die Anforderungen und Ansprüche für die Gestaltung des Regelwerks zur Belohnung von Schülern sind damit höher als bei vielen anderen Arten von Tätigkeiten. Die genaue Gestaltung eines Anreizsystems für Schüler ist eine politische Aufgabe – hier wird eine denkbare Ausprägung vorgestellt.

In Schulen wird das von Schülern pro Fach Erreichte üblicherweise durch die Lehrer beurteilt. Für Leistungsbenotungen in einzelnen Schulfächern ist ein bei null Punkten für schlechte Leistungen beginnendes und bis 15 Punkten für beste Leistungen reichendes Punktesystem zweckdienlich, wie es in Deutschland an Gymnasien in der Sekundarstufe II zum Einsatz kommt [KMK 1972/2012]. Ein solches Punktesystem hat den Vorteil, dass daraus eine *akademische Gesamtbenotung* eines Schülers über alle Schulfächer durch eine gewichtete Aufsummierung ermittelt werden kann – so wie es für die Berechnung der Durschnittsnote beim Abitur gemacht wird. Die Wichtung kann etwa durch Multiplikation mit den Wochenstunden in dem jeweiligen Fach erfolgen. Eine derartige *akademische Gesamtbenotung* über alle Schulfächer könnte als alleiniges Kriterium für die Erfassung des Erreichten in den *Lohnansprüchen* für Schüler verwendet werden. Damit würde jedoch das motivationstechnische Potenzial nicht ausgereizt. Hier werden zwei weitere Kriterien vorgeschlagen: eines für den *Arbeitseifer* und eines für *schwerwiegende Regelverstöße*.

Für einzelne Schulfächer, in denen keine guten oder sehr guten Ergebnisse erzielt werden, soll mit dem *Arbeitseifer*-Kriterium über das Geforderte hinausgehender Einsatz wie das Erledigen freiwilliger Übungsaufgaben erfasst werden. Auch große Bemühungen führen eventuell nicht rasch zu Lernerfolgen, sodass ein Lohn über bessere akademische Beurteilungen kurzfristig ausbleiben würde. Nachweisbarer Arbeitseinsatz wie das korrekte Durchführen zusätzlicher Übungen kann unabhängig vom daraus resultierenden Lernerfolg mit dem Bezugsmittel *Jad* belohnt werden. Je nach Einsatz sollen sich pro Fach bis zu drei „Fleißkärtchen" für den *Arbeitseifer* verdienen lassen. Liegt die akademische Benotung in einem Schulfach zwischen null und drei Punkten, werden alle „Fleißkärtchen" gezählt. Bei einer Benotung mit vier bis sechs Punkten werden höchstens zwei „Fleißkärtchen" berücksichtigt und bei sieben bis neun Punkten nur maximal eines – andernfalls keins. Diese Staffelung soll verhindern, dass Schüler ohne Probleme Zeit auf für sie überflüssige Übungen verschwenden, nur um mehr *Jad* zu bekommen. Die Anzahl der „Fleißkärtchen" soll zur Punktezahl in dem jeweiligen Schulfach addiert werden, bevor die Summe mit einer Wichtung (z. B. den Wochenstunden) multipliziert und zur *Gesamtbeurteilung* mit den Resultaten für andere Fächer aufaddiert wird.

Das Kriterium für *schwerwiegende Regelverstöße* soll der Aufrechterhaltung der schulischen Disziplin und der rechtlichen Ordnung dienen. Es soll das Betragen in Form von Strafpunkten für Verfehlungen abbilden, welche den Unterricht massiv beeinträchtigen beziehungsweise den Schüler selbst, Mitschüler, Lehrer oder andere Personen schädigen. Bei der Berechnung der *Gesamtbeurteilung* sind die Strafpunkte zu subtrahieren.

Verschiedene Bezugsnormen für die Leistungsbewertung

Leistungen können in Relation zu vorgegebenen Zielen beurteilt werden. Eine derartige *absolute Bezugsnorm* wird durch Erwartungen bestimmt. Unrealistische Zielvorgaben können dazu führen, dass allgemein überwiegend sehr gute oder sehr schlechte Ergebnisse erzielt werden und keine Differenzierung erreicht wird. Schulnoten werden oftmals nach *absoluten Bezugsnormen* vergeben.

Ohne Zielvorgabe kommen *soziale Bezugsnormen* oder *individuelle Bezugsnormen* aus (siehe dazu [Rheinberg 1999], S. 40ff). Bei der *sozialen Bezugsnorm* wird die Leistung in Relation zu anderen Personen beurteilt, welche vergleichbaren Tätigkeiten nachgehen. Im Zuge der Leistungsbemessung für *Lohnansprüche* in der *Jadwirtschaft* wird mit den statistisch ermittelten *tätigkeitsspezifischen Normarbeitsstunden* immer auch eine *soziale Bezugsnorm* verwendet.

Bei der *individuellen Bezugsnorm* wird die aktuelle Leistung im Vergleich mit den selbst zuvor erbrachten Leistungen bestimmt. Für sich genommen haben *individuelle Bezugsnormen* erhebliche Nachteile: Verbesserungen sind am

3.2 Die anspruchsvolle Erschaffung des Bezugsmittels Jad

> Einfachsten bei einem schwachen Einstieg zu erzielen. Zu Beginn werden also schlechte Leistungen motiviert. Wechseln die Tätigkeiten und Anforderungen über die Zeit oder kommen neue hinzu, ist eine Beurteilung anhand der *individuellen Bezugsnorm* kaum möglich. Zusätzlich zu *individuellen Bezugsnormen* sollten daher auch andere (*absolute* oder *soziale*) *Bezugsnormen* eingesetzt werden. Es wäre denkbar, das *Arbeitseifer*-Kriterium um einen Indikator für Veränderungen im Vergleich zum Vorzeitraum zu erweitern, um kleine Verbesserungen gesondert zu würdigen. Damit würde auch eine *individuelle Bezugsnorm* verwendet.

Zum Ermitteln der *tätigkeitsspezifischen Normarbeitsstunde* einer Jahrgangsstufe ist neben der Bemessung des Erreichten auch ein Arbeitsnachweis erforderlich, welcher die dafür aufgewendete Arbeitszeit erfasst. Die Größenordnung des Zeitaufwands von Schülern liegt im Bereich einer Vollzeitbeschäftigung. Für Deutschland wird in [UNICEF 2012] im Schnitt und für alle Jahrgangsstufen ein Zeitbedarf für die Schule von 38,5 Zeitstunden pro Schüler ermittelt. Die Anzahl der verpflichtenden Unterrichtsstunden in der Schule liegt im Mittel bei gut 30 Schulstunden (45 Minuten) pro Woche [KMK 2012]. Der Arbeitszeitaufwand für Schüler umfasst zusätzlich die Nach- bzw. Vorbereitung mit obligatorischen Hausaufgaben sowie eventuell mit zusätzlichem Lernen aus Eigenantrieb. Leicht und zuverlässig zu erfassen ist die Zeit, die in der Schule verbracht wird. Die zusätzlich Zeit, die Schüler für die Lerntätigkeit aufwenden, lässt sich nur durch Selbstauskunft erfassen.

Eine kindgerechte Entwicklung der Leistungsmotivation

Leistungen von Schülern verschiedener Jahrgangsstufen sind nicht vergleichbar. Daher soll jede Jahrgangsstufe als eine eigene Art von Tätigkeit aufgefasst werden, für die jeweils eine eigene *tätigkeitsspezifische Normarbeitsstunde* zu ermitteln ist.

Für die ersten Schuljahre sollen die Regeln eine geringe Leistungsorientierung aufweisen. Bei Erstklässlern und eventuell auch bei Zweitklässlern soll auf eine Leistungsdifferenzierung zur Feststellung der Höhe der Lohnansprüche zugunsten eines pauschalen Zeitlohns verzichtet werden. Bis zur vierten Jahrgangsstufe soll dann der Lohn nur beschränkt leistungsabhängig sein. Für anfängliche Zurückhaltung gibt es mehrere Gründe:

Zunächst ist es angebracht, Kindern die Gelegenheit zu geben, sich ohne Leistungsdruck in der Schule zu orientieren und sich in Ruhe spielerisch an das Lernen zu gewöhnen. Am Anfang der schulischen Laufbahn ist es auch in der akademischen Leistungsbeurteilung durchaus üblich, ganz auf numerische Noten zu verzichten und nur eine unschärfere textliche Beurteilung einzusetzen ([Heinze 2003], S. 19f; [Grünig 1999], S. 46f).

Außerdem sollen sich Kinder behutsam an die *Jadwirtschaft* herantasten können. Die Kontoführung und auch schon das einfache Bezahlen mit Jad erfordern Fähigkeiten, deren Vermittlung Aufgabe der Schule ist. Eine unmittelbare Wirkung eines differenzierten Lohns zur gezielten Leistungsmotivation wird sich erst einstellen können, wenn verstanden wird, wie der *Lohnanspruch* genau zustande kommt und wie die Höhe des *Jadbetrags* berechnet wird, wie darauf Einfluss genommen werden kann. In den ersten Klassen wäre ein nach Leistung differenzierter Lohn daher kein effektiver Anreiz. Mit den elementaren Fähigkeiten des Zählens und Rechnens ändert sich das innerhalb der ersten Schuljahre.

Die Nutzung der Jadwirtschaft und des S-Netzwerks durch Kinder

Der Umgang mit *Jad* und offenen Konten muss erst erlernt werden, ähnlich wie der Umgang mit Geld und Girokonten in der *weitgehend freien Geldwirtschaft*. Bei einem Baby und auch bei einem Kleinkind tragen die Erziehungsberechtigten die Verantwortung und sie regeln alle wirtschaftlichen Angelegenheiten. Kinder im Vorschulalter können bereits viel lernen, wenn sie die Erziehungsberechtigten dabei beobachten, wie sie das allgemeine Bezugsmittel nutzen.

In einer *weitgehend freien Geldwirtschaft*, in der es auch Bargeld gibt, ist es nicht erforderlich, mit Girosystemen und oder elektronischen Zahlsystemen umgehen zu können, um etwas einkaufen zu können. Mit Münzen und Geldscheinen kann schon ein kleines Kind selbstständig einkaufen.

Die *Jadwirtschaft* sieht keine Entsprechung zum Bargeld vor, *Jad* sind *immateriell*. Kinder sollen trotzdem frühzeitig in die Lage versetzt werden, ihre Kontodaten selbstständig zu lesen und zumindest kleine Zahlvorgänge autark durchzuführen, ohne sich selbst, ihr Vermögen oder andere zu gefährden. Ihnen fehlen noch die nötigen Fähigkeiten, um etwa die Folgen des Tätigens von reliablen Publikationen oder sicheren Hinterlegungen frei bestimmbaren Inhalts abschätzen zu können. Dazu soll es eine äußerst beschränkte Form der Teilnahme am S-Netzwerk geben und speziell reduzierte sichere Zugangssysteme, mit denen sie den Stand des eigenen Kontos abfragen zu können und elementare Zahlungen mit kleinen *Jadbeträgen* vornehmen können. Das Benutzerinterface soll für mathematisch ungeschulte Analphabeten zu verstehen und zu bedienen sein.

Offene Rechtfertigungen und die Privatsphäre der Schüler

Die Konten in der *Jadwirtschaft* sind offen. Jede Erschaffung von *Jad* muss eine öffentliche *Rechtfertigung* (*Justification*) haben. Diese Offenheit betrifft auch die *Lohnansprüche* für schulische Leistungen. *Rechtfertigungen* müssen überprüfbar sein. Zahlvorgänge können hingegen stark anonymisiert werden – es muss niemand wissen, wer wofür wie viel ausgibt.

3.2 Die anspruchsvolle Erschaffung des Bezugsmittels Jad

Die Privatsphäre so weit wie möglich zu wahren und zu schützen, ohne Raum für Betrug zu öffnen, ist eine Herausforderung in jedem Wirtschaftssystem mit offenen Konten. Die absolute Höhe des Lohns und der aktuelle Kontostand lassen sich nicht verbergen.

Pseudonyme Nummernkonten im S-Netzwerk
Bei reliablen Publikationen und sicheren Hinterlegungen muss sich der Herausgeber Π rechtsgültig feststellen lassen. Daraus folgt nicht, dass jeder den vollen Namen, den Geburtsort und das Geburtsdatum einsehen können muss. Es genügt, wenn der Herausgeber Π pseudonym mit einer Nummer ausgewiesen wird, welche im Fall eines Rechtsstreits die Feststellung der relevanter Daten zur Person ermöglicht. Für das S-Netzwerk können die Personendaten zunächst mit beschränktem Zielpublikum Γ sicher hinterlegt und im Zuge der Identitätsprüfung von Prüfern aus mindestens Ψ Misstrauensparteien bestätigt werden, sodass sowohl die Prüfer als auch die geprüfte Person beglaubigte Personendaten anderen ausgewählten Teilnehmern zugänglich machen können.
Dann ist die als Anker für ein offenes Konto in der Jadwirtschaft dienende Publikation zunächst einmal nur mit einer Identifikationsnummer (der S-Adresse des Besitzers) verknüpft. Die Anonymität ist begrenzt, denn den Prüfern sind alle wichtigen Daten zum Kontobesitzer bekannt.
Für das S-Netzwerk wird nach dem bisher Gezeigten gefordert, dass jede Person nur eine eindeutige S-Adresse haben darf. Das ist von Bedeutung für die *Jadwirtschaft*, denn andernfalls könnten z. B. von einer Person *soziale Sicherungsansprüche* mehrfach für verschieden anonyme Konten mit eigenen S-Adressen geltend gemacht werden. Um das zu verhindern, könnten die Prüfer der Identität die Personendaten eines neuen Teilnehmers für alle zugänglich publizieren – nur eben ohne Verbindung zu der vergebenen S-Adresse.
Darf jede Person nur eine S-Adresse haben, hat das auch einen Nachteil für die Anonymität: Wenn eine Partei *Bob* für irgendeine Anwendung wie einen fairen Vertragsabschluss den Namen und andere Personendaten von *Alice* benötigt, dann kann *Bob* anschließend alles, was mit der S-Adresse von *Alice* verknüpft ist, auch *Alice* zuordnen – auch ihr Konto für die *Jadwirtschaft*. Es wäre denkbar, jeder Person genau zwei S-Adressen zuzuteilen. Eine die fest mit für alle Teilnehmer lesbaren beglaubigten Personendaten zum Namen, zum Geburtsdatum und Geburtsort verknüpft ist und eine, welche pseudonym gehalten wird.

Die Möglichkeiten zum Schutz der Privatsphäre bei *Lohnansprüchen* in der *Jadwirtschaft* hängen von der erforderlichen *Rechtfertigung* ab. Die für Schüler hier vorgeschlagene Erfassung des Erreichten nicht nur über die akademische Leistungsbeurteilung, sondern auch über den *Arbeitseifer* und über *schwerwiegende Regelverstöße* kann dazu benutzt werden, die Gründe für die Höhe des Lohns zu verschleiern und die Zuordnung einzelner Belege zu einer bestimmten Person zu erschweren.

Die Idee ist, dass die Schule letztlich pro Schüler nur die gesamte berechnete Anzahl der geleisteten *tätigkeitsspezifischen Normarbeitsstunden* in verlässlicher Verknüpfung mit dem offenen Konto des Schülers publiziert. Aus diesem Wert lässt sich in der Regel nicht ableiten, welche akademischen Leistungen erbracht wurden, ob „Fleißkärtchen" verdient wurden oder ob Regelverstöße vorlagen.

Um dennoch ein hohes Maß an Transparenz und Prüfbarkeit zu ermöglichen, muss die Schule zusätzlich detaillierte Belege etwa für die Leistungen in einzelnen Schulfächern in einer anonymisierten Form publizieren. Schon die Beurteilung von schriftlichen Leistungen sollte nur anhand von anonymisierten Dokumenten erfolgen, damit es kein Bevorzugen oder Benachteiligen gibt. Die Publikation der Prüfungsdokumente und der Beurteilungen muss so geschehen, dass jeder Schüler die zu ihm gehörenden Belege finden kann. Die Anzahl der von allen Schülern einer Jahrgangsstufe geleisteten *tätigkeitsspezifischen Normarbeitsstunden* muss sich übereinstimmend einerseits aus den anonym publizierten Einzelbelegen und andererseits aus den für diese Schüler in verlässlicher Verknüpfung mit offenen Konten publizierten Gesamtwerten berechnen lassen. So wird eine gute Überprüfbarkeit gewährleistet, ohne detaillierte Belege mit offenen Konten zu verbinden.

Leistungsbewertung für Lehrende

Damit Lehrkräfte *Lohnansprüche* stellen können, müssen zur Erfassung von deren Leistungen und zur Berechnung der Normarbeitsstunden geeignete Indikatoren gefunden und Regeln aufgestellt werden. Leistungsbeurteilungen von Lehrkräften sind schwierig [Bessoth 1996]. Der zeitliche Aufwand in der Schule ist leicht zu erfassen. Bei erforderlichen Vorbereitungen oder Nachbereitungen – z. B. zur Kontrolle und Benotung von Klausuren wird es schon komplizierter.

Um die Qualität der Arbeit beurteilen zu können muss bestimmt werden, worin sich die Leistung von Lehrkräften überhaupt zeigt. Im absoluten Erfolg der Schüler? Diese Messgröße hängt auch von den Lernenden selbst, von deren Hintergrund bzw. deren Vorgeschichte ab. Vielleicht zeigt sich die Leistung von Lehrkräften besser in der Entwicklung, welche die Schüler unter ihnen durchlaufen. Als Indikator ließe sich die Änderung der Leistung der Schüler über die Zeit heranziehen – also die Leistung gemessen an einer individuellen Bezugsnorm ([Rheinberg 1999], S. 40ff). Lehrer würden dazu verleitet, ihre Leistungsbewertungen so zu gestalten, dass sie ihren Lohn maximieren können. Also dafür zu sorgen, neue Schüler erst einmal schlecht sind und dann besser werden.

Indikatoren für eine direktere Leistungsbeurteilung lassen sich durch Beobachter im Unterricht gewinnen. Die Präsenz von Prüfern würde allerdings die Unterrichtssituation bereits verändern. Möglich ist auch eine Befragung der Lernenden zu den Leistungen ihrer Lehrkräfte. Es besteht dann die Gefahr, dass sich Lehrkräfte und Lernende darauf einigen, einander möglichst gut zu

3.2 Die anspruchsvolle Erschaffung des Bezugsmittels Jad

> beurteilen, da so alle den höchstmöglichen Lohn erhalten. Vielleicht ist eine stimmige qualitative Leistungsdifferenzierung für Lehrkräfte nicht zu realisieren und eine Gleichbehandlung notwendig.
>
> **Jad für Kleinkinder und für Erziehungsarbeit in der Familie**
> Am Meisten lernen Menschen als Baby und Kleinkind [Singer 2001]. Sie erbringen ihre Lernleistungen instinktiv und beiläufig – ohne leistungsdifferenzierte Belohnung. Für die Jüngsten sind Pauschale leistungsunabhängige Zuwendungen angebracht, damit die Mittel zur Verfügung stehen, aus denen ihr Bedarf gedeckt werden kann. Die Bekämpfung von Kinderarmut ist eine der wichtigsten Aufgaben für einen sozialen Staat ([Becker 2012 b], S. 172). In der *Jadwirtschaft* sind bedingungslose Zuwendungen in Form des allgemeinen Bezugsmittels für Kinder einfach möglich. Sie können als zweckgebundene soziale *Sicherungsansprüche* realisiert werden. Die Erziehungsberechtigten dürfen die dadurch geschaffenen Jad nur so zum Wohl des Kindes einsetzen, dass das Kind später einsehen kann, wozu die ihm zustehenden Mittel aufgewendet wurden – und zwar bei anonymen Transaktionen (siehe Kapitel 3.3.1) nur vom Kind selbst.
>
> Früherziehung ist eine verantwortungsvolle, anstrengende und wichtige Tätigkeit. Für die Betreuung fremder Kinder etwa in Kindergärten können in der Jadwirtschaft *Lohnansprüche* geltend gemacht werden. Die Signifikanz der Tätigkeit wird rein politisch aufgrund der herausragenden gesellschaftlichen Bedeutung der Früherziehung beschlossen. Vergütungen für die Betreuung eigener Kinder durch die Eltern, etwa mit dem Betreuungsgeld in Deutschland, sind umstritten [Boll 2012]. Prinzipiell lässt sich jedoch mit *Lohnansprüchen* auch eine Vergütung für die innerfamiliäre Betreuung von Kindern wie auch von Personen mit Beeinträchtigungen in der *Jadwirtschaft* realisieren, sofern dies politisch gewünscht und legitimiert wird.

Übertragung der Idee des Lohns für Lernende mit Jad in die Geldwirtschaft?
Theoretisch könnte auch in einer Geldwirtschaft versucht werden, etwas dem Konzept zur zeitnahen vollwertigen Vergütung der Leistungen von Lernenden in der *Jadwirtschaft* Ähnliches zu realisieren.

Der Staat könnte dazu die unmittelbare leistungsdifferenzierte Bezahlung von gewöhnlichen Bildungserfolgen übernehmen. Dafür, wie hoch der durchschnittliche Lohn für Schüler und Studenten sein soll, bietet die *weitgehend freie Geldwirtschaft* im Gegensatz zur *Jadwirtschaft* keinen unstrittigen Anknüpfungspunkt. Nicht nur die Gestaltung der Leistungsdifferenzierung, sondern auch die Gesamthöhe aller Vergütungen für Lernende müsste politisch bestimmt werden.

Um einen regulären Lohn an Schüler und Studenten zahlen zu können, müsste die öffentliche Hand in der Geldwirtschaft das Bezugsmittel Geld in der beschlossenen Größenordnung aller Vergütungen für Lernende einnehmen. Die Zahl der vom Staat bezahlten Personen, die effektiv selbst keinen Beitrag zur Staatsfinanzierung leisten können, würde stark steigen. Und damit würde sich auch die Zahl jener Personen vergrößern, deren Vergütung von Steuereinnahmen oder anderen Abgaben zur Finanzierung abhängig wäre. In einer *weitgehend freien Geldwirtschaft* müsste der Staat dem durch den indirekten Tausch des Bezugsmittels Geld geprägten Markt die Mittel zur Finanzierung der Lernenden entziehen.

Es entstünde der Eindruck, der im Verhältnis kleinere privatwirtschaftliche Sektor müsste den um die Vergütung für Lernende vergrößerten staatlichen Sektor komplett tragen. Entsprechend der Abgabenlast ist mit Widerstand gegen eine staatliche Umverteilung zugunsten von Schülern und Studenten zu rechnen – denn als reine Umverteilung würde deren Vergütung von privatwirtschaftlich ihr Einkommen Bestreitenden wahrgenommen, nicht als ein gleichwertiger Verdienst. Schließlich ist dies genau das, was mit dem Geld auch tatsächlich geschieht.

Die Höhe des Budgets zur Zahlung des Lohns für Lernende würde außerdem mit der Konjunktur sowie dem Konsumverhalten schwanken. Soll nicht die Lohnhöhe an die Schwankungen angepasst werden, müssten zur Kompensation eventuell Schulden gemacht werden.

Das zeitnahe Zahlen eines solide finanzierten leistungsdifferenzierten Arbeitslohns in Form des Bezugsmittels Geld durch den Staat an Schüler und Studenten würde für sich genommen jedoch noch nicht genügen, um eine gute Annäherung an das Konzept für die *Jadwirtschaft* zu erreichen. Ohne zusätzliche Maßnahmen könnte es in der Geldwirtschaft leicht zu einer doppelten Vergütung kommen – einmal direkt, nachdem die Lernleistungen erbracht werden, und dann noch einmal später in einem Beruf, der wie heute üblich alleine aufgrund der akademischen Anforderungen bessere Verdienstmöglichkeiten bietet als andere weniger akademische Arten von Tätigkeiten.

Akademiker würden dadurch erheblich privilegiert – anders als in der *Jadwirtschaft*. Soll das verhindert werden, müssten auch in der Geldwirtschaft die Unterschiede im Lohnniveau zwischen verschiedenen Arten von Tätigkeiten aufgehoben werden. Es wären weitere massive staatliche Eingriffe notwendig, um das auch nur ansatzweise erreichen zu können. Ein freier Markt dürfte dann nicht mehr bestehen – in einer *weitgehend freien Geldwirtschaft* lässt sich das nicht realisieren.

3.2.5 Die Bestimmung spezifischer Regeln für Lohnansprüche

Eine funktionierende motivierende Leistungsdifferenzierung bei der Vergütung zu entwickeln ist in jedem Wirtschaftssystem eine Herausforderung. Eine Ausgewogenheit der diesbezüglichen tätigkeitsspezifischen Regeln soll

3.2 Die anspruchsvolle Erschaffung des Bezugsmittels Jad

in der Jadwirtschaft durch die Einbeziehung verschiedener beteiligter Parteien in den Gestaltungsprozess und durch ein wechselseitiges Verfahren zur Genehmigung erreicht werden.

Bei der Festlegung der Regeln zur Leistungsbestimmung und zur Bemessung der Höhe der *Lohnansprüche* gibt es keine eindeutig optimalen Lösungen. Wie stark etwa die Leistungsabhängigkeit des Lohns sein soll, das kann je nach Art von Tätigkeit verschieden sein. Ein großer Gestaltungsspielraum ist diesbezüglich in der *Jadwirtschaft* gewollt. Die Regeln für leistungsoptimierende Lohnansprüche festzulegen ist eine Herausforderung. Es muss sich zeigen, ob Menschen fähig und willig sind, ausgewogene Lösungen zu entwickeln.

Was ist überhaupt eine Art von Tätigkeit, wie konstituiert sie sich? Eine Art von Tätigkeit wird entweder durch politischen Beschluss bestimmt, wenn auch der *Signifikanznachweis* politisch erfolgt, oder sie wird von mindestens zwei Personen proklamiert, welche die *Signifikanz* ihrer Tätigkeit durch dafür eingesetzte und zerstörte *Jad* in mindestens einer gewissen Größenordnung nachweisen.

Trotz einer eventuell großen Zahl an *signifikanten* Arten von Tätigkeit müssen für jede Art spezifische Regelungen geschaffen werden. Dazu muss ein Verfahren vorgegeben werden, wie genau die Maßgaben zur Leistungsbestimmung und zur Ermittlung der Höhe der *Lohnansprüche* jeweils für eine Art von Tätigkeit gestaltet und evaluiert sowie gegebenenfalls optimiert werden sollen. Die Grundidee ist, dass die Betroffenen selbst die Regeln weitgehend autonom bestimmen sollen. Die Betroffenen sind einerseits natürlich die, welche die Art von Tätigkeit ausüben. Betroffen sind aber auch Personen, mit denen gemeinsam gearbeitet wird, die aber anderen Arten von Tätigkeiten ausüben. Und schließlich sind auch die Personen betroffen, die von den Leistungen direkt beeinflusst werden. Insbesondere Personen, welche von dem Erbringen der Tätigkeit einen positiven Nutzwert haben sollen, müssen an der Gestaltung der Regeln für die leistungsabhängigen Lohnansprüche beteiligt werden. Oftmals sind dies die Kunden.

Bei der Gestaltung der Vergütungsregeln für Lernende gehören zu den Betroffenen neben den Schülern (stellvertretend für die Jüngeren eventuell die Erziehungsberechtigten) oder Studenten natürlich auch die Lehrkräfte, mit denen besonders eng zusammengearbeitet wird. Sie müssen unbedingt an der Ausarbeitung der Regeln für die Lohnansprüche der Lernenden beteiligt werden. Weniger eindeutig ist hingegen, wer noch beteiligt werden soll. Schließlich können alle von Bildungsleistungen profitieren. Vernünftig erscheint die Beteiligung von Vertretern aus Bereichen, die besonders abhängig von guter Bildung sind. Im Fall der Schüler kommen dafür primär die Lehrenden von weiterführenden Bildungseinrichtungen wie Universitäten und Hochschulen infrage. Weiterführenden Bildungseinrichtungen nutzen unmittelbar die akademischen

Fähigkeiten und das Wissen, welche in der Schule vermittelt werden sollen. Im Fall von Studenten könnten etwa Wissenschaftler in Forschungseinrichtungen als direkte Nutzer mit einbezogen werden.

Für die konkrete Ausgestaltung der Regeln kann jede der drei Gruppen von Betroffenen selbst Vertreter bestimmen, etwa durch eine Wahl jeweils innerhalb der Gruppe. Das Gremium aus diesen Vertretern sammelt Vorschläge, formuliert sie aus und bereitet die Entscheidungsfindung vor. Jede Gruppe von Betroffenen sollte versuchen, ihre eigenen Anliegen als unabhängige Kriterien herauszuarbeiten. In dem Beispiel der Regeln für die Lohnansprüche der Schüler würden die Vertreter weiterführender Bildungseinrichtungen das Kriterium *akademische Gesamtbenotung* beisteuern, denn sie benötigen entsprechend qualifizierte Personen. Die Lehrenden würden das Kriterium *schwerwiegende Regelverstöße* gestalten, denn sie sind darauf angewiesen, dass ihnen hinreichende disziplinare Maßnahmen zur Verfügung stehen, um überhaupt unterrichten zu können. Das Kriterium *Arbeitseifer* wäre der Beitrag der Schüler selbst, denn es bietet Möglichkeiten, gewisse Schwächen oder Verfehlungen mit erhöhtem Einsatz zu kompensieren und zu kaschieren. Unabhängig jeweils von einer der Gruppen herauszuarbeitende Kriterien sollen dabei helfen, Streit zu vermeiden. Trotzdem kann es zu Auseinandersetzungen kommen, auch innerhalb der Gruppen von Betroffenen. Das gilt vor allem für jene, welche der Tätigkeit selbst nachgehen, denn je nach der Gestaltung der Regeln werden einige von ihnen stärker mit dem Bezugsmittel *Jad* belohnt, während Kollegen dadurch weniger Lohn erhalten.

Letztlich soll demokratisch entschieden werden. Jene, welche die Tätigkeit selbst ausführen, sollen dabei genau so viele Stimmen haben wie die übrigen Betroffenen zusammen.

Neben den Betroffenen sollen an der Ausgestaltung von den Regeln für die *Lohnansprüche* auch außenstehende Personen als Moderatoren, Gutachter und Schlichter beteiligt werden, welche mit der Tätigkeit nicht oder nur indirekt in Verbindung stehen.

Ihre Aufgabe besteht darin, eine Einigung zu unterstützen. Kommt bei einer Abstimmung unter den Betroffenen keine Entscheidung zustande, sollen die Externen versuchen, einen Kompromiss zu finden. Gelingt es nicht, das Patt zu beheben, entscheiden die Externen. Außerdem ist es die Aufgabe der außenstehenden Personen, Konformität mit den allgemeinen Maßgaben für *Lohnansprüche* in der *Jadwirtschaft* sicherzustellen. Sie sollen dafür sorgen, dass die Regelungen im Vergleich zu den Bestimmungen für andere Arten von Tätigkeiten angemessen gestaltet werden.

Die außenstehenden Moderatoren, Gutachter und Schlichter sollen jeweils aus den Vertretern einer bestimmten fremden Art von Tätigkeit so ausgewählt werden, dass sich zumindest indirekt alle Arten von Tätigkeiten gegenseitig kontrollieren – möglichst flach, so wie es in Abbildung 64 dargestellt ist.

3.2 Die anspruchsvolle Erschaffung des Bezugsmittels Jad 379

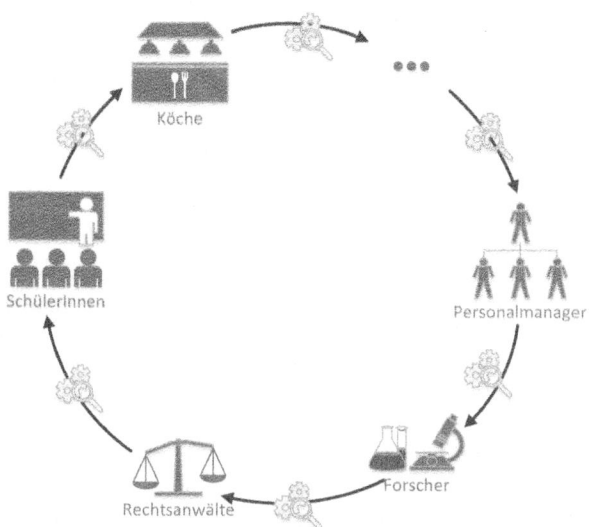

Abbildung 64: Gegenseitige Kontrolle der tätigkeitsspezifischen Regeln für Lohnansprüche

In jeder Art von Tätigkeit bedeuten der *Signifikanznachweis*, die Bestimmung der tätigkeitsspezifischen Regeln und das Unterstützen als Moderator, Gutachter und Schlichter für eine andere Art von Tätigkeit einen gewissen Aufwand. Eine Art von Tätigkeit mit nur sehr wenigen Personen, die dieser Tätigkeit nachgehen, ist dadurch ineffizient. Außerdem ist bei auf Daten von nur wenigen Personen ermittelten *Normarbeitsstunden* mit stärkeren Schwankungen zu rechnen – die Höhe des eigenen Lohns ist schwieriger vorherzusagen.

Entstehen trotzdem extrem viele Arten von Tätigkeiten mit eigenen Regeln, ändert dies nicht die Komplexität der *Jadwirtschaft*: Ob es 3 oder 3.000.000 Arten von Tätigkeiten gibt, niemand muss sich mit mehr als mit einigen wenigen von ihnen auseinandersetzen.

3.2.6 Lohnansprüche für die Schaffung immaterieller Güter

Werden Informationen in der Jadwirtschaft offen und frei nutzbar im S-Netzwerk bereitgestellt, können für deren Schöpfung eventuell leistungsabhängige Lohnansprüche geltend gemacht werden. Voraussetzung ist, dass eine gewisse Signifikanz der Art von Schöpfungstätigkeit über Indikatoren im S-Web nachgewiesen werden kann. In der Leistungsdifferenzierung kann die subjektive Wertschätzung durch andere Personen ein Kriterium sein und diese Beurteilung kann sich im Laufe der Zeit ändern. Um dem gerecht werden zu können, soll es möglich sein, für dieselbe Tätigkeit mehrfach Lohn-

ansprüche geltend zu machen, wobei jeweils nur bisher noch nicht vergoltene Steigerungen der Leistungsbewertung zu berücksichtigen sind.

Durch die *Jadwirtschaft* soll der Umgang mit beliebig reproduzierbaren Daten in einer Welt voller limitiert verfügbarer Güter und Leistungen erleichtert werden. Offenheit und Freiheit ohne künstliche Begrenzungen sollen die Informationskultur prägen. Zugleich soll es sich im Sinne des Wortes lohnen, wertvolles beliebig Reproduzierbares zu erschaffen.

In der *Jadwirtschaft* soll es *Lohnansprüche* für das Erschaffen *immaterieller Güter* geben, sofern diese *immateriellen Güter* im S-Netzwerk dauerhaft für alle Teilnehmer lesbar reliabel publiziert werden. Außerdem muss es erlaubt sein, die *immateriellen Güter* unter Verweis auf die ursprüngliche Publikation zu nutzen, zu reproduzieren und in neue Werke zu integrieren, ohne dafür eine Zahlung leisten zu müssen. Verweise auf die originale Publikation, welche zur freien Verwertung und mithin auch zur kommerziellen Verwendung berechtigen, müssen durch S-Links mit der ursprünglichen Publikation als *Bezugsbereich* getätigt werden. Mit den S-Links wird eine verlässliche Protokollierung der Verwertung erreicht, welche als ein Indikator für die *Signifikanz* der Art von Tätigkeit und als ein Kriterium für die persönliche Leistungsbeurteilung ausgewertet werden kann.

Politisch sollen neben der durch S-Links protokollierten Verwertung weitere Indikatoren für die *Signifikanz* der Art von Tätigkeit bestimmt werden. Mit den Indikatoren sollen alle einer bestimmten Art von Tätigkeit zur Erschaffung *immaterieller Güter* nachgehenden Personen gemeinsam durch das Erreichen von Mindestwerten die hinreichende *Signifikanz* ihrer Art von Tätigkeit zum Stellen von *Lohnansprüchen* nachweisen können. Geeignete Indikatoren können Daten zur Nutzung und qualitative Rückmeldungen wie Bewertungen sein. Alternativ kann die *Signifikanz* einer Art von schöpferischer Tätigkeit auch dadurch belegt werden, dass Teilnehmer der *Jadwirtschaft* dafür *Jad* investieren und zerstören.

Die Kriterien zur individuellen Leistungsdifferenzierung der *Lohnansprüche* sollen jeweils tätigkeitsspezifisch innerhalb von einer *signifikanten* Art von Tätigkeit zur Schaffung *immaterieller Güter* aufgestellt werden. Im Folgenden sollen beispielhaft Möglichkeiten der Gestaltung von *Lohnansprüchen* für Musik produzierende Tätigkeiten, für Softwareentwicklung und für erfinderische Tätigkeiten in der *Jadwirtschaft* vorgestellt werden und sie sollen mit den jeweiligen Verdienstmöglichkeiten sowie Geschäftsmodellen in der *weitgehend freien Geldwirtschaft* verglichen werden.

Reproduzierbare Musik in der Jadwirtschaft

Tätigkeit zur Schaffung *immaterieller Güter* im Musikbereich umfassen sowohl das Erschaffen und Bereitstellen von Kompositionen als auch das Anfertigen und

3.2 Die anspruchsvolle Erschaffung des Bezugsmittels Jad

Veröffentlichen von Musikaufnahmen. Die beiden Arten von Tätigkeiten sind so verwandt, dass einige Regeln und Kriterien zur Leistungserfassung und Leistungsdifferenzierung gemeinsam genutzt werden können. Folgende Kriterien sind für beide Arten von Tätigkeiten denkbar:

- Aufführungen mit Eintrittspreis: Es werden *Jad* für den Genuss der Musik in begrenzt verfügbarem Rahmen ausgegeben. Darunter fallen insbesondere Livekonzerte, welche auch als Wertschätzung für die Arbeit des Komponisten und für die Anfertigung von Aufnahmen der aufgeführten Werke durch die gleichen Künstler anzusehen sind.
- Produktive Nutzung: Die Musik wird in weiteren künstlerischen Werken genutzt (beispielsweise als Filmmusik), dient als Inspiration zu neuen Schöpfungen (etwa Variationen) oder sie wird in kommerziellem Umfeld verwendet.
- Investitionen zugunsten des Werks: Es werden direkt oder indirekt *Jad* für das musikalische Werk investiert. Hierzu zählen insbesondere Formen des *a priori Crowdfunding* etwa für die Realisierung von Aufnahmen und Merchandising Erlöse.
- Expertenurteil: Die Musik wird von Personen für wertvoll befunden, die selbst so Musik machen beziehungsweise die sich so mit Musik beschäftigen, dass sie dafür *Lohnansprüche* geltend machen können, oder die ein abgeschlossenes Studium bzw. eine vergleichbare Qualifikation aufweisen können.
- Popularität: Viele Personen geben an, die Musik gerne zu hören und sie würdigen die Musik mit Kommentaren sowie Bewertungen. Das freiwillige Feedback der privaten Nutzer lässt sich zuverlässig und zugleich performant erfassen, wenn es mit S-Links im S-Web realisiert wird, wobei auch eine starke Anonymisierung bei trotzdem gewahrter Möglichkeit zu späteren Änderungen erzielt werden kann [Viehmann 2018 f].

Darüber hinaus kann es auch für jede der beiden Arten von Tätigkeiten exklusive Kriterien geben. Für Kompositionen etwa könnten auch objektive Faktoren wie die Länge des Werkes, die Anzahl der verschiedenen Instrumente sowie Stimmen und schließlich die harmonische sowie rhythmische Komplexität herangezogen werden. Verschiedene Ansätze zur computergestützten Analyse von musikalischer Komplexität werden etwa in [Streich 2004] vorgestellt – dort wird auch auf die Subjektivität von musikalischer Komplexität verwiesen. Für die Beurteilung der Leistungen beim Anfertigen von Musikaufnahmen kann die interpretatorische Schwierigkeit der Werke berücksichtigt werden. Ein solches Kriterium kann auch zur Leistungsdifferenzierung zwischen mehreren Interpreten verwendet werden, die gemeinsam ein Werk einspielen. Schließlich gibt es Grenzbereiche zwischen beiden Arten von Tätigkeiten – etwa wenn Interpreten frei improvisieren.

In der *Jadwirtschaft* müssen die tätigkeitsspezifischen Maßgaben für die *Lohnansprüche* unter Einbeziehung aller direkt betroffenen Parteien ausgehandelt werden. Unmittelbar betroffen sind natürlich die Komponisten bzw. die Interpreten musikalischer Werke, die oft auch direkt eng zusammenarbeiten, um überhaupt etwas Hörbares zu erschaffen. Eine Zusammenarbeit findet vielfach auch mit anderen schöpferisch Tätigen wie Autoren, Choreografen, Tänzern und Filmschaffenden statt, sodass sie auch als unmittelbar Betroffene anzusehen sind. Als die eigentlichen Nutzer und Konsumenten musikalischer Kompositionen sind schließlich auch die Zuhörer als direkt Betroffene zu berücksichtigen. Zusätzlich sind an der Ausgestaltung von den Regeln für die *Lohnansprüche* außerdem auch außenstehende Personen als Moderatoren, Gutachter und Schlichter zu beteiligen, welche keiner schöpferische Tätigkeiten zur Erschaffung *immaterieller Güter* nachgehen.

Zur Berechnung der Höhe des Lohns wird in der *Jadwirtschaft* das Hilfskonstrukt der *tätigkeitsspezifischen Normarbeitsstunden* verwendet. Um eine tätigkeitsspezifische *Normarbeitsstunde* ermitteln zu können, ist es erforderlich, einen Arbeitsnachweis mit der persönlich aufgewendeten Arbeitszeit zu erfassen. Während für Interpreten zumindest der Zeitaufwand für Konzerte, Aufnahmen sowie Proben einfach zu messen sowie zu belegen ist und davon ausgehend eventuell unter Berücksichtigung der Entwicklung des Repertoires der weitere Aufwand zum Üben realistisch hochgerechnet werden kann, ist eine Zeiterfassung für das Komponieren wohl nur über eine Selbstauskunft möglich. Diese Selbstauskunft kann sogar problematisch sein, wenn der Wille zur Ehrlichkeit vorhanden ist: Die schöpferische Tätigkeit hat nicht notwendigerweise Anfangs- und Endzeitpunkte. Manche Ideen reifen über Jahre hinweg in einem verzehrenden, Kraft kostenden und vielleicht auch schmerzlichen Prozess – sogar unbewusst und bis in die Träume hinein kann die Auseinandersetzung damit erfolgen. Zweifel, Irrungen und das Suchen nach neuer Inspiration gehören eventuell dazu. Auch für den schöpferisch Tätigen selbst wird es oft kaum möglich sein, eine Zeitangabe zu machen, wie viel Arbeitszeit wirklich in einem Werk steckt.

Genauer feststellen lässt sich vielleicht zumindest die Zeit für die rein kunsthandwerkliche Arbeit der Umsetzung – also etwa für das Niederschreiben der Noten und für die Instrumentierung bei einem Komponisten. Handwerkliche Ausführung passiert nicht unbewusst oder im Traum. Anfang und Ende derartiger Tätigkeiten lassen sich messen. Die Ausführungszeit könnte auch verlässlich dokumentiert werden, indem jeder Arbeitsschritt im S-Netzwerk hinterlegt wird, wie dies etwa beim gemeinsamen Schreiben mit dem *NonNon-Editor* in verlässlicher Zusammenarbeit passiert (siehe [Viehmann 2018 i]). Ein vergleichbarer Noten-Editor für Komponisten wäre denkbar. Damit könnte zugleich auch

3.2 Die anspruchsvolle Erschaffung des Bezugsmittels Jad

nachgewiesen werden, wann welche Idee von wem neidergeschrieben wurde, um etwa Plagiatsvorwürfe entkräften zu können. Das Beurteilen des Erreichten in schöpferisch künstlerischen Tätigkeiten ist ebenso eine diffizile, streitbare Angelegenheit. Diese schwierige Aufgabe muss nicht erst für *Lohnansprüche* in der *Jadwirtschaft* bewältigt werden. Sie besteht in gleichem Maße auch für Verwertungsgesellschaften in der *weitgehend freien Geldwirtschaft*, die einen Verteilungsplan festlegen müssen (siehe Kapitel 2.2.3). Folglich gibt es bereits Erfahrungswerte.

In der *weitgehend freien Geldwirtschaft* haben Verwertungsgesellschaften zusätzlich zur Verteilung auch die Höhe der Summe aller Zahlungen an die Künstler zu bestimmen. Die Vorgabe dazu beschränkt sich typischerweise darauf, dass die Ausschüttungen den geldwerten Vorteilen der Verwertung entsprechen sollen und dass für die Künstler eine *angemessene Vergütung* erzielt werden soll ([UrhWG 1965/2007] §13, [UrhG 1965/2011], §11, §32). Das ist sehr unbestimmt und entsprechend angreifbar ist jede Festlegung.

In der *Jadwirtschaft* hingegen ist die Höhe der Vergütung einer *tätigkeitsspezifischen Normarbeitsstunde* unabhängig von der Art der Tätigkeit auf den Wert des *Vergütungsfaktors* fixiert. Die für die statistische Ermittlung einer *tätigkeitsspezifischen Normarbeitsstunde* notwendige persönliche Arbeitszeiterfassung ist speziell für Komponisten durchaus auch problematisch, aber zumindest eine grobe Annäherung sollte gelingen. Dafür entfällt die Willkür einer Selbstbedienung, welche in der *weitgehend freien Geldwirtschaft* mit Verwertungsgesellschaften schöpferische Tätigkeiten zur Erschaffung *immaterieller Güter* gegenüber anderen Arten von Tätigkiten unverhältnismäßig privilegiert. Bezüglich der Akzeptanz können sich daraus Vorteile für die *Lohnansprüche* in der *Jadwirtschaft* ergeben.

Ein weiteres schwerwiegendes Problem, mit welchem Verwertungsgesellschaften in der *weitgehend freien Geldwirtschaft* zu kämpfen haben, wird bei den *Lohnansprüchen* in der *Jadwirtschaft* komplett vermieden: Die umstrittene Gebührenerhebung zur Finanzierung entfällt. Mit der Frage wer wofür wie viel Geld einzahlen soll sind für Verwertungsgesellschaften in der Tat nicht nur Interessenskonflikte und potenzielle rechtliche Auseinandersetzungen sowie Image-Probleme verbunden. Die Einforderung und Abrechnung der Gebühren ist auch mit erheblichen Aufwendungen verbunden. Alleine die Inkassokosten der GEMA beliefen sich 2012 auf 12 Millionen Euro und mithin auf knapp 10% der gesamten Verwaltungskosten der GEMA von 128 Millionen Euro ([Heker 2013] S. 32). Willkürliche Änderungen der Vergütungshöhe für Künstler und mithin etwaiger zur Finanzierung durch Verwertungsgesellschaften erhobenen Gebühren könnten eine Plattform wie das S-Netzwerk existenziell bedrohen (siehe Kapitel 2.2.3 und [Viehmann 2018 k]).

In der *Jadwirtschaft* hingegen erfolgt die Finanzierung jedwelcher legitimer *Ansprüche* auf die Schaffung von neuen *Jad* von allen Teilnehmern gemeinsam. Die Schöpfer *immaterieller Güter* bilden keine Ausnahme und sie genießen keine Sonderbehandlung. Weitgehend frei gestaltbar ist nur die Leistungsdifferenzierung der Vergütung innerhalb einer Art von Tätigkeit. Es gibt insbesondere keine einzelnen Parteien, die willkürlich die Gesamthöhe der Vergütungen festlegen könnten.

Mehrfache Lohnansprüche bei verspäteter Wertschätzung

Eine Besonderheit bei Kunstwerken liegt darin, dass sich ihre Wertschätzung im Laufe der Zeit oftmals deutlich ändert. Von der Idee her sollen in der *Jadwirtschaft* alle *Lohnansprüche* möglichst zeitnah zur erbrachten Leistung geltend gemacht werden, damit ein motivationstechnisch optimaler Anreiz geschaffen wird. Gerade bei vielen künstlerischen Leistungen ist jedoch eine abschließende Beurteilung erst mit erheblicher Verzögerung möglich, wenn etwa Indikatoren für die erreichte Popularität und Wertschätzung als Kriterium zur Bewertung herangezogen werden sollen.

Um trotzdem eine zeitnahe Belohnung zu ermöglichen, ohne auf eine höhere Vergütung verzichten zu müssen, die sich aus einer später eventuell besseren Beurteilung der erbrachten Leistung ergeben würde, können in der *Jadwirtschaft* unter Umständen auch mehrfach *Lohnansprüche* geltend gemacht werden. Für eine Leistung, für die bereits mindestens ein *Lohnanspruch* geltend gemacht wurde, kann ein weiterer *Lohnanspruch* nur erhoben werden für die Verbesserung der Beurteilung im Vergleich zu dem Stand, welcher mit dem letzten *Lohnanspruch* bereits vergolten wurde. Außerdem muss der letzte *Lohnanspruch* für die Leistung mindestens ein Jahr zurückliegen. Sollte die Bedeutung eines Kunstwerks nach der Anmeldung des ersten *Lohnanspruchs* wachsen, kann im Nachhinein die späte Würdigung zusätzlich belohnt werden. Sollte ein Werk hingegen im Nachhinein kritischer gesehen werden und als weniger wertvoll erachtet werden, soll dies keinen Einfluss auf zuvor rechtmäßig gemachte *Lohnansprüche* haben. Schließlich war zumindest eine Zeit lang eine entsprechende Wertschätzung tatsächlich vorhanden.

Wann immer ein zusätzlicher *Lohnanspruch* für dieselbe Tätigkeit geltend gemacht werden soll, muss in die Berechnung der *tätigkeitsspezifischen Normarbeitsstunde* für den aktuellen Auswertungszeitraum jeweils die volle persönliche Arbeitszeit und die komplette Bewertung seit der Veröffentlichung des Werkes mit eingebracht werden und nicht etwa nur die Veränderung der Bewertung im Vergleich zum vorherigen *Lohnanspruch*. Die Anzahl der persönlich erbrachten *tätigkeitsspezifischen Normarbeitsstunde* wird so berechnet, als wäre noch kein *Lohnanspruch* für die Leistung geltend gemacht worden. Die Höhe des neuen *Lohnanspruchs* wird um die Summe aller bisher für die Leistung geltend gemachten *Lohnansprüche* verringert.

Einzelne Kriterien können so gestaltet werden, dass in den Werten die verschieden lange Zeit seit der Veröffentlichung des Werkes mit berücksichtigt wird. So könnten außergewöhnlich schnelle Erfolge frühzeitig gewürdigt werden, auch wenn die absoluten Zahlen noch nicht die Werte erreicht haben, welche für länger zurückliegende Leistungen erreicht werden.

Crowdfunding für immaterielle Güter in der Geld- und Jadwirtschaft

Zur Finanzierung von Sachkosten bei der Erschaffung von *immateriellen Gütern* lässt sich sowohl in der *weitgehend freien Geldwirtschaft* als auch in der *Jadwirtschaft* (durch Erstattungsansprüche, Kapitel 3.2.8, transitives Zahlen, bedingte Anweisungen, Kapitel 3.3.1) u. a. das *a priori Crowdfunding* einsetzen, wobei allerdings Unterschiede zwischen den Wirtschaftssystemen bestehen.

In der *weitgehend freien Geldwirtschaft* können aus *a priori Crowdfunding* nicht nur die Sachkosten finanziert werden, die Schöpfer *immaterieller Güter* können damit auch Einkünfte und Gewinne in Form des allgemeinen Bezugsmittels erzielen. Hingegen lassen sich mit *Crowdfunding* in der *Jadwirtschaft* keine direkten Vergütungen in Form des allgemeinen Bezugsmittels gewinnen. Erfolge im *Crowdfunding* können allerdings als Nachweis der Signifikanz zur Rechtfertigung für *Lohnansprüche* sowie als Kriterien für die Berechnung der Höhe der zulässigen *Lohnansprüche* dienen und mithin indirekt zu einer Vergütung mit *Jad* beitragen.

Softwareprogramme in der Jadwirtschaft

Um für die Entwicklung von Software Lohnansprüche geltend machen zu können, soll in der *Jadwirtschaft* vorausgesetzt werden, dass sie nicht nur zur freien Nutzung, sondern auch quelloffen im S-Netzwerk dauerhaft für alle Teilnehmer lesbar reliabel publiziert wird. Die freie Verwendung von Programm und Quellcode muss bei Verweis per S-Link auf die originale Publikation gestattet werden. Die Freigabe der Quelldaten ist anders als in der *weitgehend freien Geldwirtschaft* keine Gefährdung der wirtschaftlichen Nutzbarkeit. Sie ist für den Nachweis der erbrachten Arbeitsleistung vielmehr eine Notwendigkeit zur kommerziellen Verwertung von Softwareprogrammen in der *Jadwirtschaft*.

Folgende Kriterien sind beispielsweise für die Leistungsbemessung und für die Leistungsbeurteilung von allen Tätigkeiten in der Softwareentwicklung denkbar:

- Bestandteil begrenzt verfügbarer Güter: Die Software ist Teil von begrenzt verfügbaren Produkten, für die *Jad* investiert werden. Dies ist als Wertschätzung für die Programmierarbeit anzusehen.
- Produktive Nutzung und Wiederverwendung: Verwendung der Software in Geschäftsprozessen oder zur Erschaffung von Gütern, für welche *Jad* investiert werden bzw. für welche *Lohnansprüche* zu rechtfertigen sind.

- Investitionen zugunsten des Werks: Es werden direkt oder indirekt *Jad* für die Softwareentwicklung investiert. Dazu zählen etwa Formen des *a priori Crowdfunding*.
- Expertenurteil: Die Software wird von Informatikern mit abgeschlossenem Studium bzw. von Experten vergleichbarer Qualifikation für wertvoll befunden.
- Popularität: Viele Personen geben mit verlässlichem und ggf. anonymisiertem Feedback im S-Web an, die Software zu nutzen und (Kommentare und Bewertungen).

Ein wesentlicher Unterschied zwischen der Softwareentwicklung und der Komposition in der Musik besteht darin, dass in der Softwareentwicklung oftmals sehr viele Personen gemeinsam ein Werk erschaffen, während Komponisten typischerweise viel alleine oder allenfalls in kleinen Teams an einem Werk arbeiten. Die bisher genannten Kriterien für die Leistungen in der Softwareentwicklung sind nur geeignet, um das Werk als Ganzes zu beurteilen. Sie eignen sich nicht, um die individuellen Leistungen einzelner Beteiligter zu bemessen und auszuwerten. Außerdem gibt es verschieden Arten von Tätigkeiten wie etwa das Entwerfen der Software-Architektur, das Programmieren oder das Testen. Leistungen in diesen diversen Arten von Tätigkeiten sind nur bedingt vergleichbar.

Für die individuelle Leistungserfassung und Leistungsbeurteilung in der Softwareentwicklung müssen zusätzliche, eventuell für bestimmte Arten von Tätigkeiten in der Softwareentwicklung spezifische Kriterien gefunden werden. Quantitative Kriterien lassen sich zwar finden, sie können aber leicht zu Fehlanreizen führen. So kann beispielsweise versucht werden, die individuelle Leistung der beteiligten Programmierer mithilfe des von ihnen entwickelten Codes zu erfassen. Es gibt eine umfangreiche Literatur zum Thema Software Metrics [Albrecht 1983] [Kitchenham 2010] und es existieren Standards für Softwarequalität und deren Messung, etwa die ISO/IEC 9126 – siehe auch [Jung 2004].

Was sich nicht trivial erfassen lässt, ist die Antwort auf die Frage, inwieweit der Programmcode auch notwendig, zumindest aber nützlich und effizient ist. Wenn der Komponist eines musikalischen Werkes einfach Hunderte Takte voll von belanglosem Lärm in sein Werk einbaut, um einen höheren Werkumfang und mithin eine größere Arbeitsleistung vorzutäuschen, ist das kaum zu überhören. Die Qualität des Erzeugnisses würde darunter spürbar leiden. Genau das ist bei einem Computerprogramm nicht unbedingt gegeben. Quellcodes können sehr verschieden aussehen und vor allem höchst unterschiedliche Längen sowie Komplexitäten haben und dennoch kaum unterscheidbare Programme als Ergebnisse liefern. Wenn die Indikatoren zur Erfassung des Arbeitsaufwandes dazu verleiten, den Quelltext möglichst umfangreich und weltbewegend aussehen zu lassen, so wird darunter mindestens die Lesbarkeit des Codes leiden, wahrscheinlich aber auch die Sicherheit und die Stabilität der Anwendung. Unnötig aufgeblähte Programme zu fördern darf natürlich nicht das Ziel sein. Zur Erfassung des individuellen Beitrags in der Programmierung kann versucht werden, auf abstraktere, etwa modellbasierte Konzepte zu setzen. Für UML Use-Case-Diagramme und Klassendiagramme wurden beispielsweise bereits verschiedene Metriken entwickelt [Anda 2001] [Genero 2005]. Testergebnisse über das kompilierte Programm (etwa bezüglich Geschwindigkeit, Speicherplatzbedarf etc.) sind gute Indikatoren, um auch einzelne Programmteile und mithin individuelle Beiträge beurteilen zu können. Manipulativ aufgeblähter Quellcode ist dann keine gute Strategie, um höhere Lohnansprüche geltend machen zu können. Der Quellcode selbst sollte wohlmöglich nur durch geeignete qualitative Leistungsindikatoren bemessen werden, die etwa die Verständlichkeit fördern. So kann die Festlegung auf bestimmte Programmierrichtlinien (wie die GNU coding standards [Stallman 2013]) und deren konsequente Einhaltung ebenso belohnt werden wie eine möglichst vollständige Dokumentation mit Beispielen.

Weiters soll der Vorteil, bestehende Komponenten und Code anderer Entwickler – bei korrekter Verweisung auf dieselben – kostenfrei nutzen zu dürfen, nicht dadurch zunichtegemacht werden, dass sich statt des Zugriffs auf schon existierende Komponenten eine Neuentwicklung bzw. eine „Verfremdung" der vorhandenen Quellcodes besser rechnen würde, weil diese „Eigenleistungen" dann zur Anmeldung von höheren *Lohnansprüchen* genutzt werden könnten. Daher sollte die korrekt ausgewiesene Einbindung bestehender Komponenten so gewürdigt werden, dass dies im Vergleich zu einer Neuentwicklung wirtschaftlich attraktiver erscheint. Die Belohnung der Einbindung ist insofern gerechtfertigt, als dass diese immer mit einem gewissen Aufwand verbunden ist, schließlich muss die Funktionalität verstanden und die Integration realisiert werden. Speziell bei großen Komponenten kann dies durchaus beträchtliche Zeit erfordern. Außerdem ist auch eine Weiterpflege bei neuen Versionen der genutzten Komponenten alleine schon aus Sicherheitsgründen angezeigt und die Maintenance ist eventuell sehr aufwendig [Voas 1998]. Dafür lassen sich fortlaufend zusätzliche *Lohnansprüche* geltend machen.

Freier Fortschritt – Jad für Erfindungsleistungen

Lohnansprüche für die Arbeitsleistungen, welche in technischen Erfindungen stecken, bilden in der *Jadwirtschaft* das funktionale Gegenstück zum Patentsystem in der Geldwirtschaft. Voraussetzung für entsprechende Ansprüche auf Vergütung in der *Jadwirtschaft* ist, dass die Erfindung in verlässlicher Weise per reliabler Publikation im S-Netzwerk offenbart wird und dass sie allen zur freien Benutzung zur Verfügung gestellt wird, sofern korrekt – etwa per S-Link – auf die ursprüngliche Publikation der Erfindung verwiesen wird.

Als Kriterien für die Bedeutung von Erfindungsleistungen stehen u. a. zur Verfügung:
- Bestandteil begrenzt verfügbarer Güter: Die Erfindung ist Teil eines begrenzt verfügbaren Produktes, für das *Jad* investiert werden. Dies ist als Wertschätzung für die Arbeitsleistung der Erfinder anzusehen.
- Produktive Nutzung: Die Erfindung wird in Geschäftsprozessen oder zur Erschaffung von Gütern verwendet, für welche *Jad* investiert werden bzw. für welche Lohnansprüche zu rechtfertigen sind.
- Investitionen zugunsten der Erfindung: Es werden direkt oder indirekt *Jad* für die Erfindungsleistung investiert. Dazu zählen speziell Formen des *a priori Crowdfunding*.
- Expertenurteil: Andere Wissenschaftler befinden die Erfindung für wertvoll.
- Popularität: Viele Personen geben mit verlässlichem und ggf. anonymisiertem Feedback im S-Web an, die Erfindung zu nutzen (Kommentare und Bewertungen).

Bei technischen Erfindungen ist es wie bei musikalischen Kompositionen schwierig, Arbeitszeiten zu erfassen. Zu einer stimmigen Selbstauskunft wäre manch ein Erfinder nicht in der Lage, weil die Ideen zu Erfindungen oftmals zu Beginn nur diffus wahrgenommen werden und weil sie eventuell erst beiläufig über Monate oder Jahre hinweg weiterentwickelt werden, bevor sie gezielt in Richtung Publikationsreife geführt werden.

Was sich besser erfassen lässt, ist die Arbeit der Erfindungsbeschreibung. Diese muss z. B. eine Darstellung zum bisherigen Stand der Forschung und der Technik enthalten. Die darin steckende Arbeitsleistung und der damit verbundene Arbeitszeitaufwand lassen sich gut hochrechnen. Damit wird jedoch nur die Ausführungszeit erfasst.

Selbst wenn der persönliche Zeitaufwand akzeptabel zuverlässig erfasst wird, bedeutet das noch nicht, dass auch eine stimmige *tätigkeitsspezifische Normarbeitsstunde* für erfinderische Tätigkeiten ausfindig gemacht werden kann. Die *tätigkeitsspezifische Normarbeitsstunde* soll genau die in einer Zeitstunde erwartbare Arbeitsleistung eines durchschnittlichen Fachmanns sein. Eine erfinderische Tätigkeit wird etwa im deutschen Patentrecht eben dadurch definiert, dass die Innovation für einen durchschnittlichen Fachmann ausgehend vom bisherigen Stand der Technik nicht naheliegend sein darf ([PatG 1936/2011] §4). Ist demnach die zu einer technischen Innovation führende erfinderische Tätigkeit an sich per Definition eine außergewöhnliche Leistung, die eventuell für einen durchschnittlichen Fachmann auch mit beliebig hohem Arbeits- und Zeitaufwand nicht zu erbringen wäre? Wären technische Erfindungen ausschließlich derart atypisch exzeptionelle Leistungen, so ließen sie sich nur durch *spezielle Lohnansprüche* vergüten – mit entsprechend aufwendiger *Rechtfertigung*.

3.2 Die anspruchsvolle Erschaffung des Bezugsmittels Jad

Für erfinderische Tätigkeiten können nur mittlere Leistungswerte durchschnittlicher Erfinder erhoben werden. Ob ein durchschnittlicher Erfinder in der *Jadwirtschaft* als ein durchschnittlicher Fachmann anzusehen ist, muss politisch entschieden werden. Mit der Ermittlung einer *tätigkeitsspezifische Normarbeitsstunde* für erfinderische Tätigkeiten ließe sich zumindest eine grobe Verhältnismäßigkeit des Lohns zu anderen Arten von Tätigkeiten anpeilen, welche mit *speziellen Lohnansprüchen* nicht gewährleistet werden kann.

Im Gegensatz zum Patentsystem wird dem Erfinder kein zeitlich begrenztes Monopol für die exklusive kommerzielle Nutzung gewährt. Es besteht auch keine Bindung an bestimmte Schutzfristen. Um am Erfolg der wirtschaftlichen Verwertung ihrer Erfindung durch Dritte teilhaben zu können, ist es unnötig, von diesen Dritten eine Vergütung oder Entschädigung einzufordern. Nutzer der Erfindung sind nur verpflichtet, auf die originale Publikation der Erfindung zu verweisen. Sofern die Nutzer einer Erfindung dies korrekt mit einem S-Link machen, ist der Leistungsnachweis für die Erfinder leicht und verlässlich zu erbringen. Jede Nutzung einer Erfindung – egal zu welchem Zeitpunkt oder durch wen – ist als Wertschätzung für die Arbeitsleistung ihrer Erfinder anzusehen und kann *Lohnansprüche* für den Erfinder rechtfertigen. Zeigt sich der praktische Nutzen einer technischen Erfindung erst viele Jahre, nachdem sie erstmals publiziert wurde, können die Erfinder so lange sie leben trotzdem davon profitieren und neue *Lohnansprüche* geltend machen. Zugleich wird die freie Nutzung der Erfindung zu keinem Zeitpunkt eingeschränkt. Alle dürfen die Ideen, Pläne und Erkenntnisse uneingeschränkt weiterdenken und anwenden, solange sie korrekt auf die Publikation der zugrunde liegenden Erfindungen verweisen.

Das in Europa übliche Erstanmelderprinzip zur Feststellung der Neuheit, bei welchem auch eigene Publikationen vor der Patentanmeldung neuheitsschädigend sind, ist schon durch die Verfügbarkeit des S-Netzwerks als Publikationsmedium mit präzisen und verlässlichen Angaben zum Veröffentlichungszeitpunkt überflüssig (siehe [Viehmann 2018 j]). In der *Jadwirtschaft* entfällt überhaupt die Notwendigkeit, eine kostenintensive formelle Anmeldung zu machen. Es genügt eine reliable Publikation im S-Netzwerk. Die Offenbarung neuer Ideen kann kostengünstig und ohne das Risiko möglicher Verluste sofort erfolgen. Jedes Zögern birgt nur das Risiko, dass andere zuvor kommen. Im Unterschied zur *Geldwirtschaft* wird keine Zurückhaltung neuer Ideen begünstigt, sondern es wird ein maximaler Fortschritt durch frühen Ideenaustausch und praktisch unbeschränkte Nutzung des Wissens forciert. Die bestmögliche Technik steht allen gleichermaßen zur Verfügung.

Die Neuheit der Erfindung und die Rechtmäßigkeit von *Lohnansprüchen* für die Erbringung der Erfindungsleistung können von allen Teilnehmern am S-Netzwerk geprüft werden. Um *Lohnansprüche* geltend machen zu können, haben die Erfinder die Pflicht, ihre Innovationen ins Verhältnis zum bisherigen

Stand zu setzen und relevante verwandte Publikationen möglichst per S-Link bidirektional zu verlinken. Auf diese Weise werden bestehende ähnliche Erfindungen leicht auffindbar. Eine Recherche wird somit erleichtert. Zusätzlich können auch durch politischen Beschluss professionelle Prüfer und Pfleger für die Neuheitsprüfung und Einordnung bestimmt werden, welche einen Teil der Aufgaben eines Patentamtes in der *weitgehend freien Geldwirtschaft* übernehmen, wobei die Vergütung dieser Prüfungen wiederum über *Lohnansprüche* finanziert werden kann.

Fazit zu Lohnansprüchen im Zusammenhang mit beliebig Reproduzierbarem

Mit der *Jadwirtschaft* werden einige in der *weitgehend freien Geldwirtschaft* bestehende Probleme im Zusammenhang mit beliebig reproduzierbaren Gütern überwunden. In der *Jadwirtschaft* gibt es keine Interessenkonflikte zwischen Offenheit und kommerzieller Nutzung. Geheimhaltung und Monopole werden nicht benötigt. Die *Jadwirtschaft* braucht keine Verwertungsgesellschaften, die an ihrer privilegierten Selbstbedienung kranken.

Bei kreativen Tätigkeiten bleibt es eine Herausforderung, leistungsgerecht zu vergüten. Die Arbeitszeit zu erfassen und geeignete *tätigkeitsspezifische Normarbeitsstunden* zu ermitteln ist so schwierig wie Verteilungspläne für Verwertungsgesellschaften zu realisieren.

3.2.7 Lohnansprüche aus dem Verkauf von begrenzt Verfügbarem

Werden materielle Güter oder limitierte Dienstleistungen gegen einen Preis in Form des allgemeinen Bezugsmittels Jad angeboten sowie erfolgreich veräußert, können für die dabei persönlich erbrachte Arbeit leistungsabhängige Lohnansprüche auf die Erschaffung von Jad geltend gemacht werden, in deren Rechtfertigung auf die zerstörten Jad der Kunden verwiesen wird. Als alleiniges Kriterium für die Leistungserfassung und mithin als Grundlage für die Bestimmung der tätigkeitsspezifischen Normarbeitsstunden sowie der Höhe der Lohnansprüche kann die Summe der dafür aufgebrachten Jad abzüglich der Kosten dienen. Wird hingegen in der Jadwirtschaft statt dieser Annäherung an eine Marktwirtschaft mit indirektem Tausch die Balance aus Angebot und Nachfrage bei freier Preisgestaltung als primäres Leistungskriterium gewählt, kann eine Optimierung anstelle einer Maximierung der Wirtschaftsleistung gefördert werden.

Für die Vergabe von begehrten, nicht beliebig reproduzierbaren Gütern und für die Erbringung von gefragten limitiert verfügbaren Dienstleistungen lässt sich effektiv eine unmittelbare Gegenleistung einfordern. Die Voraussetzungen für fairen Tausch sind gegeben. In der *weitgehend freien Geldwirtschaft* wird begrenzt Verfügbares üblicherweise gegen das allgemeine Bezugsmittel Geld an-

3.2 Die anspruchsvolle Erschaffung des Bezugsmittels Jad

geboten und im Tausch gegen einen entsprechenden Geldbetrag abzüglich etwaiger obligatorischer Abgaben wie Steuern verkauft. Dies ist möglich, weil das allgemeine Bezugsmittel Geld von Person zu Person übertragbar ist. Die weitgehend freie Marktwirtschaft hat sich vielfach bewährt. Zahlreiche bedeutende Ökonomen (etwa Adam Smith [Smith 1776/2005] S. 386, Milton Friedman [Friedman 1962/2002] S. 196ff) betrachten den freien Markt, auf dem Angebot und Nachfrage die Preise und mithin die mögliche Vergütung des Anbieters bestimmen, als bestmögliches wirtschaftliches System – und zumindest für begrenzt Verfügbares überzeugt vor allem die Einfachheit und Stringenz dieses Systems, denn es kommt weitgehend ohne Regulation aus und bietet eine gewisse Reziprozität für alle Teilnehmer.

Die *Jadwirtschaft* ist explizit darauf ausgelegt, dass das allgemeine Bezugsmittel *Jad* nicht beliebig transferiert werden kann. *Jad* dürfen ungeachtet ihrer begrenzten Verfügbarkeit nicht auf einem freien Markt handelbar sein. Sobald *Jad* einfach übertragbar wären, entstünden Kreisläufe und *Jad* könnten über Generationen gespart werden. Das Modell der Einbahnstraße der *Jad* wäre unhaltbar; die Menge der *Jad* müsste anderweitig kontrolliert werden, um einen einigermaßen stabilen Wert von *Jad* gewährleisten zu können.

Nützlich kann die *Jadwirtschaft* nur sein, wenn sich mit *Jad* trotzdem auch begehrenswertes begrenzt Verfügbares erstehen lässt. Damit entsprechende Angebote gemacht werden, müssen mit geeigneten *Lohnansprüchen* Anreize in Form des Bezugsmittels *Jad* geschaffen werden, ohne eine beliebige Transferierbarkeit von *Jad* zu ermöglichen.

Um überhaupt *Lohnansprüche* geltend machen zu können, muss in der *Jadwirtschaft* für jede Art von Tätigkeit eine hinreichende *Signifikanz* nachgewiesen werden. Für legale Tätigkeiten, die zur Bereitstellung und zum Vertrieb von begrenzt Verfügbarem führen, muss dieser Nachweis der Signifikanz dadurch erfolgen, dass andere Teilnehmer der *Jadwirtschaft* für die Leistung bzw. für die daraus resultierenden Erzeugnisse *Jad* ausgeben und mithin zerstören. Dabei muss die Summe der ausschließlich zum Zweck des Signifikanznachweises und der Rechtfertigung der *Lohnansprüche* in der Art der Tätigkeit eingesetzten *Jad* größer gleich der Summe aller in den *Lohnansprüchen* für jene Art von Tätigkeit neu zu schaffenden *Jad* sein.

Alles Weitere hängt von den tätigkeitsspezifischen Regeln für die Höhe der *Lohnansprüche* ab. Es sind verschiedene Ansätze denkbar, von denen hier zwei vorgestellt werden.

Einfachste Lösung mit marktwirtschaftlicher Maximierung

Eine naheliegende Idee ist die Annäherung an den freien Markt. Alle Tätigkeiten, die zur Bereitstellung und zum Vertrieb von begrenzt Verfügbarem führen, können dabei als eine einzige Art von Tätigkeit mit gemeinsamen Regeln zusammengefasst werden. Alleiniges Kriterium für die Leistungserfassung ist die – im Folgenden als *Gewinnfaktor* bezeichnet – Summe der ausschließlich zum Zweck des Signifikanznachweises sowie der Rechtfertigung des *Lohnanspruchs* eingesetzten *Jad*. Die persönlich aufgewendete Arbeitszeit wird nur durch Selbstauskunft erfasst. Die statistische Ermittlung der *Normarbeitsstunde* erfolgt dann durch die Teilung der Summe aller *Gewinnfaktoren* durch die Summe aller Arbeitszeitstunden gemäß Selbstauskunft. Um die individuell geleisteten *Normarbeitsstunden* zu berechnen, wird der eigene *Gewinnfaktor* durch den Wert der *Normarbeitsstunde* geteilt.

Damit nicht einfach jeder die maximal anrechenbare Arbeitszeit angibt, ist eine *Mindestanforderung* für den Indikator *Gewinnfaktor* zu bestimmen, sodass für jede angegebene Arbeitszeitstunde wenigstens eine gewisse Summe an *Jad* nur für den *Lohnanspruch* eingesetzt und entwertet werden muss, um überhaupt in die Berechnung der *Normarbeitsstunde* einfließen zu können. Es liegt im Eigeninteresse derer, welche dieser Art von Tätigkeit nachgehen und welche ihre tätigkeitsspezifischen Regeln selbst mitgestalten, eine effektive *Mindestanforderung* zu etablieren, denn diese *Mindestanforderung* ist das wirksamste Mittel, um dafür zu sorgen, dass die Bedingung für den gemeinschaftlichen Signifikanznachweis erfüllt wird, ohne den es keine *Lohnansprüche* gibt. Unterstützend kann zusätzlich eine Korrektur mit dem *Effizienzfaktor* festgelegt werden, sodass der *Lohnanspruch* sich verringert, wenn die berechnete Zahl der persönlich geleisteten *Normarbeitsstunden* deutlich unterhalb der Zahl der angegebenen Arbeitszeitstunden liegt.

Personen, die durch von Gönnern ohne arbeitsintensive Gegenleistung eingesetzte *Jad* die Möglichkeit haben, daraus *Lohnansprüche* abzuleiten, könnten nach dem bisher gezeigten – wahrheitsgemäß – keine oder eine sehr geringe persönliche Arbeitszeit angeben und trotzdem einen hohen *Gewinnfaktor* nachweisen. Zwar sinkt durch eine niedrige Arbeitszeitangabe die Summe der insgesamt in der Art der Tätigkeit zu erschaffenden *Jad* und mithin reduziert sich auch ihr eigener *Lohnanspruch* dafür. Aber sie könnten zusätzlich einer anderen Art von Tätigkeit nachgehen und für die Arbeitszeit bis zur anrechenbaren Obergrenze weitere *Lohnansprüche* geltend machen. Sie könnten so ein doppeltes Einkommen in *Jad* erzielen. Jene, die bereits arbeiten müssen, um für die Bereitstellung und für den Vertrieb von begrenzt Verfügbarem *Lohnansprüche* geltend machen zu können, haben nicht die gleiche Möglichkeit, zusätzlich einer anderen Tätigkeit nachzugehen und ihr erzielbarer Lohn wird durch zu niedrige Zeitangaben von Privilegierten geschmälert.

Um das zu verhindern, um sicherzustellen, dass alle *Lohnansprüche* geltend machenden Personen eine nennenswerte Arbeitszeit angeben müssen, bietet es sich an, auch eine *Mindestanforderung* für die Zahl der wenigstens anzugebenden Arbeitszeitstunden in Abhängigkeit vom *Gewinnfaktor* festzulegen. Erst

3.2 Die anspruchsvolle Erschaffung des Bezugsmittels Jad

wenn die maximal anrechenbare Arbeitszeit angegeben wird, können unbegrenzt hohe *Gewinnfaktoren* eingebracht werden. Derartige *Lohnansprüche* für legale Tätigkeiten, die zur Bereitstellung und zum Vertrieb von begrenzt Verfügbarem führen, ermöglichen keine beliebigen Transfers des Bezugsmittels *Jad*: Die Summe der zu schaffenden *Jad* ist begrenzt auf das Produkt aus dem *Vergütungsfaktor* und aus der Summe aller den *Mindestanforderungen* entsprechenden angegebenen Arbeitszeitstunden. Wie hoch die Summe der ausschließlich zum Zweck des Signifikanznachweises und der Rechtfertigung dieser *Lohnansprüche* eingesetzten *Jad* ist, spielt für die Gesamthöhe der *Lohnansprüche* keine Rolle, solange der Signifikanznachweis gelingt. Die als Grundlage des *Lohnanspruchs* investierten *Jad* dienen neben dem Signifikanznachweis nur als ganz gewöhnliche Indikatoren für die Verteilung der Ansprüche auf die Erschaffung von *Jad* innerhalb der Art von Tätigkeit. Die individuellen *Lohnansprüche* werden nach dem gleichen Konzept ermittelt wie immer: Für jede erbrachte *Normarbeitsstunde* werden *Jad* in Höhe des *Vergütungsfaktors* neu geschaffen. Die Steuerung der Bezugsmittelmenge bleibt intakt.

Dieser minimalistische Ansatz simuliert den weitgehend freien Markt in der Geldwirtschaft. Um möglichst hohe *Lohnansprüche* zu erzielen, muss in der *Jadwirtschaft* bei diesem Ansatz in allen Tätigkeiten, die zur Bereitstellung und zum Vertrieb von begrenzt Verfügbarem führen, alleine der *Gewinnfaktor* maximiert werden. Die Preise können auf dieses Ziel hin gestaltet werden.

Wird dieser Ansatz gewählt, kommen auch in der *Jadwirtschaft* dort, wo es möglich und zulässig ist, die Mechanismen des freien Marktes zum Tragen. Im Umgang mit begrenzt verfügbaren Gütern sind weder Vorteile noch Nachteile im Vergleich zur Geldwirtschaft zu erwarten. In den Bereichen, wo der freie Markt nicht funktioniert oder nicht zugelassen werden soll, können mit der *Jadwirtschaft* und insbesondere mit den in den vorangegangenen Kapiteln vorgestellten Ansprüchen auf die Schaffung von *Jad* andere Lösungen gefunden werden, die gewisse Schwierigkeiten und Risiken konzeptionell ausschließen. Es entsteht anders als in der Geldwirtschaft kein Bruch zwischen der Welt des freien Marktes und dem Rest – alle *Lohnansprüche* unterliegen den gleichen pragmatischen Prinzipien.

Das Optimierungsproblem der Ausbalancierung von Angebot und Nachfrage

Die *Jadwirtschaft* kann dem freien Markt dort, wo dessen Voraussetzungen bestehen, angenähert werden. Aber vielleicht bietet die *Jadwirtschaft* auch darüber hinausgehendes Potenzial, Potenzial für eine nachhaltigere Wirtschaft. Durch geeignete Normen für die *Lohnansprüche* soll mit dem nachstehenden Ansatz anstelle der durch einen freien Markt begünstigten *Maximierung* der Wirtschaft deren *Optimierung* forciert werden.

Die Höhe der persönlichen *Lohnansprüche* für signifikante Tätigkeiten aus denen begrenzt Verfügbares hervorgeht soll dazu wesentlich durch die Balance zwischen Angebot und Nachfrage bestimmt werden. Genauer soll dieses im Folgenden als *Balancefaktor* bezeichnete Kriterium so gestaltet sein, dass eine maximale Vergütung genau dann gewährt wird, wenn das begrenzt Verfügbare, was zu einem Preis in *Jad* angeboten wird, gegen die Investition von *Jad* in entsprechender Höhe möglichst vollständig abgesetzt wird und zugleich keine Nachfrage nach dem Gut zum selben Preis unbefriedigt bleibt. Dazu muss es möglich sein, sowohl das Angebot als auch die Nachfrage zuverlässig zu erfassen. Hier soll zunächst einmal davon ausgegangen werden, dass es in der *Jadwirtschaft* möglich sein wird, sowohl das Angebot eines Guts zu einem bestimmten Preis als auch die Nachfrage nach dem Gut zu eben diesem Preis jeweils mit einer natürlichen Zahl zu bemessen. Der *Balancefaktor* kann dann mit einer Funktion über die numerischen Werten für Angebot und Nachfrage festgelegt werden, die etwa wie folgt aussehen könnte:

$$Balancefaktor = \begin{cases} 2^{\left(-\left(4*\frac{Angebot}{Nachfrage}-4\right)^2\right)} & \left| \frac{Angebot}{Nachfrage} < 1 \right. \\ 1 & \left| 1 \leq \frac{Angebot}{Nachfrage} \leq 1,1 \right. \\ 2^{\left(-\left(\frac{Angebot}{Nachfrage}-1,1\right)^2\right)} & \left| \frac{Angebot}{Nachfrage} > 1,1 \right. \end{cases}$$

Um den *Balancefaktor* zu maximieren und mithin die höchstmögliche Vergütung zu erhalten, müssen Angebot und Nachfrage möglichst ausgeglichen sein. Bei der beispielhaft angegebenen und in Abbildung 65 visualisierten Funktion zur Berechnung des *Balancefaktors* wird auch ein leichtes Überangebot von bis zu 110 % höchstmöglich vergütet und Unterversorgung führt rascher zu Einbußen,

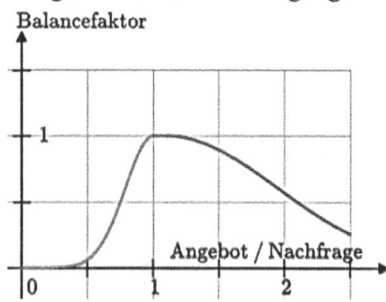

Abbildung 65: Balancefaktor

3.2 Die anspruchsvolle Erschaffung des Bezugsmittels Jad

damit die Vergütungsregeln nicht dazu verleiten, Mängel in der Versorgung zu riskieren. Eventuell ist es angebracht, für verschiedene Arten von Tätigkeiten unterschiedliche Funktionen für den *Balancefaktor* zu bestimmen, sodass etwa berücksichtigt werden kann, wie kritisch ein Mangel an dem durch die Tätigkeit Angebotenem wäre. Wo erst auf Bestellung hin Tätigkeiten aufgenommen werden, dient der *Balancefaktor* ausschließlich der Vermeidung von Unterversorgung.

In der *Jadwirtschaft* wird bei der Berechnung der *Lohnansprüche* mit dem *Balancefaktor* explizit das *Optimierungsproblem* der Deckung von Angebot und Nachfrage ausformuliert. Um einen möglichst hohen *Lohnanspruch* geltend machen zu können, muss dieses Optimierungsproblem gelöst werden. Zusätzlich zum *Balancefaktor* kann es weitere eventuell tätigkeitsspezifische Kriterien für die Leistungserfassung geben und das Ergebnis der Leistungsbemessung aus den weiteren Indikatoren ist abschließend mit dem *Balancefaktor* zu multiplizieren. Zuverlässig erfasste Beratung kann z. B. So ein weiteres Kriterium sein. Beratung kann bei diesem Ansatz in der *Jadwirtschaft* belohnt werden, auch wenn sie dem Kunden ohne Verkauf weiterhilft. In der *weitgehend freien Geldwirtschaft* besteht hingegen ein erheblicher Anreiz, möglichst viel zu verkaufen und jene Güter anzupreisen, die den größten Gewinn versprechen – auch wenn diese Produkte für die Kunden überdimensioniert oder überflüssig sind. Verlässlich im S-Netzwerk erfasste Kundenzufriedenheit soll in der *Jadwirtschaft* bei diesem Ansatz immer ein wichtiges Kriterium zur Leistungsbemessung sein.

Soll die als *Gewinnfaktor* bezeichnete Summe der ausschließlich zum Zweck des *Signifikanznachweises* sowie der *Rechtfertigung* des *Lohnanspruchs* eingesetzten *Jad* auch bei diesem Ansatz zusätzlich zum *Balancefaktor* als ein Kriterium für die Leistungserfassung verwendet werden, dann darf dies nur in einer begrenzten Form geschehen: Entweder rein qualitativ, also etwa als *Gewinnfaktor* pro Leistungserbringung bzw. pro Verkauf. Oder aber beschränkt durch eine Sättigungsfunktion, sodass höhere *Gewinnfaktoren* ab einer gewissen Größenordnung kaum mehr zu höheren Lohnansprüchen führen.

Auf jeden Fall zum Einsatz kommen soll der *Gewinnfaktor* zusätzlich zum *Signifikanznachweis* auch bei diesem Ansatz zur Korrektur der durch Selbstauskunft erfassten persönlich aufgewendeten Arbeitszeit. Dazu ist wiederum eine *Mindestanforderung* für den *Gewinnfaktor* pro Arbeitszeitstunde vorgesehen, welche erneut insbesondere auch dazu beitragen soll, dass die Bedingung für den *Signifikanznachweis* erfüllt wird.

Die Preisgestaltung in der *Jadwirtschaft* erfolgt bei diesem Ansatz aufgrund von bis zu drei verschiedenen, nicht vollständig entkoppelten Zielen:

Erstens müssen die Preise so gestaltet werden, dass neben der Finanzierung etwaiger Kosten auch die für den Signifikanznachweis wichtigen Mindestanforderungen für den *Gewinnfaktor* pro Arbeitszeitstunde erfüllt werden. Wenn die Schaffung des limitierten Angebots selbst bereits begrenzt verfügbare Ressourcen erfordert, soll es möglich sein, mit den erzielten Verkaufspreisen die Kosten des Angebots zu decken. Wie in der *Jadwirtschaft* das Weitergeben von Aufwendungen an Endkunden ermöglicht werden soll, wird in Kapitel 3.3.1 vorgestellt. Eingesetzte und zerstörte *Jad*, die derart zur Finanzierung von Kosten verwendet werden, zählen nicht zum *Gewinnfaktor* – dieser ist definiert als die Summe der ausschließlich zum Zweck des Signifikanznachweises sowie der Rechtfertigung des *Lohnanspruchs* eingesetzten *Jad*. Es muss also, um überhaupt Lohnansprüche geltend machen zu können, ein Mehrwert erzielt werden, und zwar wenigstens in dem Maß, dass die Mindestanforderungen für den *Gewinnfaktor* pro Arbeitszeitstunde erfüllt werden.

Zweitens sind Preise das einfachste Instrument zur Optimierung der Deckung von Angebot und Nachfrage. Die Preisforderungen eignen sich zur Steuerung und speziell zur Reduzierung der Nachfrage für Angebote von begrenzt Verfügbarem. Um höchstmögliche Lohnansprüche zu erzielen, werden in der *Jadwirtschaft* bei diesem Ansatz Preise so bestimmt, dass sich die Nachfrage dem Angebot angleicht, denn so wird der *Balancefaktor* maximiert. Gelingt die Ausbalancierung von Angebot und Nachfrage, wird die Verteilung des begrenzt Verfügbaren ausschließlich über den Verkaufspreis geregelt: Jeder, der bereit ist, den Preis zu zahlen, wird auch versorgt.

Drittens kann der Preis, den Kunden zu zahlen bereit sind, auch in die tätigkeitsinterne Leistungsdifferenzierung einfließen, wenn für die Art von Tätigkeit ein entsprechendes Kriterium wie ein qualitativer *Gewinnfaktor* pro Leistungserbringung vorgesehen ist.

Das Maximierungsproblem der Nachfrage und deren Befriedigung in der Geldwirtschaft

Das *Optimierungsproblem* der Deckung von Angebot und Nachfrage taucht in der *weitgehend freien Geldwirtschaft* als solches nirgends auf. Angebot und Nachfrage sind zwar wichtige Faktoren auf einem überwiegend freien Markt. Aber maximaler Umsatz und größtmöglicher Gewinn entstehen nicht dadurch, dass Anbieter versuchen, ihr Angebot mit der vorhandenen Nachfrage in Deckung zu bringen, sondern dadurch, dass die Nachfrage maximiert und bedient wird. Die *weitgehend freie Geldwirtschaft* motiviert anstelle der Lösung des *Optimierungsproblems* der Deckung von Angebot und Nachfrage zur Lösung des *Maximierungsproblems* von Angebot und Nachfrage. Lässt sich die Nachfrage steigern, etwa mit *Stimulational marketing* oder *Developmental marketing* [Kotler 1973], lässt sich auch zusätzliches Geld einnehmen – über höhere Preise sowie über das vergrößerte Absatzpotenzial für ein erweitertes Angebot.

In der *weitgehend freien Geldwirtschaft* oder auch in einer dem freien Markt angenäherten *Jadwirtschaft* (erster Ansatz) kann es sich im wahrsten Sinne des

3.2 Die anspruchsvolle Erschaffung des Bezugsmittels Jad

Wortes lohnen, Werbung zu machen, um die Nachfrage künstlich zu schüren, wenn dadurch mehr verkauft wird sowie in Folge mehr Geld eingenommen wird. Ein freier Markt für nur begrenzt verfügbare Güter mag tatsächlich besser als andere Systeme zu einer Maximierung der wirtschaftlichen Leistungen führen. Ob eine derartige Maximierung jedoch wirklich erstrebenswert ist, sei dahingestellt. Manche Autoren sind vom Gegenteil überzeugt: „*Ein Großteil der Reklame dient der Schaffung von Bedürfnissen nach nutzlosen oder schädlichen Gegenständen, die man dann liefert. Der Konsument wäre ohne die Bedürfnisse und ohne die Lieferung offensichtlich besser dran.*", zitiert aus [Robinson 1966/1968], S. 70. In Kapitel 2.2.2 finden sich weitere Beispiele. Selbst wenn jeder Einzelne für sich entscheiden könnte, sich nur begrenzt von Werbung beeinflussen zu lassen, wäre Bedürfnisse schaffende Werbung streitbar, denn potenziell Leidtragende einer Maximierung mit derartigem Marketing sind alle – auch jene, die noch nicht am Markt teilnehmen können, die noch nicht einmal geboren sind – weil möglicherweise nur beschränkt verfügbare Ressourcen in überflüssigem Maß verbraucht werden und weil eventuell erhebliche Umweltschäden entstehen. Nicht umsonst wird die bisweilen von Regierungen und Non-Profit-Organisationen eingesetzte Umkehrung des Nachfrage schaffenden Marketings, das *Demarketing*, welches darauf abzielt, die Nachfrage zu verringern, als ein Mittel zu nachhaltigerem Wirtschaften angesehen [Sodhi 2011].

Grenzen der freien Preisgestaltung und des freien Wettbewerbs

Die *Jadwirtschaft* ist als eine freie Wirtschaft mit offenem Wettbewerb und stark ausgeprägter Leistungsdifferenzierung ausgelegt. Die Preisgestaltung ist weitgehend frei und sie kann abgesehen von politisch bestimmten Ausnahmen ganz nach eigenem Ermessen zugunsten der eigenen *Lohnansprüche* ausgerichtet werden. Auf eine vollständige Freiheit der Preisgestaltung wird in der *Jadwirtschaft* verzichtet: Es gibt Güter, die nach aktuellem Kenntnisstand nur begrenzt vorkommen und die auch nicht in relevanter Zeit wieder hergestellt werden können. Sie werden durch Nutzung tatsächlich aufgebraucht und stehen künftig nicht mehr zur Verfügung. Einige Güter werden auch durch wirtschaftliche Aktivitäten nicht genutzt, sondern verschmutzt, beschädigt oder zerstört. Diese negativen Auswirkungen können für lange Zeiträume bestehen bleiben oder gar unumkehrbar sein.

Weder ein vollkommen freier Markt in der Geldwirtschaft noch eine *Jadwirtschaft* mit völlig freier Preisgestaltung sind förderlich für ein nachhaltiges, ökologisches Wirtschaften. Der Grund liegt darin, dass einzelne immer versucht sind, sich zu bereichern, indem sie weniger Rücksicht nehmen. Sollen doch andere Ressourcen und Umwelt schonen. Es entsteht nie ein Nash-Gleichgewicht. In der *weitgehend freien Geldwirtschaft* kommen deshalb zum Schutz von Umwelt und eventuell unwiederbringlichen Ressourcen verbreitet Regulationen wie Quoten [Griffith 2008] oder ökologische Steuern [Bach 2009] zum Einsatz, welche den freien Markt entsprechend des politischen Willens korrigieren.

> Die *Jadwirtschaft* mag zwar beim Ansatz mit der Optimierung über den *Balancefaktor* einen schwächeren Maximierungs- und Expansionsdruck haben. Dennoch wird auch sie politische Vorgaben benötigen, um ein ökologisches Wirtschaften zu fördern. Dazu soll es in der *Jadwirtschaft* durch politischen Beschluss möglich sein, für den Preis von bestimmten Gütern einen Minimalwert festzulegen, damit die Nachfrage begrenzt wird. Die *Jadwirtschaft* bietet damit ähnliche Möglichkeiten, um gezielt ein maßvolles und vernünftiges Wirtschaften mit schwindenden Ressourcen sicherzustellen, wie die *weitgehend freie Geldwirtschaft* mit Abgaben und Quoten. So bietet sich die Chance, der ökologischen Verantwortung gegenüber künftigen Generationen gerecht zu werden.

Das Befriedigen zusätzlicher Nachfrage, wie sie etwa durch Werbung geschaffen werden kann, hat keinen Einfluss auf den *Balancefaktor*. Um das Verhältnis von Angebot und Nachfrage auszugleichen, um den *Balancefaktor* zu maximieren, ist es nicht förderlich, sowohl die Nachfrage als auch das Angebot gleichermaßen zu erweitern.

Während der *Balancefaktor* bei jeder beliebigen Höhe von Nachfrage einen maximalen Wert erreichen kann, gilt dies nicht für die Anzahl der Arbeitszeitstunden, welche die *Mindestanforderungen* für den *Gewinnfaktor* erfüllen. Bis zur Obergrenze der anrechenbaren Arbeitszeitstunden kann jede Ausweitung der Nachfrage zur Vergrößerung des *Gewinnfaktors* genutzt werden, um dadurch mehr Arbeitszeitstunden angegeben und um schlussendlich höhere *Lohnansprüche* geltend machen zu können. Wird das Maximum des persönlichen Arbeitseinsatzes erreicht, bringt eine Steigerung der Nachfrage unter Umständen keine Vorteile mehr. Es wird eine gewisse Sättigung erreicht.

Zusätzliche Nachfrage, die nicht befriedigt werden kann, erfordert eine Reaktion. Angebot und Nachfrage müssen ausgeglichen werden, um den *Balancefaktor* maximal zu halten. Dazu können entweder die Preise erhöht werden oder es kann versucht werden, mithilfe von zusätzlichen Arbeitskräften zu expandieren. Höhere Verkaufspreise führen eventuell zu einer besseren Leistungsbeurteilung innerhalb der Art von Tätigkeit und mithin zu größeren *Lohnansprüchen*. Durch eine Expansion können hingegen nur die zusätzlichen Arbeitskräfte für sich selbst *Lohnansprüche* geltend machen. Wenn die neuen Arbeitskräfte bessere Arbeit leisten, können die eigenen *Lohnansprüche* gar geschmälert werden. Konkurrenten können allerdings ohnehin in jedem Fall tätig werden, gerade auch wenn die Preise stark angehoben werden und vielleicht ist es besser, die der gleichen Art von Tätigkeit nachgehenden Personen im eigenen Unternehmen zu haben. Eine Expansion kann durch Synergieeffekte, erhöhte Stabilität gegenüber Schwankungen und eventuell neue Tätigkeiten etwa im Management an sich attraktiv sein. Es besteht hingegen anders als etwa in der Geldwirtschaft keine

Möglichkeit, einen Anteil am Umsatz eines Unternehmens einzelnen Personen in Form des allgemeinen Bezugsmittels zukommen zu lassen.

Vergleichende Bewertung
Im Gegensatz zu dem ersten Ansatz, welcher gemeinsame Regeln für jegliche Tätigkeiten vorsieht, bei denen begrenzt Verfügbares angeboten wird, sind bei dem zweiten Ansatz spezifische Regeln für verschiedene Arten solcher Tätigkeiten angedacht, um den *Balancefaktor* jeweils adäquat gestalten zu können und um zusätzliche tätigkeitsspezifische Indikatoren zur Leistungsbewertung einbeziehen zu können. Aufgrund der flachen, dezentralen Organisation (siehe Kapitel 3.2.5) von verschiedenen Arten von Tätigkeiten mit eigenen Regeln für *Lohnansprüche* macht es für die einzelnen Teilnehmer kaum einen Unterschied, ob es nur drei Arten von Tätigkeiten gibt oder viele Millionen. Lediglich wenn sehr wenige Personen einer Art von Tätigkeit mit eigenen Regeln für *Lohnansprüche* nachgehen, fällt der mit dem Signifikanznachweis und mit den verwaltungs- sowie abstimmungstechnischen Notwendigkeiten einhergehende Aufwand ins Gewicht. Die stärkere Differenzierung beim zweiten Ansatz ist kein Nachteil, solange in jeder Art von Tätigkeit eine angemessen große Zahl an Anspruchstellern für die statistische Auswertung existiert.

Aufgrund der ökologischeren, nachhaltigeren Optimierung ist der zweite Ansatz für die Gestaltung der *Lohnansprüche* mit dem *Balancefaktor* vorzuziehen gegenüber dem ersten Ansatz mit der Maximierung des *Gewinnfaktors* als Annäherung an den freien Markt.

Natürlich könnte versucht werden, auch in Formen der Geldwirtschaft eine optimierende Ausbalancierung von Angebot und Nachfrage anstelle einer marktwirtschaftlichen Maximierung zu fördern. Dazu müsste die Transferierbarkeit des Geldes jedoch limitiert werden und es müsste eine entsprechende Umverteilung realisiert werden. Ein komplexes zyklisches Geldwirtschaftssystem zu betreiben, in welchem das Bezugsmittel Geld extra transferierbar gestaltet ist, in dem Geld aber nur indirekt mittels Balancekriterien übertragen werden darf, ergibt trotz der technischen Machbarkeit wenig Sinn.

3.2.8 Erstattungsansprüche

Die Möglichkeiten Güter weiterzuverkaufen oder von Geschäften zurückzutreten sind essenziell für den Handel und für eine effiziente Nutzung der Güter. In der Jadwirtschaft können dafür Erstattungsansprüche auf die Schaffung des Bezugsmittels Jad gestellt werden.

In der bisher gezeigten Form der *Jadwirtschaft* werden *Jad* unwiederbringlich zerstört, wenn sie zum Erwerb von etwas begrenzt Verfügbarem eingesetzt werden. Die Möglichkeit von Geschäften zurücktreten zu können ist jedoch praktisch unverzichtbar. Sie erlaubt es, Garantien und Rückgaberechte einzuräumen. Die Bereitschaft zu investieren lässt sich bedeutend erhöhen, wenn das Geschäft umkehrbar ist, denn im Fall einer Enttäuschung der Erwartungen des Kunden lässt sich zumindest ein finanzieller Verlust verhindern. Dem Schutz der Kunden wird eine so hohe Bedeutung beigemessen, dass im Fernabsatz-Handel in der EU sogar ein 14-tägiges Widerrufsrecht ohne Angabe von Gründen gesetzlich garantiert wird ([EURAT 2011], Artikel 9). Viele Anbieter räumen freiwillig Rückgaberechte und Garantien ein, die über gesetzliche Pflichten hinausgehen. In der *Jadwirtschaft* soll es trotz der *Destruction* auch möglich sein, Geschäfte wieder rückgängig zu machen.

Das Weiterverkaufen von nur beschränkt verfügbaren Gütern ist eine Grundvoraussetzung für die verteilte Produktion von nicht beliebig Reproduzierbarem und für den Handel mit begrenzt Verfügbarem im Allgemeinen. Auch im Privaten besteht Bedarf, nicht mehr benötigte beschränkt verfügbare Güter weiterzuverkaufen. Wenn etwa das einst für ein Vermögen erstandene eigene Haus aufgeben werden muss, weil ein Umzug in eine andere Gegend etwa aus beruflichen Gründen ansteht, dann muss es irgendwie möglich sein, die Investition für die nicht mehr benötigte, aber nach wie vor sehr wertvolle Immobilie wieder zurück zu bekommen, indem sie an neue Besitzer verkauft wird. Schließlich kostet ein neues Eigenheim woanders wiederum ein Vermögen. Die Weiterverwendung von nicht mehr benötigten Gütern durch Dritte ist auch aus ökologischer Sicht erstrebenswert, wenn sich dadurch im Vergleich zur Entsorgung des alten und zur Fertigung eines neuen Produkts der Ressourcenverbrauch und die Umweltbelastung reduzieren lassen.

Nach dem bisher Gezeigten ermöglicht die *Jadwirtschaft* keinen Weiterverkauf gegen das allgemeine Bezugsmittel *Jad*. Es könnte höchstens versucht werden, für die mit dem Weiterverkauf verbundene persönliche Arbeitsleistung einen *Lohnanspruch* geltend zu machen. Die Höhe dieser Vergütung entspricht jedoch nicht dem Wert des Gutes.

Ein Wirtschaftssystem, in dem für die elementaren wirtschaftlichen Abläufe des Rücktritts von Geschäften und des Weiterverkaufs keine Kompensation in Form des allgemeinen Bezugsmittels möglich ist, wird niemand nutzen wollen. Wenn die *Jadwirtschaft* Akzeptanz finden sollen, dann muss es möglich sein, *Jad* für Rückgaben und für Weiterverkäufe zu erzeugen. Gleichzeitig muss aber eine beliebige Transferierbarkeit von *Jad* ausgeschlossen werden, sodass die Menge der *Jad* dem wirtschaftlichen Bedarf angepasst werden kann. Dazu sind in der Jadwirtschaft *Erstattungsansprüche* vorgesehen.

Erstattungsansprüche für das Zurücktreten von Geschäften

Wurden von einem Kunden *Jad* investiert und mithin zerstört, um ein begrenzt verfügbares Gut von einem Anbieter zu erstehen, kann der Kunde einen *Erstat-*

3.2 Die anspruchsvolle Erschaffung des Bezugsmittels Jad

tungsanspruch geltend machen und neue *Jad* auf seinem Konto erschaffen, wenn der Anbieter dem zustimmt. Der *Erstattungsanspruch* darf maximal den *Jadbetrag* enthalten, welchen der Kunde zuvor für das Gut des Anbieters investiert hat. Außerdem darf der Anbieter den Beleg über die vom Kunden zerstörten *Jad* noch nicht benutzt haben, um etwa *Lohnansprüche* geltend zu machen und dieser Beleg darf auch fortan für nichts mehr verwendet werden. Das ursprünglich abgeschlossene Geschäft zwischen Kunden und Anbieter wird mit dem *Erstattungsanspruch* vollständig rückgängig gemacht.

Die *Rechtfertigung* eines *Erstattungsanspruchs* für das Zurücktreten von einem Geschäft besteht aus der Einverständniserklärung des Anbieters, aus dem von Anbieter noch nicht benutzten Beleg über die vom Kunden ursprünglich investierten und zerstörten *Jad* und aus der Kenntlichmachung dieses Belegs als zurückgezogen durch den Kunden.

Bei einem zeitlich eng begrenzten Rückgaberecht wie dem 14-tägigen Widerrufsrecht im Fernabsatz-Handel in der EU können Anbieter den Ablauf dieser Fristen abwarten, um Gewissheit zu erlangen, ob der Kunde vom Geschäft zurücktreten möchte, bevor sie einen Beleg über die vom Kunden eingesetzten *Jad* nutzen, um mit seiner Hilfe *Lohnansprüche* geltend zu machen. Soll es längerfristig Garantien für Rückzahlungen in Form des allgemeinen Bezugsmittels geben, würde ein Abwarten der zeitnah motivierenden Funktion der *Lohnansprüche* zuwiderlaufen. Anbieter können stattdessen *Lohnansprüche* gleich geltend machen und sich vertraglich dazu verpflichten, das Gut im Garantiefall zurückzukaufen. Dann kann der Kunde einen *Erstattungsanspruch* für den Weiterverkauf anmelden.

Erstattungsansprüche für Weiterverkäufe

Hat eine Person *Alice* ein begrenzt verfügbares Gut für die Investition und Zerstörung von *X Jad* bezogen, soll es *Alice* in der *Jadwirtschaft* möglich sein, dieses Gut an eine Person *Bob* weiterzuverkaufen und dafür einmalig einen *Erstattungsanspruch* geltend zu machen, der es *Alice* erlaubt, *Y Jad* auf ihrem Konto zu erschaffen.

Der *Jadbetrag Y* muss kleiner gleich dem *Jadbetrag X* sein. Außerdem muss *Bob* mindestens den *Jadbetrag Y* für das Erstehen des Gutes investieren und zerstören. Die betragliche Höhe des *Erstattungsanspruchs* für einen Weiterverkauf ist damit doppelt begrenzt.

Diese Regeln dienen dazu, freie Transfers von *Jad* zu verhindern. Durch das Kaufen und Weiterverkaufen kann *Alice* mit *Erstattungsansprüchen* keinen betragsmäßigen Gewinn in Form des allgemeinen Bezugsmittels *Jad* erzielen. Eventuell kann ein Kaufen und Weiterverkaufen auch in der *Jadwirtschaft* mit dem allgemeinen Bezugsmittel *Jad* belohnt werden, nämlich dann, wenn dabei auch eine *signifikante* persönliche Arbeitsleistung erbracht wird und wenn dafür ein *Lohnanspruch* geltend gemacht werden kann.

Ein Gut kann renoviert oder weiterverarbeitet und transportiert werden. Voraussetzung für *Lohnansprüche* ist, dass etwaige Mindestwerte für jene Kriterien erreicht werden, die in den Regeln für *Lohnansprüche* bei derartigen Tätigkeiten festgelegt werden.

Als *Rechtfertigung* eines *Erstattungsanspruchs* für einen Weiterverkauf von *Alice* an *Bob* dient die Buchung, mit der *Bob* wenigstens Y *Jad* investiert und zerstört, wobei die Buchung von *Bob* auf den Beleg über die von *Alice* investierten und zerstörten X *Jad* verweisen muss (Abbildung 66). Es wird kein Nachweis darüber verlangt, ob *Bob* das Gut erhält, für welches *Alice* ursprünglich die X *Jad* aufgewendet hat. Wichtig ist nur, dass *Alice* durch die *Erstattungsansprüche* nie mehr *Jad* erhalten kann, als sie durch *Sicherungsansprüche*, *Ausgleichsansprüche* und *Lohnansprüche* erlangt. Diese *Erstattungsansprüche* vergrößern nie die Menge des Bezugsmittels *Jad*.

Die Investition wird umverteilt, nicht aufgehoben – Bob übernimmt nur Y *Jad* von weiterhin X zerstörten *Jad* zum gleichen Zweck. Daher darf die Investition auch bereits für die *Rechtfertigung* von *Lohnansprüchen* verwendet worden sein.

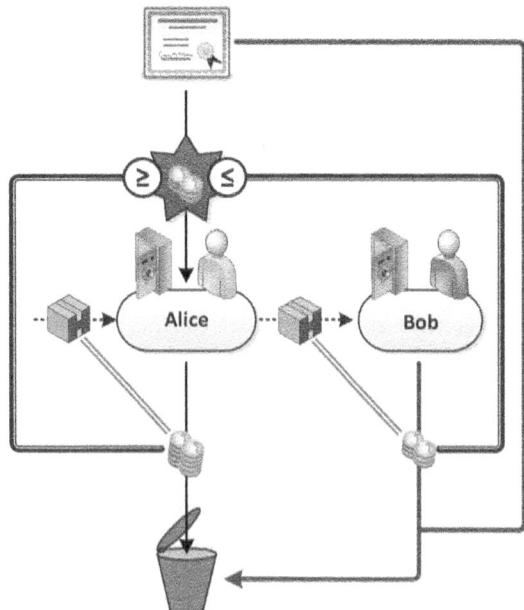

Abbildung 66: Erstattungsansprüche für Weiterverkäufe

3.3 Praktische Überlegungen zur Jadwirtschaft

Die Jadwirtschaft braucht für die wichtigsten Abläufe im Zahlungs- sowie Investitionsgeschäft einfach einsetzbare und sichere Lösungen. Nur eine unkomplizierte und weitgehend konfliktfreie Koexistenz zu anderen Wirtschaftssystemen ermöglicht ein risikoarmes Erproben.

3.3.1 Anonymes sowie transitives Zahlen und bedingte Anweisungen

Belege für die Zerstörung von Jad können in der Jadwirtschaft mithilfe von Verteilern anonymisiert werden. Für den gewerblichen Bereich ist mit dem transitiven Zahlen ein vereinfachtes Verfahren des Weiterverkaufens vorgesehen, welches ohne Erstattungsansprüche auskommt. Um die Risiken zu minimieren, können zusätzlich bedingte Anweisungen als Garantien ausgestellt werden.

Während alle Ansprüche auf die Erschaffung von *Jad* überprüfbar sein müssen und daher öffentlich einsehbar sein müssen, können Zahlvorgänge in der *Jadwirtschaft* anonymisiert werden. Die Idee dazu ist, Dienste von *Verteilern* zu nutzen, so ähnlich wie es für die Anonymisierung in Tauschringen in Kapitel 2.3.4 und [Viehmann 2018 o] vorgestellt wird.

Allerdings darf das allgemeine Bezugsmittel in der *Jadwirtschaft* nicht frei von einem offenen Konto zum anderen transferierbar sein. Andernfalls könnte das Konto eines *Verteilers* benutzt werden, um *Jad* über das Ausscheiden aus der

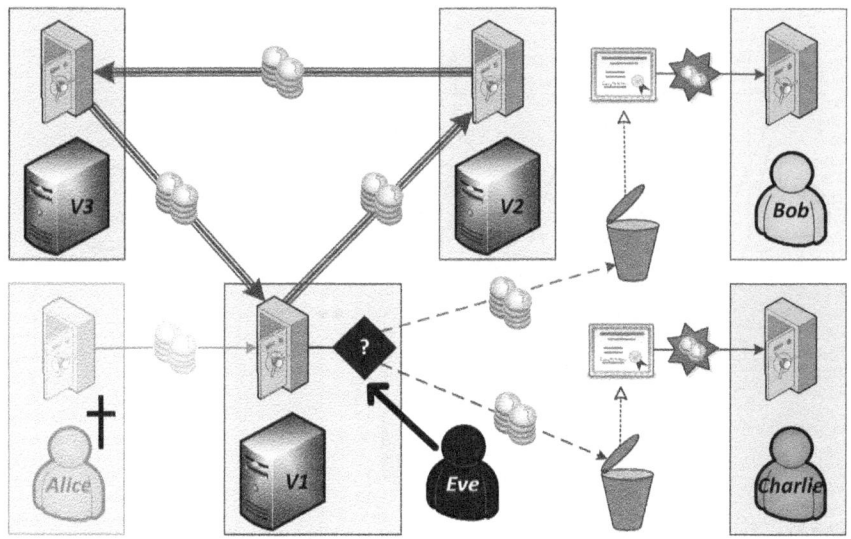

Abbildung 67: Zirkulation des Bezugsmittels zwischen Verteilern

Jadwirtschaft hinaus zu bewahren und sie demjenigen zur freien Verfügung zu stellen, welcher den Verteilungsdienst kontrolliert. Selbst wenn *Jad* auf dem Konto eines einzelnen *Verteilers* nicht lange verlustfrei verbleiben könnten, ließe sich das Bezugsmittel *Jad* über Generationen hinweg sparen, indem die *Jad* einfach so lange zwischen den *Verteilern* hin und her transferiert werden, bis sie eingesetzt und zerstört werden sollen. Abbildung 67 veranschaulicht das Problem: *Eve* könnte in dem Beispiel noch lange nach dem Ausscheiden von *Alice* über die von *Alice* stammenden zwischen den *Verteilern* zirkulierenden *Jad* frei verfügen.

Um das unbegrenzt Schweben des Bezugsmittels zwischen *Verteilern* zu verhindern, sollen *Verteiler* in der *Jadwirtschaft* eine spezielle Art von offenem Konto erhalten. Auf dem Konto eines *Verteilers* sollen einerseits als verlässliche Verlinkung eingehende Belege für die Zerstörung von *Jad* gesammelt werden. Jeder Beleg für eine anonyme Zahlung muss eine *Generationsnummer* enthalten. Die *Generationsnummer* eines eingehenden Belegs ist die Anzahl der *Verteiler*, welche an dem Zahlvorgang auf dem bisher längsten Verteilungspfad beteiligt waren. Andererseits werden auf dem Konto des *Verteilers* neue ausgehende Belege für die Zerstörung von *Jad* von dem *Verteiler* selbst publiziert, welche als *Generationsnummer* die Anzahl der Verteiler, die an dem Zahlvorgang auf dem zuvor längsten Verteilungspfad beteiligt waren, plus eins für den aktuellen Verteiler enthalten müssen. Der ausgehende Beleg wird mit dem Konto eines weiteren *Verteilers* oder mit der vom *Empfänger* ausgestellten Rechnung verlässlich verknüpft.

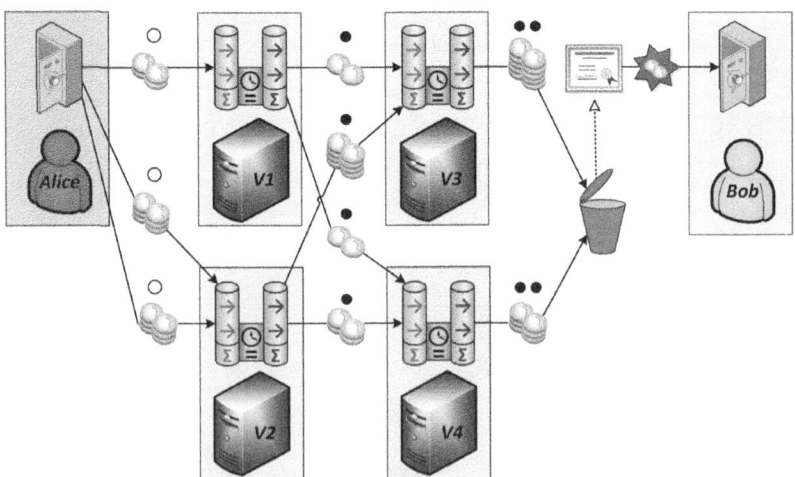

Abbildung 68: Anonymes Bezahlen in der Jadwirtschaft mit Generationsnummern als Punkten

3.3 Praktische Überlegungen zur Jadwirtschaft

Für eingehende Belege mit einer bestimmten *Generationsnummer* müssen vom *Verteiler* jeweils innerhalb von einer gewissen Zeit ausgehende Belege mit der um eins inkrementierten *Generationsnummer* publiziert werden, sodass die Summen über die *Jadbeträge* dieser eingehenden und ausgehenden Belege gleich groß sind. Abbildung 68 veranschaulicht das Prinzip bei einer anonymen Zahlung mit mehreren *Verteilern*.

Wird eine maximal zulässige *Generationsnummer* für eingehende Belege festgelegt, ist auch die Zeit begrenzt, welche ein anonymer Zahlvorgang insgesamt höchstens dauern kann. Das Bezugsmittel *Jad* wird innerhalb dieser Zeit an einen bestimmten Zweck gebunden zerstört. Es ist damit nicht möglich, *Jad* lange über das Ausscheiden aus der *Jadwirtschaft* hinaus für andere Personen verfügbar zu halten.

Transitives Zahlen

Das Kaufen und Weiterverkaufen lässt sich in der *Jadwirtschaft* mit *Erstattungsansprüchen* realisieren. Für etwaige Weiterverarbeitungen oder andere zwischen Kauf und Verkauf vollbrachte Arbeitsleistungen (beispielsweise Transporte) können eventuell *Lohnansprüche* geltend gemacht werden, sodass auch Verdienste in Form des Bezugsmittels *Jad* erzielt werden können. Der Aufwand für die Buchungen von *Erstattungsansprüchen* bei einem Weiterverkauf ist vergleichbar mit dem Aufwand, der in Formen der *weitgehend freien Geldwirtschaft* entsteht, wenn für jeden Verkaufsvorgang eine Umsatzsteuer abzuführen ist und die Einkäufe dagegen aufgerechnet werden können. Wenn ein solcher Aufwand in der *Geldwirtschaft* leistbar ist, dann wäre er wohl auch in der *Jadwirtschaft* zumutbar. Das bedeutet jedoch nicht, dass dieser Aufwand auch in jedem Fall betrieben werden muss.

Eine Weitergabe des Bezugsmittels *Jad* entlang der Produktions- und Vertriebskette findet in der *Jadwirtschaft* – anders als beim Bezugsmittel Geld in der *weitgehend freien Geldwirtschaft* – nicht satt. *Jad* werden nur zerstört und genau die Information des Zerstörens wird eventuell als Beleg benötigt, um *Lohnansprüche* geltend machen zu können. Es bringt keinen Vorteil, wenn das Zerstören von *Jad* dank der *Erstattungsansprüche* mehrfach praktiziert wird. Auch das Verteilen und Modifizieren von Belegen der Zerstörung, wie es bei der Anonymisierung von Zahlvorgängen mittels spezieller Konten der *Verteiler* vorgesehen ist, brächte keine Vorteile.

Alternativ ist für die *Jadwirtschaft* das Konzept des *transitiven Zahlens* vorgesehen. Die Idee ist, dass jeder Unternehmer in der Produktions- und Vertriebskette eines Gutes eine Rechnung für seine unmittelbaren Kunden publiziert, welche jeweils auf die damit zu verrechnenden Anteile der Rechnungen der Zulieferer verweist. Nur eine einzige Buchung sowie Zerstörung von *Jad* wird durchgeführt, und zwar direkt durch den Endkunden – egal, wie viele Parteien an der Entwicklung und Bereitstellung eines Gutes beteiligt waren. Die *Jad* des Endkunden werden bei der Zerstörung mit der Gesamtrechnung verlinkt. Wenn die Gesamtrechnung mithilfe von S-Links anteilig mit sämtlichen Rechnungen verlinkt ist, welche entlang der Produktions- und Vertriebskette des Gutes erstellt wurden, genügt dies als Beleg für die Begleichung aller Rechnungen und für die *Rechtfertigung* jedwelcher darauf aufbauender *Lohnansprüche*. Abbildung 69 veranschaulicht das Konzept.

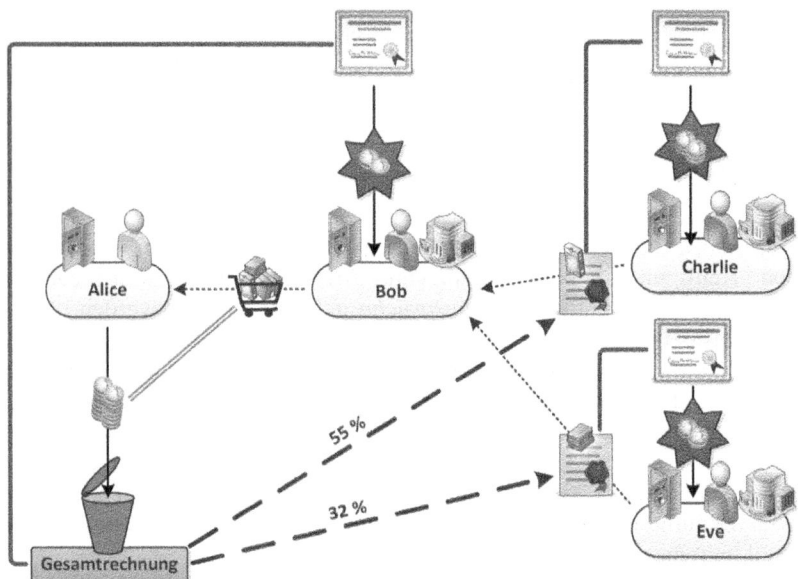

Abbildung 69: Transitives Zahlen an Zulieferer

Der Endkunde führt beim *transitiven Zahlen* nur eine einzige Zerstörung von *Jad* durch und er hat nur eine einzige Rechnung zu verlinken. Für ihn unterscheidet sich das *transitive Zahlen* nicht vom Verfahren mit *Erstattungsansprüchen*. Die Weiterverarbeiter und Zwischenhändler bezahlen ihre Einkäufe beim Einsatz des *transitiven Zahlens* nicht selbst. Sie geben die Rechnungen an ihre Kunden weiter. Für sie entfällt die Notwendigkeit, *Jad* zu investieren und im Gegenzug *Erstattungsansprüche* zu stellen. Der administrative Aufwand wird durch das *transitive Zahlen* reduziert. Die Zulieferer entlang der Produktions- und Vertriebskette geben ihre Produkte beim *transitiven Zahlen* auf Rechnung weiter. Sie schließen dazu einen Vertrag ab, wann die Rechnung zu begleichen ist oder wie gegebenenfalls eine Rückgabe des Gutes zu erfolgen hat, falls sich

3.3 Praktische Überlegungen zur Jadwirtschaft

keine Endkunden gewinnen lassen, welche die Rechnung irgendwann tatsächlich begleichen.

Hat ein Zulieferer kein Vertrauen in einen Interessenten, steht es natürlich frei, Vorkasse zu verlangen. Der Interessent kann sich die Vorauszahlung im Fall einer erfolgreichen Weiterveräußerung mit *Erstattungsansprüchen* zurückholen. Es ist auch denkbar, dass eine Kombination aus *transitivem Zahlen* auf Rechnung und Vorkasse mit *Erstattungsansprüchen* zum Einsatz kommt, um die Risiken entlang der der Produktions- und Vertriebskette aufzuteilen. Gerade Unternehmen, die sich nicht selbst direkt an Endkunden richten, sind darauf angewiesen, Händler und weiterverarbeitende Unternehmen als Abnehmer zu gewinnen. Nur eine Anzahlung über einen Teil des Rechnungsbetrags einzufordern und den Rest per *transitivem Zahlen* begleichen zu lassen kann dazu beitragen, die Investitionsschwelle für Händler und weiterverarbeitende Unternehmen zu senken. Ein gewisses Risiko an dieser Stelle mitzutragen kann für Anbieter wirtschaftlich lohnend sein. Dieses kombinierte Zahlen in der *Jadwirtschaft* ähnelt einem Zahlvorgang in der *Geldwirtschaft*, bei dem vorab eine Anzahlung zu leisten ist und im Nachhinein der Rest beglichen wird.

Nachteil des kombinierten Verfahrens in der bisher gezeigten Form ist der gegenüber dem rein *transitiven Zahlen* erhöhte Verwaltungsaufwand, da zusätzlich zu den Vorauszahlungen auch *Erstattungsansprüche* entlang der Produktions- und Vertriebskette geltend gemacht werden müssten.

Bedingte Anweisungen

In der *Jadwirtschaft* kann dieser Aufwand reduziert werden, indem mit *bedingten Anweisungen* gearbeitet wird, welche zwar die gleiche Sicherheit für Zulieferer bieten, die aber ohne *Erstattungsansprüche* auskommen. Eine *bedingte Anweisung* ist eine terminierte Investition von Jad unter bestimmten Bedingungen. Sie besteht immer aus einem *Jadbetrag* und einem Regelwerk, was mit diesen *Jad* unter bestimmten Konditionen geschehen soll. Mit einer *bedingten Anweisung* lässt sich ein Teil des Vermögens auf einem eigenen Konto temporär einfrieren. Solange die *Jad* eingefroren sind, können sie nicht anderweitig verwendet werden und der verfügbare Kontostand ist entsprechend niedriger. Wenn innerhalb einer vorgegebenen Zeit die im Regelwerk festgelegten Bedingungen erfüllt werden, etwa indem Rechnungen durch Endkunden beglichen werden oder indem Güter zurückgegeben werden, hebt dies die *bedingte Anweisung* automatisch auf und die eingefrorenen *Jad* sind wieder verfügbar. Werden hingegen in der vorgegebenen Zeit die festgelegten lösenden Bedingungen nicht erfüllt, werden die eingefrorenen *Jad* durch die *bedingte Anweisung* für den vorab festgelegten Verwendungszweck investiert und mithin zerstört.

Bedingte Anweisungen sind nur dann gültig, wenn auf dem eigenen Konto hinreichend *Jad* verfügbar sind, damit der geforderte Betrag eingefroren werden kann. Durch das Einfrieren wird sichergestellt, dass die Summe in jedem Fall verfügbar ist und verfügbar bleibt, solange die *bedingte Anweisung* deren Investition auslösen könnte – ein Überziehen des Kontos ist ausgeschlossen. Die Investition der eingefrorenen *Jad* kann nur durch die Erfüllung der entsprechenden Regeln der *bedingten Anweisung* verhindert werden.

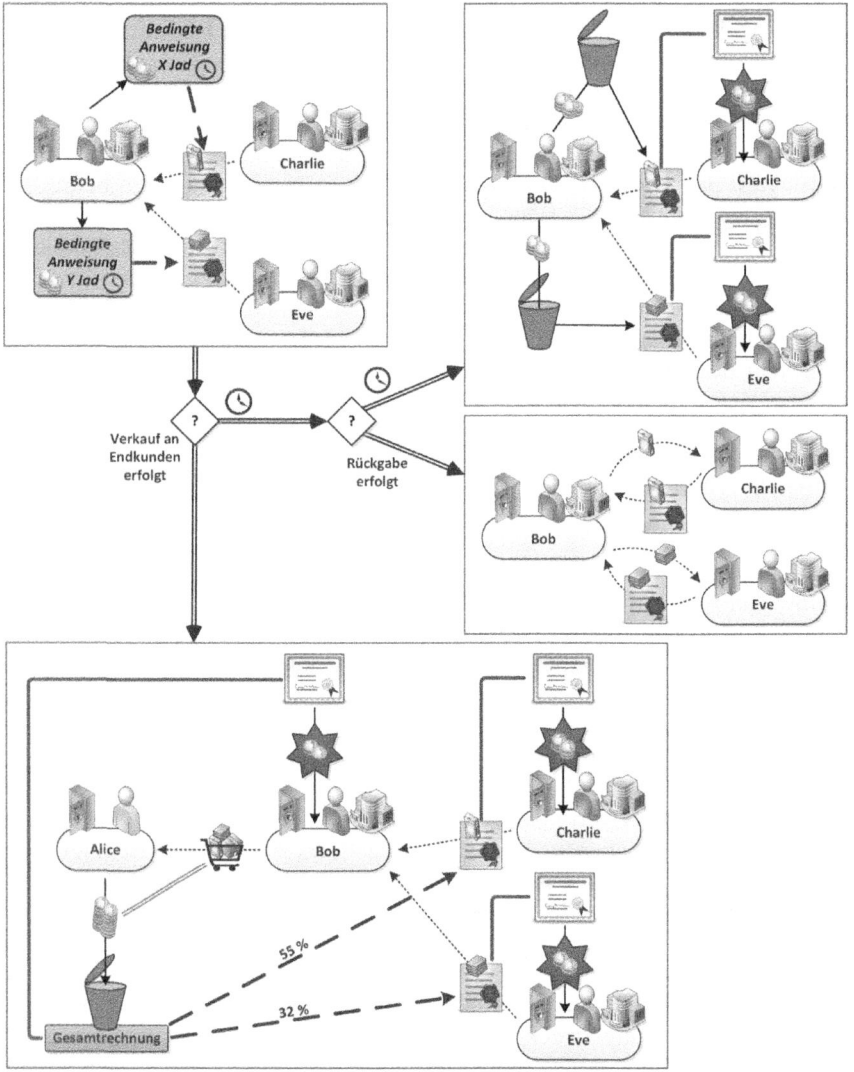

Abbildung 70: Bedingte Anweisungen zur Reduktion der Risiken

Für den gewerblich wertschöpfenden Weiterverkauf bietet es sich an, Zulieferern anstelle einer Anzahlung oder Vorkasse eine *bedingte Anweisung* auszustellen. Als Bedingung dafür, dass die eingefrorenen *Jad* wieder freigestellt werden, wird festgelegt, dass bis zu einem gewissen Termin Zahlungen von den Endkunden verlinkt werden müssen oder dass eventuell bezogene Güter zurückgegeben werden müssen – ansonsten werden automatisch die eingefrorenen *Jad* der *bedingten Anweisung* zur Begleichung der Rechnung eingesetzt.

Abbildung 70 veranschaulicht das Prinzip. Von der Sicherheit her ist dieses Verfahren vergleichbar mit der Vorkasse (wenn die *bedingte Anweisung* den ganzen Rechnungsbetrag abdeckt) oder einer Anzahlung in der *Geldwirtschaft*, denn die garantierten *Jad* werden verbindlich reserviert und sie stehen immer zur Verfügung. *Erstattungsansprüche* müssen nicht gestellt werden. Bleibt eine Zahlung durch Kunden aus, etwa weil ein Weiterverkauf nicht realisiert werden konnte, und wird auch keine anderweitige in der *bedingten Anweisung* festgeschriebene Möglichkeit zur Freisetzung der reservierten *Jad* ausgeschöpft, so wird die Rechnung eben garantiert mit den eingefrorenen *Jad* der *bedingten Anweisung* beglichen.

Bedingte Anweisungen können eine zentrale Rolle bei vielen Vorgängen in der *Jadwirtschaft* spielen, insbesondere bei der Reduktion von Risiken. Mit ihnen lässt sich etwa einfach eine Kaution für das Ausleihen von Gütern hinterlegen. Auch der Kauf eines Produktes mit Rückgaberecht kann mit einer *bedingten Anweisung* realisiert werden. Die Zahlung der bedingten Anweisung erfolgt dann nur, wenn innerhalb einer Frist keine Rückgabe des Gutes erfolgt, sodass kein *Erstattungsanspruch* im Fall eines Rücktritts von dem Geschäft gestellt werden muss. *Bedingte Anweisungen* können außerdem beispielsweise Investitionen mit *a priori Crowdfunding* unterstützen, denn sie können so gestaltet werden, dass die Zahlung erst erfolgt, wenn sich genügend Personen beteiligen, sodass das Investitionsziel erreicht wird und das Projekt durchgeführt werden kann.

3.3.2 Kredite, Investitionen und Nachfragebekundung

In der Jadwirtschaft sind weder Baken noch andere Kreditinstitute vorgesehen. Ihre Rolle als Investoren und Finanzierer soll wesentlich von denen übernommen werden, die das allgemeine Bezugsmittel Jad auch erschaffen – also von Privatpersonen. Kreditvergaben und Erfolgsbeteiligungen können in der Jadwirtschaft mit Erstattungsansprüchen realisiert werden.

Bedingte Anweisungen ermöglichen es, offene Nachfrage verlässlich zu bekunden und damit die Investitionsrisiken für neue Entwicklungen oder für das Schaffen von zusätzlichen Angeboten zu reduzieren.

Wenn für ein Vorhaben das allgemeine Bezugsmittel nicht in ausreichenden Mengen verfügbar ist, gibt es je nach Wirtschaftssystem verschiedene Möglichkeiten zur Finanzierung mit Unterstützung Dritter wie etwa zinspflichtige Kredite oder den Verkauf von Wertpapieren. Auch in der *Jadwirtschaft* soll Vergleichbares möglich sein und zugleich soll die *Jadwirtschaft* dazu beitragen, dass weniger riskante Finanzierungsgeschäfte benötigt werden als etwa in Formen der *weitgehend freien Geldwirtschaft.*

Über Eigenmittel hinausgehender persönlicher Bedarf

In der *weitgehend freien Geldwirtschaft* kommt es häufig vor, dass Privatpersonen ihre momentan vorhandenen Mittel nicht reichen, um sich größere Wünsche wie den Erwerb eines Eigenheims damit zeitnah erfüllen zu können. Ein Grund dafür liegt darin, dass mit dem Geldverdienen in der Regel erst spät begonnen wird, bei Akademikern beispielsweise üblicherweise erst ab einem Alter Mitte zwanzig. Außerdem sind Einstiegsgehälter oftmals leistungsunabhängig niedrig und Löhne steigen mit dem Alter und der Erfahrung. Bis zu dem Zeitpunkt, an dem vielleicht eine Familie gegründet werden soll und mithin etwa Bedarf an passendem Wohnraum entsteht, lässt sich unter diesen Umständen aus eigener Kraft kaum ein Vermögen aufbauen, das ausreicht, etwa ein Eigenheim zu erstehen. Wie spät der Vermögensaufbau vielfach beginnt und wie ungleich der Wohlstand über die Altersgruppen verteilt ist, zeigen beispielsweise die Statistiken in [Crossley 2010] auf S. 18 bis S. 20 für Großbritannien. Speziell die unter vierzig Jahre jungen Personen besitzen wenig und haben oft Schulden. Ein Studium führt vielfach bereits dazu, dass junge Menschen Kredite aufnehmen müssen, um etwaige Studiengebühren bezahlen zu können und um ihren Lebensunterhalt zu bestreiten [Boushey 2009] [Williams 2008] [Tutmann 2010]. Hinzu kommt für das Beispiel eines Eigenheims, dass das Sparen dafür erschwert wird und länger dauert, wenn zusätzlich Miete für eine Mietwohnung gezahlt werden muss, bis das Eigenheim leistbar ist und bezogen werden kann.

Durch die Aufnahme eines zinspflichtigen Kredits lassen sich diese zeitlichen Probleme in der *weitgehend freien Geldwirtschaft* in gewissem Maße kompensieren: Das Geld wird zu dem Zeitpunkt, zu dem es benötigt wird, geliehen und zuzüglich Zinsen im Laufe von Monaten oder Jahren zurückgezahlt. Das Gewähren eines zinspflichtigen Kredits ist für Geldgeber durch die Aussicht auf den Gewinn in Form des allgemeinen Bezugsmittels trotz möglicher Ausfälle der Rückzahlungen reizvoll.

Die Vermögensbildung beginnt in der *Jadwirtschaft* anders als in der *weitgehend freien Geldwirtschaft* schon in der Kindheit. Bereits Schüler und Studenten erheben *Lohnansprüche*. Mit diesem vollen Gehalt haben sie die Gelegenheit, frühzeitig ein Vermögen aus eigener Kraft aufzubauen. Außerdem können vor dem Erreichen der Schulreife *soziale Sicherungsansprüche* geltend gemacht werden, sodass die Vermögensbildung sogar unmittelbar nach der Geburt beginnen kann. Der Bedarf an Krediten zur Deckung des persönlichen Be-

3.3 Praktische Überlegungen zur Jadwirtschaft

darfs wird dadurch in der *Jadwirtschaft* tendenziell niedriger sein als in der *weitgehend freien Geldwirtschaft*. In der Geldwirtschaft kompensieren Staaten temporär fehlende Einnahmen mit zinspflichtig zurückzuzahlenden Anleihen. In der *Jadwirtschaft* hingegen können Staaten konjunkturunabhängig investieren, ohne Schulden zu machen.

In der *weitgehend freien Geldwirtschaft* ist es eine Katastrophe, wenn wenig Kredite und Anleihen aufgenommen werden, denn darüber wird das Bezugsmittel Geld geschaffen sowie in den Umlauf gebracht und wieder zurückgefordert. Die reguläre bedarfsgerechte Steuerung der Geldmenge funktioniert nicht, wenn es an solventen Kreditnehmern mangelt. In der *Jadwirtschaft* hingegen gibt es keine derartige Abhängigkeit. Das allgemeine Bezahlmittel *Jad* wird nicht als zurückzuzahlende Hypothek mittels Banken geschaffen, sondern direkt dort erzeugt, wo gerechtfertigte Ansprüche geltend gemacht werden. Die *Jadwirtschaft* ist im Unterschied zur *weitgehend freien Geldwirtschaft* quasi vorwärts ausgerichtet. Sie funktioniert auch dann, wenn sich niemand verschuldet.

Kredite in der Jadwirtschaft

Trotzdem soll es auch in der *Jadwirtschaft* problemlos möglich sein, Kredite mit dem allgemeinen Bezugsmittel *Jad* zu realisieren. Bei einem Kredit in der *Jadwirtschaft* tätigt zunächst der Kreditgeber die Investition für den Kreditnehmer. Dabei werden X *Jad* zerstört. Die Rückzahlung erfolgt mit *Erstattungsansprüchen*. Auch ein Kreditgeber kann mit *Erstattungsansprüchen* nur maximal so viele *Jad* erzeugen, wie er selbst zuvor für die weiterverkauften Güter ausgegeben und zerstört hat. Wurde der Kredit aufgenommen, um ein bestimmtes Gut für X *Jad* zeitnah zu erstehen, so genügt es dem an Zinseinnahmen interessierten Kreditgeber folglich nicht, wenn der Kreditnehmer dem Kreditgeber lediglich dieses bereits bei der Kreditaufnahme in den Besitz des Kreditnehmers übergehende Gut nach und nach abkauft, denn dafür können mit *Erstattungsansprüchen* maximal X *Jad* neu geschaffen werden. Damit der Kreditgeber zusätzlich Z *Jad* Zinsen erhalten kann, muss der Kreditnehmer dem Kreditgeber noch mindestens ein weiteres Gut abkaufen, für das der Kreditgeber zuvor wenigstens Z *Jad* investiert und zerstört hat. Dieser Weiterverkauf darf leer durchgeführt werden – es muss kein Gut dem Kreditnehmer überantwortet werden.

Also kauft der Kreditnehmer dem Kreditgeber über einen vereinbarten Zeitraum hinweg Güter ab, deren Wert X *Jad* plus Z *Jad* beträgt, wobei X plus Z *Jad* des Kreditnehmers zerstört werden. Der Kreditnehmer verzichtet darauf, die formal für Z *Jad* erworbenen Güter tatsächlich einzufordern. Dafür macht der Kreditgeber *Erstattungsansprüche* auf die Erschaffung von X plus Z *Jad* gültig. Die Zinsen in Höhe des *Jadbetrags* Z sind für den Kreditgeber der Anreiz, das Risiko einzugehen, dass der Kreditnehmer eventuell seinen Verpflichtungen nicht nachkommt und dem Kreditgeber mithin ein Verlust entsteht.

Die doppelte Begrenzung der *Erstattungsansprüche* stellt sicher, dass der Kreditgeber damit dennoch nicht mehr *Jad* auf seinem Konto anhäufen kann, als er für *Lohnansprüche, Sicherungsansprüche* und *Ausgleichsansprüche aufgrund des öffentlichen Bedarfs* gerechtfertigterweise erschafft. Die Menge der *Jad* bleibt auf das gewollte Maß begrenzt. Am Ende des Kreditgeschäfts sieht es so aus, als hätte lediglich der Kreditnehmer *Jad* investiert und zerstört – X *Jad* in seinem eigenen Interesse und Z *Jad* zugunsten des Kreditgebers.

Kredite zugunsten mehrerer Personen – ein Anreiz zur Kreditvergabe

Spätestens dann, wenn ein Teilnehmer an der *Jadwirtschaft* verstirbt, werden alle *Jad* auf dessen Konto einfach zerstört. *Jad* können und dürfen nach dem Ableben nicht vererbt oder einer anderen Nutzung zugeführt werden.

Wenn das für die *Jadwirtschaft* politisch gewünscht wird, kann mit Krediten eine Möglichkeit geschaffen werden, Verluste von Ersparnissen im Todesfall zu verhindern. Die Idee dazu ist, zu sparende *Jad* als Kredit mit besonderen Bedingungen und vorab benannten *Vertretern* zu vergeben. Solange der Kreditgeber lebt, erfolgt die Rückzahlung des Krediets mit Weiterverkäufen des Kreditgebers an den Kreditnehmer, wofür der Kreditgeber *Erstattungsansprüche* geltend macht. Stirbt der Kreditgeber, ist der Kreditnehmer verpflichtet, dem ersten noch lebenden *Vertreter* Güter abzukaufen, sodass dieser *Vertreter Erstattungsansprüche* anstelle des Kreditgebers geltend machen kann. Ein solcher Kredit lässt sich als eine Art „Lebensversicherung" betrachten, mit der etwa Angehörige und Partner versorgt werden können.

Bei privaten Krediten in der *Jadwirtschaft* ist in jedem Fall rechtlich sicherzustellen, dass Kreditnehmer immer fristgerecht die vereinbarten X plus Z *Jad* für die Rückzahlung aufwenden und zerstören müssen – unabhängig davon, ob die Kreditgeber und etwaige *Vertreter* noch existieren, denn andernfalls würden diese gefährlich leben. Das Ableben von Kreditgebern darf Kreditnehmern nie einen Vorteil bieten. Existiert irgendwann weder der Kreditgeber noch ein *Vertreter*, müssen Kreditnehmer die vereinbarten *Jad* trotzdem zerstören, obwohl niemand *Erstattungsansprüche* dafür geltend machen kann. Um das sicherzustellen, bietet es sich an, dass Kredite in einem S-Web-Verzeichnis erfasst werden, sodass alle Teilnehmer am S-Netzwerk das ordnungsgemäße Zahlverhalten von Kreditnehmern überprüfen können.

Abbildung 71 zeigt das Prinzip von zinspflichtigen Krediten mit *Erstattungsansprüchen*.

Die Finanzen von Unternehmen

Ohne Finanzierung von außen, ohne Investoren sind neue privatwirtschaftliche Unternehmungen ab einer gewissen Größenordnung nicht zu realisieren und es könnte nichts Neues entstehen, was mit beträchtlichem Aufwand verbunden ist.

3.3 Praktische Überlegungen zur Jadwirtschaft

Der Erfolg privater kommerzieller Unternehmungen ist nie sicher, es bestehen für potenzielle Investoren von außen erhebliche Risiken, dass sie am Ende nur Verluste haben.

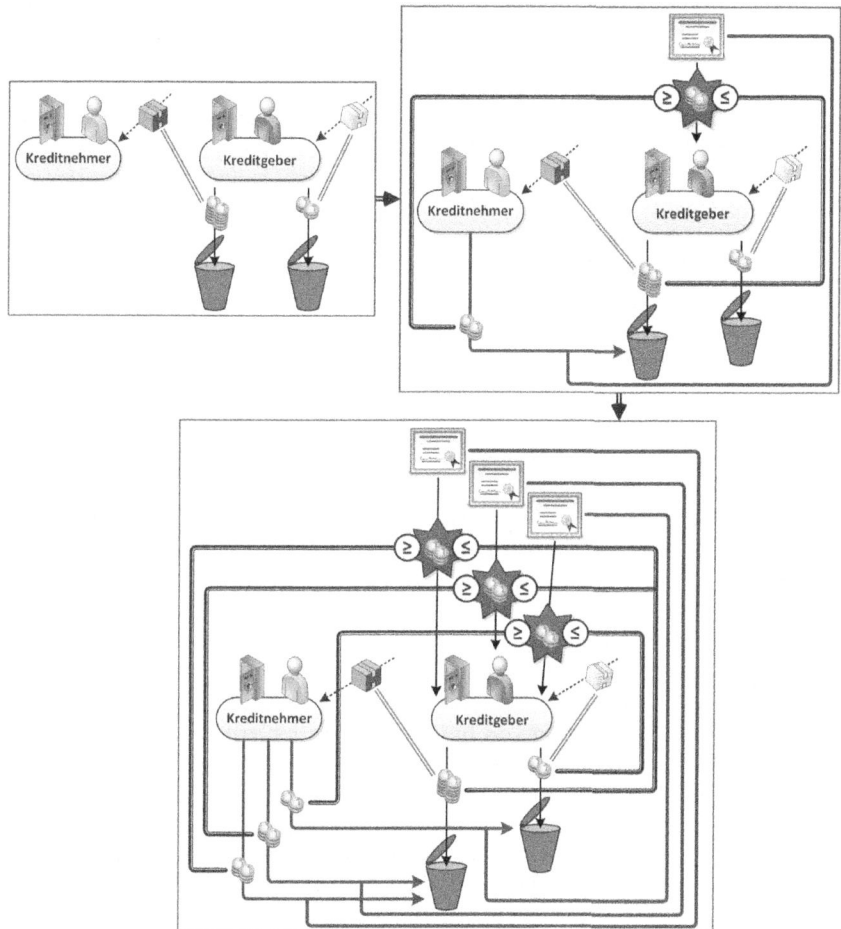

Abbildung 71: Kredit mit Zinsen in der Jadwirtschaft

Unternehmen, die nur auf Bestellung produzieren oder Leistungen erbringen, können eventuell vorab von Endkunden Investitionen gewinnen, die alleine aus dem Eigeninteresse an dem Produkt motiviert werden. Ein Beispiel aus der Realität für Produktion auf Bestellung sind Bücher, die erst auf verbindliche Nachfrage gedruckt und gebunden werden ("Books-on-Demand") [Hagenmüller

2009] [Reichwald 2003]. Dadurch wird Überproduktion verhindert, es entfallen Lagerkosten und Produkte können individuell den Kundenwünschen angepasst werden. Nachteilig können etwa höhere Aufwendungen pro Stück im Vergleich zu einer Massenproduktion sein, sodass der Beginn von unternehmerischen Tätigkeiten erst auf Bestellung durch Endkunden nicht immer ein guter Ansatz ist. Außerdem mag auch bereits ein erheblicher, die Eigenmittel eventuell übersteigender Finanzierungsbedarf bestehen, bevor mit einer Produktion auf Nachfrage überhaupt begonnen werden kann – etwa für die Anschaffung von Druckmaschinen. Frühzeitige, riskante Investitionen bedürfen einer expliziten Motivation durch Chancen. Am Praktischsten sind wohl Gewinnchancen in Form des allgemeinen Bezugsmittels.

In der *weitgehend freien Geldwirtschaft* werden zur Finanzierung von außen entweder Anreize direkt mit Zinsen in Form des allgemeinen Bezugsmittels Geld bzw. eines in Geld konvertierbaren Guts gesetzt (außenfinanzierte Fremdfinanzierung) oder es werden etwa durch den Verkauf von Wertpapieren Anteile am Unternehmen veräußert (außenfinanzierte Eigenfinanzierung, Beteiligungsfinanzierung), welche als Anreiz eine Beteiligung am Unternehmensumsatz in Form des allgemeinen Bezugsmittels in Aussicht stellen und im Fall von handelbaren Wertpapieren auch einen Weiterverkauf der Anteile gegen Geld ermöglichen (zu den Finanzierungsarten siehe [Wöhe 2011] S. 14 ff).

Unternehmen erhalten in der *Jadwirtschaft* keine eigenen Konten. Hätte ein Unternehmen ein Konto, könnten darauf über Generationen hinweg *Jad* angehäuft werden und die Steuerung der Menge des allgemeinen Bezugsmittels würde nicht funktionieren. Wenn einem Unternehmen in der *Jadwirtschaft* Sachkosten entstehen, soll direkt das Konzept des *transitiven Zahlens* eingesetzt werden. Die Kunden und Investoren sollen dazu gebracht werden, direkt die Rechnungen des Unternehmens begleichen.

Zur allgemeinen Motivation von Investitionen in Unternehmen können in der *Jadwirtschaft* Weiterverkaufsgeschäfte ähnlich den privaten Krediten vereinbart werden, wobei zunächst die Investoren die Produkte erwerben. Wenn ein Endkunde ein solches Produkt erstehen will, kauft er dem Investor zusätzlich zu dem gewünschten Produkt formal auch ein anderes Gut ab, für welches der Investor zuvor *Jad* investiert hat, ohne dieses zusätzlich Gut zu beanspruchen. Der Investor kann für die beiden Weiterverkäufe *Erstattungsansprüche* geltend machen. Seine Belohnung dafür, dass er investiert und das Risiko eingeht, erhält der Investor dadurch, dass er *Jad*, mit denen er sich bereits etwas für den Eigenbedarf gekauft hat, zurück erhält.

Durch das *transitive Zahlen* entsteht für den Endkunden eines Unternehmens keinerlei Aufwand für die Vergütung der Investoren. Jeder Investor knüpft seine Investition gleich an die Zahlungsbelege, welche als Entschädigung für die Investitionsleistung erstattet werden sollen. Dies können insbesondere auch Zah-

3.3 Praktische Überlegungen zur Jadwirtschaft

lungsbelege für mit Verteilerdiensten anonymisierte Zahlvorgänge sein. Das Unternehmen verlinkt die Rechnungen der Endkunden mit den Zahlungsbelegen der Investoren, sodass diese ihre *Erstattungsansprüche* für Weiterverkäufe geltend machen können.

Finanzierungsangebote als Investition zur Erhöhung der *Lohnansprüche*

Es soll in der *Jadwirtschaft* möglich sein, sich durch die Gewährung eines attraktiven Finanzierungsangebots für Güter oder Dienstleistungen, in denen eigene Arbeitsleistung steckt, einen Wettbewerbsvorteil gegenüber der Konkurrenz zu verschaffen, um so letztlich eventuell höhere *Lohnansprüche* geltend machen zu können.

Die Idee der Förderung des Verkaufs mittels Angeboten zur Ratenzahlung oder zum Vermieten mit der Option auf den Erwerb nach Zahlung einer gewissen Mietsumme (*"hire-purchase"*) ist in der *weitgehend freien Geldwirtschaft* etabliert. Erfolgreich umgesetzt wurde ein derartiges Konzept bereits 1856 durch Edward Clark für Singer Nähmaschinen ([Hounshell 1984] S. 89).

Diese Idee lässt sich auch einfach in der *Jadwirtschaft* umsetzen, indem der Anbieter mit dem Kunden einen rechtsgültigen Kaufvertrag abschließt, in welchem sich der Kunde zu Ratenzahlungen in einem gewissen zeitlichen Rahmen verpflichtet. Für eventuell vom Anbieter aus dessen eigenen Mitteln bereits zum Bezahlen der Rechnungen von Zulieferern investierte (also vorgestreckte) *Jad* kann sich der Anbieter nach dem Eingang der Ratenzahlungen des Kunden über *Erstattungsansprüche* neue *Jad* in Höhe der vorgestreckten Summe erschaffen.

Für den Anbieter besteht das Risiko, dass der Kunde eventuell seiner Verpflichtung zur Zahlung der Raten nicht nachkommt. Andererseits kann er durch das Angebot von niedrigen Ratenzahlungen eventuell mehr Kunden gewinnen und für eine entsprechend größere Arbeitsleistung auch höhere *Lohnansprüche* geltend machen. Damit kann der Anbieter in Kombination mit einer höheren Arbeitsleistung auch ohne Zinsen einen Gewinn unmittelbar in *Jad* erzielen.

Expression und Erfassung offener Nachfrage

Um *Lohnansprüche* für Tätigkeiten geltend machen zu können, die zum Verkauf von begrenzt Verfügbarem gegen *Jad* führen, muss beim optimierenden Ansatz der *Balancefaktor* zwischen Angebot und Nachfrage bestimmt werden. Dazu ist es notwendig, die Nachfrage zu erfassen, welche trotz der Bereitschaft, die geforderten *Jad* zu investieren, nicht bedient werden kann und für die kein Kauf zustande kommt. Ein für die Berechnung der *Lohnansprüche* relevanter Mangel entsteht durch ein unzureichendes oder zu teures Angebot. Die akkurate Feststellung einer Unterversorgung zeigt zugleich Chancen auf. Sie bildet einen Ausgangspunkt, um gezielt ein Angebot zu schaffen, mit welchem genau die bestehende Nachfrage befriedigt werden kann. Ein Nachweis über vorhandenen Bedarf könnte dazu beitragen, potenzielle Investoren zu einer Beteiligung zu bewegen.

Im Sinne der Förderung des Schaffens neuer Angebote ist auch die Erfassung einer offenen Nachfrage für noch gar nicht Existierendes interessant. Dazu kann eine Produktidee mit einer Preisvorstellung als eine offene Ausschreibung reliabel publiziert werden.

Damit eine Ausschreibung im S-Netzwerk gefunden und durch *Nachfragebekundungen* unterstützt werden kann, sollte sie mit ähnlichen bestehenden Angeboten verlässlich verlinkt werden. Außerdem können im S-Web verschiedene Verzeichnisse angelegt werden, um die Suche nach darin einsortierten *Nachfragebekundungen* zu erleichtern.

Nachfragebekundungen für unzureichende Angebote oder offene Ausschreibungen können mehr als Lippenbekenntnisse sein, mehr als reliabel publizierte Erklärungen eines völlig unverbindlichen Interesses. *Nachfragebekundungen* können mit *bedingten Anweisungen* untermauert werden, um die Dringlichkeit zu bekräftigen. Die Idee ist, dass die *bedingte Anweisung* dabei garantiert, dass tatsächlich für einen gewissen Zeitraum *Jad* ausschließlich zur Befriedigung der Nachfrage reserviert sind und zu bestimmten Bedingungen bereitgehalten werden. Dadurch wird temporär auf die Möglichkeiten verzichtet, diese blockierten *Jad* für andere Geschäfte oder Investitionen zu nutzen.

Eine *bedingte Anweisung* zur *Nachfragebekundung* kann so die Ernsthaftigkeit des Anliegens unterstreichen, auch wenn sie noch einen Vorbehalt enthält, dass der Herausgeber dieser *bedingten Anweisung* trotzdem frei darüber entscheidet, ob ein etwaiges Angebot auch angenommen werden soll. Auf *Nachfragebekundungen* mit *bedingten Anweisungen* hin können detaillierte Angebote erstellt werden. Schon das Erarbeiten eines Angebots kann eventuell als Arbeitsleistung mit *Jad* belohnt werden. Gegebenenfalls müssen im Zuge dessen bereits fremde Investoren gesucht und gefunden werden, um zeigen zu können, dass das Angebot auch realistisch kalkuliert und geplant ist. Aus eventuell mehreren konkurrierenden Offerten können die Interessenten schließlich ein Angebot ihres Vertrauens auswählen. Ihre *bedingte Anweisung* zur *Nachfragebekundung* können sie dabei so weit fixieren, dass daraus direkt eine verbindliche Bestellung entsteht.

Um in der Geldwirtschaft Ähnliches zu erreichen, werden spezielle Dienstleister – Betreiber von *Crowdfunding*-Plattformen – benötigt, denen vertraut werden muss.

3.3 Praktische Überlegungen zur Jadwirtschaft

3.3.3 Eine erste Demonstration

Die informationstechnische Machbarkeit der *Jadwirtschaft* lässt sich mit dem *S-Netzwerk-Demonstrator* zeigen. Ein eigenes entwickeltes Client-Programm soll die erzielbare Benutzerfreundlichkeit zeigen.

Abgesehen von der optionalen Anonymisierung lässt sich die *Jadwirtschaft* bezüglich ihrer netzwerkseitigen operationellen Risiken auf die Nutzung des S-Netzwerks reduzieren, denn es wird nur die Funktionalität des S-Webs benötigt.

Daher ist es möglich, eine virtuelle *Jadwirtschaft* mit dem S-Netzwerk-Demonstrator sowie den dafür entwickelten Standard-Client-Programmen (*S-Node-Explorer*, *S-Web-Browser*) zu betreiben und zu nutzen. Es wird keine spezielle Software benötigt, auf deren Korrektheit vertraut werden müsste.

Mit dem Einsatz von extra für die *Jadwirtschaft* geschaffenen Client-Programmen lässt sich jedoch der Komfort erhöhen. Zu Demonstration wurde der *Jad Manager* entwickelt. Der *Jad Manager* muss unter anderem das leisten, was die LETSystem-Anwendung (siehe Kapitel 2.3.4) zur Führung von offenen Konten in *Tauschringen* macht. Daher nutzen beide Programme teilweise den gleichen Code, so etwa zur Darstellung der Umsätze.

Justification, Accounting und Destruction mit dem Jad Manager

Der *Jad Manager* unterstützt mit Assistenten das *Rechtfertigen* und Geltendmachen von allen Arten von *Ansprüchen* auf die Erschaffung von *Jad*. Am komplexcsten sind dabei die *Lohnansprüche*, für welche ein dreistufiges Vorgehen mit aufwendigen Berechnungen erforderlich ist.

Zunächst müssen für die Art von Tätigkeit Regeln aufgestellt werden. Dann müssen pro Auswertungszeitraum Daten zur Ermittlung der *tätigkeitsspezifischen Normarbeitsstunde* zusammengetragen werden, bevor die Anzahl der persönlich geleisteten *Normarbeitsstunden* und in Folge die Höhe des *Lohnanspruchs* berechnet werden kann.

In einer realen *Jadwirtschaft* müssen die Regeln zur Ermittlung der *tätigkeitsspezifischen Normarbeitsstunde* für jede Art von Tätigkeit durch ein bestimmtes Quorum beschlossen und bestätigt werden. Für den Demonstrator wird auf die Simulation dieses Prozederes verzichtet. Stattdessen können einfach mit dem *Jad Manager* neue Regeln entwickelt werden. Konkret wird mithilfe des *Jad Managers* ein S-Web-Verzeichnis der verschiedenen Arten von Tätigkeiten geschaffen und gepflegt. Die aktuellen Regeln für die *Lohnansprüche* in einer Art von Tätigkeit werden als Text reliabel publiziert und in dem zugehörigen Verzeichnis mir einem S-Link einsortiert.

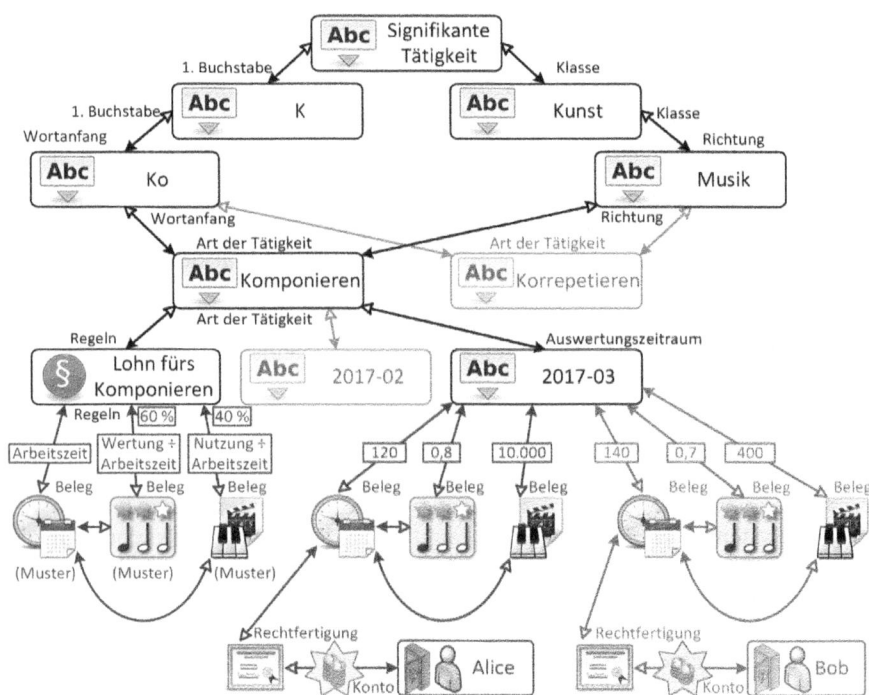

Abbildung 72: Datenstruktur im S-Web für Lohnansprüche mit dem Jad Manager

Zusätzlich werden mit dem *Jad Manager* auf diese Publikation der Regeln verweisende S-Links als Muster erzeugt, die veranschaulichen, wie Werte für die tatsächlich aufgewendete Arbeitszeit sowie für die Kriterien zur Bemessung des Erreichten einzureichen sind. Diese S-Links geben vor, welche *Attribute* wie zu nutzen sind. Sie haben jeweils einen Musterbeleg als *Ausgangsbereich*, der verdeutlicht, welche Nachweise wie zu erbringen sind. Von den Musterbelegen aus kann optional auf tätigkeitsspezifische Tools verweisen werden, mit denen Belege hochgradig automatisiert erstellt und publiziert werden können.

Zur sauberen Trennung der Daten wird für jeden Auswertungszeitraum pro Art von Tätigkeit ein eigenes Unterverzeichnis im S-Web-Verzeichnis angelegt. Die persönlich tatsächlich aufgewendete Arbeitszeit und die erbrachten Werte für die einzelnen Kriterien zur Leistungserfassung werden jeweils in den *Attributen* eines eigenständigen S-Links mit diesem Unterverzeichnis als *Zielbereich* publiziert, wobei der *Ausgangsbereich* ein Beleg für die Korrektheit sein muss. Der *Jad Manager* analysiert dafür die mit den tätigkeitsspezifischen Regeln verknüpften Muster, er fragt gezielt die nötigen Eingaben ab, welche eventuell mit-

3.3 Praktische Überlegungen zur Jadwirtschaft

hilfe von tätigkeitsspezifischen Tools generiert werden können, und führt dann automatisch die notwendigen Publikationen der Belege und S-Links durch. Da in jeder Art von Tätigkeit die persönlich tatsächlich aufgewendete Arbeitszeit erfasst werden muss, wird der Beleg für die Arbeitszeit als das zentrale Element verwendet. Alle anderen zusammengehörenden Belege werden vom Jad Manager zusätzlich mit diesem Beleg für die Arbeitszeit verlässlich verlinkt. Abbildung 72 zeigt die am Beispiel von *Lohnansprüchen* für das Komponieren von Musikstücken das entstehende Informationsgeflecht.

Nach Ablauf des Auswertungszeitraums kann jeder Nutzer mit dem *Jad Manager* die *tätigkeitsspezifische Normarbeitsstunde* selbst ermitteln. Dazu enthält der *Jad Manager* vordefinierte Routinen, welche die notwendigen Abfragen über die eingehenden S-Links durchführen und die Berechnungen erledigen. Je nachdem, welche Vorgaben in den *Attributen* für die Art von Tätigkeit als Muster dienenden S-Links gemacht werden, wählt der *Jad Manager* die passenden Routinen selbstständig aus und wendet sie automatisch an.

Tabelle 29: Am Demonstrator gemessene Dauer der Ermittlung und Verifikation einer Normarbeitsstunde bei $\Psi = 5$ und $P = 36$

Anzahl der Werte	100	1.000	10.000	100.000	1.000.000
Dauer in Sekunden	0,022 s	0,174 s	1,778 s	17,877 s	184,202 s

Testresultate für die Dauer der statistischen Ermittlung einer *tätigkeitsspezifischen Normarbeitsstunde* mit Verifikation durch unabhängige Erhebung in *Threshold* $\Psi = 5$ Misstrauensparteien sind Tabelle 29 und Abbildung 73 zu entnehmen. Jede angegebene Dauer ist der arithmetische Mittelwert über die drei mittleren Ergebnisse aus fünf Einzelmessungen am S-Netzwerk-Demonstrator auf einem auf einem Dell Precision 7510 Notebook mit Intel i7-6820HQ Quadcore, 16 GByte RAM und 256 GByte SSD. Es zeigt sich ein lineares Skalieren der Dauer mit der Anzahl der Messwerte.

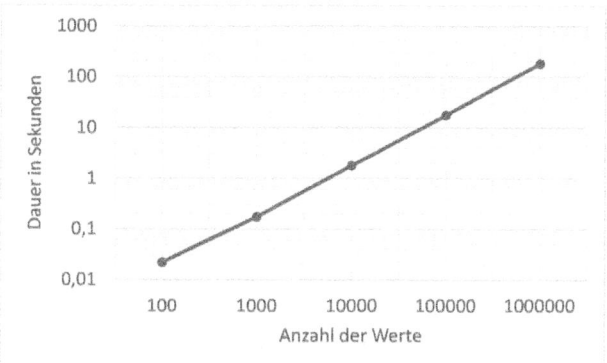

Abbildung 73: Ermittlung und Verifikation einer Normarbeitsstunde bei $\Psi = 5$ und $P = 36$

Selbst wenn Millionen Personen der gleichen Art von Tätigkeit nachgehen und entsprechend viele Werte zu berücksichtigen sind, kann die *tätigkeitsspezifische Normarbeitsstunde* in wenigen Minuten ermittelt und verifiziert werden. Außerdem muss nicht zwingend jeder die *tätigkeitsspezifische Normarbeitsstunde* selbst berechnen. Das erste ermittelte Ergebnis kann reliabel publiziert werden und dann von anderen Teilnehmern überprüft und mit einem S-Link beglaubigt werden. Ab einer gewissen Zahl von Bestätigungen kann vielleicht auf eine eigene Ermittlung der *tätigkeitsspezifischen Normarbeitsstunde* verzichtet werden.

Die Berechnung der Anzahl der persönlich geleisteten *Normarbeitsstunden* und in Folge die Höhe des *Lohnanspruchs* soll ebenfalls möglichst ohne manuelles Zutun erfolgen. Dazu wird für jedes Kriterium zur Bemessung des Erreichten für sich bestimmt, wie viele Stunden dafür ein durchschnittlicher Fachmann braucht. Über diese verschiedenen Stunden pro Kriterium wird dann ein Mittelwert gebildet.

Das *Attribut* für den *Zielbereich* des als Muster dienenden S-Links für das jeweilige Kriterium kann dabei genutzt werden, um über eine Wichtung den Einfluss bei der Bildung des Mittelwertes zu steuern. In dem Beispiel in Abbildung 72 werden Prozentwerte zur Wichtung der Kriterien Wertung pro Arbeitszeit (60 %) und Nutzung pro Arbeitszeit (40 %) angegeben.

Der *Jad Manager* berechnet auch automatisch den *Jadbetrag*, für den ein *Lohnanspruch* geltend gemacht werden kann und er speichert diesen Wert in der *Rechtfertigung*, welche er verlässlich mit dem Beleg für die tatsächlich aufgewendete Arbeitszeit verknüpft. Soll der Lohnanspruch geltend gemacht werden, führt der *Jad Manager* mit einem S-Link von der *Rechtfertigung* auf das eigene Konto die Buchung der dabei neu zu schaffenden *Jad* durch.

Das Investieren und Zerstören von *Jad* vom eigenen Konto aus ähnelt technisch den Transaktionen in der LETSystem-Anwendung. Allerdings ist das Ziel bei der Investition von *Jad* nicht ein anderes offenes Konto, sondern eine zu begleichende Rechnung.

Tabelle 30 und Abbildung 74 zeigen am S-Netzwerk-Demonstrator ermittelte Testergebnisse für die Buchungen von *Jad* und für das Management des Kontostands mit Verifikation aus *Threshold* Ψ = 5 verschiedenen Misstrauensparteien. Jede in Millisekunden angegebene Dauer ist der arithmetische Mittelwert aus drei einzelnen Messergebnissen, welche wiederum die mittleren Ergebnisse aus fünf Einzelmessungen auf einem auf einem Dell Precision 7510 Notebook mit Intel i7-6820HQ Quadcore, 16 GByte RAM und 256 GByte SSD sind.

Der *Jad Manager* kann genutzt werden, um Rechnungen zu erstellen, um sie per S-Mail zu übermitteln und um eingehende Rechnungen zu begleichen. Insbesondere auch fair abzuschließende Verträge wie Kreditverträge können direkt

3.3 Praktische Überlegungen zur Jadwirtschaft

mit dem *Jad Manager* geschaffen werden, wobei Aufforderungen für Zahlungen automatisch zugestellt werden.

Tabelle 30: Jad Performance im Demonstrator

Anzahl der Buchungen auf dem Konto	Dauer Buchung publizieren	Dauer Kontostand abfragen	Dauer Kontostand publizieren
100	21 ms	14 ms	32 ms
300	19 ms	16 ms	34 ms
1.000	20 ms	17 ms	35 ms
3.000	20 ms	17 ms	39 ms
10.000	20 ms	16 ms	37 ms
30.000	20 ms	17 ms	41 ms
100.000	21 ms	18 ms	41 ms

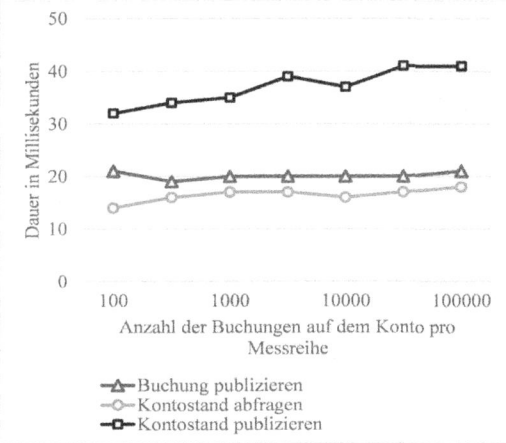

Abbildung 74: Jad Performance im Demonstrator

3.3.4 Herausforderungen der Voranalyse und der Umsetzung

Die Jadwirtschaft lässt sich gegenwärtig nur begrenzt vorausberechnen sowie prognostizieren. Letztlich kann erst die Anwendung unter realistischen Bedingungen die Folgen zeigen. Ziel soll es sein, die Jadwirtschaft parallel zur bestehenden weitgehend freien Geldwirtschaft zu erschaffen, ohne diese zu beeinträchtigen, sodass die Jadwirtschaft in der Praxis möglichst gefahrlos erprobt werden kann. Ein jederzeitiger möglichst sanfter Übergang zwischen Geldwirtschaft und Jadwirtschaft in beiden Richtungen soll jedem ebenso freigestellt werden wie die Nutzung beider Systeme gleichzeitig.

Die gegenwärtig übliche *weitgehend freie Geldwirtschaft* funktioniert sicher nicht perfekt – aber sie leistet trotz aller Probleme und Krisen sehr viel [Geiger 2001]. Noch nie ging es so vielen Menschen materiell so gut wie heute ([Lozano 2011], [Miles 2002] speziell ab S. 61). Dies ist trotz des technischen Fortschritts keine Selbstverständlichkeit. Das System aus Geld und weitgehend freier Marktwirtschaft hat dazu beigetragen und vielfach über recht lange Zeiträume zumindest regional solides Wirtschaften ermöglicht (etwa mit der Einführung der D-Mark 1948 in Deutschland, [Buchheim 1988]), während ohne funktionierendes Geldsystem oftmals große Not entstand (siehe [Viehmann 2018 m]).

Veränderungen können trotz bester Absichten auch Verschlechterungen bewirken und fatale, tödliche Folgen haben. *"Leave well enough alone"*, dieses Idiom hat absolut seine Berechtigung. In Anbetracht dessen, was bestehende Systeme der *Geldwirtschaft* leisten, wäre es völlig unangemessen und grob fahrlässig, diese Systeme leichtfertig aufzugeben oder auch nur signifikant zu schwächen, um mit der *Jadwirtschaft* ein gewagtes neues System auszuprobieren, für das keine Erfahrungswerte vorliegen.

Selbst wenn es eine katastrophale Krise geben sollte – etwa eine dramatische Zuspitzung der aktuellen Finanzkrise mit dem Zusammenbruch bestehender Währungen, dürfte eine derartige Entwicklung nicht dazu missbraucht werden, einen abrupten Umsturz zu provozieren. Plötzliche und große Veränderungen können allgemein fatal sein, weil Anpassungen an Neuerungen oftmals Zeit brauchen [Kueffer 2013]. Die Herbeiführung einer jeden überstürzten und schnellen Änderung eines komplexen Wirtschaftssystems wäre an sich bloß durch die Geschwindigkeit gefährlich, unabhängig von der Art der Änderung.

Die *Jadwirtschaft* darf nur ein freiwilliges Angebot sein. Sie kann nur funktionieren, wenn sie von kritischen Individuen hinterfragt und aktiv mitgestaltet wird. Jemanden zur Teilnahme zu zwingen oder auch nur zu überreden wäre kontraproduktiv. Die *Jadwirtschaft* als technische Innovation soll sich entweder von selbst, ohne manipulative Überzeugungsarbeit etablieren oder gar nicht. Jeder soll für sich die *Jadwirtschaft* ausprobieren können – parallel zur *Geldwirtschaft* und mit möglichst minimalen Risiken. Interessenten sollen sich vorsichtig herantasten können. Ein Experiment unter realen Bedingungen – mehr darf die *Jadwirtschaft* aufgrund der begrenzten Möglichkeiten zur Voranalyse zunächst nicht sein.

Simulationen zur Einschätzung der Jadwirtschaft

Für die *weitgehend freie Geldwirtschaft* in diversen Ausprägungen ist es möglich, auf die Erfahrungen zurückzublicken, die über Jahrhunderte hinweg gemacht wurden. Die *Jadwirtschaft* ist bisher hingegen nur Theorie. Wie wird sich die *Jadwirtschaft* für einzelne Teilnehmer auswirken? Welche Folgen hat sie für Industrie, Handel, Politik, Kultur und die Natur? Was sind die ökono-

3.3 Praktische Überlegungen zur Jadwirtschaft

mischen, sozialen und ökologischen Konsequenzen? Was wird die *Jadwirtschaft* letztlich sein, ein gefährlicher Fluch, ein kläglich scheiterndes Experiment, ein kleiner Schritt in der Weiterentwicklung oder ein Heil bringender Segen für viele Generationen?

Wirtschaftliche Systeme an sich können bereits durch die Vielzahl an Teilnehmern sowie durch die Vielfalt von deren Handlungsoptionen sehr dynamisch und komplex sein. Sie obliegen darüber hinaus wechselseitigen Einflüssen aus Gesellschaft, Umwelt und technischem Fortschritt. Ein derartiges System ist mittel- und langfristig sehr schwierig abzuschätzen und zu prognostizieren.

Modelle können helfen, Komplexität unter Verlusten zu vereinfachen und trotzdem bestimmte Zusammenhänge richtig zu erfassen. Sofern das zu modellierende System bereits existiert und messbar ist, kann das Modell anhand der Beobachtungen aus der Realität geschaffen werden, um zukünftige Entwicklungen vorhersagen zu können. Für die Jadwirtschaft fehlt eine solche Basis.

Modellbildung für Wirtschaftssysteme wird dadurch erschwert, dass menschliche Entscheidungen bei wichtigen Abläufen eine große Rolle spielen. Nach derzeitigem Stand der Forschung und der Technik ist es nur bedingt möglich, durch Computer menschliches Verhalten in schwierigen Situationen mit verschiedenen Risiken und Chancen zu simulieren. Ein ungenaues Mittel ist der Einsatz von wahrscheinlichkeitsbasierten Näherungsfunktionen und stochastischen Simulationen (siehe dazu [Rubinstein 1981], [Andrieu 2003], [Glasserman 2004]). Potenzial haben Wirtschaftssimulationen, bei denen relevante Akteure (*Agents*) in ihrem Verhalten mit Hilfe von Regeln und künstlicher Intelligenz nachgebildet werden [Farmer 2009] [Yilmaz 2006]. Doch ohne Erfahrungswerte können kaum gute Näherungen für das Verhalten von *Agents* gefunden werden.

"To make agent-based modelling useful we must proceed systematically, avoiding arbitrary assumptions, carefully grounding and testing each piece of the model against reality and introducing additional complexity only when it is needed.", zitiert aus [Farmer 2009].

Anstatt zu versuchen, den Einfluss des menschlichen Verhaltens in einer Simulation nachzubilden, bietet es sich an, Menschen in die Simulation einzubeziehen, sie interaktiv teilhaben zu lassen und ihnen Entscheidungen zu überlassen. Möglichkeiten der Verwendung und Beobachtung von interaktiven virtuellen Welten (etwa *Whyville* oder Spiele wie *Second Life* und *World of Warcraft*) zu Forschungszwecken werden in [Aschbacher 2003] und [Bainbridge 2007] und beschrieben.

Für die interaktive Simulation eines ganzen Wirtschaftssystems werden Massen an Teilnehmern benötigt. Um Teilnehmer zu gewinnen, aber auch um die Ideen der *Jadwirtschaft* allgemein zu kommunizieren, könnte sich die Entwicklung eines kompletten Strategie- und Wirtschaftssimulationsspiels, das an sich als Computerspiel attraktiv ist, durchaus lohnen.

Simulationen als Lernumgebung

Eine interaktive Simulation ist nicht nur sinnvoll, um besser einschätzen zu können, wie sich die *Jadwirtschaft* auswirken könnte. Auch zum Kennenlernen der *Jadwirtschaft* und zum Erlernen der zur aktiven Teilnahme erforderlichen Fähigkeiten hat eine interaktive Computeranwendung, ein Simulationsspiel Potenzial. In der Literatur finden sich neben Beschreibungen der Entwicklung und der Möglichkeiten von interactiven Wirtschaftssimulationen [Charsky 2010] [Faria 2009] [Woltjer 2005] auch viele Studien, die den positiven Effekt des Einsatzes von *Serious Games* gerade im Bereich von Wirtschaft und Finanzen bestätigen [Herz 1998] [Santos 2002].

Denkbar zur Unterstützung des Lernens sind Kampagnen mit bestimmten Zielen und besonderen Ereignissen, um spezielle Aspekte erproben und trainieren zu können. Das Spiel sollte durch die Vernetzung der Benutzer zugleich auch einen offenen gedanklichen Austausch unter den Teilnehmern ermöglichen. Als Plattform können handelsübliche Spielkonsolen und Computer dienen, das Internet kann die Vernetzung leisten. Das S-Netzwerk kann für das Spiel mittels speziell bereitgestellter Server emuliert werden. Insbesondere kann der S-Netzwerk-Demonstrator genutzt werden, um die *Jadwirtschaft* in einem virtuellen S-Netzwerk technisch zu erproben.

Zur Schaffung der realen Jadwirtschaft auf Basis des S-Netzwerks

Bei der Schaffung der *Jadwirtschaft* sind durchaus ähnliche Aufgaben zu bewältigen wie bei der Entwicklung des S-Netzwerks. In beiden Fällen müssen gemeinsame Regeln spezifiziert sowie politisch beschlossen werden und diese Regeln müssen überall dort, wo eine Verfügbarkeit erreicht werden soll, lokal in anwendbarer Form rechtlich verankert werden. Es bietet sich daher für die *Jadwirtschaft* ein ähnlich organisiertes Vorgehen an, wie es für das S-Netzwerk in [Viehmann 2018 p] vorgeschlagen wird.

Auch für die *Jadwirtschaft* sollen alle dispositiv regelbaren rechtlichen Aspekte möglichst in Teilnehmerverträgen geregelt werden, sodass die *Jadwirtschaft* mit möglichst wenigen gesetzlichen Bestimmungen auskommen kann und zugleich eine möglichst weitgehende Unabhängigkeit von lokalen Rechtsräumen erzielt wird. Der Abschluss eines Teilnahmevertrags kann in der *Jadwirtschaft* wie beim S-Netzwerk Nachweise über die notwendigen Kenntnisse und Fähigkeiten zur Bedingung haben. Die Teilnahme an der *Jadwirtschaft* ist anspruchsvoll, die Kompetenzen zur sicheren aktiven Nutzung müssen erlernt werden. So müssen in der *Jadwirtschaft* für jede signifikante Art von Tätigkeit eigene Regeln für die *Lohnansprüche* aufgestellt werden. Ob und wenn ja wie gut das gelingt, wird entscheidend sein für das Gelingen der *Jadwirtschaft*.

Bei dem Versuch, die *Jadwirtschaft* zu verwirklichen, sollte frühzeitig Rechtssicherheit bezüglich der juristischen Zulässigkeit der *Jadwirtschaft* ange-

3.3 Praktische Überlegungen zur Jadwirtschaft

strebt werden. Dazu muss geprüft werden, ob die *Jadwirtschaft* gegen Monopole von Zentralbanken verstoßen könnte oder im Konflikt zu anderen gesetzliche Regulierungen stehen könnte. Idealerweise sollte die *Jadwirtschaft* explizit als eine zulässige Wirtschaftsform anerkannt werden. Vorgänge in der *Jadwirtschaft* sollten mittel- und langfristig nicht besteuert werden, es sollten dafür *Ansprüche des öffentlichen Bedarfs* auf die Erschaffung von *Jad* geltend gemacht werden.

Koexistenz der Jadwirtschaft mit Formen der freien Geldwirtschaft

Um die *Jadwirtschaft* mit minimalem Risiko, langsam und auf Basis von völlig freiwilliger Teilnahme einführen zu können, muss die *Jadwirtschaft* problemlos zusammen mit anderen Wirtschaftsformen existieren können. Es muss möglich sein, parallel zur *Geldwirtschaft* auch die *Jadwirtschaft* zu nutzen und es soll jederzeit möglich sein, zwischen *Geldwirtschaft* und *Jadwirtschaft* zu wechseln. Die Wechselmodalitäten an den Berührungspunkten zwischen den verschiedenen Wirtschaftssystemen müssen festgelegt werden.

Gerade unmittelbar nach der Bereitstellung einer realen *Jadwirtschaft* wird es kaum möglich sein, den kompletten Bedarf an begrenzt verfügbaren Gütern und Dienstleistungen alleine mit *Jad* zu decken, da anfangs nur wenige Anbieter *Jad* akzeptieren werden. Umgekehrt kann es irgendwann auch Produkte geben, die nur für den Einsatz von *Jad* zu erstehen sind. Um an alle Arten Güter und Dienstleistungen kommen zu können, wird es dann erforderlich sein, sowohl *Jad* als auch Geld einsetzen zu können.

Das allgemeine Bezugsmittel Geld kann durch Tausch erlangt werden. Vorausgesetzt dass es Güter gibt, die sich für den Einsatz von *Jad* beziehen lassen und die sich gegen Geld weiterverkaufen lassen, können *Jad* auf dem Umweg über diese Güter in Geld konvertiert werden. In der entgegengesetzten Richtung funktioniert das nicht so simpel. *Jad* lassen sich nicht frei durch Tausch gewinnen, sie sind nicht beliebig transferierbar.

Als Alternative, die auch Personen offensteht, die nicht an der *Jadwirtschaft* teilnehmen, kann jemandem, der über *Jad* verfügt, Geld dafür gezahlt werden, dass dieser im Gegenzug das nur für *Jad* erhältliche Produkt beschafft. Es bietet sich die Chance, Unternehmen zu gründen, welche derartige Übergangsgeschäfte zwischen *Jadwirtschaft* und Geldwirtschaft organisieren und kommerziell anbieten. Ein derartiges „*Wechselunternehmen*" kauft Güter aus der *Jadwirtschaft* mit *Jad* von Kunden aus der *Jadwirtschaft* und versorgt diese Kunden aus der *Jadwirtschaft* im Gegenzug mit Geld, womit alle Produkte aus der Geldwirtschaft bezogen werden können. Zugleich verkauft es die aus der *Jadwirtschaft* erworbenen Güter gegen Geld an Kunden in der Geldwirtschaft, sodass auch Personen ohne *Jad* die Produkte der *Jadwirtschaft* beziehen können. Somit wird der Übergang in beiden Richtungen unterstützt. Ein Gewinn lässt sich daraus erzielen, dass von den Kunden in der Geldwirtschaft mehr Geld eingenommen wird, als an die Kunden aus der Jadwirtschaft weitergegeben wird. Alternativ lässt sich für die Arbeitsleistung in einem „*Wechselunternehmen*" eventuell auch ein *Lohnanspruch* auf die Erschaffung von *Jad* geltend machen.

In einem Produkt können verschiedene begrenzt verfügbare Komponenten und Leistungen von Zulieferern stecken, von denen einige eventuell nur gegen *Jad* und andere eventuell nur gegen Geld angeboten werden. Gerade für solche Fälle soll es möglich sein, Produkte mit geteilten Preisen anzubieten, sodass die darin enthaltenen Leistungen und Komponenten jeweils direkt in dem von den Zulieferern gewünschten Bezugsmittel bezahlt werden können. Am Kundenfreundlichsten ist es, den Kunden die freie Wahl zu lassen, mit welchem Bezugsmittel oder mit welcher Kombination der Bezugsmittel sie zahlen wollen. Zur Abrechnung mit den Zulieferern, welche nur *Jad* beziehungsweise nur Geld als Bezugsmittel akzeptieren, müssen dann gegebenenfalls die Dienste von „*Wechselunternehmen*" in Anspruch genommen werden oder eigene Übergangsgeschäfte abgeschlossen werden. Das parallele Anbieten von Bezahlmethoden wie Barzahlung, Kreditkarte oder Debitkarte und eventuell auch von verschiedenen Währungen kann sich in der *Geldwirtschaft* trotz des Aufwands und etwaiger Gebühren lohnen, um mehr Kunden zu gewinnen. Die Akzeptanz von *Jad* oder Geld könnte sich in diesem Sinne auch rechnen.

Beim Anbieten sowohl gegen *Jad* als auch gegen Geld ergeben sich für die Anbieter geteilte Einkünfte: Für Tätigkeiten, deren Erzeugnisse mit *Jad* bezahlt werden, können *Jad* über *Lohnansprüche* geschaffen werden und Sachkosten können mit *transitivem Zahlen* beglichen werden. Für Leistungserbringungen gegen Geld ergibt sich die Vergütung aus dem eingenommenen Bezugsmittel Geld abzüglich der Kosten sowie der Abgaben für Sicherungssysteme und für den Staat. *Sicherungsansprüche* in *Jad* können nur bis zu dem Anteil gestellt werden, den die Kaufkraft der *Lohnansprüche* in *Jad* an der Kaufkraft hat, welche insgesamt aus den Einnahmen von Geld zusammen mit den *Lohnansprüchen* in *Jad* erwirtschaftet wird. Auch für den öffentlichen Bedarf ergibt sich eine Aufteilung, wenn Geld und *Jad* vom Staat akzeptiert werden: Während die *Geldwirtschaft* besteuert wird, werden proportional zur Höhe der *Lohnansprüche* in der *Jadwirtschaft Ansprüche des öffentlichen Bedarfs* geltend gemacht. Nutzt der Staat (noch) keine *Jad*, müssen auch für Einkünfte in *Jad* Steuern mit Geld bezahlt werden. Dazu müssen mit den Jad geldwerte Produkte erstanden und veräußert werden, etwa mithilfe von „*Wechselunternehmen*".

Lohnansprüche auf Jad für gegen Geld angebotene Arbeitsleistungen

Damit jeder für sich frei entscheiden kann, ob er an der *Jadwirtschaft* teilnehmen möchte, sollten für das Verkaufen von Gütern und Dienstleistungen gegen Geld trotzdem *Lohnansprüche* auf die Erschaffung von *Jad* geltend gemacht werden können. Für die Arbeit in einem Unternehmen, das aus-

3.3 Praktische Überlegungen zur Jadwirtschaft

> schließlich in der Geldwirtschaft aktiv ist, sollte auch eine Vergütung in *Jad* möglich sein.
> Grundsätzlich können analog zu *Lohnansprüchen*, deren Rechtfertigung sich darauf stützt, dass andere für die erbrachten Leistungen oder für die erzeugten Güter *Jad* einsetzen, auch *Lohnansprüche* zugelassen werden, die sich darauf stützen, dass Geld eingenommen wird. Eine doppelte Belohnung, also mit Geld und zusätzlich mit *Jad*, darf für ein und dieselbe Arbeitsleistung hingegen nicht zugelassen werden. Damit Einnahmen in Form von Geld als Teil der Rechtfertigung für *Lohnansprüche* in *Jad* genutzt werden können, muss dieses Geld der Geldwirtschaft entzogen werden. Es muss eine Entsprechung zur *Destruction* des Bezugsmittels in der *Jadwirtschaft* geschaffen werden. Lösungen um das in einer *weitgehend freien Geldwirtschaft* zu gewährleisten ohne Probleme zu verursachen müssen noch entwickelt werden.

Ein weiterer Berührungspunkt zwischen *Jadwirtschaft* und *weitgehend freier Geldwirtschaft* ergibt sich aus der unterschiedlichen Handhabung von unbegrenzt reproduzierbaren Gütern: In der *Jadwirtschaft* müssen Informationen offengelegt werden, damit sie genutzt werden können. Die Vergütung für die Arbeitsleistung, die zur Erschaffung der Informationen aufgewendet wurde, erfolgt durch die Erschaffung von *Jad* in einem *Lohnanspruch*, wodurch sich die Kaufkraft der *Jad* insgesamt verringert. So trägt jeder Teilnehmer an der *Jadwirtschaft* in gleichem Umfang zur Finanzierung unbegrenzt reproduzierbarer Güter bei. Für jene, welche ausschließlich die Geldwirtschaft nutzen, gilt dies nicht: Sie erhalten ebenfalls Zugang auf die offengelegten Informationen, aber sie beteiligen sich nicht automatisch an der Finanzierung. Zum Ausgleich bietet es sich an, dass in der *weitgehend freien Geldwirtschaft* weiterhin mit Verwertungsgesellschaften gearbeitet wird, welche vielleicht über eine pauschale Steuer finanziert werden sollten.

Eine langfristig gleichberechtigte Koexistenz zweier Wirtschaftssysteme verursacht zwar einen gewissen Aufwand für alle Beteiligten, aber dafür kann eventuell durch die Redundanz auch eine gewisse Stabilität gewonnen werden, falls es in einem der Systeme zu einer Krise kommen sollte. Außerdem kann ein sehr weitgehend freies Wechseln zwischen den Wirtschaftssystemen gewährleistet werden.

> **Problematische Karrieren**
>
> In der *Jadwirtschaft* werden Leistungen in dem Moment vergütet, in dem sie vollbracht werden. Das gilt insbesondere auch für akademische Leistungen. Die Höhe der Vergütung ist weitgehend unabhängig von der Art der Tätigkeit – differenziert wird nur jeweils zwischen vergleichbaren Leistungen. In der *weitgehend freien Geldwirtschaft* werden hingegen für Arbeitsleistungen in den Berufen, die eine höhere Qualifikation erfordern, tendenziell höhere Löhne

gezahlt als in den Berufen, welche sich ohne höhere Bildung ausüben lassen. Dafür werden Leistungen in Schule und Studium in der Regel nicht direkt vergütet – oftmals verursachen sie sogar erhebliche Kosten. Die Belohnung findet risikobehaftet und nicht unbedingt leistungsgerecht stark verzögert statt.

Zur Maximierung der Einkünfte würde es sich anbieten, bis zum Ende von Schule und Studium an der *Jadwirtschaft* teilzunehmen und den Lohn für die dort erbrachten Leistungen in Form von *Jad* zu beziehen. Mit dem Eintritt in das Berufsleben wäre es für Akademiker eventuell profitabler, sofort in die *Geldwirtschaft* zu wechseln, weil dort für Arbeit, die eine hohe Qualifikation erfordert, wohlmöglich höhere Löhne bezahlt werden. Auf diese Weise könnte eine doppelte Vergütung für die akademischen Leistungen bezogen werden. Der *Jadwirtschaft* würden damit gerade die hoch qualifizierten Personen verloren gehen, deren Ausbildung besonders gefördert wird. Die *Jadwirtschaft* würde viele relativ reiche junge Akademiker hervorbringen, die dann ihren Reichtum in der Geldwirtschaft mehren würden. Es entstünde für die *Jadwirtschaft* ein Defizit.

Ein derartiges Ausnutzen der *Jadwirtschaft* muss verhindert werden, soll die Idee der unmittelbaren Vergütung von Leistungen nicht ad absurdum geführt werden. Ein Mittel dazu wäre die ausgleichende Besteuerung auf jenen Verdienst, welcher in der *Geldwirtschaft* in einer Art von Tätigkeit erzielt wird, für welche die Erlangung der erforderlichen Qualifikation bereits zuvor mit *Jad* vergütet wurde. Mit solch einer ausgleichenden Steuer wäre es möglich, den Lohn in der *Geldwirtschaft* so lange auf dem Niveau der durchschnittlichen Vergütung in der *Jadwirtschaft* zu halten, bis die Einnahmen aus dieser Steuer dem Wert der Vergütung für die Leistungen aus der Schul- und Studienzeit in *Jad* entsprechen. Es wäre weniger verführerisch, nach der Ausbildung in der *Jadwirtschaft* gleich in die *Geldwirtschaft* zu wechseln. Noch nicht ausgegebene *Jad*, welche als Vergütung für die Leistungen aus der Schul- und Studienzeit erschaffen wurden, könnten freiwillig entwertet werden, um die Höhe der in der *weitgehend freien Geldwirtschaft* zu erbringenden Ausgleichssteuer zu senken. Das mit einer derartigen ausgleichenden Steuer eingenommene Geld könnte dazu verwendet werden, um in die Bildung und Forschung der *Jadwirtschaft* zu investieren.

Aus dem Gegensatz zwischen der sofortigen Leistungsvergütung in der *Jadwirtschaft* und der verzögerten Lohnausschüttung in der *weitgehend freien Geldwirtschaft* ergibt sich ein weiteres Problem: Für hoch qualifizierte Personen, die ihre Schule und ihr Studium ohne die Vergütungen der *Jadwirtschaft* absolviert haben, wäre es nach dem bisher Gezeigten unattraktiv, in die *Jadwirtschaft* einzusteigen. In der *Geldwirtschaft* können diese Personen aufgrund ihrer Qualifikation einen relativ hohen Arbeitslohn erwarten. In der *Jadwirtschaft* hingegen haben sie die reguläre sofortige Vergütung für ihre Leistungen zur Erlangung ihrer Qualifikation bereits verpasst.

Um dies zu verhindern, ist es angemessen, eine nachträgliche Anrechnung von akademischen Leistungen zu erlauben. Dabei erscheint es naheliegend, von einem Verblassen des *Lohnanspruchs* im Laufe der Zeit nach erfolgrei-

3.3 Praktische Überlegungen zur Jadwirtschaft

> chem Abschluss auszugehen, schließlich bieten sich ab dann auch in der *Geldwirtschaft* genug Möglichkeiten, einen Lohn für die akademischen Mühen durch besser bezahlte Tätigkeiten zu beziehen. Wer sich akademische Leistungen auf diese Weise nachträglich mit *Jad* vergüten lässt, der verpflichtet sich damit auch, eine ausgleichende Steuer zu zahlen, oder entsprechend *Jad* zu zerstören, wenn er wieder in der *Geldwirtschaft* arbeiten möchte.
>   Mit diesen relativ simplen Regeln für einen Wechsel zwischen *Jadwirtschaft* und *Geldwirtschaft* kann tatsächlich ein jederzeitiger Übergang in beiden Richtungen erlaubt werden, ohne dass ein Missbrauch der teilweise komplementären Konzepte der Systeme erlaubt wird. Zugleich wird die Einstiegshürde in die *Jadwirtschaft* gerade für Akademiker auf ein attraktiveres Level gesenkt.

Phasen und Verhältnisse

Gegenwärtig sind verschiedene Formen der *weitgehend freien Geldwirtschaft* das dominierende Wirtschaftssystem. Wird mit der *Jadwirtschaft* ein neues Wirtschaftssystem erschaffen und bereitgestellt, lassen sich fünf mögliche Phasen unterscheiden.

In der ersten Phase wird es kaum ein Angebot an Dienstleistungen und Gütern geben, die für *Jad* zu erstehen sind. Die Teilnahme an der *Jadwirtschaft* lohnt sich in der ersten Phase nur dann, wenn zumindest die nächste Phase erreicht wird. Es kommt darauf an, eine entsprechende Perspektive zu eröffnen und Raum für Weiterentwicklungen zu schaffen.

Die zweite Phase zeichnet sich dadurch aus, dass es bereits ein nennenswertes, beschränktes Angebot an Produkten gibt, die in der Geldwirtschaft einen Verkaufswert haben und die nun auch für die Investition und Zerstörung von *Jad* erhältlich sind. In dieser zweiten Phase hat das Bezugsmittel der *Jadwirtschaft* bereits eine reale Kaufkraft. Es ist in der zweiten Phase nach wie vor notwendig, Geld zu nutzen, weil noch keine alleinige Versorgung unmittelbar mit *Jad* möglich ist. Gegen *Jad* erworbene Produkte lassen sich jedoch bereits gegen Geld verkaufen, sodass indirekt die Lücken geschlossen werden können.

In der dritten Phase stehen *Jadwirtschaft* und *Geldwirtschaft* jeweils für sich als vollwertige Wirtschaftssysteme nebeneinander. Es ist möglich, mit jedem der konkurrierenden Bezugsmittel auch ausgefallene Wünsche direkt zu befriedigen. Die vorherige Dominanz der *Geldwirtschaft* ist in der dritten Phase aufgehoben.

Bei anhaltendem Erfolg der *Jadwirtschaft* könnte es schließlich dazu kommen, dass die Geldwirtschaft deutlich weniger genutzt wird als die *Jadwirtschaft*. Die vierte Phase ist dadurch gekennzeichnet, dass nicht mehr alle Güter und Dienstleistungen gegen Geld erhältlich sind. Es besteht bereits eine gewisse Notwendigkeit, mit *Jad* zu wirtschaften.

Schließlich könnte der Bedeutungsverlust der *Geldwirtschaft* in einer fünften und letzten Phase so weit gehen, dass Staaten nicht mehr gewillt sind, für ein funktionierendes Geldsystem zu sorgen und dass fortan nur die *Jadwirtschaft* sowie natürlich Formen der geldlosen Tauschwirtschaft zur Verfügung stehen.

Abbildung 75 zeigt für eine mögliche zeitliche Abfolge der Phasen die Anteile der Wirtschaftssysteme *Geldwirtschaft* und *Jadwirtschaft* am gesamten Handelsvolumen. Die restlichen Prozente des Handelsvolumens werden in anderen Wirtschaftssystemen erbracht.

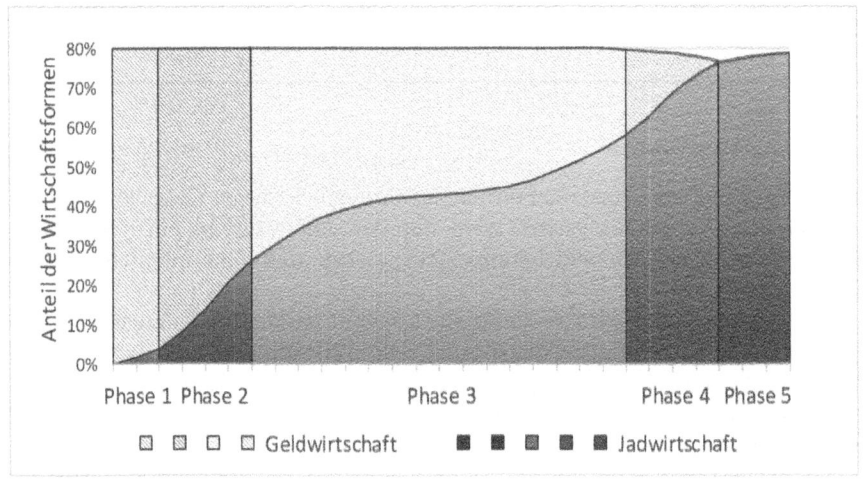

Abbildung 75: Mögliche Phasen der Koexistenz von Jadwirtschaft und Geldwirtschaft

Der Übergang von der ersten Phase zur zweiten Phase ist für die *Jadwirtschaft* entscheidend – erst in der zweiten Phase kann von einer real existierenden *Jadwirtschaft* gesprochen werden. Dauert die erste Phase zu lang, wird das Vertrauen dahin gehend, dass je die zweite Phase erreicht wird, erlöschen. Da dieses Vertrauen der einzige Anreiz für eine Teilnahme an der *Jadwirtschaft* schon in der ersten Phase ist, wäre dies das Ende der *Jadwirtschaft*.

Hoffnung für den Start geben speziell in der *weitgehend freien Geldwirtschaft* mittellose Schüler und Studenten. Für sie bietet die *Jadwirtschaft* eine Verdienstmöglichkeit, die nicht zulasten ihrer Bildung geht. In der *Geldwirtschaft* gibt es dafür keine Entsprechung. Wenn diese Schüler und Studenten der *Jadwirtschaft* beitreten, wird die Wirtschaft diese wichtige Zielgruppe nicht ignorieren. Der Wettbewerb liefert den Anreiz, Produkte frühzeitig auch gegen *Jad* oder zumindest zu kombinierten Preisen in *Jad* und Geld (ermäßigt gegenüber dem reinen Geldpreis) anzubieten und so direkt jene Kunden anzusprechen, die

3.3 Praktische Überlegungen zur Jadwirtschaft

für ihre Hauptbeschäftigung nur ein reguläres Einkommen in *Jad* erarbeiten können. Für die Trends setzende Jugend attraktiv zu sein kann Vorteile gegenüber Mitbewerbern bedeuten – auch bezüglich des Geschäfts in der *Geldwirtschaft*.

Während die erste Phase nicht zu lange dauern darf, darf die dritte Phase trotz des Aufwands zweier vollwertiger Bezugsmittelsysteme auf keinen Fall schnell in die vierte und fünfte Phase übergehen. Nur in der dritten Phase besteht eine wirklich freie Wahl. Jeder kann auch zwei Standbeine haben und an beiden Wirtschaftssystemen parallel teilnehmen. Sollte ein System scheitern, wären die Folgen entsprechend geringer.

Eine Koexistenz von *weitgehend freier Geldwirtschaft* und *Jadwirtschaft* kann sich auch negativ auf einige Eigenschaften der beiden Wirtschaftssysteme auswirken. Eventuell werden beide nicht ihr volles Potenzial entfalten können, solange beide gleichermaßen bestehen. Um die Freiheit bei der Wahl des Wirtschaftssystems sicherzustellen, um ein sanftes Erproben der *Jadwirtschaft* in der Realität zu ermöglichen, um die Risiken von Krisen in einer der Wirtschaftsformen zu minimieren, ist eine lange Koexistenz jedoch unverzichtbar.

Rückfallmechanismen: Die Bereitstellung der Jadwirtschaft in Notsituationen

Die reale *Jadwirtschaft* soll das S-Netzwerk als Plattform nutzen. *Jad* sind nur Informationen im S-Web – eine gegenständliche Repräsentation von *Jad* ähnlich dem Bargeld ist nicht vorgesehen.

Katastrophen können alles zerstören. Auch wenn das S-Netzwerk aufgrund der Redundanz und der räumlichen Verteilung seiner Infrastruktur ein Design aufweisen soll, was eine hohe Widerstandsfähigkeit des Gesamtsystems verspricht, kann es doch leicht zu kurzfristigen lokalen Ausfällen kommen. Schon ein Stromausfall könnte dazu führen, dass das S-Netzwerk nicht verfügbar wäre und dass kein Zugriff auf die *Jad* mehr möglich wäre. Großflächige lang anhaltende Stromausfälle, Blackouts, ereignen sich immer wieder ([Petermann 2011], S. 36) – und es braucht keine großen Katastrophen, um sie auszulösen [Pourbeik 2006]. Damit gerade in Krisensituationen ordentlich weiter gehandelt werden kann und begrenzte Güter friedlich und sinnvoll verteilt werden können, müssen für die *Jadwirtschaft* geeignete Maßnahmen bereitstehen.

Auch in der *Geldwirtschaft* werden viele Geschäfte inzwischen rein elektronisch durchgeführt. Entsprechend starke Folgen sind bei einem Stromausfall zu erwarten ([Petermann 2011], S. 167ff). Aber es gibt immer noch das gegenständliche Bargeld. Sind Strom- und Telekommunikationsleitungen so geschädigt, dass über längere Zeit in einer ganzen Region keine Kontoführung möglich ist und kein sicheres elektronisches Zahlen funktioniert, kann Bargeld immer noch benutzt werden. Das hilft natürlich nur denen, die zum Unglückszeitpunkt auch Bargeld vorrätig haben, aber immerhin, es ist ein mögliches Rückfallkonzept. Wenn sonst ringsherum alles erschüttert wird und zerfällt,

> kann es wichtig sein, dass manches noch wie gewohnt geht. Andernfalls droht Chaos.
> In der *Jadwirtschaft* ist keine Entsprechung zum Bargeld vorgesehen. Dennoch können auch für die *Jadwirtschaft* zur Not wichtige Vorgänge manuell betrieben werden, offline ohne S-Netzwerk. Informationstechnik reduziert den Aufwand. Sie erhöht die Alltagstauglichkeit, den Komfort und die Sicherheit, sie ist aber nicht zwingend notwendig. Ähnlich den papiergebundenen Checks oder dem Zahlen mit Kreditkarte und Unterschrift auf Papier in der *Geldwirtschaft* können auch in der *Jadwirtschaft* papiergebundene Anweisungen über *Jad* realisiert werden. Dabei werden bilaterale Verträge über die Investition von *Jad* zu einem bestimmten Zweck abgeschlossen. Die Zahlenden verpflichten sich, nach der Bewältigung der Krise eine Verrechnung und Buchung im S-Netzwerk vorzunehmen, sobald darauf wieder zugegriffen werden kann. Vertraglich zugesicherte *Jad* müssen dabei für den vereinbarten Zweck zerstört werden. Die manuelle Nachpflege bringt nicht nur einen gewissen Aufwand mit sich, sondern es besteht auch das Risiko, dass die Anweisungen eventuell nicht hinreichend gedeckt sind, denn schließlich lassen sich die Kontostände nicht offline prüfen. Papiergebundene Anweisungen über *Jad* sind angesichts des manuellen Aufwands und der Risiken wirklich nur ein Rückfallmechanismus für außergewöhnliche Notsituationen.

3.4 Potenziale der Jadwirtschaft zur Problembewältigung

Technisch ist Jadwirtschaft mit dem S-Web realisierbar. Ihre Eigenschaften werden erst mit der politischen Formung der Regeln für die Ansprüche auf die Erschaffung von Jad fixiert. Sorgsam gestaltet könnte die Jadwirtschaft zur Bewältigung einiger Herausforderungen im gerade erst beginnenden Informationszeitalter beitragen.

Das Konzept der nicht beliebig transferierbaren *Jad* in der *Jadwirtschaft* erleichtert gegenüber der *Geldwirtschaft* die bedarfsgerechte Steuerung sowie Verteilung der verfügbaren Menge des Bezugsmittels und kommt dabei ohne Risikogeschäfte mit Rückzahlungspflichten aus. Mit *Sicherungsansprüchen* und *Ansprüchen des öffentlichen Bedarfs* ergibt sich Potenzial für eine einfachere Finanzierung sowie Organisation einerseits von Sicherungsleistungen gegen existenzielle Bedrohungen und andererseits von der öffentlichen Hand. Einige wichtige Vorgänge wie Weiterverkäufe oder Kreditgeschäfte sind dafür mit *Jad* und *Erstattungsansprüchen* je nach technischer Unterstützung eventuell geringfügig aufwendiger als mit Geld und es gibt gewisse Beschränkungen.

Richtig komplex ist die *Jadwirtschaft* nur bei der Bestimmung der leistungsabhängigen *Lohnansprüche*. Damit wird der Realität Rechnung getragen, denn für eine funktionierende motivierende Leistungsdifferenzierung in der Vergütung gibt es keine simplen universellen Lösungen. Mit einem frei transferierbaren

3.4 Potenziale der Jadwirtschaft zur Problembewältigung 433

Bezugsmittel wie Geld können die Einkünfte zwar fallweise auf wunderbar trivial durch einen freien Markt bestimmt werden. Allerdings ist das eben für viele Arten von Tätigkeiten keine Option, sodass oftmals auch mit dem Bezugsmittel Geld das Problem zu lösen ist, den Lohn leistungsfördernd zu gestalten. In der *Jadwirtschaft* mit dem optimierenden Ansatz sind davon alle Arten von Tätigkeiten betroffen – keine Einkünfte ergeben sich direkt auf einem freien Markt. Dafür gibt es einheitliche Regeln mit *tätigkeitsspezifischen Normarbeitsstunden* als wohldefiniertem gemeinsamen Nenner und es wird mit öffentlichen *Rechtfertigungen* Transparenz geschaffen.

Für die *Jadwirtschaft* sind diverse Ausprägungen mit höchst unterschiedlichen Eigenschaften denkbar. Es gibt maximierende und optimierende Ansätze. Freiheiten in der Gestaltung ergeben sich z. B. auch bei dem Umfang der *Sicherungsansprüche* und der *Ansprüche des öffentlichen Bedarfs* im Verhältnis zur mit dem *Vergütungsfaktor* bestimmten Höhe aller *Lohnansprüche* sowie bei der Stärke und der Schärfe der Leistungsdifferenzierung von *Lohnansprüchen* je nach Art von Tätigkeit. Die Gestalter der *Jadwirtschaft* und in Folge deren Teilnehmer haben die Aufgabe, die *Jadwirtschaft* nach ihren Wünschen und Bedürfnissen zu formen und gegebenenfalls auch anzupassen, wenn die erhoffte Wirkung nicht erzielt wird oder wenn sich die Zielsetzungen und Prioritäten ändern. Es muss dazu ein fortlaufendes Qualitätsmanagement realisiert werden, welches anhand klar definierter Indikatoren das Erreichte kontrolliert. In Ermangelung von Erfahrungen muss erst erlernt werden, was tatsächlich wie funktioniert. Änderungen sollen durch basisdemokratische Abstimmungen unter allen Teilnehmern ermöglicht werden.

Das S-Netzwerk mit dem S-Web oder eine dazu vergleichbare Plattform ist eine notwendige technische Voraussetzung, um die *Jadwirtschaft* mit der gebotenen Transparenz, Sicherheit und Vertrauenswürdigkeit bei vertretbarem Aufwand realisieren zu können. Im S-Web können alle Teilnehmer die Korrektheit der Kontoführung und die Zulässigkeit von *Ansprüchen* selbst prüfen, ohne speziellen Services dritter Parteien vertrauen zu müssen. Zusätzlich zum S-Web benötigt werden spezielle Dienste nur für anonyme Zahlungsvorgänge. Anonymisierungsdienste können wiederum die Verteilung von Verantwortung über Misstrauensparteien sowie das S-Web nutzen, um sicherzustellen, dass keine einzelnen Parteien die Anonymität aufheben können und dass die anonym investierten *Jad* nur genau einmal für den beabsichtigten Zweck eingesetzt werden. Die Implementierungen mit dem S-Netzwerk-Demonstrator zeigen die technische Realisierbarkeit der *Jadwirtschaft*.

Die *Jadwirtschaft* ist mit dem S-Web machbar – aber ist ihre Schaffung auch erstrebenswert? Über die gestalterische Wirkung kann nur spekuliert werden – und es soll hier spekuliert werden, denn freie Gedankenspiele über vorstellbare Folgen gehören zur Erforschung und Entwicklung einer eventuell disruptiven technischen Innovation wie der *Jadwirtschaft*. Hier soll das Potenzial einer optimierenden Ausprägung der *Jadwirtschaft* zur Bewältigung der in Kapitel 2.2.5 aufgeführten offenen Probleme skizziert werden.

Der Umgang mit beliebiger Reproduzierbarkeit, speziell im S-Netzwerk

Das S-Netzwerk lässt sich auch in anderen Wirtschaftsformen als in der *Jadwirtschaft* dauerhaft betreiben und finanzieren – beispielsweise in Formen der *weitgehend freien Geldwirtschaft*. Allerdings verschärfen sich dann eventuell ohnehin schon bestehende, bisher ungelöste Probleme im Umgang mit *immateriellen Gütern*:

Für den Betrieb des S-Netzwerks sind restriktive Vorschriften des Immaterialgüterrechts zum Schutz von wirtschaftlichen Interessen an beliebig reproduzierbaren Informationen ein ernstes Problem. Die Verfügbarkeit von Inhalten, die gegen das Immaterialgüterrecht verstoßen, lässt sich nur mit dem Aufwand von internationalen Verfahren einschränken.

Die *Jadwirtschaft* bietet die Möglichkeit, das Erschaffen und das offene Bereitstellen von Informationen mit *Lohnansprüchen* auf die Erschaffung des allgemeinen Bezugsmittels *Jad* leistungs- und erfolgsabhängig zu vergüten. In der *Jadwirtschaft* wird nach klaren einheitlichen Regeln in einem offenen Verfahren mit wechselseitiger Kontrolle für jede Art von Tätigkeiten bestimmt, wie sich aus den Werten welcher Kriterien die zulässige Höhe der *Lohnansprüche* genau berechnet. *Tätigkeitsspezifische Normarbeitsstunden* werden immer gleich belohnt. Ein pragmatischer Ansatz, der nichts mit Gerechtigkeit zu tun hat. Leistungsabhängig differenziert wird der Lohn in der *Jadwirtschaft* nur bei vergleichbaren Tätigkeiten, wobei durch die tätigkeitsspezifischen Kriterien und Regeln Besonderheiten bestimmter Arten von Tätigkeiten berücksichtigt werden können. Tätigkeiten, bei denen beliebig Reproduzierbares entsteht, bilden in der *Jadwirtschaft* keine Ausnahme. Das S-Web bietet sich als verlässliches Medium zur Schaffung der tätigkeitsspezifischen Bemessungsgrundlagen ebenso wie für die Lieferung der zu jedem *Lohnanspruch* gehörenden *Rechtfertigungen* an. Ein im S-Web publizierter *Lohnanspruch* kann direkt auf relevante verlässlich veröffentlichte Daten im S-Netzwerk verweisen (wie z. B. das Feedback von Nutzern), sodass ein hohes Maß an Transparenz und Nachvollziehbarkeit erzielt wird.

In der *weitgehend freien Geldwirtschaft* wird versucht, mithilfe von Verwertungsgesellschaften eine ähnliche Vergütung für beliebig Reproduzierbares zu erzielen. Es müssen dafür jedoch Mittel aus der Wirtschaft mit begrenzt verfügbaren Produkten eingetrieben werden, um sie anschließend weiterzuverteilen. In der *Geldwirtschaft* ist neben der Finanzierung speziell die Festlegung der Höhe der Summe aller Vergütungen einer Verwertungsgesellschaft ein heikler Punkt – überzogene Forderungen könnten das S-Netzwerk existenziell bedrohen. Vergü-

3.4 Potenziale der Jadwirtschaft zur Problembewältigung

tung mit Verwertungsgesellschaften macht Tätigkeiten, bei denen beliebig Reproduzierbares entsteht, zu privilegierten Ausnahmen – losgelöst vom freien Markt und von allem, was sonst in der *weitgehend freien Geldwirtschaft* üblich ist.

Einen Verteilungsplan zu erstellen ist die einzige heikle Aufgabe einer Verwertungsgesellschaft, zu der mit den Bemessungsregeln für die *tätigkeitsspezifische Normarbeitsstunde* und die Höhe der *Lohnansprüche* auch in der *Jadwirtschaft* eine gleich schwierige Entsprechung besteht. Ob die *Jadwirtschaft* von den Schöpfern immaterieller Güter akzeptiert wird und inwieweit für ihre Leistungen ein effektiver Anreiz geboten wird, hängt von der Gestaltung der Kriterien zur Bestimmung der Höhe der Vergütung ab.

In der *Jadwirtschaft* führen Zurückhaltungen von Informationen und künstliche Beschränkungen für die Nutzung der Informationen zu wirtschaftlichen Nachteilen, denn Offenheit ist eine Voraussetzung für *Lohnansprüche* auf die Erschaffung von *Jad*. Die Vergütungsregeln lassen sich so gestalten, dass der *Lohnanspruch* für die Erschaffung und Bereitstellung von Informationen umso höher ausfällt, je weiter die freie Verbreitung und Nutzung der Informationen reicht. Forderungen zu Sperrungen von Informationen im S-Netzwerk sind daher jedenfalls nicht aus wirtschaftlichen Motiven zu erwarten.

In der *Jadwirtschaft* können Teile des gegenwärtig in weiten Teilen der Welt gültigen restriktiven Immaterialgüterrechts abgeschafft werden. Persönlichkeitsrechtliche Aspekte des Immaterialgüterrechts wie etwa die Nennung des Urhebers sollen hingegen fortbestehen. Fehlt z. B. bei einer Publikation im S-Web die korrekte Nennung des Urhebers, wird dies auch in der *Jadwirtschaft* ein Rechtsverstoß sein. Aber dieser Zustand lässt sich durch das Hinzufügen von S-Links zur originalen Publikation korrigieren. Die Korrektur kann anschließend *Lohnansprüche* der Rechteinhaber ermöglichen, schließlich ist sie eine belegbare Nutzung und mithin ein Indikator für den Erfolg. Dass Neuveröffentlichungen im S-Netzwerk verbleiben, liegt so im wirtschaftlichen Eigeninteresse der Schöpfer.

Die *Jadwirtschaft* ermöglicht einen wirtschaftlichen Betrieb des S-Netzwerks, ohne dass laufend teure internationale, parteiübergreifende Sperrverfahren wegen Verstößen gegen das Immaterialgüterrecht zu erwarten sind. Um etwas Ähnliches in der *weitgehend freien Geldwirtschaft* zu realisieren, ist erheblicher Mehraufwand erforderlich und es bleibt doch ein scharfer Bruch zwischen dem Verdienst aus dem Verkauf begrenzt verfügbarer Güter nach dem Marktprinzip und der kollektiven Vergütung durch Verwertungsgesellschaften für beliebig Reproduzierbares, welche praktisch losgelöst vom freien Markt ist.

Finanzkrisen

Bestimmte Arten von Krisen, welche die Geldwirtschaft bisweilen schwer erschüttern, wie die jüngste Finanzkrise [Cafruny 2013], sind in der *Jadwirtschaft* nicht möglich.

Die *Jadwirtschaft* kommt ohne zentrale Institutionen aus, welche systemweite Krisen verursachen könnten. In ihr existieren weder Entsprechungen zu Zentralbanken noch zu Geschäftsbanken. Die *Jadwirtschaft* kennt keinen *single point of failure*, kein *too big to fail* – im Gegensatz zu einer Geldwirtschaft mit *systemrelevanten* Banken [Goldstein 2011].

Risikogeschäfte wie Kredite und Anleihen haben in der *Jadwirtschaft* weniger Aufgaben als in der *weitgehend freien Geldwirtschaft*.

Das Bezugsmittel *Jad* wird durch legitime *Ansprüche* ohne jede Rückzahlungsverpflichtung geschaffen. Geld hingegen wird von Zentralbanken sowie von Geschäftsbanken üblicherweise mit von Ausfällen bedrohten Rückzahlungsverpflichtungen geschaffen.

In der *Jadwirtschaft* finanzieren sich Staaten alleine über *Ansprüche des öffentlichen Bedarfs* und nicht über Anleihen. Die Höhe der *Ansprüche des öffentlichen Bedarfs* kann in einem klar definierten Rahmen unabhängig von Konsum und Konjunktur den Erfordernissen angepasst werden und so antizyklische Investitionen ermöglichen, ohne dass Staaten Schulden machen müssen. Auf Staatsanleihen kategorisch zu verzichten ist in der *Geldwirtschaft* keine Option, da Staaten bei schwindenden Einnahmen schnell handlungsunfähig werden könnten.

Gerade in Zeiten, in denen sie die Konjunktur fördern müssten, könnten sie bestenfalls von zuvor eventuell gesparten Reserven zehren. Staatsschuldenkrisen und Staatsbankrotte kommen in der Geschichte seit Jahrhunderten bis in die Gegenwart unvermindert immer wieder vor [Reinhart 2009].

In der *Jadwirtschaft* können zu hohe oder zu niedrige *Ansprüche des öffentlichen Bedarfs* im Verhältnis zur Summe der *Lohnansprüche* zu Problemen führen, Staatsschuldenkrisen sind jedoch systembedingt ausgeschlossen. Da Privatpersonen *Ausgleichsansprüche für geringen öffentlichen Bedarf* geltend machen können, besteht auch ein Anreiz, die Mittel der öffentlichen Hand im Rahmen zu halten.

Insgesamt ist in der *Jadwirtschaft* auch ein reduzierter privater Kreditbedarf zu erwarten, da bereits Schüler und Studenten reguläre leistungsabhängige Einkommen erzielen können und da sie somit früh mit eigenständiger Vermögensbildung beginnen können. Das Bezugsmittel *Jad* wird direkt bei Privatpersonen erschaffen und die Privatpersonen sollen den verbleibenden Kredit- und Investitionsbedarf in der *Jadwirtschaft* decken. Für Kreditgeber und Investoren bestehen Ausfallrisiken, dafür gibt es auch Gewinnchancen, wobei Gewinne in Form von *Jad* nur über doppelt begrenzte *Erstattungsansprüche* für Weiterver-

3.4 Potenziale der Jadwirtschaft zur Problembewältigung

käufe realisiert werden, sodass damit kein beliebiger Transfer von *Jad* ermöglicht wird. Nachfragebekundungen mit *bedingten Anweisungen* mindern die Risiken bei Investitionen.

Privatpersonen können Kreditvergaben und andere Investitionen sicher ohne die Hilfe von Banken oder anderer Dienstleistern durchführen, da Zahlungsverpflichtungen unabhängig vom Schicksal der Geber und etwaiger *Vertreter* bestehen bleiben und da die Zahlungen der Schuldner von allen Teilnehmern der *Jadwirtschaft* kontrolliert werden können.

Die Steuerung der verfügbaren Menge des Bezugsmittels erfolgt in der *Jadwirtschaft* direkt durch den politischen Souverän über den *Vergütungsfaktor*, nach dem sich die Höhe aller *Lohnansprüche* richtet. Auch der zulässige Rahmen für die *Ansprüche aus öffentlichem Bedarf* und für die *sozialen Sicherungsansprüche* wird in Relation zum *Vergütungsfaktor* bestimmt.

Die Steuerung der verfügbaren Bezugsmittelmenge ist in der *Jadwirtschaft* damit simpel, es erfolgt eine unmittelbare Verteilung in die Breite. In der *Geldwirtschaft* beeinflussen Zentralbanken nur die Menge des Zentralbankgeldes direkt, während ein großer Teil des Geldes von Kreditinstituten geschaffen wird. Die reguläre Geldverteilung funktioniert nur, wenn es genug solvente Schuldner gibt.

Durch Katastrophen, die zu Ausfällen des S-Netzwerks führen, wird die *Jadwirtschaft* beeinträchtigt. Die manuelle Buchhaltung der *Jadwirtschaft* bietet im Zahlungsverkehr nicht die gleiche Sicherheit wie die Zahlungsanweisungen auf offenen Konten im S-Web. Bargeld ist in dieser Hinsicht überlegen, denn sofern es vorrätig ist, lässt sich damit relativ sicher zahlen, auch wenn Computernetzwerke nicht funktionieren und es keinen Strom gibt.

Tabelle 31 fasst konzeptionelle Unterschiede zwischen der *weitgehend freien Geldwirtschaft* und der *Jadwirtschaft* zusammen, welche Einfluss auf die Robustheit haben. Sowohl die *Jadwirtschaft* als auch die *weitgehend freie Geldwirtschaft* haben ihre Risiken, diese sind jedoch anders verteilt. Einige Arten von Krisen können in der *Jadwirtschaft* nicht auftreten.

Dafür müssen ihre Teilnehmer mehr Eigenverantwortung tragen als in der *weitgehend freien Geldwirtschaft* mit ihren Banken. Erst wenn die *Jadwirtschaft* real genutzt wird, kann sich erweisen, wie stabil und krisenfest sie ist. Wenn *weitgehend freie Geldwirtschaft* und *Jadwirtschaft* gleichberechtigt nebeneinander bestehen, kann eine Krise in einem der Systeme eventuell mit dem anderen System kompensiert werden.

Tabelle 31: Robustheitsrelevante Konzepte von weitgehend freier Geldwirtschaft und Jadwirtschaft

	Weitgehend freie Geldwirtschaft	Jadwirtschaft
Modell für das Grundverständnis	Multiple Geldkreisläufe	Einbahnstraße der *Jad*
Dezentral, unabhängig von einzelnen Parteien	✗	✔
Schöpfung des Bezugsmittels durch	Bargeld: Monopol der Zentralbanken Buchgeld: Geschäftsbanken	Alle Teilnehmer
Versorgung der Wirtschaft mit dem Bezugsmittel	Kreditvergabe, Investitionen durch Banken, Kauf von Anleihen	*Anspruch* auf Erschaffung mit *Rechtfertigung*
Aus dem Verkehr ziehen des Bezugsmittels	Rückzahlung von Krediten / Anleihen	Zerstörung bei jeder Investition
Umlaufsicherung	Inflation	Verfall von *Jad* beim Ausscheiden
Politische Kontrolle der Bezugsmittelmenge	(✔) *Zentralbank soll unabhängig sein*	✔ *direkt u. a. über den Vergütungsfaktor*
Öffentliche Hand erhebt Steuern, Zölle, ...	✔	✗
Öffentliche Hand schafft sich das Bezugsmittel mit *Ansprüchen des öffentlichen Bedarfs*	✗	✔
Staatsfinanzierung über Anleihen mit Schulden	✔	✗
Früher Vermögensaufbau mit Lohn für Schüler und Studenten, verminderter Kreditbedarf	✗	✔
Kredite und Investitionen mit Gewinn (Zins) in Form des allgemeinen Bezugsmittels	✔	(✔) *nur begrenzt (Erstattungsansprüche)*
Bedingte Anweisungen, garantierte offene Nachfragebekundungen	(✔) *nur per Vertrag, nur mit Dienstleistern*	✔
Gegenständliche Form des Bezugsmittels	✔	✗
Konten und Girosystem	(✔) *über Geschäftsbanken*	✔ *selbstverwaltet im S-Netzwerk*
Immaterieller Zahlungsverkehr	(✔) *nur mit Dienstleistern, etwa Banken*	✔ *(anonym nur mit Dienstleistern)*

Ökologische Probleme

Aus ökologischer Sicht interessant ist die *Jadwirtschaft* bei dem optimierenden Ansatz der Balance von Angebot und Nachfrage. Es ergibt sich eine gewisse Sättigung der erzielbaren Höhe der persönlichen *Lohnansprüche*. Unter Umständen ist es dadurch nicht profitabel, mit Werbung künstlich Nachfrage zu schüren. Anreize zu beliebigem Wachstum werden nicht gegeben. In frei marktwirtschaftlich orientierten Wirtschaftsformen hingegen sind Expansion und Steigerung der Umsätze immer attraktiv – es gibt keine konzeptionelle Sättigung. In der Geldwirtschaft gilt außerdem: Je mehr konsumiert wird, desto höher sind die Steuereinnahmen. Es gibt dadurch auch ein staatliches Interesse an einer Maximierung.

Es ist zu erwarten, dass in der *Jadwirtschaft* in der optimierenden Form signifikant weniger Werbung betrieben wird, wofür in entsprechend geringerem Maße Ressourcen verwendet werden. Eine Produktion für die Befriedigung vermeintlicher Bedürfnisse, die erst durch Werbung artifiziell geschaffen werden, wird in der *Jadwirtschaft* weniger auftreten. Vielleicht führt alleine das zu einem erhöhten Wohlbefinden, wenn nicht ständig neue Bedürfnisse aufgezwungen werden, die es zuvor nicht gab. Wenn die *Jadwirtschaft* dazu beiträgt, Umwelt und Ressourcen für künftige Generationen zu schonen, könnte dies für manche schon heute ein idealer Wohlfahrtsgewinn sein.

Dazu könnte auch beitragen, dass spekulative Investitionen zur Vermehrung des Vermögens in Form des allgemeinen Bezugsmittels durch doppelt beschränkte *Erstattungsansprüche* in der *Jadwirtschaft* nur begrenzt möglich sind. Der Gier sind Grenzen gesetzt.

Die Einführung der *Jadwirtschaft* alleine kann weder den Klimawandel stoppen noch die Müllberge eindämmen. Sie kann anstelle verschwenderischer Maximierung eine optimierte Balance von Angebot und Nachfrage fördern. Genügsame Zufriedenheit reicht für sich jedoch nicht aus, um der ökologischen Verantwortung gerecht zu werden und den bereits bestehenden Problemen sowie sich abzeichnenden Krisen Herr werden zu können. Auch im Verbund mit steigendem Umweltbewusstsein und technischen Erfindungen etwa zur effizienten und nachhaltigen Stromerzeugung wird der Fortschritt alleine vielleicht nicht schnell genug sein können, um bei einer weiter exponentiell wachsenden Bevölkerung die Herausforderungen meistern zu können. Die technischen Möglichkeiten zur Empfängnisverhütung sind bereits umfangreich, deren Verteilung ist sicher verbesserungswürdig. Entscheidend wird jedoch die Bildung sein – sowohl für Bremsung des Bevölkerungszuwachses als auch für das Umweltbewusstsein. In der *Jadwirtschaft* können Schüler und Studenten zeitnah und ohne Unsicherheiten in Form des allgemeinen Bezugsmittels belohnt werden, so wie bei allen anderen signifikanten Arten von Tätigkeiten auch. Es gibt keinen materiellen Druck, dem Bildungserfolg zuwiderlaufender Arbeit nachzugehen.

Aus ökologischer Sicht wäre ein nicht auf Expansion und Maximierung ausgerichtetes, bildungsförderndes Wirtschaftssystem wünschenswert – wenn dies nicht zu Katastrophen wie kriegerischen Auseinandersetzungen führt, die dann mehr Ressourcen kosten und die Umwelt umso stärker beeinträchtigen. Eine im Vergleich zur *weitgehend freien Geldwirtschaft* quantitativ eventuell weniger starke *Jadwirtschaft* könnte insbesondere zwei Arten von ernsten Krisen verursachen: Versorgungskrisen und massenhafte Arbeitslosigkeit.

Bezüglich der Versorgungslage muss eine reduzierte quantitative Produktivität nicht zwangsläufig schlechtere Ergebnisse bedeuten, wenn Verschwendung reduziert und im Gegenzug die bedarfsgerechte Verteilung verbessert wird. In der *Jadwirtschaft* können reale Bedürfnisse, für die es kein hinreichendes Angebot gibt, mit *bedingten Anweisungen* verlässlich kommuniziert werden, sodass die offene Nachfrage genau erfasst werden kann. Mit den als *garantierte Nachfragebekundung* reservierten *Jad* wird direkt ein zukünftiges Angebot gefordert und gefördert. Für Angebote und abgeschlossene Kaufverträge können im S-Web verlässliche Rückmeldungen publiziert werden. Sowohl offene Nachfrage als auch das Feedback wirken sich unmittelbar auf die Höhe der *Lohnansprüche* der Anbieter aus. Es bestehen mit diesen Konzepten neue Chancen, dass die vorhandenen Wünsche kommuniziert und befriedigt werden. Die Versorgungslage und die Wohlfahrt könnten deswegen in einer balancierenden *Jadwirtschaft* gleich gut wie in einer *weitgehend freien Geldwirtschaft* sein, oder gar besser – bei niedrigerem quantitativen Produktionsniveau und mit entsprechend geringerer Belastung der Umwelt sowie verringertem Ressourcenbedarf.

Schon in einer auf Maximierung ausgerichteten *weitgehend freien Geldwirtschaft* kann es zu hoher Arbeitslosigkeit kommen. Sollte das Produktionsvolumen in der *Jadwirtschaft* kleiner sein, würden weniger Arbeitskräfte benötigt. Die *Jadwirtschaft* könnte gerade auch in Kombination mit weiteren technischen Entwicklungen zu hoher Arbeitslosigkeit führen.

Dauerhaft hohe Arbeitslosigkeit in einer hochgradig automatisierten Welt

Wenn bedeutende Teile der Bevölkerung keine Arbeit leisten müssen, weil Maschinen auch neu entstehende Aufgaben übernehmen können, ist das eine erfreuliche Entwicklung. Durch technischen Fortschritt hat der Mensch erst die Möglichkeit erhalten, sich mit Anderem als mit dem Befriedigen der elementaren Grundbedürfnisse zum Überleben zu beschäftigen.

Bezüglich des Umfangs der Automatisierung ist kaum ein Unterschied zwischen der *Jadwirtschaft* und der *weitgehend freien Geldwirtschaft* zu erwarten. Auch in der *Jadwirtschaft* lassen sich Kosten sparen und mithin über niedrigere Preise Wettbewerbsvorteile erzielen, indem menschliche Arbeitskräfte durch Maschinen ersetzt werden. Sobald eine Tätigkeit besser von Maschinen als von Menschen ausgeführt werden kann, sind *Lohnansprüche* für diese Art von Tä-

3.4 Potenziale der Jadwirtschaft zur Problembewältigung 441

tigkeit nicht gerechtfertigt. Würde versucht, die *Jadwirtschaft* so zu gestalten, dass sie manuelle Beschäftigung auch dort erhält und fördert, wo Maschinen überlegen sind, würde mit dem Zeitgewinn für die Menschen ein wichtiger Vorteil des Fortschritts zunichtegemacht. Es wäre nichts als eine Beschäftigungsmaßnahme.

Ein Problem entsteht aus Automatisierung erst, wenn davon einige extrem benachteiligt werden. In der *freien Geldwirtschaft* verlieren Angestellte, deren Arbeitsplätze durch Automatisierung wegrationalisiert werden, ihr Einkommen und ihre Existenzgrundlage. Die Besitzer und Anteilseigner sowie die verbleibenden Angestellten des Unternehmens hingegen können davon profitieren – genau so wie die Kunden.

In der *Geldwirtschaft* kann versucht werden, mit Arbeitslosengeldern und Sozialhilfen die Folgen der Arbeitslosigkeit abzufedern. Die Mittel dazu müssen durch Abgaben wie Steuern oder Zwangsversicherungen aufgebracht werden. Wenn jene, welche noch abgabenpflichtig tätig sind, das Gefühl entwickeln, für Hilfsgeldempfänger mitarbeiten müssen, obwohl Maschinen das erledigen, kann das den sozialen Frieden gefährden.

Die *Jadwirtschaft* mildert Härten mit *sozialen Sicherungsansprüchen*, soweit dies politisch gewollt ist. Dabei werden neue *Jad* geschaffen, sie müssen nicht irgendwo mit Abgaben eingenommen werden. Insofern reflektieren die *sozialen Sicherungsansprüche* gut die Realität von per Automation wegrationalisierten Arbeitsplätzen: Dafür, dass einige Personen durch Automation arbeitslos werden, entsteht weder ein Produktivitätsverlust noch eine zusätzliche Last für die anderen Teilnehmer der *Jadwirtschaft*. Um Missbrauch zu verhindern, kann die Höhe der *sozialen Sicherungsansprüche* daran geknüpft werden, inwieweit die Nachfrage nach Arbeitskräften, aber auch nach Gütern und Dienstleistungen offenbleibt oder befriedigt wird. Wenn trotz massenhafter Beschäftigungslosigkeit dank der Automatisierung keine Arbeit unerledigt liegen bliebe, könnte die Höhe der *sozialen Sicherungsansprüche* durchaus bis in die Nähe der Höhe der niedrigsten *Lohnansprüche* für Vollzeittätigkeiten angehoben werden. Die *Jadwirtschaft* ist damit auch geeignet für extreme Szenarien, in denen es praktisch keinen Bedarf an manueller Arbeit mehr gibt.

Bei anhaltend hoher Arbeitslosigkeit ist eine der fatalsten Konsequenzen in der *weitgehend freien Geldwirtschaft* die Perspektivlosigkeit: Jugendliche und junge Erwachsene haben auch nach dem Erreichen der persönlichen Bildungsziele nur geringe Chancen, einen Arbeitslohn beziehen zu können. In der *Jadwirtschaft* werden für die Erbringung von Leistungen in Schule und Studium Anreize in Form des Bezugsmittels gegeben. Der weit über das Wirtschaftliche hinausgehende Wert der Bildung an sich wird in der *Jadwirtschaft* gewürdigt, die *Lohnansprüche* für Bildungsleistungen können unmittelbar gestellt werden. Die Gefahr einer frustrierenden Perspektivlosigkeit schon in der Kindheit wegen hoher Arbeitslosigkeit und daraus resultierender frühzeitiger Resignation, Depression oder Aggression ist im Vergleich zur *weitgehend freien Geldwirtschaft* geringer. Mit hoher Bildung lässt sich das Leben auch ohne Lohnarbeit auf vielfältige und gute Weise gestalten.

Dämpfung der Erwartungen

Eine Gefahr bei Neuerungen sind überzogene Hoffnungen und Erwartungen. Keines der genannten Probleme wird sich durch die gestalterische Wirkung der technischen Erfindung der *Jadwirtschaft* in Luft auflösen. Die *Jadwirtschaft* kann allenfalls ein Schritt sein.

Neue Probleme und Schwierigkeiten mit der Jadwirtschaft

Die *Jadwirtschaft* bringt ihre eigenen Probleme mit sich. Eine leistungsfördernde Vergütung für signifikante Tätigkeiten zu erreichen ist eine Herausforderung. Es wird nicht in jeder Art von Tätigkeit gleich gelingen, gute Regeln zur Bestimmung der *tätigkeitsspezifischer Normarbeitsstunden* und der Höhe des Lohns zu finden. Unverhältnismäßigkeiten wird es ebenso geben wie Betrug und ander Regelverstöße. Die *Jadwirtschaft* kann mithilfe des S-Webs ein gewisses Maß an Offenheit und Nachprüfbarkeit gewährleisten. Gerechtigkeit hingegen kann sie nicht bieten. Jede *tätigkeitsspezifische Normarbeitsstunde* pragmatisch mit dem *Vergütungsfaktor* zu belohnen und die Leistungsdifferenzierung jeweils nur in einer Art von Tätigkeit durchzuführen hat schon nichts mit Gerechtigkeit zu tun. Ob dieser Ansatz akzeptiert wird und funktioniert, muss sich erweisen.

In der *weitgehend freien Geldwirtschaft* obliegt es Unternehmen in gewissen ökonomischen, gesetzlichen und tariflichen Grenzen, die Vergütung von Mitarbeitern zu bestimmen. Dabei kann es viel Raum für Willkür geben. In der *Jadwirtschaft* hingegen ist jeder *Lohnanspruch* selbst zu erschaffen und vor allen zu rechtfertigen. Die Macht von Unternehmen wird deshalb in der *Jadwirtschaft* tendenziell geringer sein als in der *weitgehend freien Geldwirtschaft*. Was das genau bedeuten wird, ist schwer abschätzbar. Zwar kann offene Nachfrage mit *bedingten Zahlungen* gestützt verlässlich kommuniziert werden, dennoch muss die *Jadwirtschaft* erst zeigen, ob sie in der Lage ist, eine hinreichende Wirtschaftsleistung zu motivieren, um die bestehenden Wünsche zu befriedigen. Insbesondere muss sich zeigen, ob trotz des beschränkten Spekulationspotenzials und des Fehlens von Banken ausreichend investiert wird, sodass eine optimale Versorgung erreicht wird.

Wird die *Jadwirtschaft* sorgsam gestaltet, mit Bedacht sanft eingeführt und kritisch distanziert genutzt sowie fortlaufend weiterentwickelt, könnte sie durchaus signifikante Beiträge zur Bewältigung bestehender und möglicher zukünftiger Probleme leisten.

4 Fazit und Ausblick

S-Netzwerk und Jadwirtschaft eröffnen neue Möglichkeiten, aber vor einer Realisierung ist noch viel Forschungsarbeit zu leisten. Zugleich gilt es, neben potenziellen Verbesserungen sowie Weiterentwicklungen auch bereits anders ansetzende Alternativen zu suchen und zu erdenken.

Eine schöne Eigenart des Bergsteigens ist, dass das Erreichen eines Gipfelziels bei guten Verhältnissen mit eindrücklicher Aussicht belohnt wird. Auch wenn die Tour am höchsten Punkt erst zur Hälfte absolviert ist und der oft schwierigere, gefährlichere Abstieg noch aussteht, sehen Alpinisten schon neue Ziele und Routen. Potenzielle künftige Touren, auf die sie sich bereits wieder freuen können. Aus der Ferne lässt sich nur bedingt ermessen, wie neu erkannte Herausforderungen genau aussehen, wie sie zu überwinden sein werden. Im Kopf können jedoch schon Linien entstehen und diese Ideen können bereits kommuniziert werden, etwa mit einem Stift auf ein Foto des Ziels gezeichnet werden. Die Linie im Kopf ist die Voraussetzung, dass die neue Route irgendwann gezielt angegangen werden kann und dass das Ziel auch in unübersichtlichem Terrain verfolgt werden kann. Erst beim Versuch der Durchsteigung erweist sich, wieweit die Realität den Erwartungen sowie Vorstellungen entspricht und ob die Route zu bewältigen ist. Die Linie existiert davon unabhängig schon vorher. Neue Erkenntnisse beginnen mit dem ersten Blick, dem ersten Bild, der initialen Idee – und nicht erst mit dem Versuch der realen Umsetzung.

Eine technische Innovation zu ersinnen und vorzustellen ist wie das Erreichen eines Berggipfels, denn neben den Erkenntnissen aus der Erfindungstätigkeit durch die Neuerung selbst eröffnen sich wieder zuvor ungeahnte Perspektiven und Möglichkeiten. Der Stand des Wissens und der Forschung wächst bereits mit inspirierenden neuen Fragen, die sich aus der Innovation und ihrer möglichen Nutzung ergeben, bevor diese realisiert wird. Die Realisierung ist sozusagen der Abstieg zurück ins sichere Tal.

Im Rahmen dieser Dissertation werden mit dem S-Netzwerk und der *Jadwirtschaft* zwei einander ergänzende Innovationen vorgestellt. Damit ist jeweils erst der Gipfel erreicht und mit der Umsetzung steht jeweils eine schwierige, riskante sowie lange Etappe noch aus. Als Plattform für die *Jadwirtschaft* zu dienen ist die intentionale Hauptanwendung für das S-Netzwerk – das S-Netzwerk wurde aus den Anforderungen der *Jadwirtschaft* heraus entwickelt. Lange vor einem Versuch der Realisierung, sozusagen am Beginn des Aufstiegs, hat die Idee der *Jadwirtschaft* bereits zu einer weiteren Erfindung geführt.

Auf dem Weg zur Realisierung beider Erfindungen besteht viel weiterer Forschungsbedarf. Ein Beispiel: Bezüglich des für das S-Netzwerk erdachten Konzepts zur Schaffung von Vertrauen mithilfe von *Misstrauensparteien* wird hier mithilfe der Spieltheorie gezeigt, dass Tests des Verhaltens mit falschen Koope-

© Springer Fachmedien Wiesbaden GmbH, ein Teil von Springer Nature 2020
J. Viehmann, *Das S-Netzwerk und sein wirtschaftliches Potenzial*,
https://doi.org/10.1007/978-3-658-28505-0_4

rationsangeboten die theoretischen Chancen und mithin den objektiven Charakter des gesamten Spiels verändern. Doch was bedeutet das für die Entscheidungen von natürlichen Personen? Menschen agieren nicht immer rational. Um über das Verhalten wissenschaftliche Erkenntnisse zu gewinnen, bietet es sich an, psychologische Experimente mit menschlichen Probanden durchzuführen.

Die notwendigen rechtlichen Grundlagen sowohl für das S-Netzwerk als auch für die *Jadwirtschaft* werden in diesem Werk nur grob skizziert. Die konkreten Eigenschaften beider Systeme werden erst durch die genaue Kodifizierung der S-Verfassung bzw. der Vorgaben für die *Jadwirtschaft* bestimmt. Insbesondere die Regeln für die *Ansprüche* auf die Erschaffung von *Jad* bieten einen großen gestalterischen Spielraum. Die Schaffung und Legitimierung eines konkreten Regelwerks ist letztlich eine politische Aufgabe. Aber es ist die Aufgabe der Forschung, das richtige Maß auszuloten, sodass eine Implementierung der Vorgaben in möglichst vielen einzelnen Rechtsräumen mit vertretbarem Aufwand gelingt, ohne die notwendige Rechtssicherheit und Rechtsgleichheit für alle Teilnehmer durch mangelhafte Präzision zu gefährden. Ohne Raum für Willkür und Zensur zu öffnen.

Neue Forschungsgebiete

Durch die Vorstellung des S-Netzwerks sowie der *Jadwirtschaft* in der vorliegenden Doktorarbeit werden zugleich zusätzliche neue Innovations- und Forschungsfelder eröffnet, welche das S-Netzwerk oder die *Jadwirtschaft* als Basis verwenden. Es ist wie das Erreichen eines Berggipfels mit weiter Aussicht auf potenzielle zukünftige Ziele.

Ein naheliegendes Forschungsgebiet ergibt sich aus der S-Web-orientierten Architektur, die versucht, Probleme so zu lösen, dass sie bezüglich ihrer *operationellen netzwerkseitigen Risiken* auf die Risiken der Nutzung des S-Netzwerks reduziert werden können. Im vorliegenden Werk werden lediglich einige Beispiele gegeben. Mithilfe des S-Webs werden sich noch für ganz andere sicherheitskritische Aufgaben und Probleme innovative Lösungen entwickeln lassen. Spannend sind gerade auch die Grenzbereiche, in denen zusätzliche netzwerkseitige Dienste benötigt werden. Es muss dann zwar zusätzlichen Diensten vertraut werden, aber das S-Netzwerk selbst und die dafür geschaffenen Konstrukte wie die Misstrauensparteien können eventuell genutzt werden, um dieses Vertrauen zu erschaffen.

Die *Jadwirtschaft* eröffnet ebenfalls im nächsten Umfeld neue Forschungsgebiete. So sollte eine angepasste Betriebswirtschaftslehre entwickelt werden, da die Handlungsmöglichkeiten und Zuständigkeiten von Unternehmen im Vergleich zur *weitgehend freien Geldwirtschaft* reduziert und mithin ganz neu zu entdecken sind.

4 Fazit und Ausblick

> **Neue Bildung in einer Welt ohne Schulpflicht und Altersdiskriminierung**
> Die gestalterische Wirkung der Erfindungen S-Netzwerk und *Jadwirtschaft* kann sehr viel weiter reichen. Sie kann ganz neue Ziele erreichbar und erstrebenswert erscheinen lassen, die zunächst gar keinen unmittelbaren Zusammenhang erkennen lassen. Ein solches Ziel könnte die Abschaffung der Schulpflicht sein. Es gibt derzeit auf der Welt noch immer zwei wesentliche Bereiche, in denen Zwangsarbeit in großem Umfang für rechtens erklärt wird: Der eine ist der Pflichtschulbesuch, der andere ist verpflichtender Wehrdienst oder Zivildienst. Zwei letzte offizielle, wenn auch eingeschränkte Überbleibsel der Sklaverei. Während die Wehrpflicht in Deutschland zumindest ausgesetzt wurde, besteht mit der Schulpflicht weiterhin ein erheblicher Eingriff in die Freiheit. Wie wichtig eine umfassende Bildung ist, das kann nach Meinung des Autors gar nicht hoch genug eingeschätzt werden. Es stellt sich allerdings die Frage, ob eine Schulpflicht dazu notwendig oder zumindest förderlich ist – oder ob es alternative, bessere Möglichkeiten gibt.
>
> Wenn mit der *Jadwirtschaft* eine unmittelbare Belohnung für schulische Leistungen mit dem allgemeinen Bezugsmittel *Jad* gezahlt werden kann, dann ist der Schulbesuch von den Verdienstmöglichkeiten her betrachtet auch kurzfristig konkurrenzfähig mit anderen Arten von Tätigkeiten. Das bedeutet aber auch, dass gerade Personen, die schwache Leistungen in der Schule liefern, vielleicht in andere Arten von Tätigkeiten höhere *Lohnansprüche* erarbeiten könnten. Die Belohnung in Form des Bezugsmittels alleine macht eine Schulpflicht nicht überflüssig. Es braucht weitere Motivation. Und dafür liefern S-Netzwerk sowie *Jadwirtschaft* den passenden Ansatz, denn die Teilnahme daran setzt jeweils den Nachweis einer hinreichenden Qualifikation voraus. Je nachdem, wie viele Rechte angestrebt werden, unterscheidet sich die Höhe der akademischen Anforderungen. Die Absolvierung einer gewissen Grundbildung, wie sie der erfolgreiche Pflichtschulbesuch vermittelt, kann eine Voraussetzung für die vollwertige aktive Teilnahme am S-Netzwerk und an der *Jadwirtschaft* sein. Diese Anforderung diskriminiert niemanden aufgrund des Alters und sie motiviert zum Entwickeln der nötigen Kompetenzen. Wer S-Netzwerk und *Jadwirtschaft* selbstständig nutzen möchte, der kommt nicht umhin, sich erfolgreich zu bilden. Der Schulbesuch bietet damit in der *Jadwirtschaft* nicht nur einen leistungsgerechten Lohn wie andere Arten von Tätigkeiten auch, sondern es können zusätzlich Rechte gewonnen werden.
>
> Auch zum Erlangen anderer Rechte, die derzeit typischerweise an Kriterien wie das Alter und eventuell die Staatsbürgerschaft gebunden werden, könnte ein derartiges Verfahren eingeführt werden. Ein erfolgreicher Schulabschluss wird viel erstrebenswerter, wenn er die Voraussetzung ist, um etwa Führerscheine für Kraftfahrzeuge machen zu können und um Berechtigungen für den Zugang zu bestimmten Medien bzw. Orten zu erhalten. Wo immer derzeit plumpe Altersdiskriminierung auftritt, etwa beim Wahlrecht, sollte auf Nachweise von Bildungsleistungen umgestellt werden, so wie es für das S-Netzwerk und die *Jadwirtschaft* konzipiert ist.

> Das Erlangen von Rechten über Bildungstätigkeiten braucht in der *Jadwirtschaft* nur zum Überspringen von relativ niedrigen akademischen Hürden motivieren. Ein Ansporn zu darüber hinausgehenden Bildungsleistungen wird mit individuell differenzierten *Lohnansprüchen* auf die Erschaffung des Bezugsmittels *Jad* gegeben. Für Personen, die trotz Einsatzes keine Abschlüsse schaffen, können für die Erlangung einzelner Rechte auch alternative Wege eröffnet werden – aber immer erst nach einem regulären Schulbesuch. Die Schulpflicht, die nur einen Besuch, aber keinen Erfolg fordert und fördert, könnte dann vollständig ersetzt werden durch den Anreiz, sich ohne Zwang mit Bildungsleistungen oder zumindest Bildungsbemühungen Rechte zu verdienen.

Nur ein Augenblick

„Nächstes Jahr machen wir alles anders. ", zitiert von Richard Wagner nach [Fricke 1876/1983], S 143.

Schon im Zuge der ersten Aufführungen vom Ring des Nibelungen forderte dessen Schöpfer Richard Wagner eine völlig neue Umsetzung, da er mit der Realisierung haderte. Dies, obwohl er eigens für diese Aufführung sein neuartiges Festspielhaus in Bayreuth erschaffen ließ und obwohl er selbst maßgeblich an der gesamtkünstlerischen Umsetzung mitwirkte. Es mag seltsam anmuten, wenn der Initiator eines Vorhabens die selbst erbrachte Leistung kritisiert und frühzeitig weitgehende verbessernde Erneuerungen fordert oder gar einen völligen Neubeginn plant. Dies kann jedoch notwendig sein, damit Nachläufer Weiterentwicklungen nicht unter Berufung auf bestimmte Praktiken blockieren können.

Jadwirtschaft und S-Netzwerk sind Erfindungen, die inspiriert sind aus den Herausforderungen der gegenwärtigen Zeit. Zwar wird versucht, langfristige und potenzielle zukünftige Interessen zu berücksichtigen, doch die weitere Entwicklung ist nur bedingt abschätzbar. Durch den hoffentlich unvermindert weitergehenden wissenschaftlichen und technischen Fortschritt werden in Zukunft andere Dinge wichtig erscheinen. Neue Aufgaben werden erkannt oder selbst geschaffen und neue Technologien werden zur Verfügung stehen, um mit ihrer Hilfe aktuelle sowie künftige Probleme in einer Weise zu lösen, die heute nicht einmal zu erträumen ist. Es wäre ein seltsamer Zufall, wenn S-Netzwerk und *Jadwirtschaft* jenen Anforderungen genügen könnten, die gegenwärtig unvorstellbar sind.

Die Erfindungen des S-Netzwerks und der *Jadwirtschaft* bedürfen keiner ideologischen Führsprache. Sie können, sollen und werden veralten. Einige Inhalte des S-Netzwerks sind zwar eventuell auf unbestimmte Zeit verfügbar zu halten. Das gilt nicht für die Plattform selbst. Diese muss sich weiterentwickeln, die Infrastruktur muss ohnehin laufend verändert werden. Gegebenenfalls ist auch die Ersetzung des S-Netzwerks durch eine von Grund auf neue, bessere

4 Fazit und Ausblick

Plattform angezeigt. Verfügbar zu haltende Informationen aus dem S-Netzwerk müssen nur auf die neue Plattform übertragen werden, dann entsteht aus dem Abschalten eines veralteten S-Netzwerks kein ernsthafter Verlust. Die *Jadwirtschaft* ist nicht für die Ewigkeit gedacht. Vielleicht wird irgendwann eine Entwicklungsstufe erreicht, ab der kein allgemeines Bezugsmittel für begrenzt verfügbare Güter mehr gebraucht wird. Und wenn die *Jadwirtschaft* einen kleinen Teil dazu beiträgt, dass dieses Niveau erreicht werden kann, so ist das sehr viel mehr, als wenn die *Jadwirtschaft* möglichst lange bewahrt wird.

Um zum Fortschritt beizutragen, ist nicht einmal eine praktische Realisierung des S-Netzwerks und der *Jadwirtschaft* Voraussetzung. Schon die Publikationen der Ideen und die theoretische Auseinandersetzung damit kann ein wertvoller Beitrag sein. Wenn dem so ist, hat die im Zuge dieser Arbeit begonnene Forschungsarbeit schon eine gewisse Existenzberechtigung. Die Idee der *Jadwirtschaft* brachte immerhin bereits die Innovation des S-Netzwerks hervor – eine Errungenschaft, die ihr nicht mehr zu nehmen ist.

So wie für die Konzeption von *Jadwirtschaft* und S-Netzwerk nichts als gegeben hingenommen wurde, wie Elementares neu erdacht wurde, soll auch in Zukunft immer wieder gewagt werden, von null beginnend alles neu zu denken. Sogar zunächst verrückt erscheinende Ideen wie ein Handelssystem mit einem nicht beliebig transferierbaren allgemeinen Bezugsmittel oder die Schaffung von Vertrauen durch gezieltes Schüren von einer bestimmten Art des Misstrauens sind es wert, konsequent durchdacht und bis zur erfolgreichen Realisierung verfolgt zu werden – oder bis ihr Scheitern gewiss scheint.

Literaturverzeichnis

[42USC1862 2007] U.S. Code: Title 42, Chapter 16 National Science Foundation, § 1862; U.S. Government Printing Office 2007; (2011-04-05) http://frwebgate.access.gpo.gov/cgi-bin/usc.cgi?ACTION=RETRIEVE&FILE=$$xa$$busc42.pt1.wais&start=25761329&SIZE=38874&TYPE=TEXT

[AACS 2009] AACS LA: AACS Adopter Agreement; Advanced Access Content System Licensing Administrator LLC 2009; (2012-05-23) http://www.aacsla.com/license/AACS_Adopter_Agreement_20120118.pdf

[Abdulaziz Al-Saud 1992] Fahd Bin Abdulaziz Al-Saud, Monarch of the Kingdom of Saudi Arabia: The Basic Law Of Government; Majlis Ash-Shura, Saudi Arabia 1992; (2011-05-02) http://www.shura.gov.sa/wps/wcm/connect/shuraen/internet/Laws+and+Regulations/The+Basic+Law+Of+Government/

[ADAC 2011] ADAC: ADAC-Preisvergleich 2011: Führerscheinkosten in deutschen Städten; ADAC München 2011; (2012-08-02) http://www.adac.de/infotestrat/tests/verkehrsmittel/preisvergleich-fuehrerschein/

[AEU 2012] Europäische Union: Konsolidierte Fassungen des Vertrags über die Europäische Union und des Vertrags über die Arbeitsweise der Europäischen Union; Amtsblatt der Europäischen Union C326; Europäische Union 2012; ISSN: 1977-088X; DOI:10.3000/1977088X.C_2012.326.deu (2017-07-29) http://eur-lex.europa.eu/legal-content/DE/TXT/?uri=CELEX:12012E/TXT

[AFuG 1997/2008] Gesetz über den Amateurfunk (Amateurfunkgesetz - AFuG): Amateurfunkgesetz vom 23. Juni 1997 (BGBl. I S. 1494), das zuletzt durch § 22 Absatz 2 des Gesetzes vom 26. Februar 2008 (BGBl. I S. 220) geändert worden ist; Bundesministerium der Justiz, Juris GmbH 1997/2008; (2012-08-02) http://www.gesetze-im-internet.de/bundesrecht/afug_1997/gesamt.pdf

[AFuV 2005/2008] Bundesministerium für Wirtschaft und Arbeit im Einvernehmen mit demBundesministerium der Finanzen: Amateurfunkverordnung vom 15. Februar 2005 (BGBl. I S. 242), die zuletzt durch § 22 Absatz 3 des Gesetzes vom 26. Februar 2008 (BGBl. I S. 220) geändert worden ist, Verordnung zum Gesetz über den Amateurfunk (Amateurfunkverordnung - AFuV); Bundesministerium der Justiz, Juris GmbH 2005/2008; (2012-08-02) http://www.gesetze-im-internet.de/bundesrecht/afuv_2005/gesamt.pdf

[Albrecht 1983] A. J. Albrecht, John E. Gaffney: Software Function, Source Lines of Code, and Development Effort Prediction: A Software Science Validation ; IEEE Transactions on Software Engineering, (Volume:SE-9, Issue: 6), S. 639 - 648; IEEE 1983; ISSN: 0098-5589, DOI: 10.1109/TSE.1983.235271 (2013-12-12) http://ieeexplore.ieee.org/xpls/abs_all.jsp?arnumber=1703110

[Ambacher 2007] Bruce Ambacher, Robin L. Dale, RLG et al.: Trustworthy Repositories Audit & Certification: Criteria and Checklist, Version 1.0; The Center for Research Libraries (CRL) Chicago, Online Computer Library Center Inc. Dublin (Ohio) 2007; (2011-04-20) http://catalog.crl.edu/record=b2212602~S1

© Springer Fachmedien Wiesbaden GmbH, ein Teil von Springer Nature 2020
J. Viehmann, *Das S-Netzwerk und sein wirtschaftliches Potenzial*,
https://doi.org/10.1007/978-3-658-28505-0

[AN 1789] Assemblée nationale: Déclaration des Droits de l'Homme et du Citoyen; Assemblée nationale de France, Paris 1789; (2015-08-14) https://fr.wikisource.org/wiki/D %C3%A9claration_des_Droits_de_l%E2%80%99Homme_et_du_Citoyen

[Anauzoceno 1474] Paulus Anauzoceno et al., L. Bently (ed), M. Kretschmer (ed), Joanna Kostylo (translation): Venetian Statute on Industrial Brevets (1474), Primary Sources on Copyright (1450-1900); Venetian State Archives: ASV, Senato Terra, reg. 7, c. 32r, Online: University of Cambridge, Original: Council of Venice 1474; (2012-07-02) http://copy.law.cam.ac.uk/cam/tools/request/showRepresentation?id=representation_i_1474

[Anda 2001] Bente Anda, Hege Dreiem, Dag I. K. Sjøberg, Magne Jørgensen: Estimating Software Development Effort Based on Use Cases — Experiences from Industry; «UML»2001 — The Unified Modeling Language. Modeling Languages, Concepts, and Tools, S. 487-502; Springer Berlin Heidelberg 2001; Print ISBN: 978-3-540-42667-7, DOI: 10.1007/3-540-45441-1_35 (2013-12-12) http://link.springer.com/chapter/10.1007/3-540-45441-1_35

[Anderegg 2007] Ralph Anderegg: Grundzüge der Geldtheorie und Geldpolitik, Oldenburg Wissenschaftsverlag 2007; ISBN: 978-3-486-58148-5

[Anders 1980/1987] Günther Anders: Die Antiquirtheit des Menschen 2, Über die Zerstörung des Lebens im Zeitalter der dritten industriellen Revolution, Beck, München 1980/1987; ISBN 3406317849

[Anderson 2001] Ross Anderson: Why Information Security is Hard - An Economic Perspective; Proceedings 17th Annual Computer Security Applications Conference (ACSAC), 2001, S. 358-365; IEEE 2001; Print ISBN: 0-7695-1405-7, DOI: 10.1109/ACSAC.2001.991552 (2012-08-02) http://ieeexplore.ieee.org/stamp/stamp.jsp?tp=&arnumber=991552

[Andrieu 2003] Christophe Andrieu, Nando de Freitas, Arnaud Doucet, Michael I. Jordan: An Introduction to MCMC for Machine Learning; Machine Learning January 2003, Volume 50, Issue 1-2, S. 5-43; Kluwer Academic Publishers 2003; Print ISSN: 0885-6125, DOI: 10.1023/A:1020281327116 (2013-04-08) http://link.springer.com/article/10.1023/A:1020281327116

[Anik 2009] Lalin Anik, Lara B. Aknin, Michael I. Norton, Elizabeth W. Dunn: Feeling Good About Giving: The Benefits (and Costs) of Self-Interested Charitable Behavior, Harvard Business School Marketing Unit Working Paper No. 10-012; Harvard Business School 2009; DOI: 10.2139/ssrn.1444831 (2012-06-06) http://papers.ssrn.com/sol3/papers.cfm?abstract_id=1444831

[Anouilh 2001] Jean Anouilh: Antigone, Reclam Stuttgart 2001; ISBN: 3-15-009227-2

[Ardichvili 2003] A. Ardichvili, R. Cardozo, S. Ray: A theory of entrepreneurial opportunity identification and development; Journal of Business Venturing, Volume 18, Issue 1, S. 105-123; 2003; DOI: 10.1016/S0883-9026(01)00068-4; (2015-02-16) http://www.sciencedirect.com/science/article/pii/S0883902601000684

[Argo 2009] Silke Argo et al. (Redaktion): Grüne Blätter: Historische Meilensteine; BÜNDNIS 90/DIE GRÜNEN Stuttgart 2009; (2012-07-24) http://gruene-bw.de/fileadmin/gruenebw/dateien/GB-Ausgaben/gb0309web.pdf

[Aschbacher 2003] Pamela R. Aschbacher: Gender Differences in the Perception and Use of an Informal Science Learning Web Site; Caltech's Pre-College Science Initiative 2003; (2013-10-09) http://www.capsi.caltech.edu/research/documents/GenderDifferneces Aschbacher_000.pdf

[Au 2008] Yoris A. Au, Robert J. Kauffman: The economics of mobile payments: Understanding stakeholder issues for an emerging financial technology application; Electronic Commerce Research and Applications, Volume 7, Issue 2, S. 141-164; Elsevier 2008; DOI: 10.1016/j.elerap.2006.12.004; (2013-06-20) http://www.sciencedirect.com/science/article/pii/S1567422307000026

[Baacke 1999] Dieter Baacke: Handbuch Medien: Medienkompetenz, daraus: „Medienkompetenz als zentrales Operationsfeld von Projekten", Bundeszentrale für politische Bildung, Bonn 1999; ISBN 3-89331-375-3

[Bacchetta 2017] Philippe Bacchetta: The Sovereign Money Initiative in Switzerland: An Assessment; Schweizerische Bankiervereinigung (SBVg) Basel 2017; (2017-07-31) http://www.swissbanking.org/de/medien/statements-und-medienmitteilungen/vollgeldinitiative-studie-zeigt-folgen-fuer-die-schweiz

[Bach 2009] Stefan Bach: Zehn Jahre ökologische Steuerreform: Finanzpolitisch erfolgreich, klimapolitisch halbherzig; Deutsches Institut für Wirtschaftsforschung e.V. 2009; (2013-09-23) http://www.diw.de/documents/publikationen/73/diw_01.c.96632.de/09-14-1.pdf

[Bach 2012] Stefan Bach, Peter Haan, Richard Ochmann: Effektive Einkommensteuerbelastung: Splittingverfahren in Deutschland begünstigt Ehepaare im Vergleich zu Großbritannien; DIW-Wochenbericht, Volume 79, Issue 17, S. 3-9; DIW Berlin 2012; ISSN: 0012-1304 (2013-08-01) http://hdl.handle.net/10419/58098

[Bach 2013] Stefan Bach: Unternehmensbesteuerung: Hohe Gewinne – mäßige Steuereinnahmen; Wochenbericht des DIW Berlin 22/23 /2013, S. 3-12; DIW Berlin Deutsches Institut für Wirtschaftsforschung e.V. 2013; (2013-05-28) http://www.diw.de/documents/publikationen/73/diw_01.c.421907.de/13-22-1.pdf

[Baddeley 2004] Michelle Baddeley: Using E-cash in the New Economy: An Economic Analysis of Micropayment Systems; Journal of Electronic Commerce Research, VOL. 5, NO. 4, S. 239-253; JECR Long Beach 2004; ISSN: 1526-6133 (Online) (2013-06-20) http://www.csulb.edu/journals/jecr/issues/20044/Paper3.pdf

[Bagchi 2003] Amitabha Bagchi, Amitabh Chaudhary, Michael T. Goodrich, Shouhuai Xu: Constructing Disjoint Paths for Secure Communication; Lecture Notes in Computer Science, 2003, Volume 2848/2003, S. 181-195; Springer Verlag Berlin 2003; ISBN: 978-3-540-20184-7 (2011-02-21) http://www.cse.iitd.ernet.in/~bagchi/disc03.pdf

[Baicker 2013] K. Baicker, S. L. Taubman: The Oregon Health Insurance Experiment: What's the Verdict for Medicaid?; Journal of Clinical Outcomes Managemenet, Volume 20, Number 7, S. 294-297; Turner White Communications 2013; (2013-08-01) http://www.turner-white.com/jc/contentjc.php

[Bainbridge 2007] William Sims Bainbridge: The Scientific Research Potential of Virtual Worlds; Science 27 July 2007, Vol. 317 no. 5837, S. 472-476; American Association for the Advancement of Science 2007; DOI: 10.1126/science.1146930 (2013-10-09) http://www.sciencemag.org/content/317/5837/472.short

[Baloglou 1994] Christos Baloglou: Die geldtheoretischen Anschauungen Platons; Jahrbuch für Wirtschaftsgeschichte 1994/2, S. 177-187; Akademie Verlag Berlin 1994; (2012-11-07) http://www.digitalis.uni-koeln.de/JWG/jwg_138_177-187.pdf

[Balzli 2008] Beat Balzli, Matthias Bartsch, Dirk Kurbjuweit, Conny Neumann, Barbara Schmid, Holger Stark: AFFÄREN - Ein braver Sohn; DER SPIEGEL 9/2008, S. 30-38; SPIEGEL-Verlag Rudolf Augstein 2008; ISSN: 0038-7452 (2012-05-03) http://www.spiegel.de/spiegel/print/d-55946114.html

[Bamasak 2011] Omaima Bamasak: Exploring consumers acceptance of mobile payments – an empirical study; International Journal of Information Technology, Communications and Convergence, Volume 1, Number 2, S. 173-185; Inderscience Publishers 2011; ISSN: 2042-3217 (Print), DOI: 10.1504/IJITCC.2011.039284 (2013-06-20)

[Bangeman 2007] Eric Bangeman: Blu-ray's DRM crown jewel tarnished with crack of BD+, Ars Technica; Condé Nast 2007; (2012-05-23) http://arstechnica.com/uncategorized/2007/11/blu-rays-drm-crown-jewel-tarnished-with-crack-of-bd/

[Baran 1962] Paul Baran: On Distributed Communications Networks; RAND Corporation Santa Monica 1962; (2010-01-25) http://www.rand.org/pubs/papers/P2626

[Barber 2012] Simon Barber, Xavier Boyen, Elaine Shi, Ersin Uzun: Bitter to Better — How to Make Bitcoin a Better Currency; LNCS Volume 7397, S. 399-414; Springer Berlin Heidelberg 2012; Print ISBN: 978-3-642-32945-6, DOI: 10.1007/978-3-642-32946-3_29 (2012-11-21) http://link.springer.com/chapter/10.1007%2F978-3-642-32946-3_29

[Barlow 1992] John Perry Barlow: Decrypting the puzzle palace; Communications of the ACM, Volume 35, Issue 7, S. 25-31; ACM New York 1992; DOI: 10.1145/129902.129910 (2015-08-19)
http://cacm.acm.org/magazines/1992/7/9329-decrypting-the-puzzle-palace/abstract

[Barroso 2003] Luiz André Barroso, Jeffrey Dean, Urs Hölzle: Web search for a planet: The Google cluster architecture; Micro, Volume 23, Issue 2, S. 22-28; IEEE 2003; ISSN: 0272-1732, DOI: 10.1109/MM.2003.1196112; (2015-03-19) http://ieeexplore.ieee.org/xpl/articleDetails.jsp?arnumber=1196112

[BDSG 1990/2009] Beschlossen vom Bundestag mit Zustimmung des Bundesrates: Bundesdatenschutzgesetz in der Fassung der Bekanntmachung vom 14. Januar 2003 (BGBl. I S. 66), das zuletzt durch Artikel 1 des Gesetzes vom 14. August 2009 (BGBl. I S. 2814) geändert worden ist; Bundesministeriums der Justiz in Zusammenarbeit mit der juris GmbH 1990/2009; (2011-10-06)
http://www.gesetze-im-internet.de/bundesrecht/bdsg_1990/gesamt.pdf

[BeamtStG 2008/2009] Gesetz zur Regelung des Statusrechts der Beamtinnen und Beamten in den Ländern (Beamtenstatusgesetz - BeamtStG): Beamtenstatusgesetz vom 17. Juni 2008 (BGBl. I S. 1010), das durch Artikel 15 Absatz 16 des Gesetzes vom 5. Februar 2009 (BGBl. I S. 160) geändert worden ist; Bundesministerium der Justiz, Berlin Deutschland 2008/2009; (2013-08-06)
http://www.gesetze-im-internet.de/bundesrecht/beamtstg/gesamt.pdf

[Beck 2010] Klaus Beck, Dennis Reineck, Christiane Schubert: Journalistische Qualität in der Wirtschaftskrise, Deutscher Fachjournalisten-Verband DFJV Berlin, UVK Verlagsgesellschaft mbH Konstanz 2010; ISBN: 978-3-86764-268-2

[Beck 2011] Hanno Beck, Aloys Prinz: Staatsverschuldung: Ursachen - Folgen - Auswege, C. H. Beck München 2011; ISBN: 978-3-406-63301-0

[Becker 2004] Matthew Becker, Ahmed Desoky: A study of the DVD content scrambling system (CSS) algorithm; Proceedings of the Fourth IEEE International Symposium on Signal Processing and Information Technology, 2004, S. 353-356; Frankfurter Allgemeine Zeitung 2004; Print ISBN: 0-7803-8689-2, DOI: 10.1109/ISSPIT.2004.1433792 (2012-05-22) http://ieeexplore.ieee.org/xpls/abs_all.jsp?arnumber=1433792

[Becker 2012] Jörg Becker, Dominic Breuker, Tobias Heide, Justus Holler, Hans Peter Rauer, Rainer Böhme: Geld stinkt, Bitcoin auch – Eine Ökobilanz der Bitcoin Block Chain; Workshop Bitcoin, Braunschweig 2012; (2012-11-21) http://udoo.uni-muenster.de/downloads/publications/2621.pdf

[Becker 2012 b] Irene Becker, Richard Hauser: Kindergrundsicherung, Kindergeld und Kinderzuschlag: Eine vergleichende Analyse aktueller Reformvorschläge; WSI-Diskussionspapier Nr. 180, S. 1-178; Wirtschafts- und Sozialwissenschaftliches Institut, Hans-Böckler-Stiftung Düsseldorf 2012; ISSN (internet): 1861-0633 (2013-08-15) http://www.boeckler.de/pdf/p_wsi_disp_180.pdf

[Beitzer 2013] Hannah Beitzer: Überraschungserfolg der AfD, Starker Start für die Spalt-Partei; Süddeutsche Zeitung München 2013; (2013-12-02) http://www.sueddeutsche.de/politik/ueberraschungserfolg-der-afd-starker-start-fuer-die-spalt-partei-1.1776141

[Bellare 1996] Mihir Bellare, Ran Canetti, Hugo Krawczyk: Keying Hash Functions for Message Authentication, Proceedings of the 16th Annual International Cryptology Conference on Advances in Cryptology CRYPTO '96; Lecture Notes in Computer Science, Volume 1109, S. 1-15; Springer Verlag 1996; ISBN: 3-540-61512-1, DOI: 10.1007/3-540-68697-5_1 (2012-01-09) http://cseweb.ucsd.edu/users/mihir/papers/kmd5.pdf

[Bellovin 2011] Steven M. Bellovin: Frank Miller: Inventor of the One-Time Pad; Journal Cryptologia, Volume 35 Issue 3, July 2011, S. ; Preprint technical report: Columbia University, final publication: Taylor & Francis, Inc. Bristol, PA, USA 2011; ISSN: 0161-1194 EISSN: 1558-1586 doi>10.1080/01611194.2011.583711 (2012-01-04) Preprint technical report used as source: https://mice.cs.columbia.edu/getTechreport.php?techreportID=1460

[Benkler 2011] Yochai Benkler: A Free Irresponsible Press: Wikileaks and the Battle over the Soul of the Networked Fourth Estate; Harvard Civil Rights-Civil Liberties Law Review, Vol. 46, No. 2, Summer 2011, S. 311-397; Harvard Law School 2011; (2013-06-25) http://harvardcrcl.org/wp-content/uploads/2011/08/Benkler.pdf

[Bennett 1984] C.H. Bennett, G. Brassard: Quantum Cryptography: Public Key Distribution and Coin Tossing; Proceedings of IEEE International Conference on Computers Systems and Signal Processing, Bangalore India, S. 175-179; 1984;

[Benway 1998] Jan Panero Benway: Banner Blindness: The Irony of Attention Grabbing on the World Wide Web; Proceedings of the Human Factors and Ergonomics Society Annual Meeting, October 1998, vol. 42, no. 5, S. 463-467; Sage Journals 1998; DOI:

10.1177/154193129804200504 (2012-06-04)
http://pro.sagepub.com/content/42/5/463.short

[Berners-Lee 1999] Tim Berners-Lee: Weaving the web, Orion Business Books, London 1999; ISBN: 0-75282-090-7

[Bernstein 2008] Daniel J. Bernstein: Post-quantum cryptography, Springer-Verlag Berlin 2008; ISBN 978-3-540-88701-0

[Besen 1989] Stanley Besen, Sheila Nataraj Kirby: Compensating Creators of Intellectual Property (R-3751-MF), RAND Corporation Santa Monica 1989; ISBN: 0-8330-0967-2

[Bessoth 1996] Richard Bessoth: Zur Beurteilung und Beurteilbarkeit der beruflichen Leistung von Lehrern; Bildung und Erziehung, Vol. 49, Nr. 3, S. 317-332; Böhlau Köln 1996; ISSN: 0006-2456 (2013-02-22) http://www.digizeitschriften.de/de/dms/img/? PPN=PPN509215866_0049&DMDID=dmdlog52

[Beutelspacher 1991] Albrecht Beutelspacher, Anette G. Kersten, Axel Pfau: Chipkarten als Sicherheitswerkzeug, Springer Verlag Berlin 1991; ISBN: 3-540-54140-3

[BFS 2011] Bundesamt für Statistik BFS: Internet in den Schweizer Haushalten; Eidgenössisches Departement des Innern EDI, BFS Aktuell Neuchâtel 2011; (2011-04-08) http://www.bfs.admin.ch/bfs/portal/de/index/news/publikationen.html? publicationID=4258

[BGB 1896/2011] Bürgerliches Gesetzbuch (BGB): Bürgerliches Gesetzbuch in der Fassung der Bekanntmachung vom 2. Januar 2002 (BGBl. I S. 42, 2909; 2003 I S. 738), das zuletzt durch Artikel 1 des Gesetzes vom 17. Januar 2011 (BGBl. I S. 34) geändert worden ist; Bundesministerium der Justiz, Berlin Deutschland 1896/2011; (2011-04-22) http://www.gesetze-im-internet.de/bundesrecht/bgb/gesamt.pdf

[BGH 1954] Erste Zivilsenat des Bundesgerichtshofs: BGH, 25.05.1954 - I ZR 211/53; BGHZ 13, S. 334-341; Bundesgerichtshof Karlsruhe, Online: Jurion Wolters Kluwer Deutschland GmbH Köln 1954; (2015-08-19) https://www.jurion.de/Urteile/BGH/1954-05-25/I-ZR-211_53

[Bielicki 2013] Jan Bielicki: Gegen die Verteilung der Gema-Tantiemen, Musiker wollen klagen; Süddeutsche Zeitung München 2013; (2013-01-28) http://www.sueddeutsche.de/medien/gegen-die-verteilung-der-gema-tantiemen-musiker-wollen-klagen-1.1584791

[Birdsall 2005] Nancy Birdsall, Ruth Levine, Amina Ibrahim, UN Millenium Project Task Force on Education and Gender Equality: Toward universal primary education: Investments, Incentives, and institutions, Earthscan London 2005; Print-ISBN: 1844072215

[Biryukov 2009] Alex Biryukov, Dmitry Khovratovich: Related-key Cryptanalysis of the Full AES-192 and AES-256; Cryptology ePrint Archive 2009; (2011-02-02) http://eprint.iacr.org/2009/317

[Bischoff 2010] Antje Bischoff, Karolina Merai: Stiftungen und Finanzkrise: eine repräsentative Umfrage; StiftungsReport 2010/11, S. 76-94; Bundesverband Deutscher Stiftungen, Berlin 2010; ISBN: 978-3-941368-07-1

[Biselli 2015] Anna Biselli: De-Mail: Das tote Pferd wird weitergeritten, wie viel das kostet, soll geheim bleiben; Netzpolitik.org e. V. Berlin 2015; (2018-07-03) https://netzpolitik.org/2015/de-mail-das-tote-pferd-wird-weitergeritten-wieviel-das-kostet-soll-geheim-bleiben/

[Bismarck 1867] Otto von Bismarck et al.: Verfassung des Norddeutschen Bundes; Bundes-Gesetzblatt des Norddeutschen Bundes, 1867, Nr. 1, S. 1-23; Reichstag des Norddeutscher Bundes 1867; (2012-05-10) http://www.lwl.org/westfaelische-geschichte/que/normal/que836.pdf

[BKA 2010] Bundeskriminalamt: Polizeiliche Kriminalstatistik Bundesrepublik Deutschland Berichtsjahr 2009; Bundeskriminalamt Wiesbaden 2010; (2011-04-08) http://www.bka.de/pks/pks2009/download/pks-jb_2009_bka.pdf

[Black 1999] J. Black, S. Halevi, H. Krawczyk, T. Krovetz, P. Rogaway: UMAC: Fast and Secure Message Authentication, published in: Advances in Cryptology - CRYPTO '99; Lecture Notes in Computer Science volume 1666, S. 216-233; Springer-Verlag 1999; ISBN: 3-540-66347-9 (2012-01-09) http://www.cs.ucdavis.edu/~rogaway/papers/umac-full.pdf

[Black 2005] John Black, Phillip Rogaway: CBC MACs for Arbitrary-Length Messages: The Three-Key Constructions; Journal of Cryptology, Volume 18 Issue 2, S. 111-131; Springer Verlag 2005; ISSN: 0933-2790, doi>10.1007/s00145-004-0016-3 (2012-01-09) http://www.cs.ucdavis.edu/~rogaway/papers/3k.pdf

[Blaich 1985] Fritz Blaich: Der Schwarze Freitag, Inflation und Wirtschaftskrise, Deutscher Taschenbuch Verlag München 1985; ISBN: 3-423-04515-9

[Bleich 2006] Holger Bleich: Trautes Heim, Was dedizierte und virtuelle Mietserver leisten; c't 16/2006, S. 134-141; Heise Zeitschriften Verlag Hannover 2006; ISSN: 0724-8679 (2012-08-06) http://www.heise.de/artikel-archiv/ct/2006/16/134_kiosk

[Bleich 2009] Holger Bleich: Mietskasernen, Virtuelle Server als Alternative zu teurer dedizierter Hardware; c't 21/2009, S. 148-153; Heise Zeitschriften Verlag Hannover 2009; ISSN: 0724-8679 (2012-08-06) http://www.heise.de/artikel-archiv/ct/2009/21/148_kiosk

[Bloom 1999] Jeffrey A. Bloom, Ton Kalker, Jean-Paul M. G. Linnartz, Matthew L. Miller, C. Brendan S. Traw: Copy protection for DVD video; Proceedings of the IEEE, Volume: 87 , Issue: 7, S. 1267-1276; IEEE 1999; ISSN: 0018-9219, DOI: 10.1109/5.771077 (2012-05-22) http://ieeexplore.ieee.org/xpls/abs_all.jsp?arnumber=771077

[BMBF 2009] Bundesministeriums für Bildung und Forschung (BMBF): Mehr als ein Stipendium - Staatliche Begabtenförderung im Hochschulbereich; W. Bertelsmann Verlag, Bielefeld; Arbeitsgemeinschaft der Begabtenförderungswerke der Bundesrepublik Deutschland 2009; (2013-08-12) http://www.begabtenförderungswerke.de/_media/BMBF_Begabten_Broschuere0409.pdf

[Boll 2012] Christina Boll,Nora Reich : Das Betreuungsgeld — eine kritische ökonomische Analyse; Wirtschaftsdienst, Volume 92, Issue 2, S. 121-128; Springer Verlag 2012; DOI: 10.1007/s10273-012-1338-7 (2013-08-15) http://link.springer.com/article/10.1007/s10273-012-1338-7

[Boushey 2009] Heather Boushey: Student Debt: Bigger and Bigger; Centre for Economic Policy Research, Washington D.C. 2009; (2013-08-12) http://dspace.cigilibrary.org/jspui/handle/123456789/8110

[Bouti 1994] A. Bouti, D. A. Kadi: A state-of-the-art review of FMEA/FMECA; International Journal of Reliability, Quality and Safety En-gineering 1, S. 515–543; World Scientific Publishing 1994; DOI: 10.1142/S0218539394000362 (2015-02-13) http://www.worldscientific.com/doi/abs/10.1142/S0218539394000362

[Brandenstein 1997] Pierre Brandenstein, Carsten Corino, Thomas Bernhard Petri: Tauschringe - ein juristisches Niemandsland?; NJW 1997, Heft 13, S. 825-832; C. H. Beck 1997; ISSN: 0341-1915 (2012-11-26) http://beck-online.beck.de/default.aspx?typ=reference&y=300&z=NJW&b=1997&s=825&n=1

[Brandtzæg 2010] Petter B. Brandtzæg, Marika Lüders, Jan H. Skjetne: Too Many Facebook "Friends" Content Sharing and Sociability Versus the Need for Privacy in Social Network Sites; International Journal of Human–Computer Interaction, Volume 26, Issue 11-12, S. 1006-1030; Taylor & Francis 2010; DOI: 10.1080/10447318.2010.516719 (2016-12-16) http://www.tandfonline.com/doi/full/10.1080/10447318.2010.516719

[Bremkamp 2001] Christoph Bremkamp: Einführung von Wettbewerbsstrukturen im Rahmen der kollektiven Verwertung von Urheberrechten; Konstanzer Online-Publikations-System (KOPS), Institutional Repository der Universität Konstanz 2001; urn:nbn:de:bsz:352-opus-10699 (2012-06-14) http://kops.ub.uni-konstanz.de/handle/urn:nbn:de:bsz:352-opus-10699

[Brenke 2012] Karl Brenke: Arbeitslosigkeit in Europa: Jugendliche sind viel stärker betroffen als Erwachsene; DIW-Wochenbericht 2012, issue 30, S. 3-12; Deutsches Institut für Wirtschaftsforschung (DIW), Berlin 2012; ISSN: 0012-1304 (2013-10-17) http://hdl.handle.net/10419/61204

[Brezo 2012] Félix Brezo, Pablo G. Bringas: Issues and Risks Associated with Cryptocurrencies Such as Bitcoin; SOTICS 2012, The Second International Conference on Social Eco-Informatics, S. 20-26; IARIA 2012; ISBN: 978-1-61208-228-8 (2013-06-25) http://www.thinkmind.org/index.php?view=article&articleid=sotics_2012_1_40_30101

[Briedis 2007] Kolja Briedis: Übergänge und Erfahrungen nach dem Hochschulabschluss; HIS Hochschul-Informations-System GmbH Hannover 2007; (2013-01-16) http://his.de/pdf/pub_fh/fh-200713.pdf

[Briegleb 2012] Volker Briegleb: GEMA legt im YouTube-Streit Berufung ein; Heise Zeitschriften Verlag Hannover 2012; (2012-06-19) http://www.heise.de/newsticker/meldung/GEMA-legt-im-YouTube-Streit-Berufung-ein-1580860.html

[Briggs 2007] Mark Briggs: Journalism 2.0; J-Lab, Knight Citizen News Network 2007; (2011-04-12) http://www.kcnn.org/images/uploads/Journalism_20.pdf

[Brockmann 2012] Heiner Brockmann, Horst Keppler : EZB-Käufe von Staatsanleihen anders begründen!; Wirtschaftsdienst, Volume 92, Issue 3, S. 173-176; Springer 2012; Print ISSN: 0043-6275, DOI: 10.1007/s10273-012-1357-4 (2013-08-02) http://link.springer.com/article/10.1007%2Fs10273-012-1357-4

[Brodie 2009] The Nature of Our Digital Universe: The Nature of Our Digital Universe, Future Internet – FIS 2008; Lecture Notes in Computer Science, 2009, Volume

Literaturverzeichnis 457

5468/2009, S. 1-13; Springer Berlin / Heidelberg 2009; ISBN: 978-3-642-00984-6 (2011-04-07) http://www.springerlink.com/content/p5873245303n7786/

[Brown 1998] G. Brown, Rat der Europäischen Unien: Verordnung (EG) Nr. 974/98 des Rates vom 3. Mai 1998 über die Einführung des Euro; Amtsblatt Nr. L 139 vom 11/05/1998, S. 1-5; Rat der EU Brüssel, Amt für Veröffentlichungen der Europäischen Union Luxemburg 1998; (2013-06-20)
http://eur-lex.europa.eu/LexUriServ/LexUriServ.do?uri=CELEX:31998R0974:DE:HTML

[BSA 2012] Business Software Alliance (BSA): Shadow Market, 2011 BSA global software piracy study; Business Software Alliance Washington 2012; (2012-06-01) http://portal.bsa.org/globalpiracy2011/downloads/study_pdf/2011_BSA_Piracy_Study-Standard.pdf

[BSI 2009] Bundesamt für Sicherheit in der Informationstechnik (BSI): Technische Richtlinie BSI TR-03119 Anforderungen an Chipkartenleser mit ePA Unterstützung Version 1.1; Bundesamt für Sicherheit in der Informationstechnik Bonn 2009; (2011-04-25) https://www.bsi.bund.de/SharedDocs/Downloads/DE/BSI/Publikationen/Technische-Richtlinien/TR03119/BSI-TR-03119_V1_pdf.pdf?__blob=publicationFile

[Bucher-Koenen 2011] Tabea Bucher-Koenen: Financial literacy and retirement planning in Germany; Journal of Pension Economics and Finance, Volume 10, Issue 04, October 2011, S. 565-584; Cambridge University Press 2011; DOI: 10.1017/S1474747211000485 (2013-06-13)
http://journals.cambridge.org/action/displayAbstract?fromPage=online&aid=8403933

[Buchheim 1988] Christoph Buchheim: Die Währungsreform 1948 in Westdeutschland; Vierteljahrshefte für Zeitgeschichte, Jahrgang 36, Heft 2, S. 189-231; Institut für Zeitgeschichte München-Berlin 1988; ISSN: 0042-5702
(2013-10-08) http://www.ifz-muenchen.de/heftarchiv/1988_2_1_buchheim.pdf

[Burke 2005] Moira Burke, Anthony Hornof, Erik Nilsen, Nicholas Gorman: High-cost banner blindness: Ads increase perceived workload, hinder visual search, and are forgotten; ACM Transactions on Computer-Human Interaction (TOCHI), Volume 12, Issue 4, S. 423-445; ACM New York 2005; DOI: 10.1145/1121112.1121116 (2012-06-04) http://dl.acm.org/citation.cfm?doid=1121112.1121116

[Bush 1945] Vannevar Bush: As We May Think; Atlantic Monthly 176 Juli 1945, S. 101-108; Atlantic Monthly Company 1945

[BVerfG 2010] Erster Senat Bundesverfassungsgericht: BVerfG, 1 BvR 256/08 vom 2.3.2010, Absatz-Nr. (1 - 345); Bundesverfassungsgericht Karlsruhe 2010; (2011-04-08) https://www.bundesverfassungsgericht.de/entscheidungen/rs20100302_1bvr025608.html

[BVerfG 93, 266 - 1995] Erster Senat Bundesverfassungsgericht: BVerfGE 93, 266; "Soldaten sind Mörder"; Beschluß vom 10. Oktober 1995; 1 BvR 1476, 1980/91 und 102, 221/92, Bundesverfassungsgericht Karlsruhe 1995

[BVrefG 2017] Andreas Voßkuhle et al.: BVerfG, Beschluss des ZweitenSenats vom 18.Juli2017 - 2BvR859/15, 2BvR980/16, 2BvR2006/15, 2BvR1651/15 - Rn.(1-137); Bundesverfassungsgericht Karlsruhe 2017;
ECLI: DE:BVerfG:2017:rs20170718.2bvr085915 (2018-07-11)

[Cafruny 2013] Alan W. Cafruny (ed.), Herman M. Schwartz (ed.): Exploring the Global Financial Crisis, Lynne Rienner Publishers, Boulder CO 2013; ISBN: 978-1-58826-860-0

[Callas 2007] J. Callas et al.: RFC 4880: OpenPGP Message Format; The Internet Society 2007; (2011-02-02) http://tools.ietf.org/html/rfc4880

[Cantillon 1755/2011] Richard Cantillon, Français modernisé par Stéphane Couvreur: Essai sur la nature du commerce en général; Institut Coppet, Paris 1755/2011; (2012-12-05) http://www.institutcoppet.org/wp-content/uploads/2011/12/Essai-sur-la-nature-du-commerce-en-gener-Richard-Cantillon.pdf

[Carroll 2012] Lisa O'Carroll, Josh Halliday: Wendi Deng Twitter account is a fake; The Guardian London 2012; (2012-01-03) http://www.guardian.co.uk/media/2012/jan/03/wendi-deng-twitter-account-fake

[CCITT 1988] THE INTERNATIONALTELEGRAPH AND TELEPHONECONSULTATIVE COMMITTEE: The Directory - Authentication framework, Recommendation X.509 (11/88); INTERNATIONAL TELECOMMUNICATION UNION ITU, Melbourne 1988; (2011-11-04) http://www.itu.int/rec/T-REC-X.509-198811-S/en

[CCSDS 2002] Consultative Committee for Space Data Systems: Reference Model for an Open Archival Information System Blue Book; ISO-Standard 14721:2003; CCSDS 2002; (2011-03-28) http://public.ccsds.org/publications/archive/650x0b1.pdf

[Cerf 1974] Vinton G. Cerf, Robert E. Kahn: A Protocol for Packet Network Intercommunication; IEEE Trans on Comms, Vol Com-22, No 5 May 1974, IEEE 1974; (2011-04-05) http://www.cs.princeton.edu/courses/archive/fall06/cos561/papers/cerf74.pdf

[Cerf 1990] Vinton G. Cerf: The Internet Activities Board; The Internet Society 1990; (2011-04-05) http://tools.ietf.org/html/rfc1160

[Cerf 1992] Vint Cerf, Bob Kahn, Lyman Chapin: Announcing the Internet Society; INET, Internet Society 1992; (2011-12-28) http://www.internetsociety.org/internet/internet-51/history-internet/announcing-internet-society

[Charsky 2010] Dennis Charsky: From Edutainment to Serious Games: A Change in the Use of Game Characteristics; Games and Culture April 2010 vol. 5 no. 2, S. 177-198; SAGE Publications 2010; DOI: 10.1177/1555412009354727 (2013-10-09) http://gac.sagepub.com/content/5/2/177.short

[Chinn 2004] Menzie D. Chinn, Robert W. Fairlie: The Determinants of the Global Digital Divide: A Cross-Country Analysis of Computer and Internet Penetration; Economic Growth Center Discussion Paper No. 881, S. ; Economic Growth Center, Yale University 2004; (2012-02-17) http://www.econ.yale.edu/growth_pdf/cdp881.pdf

[Chor 1985] Benny Chor, Shafi Goldwasser, Silvio Micali, Baruch Awerbuch: Verifiable secret sharing and achieving simultaneity in the presence of faults; 26th Annual Symposium on Foundations of Computer Science, S. 383-395; IEEE 1985; doi: 10.1109/SFCS.1985.64 (2011-07-06) http://ieeexplore.ieee.org/stamp/stamp.jsp?tp=&arnumber=4568164&isnumber=4568116

[Christianson 1996] Bruce Christianson, William S. Harbison: Why isn't trust transitive?; Lecture Notes in Computer Science, 1997, Volume 1189/1997, S. 171-176; Springer Ver-

lag Berlin Heidelberg 1996; DOI: 10.1007/3-540-62494-5_16
(2011-11-04) http://www.springerlink.com/content/3r64847m6w7256x1/

[Cichorius 1922] Conrad Cichorius: Ein Patentgesetz aus dem griechischen Altertum; Jahrbücher für Nationalökonomie und Statistik, 118. Band = III. Folge 63. Band, 1922 I, S. 46-48; Gustav Fischer Verlag Jena 1922;
(2012-05-10) http://www.digizeitschriften.de/dms/toc/?PPN=PPN345616359_0118

[CIJ 1973] Cour internationale de Justice (CIJ): Essais nucléaires, La France n'accepte pas la juridiction de la Cour; Intercourt, La Haye (Den Haag) 1973; (2011-05-05) http://www.icj-cij.org/docket/files/59/11561.pdf

[Colville 1985] John Rupert Colville: The Fringes of Power, Downing Street Diaries 1939-1955, Hodder and Stoughton London 1985; ISBN: 0-340-38296-1

[COM 2012] European Commission: Proposal for a DIRECTIVE OF THE EUROPEAN PARLIAMENT AND OF THE COUNCIL on collective management of copyright and related rights and multi-territorial licensing of rights in musical works for online uses in the internal market; European Commission, Brussels 2012; (2012-07-12) http://ec.europa.eu/internal_market/copyright/docs/management/com-2012-3722_en.pdf

[Cooper 2008] D. Cooper et al.: RFC 5820: Internet X.509 Public Key Infrastructure Certificate and Certificate Revocation List (CRL) Profile; The Internet Society 2008; (2011-02-02) http://tools.ietf.org/html/rfc5280

[Cournot 1838/1924] Augustin Cournot, W. G. Waffenschmidt (Übersetzung), Heinrich Waentig (Hrsg.): (französisches Original: Recherches sur les principes mathématiques de la théorie des richesses, 1838), Verlag von Gustav Fischer, Jena 1838/1924;

[Crispin 2003] M. Crispin: RFC3501 - Internet Message Access Protocol, Version 4rev1; Network Working Group, The Internet Society 2003;
(2016-12-16) https://tools.ietf.org/html/rfc3501

[Crossley 2010] Thomas F. Crossley, Cormac O'Dea: The wealth and saving of UK families on the eve of the crisis; Institute for Fiscal Studies (IFS), London 2010; DOI: 10.1920/re.ifs.2010.0071 (2013-12-19) http://hdl.handle.net/10419/64587

[Cummins 1995] Terry Cummins: Diving in Australia; Journal of the South Pacific Underwater Medicine Society, Vol. 25 No. 2 1995, S. 113-117; South Pacific Underwater Medicine Society SPUMS 1992;
(2012-08-02) http://dspace.rubicon-foundation.org:8080/xmlui/handle/123456789/6426

[Czycholl 2011] Harald Czycholl: Sammlerwert: D-Mark-Münzen können bis zu 4000 Euro wert sein; Springer Verlag 2011; (2013-06-19) http://www.welt.de/finanzen/geldanlage/article12519747/D-Mark-Muenzen-koennen-bis-zu-4000-Euro-wert-sein.html

[Daemen 2002] Joan Daemen, Vincent Rijmen: The design of Rijndael: AES - the advanced encryption standard, Springer Verlag Berlin 2002; ISBN 3-540-42580-2

[Dahl 2007] Heidi E. I. Dahl, Ida Hogganvik, Ketil Stølen: Structured semantics for the CORAS security risk modelling language; SINTEF Information and Communication Technology 2007;
(2011-08-26) http://coras.sourceforge.net/documents/coras_semantics_report.pdf

[Danger 2007] Jean-Luc Danger, Sylvain Guilley, Philippe Hoogvorst: Fast True Random Generator in FPGAs; published in IEEE Northeast Workshop on Circuits and Systems NEWCAS 2007; IEEE Computer Society 2007; Print ISBN: 978-1-4244-1163-4, Digital Object Identifier: 10.1109/NEWCAS.2007.4487970 (2012-01-10) http://ieeexplore.ieee.org/stamp/stamp.jsp?tp=&arnumber=4487970

[Deibert 2008] Ronald J. Deibert, John G. Palfrey, Rafal Rohozinski, Jonathan Zittrain (Editors) : Access Denied: The Practice and Policy of Global Internet Filtering, MIT Press 2008; ISBN: 978-0-262-54196-1

[Dennis 2011] Michael Aaron Dennis, Robert Kahn: Internet, Encyclopædia Britannica Online; Encyclopædia Britannica, Inc. 2011;
(2011-12-28) http://www.britannica.com/EBchecked/topic/291494/Internet

[Destatis 2011] Statistisches Bundesamt: Fachserie 15 Reihe 4: Wirtschaftsrechnungen, Private Haushalte in der Informationsgesellschaft – Nutzung von Informations- und Kommunikationstechnologien; Statistisches Bundesamt, Wiesbaden 2011; (2011-04-07) http://www.destatis.de/jetspeed/portal/cms/Sites/destatis/Internet/DE/Content/Publikationen/Fachveroeffentlichungen/Informationsgesellschaft/PrivateHaushalte/PrivateHaushalteIKT2150400107004,property=file.pdf

[DeStatis 2013] Statistisches Bundesamt DeStatis: Gestorbene: Deutschland, Jahre, Geschlecht, Altersjahre; Statistisches Bundesamt, Wiesbaden 2012;
(2013-01-15) https://www-genesis.destatis.de/genesis/online

[Devtome 2013] Contributors of www.devtome.com: Devcoin Official Site; Devtome 2013; (2013-05-22) http://www.devtome.com/doku.php?id=devcoin

[Diekmann 1985] Andreas Diekmann: Volunteer's dilemma; The Journal of Conflict Resolution, Vol. 29, No. 4, Dec., 1985, S. 605-610; Sage Publications, Inc. 1985; (2012-02-16) http://www.jstor.org/stable/174243

[Diekmann 2009] Andreas Diekmann: Spieltheorie, Rowohlt Verlag, Reinbek bei Hamburg 2009; ISBN 978-3-499-55701-9

[Dingledine 2004] Roger Dingledine, Nick Mathewson, Paul Syverson: The Second-Generation Onion Router, in Proceedings of the 13th USENIX Security Symposium; USENIX Security Symposium, San Diego 2004;
(2011-10-06) https://svn.torproject.org/svn/projects/design-paper/tor-design.pdf

[DLGI 2011] Dienstleistungsgesellschaft für Informatik (DLGI): Häufige Fragen zum ECDL; DLGI - Dienstleistungsgesellschaft für Informatik mbH Bonn 2011 (Abruf, Veröffentlichungsdatum unbekannt);
(2011-05-04) http://www.dlgi.de/uploads/media/FAQ_ECDL.pdf

[DNBG 2006] DNBG: Gesetz über die Deutsche Nationalbibliothek vom 22. Juni 2006 (BGBl. I S. 1338), dasdurch Artikel 15 Absatz 62 des Gesetzes vom 5. Februar 2009 (BGBl. I S. 160) geändertworden ist; Bundesministerium der Justiz, Berlin Deutschland 2006; (2011-04-14) http://bundesrecht.juris.de/bundesrecht/dnbg/gesamt.pdf

[Dobusch 2016] Leonhard Dobusch: YouTube und GEMA einigen sich: Weniger Sperrbildschirme, aber keine Rechtssicherheit; Netzpolitik.org e. V. Berlin 2016; (2017-05-28) https://netzpolitik.org/2016/youtube-und-gema-einigen-sich-weniger-sperrbildschirme-aber-keine-rechtssicherheit/

[Dolev 1990] D. Dolev, C. Dwork, O. Waarts, M. Yung: Perfectly secure message transmission; 31st Annual Symposium on Foundations of Computer Science (FOCS 1990) 1990; (2011-02-21) http://www.computer.org/portal/web/csdl/doi/10.1109/FSCS.1990.89522

[Domitrovic 2011] Brian Domitrovic: August 15, 1971: A Date Which Has Lived In Infamy - Forbes; Forbes.com LLC 2011; (2012-10-29) http://www.forbes.com/sites/briandomitrovic/2011/08/14/august-15-1971-a-date-which-has-lived-in-infamy/2/

[Drahos 2002] Peter Drahos, John Braithwaite: Information Feudalism, Who Owns the Knowledge Economy?, Earthscan Publications London 2002; ISBN: 1-85383-917-5

[DRV 2012] Deutsche Rentenversicherung DRV Bund: Statistikband zum Rentenbestand am 31.12.2011; Deutsche Rentenversicherung Bund Berlin, Würzburg 2012; ISSN: 1863-0006 (2013-01-15) forschung.deutsche-rentenversicherung.de/FdzPortalWeb/getRessource.do?key=sy-band_187.pdf

[DRV-Bund 2011] Deutsche Rentenversicherung Bund (Herausgeber): Rentenversicherung in Zeitreihen, Ausgabe 2011; Deutsche Rentenversicherung Berlin 2011; (2012-02-15) http://www.deutsche-rentenversicherung.de/cae/servlet/contentblob/29974/publicationFile/24465/rv_in_zeitreihen_pdf.pdf

[Duhigg 2012] Charles Duhigg, David Kocieniewski: How Apple Sidesteps Billions in Taxes; New York Times, New York edition, April 29. 2012, S. A1; The New York Times Company 2012; (2013-05-15) http://www.nytimes.com/2012/04/29/business/apples-tax-strategy-aims-at-low-tax-states-and-nations.html

[ECSR 2005] European Committee of Social Rights (ECSR): European Social Charter (Revised) Conclusions 2005 (FRANCE); Council of Europe 2005; (2011-05-03) http://www.coe.int/t/dghl/monitoring/socialcharter/Conclusions/State/France2005_en.pdf

[Eeten 2008] Michel J.G. van Eeten, Johannes M. Bauer: Economics of Malware: Security Decisions, Incentives and Externalities, in STI Working Paper Series; OECD/OCDE 2008; (2013-11-14) http://www.oecd.org/internet/ieconomy/40722462.pdf

[Einstein 1969] Albert Einstein, Hedwig Born, Max Born: Albert Einstein, Hedwig und Max Born, Briefwechsel, Nymphenburger Verlagshandlung München 1969;

[EMV 2008] American Express, JCB, MasterCard, Visa: Integrated Circuit Card Specifications for Payment Systems EMV 4.2; EMVCo, LLC 2008; (2011-07-29) http://www.emvco.com/specifications.aspx

[Enquete 1997] Enquete-Kommission Zukunft der Medien in Wirtschaft und Gesellschaft, Dieter Baacke: Medienkompetenz im Informationszeitalter, daraus: „Diskurs der Informationsgesellschaft" von Dieter Baacke, Deutscher Bundestag (Hrsg.), ZV Zeitungs-Verlag Service Bonn 1997; ISBN 3-929122-47-2

[Enz 2016] Werner Enz: Das bedingungslose Grundeinkommen; Die Mär von den schmerzfreien Milliarden; Neue Zürcher Zeitung AG, NZZ Online am 3. März 2016; (2017-08-20) https://www.nzz.ch/wirtschaft/wirtschaftspolitik/das-bedingungslose-grundeinkommen-die-maer-von-den-schmerzfreien-milliarden-ld.6165

[EON 2013] E.ON, Verena Huber (Ansprechpartner): Falscher Verdacht: Deutsche halten Smartphone für Stromfresser; E.ON Energie Deutschland GmbH 2. September 2013;

(2013-11-07) https://www.eon.de/de/eonde/pk/ueberEon/Presse_und_News/Pressemitteilungen_Applikation/index.htm?id=6821

[Erk 2012] Daniel Erk: Film "Iron Sky", Kryptofaschistischer Weltraumschrott; Zeit Online Hamburg 2012; (2012-06-25) http://www.zeit.de/kultur/film/2012-02/iron-sky-berlinale/seite-1

[EStG 2009/2017] Einkommensteuergesetz (EStG): Einkommensteuergesetz in der Fassung der Bekanntmachung vom 8. Oktober 2009 (BGBl. I S. 3366, 3862), das zuletzt durch Artikel 7 des Gesetzes vom 23. Juni 2017 (BGBl. I S. 1682) geändert worden ist; Bundesministerium der Justiz, Juris GmbH 2009/2017; (2017-06-28) https://www.gesetze-im-internet.de/estg/BJNR010050934.html

[EU 1999] Europäischen Parlament und Rat der Europäischen Union (EU): Richtlinie 1999/93/EG des Europäischen Parlaments und des Rates vom 13. Dezember 1999 über gemeinschaftliche Rahmenbedingungen für elektronische Signaturen; EUR-Lex 1999; (2011-04-22) http://eur-lex.europa.eu/LexUriServ/LexUriServ.do?uri=OJ:L:2000:013:0012:0020:DE:PDF

[EUKOMBR 2009] EU Kommission für bessere Regulierung: Dritte Strategische Überlegungen zur Verbesserung der Rechtsetzung in der Europäischen Union; Kommission der Europäischen Union 2009; (2011-05-06) http://eur-lex.europa.eu/LexUriServ/LexUriServ.do?uri=COM:2009:0015:FIN:DE:PDF

[EUKOMSZ 2013] Europäische Kommission für Steuern und Zollunion: Die Mehrwertsteuersätze in den Mitgliedstaaten der Europäischen Union; Europäische Kommission Brüssel 2013; (2013-08-01) http://ec.europa.eu/taxation_customs/resources/documents/taxation/vat/how_vat_works/rates/vat_rates_de.pdf

[EURAT 2006] Rat der Europäischen Union: RICHTLINIE 2006/112/EG DES RATES vom 28. November 2006 über das gemeinsame Mehrwertsteuersystem; Amtsblatt der Europäischen Union, L 347, 2006-12-11, S. 1-118; Amt für Veröffentlichungen der Europäischen Gemeinschaften 2006; (2013-08-01) http://eur-lex.europa.eu/LexUriServ/LexUriServ.do?uri=OJ:L:2006:347:0001:0118:de:PDF

[EURAT 2011] Rat der EU, das Europäische Parlament: RICHTLINIE 2011/83/EU DES EUROPÄISCHEN PARLAMENTS UND DES RATES vom 25. Oktober 2011 über die Rechte der Verbraucher, zur Abänderung der Richtlinie 93/13/EWG des Rates und der Richtlinie 1999/44/EG des Europäischen Parlaments und des Rates sowie zur Aufhebung der Richtlinie 85/577/EWG des Rates und der Richtlinie 97/7/EG des Europäischen Parlaments und des Rates; Amtsblatt der Europäischen Union, L 304, 2011-11-22, S. 64-88; Amt für Veröffentlichungen der Europäischen Gemeinschaften 2011; (2013-12-02) http://eur-lex.europa.eu/LexUriServ/LexUriServ.do?uri=OJ:L:2011:304:0064:0088:DE:PDF

[Europarat 1996] Europarat: European Social Charter (revised) ; Council of Europe, Strasbourg 1996; (2011-05-03) http://www.conventions.coe.int/Treaty/en/Treaties/Html/163.htm

[Evans 2008] David S. Evans: The Economics of the Online Advertising Industry; Review of Network Economics. Volume 7, Issue 3, De Gruyter 2008; ISSN (Online): 1446-

9022, DOI: 10.2202/1446-9022.1154 (2012-06-04)
http://www.degruyter.com/view/j/rne.2008.7.3/rne.2008.7.3.1154/rne.2008.7.3.1154.xml

[Eyal 2014] Ittay Eyal, Emin Gün Sirer: It's Time For a Hard Bitcoin Fork; Hacking, Distributed; Ithaca 2014;
(2018-11-19) http://hackingdistributed.com/p/2014/06/13/in-ghash-bitcoin-trusts

[EZB 2011] Europäische Zentralbank: Die Geldpolitik der EZB, Europäische Zentralbank, Frankfurt am Main 2011; Print-ISBN: 978-92-899-0825-2; Internet-ISBN 978-92-899-0826-9

[Falter 2017] Jürgen W. Falter: Weimarer Verhältnisse (5): Wie viel NSDAP steckt in der AfD; Frankfurter Allgemeine Zeitung 2017;
(2018-07-10) http://www.faz.net/aktuell/politik/die-gegenwart/weimarer-verhaeltnisse-5-wie-viel-nsdap-steckt-in-der-afd-15066430-p7.html?printPagedArticle=true#pageIndex_6

[Faria 2009] A.J. Faria, David Hutchinson, William J. Wellington, Steven Gold: Developments in Business Gaming, A Review of the Past 40 Years; Simulation Gaming August 2009, vol. 40, no. 4, S. 464-487; SAGE Publications 2009; DOI: 10.1177/1046878108327585 (2013-10-09) http://sag.sagepub.com/content/40/4/464.short

[Farmer 2009] J. Doyne Farmer, Duncan Foley: The economy needs agent-based modelling; Nature 460 (6 August 2009), S. 685-686; Nature Publishing Group, a division of Macmillan Publishers 2009; ISSN: 0028-0836, DOI:10.1038/460685a (2013-10-09) http://www.nature.com/nature/journal/v460/n7256/full/460685a.html

[Ferguson 2010] Niels Ferguson, Bruce Schneier, Tadayoshi Kohno: Cryptography Engineering, Wiley Publishing, Inc. Indianapolis 2010; ISBN: 978-0-470-47424-2

[FeV 2010/2012] Bundesministerium für Verkehr, Bau und Stadtentwicklung: Fahrerlaubnis-Verordnung vom 13. Dezember 2010 (BGBl. I S. 1980), die zuletzt durch Artikel 2 der Verordnung vom 26. Juni 2012 (BGBl. I S. 1394) geändert worden ist, (Fahrerlaubnis-Verordnung - FeV); Bundesministerium der Justiz, Juris GmbH 2010/2012; (2012-08-02) http://www.gesetze-im-internet.de/fev_2010/BJNR198000010.html

[FinManNF 2012] Financial Management of Nobel Fundation: The Nobel Foundation Annual Report 2011; Nobel Foundation Stockholm 2012; (2012-10-08) http://www.nobelprize.org/nobel_prizes/about/prize_amounts_12.pdf

[Fitzi 2007] Matthias Fitzi, Matthew Franklin, Juan Garay and S. Harsha Vardhan: Towards Optimal and Efficient Perfectly Secure Message Transmission; Lecture Notes in Computer Science, 2007, Volume 4392/2007, S. 311-322; Springer Verlag Berlin 2007; ISBN: 978-3-540-70935-0
(2011-02-22) http://www.springerlink.com/content/ah255638733h1g75/fulltext.pdf

[France 1958/2008] République française: Constitution française du 4 octobre 1958 à jour de la révision constitutionnelle du 23 juillet 2008; Conseil constitutionnel Paris 1958/2008; (2011-05-02) http://www.conseil-constitutionnel.fr/conseil-constitutionnel/root/bank/pdf/conseil-constitutionnel-5074.pdf

[Franzmann 2010] Manuel Franzmann et al.: Bedingungsloses Grundeinkommen als Antwort auf die Krise der Arbeitsgesellschaft, Velbrück, Weilerswist 2010; 978-3-938808-76-4

[Freed 1996] N. Freed, N. Borenstein: RFC 2045 - Multipurpose Internet Mail Extensions, (MIME) Part One: Format of Internet Message Bodies; Network Working Group, The Internet Society 1996; (2016-12-21) https://tools.ietf.org/html/rfc2045

[Freitag 2012] Walburga Katharina Freitag: Zweiter und Dritter Bildungsweg in die Hochschule; Hans Böckler Stiftung Düsseldorf 2012; (2013-08-19) http://www.boeckler.de/pdf/p_arbp_253.pdf

[Fricke 1876/1983] Richard Fricke, Ulrich Müller (Hrsg.), Franz Hundsnurscher (Hrsg.), Cornelius Sommer (Hrsg.): 1876, Rischard Wagner auf der Probe, Verlag Hans-Dieter Heinz, Stuttgart 1876/1983; ISBN: 3-88099-132-4

[Friedman 1962/2002] Milton Friedman: Capitalism and Freedom, University of Chicago Press 1962/2002; ISBN: 0-226-26421-1

[Froissart 1347/1835] Jean Froissart, Jean Alexandre C. Buchon (Éditeur scientifique): Les chroniques de sire Jean Froissart, A. Desrez (Paris) 1347/1835;

[Galiatsatos 2012] Panagis Galiatsatos: Grichenland, Medien vor dem Kollaps; Neue Zürcher Zeitung AG 2012; (2012-06-12) http://www.nzz.ch/aktuell/feuilleton/medien/griechische-medien-vor-dem-kollaps-1.17223921

[Gärtner 2012] Manfred Gärtner: Das ökonomische Einmaleins des Bankgeheimnisses; Wirtschaftsdienst, Volume 92, Issue 2, S. 110-114; Springer-Verlag 2012; DOI: 10.1007/s10273-012-1336-9
(2013-05-21) http://link.springer.com/article/10.1007/s10273-012-1336-9

[Geiger 2001] Hans Geiger, Gerhard Braun (Ed.): Lob dem Geld: Zur Effizienz des Handelns und Bezahlens; Kapitalmaerkte und Politik, S. 20-45; Dahlem University Press, Berlin 2001; ISBN-13: 978-3934504080
(2013-06-17) www.bf.uzh.ch/publikationen/pdf/publ_1313.pdf

[Geitmann 2008] Roland Geitmann, Mathias Weis (Hrsg.), Heiko Spitzeck (Hrsg.): Der Zins als Problem für Juden, Christen und Muslime; In: Der Geldkomplex. Kritische Reflexionen unseres Geldsystems und mögliche Zukunftsszenarien, S. 87-99; Haupt Verlag Bern 2008; ISBN: 987-3-258-07314-9

[Gelleri 2006] Christian Gelleri: Regionalentwicklung mit Regiogeld; TU München, REGIOS eG 2006; (2012-11-09) http://www.chiemgauer.info/uploads/media/Regiogeld-Vortrag_TU_M_nchen_23.5.06_ohne_Bilder_02.pdf

[GEMA 2010] GEMA Pressemitteilung: GEMA bricht Verhandlungen mit YouTube ab; GEMA – Gesellschaft für musikalische Aufführungs- und mechanische Vervielfältigungsrechte Berlin, München 2010; (2012-06-19) https://www.gema.de/presse/pressemitteilungen/presse-details/article/gema-bricht-verhandlungen-mit-youtube-ab.html

[GEMA 2016] GEMA Pressemitteilung: GEMA unterzeichnet Vertrag mit YouTube: Meilenstein für eine faire Vergütung der Musikurheber im digitalen Zeitalter; GEMA – Gesellschaft für musikalische Aufführungs- und mechanische Vervielfältigungsrechte Berlin, München 2016; (2017-05-28) https://www.gema.de/uploads/media/PM_GEMA_Vertragsabschluss_mit_YouTube_011116.pdf

[Genero 2005] Marcela Genero, Mario Piattini, Coral Calero: A survey of metrics for UML class diagrams; Journal of Object Technology, Volume 4, no. 9, S. 59-92; ETH Zürich 2005; DOI: 10.5381/jot.2005.4.9.a1 (2013-12-12) http://www.jot.fm/contents/issue_2005_11/article1.html

[GeschmMG 2004/2011] (2012-05-10): Gesetz über den rechtlichen Schutz von Mustern und Modellen (Geschmacksmustergesetz - GeschmMG); Bundesministerium der Justiz, Berlin Deutschland 2004/2011; (2012-05-10) http://www.gesetze-im-internet.de/bundesrecht/geschmmg_2004/gesamt.pdf

[Gesell 1881-1930/2009] Silvio Gesell: Gesammelte Werke; Gauke GmbH, Verlag für Sozialökonomie Kiel 1881-1930/2009; ISBN: 3-87998-410-7 (2012-11-07) http://silvio-gesell.de/SILVIO.GESELL-WERKE-DL.pdf

[Gesell 1919] Silvio Gesell: Die natürliche Wirtschaftsordnung durch Freiland und Freigeld, Roman Gesell, Arnstadt in Thüringen 1919;

[GG 1949/2010] Parlamentarische Rat der Bundesrepublik Deutschland : Grundgesetz für die Bundesrepublik Deutschland in der im Bundesgesetzblatt Teil III, Gliederungsnummer 100-1, veröffentlichten bereinigten Fassung, das zuletzt durch Artikel 1 des Gesetzes vom 21. Juli 2010 (BGBl. I S. 944) geändert worden ist, Bundesgesetzblatt, online Version durch: Bundesministeriums der Justiz in Zusammenarbeitmit der juris GmbH 1949 / 2010;

[Gladman 2000] Brian Gladman: Serpent; Worcester 2000; (2016-2-23) http://173.254.28.24/~brgladma//oldsite/cryptography_technology/serpent/index.php

[Gladman 2014] Brian Gladman: AES and Combined Encryption/Authentication Modes; Worcester 2014; (2016-2-23) http://www.gladman.me.uk/AES

[Glasserman 2004] Paul Glasserman: Monte Carlo Methods in Financial Engineering, Springer 2004; ISBN: 0-387-00451-3

[Gleißner 2004] Werner Gleißner, Thomas Berger: Auf nach Monte Carlo: Simulationsverfahren zur Risiko-Aggregation; RISKNEWS, 1, S. 30-37; Wiley 2004; DOI: 10.1002/risk.200490005 (2015-02-13) http://onlinelibrary.wiley.com/doi/10.1002/risk.200490005/abstract

[Göbl 1978] Robert Göbl: Antike Numismatik, Battenberg Verlag München 1978; ISBN: 3870451440

[Goethe 1831/1986] Johann Wolfgang von Goethe: Faust. Der Tragödie zweiter Teil, Philipp Reclam jun. GmbH & Co. Stuttgart 1831/1986; ISBN: 3-15-000002-5

[Goldschlag 1996] David M. Goldschlag, Michael G. Reed, Paul F. Syverson: Hiding Routing Information; LNCS 1174, S. 137-150; Information Hiding, First International Workshop, Springer-Verlag 1996; (2011-10-06) http://www.onion-router.net/Publications/IH-1996.pdf

[Goldstein 2011] Morris Goldstein, Nicolas Véron: Too big to fail: the transatlantic debate; Bruegel, Brussels 2011; (2013-10-16) http://www.bruegel.org/publications/publication-detail/publication/495-too-big-to-fail-the-transatlantic-debate/

[Gordon 2002] Lawrence A. Gordon, Martin P. Loeb: The economics of information security investment; ACM Transactions on Information and System Security (TISSEC), Volume 5, Issue 4, S. 438-457; ACM New York 2002; DOI: 10.1145/581271.581274 (2013-11-15) http://dl.acm.org/citation.cfm?doid=581271.581274

[Gradenico 1469] Angelus Gradenico, Bertuccius Contareno, Angelus Venerio, Iacobus Mauroceno, Franciscus Dandulo, L. Bently (ed), M. Kretschmer (ed), Joanna Kostylo (translation): Johannes of Speyer's Printing Monopoly; Venetian State Archives: ASV, NC, reg. 11, c. 55r, Online: University of Cambridge, Original: Council of Venice 1469; (2012-07-02) http://copy.law.cam.ac.uk/cam/tools/request/showRepresentation?id=representation_i_1469

[Greenberg 2007] Andy Greenberg: Star Wars' Galactic Dollars; Forbes.com New York 2007; (2013-06-10) http://www.forbes.com/2007/05/24/star-wars-revenues-tech-cx_ag_0524money.html

[Greenwald 2013] Glenn Greenwald, Ewen MacAskill : Boundless Informant: the NSA's secret tool to track global surveillance data; Guardian News and Media Limited 2013; (2014-01-16) http://www.theguardian.com/world/2013/jun/08/nsa-boundless-informant-global-datamining

[Griffith 2008] David R. Griffith: The ecological implications of individual fishing quotas and harvest cooperatives; Frontiers in Ecology and the Environment 2008 6, 4, S. ; Ecological Society of America 2008; DOI: 10.1890/050060
(2013-09-23) http://www.esajournals.org/doi/abs/10.1890/050060

[Grünig 1999] Barbara Grünig, Gabriele Kaiser, Robert Kreitz, Hans Rauschenberger, Konrad Rinninsland: Leistung und Kontrolle, Juventa Verlag Weinheim und München 1999; ISBN: 3-7799-1058-6

[Guadamuz 2011] Andres Guadamuz: Is Bitcoin legal?; TechnoLlama, Brighton 2011; (2012-11-19) http://www.technollama.co.uk/is-bitcoin-legal

[Güßgen 2010] Florian Güßgen: Die Bundespräsidentenwahl und Twitter: Die falschen Wahrsager aus dem Netz; Stern.de GmbH Hamburg 2010; (2011-04-14) http://www.stern.de/politik/deutschland/die-bundespraesidentenwahl-und-twitter-die-falschen-wahrsager-aus-dem-netz-1578607.html

[Gyr 2012] Marcel Gyr: Geld für Steuer-CD im Ausland blockiert; Neue Zürcher Zeitung AG 2012; (2012-05-03) http://www.nzz.ch/nachrichten/politik/schweiz/geld-fuer-steuer-cd-im-ausland-blockiert_1.16616020.html

[Ha 2016] Mai Ha: Speichergiganten zum kleinen Preis; CHIP Digital GmbH München 2016; (2017-07-20) http://www.chip.de/artikel/Preis-Leistung-Externe-3-5-Zoll-Festplatten-im-Check_85126897.html

[Hagenmüller 2009] Moritz Hagenmüller, Friederike Künzel: Print-on-Demand — Neue Chancen für Verleger und Autoren; Ökonomie der Buchindustrie, S. 259-271; Gabler Verlag, Wiesbaden 2009; Print-ISBN: 978-3-8349-1172-8, DOI: 10.1007/978-3-8349-9409-7_18 (2013-12-22) http://link.springer.com/chapter/10.1007/978-3-8349-9409-7_18

[Handke 2008] Christian Handke, Ruth Towse: Economics of Copyright Collecting Societies; International Review of Intellectual Property and Competition Law, Vol. 38, No.8, S. 937-957; Social Science Research Network (SSRN) 2008; DOI: 10.2139/ssrn.1159085 (2012-06-12) http://ssrn.com/abstract=1159085

[Harrison 1969] John F. C. Harrison: Robert Owen and the Owenites in Britain and America : The quest for the new moral world , Routledge and Kegan Paul, London 1969; ISBN: 0-7100-6035-1

[Harsanyi 1967] John C. Harsanyi: Games with Incomplete Information Played by "Bayesian" Players, I-III, Part I. The Basic Model; Management Science, November 1967, Volume 14, Number 3, S. pp. 159-182; Institute of Management Sciences 1967; (2012-02-12) http://www.dklevine.com/archive/refs41175.pdf

[Hauser 2003] Tobias Hauser, Christian Wenz: DRM Under Attack: Weaknesses in Existing Systems; Lecture Notes in Computer Science, 2003, Volume 2770/2003, S. 206-223; Springer Verlag Berlin 2003; ISBN: 978-3-540-40465-1, DOI: 10.1007/10941270_14 (2012-05-24) http://vis.uky.edu/~cheung/courses/ee639_fall04/readings/DRM_attack.pdf

[Healy 2002] Kieran Healy: Digital Technology and Cultural Goods; The Journal of Political Philosophy, Volume 10, Number 4, S. 478-500; Blackwell Publishing Oxford 2002; (2012-05-22) http://www.kieranhealy.org/files/papers/jpp.pdf

[Heine 1841/1988] Heinrich Heine, Manfred Windfuhr (Hrsg.): Lutezia, aus "Historisch-kritische Gesamtausgabe der Werke von Heinrich Heine", Hoffmann und Campe Verlag Hamburg 1841/1988; ISBN 3-455-03014-9

[Heinze 2003] Olesja Heinze: Zeugnisse in der Grundschule: Anspruch und Wirklichkeit, GRIN Verlag 2003; ISBN: 978-3-638-25788-6, DOI: 10.3239/9783638257886

[Heker 2011] Harald Heker (Hrsg.), Rainer Hilpert, Bettina Müller, Stefan Wohlgemuth (Redaktion): GEMA Jahrbuch 2011/2012, Nomos Verlagsgesellschaft Baden-Baden 2011; ISBN 978-3-8329-7081-9

[Heker 2013] Harald Heker, Lorenzo Colombini, Georg Oeller: Geschaeftsbericht 2012; GEMA München 2013; (2013-12-16) https://www.gema.de/fileadmin/user_upload/Presse/Publikationen/Geschaeftsbericht/Geschaeftsbericht_2012.pdf

[Herb 2009] Ulrich Herb: Vernetzte Forscher; c't 25/2009, S. ; Heise Zeitschriften Verlag Hannover 2009; ISSN: 0724-8679

[Herrmann 2012] Gunnar Herrmann: Crowdfunding für "Iron Sky" - Angriff der Weltraumnazis; Süddeutsche Zeitung München 2012; (2012-06-22) http://www.sueddeutsche.de/digital/kinofilm-iron-sky-crowdfunding-fuer-weltraumnazis-1.1325798

[Herz 1998] Bernhard Herz, Wolfgang Merz: Experiential Learning and the Effectiveness of Economic Simulation Games; Simulation Gaming, June 1998 vol. 29 no. 2, S. 238-250; SAGE Publications 1998; DOI: 10.1177/1046878198292007 (2013-10-08) http://sag.sagepub.com/content/29/2/238

[Hesselmann 2012] Markus Hesselmann: Premiere bei der Berlinale, Iron Sky: Nazi-Trash, Crowdfunding und mehr; Tagesspiegel Online Berlin 2012; (2012-06-25) http://www.tagesspiegel.de/kultur/kino/berlinale/premiere-bei-der-berlinale-iron-sky-ist-mehr-als-eine-trashige-nazi-kommoedie/6199700-2.html

[Hinz 2010] Thomas Hinz, Simone Wagner: Die Diffusion einer sozialen Bewegung – lokale Austauschnetzwerke in Deutschland; Zeitschrift für Soziologie, Jg. 39, Heft 1, S. ;

Lucius & Lucius Verlag Stuttgart 2010; ISSN: 0340-1804 (2012-11-23) http://www.zfs-online.org/index.php/zfs/article/view/3027

[Höbel 2012] Wolfgang Höbel: Berlinale-Trash Iron Sky, Nazis im Weltall; Axel Springer AG Hamburg 2012; (2012-06-25) http://www.spiegel.de/kultur/kino/berlinale-trash-iron-sky-nazis-im-weltall-a-814772.html

[Holland 2011] Mike Holland, Anne Wagner, Joe Spadaro, Trevor Davies, EEA members: Revealing the costs of air pollution from industrial facilities in Europe ; European Environment Agency EEA, Copenhagen 2011; ISBN 978-92-9213-236-1, DOI:10.2800/84800 (2013-06-13)
http://www.eea.europa.eu/pressroom/publications/cost-of-air-pollution

[Höpker-Aschoff 1949] Hermann Höpker-Aschoff: Währungsmanipulationen seit 1914; FinanzArchiv / Public Finance Analysis, 1949, Volume 11, Issue 1, S. 29-56; Mohr Siebeck GmbH & Co. KG 1949; ISSN: 00152218
(2013-06-19) http://www.jstor.org/stable/40908551

[Hounshell 1984] David A. Hounshell: From the American system to mass production, 1800-1932: The development of manufacturing technology in the United States, The Johns Hopkins University Press, Baltimore 1984; ISBN: 0-8018-2976-5

[IBM Research Division 2001] IBM Research Division: IBM's Test-Tube Quantum Computer Makes History; First Demonstration Of Shor's Historic Factoring Algorithm; ScienceDaily 2001;
(2011-02-02) http://www.sciencedaily.com/releases/2001/12/011220081620.htm

[ICJ 1987] Registry of the International Court of Justice (ICJ): Military and Paramilitary Activities in and against Nicaragua (Nicaragua v. United States of America), Reparation - Fixing of the time-limits for the filing of written pleadings; Intercourt, The Hague (Den Haag) 1987; (2011-05-05) http://www.icj-cij.org/docket/files/70/10057.pdf

[IEC 61025 2006] International Electrotechnical Commission: Fault Tree Analysis (FTA), edition 2.0; International Electrotechnical Commission, Genf, Schweiz 2006; IEC 61025 (2015-02-13) http://webstore.iec.ch/webstore/webstore.nsf/artnum/037347!opendocument

[ISBN 2005] ISBN Agentur für die Bundesrepublik Deutschland: Die Internationale Standard-Buchnummer ISBN Handbuch; MVB Marketing- und Verlagsservice des Buchhandels GmbH, Frankfurt am Main 2005; ISBN: 978-3-7657-2781-8 (Online-Version) (2011-04-14) http://www.german-isbn.org/PDF/isbn_13_handbuch.pdf

[ISO 31000 2009] International Organization for Standardization ISO: Risk management – Principles and guidelines; ISO Genf, Schweiz 2009; ISO 31000:2009 (2015-02-13) http://www.iso.org/iso/home/standards/iso31000.htm

[ISO/IEC 7498-1 1994] International Organization for Standardization ISO: Information technology -- Open Systems Interconnection -- Basic Reference Model: The Basic Model; ISO Genf, Schweiz 1994; (2016-2-16) http://www.iso.org/iso/catalogue_detail.htm?csnumber=20269

[ITU-T 2009] ITU-T Study Group 13: Requirements for the support of IPTV services, Recommendation ITU-T Y.1901; International Telecommunication Union 2009; (2011-04-06) http://www.catr.cn/radar/itut/201007/P020100707505889728239.pdf

Literaturverzeichnis

[Iwata 2003] Tetsu Iwata, Kaoru Kurosawa: OMAC: One-Key CBC MAC, Fast Software Encryption, FSE 2003; Lecture Notes in Computer Science, Volume 2887, S. 129-153; Springer Verlag 2003; ISBN 978-3-540-20449-7, DOI: 10.1007/978-3-540-39887-5_11 (2012-01-09) http://www.nuee.nagoya-u.ac.jp/labs/tiwata/omac/docs/omac.pdf

[Jacobs 2011] Edwin Jacobs: Bitcoin: A Bit Too Far; Journal of Internet Banking and Commerce, August 2011, vol. 16, no. 2, S. 1-4; Allied Academies Candler 2011; ISSN: 1204-5357 (2018-11-18) http://www.icommercecentral.com/open-access/bitcoin-a-bit-too-far.pdf

[Jansen 2011] Wayne Jansen, Timothy Grance: Guidelines on Security and Privacy in Public Cloud Computing; Computer Security Division, Computer Security Division, Computer Security Division (NIST) Gaithersburg 2011; (2011-09-22) http://csrc.nist.gov/publications/drafts/800-144/Draft-SP-800-144_cloud-computing.pdf

[Jantz 2005] Ronald Jantz, Michael J. Giarlo: Digital Preservation Architecture and Technology for Trusted Digital Repositories; Corporation for National Research Initiatives 2005; ISSN 1082-9873 (2011-03-31) http://www.dlib.org/dlib/june05/jantz/06jantz.html

[Jensen 2011] Poul Jensen: Bitcoin Mining with Trojan.Badminer; Symantec 2011; (2012-01-26) http://www.symantec.com/connect/blogs/bitcoin-mining-trojanbadminer

[Jisheng 2012] Jisheng Yang, Hans Peter Hoffmann (Übersetzer): Grabstein - Mùbei: Die große chinesische Hungerkatastrophe 1958-1962, S. Fischer Verlag 2012; ISBN: 978-3100800237

[Jobs 2007] Steve Jobs: Thoughts on Music; Apple, 1 Infinite Loop, Cupertino, CA, USA 2007; (2012-05-03) http://www.apple.com/de/hotnews/thoughtsonmusic/

[Jones 2012] Emma Jones: What's the fuss over Iron Sky?; BBC News 2012; (2012-06-22) http://www.bbc.co.uk/news/entertainment-arts-18173708

[Jordan 2012] Thomas J. Jordan: Geldpolitik in Krisenzeiten – Warum Zentralbanken miteinander reden; Schweizerische Nationalbank, Zürich 2012; (2018-07-11) https://www.snb.ch/de/mmr/speeches/id/ref_20120514_tjn/source/ref_20120514_tjn.de.pdf

[Jøsang 1996] Audun Jøsang: The right type of trust for distributed systems, Published in: NSPW '96 Proceedings of the 1996 workshop on New security paradigms ; ACM New York 1996; ISBN:0-89791-944-0; doi: 10.1145/304851.304877 (2011-11-04) http://dl.acm.org/citation.cfm?doid=304851.304877

[Josefsson 2006] S. Josefsson: RFC 4648 - The Base16, Base32, and Base64 Data Encodings; Network Working Group, The Internet Society 2006; (2016-12-21) https://tools.ietf.org/html/rfc4648

[Joumard 2012] Isabelle Joumard, Mauro Pisu, Debra Bloch: Less Income Inequality and More Growth – Are They Compatible? Part 3. Income Redistribution via Taxes and Transfers Across OECD Countries; OECD Economics Department WorkingPapers, No. 926, S. 2-67; OECD Publishing 2012; DOI: 10.1787/5k9h296b1zjf-en (2013-05-21) http://dx.doi.org/10.1787/5k9h296b1zjf-en

[Juncker 1997] J.-C. Juncker, Rat der Europäischen Union: Verordnung (EG) Nr. 1055/2005 des Rates vom 27. Juni 2005 zur Änderung der Verordnung (EG) Nr. 1466/97

über den Ausbau der haushaltspolitischen Überwachung und der Überwachung und Koordinierung der Wirtschaftspolitiken ; Amtsblatt L 209 vom 2.8.1997, S. 1-5; Europäische Union 1997; (2013-05-16)
http://eur-lex.europa.eu/LexUriServ/LexUriServ.do?uri=CELEX:31997R1466:DE:NOT

[Jung 2004] Ho-Won Jung, Seung-Gweon Kim, Chang-shin Chung: Measuring software product quality: a survey of ISO/IEC 9126; Software, IEEE (Volume:21 , Issue: 5), S. 88-92; IEEE 2004; ISSN: 0740-7459, DOI: 10.1109/MS.2004.1331309 (2013-12-12) http://ieeexplore.ieee.org/xpls/abs_all.jsp?arnumber=1331309

[Kaiser 2003] B. Kaiser, P. Liggesmeyer, O. Mäckel: A new component concept for fault trees; 8th Australian workshop on Safety critical systems and software (SCS'03), Volume 33, S. 37–46; Australian Computer Society 2003; ISBN:1-920-68215-5 (2015-02-13) http://dl.acm.org/citation.cfm?id=1082054

[Kaltenbeck 2011] Julia Kaltenbeck, Martin Ebner (Hrsg.), Sandra Schön (Hrsg.): Crowdfunding und Social Payments im Anwendungskontext von Open Educational Resources, BIMS e.V. 2011; ISBN: 9783844204384

[Kannenberg 2013] Axel Kannenberg: Marktkapitalisierung Bitcoin knackt Milliarden-Grenze; Heise Medien Hannover, heise online am 29. März 2013; (2013-05-22) https://www.heise.de/newsticker/meldung/Marktkapitalisierung-Bitcoin-knackt-Milliarden-Grenze-1832819.html

[Kant 1781] Immanuel Kant: Critik der reinen Vernunft (1781), Digitale Volltext-Ausgabe in Wikisource, Johann Friedrich Hartknoch, Riga 1781;

[Kappel 2009] Tim Kappel: Ex Ante Crowdfunding and the Recording Industry: A Model for the U.S.?; Loyola of Los Angeles Entertainment Law Review, Vol. 29, Issue 3, S. 375-385; Loyola Law School, Los Angeles;
(2012-06-21) http://digitalcommons.lmu.edu/elr/vol29/iss3/3/

[Karrh 2003] James A. Karrh, Kathy Brittain McKee, Carol J. Pardun: Practitioners' Evolving Views on Product Placement Effectiveness; Journal of Advertising Research, Volume 43, Issue 02, S. 138-149; Cambridge University Press 2003; (2012-06-05) http://data.adic.co.kr/lit/publication/tmp/A9001208/A9001208.pdf

[Katz 1985] Michael L. Katz, Carl Shapiro: Network Externalities, Competition, and Compatibility; The American Economic ReviewVol. 75, No. 3 (Jun., 1985), S. 424-440; American Economic Association 1985;
(2012-04-04) http://www.jstor.org/discover/10.2307/1814809

[Keul 2013] Marco Keul: Ergebnis zu VServer Angeboten; RevolutionMedia, Mühlheim 2013; (2013-11-05) http://www.hosttest.de/ergebnisse/vserver.html

[Keynes 1936/1997] John Maynard Keynes: The General Theory of Employment, Interest and Money, Original: Harcourt, Brace & World, New York 1936; Prometheus Books New York 1997 1936/1997; ISBN: 978-1-57392-139-8

[Kiernan 2007] Ben Kiernan, Udo Rennert (Übersetzung vom Englischen): Erde und Blut, Völkermord und Vernichtung von der Antike bis heute, Deutsche Verlags-Anstalt München 2007; ISBN: 978-3-421-05876-8

[Kim 2010] Changsu Kima, Wang Taoa, Namchul Shinb, Ki-Soo Kim: An empirical study of customers' perceptions of security and trust in e-payment systems; Electronic Commerce Research and Applications, Volume 9, Issue 1, S. 84–95; Elsevier 2010; DOI: 10.1016/j.elerap.2009.04.014
(2013-06-20) http://www.sciencedirect.com/science/article/pii/S1567422309000283

[King 2012] Sunny King, Scott Nadal: PPCoin: Peer-to-Peer Crypto-Currency with Proof-of-Stake; PPCoin Developers 2012;
(2013-05-22) http://www.ppcoin.org/static/ppcoin-paper.pdf

[Kitchenham 2010] Barbara Kitchenham: What's up with software metrics? – A preliminary mapping study; Journal of Systems and Software, Volume 83, Issue 1, S. 37–51; Elsevier 2010; ISSN: 0164-1212, DOI: 10.1016/j.jss.2009.06.041 (2013-12-12) http://www.sciencedirect.com/science/article/pii/S0164121209001599

[Klensin 2008] J. Klensin: RFC 5321 - Simple Mail Transfer Protocol; Network Working Group, The Internet Society 2008; (2016-12-22) https://tools.ietf.org/html/rfc5321

[Klieme 2011] E. Klieme, L. Strick, W. Wunderlich, J. Braun, A. Wiesmaier: Der elektronische Safe als vertrauenswürdiger Cloud Service; ISPART Hamburg 2011; (2015-02-10) http://www.isprat.net/fileadmin/downloads/pdfs/ISPRAT-Studie_Cloud-Safe_V1_20120121.pdf

[KMK 1972/2012] Ständige Konferenz der Kultusminister der Länder in der Bundesrepublik Deutschland KMK: Vereinbarung zur Gestaltung der gymnasialen Oberstufe in der Sekundarstufe II; Sekretariat der KMK 1972/2012; (2013-02-01) http://www.kmk.org/fileadmin/veroeffentlichungen_beschluesse/1972/1972_07_07-Vereinbarung-Gestaltung-Sek2.pdf

[KMK 2012] Ständige Konferenz der Kultusminister der Länder in der Bundesrepublik Deutschland (KMK): Wochenpflichtstunden der Schülerinnen und Schüler; Sekretariat der KMK 2012; (2013-08-13) http://www.kmk.org/fileadmin/pdf/Statistik/KomStat/Wochenpflichtstunden_der_Schueler_2012.pdf

[Kohaut 2007] Susanne Kohaut: Tarifbindung und tarifliche Öffnungsklauseln, Ergebnisse aus dem IAB-Betriebspanel 2005; WSI-Mitteilungen, Jg. 60, H. 2, S. 94-97; WSI Hans Böckler Stiftung 2007;
(2013-08-05) http://www.boeckler.de/wsimit_2007_02_kohaut.pdf

[Kohl 1993] J. Kohl, C. Neuman: RFC 1510: The Kerberos Network Authentication Service; Massachusetts Institute of Technology 1993;
(2011-02-02) http://www.ietf.org/rfc/rfc1510.txt

[Kompa 2012] Markus Kompa: GEMA gegen YOUTUBE; Heise Zeitschriften Verlag Hannover 2012; (2012-06-26) http://www.heise.de/tp/artikel/36/36809/1.html

[Komter 1996] Aafke E. Komter: The social and psychological significance of gift giving in the Netherlands; The Gift: An Interdisciplinary Perspective, S. 107-118; Amsterdam University Press 1996; ISBN: 90-5356-173-0

[König 2012] Volker König: Die Fünf-Prozent-Gesellschaft; Heise Zeitschriften Verlag Hannover 2012; (2012-06-14) http://www.heise.de/tp/artikel/36/36909/1.html

[Kopf 2013] Christian Kopf: Das europäische Finanzsystem nach dem Zypernprogramm; Wirtschaftsdienst April 2013, Volume 93, Issue 4, S. 233-237; Springer-Verlag 2013; Print ISSN: 0043-6275; DOI: 10.1007/s10273-013-1514-4
(2013-06-12) http://link.springer.com/article/10.1007/s10273-013-1514-4

[Kors 2010] Johannes Kors et al., Thomas Langheinrich (verantwortlich für Hrsg. ALM): ALM Jahrbuch 2009 / 2010, VISTAS Verlag Berlin 2010; ISBN 978-3-89158-524-5

[Kotler 1973] Philip Kotler: The Major Tasks of Marketing Management; Journal of MarketingVol. 37, No. 4, S. 42-49; American Marketing Association 1973; (2013-12-17) http://www.jstor.org/discover/10.2307/1250357

[Krammer 2008] Viktor Krammer: An Effective Defense against Intrusive Web Advertising ; Proceedings of the Sixth Annual Conference on Privacy, Security and Trust, 2008. PST '08, S. 3-14; IEEE 2008; Print ISBN: 978-0-7695-3390-2, DOI: 10.1109/PST.2008.10
(2012-06-04) http://ieeexplore.ieee.org/xpl/articleDetails.jsp?arnumber=4641268

[Kremer 2002] Steve Kremer, Olivier Markowitch, Jianying Zhou: An intensive survey of non-repudiation protocols; Computer Communications, 25(17), S. 1606-1621; Elsevier 2002;
(2011-09-22) http://www.ulb.ac.be/di/scsi/markowitch/publications/comcom02.pdf

[Krempl 2018] Stefan Krempl: Copyright-Reform: EU-Parlament weist Upload-Filter und Leistungsschutzrecht zurück; Heise Medien, Hannover 2018; (2018-07-10) https://www.heise.de/newsticker/meldung/Copyright-Reform-EU-Parlament-weist-Upload-Filter-und-Leistungsschutzrecht-zurueck-4100485.html

[Krishnamurthy 2006] Balachander Krishnamurthy, Craig E. Wills: Cat and mouse: content delivery tradeoffs in web access; Proceedings of the 15th international conference on World Wide Web, S. 337-346; ACM New York 2006; ISBN: 1-59593-323-9, DOI: 10.1145/1135777.1135829
(2012-06-04) http://dl.acm.org/citation.cfm?doid=1135777.1135829

[Kristof 2001] Kora Kristof, Sabine Nanning, Christiane Becker: Tauschringe und Nachhaltigkeit; Wuppertal Papers Nr. 118, S. 1-42; Wissenschaftszentrum NRW, Wuppertal Institut für Klima, Umwelt, Energie 2001; ISSN: 0949-5266
(2012-11-26) http://www.wupperinst.org/uploads/tx_wibeitrag/WP118.pdf

[Kryder 2008] Mark H. Kryder, Edward C. Gage, Terry W. McDaniel, William A. Challener, Robert E. Rottmayer, Ganping Ju, Yiao-Tee Hsia, M. Fatih Erden: Heat Assisted Magnetic Recording ; Proceedings of the IEEE, Vol. 96, No. 11, November 2008, S. 1810-1835; IEEE 2008; ISSN: 0018-9219, DOI: 10.1109/JPROC.2008.2004315 (2012-08-08) http://ieeexplore.ieee.org/xpls/abs_all.jsp?arnumber=4694026

[Kueffer 2013] Christoph Kueffer: Ökologische Neuartigkeit: die Ökologie des Anthropozäns; ZiF-Mitteilungen 2013, Heft 1, S. 21-30; Zentrum für interd isziplinäre Forschung Universität Bielefeld 2013;
(2013-10-08) https://www.uni-bielefeld.de/%2828en,en%29/ZIF/Publikationen/Mitteilungen/Aufsaetze/2013-1-Kueffer.pdf

[Kugler 2012] Arnt Kugler: Speicherzugriff: Festplatten wieder bezahlbar!; CHIP Digital GmbH, München 2012; (2013-11-06) http://www.chip.de/artikel/Festplatte-kaufen-CHIP-Empfehlungen-intern-und-extern_55966051.html

[Kuhn 2012] Johannes Kuhn: Urteil im Gema-Streit, YouTube in der Filter-Falle; Süddeutsche Zeitung München 2012; (2012-06-19) http://www.sueddeutsche.de/digital/urteil-im-gema-streit-youtube-in-der-filter-falle-1.1338111

[Kuri 2013] Jürgen Kuri: Virtuelle Währung Bitcoin: technische Probleme, Handelsaussetzung, Kursschwankungen; Heise Medien Hannover, heise online am 12. April 2013; (2013-05-22) https://www.heise.de/newsticker/meldung/Virtuelle-Waehrung-Bitcoin-technische-Probleme-Handelsaussetzung-Kursschwankungen-1840673.html

[Kurosawa 2009] Kaoru Kurosawa, Kazuhiro Suzuki: Truly Efficient 2-Round Perfectly Secure Message Transmission Scheme; IEEE Transactions on Information Theory, v.55 n.11, S. 5223 - 5232; 2009; ISSN: 0018-9448

[Lagenbucher 2003] Wolfgang R. Langenbucher (Hrsg.), Stephan Buchloh, Mischa Charles Senn und andere: Die Kommunikationsfreiheit der Gesellschaft, Westdeutscher Verlag Wiesbaden 2003; ISBN 3-531-13899-5

[Laum 1924/2006] Bernhard Laum: Heiliges Geld: Eine historische Untersuchung über den sakralen Ursprung des Geldes, Semele Verlag 1924/2006; ISBN: 978-3938869024

[Leiner 1997/2011] Barry M. Leiner, Vinton G. Cerf, David D. Clark, Robert E. Kahn, Leonard Kleinrock, Daniel C. Lynch, Jon Postel, Larry G. Roberts, Stephen Wolff: Brief History of the Internet (A Brief History of the Internet); Abbreviated version: CACM Feb. 1997, Internet Society 1997-2011; (2011-12-28) http://www.internetsociety.org/internet/internet-51/history-internet/brief-history-internet

[Lemahieu 2001] Wilfried Lemahieu, J. Vandenbulcke (eds.), Monique Snoeck (eds.): Web service description, advertising and discovery: WSDL and beyond; , S. 135-152; Leuven University Press, Leuven 2001; ISBN: 90-5867-185-2 (2014-01-16) http://www.econ.kuleuven.be/public/NDBAA62/Downloadable%20papers/WSDLand-Beyond.pdf

[Lemieux 2016] Victoria Lemieux: Blockchain for Recordkeeping; Help or Hype (SSHRC Knowledge Synthesis Grant Competition on "How can emergingtechnologies be leveraged to benefitCanadians?"); The University of British Columbia, Vancouver 2016; DOI: 10.13140/RG.2.2.28447.56488 (2018-07-26) https://www.researchgate.net/publication/309414276_Blockchain_for_Recordkeeping_Help_or_Hype

[Lessing 1772/1994] Gotthold Ephraim Lessing: Emilia Galotti, Philipp Reclam jun. Suttgart 1772/1994; ISBN: 3-15-000045-9

[Levin 2012] Carl Levin: Offshore Profit Shifting and the U.S. Tax Code - Part 1 (Microsoft & Hewlett-Packard), chairman statement; Permanent Subcommittee on Investigations (PSI) of the U.S. 2012; (2013-05-21) http://www.hsgac.senate.gov/subcommittees/investigations/hearings/offshore-profit-shifting-and-the-us-tax-code

[Levin 2013] Carl Levin, John McCain: Offshore Profit Shifting and the U.S. Tax Code - Part 2 (Apple Inc.), Memorandum; Permanent Subcommittee on Investigations (PSI) of the U.S., Pdf from Scribd (San Francisco) 2013; (2013-05-21)

http://de.scribd.com/doc/142660268/Subcommittee-Memo-on-Offshore-Profit-Shifting-Apple

[Li 2002] Hairong Li, Steven M. Edwards, Joo-Hyun Lee: Measuring the Intrusiveness of Advertisements: Scale Development and Validation; Journal of Advertising, Vol. 31, No. 2 (Summer, 2002), S. 37-47; M.E. Sharpe, Inc. 2002;
(2012-06-04) http://www.jstor.org/stable/4189213

[Licklider 1965] J.C.R. Licklider: Libraries Of The Future, Massachusetts Institute of Technologies Press, Cambridge 1965;

[Liebowitz 1994] S. J. Liebowitz, Stephen E. Margolis: Network Externality: An Uncommon Tragedy; Journal of Economic Perspectives, Volume 8, Number 2, Spring 1994, S. 133-150; American Economic Association 1994;
(2012-04-04) http://www.jstor.org/discover/10.2307/2138540

[Liebowitz 2004] Stan J. Liebowitz: Will MP3 downloads Annihilate the Record Industry? The Evidence so Far; Intellectual Property and Entrepreneurship (Advances in the Study of Entrepreneurship, Innovation & Economic Growth, Volume 15), S. 229-260; Emerald Group Publishing Limited 2004; ISBN: 978-0-76231-102-6, DOI: 10.1016/S1048-4736(04)01507-3 (2012-06-01)
http://www.emeraldinsight.com/books.htm?chapterid=1783166&show=abstract

[Lim 2003] Byeong-Lak Lim, Munkee Choi, Myeong-Cheol Park: The late take-off phenomenon in the diffusion of telecommunication services: network effect and the critical mass; Information Economics and Policy, Volume 15, Issue 4, December 2003, S. 537-557; Elsevier B.V. 2003; DOI: 10.1016/S0167-6245(03)00037-4 (2012-04-05)
http://www.sciencedirect.com/science/article/pii/S0167624503000374

[Linde 2011] Désirée Linde: Crowdfunding „Hotel Desire": Wie man Filme über Sex und Stromberg finanziert; Handelsblatt GmbH Düsseldorf 2011; (2013-06-05) http://www.handelsblatt.com/panorama/kultur-literatur/crowdfunding-hotel-desire-wie-man-filme-ueber-sex-und-stromberg-finanziert/5962564.html

[Linton 1994/1995 a] Michael Linton, Angus Soutar, Andy Blunt (Hrsg.), Adrian Steele (Hrsg.): Definition of a LETSystem; LETSgo Manchester 1994/1995; (2012-11-23) http://www.gmlets.u-net.com/design/dm1%5E4.html

[Linton 1994/1995 b] Michael Linton, Angus Soutar, Andy Blunt (Hrsg.), Adrian Steele (Hrsg.): Fundamentals of the LETSystem; LETSgo Manchester 1994; (2012-11-23) http://www.gmlets.u-net.com/design/dm1%5E3.html

[Lischka 2007] Konrad Lischka: Jugendschutz Abmahnwelle drängt Internetanbieter zur Web-Zensur; Spiegel Online GmbH Hamburg 2007;
(2011-08-01) http://www.spiegel.de/netzwelt/web/0,1518,512821,00.html

[Lischka 2010] Konrad Lischka: Wikipedia-Spenden, Wiki-Autoren streiten um Geld und Transparenz; SPIEGEL ONLINE Hamburg 2010;
(2012-06-06) http://www.spiegel.de/netzwelt/web/wikipedia-spenden-wiki-autoren-streiten-um-geld-und-transparenz-a-722059.html

[Locke 1689/1924] John Locke: Two Treatises of Government, Awnsham Churchill London (original), edition used here: J. M. Dent & Sons London 1689(original)/1924 (reprint 1953);

[Löffler 2011] Max Löffler, Hilmar Schneider, Andreas Peichl, Sebastian Siegloch, Nico Pestel: Einfach ist nicht immer gerecht: Eine Mikrosimulationsstudie der Kirchhof-Reform für die Einkommensteuer; IZA Standpunkte Nr. 44, Oktober 2011, S. ; Forschungsinstitut zur Zukunft der Arbeit (IZA) Bonn 2011; (2013-05-21) ftp://repec.iza.org/RePEc/Discussionpaper/sp44.pdf

[Logsdon 1994] Jeanne M. Logsdon, Judith Kenner Thompson, Richard A. Reid: Software piracy: Is it related to level of moral judgment? ; Journal of Business Ethics, Volume 13, Number 11, S. 849-857; Springer Verlag Berlin 1994; ISSN: 0167-4544 (Print), 1573-0697 (Online); DOI: 10.1007/BF00871698 (2012-05-15) http://www.sciencedirect.com/science/article/pii/S1389128609000541

[Lomb 2011] Benno Lomb, Tim Güneysu: Decrypting HDCP-protected Video Streams Using Reconfigurable Hardware; International Conference on Reconfigurable Computing and FPGAs (ReConFig) Cancun 2011, S. 249-254; IEEE 2011; Print ISBN: 978-1-4577-1734-5, DOI: 10.1109/ReConFig.2011.24
(2012-05-23) http://ieeexplore.ieee.org/stamp/stamp.jsp?tp=&arnumber=6128585

[Lorie 2001] Raymond A. Lorie: Long term preservation of digital information; JCDL '01 Proceedings of the 1st ACM/IEEE-CS joint conference on Digital libraries, S. 346 - 352; ACM New York 2001; ISBN: 1-58113-345-6, doi>10.1145/379437.379726 (2011-04-20) http://portal.acm.org/citation.cfm?doid=379437.379726

[Love 2000] Courtney Love (Courtney Michelle Harrison): Courtney Love does the math; Salon Media Group 2000; (2012-07-25) http://www.salon.com/2000/06/14/love_7/

[Lowry 1997] Brian Lowry: NBC to Air 'Schindler's List' Without Commercial Breaks; Los Angeles Times 1997; (2012-06-05) http://articles.latimes.com/1997-01-13/entertainment/ca-18282_1_commercial-breaks

[Lozano 2011] Rafael Lozano et al.: Progress towards Millennium Development Goals 4 and 5 on maternal and child mortality an updated systematic analysis; The Lancet, Volume 378, Issue 9797, S. 1139-1165; Elsevier 2011; DOI: 10.1016/S0140-6736(11)61337-8 (2013-06-21) http://www.sciencedirect.com/science/article/pii/S0140673611613378

[Luhmann 2000] Niklas Luhmann: Vertrauen, 4. Auflage, Lucius & Lucius Stuttgart 2000 (4. Auflage - 1. Ausgabe 1968 im Enke Verlag; ISBN: 978-3-8252-2185-0

[Lund 2011] Mass Soldal Lund, Bjørnar Solhaug, Ketil Stølen: Model-Driven Risk Analysis, The CORAS Approach, Springer Verlag Berlin Heidelberg 2011; ISBN: 978-3-642-12322-1

[Malmo 2015] Christopher Malmo: Bitcoin Is Unsustainable; Vice Media 2015; (2018-07-16) https://motherboard.vice.com/en_us/article/ae3p7e/bitcoin-is-unsustainable

[Mankiw 2009] N. Gregory Mankiw: It May Be Time for the Fed to Go Negative; New York Times 18th April 2009;
(2012-11-07) http://www.nytimes.com/2009/04/19/business/economy/19view.html?_r=1

[Mann 1954/1981] Thomas Mann: Bekenntnisse des Hochstaplers Felix Krull, S. Fischer Verlag GmbH Frankfurt am Main 1954/1981; ISBN: 3-10-348107-1

[MarkenG 1994/2011] Gesetz über den Schutz von Marken und sonstigen Kennzeichen (Markengesetz - MarkenG): Markengesetz vom 25. Oktober 1994 (BGBl. I S. 3082; 1995

I S. 156; 1996 I S. 682), das zuletzt durch Artikel 15 des Gesetzes vom 24. November 2011 (BGBl. I S. 2302) geändert worden ist; Bundesministerium der Justiz, Berlin Deutschland 1994/2011; (2012-05-10) http://www.gesetze-im-internet.de/bundesrecht/markeng/gesamt.pdf

[Marks 1999] Dean S. Marks, Bruce H. Turnbull: Technical Protection Measures: the Intersection of Technology, Law and Commercial Licenses; Workshop on Implementation Issues of the WIPO Copyright Treaty (WCT) and the WIPO Performances and Phonograms Treaty (WPPT); WIPO Geneva 1999; (2012-05-22) http://cryptome.org/wipo-imp99-3.htm

[Markus 1987] M. Lynne Markus: Toward a "Critical Mass" Theory of Interactive Media; Communication Research October 1987 vol. 14 no. 5, S. 491-511; SAGE Publications 1987; DOI: 10.1177/009365087014005003
(2012-04-05) http://crx.sagepub.com/content/14/5/491.short

[Marvasti 1998] Akbar Marvasti, David Smyth: Barter in the US economy: a macroeconomic analysis; Applied Economics, 1998, Volume 30, Issue 8, S. 1077-1088; Taylor & Francis 1998; ISSN: 00036846, DOI: 10.1080/000368498325246 (2013-06-17) http://www.tandfonline.com/doi/abs/10.1080/000368498325246

[Marwell 1988] Gerald Marwell, Pamela E. Oliver, Ralph Prahl: Social Networks and Collective Action: A Theory of the Critical Mass. III; American Journal of SociologyVol. 94, No. 3 (Nov., 1988), S. 502-534; The University of Chicago Press 1988; (2012-04-05) http://www.jstor.org/discover/10.2307/2780252

[Marx 1846] Karl Marx, Philippe Gigot, Friedrich Engels: Lettre à Proudhon; Bruxelles, 5 mai 1846; (2012-11-12) http://bataillesocialiste.files.wordpress.com/2009/09/marx-lettre-a-proudhon-1846.pdf

[Marx 1847/1896] Karl Marx, Friedrich Engels (Vorwort): Misère de la philosophie. Réponse a la philosophie de la misère de M. Proudhon, V. Giard & E. Brière Paris 1847/1896;

[Marx 1848] Karl Marx: Manifest der kommunistischen Parte; J. E. Burghard London 1848; (2012-11-06) http://find.galegroup.com/mome/infomark.do?&source=gale&prodId=MOME&userGroupName=tuberlin&tabID=T001&docId=U110098437&type=multipage&contentSet=MOMEArticles&version=1.0&docLevel=FASCIMILE

[Maxeiner 2003] James R. Maxeiner: Are Your Click-Wrap Terms Valid? Internet Contracting in the Global Electronic Age: Comparative Perspectives for Taiwan; International Conference on Innovative Information Technology Policy and E-Society, National Chengchi University, Taipei Taiwan 2003; (2012-05-11) http://papers.ssrn.com/sol3/papers.cfm?abstract_id=1250343

[McCoy 2007] Scott McCoy, Andrea Everard, Peter Polak, Dennis F. Galletta: The effects of online advertising; Communications of the ACM - Emergency response information systems: emerging trends and technologies, Volume 50, Issue 3 (March 2007), S. 84-88; ACM New York 2007; DOI: 10.1145/1226736.1226740
(2012-06-04) http://dl.acm.org/citation.cfm?id=1226740

[McLuhan 1964] Marshall McLuhan: Understanding Media, The Extensions of Man, MIT Press Cambridge, Massachusetts 1964 / 1994 (First MIT Press edition); ISBN: 0-262-63159-8

[McLuhan 1967] Marshall McLuhan, Quentin Fiore, Co-ordinated by Jeome Agel: The Medium is the Message, Penguin Books, Penguin Group London 1967 / renewed 1996 by Jerome Agel; ISBN: 978-0-141-03582-6

[Mell 2011] Peter Mell, Timothy Grance: The NIST Definition of Cloud Computing (Draft); Computer Security Division, Computer Security Division, Computer Security Division (NIST) Gaithersburg 2011; (2011-09-22) http://csrc.nist.gov/publications/drafts/800-145/Draft-SP-800-145_cloud-definition.pdf

[Menkhoff 2015] Lukas Menkhoff: Droht der nächste Abwertungswettlauf?; Wirtschaftsdienst September 2015, Volume 95, Issue 9, S. 578-579; Springer Berlin Heidelberg 2015; DOI: 10.1007/s10273-015-1871-2
(2018-07-11) https://link.springer.com/content/pdf/10.1007%2Fs10273-015-1871-2.pdf

[Mhenni 2011] Lina Ben Mhenni: Vernetzt Euch!, Ullstein, Berlin 2011; ISBN: 978-3-550-08893-3

[Middendorff 2011] Elke Middendorff, Wolfgang Isserstedt, Maren Kandulla: Studierende im Bachelor-Studium 2009, Ergebnisse der 19. Sozialerhebung des Deutschen Studentenwerks, durchgeführt durch HIS Hochschul-Informations-System; Bundesministerium für Bildung und Forschung Berlin, Bonn; Deutsches Studentenwerk e.V. Berlin 2011; (2013-08-12) http://www.studentenwerke.de/pdf/Bachelor-Bericht_Soz19.pdf

[Middendorff 2013] Elke Middendorff, Beate Apolinarski, Jonas Poskowsky, Maren Kandulla, Nicolai Netz: Die wirtschaftliche und soziale Lage der Studierenden in Deutschland 2012, 20. Sozialerhebung des Deutschen Studentenwerks; HIS-Institut für Hochschulforschung (HIS-HF) 2013;
(2013-08-12) http://www.studentenwerke.de/pdf/20-SE-Bericht.pdf

[Miles 2002] David Miles, Andrew Scott: Macroeconomics: Understanding the Wealth of Nations, John Wiley & Sons 2002; ISBN: 0-471-98845-6

[Miller 1999] Matt L. Miller, Ingemar J. Cox, Jeffrey A. Bloom: Watermarking in the real world: An application to DVD; Proceedings of theThirty-Third Asilomar Conference on Signals, Systems & Computer, S. 1496-1502; IEEE 1999; Print ISBN: 0-7803-5700-0, DOI: 10.1109/ACSSC.1999.831999
(2012-05-24) http://ieeexplore.ieee.org/xpls/abs_all.jsp?arnumber=831999

[Moore 2012] Tyler Moore, Ross Anderson: Internet Security; Oxford Handbooks, The Oxford Handbook of the Digital Economy, S. 572-599; Oxford University Press 2012; Print ISBN: 978-0195397840 (2012-08-02) ftp://ftp.deas.harvard.edu/techreports/tr-03-11.pdf

[Morris 2003] R. J. T. Morris, B. J. Truskowski: The evolution of storage systems ; IBM Systems Journal, Volume: 42 , Issue: 2, S. 205-217; IEEE 2003; ISSN: 0018-8670, DOI: 10.1147/sj.422.0205
(2012-08-07) http://ieeexplore.ieee.org/xpl/articleDetails.jsp?arnumber=5386860

[Münkler 2004]   Herfried Münkler: Die neuen Kriege; Der Bürger im Staat, 54. Jahrgang, Heft 4, S. 179-184; Landeszentrale für politische Bildung Baden-Württemberg 2004; (2013-06-17) http://www.buergerimstaat.de/4_04/Die_neuen_Kriege.pdf

[Nakamoto 2008]   Satoshi Nakamoto: Bitcoin: A Peer-to-Peer Electronic Cash System; Bitcoin Project 2008; (2012-01-26) http://bitcoin.org/bitcoin.pdf

[Navaierio 1486]   Lucas Navaierio, Fantinus de cha de Pexaro, Zacharias Barbaro, Sebastianus Baduario, Benedictus Trivisano, L. Bently (ed), M. Kretschmer (ed), Joanna Kostylo (translation): Marco Antonio Sabellico's Printing Privilege (1486), Primary Sources on Copyright (1450-1900); Venetian State Archives: ASV, NC, reg. 11, c. 55r; Online: University of Cambridge, Original: Council of Venice 1486; (2012-07-02) http://copy.law.cam.ac.uk/cam/tools/request/showRepresentation?id=representation_i_1486

[Neiße 2013]   Fred-Olaf Neiße, Steffen Heintsch: Filesharing Abmahnwesen Deutschland Jahresstatistik 2012; Interessengemeinschaft gegenden Abmahnwahn, Niederklütz; Initiative AW3P Wurzbach 2013;
(2013-06-03) http://www.abmahnwahn-dreipage.de/Statistiken/Jahresstatistik_2012.pdf

[Nelson 1980/1990]   Theodor Holm Nelson: Literary Machines, Mindful Press, Sausalito CA 1980/1990;

[Nerz 2012]   Sebastian Nerz (V.i.S.d.P): Grundsatzprogramm Piratenpartei Deutschland; Piratenpartei Deutschland Berlin 2012; (2012-07-24) http://www.piratenpartei.de/wp-content/uploads/2012/07/Grundsatzprogramm-Piratenpartei-Druckvorlage.pdf

[Neubäumer 2008]   Renate Neubäumer: Ursachen und Wirkungen der Finanzkrise — eine ökonomische Analyse; Wirtschaftsdienst November 2008, Volume 88, Issue 11, S. 732-740; Springer-Verlag 2008;   Print ISSN: 0043-6275, DOI: 10.1007/s10273-008-0863-x (2013-06-19) http://link.springer.com/article/10.1007/s10273-008-0863-x

[Neubäumer 2011]   Renate Neubäumer: Eurokrise: Keine Staatsschuldenkrise, sondern Folge der Finanzkrise; Wirtschaftsdienst, Volume 91, Issue 12, S. 827-833; Springer 2011; Print ISSN: 0043-6275, DOI: 10.1007/s10273-011-1308-5
(2013-10-17) http://link.springer.com/article/10.1007/s10273-011-1308-5

[Neumann 1944/2007]   John von Neumann, Oskar Morgenstern: Theory of games and economic behavior (60th Anniversary Commemorative Edition), Princeton University Press 1944/2007; 978-0-691-13061-3

[Neumann 2013]   Linus Neumann: Stellungnahme zum Gesetz zur Förderung der elektronischen Verwaltung sowie zur Änderung weiterer Vorschriften; Chaos Computer Club e. V. Hamburg 2013;   (2018-07-03) https://www.ccc.de/system/uploads/126/original/stellungnahme-demail2013.pdf

[Neuroth 2009/2010]   Heike Neuroth, Achim Oßwald, Regine Scheffel, Stefan Strathmann, Karsten Huth (alle Hrsg.): nestor Handbuch: Eine kleine Enzyklopädie der digitalen Langzeitarchivierung Version 2.3, Verlag Werner Hülsbusch, Boizenburg (print), Uni Göttingen (online) 2009/2010; Print-ISBN (Version 2.0): 987-3-940317-48-3

[Niblett 1971]   G. B. F. Niblett: Digital information and the privacy problem, OECD informatics studies, OECD Paris 1971;

[Nieves 2009] Mario Nieves: Ecological Dimensions of Advertising; Infoamérica - Iberoamerican Communication Review, volume 1 / 2009, S. 177-184; Revista Infoamérica, Cátedra UNESCO de Comunicación, Universidad de Málaga 2009; ISSN: 1696-2257 (2012-06-05) http://www.infoamerica.org/icr/n01/infoamerica01_nieves.pdf

[Nitzsche 1883/1983] Friedrich W. Nietzsche, Gerhard Stenzel (Hrsg.): Also sprach Zarathustra; Nietzsche, Werke in vier Bänden, Band I, S. 279-576; Ceasar Verlag Salzburg 1883/1983;

[Nixon 1971] Richard Nixon, online text of television speach by Gerhard Peters and John T. Woolley: Address to the Nation Outlining a New Economic Policy: "The Challenge of Peace."; Online: The American Presidency Project, original: Oval Office at the White House, Washington 1971;
(2012-10-29) http://www.presidency.ucsb.edu/ws/index.php?pid=3115

[Nobel Foundation 2012] Nobel Foundation Press Release: The Size of the Nobel Prize Is Being Reduced to Safeguard Long-Term Capital; Nobel Foundation Stockholm 2012; (2012-10-08)
http://www.nobelprize.org/press/nobelfoundation/#/pressrelease/view/nobelprisets-storlek-reduceras-foer-att-saekra-kapitalet-paa-laang-sikt-770695

[Novack 2008] Wesley Novack: Slysoft breaks newest Blu-ray Disc BD+ plus DRM protection; WesleyTech 2008; (2012-05-24) http://wesleytech.com/slysoft-breaks-newest-blu-ray-disc-bd-protection/956/

[OECD 2008] OECD Ministerial session: The Seoul Declaration for the Future of the Internet Economy; OECD Directorate for Science, Technology and Industry - Committee for Information, Computer and Communications Policy 2008; (2011-04-07) http://www.oecd.org/dataoecd/49/28/40839436.pdf

[OECD 2010] Organisation für wirtschaftlicheZusammenarbeit und Entwicklung (OECD), Übersetzung durch den Deutschen Übersetzungsdienst der OECD: PISA 2009 Ergebnisse: Was Schülerinnen und Schüler wissen und können, Schülerleistungen in Lesekompetenz, Mathematik und Naturwissenschaften (Band I); OECD, W. Bertelsmann Verlag 2010; ISBN 978-37-63-94736-2 (2011-09-26) http://www.oecd-ilibrary.org/education/pisa-2009-ergebnisse_9789264095335-de

[OECD 2010 b] OECD Development Centre: Perspectives on Global Development 2010: Shifting Wealth, OECD Publishing 2010; ISBN print: 9789264084650, DOI: 10.1787/9789264084728-en

[Ohr 2015] Renate Ohr: Quantitative Lockerung: Preisstabilität oder Deflationshysterie?; Wirtschaftsdienst, 95. Jahrgang, Heft 4, S. 226-227; ZBW – Leibniz-Informationszentrum Wirtschaft 2015; DOI: 10.1007/s10273-015-1811-1 (2017-07-30)
http://archiv.wirtschaftsdienst.eu/jahr/2015/4/quantitative-lockerung-preisstabilitaet-oder-deflationshysterie/

[OIC 1990] Organisation der Islamischen Konferenz (OIC): Cairo Declaration on Human Rights in Islam, Aug. 5, 1990; U.N. GAOR, World Conf. on Hum. Rts., 4th Sess., Agenda Item 5, U.N. Doc. A/CONF.157/PC/62/Add.18 (1993) [English translation], Cairo 1990; (2011-05-02) http://www1.umn.edu/humanrts/instree/cairodeclaration.html

[Oleg 2002] Afonin Oleg: Evaluation of activation based software license enforcement; University of British Columbia Retrospective Theses Digitization Project 2002; (2012-05-14) https://circle.ubc.ca/bitstream/handle/2429/12321/ubc_2002-0327.pdf

[Oliver 1985] Pamela Oliver, Gerald Marwell, Ruy Teixeira: A Theory of the Critical Mass. I. Interdependence, Group Heterogeneity, and the Production of Collective Action; American Journal of SociologyVol. 91, No. 3 (Nov., 1985), S. 522-556; American Sociological Association 1985; DOI: doi.org/10.1086/228313
(2012-04-05) http://www.jstor.org/discover/10.2307/2780201

[Oliver 1988] Pamela E. Oliver, Gerald Marwell: The Paradox of Group Size in Collective Action: A Theory of the Critical Mass. II.; American Sociological ReviewVol. 53, No. 1 (Feb., 1988), S. 1-8; American Sociological Association 1988;
(2012-04-05) http://www.jstor.org/discover/10.2307/2095728

[OMG 2010] Object Management Group (OMG): OMG Unified Modeling LanguageTM (OMG UML), Superstructure Version 2.3 without change bars; Object Management Group, Inc. Needham 2010;
(2011-04-26) http://www.omg.org/spec/UML/2.3/Superstructure/PDF/

[Ostwald 2012] Susanne Ostwald: Die hinter dem Mond leben; Neue Zürcher Zeitung AG 2012; (2012-06-25)
http://www.nzz.ch/nachrichten/kultur/film/die-hinter-dem-mond-leben-1.16140716

[Paetau 2011] Michael Paetau: Parlament geentert, Piraten an Bord; Blätter für deutsche und internationale Politik 10/2011, S. 11-14; Blätter Verlagsgesellschaft Berlin 2011; (2012-07-24) http://www.blaetter.de/archiv/jahrgaenge/2011/oktober/parlament-geentert-piraten-an-bord

[Paine 1792/1894] Thomas Paine, Moncure Daniel Conway (Editor): Rights of Man. Part Second, Combining Principle and Practice; The Writings of Thomas Paine, Vol. II, S. 390-523; G.P. Putnam's Sons New York 1792/1894;
(2013-01-14) http://files.libertyfund.org/files/344/0548-02_Bk.pdf

[Paley 2008] Nina Paley: Sita's Distribution Plan; Blog ninapaley.com 2008; (2012-06-22) http://blog.ninapaley.com/2008/12/28/sitas-distribution-plan/

[Pareschi 2010] Fabio Pareschi, Gianluca Setti, Riccardo Rovatti: Implementation and Testing of High-Speed CMOS True Random Number Generators Based on Chaotic Systems ; IEEE Transactions on Circuits and Systems I: Regular Papers, S. 3124-3137; IEEE Computer Society 2010; ISSN: 1549-8328, Digital Object Identifier: 10.1109/TCSI.2010.2052515
(2012-01-10) http://ieeexplore.ieee.org/stamp/stamp.jsp?tp=&arnumber=5556050

[PatG 1936/2011] Patentgesetz (PatG): Patentgesetz in der Fassung der Bekanntmachung vom 16. Dezember 1980 (BGBl. 1981 I S. 1), das zuletzt durch Artikel 13 des Gesetzes vom 24. November 2011 (BGBl. I S. 2302) geändert worden ist; Bundesministerium der Justiz, Berlin Deutschland 1936/2011;
(2012-05-10) http://www.gesetze-im-internet.de/bundesrecht/patg/gesamt.pdf

[Peacock 2006] Mark S. Peacock: The Moral Economy of Parallel Currencies, An Analysis of Local Exchange Trading Systems; American Journal of Economics and Sociology, Volume 65, Issue 5, S. 1059-1083; John Wiley & Sons 2006; DOI: 10.1111/j.1536-

Literaturverzeichnis 481

7150.2006.00491.x (2012-11-26) http://onlinelibrary.wiley.com/doi/10.1111/j.1536-7150.2006.00491.x/abstract

[Peacock 2011] Mark S. Peacock: The Political Economy of Homeric Society and the Origins of Money; Contributions to Political Economy, 2011, Volume 30, Issue 1, S. 47-65; Oxford University Press 2011; DOI: 10.1093/cpe/bzr005 (2013-06-18) http://cpe.oxfordjournals.org/content/30/1/47

[Peddibhotla 2007] Naren B. Peddibhotla, Mani R. Subramani: Contributing to Public Document Repositories: A Critical Mass Theory Perspective; Organization Studies, March 2007 vol. 28 no. 3, S. 327-346; Sage Publications 2007; DOI: 10.1177/0170840607076002 (2012-04-05) http://oss.sagepub.com/content/28/3/327.short

[Petermann 2011] Thomas Petermann, Harald Bradke, Arne Lüllmann, Maik Paetzsch, Ulrich Riehm: Was bei einem Blackout geschieht, Folgen eineslang andauernden und großflächigen Stromausfalls, edition sigma, Berlin 2011; ISBN: 978-3-8360-8133-7

[Peters 2011] Glen P. Peters et al.: Rapid growth in CO2 emissions after the 2008–2009 global financial crisis; Nature Climate Change 2, Published online 04th December 2011, S. 2-4; Nature Publishing Group, Macmillan Publishers Limited 2011; Print ISSN: 1758-678X, DOI:10.1038/nclimate1332 (2013-06-12) http://www.nature.com/nclimate/journal/v2/n1/full/nclimate1332.html

[Petitcolas 1999] Fabien A. P. Petitcolas , Ross J. Anderson , Markus G. Kuhn : Information Hiding - A Survey; Proceedings of the IEEE, special issue on protection of multimedia content, 87(7), July 1999, S. 1062 - 1078; IEEE Computer Society 1999; ISSN: 0018-9219, DOI : 10.1109/5.771065 (2012-05-11) http://ieeexplore.ieee.org/stamp/stamp.jsp?tp=&arnumber=771065

[Pfister 2010] Laurent Pfister, Ronan Deazley (editor), Martin Kretschmer (editor), Lionel Bently (editor): Author and Work in the French Print Privileges System: Some Milestones; In: Privilege and Property, Essays on the History of Copyright, S. 115-136; Open Book Publishers, Cambridge 2010; Print-ISBN: 978-1-906924-18-8, (2012-07-02) http://copy.law.cam.ac.uk/cam/index.php?select=publication

[Pluta 2011] Werner Pluta: Wegen Youtube, Musikbosse kritisieren die Gema; Klaß & Ihlenfeld Verlag Berlin 2011; (2012-06-14) http://www.golem.de/1106/84294.html

[PoGB 1710] Parliament of Great Britain, L. Bently (ed), M. Kretschmer (ed), Ronan Deazley (ed): Statute of Anne (c. 19), Primary Sources on Copyright (1450-1900); UK Parliamentary Archives; Online: University of Cambridge, Original: Parliament of Great Britain 1710; (2012-07-02) http://copy.law.cam.ac.uk/cam/tools/request/showRepresentation?id=representation_uk_1710

[Porter 1995] Alan L. Porter, Michael J. Detampel: Technology opportunities analysis; Technological Forecasting and Social Change, Volume 49, Issue 3, S. 237-255; Elsevier 1995; DOI: 10.1016/0040-1625(95)00022-3 (2015-02-16) http://www.sciencedirect.com/science/article/pii/0040162595000223

[Post 2010] Deutsche Post, Zentrale Produktmanagement, Zusatz- und Spezialleistungen BRIEF: Mehr Sicherheit. Mit Postident.; Deutsche Post AG Bonn 2010; (2012-03-06) http://www.deutschepost.de//mlm.nf/dpag/images/p/postident/postident.pdf

[Pourbeik 2006] Pouyan Pourbeik, Prabha S. Kundur, Carson W. Taylor: The anatomy of a power grid blackout - Root causes and dynamics of recent major blackouts; Power and Energy Magazine, Volume 4 , Issue 5, S. 22-29; IEEE 2006; DOI: 10.1109/ MPAE.2006.1687814
(2013-10-09) http://ieeexplore.ieee.org/xpls/abs_all.jsp?arnumber=1687814&tag=1

[Prahl 1991] Ralph Prahla, Gerald Marwella, Pamela E. Olivera: Reach and selectivity as strategies of recruitment for collective action: A theory of the critical mass, V; The Journal of Mathematical Sociology, Volume 16, Issue 2, S. 137-164; Gordon and Breach Science Publishers S.A. 1991; DOI: 10.1080/0022250X.1991.9990083 (2012-04-05) http://www.tandfonline.com/doi/abs/10.1080/0022250X.1991.9990083

[Prantl 2010] Heribert Prantl: Steuerhinterziehung - Die erfolgreichste CD der Welt; Süddeutsche Zeitung München 2010;
(2012-05-03) http://www.sueddeutsche.de/politik/steuerhinterziehung-die-erfolgreichste-cd-der-welt-1.73872

[Prasarnphanich 2008] Pattarawan Prasarnphanich, Christian Wagner: Creating critical mass in collaboration systems: Insights from Wikipedia ; 2nd IEEE International Conference on Digital Ecosystems and Technologies, 2008. DEST 2008, S. ; IEEE Computer Society 2008; E-ISBN : 978-1-4244-1490-1, Print ISBN: 978-1-4244-1489-5, DOI: 10.1109/DEST.2008.4635185
(2012-04-05) http://ieeexplore.ieee.org/xpl/articleDetails.jsp?arnumber=4635185

[Preisigke 1910/1971] Friedrich Preisigke: Girowesen im griechischen Ägypten, Georg Olms Verlag, Hildesheim, New York 1910/1971;

[Proudhon 1840/1848] Pierre-Joseph Proudhon: Qu'est-ce que la propriété, ou, Recherches sur le principe du droit et du gouvernement : premier mémoire, Garnier frères Paris 1840/1848;

[Proudhon 1842-1849/1875] Pierre-Joseph Proudhon: Correspondance de P.-J- Proudhon, tome deuxième, A. Lacroix et Cie Paris 1842-1849/1875;

[Proudhon 1846] Pierre-Joseph Proudhon: Système des contradictions économiques, ou, Philosophie de la misère, Paris, Guillaumin et cie 1846;

[Proudhon 1963] J. P. Proudhon, Thilo Ramm (Hg.), G. Landauer et al. (Übersetzung): P. J. Proudhon. Ausgewählte Texte. Hg. u. eingel. v. Thilo Ramm, K. F. Koehler Verlag Stuttgart 1963;

[Quesnay 1766/1888] François Quesnay, August Oncken (éditeur scientifique): Analyse du Tableau économique, Analyse de la formule arithmétique du tableau économique de la distribution des dépenses annuelles d'une nation agricole; Oeuvres économiques et philosophiques de F. Quesnay, S. 305-329; Francefort s/M, Joseph Baer, Jules Pleeman, Paris 1776/1888;
(2012-12-05) http://visualiseur.bnf.fr/CadresFenetre?O=NUMM-72832&M=notice

[Quinn 2012] Ben Quinn: Wendi Deng flirts with Ricky Gervais after joining husband on Twitter; The Guardian London 2012; (2012-01-03)
http://www.guardian.co.uk/media/2012/jan/03/wendi-deng-twitter-rupert-murdoch

[Rabe 2016] Jens-Christian Rabe: Youtube vs. Gema: Streit beendet, Problem ungelöst; Süddeutsche Zeitung München 2016; (2017-05-28) http://www.sueddeutsche.de/digital/urheberrecht-youtube-vs-gema-streit-beendet-problem-ungeloest-1.3230600

[Rampell 2012] Catherine Rampell: For Nobel Winners, a Smaller Cash Prize; Economix Bogs of the New York Times 2012; http://economix.blogs.nytimes.com/2012/06/11/for-nobel-winners-a-smaller-cash-prize/

[Rao 2005] Hanming Rao: Theory and implementation of a truly random number generator, Harvard University Cambridge, MA, USA 2005; ISBN: 0-496-94884-9

[Reich 2001] Vicky Reich, David S. H. Rosenthal: LOCKSS: A Permanent Web Publishing and Access System; D-Lib Magazine June 2001 (Volume 7 Number 6); Corporation for National Research Initiatives (CNRI) 2001; DOI: 10.1045/june2001-reich (2010-05-30) http://www.dlib.org/dlib/june01/reich/06reich.html

[Reichwald 2003] Ralf Reichwald, Frank T. Piller: Von Massenproduktion zu Co-Produktion Kunden als Wertschöpfungspartner; Wirtschaftsinformatik, October 2003, Volume 45, Issue 5, S. 515-519; Gabler Verlag 2003; DOI: 10.1007/BF03250915 (2013-12-22) http://link.springer.com/article/10.1007/BF03250915

[Reinbold 2012] Fabian Reinbold: Piraten-Erfolg im Saarland, Die neue Kraft; SPIEGEL ONLINE GmbH Hamburg 2012; (2012-07-25) http://www.spiegel.de/politik/deutschland/piraten-feiern-erfolg-bei-der-wahl-im-saarland-a-823635.html

[Reinhart 2009] Carmen M. Reinhart, Kenneth S. Rogoff: This time is different : eight centuries of financial folly, Princeton Univ. Press 2009; ISBN 978-0-691-14216-6

[Reißmann 2011] Ole Reißmann, Konrad Lischka: Streit mit der Gema, Plattenbosse rebellieren gegen YouTube-Blockade; Axel Springer AG Hamburg 2011; (2012-06-15) http://www.spiegel.de/netzwelt/netzpolitik/streit-mit-der-gema-plattenbosse-rebellieren-gegen-youtube-blockade-a-768816.html

[Rest 2011] Jonas Rest: Von der NGOisierung zur bewegten Mobilisierung; Zivilisierung des Klimaregimes 2011, S. 85-105; VS Verlag für Sozialwissenschaften, Springer Fachmedien Wiesbaden 2011; Print ISBN: 978-3-531-18086-1, DOI: 10.1007/978-3-531-92840-1_5 (2013-06-13) http://link.springer.com/chapter/10.1007/978-3-531-92840-1_5

[Rheinberg 1999] Falko Rheinberg, Siegbert Krug: Motivationsförderung im Schulalltag (2. überarb. Auflage), Hogrefe Göttingen 1999; ISBN: 3-8017-1235-4

[Ries 2009] Harald Ries: Finanzkrise trifft Privatfernsehen; WAZ NewMedia Essen 2009; (2012-05-23) http://www.heise.de/ct/artikel/Generalschluessel-1083134.html

[Ries 2011] Uli Ries: Neuer SSL-Gau: Falsches Google-Zertifikat blieb fünf Wochen unentdeckt; Heise Security, Heise Zeitschriften Verlag Hannover 2011; (2011-09-05) http://heise.de/-1333070

[Rivest 1978] R. L. Rivest, A. Shamir, L. Adleman: A method for obtaining digital signatures and public-key cryptosystems; Communications of the ACM, Volume 21 Issue 2, Feb. 1978, S. 120-126; ACM New York 1978; doi>10.1145/359340.359342 (2011-11-03) http://dl.acm.org/citation.cfm?doid=359340.359342

[Rivest 1997] Ron Rivest (Lecturer), Abby Knickerbocker (Script): Unconditionally Secure Authentication, Computer and Network Security Lecture 3; Massachusetts Institute

of Technology 1997;
(2012-01-09) http://web.mit.edu/6.857/OldStuff/Fall97/lectures/lecture3.pdf

[RLG 2002]   Research Libraries Group, OCLC: Trusted Digital Repositories: Attributes and Responsibilities; RLG Mountain View, CA 2002;
(2011-03-27) http://www.oclc.org/research/activities/past/rlg/trustedrep/repositories.pdf

[Rob 2006]   Rafael Rob, Joel Waldfogel: Piracy on the High C's: Music Downloading, Sales Displacement, and Social Welfare in a Sample of College Students; Journal of Law and Economics, Vol. 49, No. 1, April 2006, S. 26-62; The University of Chicago Press 2006; DOI: 10.1086/430809 (2012-06-01) http://www.jstor.org/stable/10.1086/430809

[Robinson 1966/1968]   Joan Robinson, Erwin Weissel (Übersetzung): Die fatale politische Ökonomie (englisches Original: Economics: An awkward Corner), Europäische Verlagsanstalt, Frankfurt am Main 1966/1968;

[Roosebeke 2010]   Bert van Roosebeke: Die „too big to fail"-Problematik und die Europäische Finanzmarktregulierung; Centrum für Europäische Politik, Freiburg 2010; (2017-07-31) http://www.cep.eu/eu-themen/details/cep/die-too-big-to-fail-problematik-und-die-europaeische-finanzmarktregulierung.html

[Rosefielde 1996]   Steven Rosefielde: Stalinism in Post-Communist Perspective: New Evidence on Killings, Forced Labour and Economic Growth in the 1930s; Europe-Asia Studies, Vol. 48, No. 6, S. 959-987; Taylor & Francis, Ltd. 1996;   (2012-11-12) http://www.jstor.org/discover/10.2307/152635

[Rowland 2002]   Diane Rowland, Andrew Campbell: Supply of Software: Copyright and Contract Issues; International Journal of Law and Information Technology, Vol. 10 No. 1, S. 23-40; Oxford University Press 2002 2002;   doi: 10.1093/ijlit/10.1.23 (2012-05-11) http://ijlit.oxfordjournals.org/content/10/1/23.full.pdf+html

[RSA Laboratories 2002]   RSA Laboratories: PKCS #1 v2.1: RSA Cryptography Standard; RSA Security Inc. 2002;
(2011-02-02) ftp://ftp.rsasecurity.com/pub/pkcs/pkcs-1/pkcs-1v2-1.pdf

[Rubinstein 1981]   Reuven Y. Rubinstein: Simulation and the Monte Carlo Method, John Wiley & Sons 1981; ISBN 0-471-08917-6

[Santos 2002]   Joseph Santos: Developing and Implementing an Internet-Based Financial System Simulation Game; The Journal of Economic EducationVol. 33, No. 1 (Winter, 2002), S. 31-40; Taylor & Francis 2002;
(2013-10-08) http://www.jstor.org/stable/1183082

[Schäfers 2010]   Manfred Schäfers: Gestohlene Steuerdaten - Zugriff trotz Hehlerei ; Frankfurter Allgemeine Zeitung 2010;   (2012-05-03) http://www.faz.net/aktuell/wirtschaft/wirtschaftspolitik/gestohlene-steuerdaten-zugriff-trotz-hehlerei-1943239.html

[Schascha 2018]   Stefan Schascha: Lebensdauer von Festplatten, DVDs, CDs, & Co. im Überblick; WEKA MEDIA PUBLISHING GmbH, Haar bei München 2018; (2018-06-28)   https://www.pc-magazin.de/ratgeber/speichermedien-lebensdauer-dvd-festplatte-usb-stick-floppy-disk-1485976.html

[Schickling 2010]   Thomas Schickling, Interview mit Joachim Lang und Roman Seer: Money Debatte „Der Belastungsgrund jeder Steuer muss transparent sein" – „Die ehrlichen Bürger zahlen für Steuersünder mit"; FOKUS-MONEY Magazin, Ausgabe Nr. 7, 2010, S. 78-80; Focus Magazin Verlag München 2010; (2012-05-03) http://www.focus.de/finanzen/steuern/money-debatte-der-belastungsgrund-jeder-steuer-muss-transparent-sein-die-ehrlichen-buerger-zahlen-fuer-steuersuender-mit_aid_478574.html

[Schindler 2002] Werner Schindler, Wolfgang Killmann: Evaluation Criteria for True (Physical) Random Number Generators Used in Cryptographic Applications ; Cryptographic Hardware and Embedded Systems - CHES 2002, 4th International Workshop Redwood Shores, CA, USA, August 13–15, 2002 Revised Papers, S. 431-449; Springer Verlag 2002; ISBN: 978-3-540-00409-7, DOI: 10.1007/3-540-36400-5_31 (2012-01-10) http://www.springerlink.com/content/xxlbphw5wyfp923q/fulltext.pdf

[Schneegans 2003] Tobias Schneegans: Umlaufgesicherte Komplementärwährungen. Gelingen und Scheitern in der Praxis.; Zeuthen 2003; (2012-11-08) http://userpage.fu-berlin.de/~roehrigw/diplomarbeiten/Freigeldpraxis.pdf

[Schneider 2011] Nathan Schneider: From Occupy Wall Street to Occupy Everywhere; The Nation, New York 2011; (2013-06-13) http://www.thenation.com/article/163924/occupy-wall-street-occupy-everywhere

[Schneier 1996] Bruce Schneier: Applied Cryptography, Second Edition: Protocols, Algorthms, and Source Code in C, Wiley Computer Publishing, John Wiley & Sons, Inc. 1996; ISBN: 0471128457

[Schneier 1998] Bruce Schneier: Twofish; Counterpane Labs 1998; (2016-2-23) https://www.schneier.com/cryptography/twofish/

[Schneier 1999] Bruce Schneier, John Kelsey, Doug Whiting, David Wagner, Chris Hall, Niels Ferguson : The Twofish Encryption Algorithm: A 128-Bit Block Cipher, John Wiley & Sons New York 1999; ISBN 978-0471353812

[Schönwitz 2013] Dietrich Schönwitz: Zur Problematik einer politisierten Europäischen Zentralbank; Wirtschaftsdienst, Volume 93, Issue 4, S. 243-246; Springer 2013; Print ISSN: 0043-6275, DOI: 10.1007/s10273-013-1516-2 (2013-08-02) http://link.springer.com/article/10.1007/s10273-013-1516-2

[Schreiber 1954] Wilfrid Schreiber: Existenzsicherheit in der industriellen Gesellschaft, J. P. Bachem, Köln 1954/1955;

[Schulten 2012] Thorsten Schulten: European minimum wage policy: A concept for wage-led growth and fair wages in Europe; International Journal of Labour Research, Vol. 4, Issue 1, S. 85-103; International Labour Organization Geneva 2012; ISSN: 2076-9806 (2013-08-05) http://www.oit.org/wcmsp5/groups/public/---ed_dialogue/---actrav/documents/publication/wcms_183568.pdf#page=85

[Seale 1998] Darryl A. Seale, Michael Polakowski, Sherry Schneider: It's not really theft!: Personal and workplace ethics that enable software piracy; Behaviour & Information Technology, Volume 17, Issue 1, S. 27-40; Taylor & Francis 1998; DOI: 10.1080/014492998119652 (2012-05-15) http://www.tandfonline.com/doi/pdf/10.1080/014492998119652

[See-To 2007] Eric W. K. See-To, Jeevan Jaisingh, Kar Yan Tam: Analysis of Electronic Micro-Payment Market; Journal of Electronic Commerce Research, VOL. 8, NUM. 1,

S. 63-83; JECR Long Beach 2007; ISSN: 1526-6133 (Online) (2013-06-20) http://www.csulb.edu/web/journals/jecr/issues/20071/paper5.pdf

[SELFHTML 2007] SELFHTML-Redaktion, Stefan Münz et al.: SELFHTML Version 8.1.2; SELFHTML e. V. Hamburg 2007; (2011-09-20) http://de.selfhtml.org/

[Seubert 2009] Rolf Seubert: „Die Juden können keine Handwerke": Zur Sozialgeschichte eines antisemitischen Stereotyps; bwp@ Hamburg 2009; ISSN: 1618-8543 (2012-11-07) http://www.bwpat.de/profil2/seubert_profil2.shtml

[Shamir 1979] Adi Shamir: How to share a secret; Communications of the ACM Volume 22 Issue 11, S. 612-613; ACM New York 1979;

[Shannon 1949] C. E. Shannon: Communication theory of secrecy systems; Bell System Technical Journal 28, S. 656 - 715; Bell Labs 1949;
(2013-06-19) http://www.cs.duke.edu/courses/spring11/cps210/papers/Gol74.pdf

[Sharp 2005] Bruce Sharp: Counting Hell; Mekong Net 2005;
(2012-11-12) http://www.mekong.net/cambodia/deaths.htm

[Shor 1994] Peter W. Shor: Polynomial time algorithms for prime factorization and discrete logarithms on a quantum computer; Bell Labs 1994; (2010-07-07) http://arxiv.org/abs/quant-ph/9508027v2

[Sicker 2007] Douglas C. Sicker, Paul Ohm, Shannon Gunaji: The Analog Hole and the Price Of Music: An Empirical Study; Journal on Telecommunications and High Technology Law, Vol. 5, Issue 3, S. 573-588; University of Colorado, Boulder 2007; ISSN: 1543-8899 (2012-05-24) http://www.jthtl.org/content/articles/V5I3/JTHTLv5i3_SickerOhmGunaji.PDF

[Sieg 2010] Gernot Sieg: Spieltheorie (3. Auflage), Oldenbourg Verlag München 2010; ISBN: 978-3-486-59657-1

[Siegert 2016] Jochen Siegert: Die Achillesferse von Paydirekt; Der Bank Blog, Lütjensee 2016; (2018-07-18) https://www.der-bank-blog.de/achillesferse-paydirekt/mobile-payment/21334/

[Siegrist 2006] Hannes Siegrist, Jeanette Hofmann (Hrsg.): Geschichte des geistigen Eigentums und der Urheberrechte. Kulturelle Handlungsrechte in der Moderne; Wissen und Eigentum - Geschichte, Recht und Ökonomie stoffloser Güter, S. 64-80; Bundeszentrale für politische Bildung, Bonn 2006; ISBN 3-89331-682-5
(2013-06-03) http://eenc.uni-leipzig.de/~kuwi/siegrist/Siegrist_in_Hofmann.pdf

[SigG 2001/2009] Gesetz über Rahmenbedingungen für elektronische Signaturen: Signaturgesetz vom 16. Mai 2001 (BGBl. I S. 876), das zuletzt durch Artikel 4 des Gesetzes vom 17. Juli 2009 (BGBl. I S. 2091) geändert worden ist; Bundesministerium der Justiz, Berlin Deutschland 2001/2009;
(2011-03-16) http://bundesrecht.juris.de/sigg_2001/index.html

[SigV 2001/2010] Verordnung zur elektronischen Signatur (SigV): Signaturverordnung vom 16. November 2001 (BGBl. I S. 3074), die zuletzt durch Artikel 1 der Verordnung vom 15. November 2010 (BGBl. I S. 1542) geändert worden ist; Bundesministerium der Justiz, Berlin Deutschland 2001/2010; (2011-04-22) http://bundesrecht.juris.de/bundesrecht/sigv_2001/gesamt.pdf

Literaturverzeichnis

[Singer 2001]   Wolfgang Singer: Was kann ein Mensch wann lernen?; McKinsey Initiative, Frankfurt am Main 2001;   (2013-08-15) http://www.brain.mpg.de/fileadmin/user_upload/images/Research/Emeriti/Singer/mckinsey.pdf

[Siwek 2007]   Stephen E. Siwek: The True Cost of Sound Recording Piracy to the U.S. Economy; Institute for Policy Innovation (IPI), Lewisville, Texas 2007;   (2013-06-12) http://www.ipi.org/docLib/20120515_SoundRecordingPiracy.pdf

[Sixt 2017]   Elfriede Sixt: Bitcoins und andere dezentrale Transaktionssysteme, Springer Gabler (Springer Fachmedien) Wiesbaden 2017; ISBN-Print: 978-3-658-02843-5, DOI 10.1007/978-3-658-02844-2

[Skevington 1997]   P. J. Skevington, T. P. Hart: Trusted third parties in electronic commerce; BT Technology Journal, Vol 15, No. 2, April 1997, S. 39-44; Artikel: SpringerLink 2004; Print: BT Laboratories / Springer Netherlands 1997;   ISSN 1358-3948 (Print), 1573-1995 (Online Journal); Artikel: DOI 10.1023/A:1018628522847 (2011-11-04) http://www.springerlink.com/content/n5884166n8x21vw7/

[Skinner 1953/2005]   Burrhus Frederic Skinner: Science and Human Behavior; B.F. Skinner Foundation, Cambridge 1953/2005; (2013-01-16) http://www.bfskinner.org/bfskinner/PDFBooksSHB.html

[Smith 1776/2005]   Adam Smith: An Inquiry into the Nature and Causes of the Wealth of Nations; London / Online version by Pennsylvania State University 1776/2005; (2012-12-03) http://www2.hn.psu.edu/faculty/jmanis/adam-smith/Wealth-Nations6x9.pdf

[Snyder 1992]   Steven L. Snyder: Movies and Product Placement: Is Hollywood Turning Films into Commercial Speech; University of Illinois Law Review, S. 301-337; HeinOnline, William S. Hein & Co., Inc. 1992;   (2012-06-05) http://heinonline.org/HOL/LandingPage?collection=journals&handle=hein.journals/unilllr1992&div=17

[Sodhi 2011]   Kamaljit Sodhi: Has marketing come full circle? Demarketing for sustainability; Business Strategy Series, Vol. 12 Iss: 4, S. 177 - 185; Emerald Group Publishing Limited 2011;   DOI: 10.1108/17515631111155133 (2013-12-17) http://www.emeraldinsight.com/journals.htm?articleid=1937673

[Solchenizyn 1973]   Alexander Solchenizyn: Der Archipel Gulag, Scherz Verlag Bern 1973

[Somorovsky 2011]   Juraj Somorovsky et al.: All Your Clouds are Belong to us – Security Analysis of Cloud Management Interfaces; Proceedings of the ACM Cloud Computing Security Workshop (CCSW), Chicago 2011;   (2011-10-25) http://www.nds.rub.de/media/nds/veroeffentlichungen/2011/10/22/ AmazonSignatureWrapping.pdf

[Sotirov 2008]   Alexander Sotirov, Marc Stevens, Jacob Appelbaum, Arjen Lenstra, David Molnar, Dag Arne Osvik, Benne de Weger: MD5 considered harmful today: Creating a rogue CA certificate; 25th Annual Chaos Communication Congress in Berlin 2008;   (2010-12-15) http://www.win.tue.nl/hashclash/rogue-ca/

[Soto 1999]   Juan Soto: Statistical Testing of Random Number Generators, Proceedings of the 22nd National Information Systems Security Conference; NIST 1999;   (2012-01-10) http://csrc.nist.gov/groups/ST/toolkit/rng/documents/nissc-paper.pdf

[Spinellis 2003]   Diomidis Spinellis: The decay and failures of web references; ACM New York 2003; (2011-04-01) http://portal.acm.org/citation.cfm?id=602422

[Stallman 2013]   Richard Stallman et al.: GNU coding standards, last updated October 10, 2013; Free Software Foundation 2013; (2013-12-12) http://www.gnu.org/prep/standards/

[Steier 2012]   Henning Steier: Wer ist wer?; Neue Zürcher Zeitung Online 2012; (2012-01-04)   http://www.nzz.ch/nachrichten/digital/twitter_wendi_murdoch_hisbollah_terrorismus_verified_accounts_1.14088532.html

[Steier 2013]   Henning Steier: Zahlungssysteme, Drei Alternativen zu Bitcoin; Neue Zürcher Zeitung AG, NZZ Online am 10. April 2013; (2013-05-22) http://www.nzz.ch/aktuell/digital/drei-alternativen-zu-bitcoin-1.18065217

[Steinkirchner 2009]   Peter Steinkirchner: Krise lässt viele Werbeagenturen in die Knie gehen; Handelsblatt GmbH Düsseldorf 2009; (2012-05-07) http://www.wiwo.de/unternehmen/werbung-krise-laesst-viele-werbeagenturen-in-die-knie-gehen/5579128.html

[Steurer 2002]   Reinhard Steurer: Der Wachstumsdiskurs in Wissenschaft und Politik: Von der Wachstumseuphorie über 'Grenzen des Wachstums' zur Nachhaltigkeit, VWF Verlag für Wissenschaft und Forschung 2002; ISBN: 978-3897003385

[StGB 1871/2012]   Strafgesetzbuch (StGB): Strafgesetzbuch in der Fassung der Bekanntmachung vom 13. November 1998 (BGBl. I S. 3322), das zuletzt durch Artikel 5 Absatz 3 des Gesetzes vom 24. Februar 2012 (BGBl. I S. 212) geändert worden ist; Bundesministerium der Justiz, Berlin Deutschland 1871/2012; (2012-05-10) http://www.gesetze-im-internet.de/bundesrecht/stgb/gesamt.pdf

[Stiglitz 2012]   Joseph E. Stiglitz: Some Are More Unequal Than Others (blog title), What's at Stake in This Election (print version title); New York Times, New York edition, October 28. 2012, S. SR1; The New York Times Company 2012; (2013-05-22) http://campaignstops.blogs.nytimes.com/2012/10/26/stiglitz-some-are-more-unequal-than-others/

[Stoecker 2006]   Ralf Stoecker: Ein wirklich ernstes philosophisches Problem - Philosophische Reflexionen über den Suizid; vorgänge Nr. 175 (Heft 3/2006) Sterben und Selbstbestimmung, S. 4-23; Humanistischen Union, Berliner Wissenschafts-Verlag 2006; ISSN: 0507-4150 (2012-05-08) http://www.uni-potsdam.de/angewandte-ethik/dokumente/Vorgaenge175%20SterbenundSelbstbestimmung.pdf

[Streich 2004]   Sebastian Streich, Perfecto Herrera: Toward Describing Perceived Complexity of Songs Computational Methods and Implementation, 25th AES International Conference on Metadata for Audio, London; Audio Engineering Society 2004; (2013-12-16) http://www.aes.org/e-lib/browse.cfm?elib=12813

[Stresemann 1923/2011]   Gustav Stresemann, Hans Luther: Verordnung über die Errichtung der Deutschen Rentenbank; Deutsches Reichsgesetzblatt, Jahrgang 1923, Teil I, S. 963-966; Reichsministerium des Inneren, Verlag des Gesetzsammlungsamts Berlin, Online: Österreichische Nationalbank 1923/2011; (2013-06-19) http://alex.onb.ac.at/cgi-content/alex?aid=dra&datum=1923&size=45&page=1097

[Sumanjeet 2009]   Singh Sumanjeet: Emergence of Payment Systems in the Age of Electronic Commerce: The State of Art; Global Journal of International Business Research,

Volume 2, Number 2, S. 17-36; Global Business Investments and Publications LLC 2009; ISSN: 1933-3471
(2013-06-20) http://papers.ssrn.com/sol3/papers.cfm?abstract_id=1536620

[Sunar 2007] Berk Sunar, William J. Martin, Douglas R. Stinson: A Provably Secure True Random Number Generator with Built-In Tolerance to Active Attacks; IEEE Transactions on Computers, Volume 56, Issue 1, S. 109-119; IEEE Computer Society 2007; ISSN: 0018-9340, Digital Object Identifier: 10.1109/TC.2007.250627 (2012-01-10) http://ieeexplore.ieee.org/stamp/stamp.jsp?tp=&arnumber=4016501

[Thalheim 2002] Lisa Thalheim, Jan Krissler, Peter-Michael Ziegler: Körperkontrolle Biometrische Zugangssicherungen auf die Probe gestellt; c't 11/2002, S. 114-123; Heise Zeitschriften Verlag Hannover 2002; ISSN: 0724-8679
(2011-07-29) http://www.heise.de/artikel-archiv/ct/2002/11/114

[Tomlinson 2002] Raymond Samuel Tomlinson: The First Network Email; Hompage of Tomlinson at BBN Technologies server 2002 (year was only reconstructed from image dates on web page); (2011-09-20) http://openmap.bbn.com/~tomlinso/ray/firstemailframe.html

[Trillmich 1978] Walter Trillmich: Familienpropaganda der Kaiser Caligula und Claudius: Agrippina Maior und Antonia Augusta auf Münzen, De Gruyter 1978; ISBN-13: 978-3110072594

[Truscott 1980] Tom Truscott: Invitation to a General Access Unix Network; Duke University, Durham (North Carolina) 1980

[Tucholsky 1931] Kurt Tucholsky unter dem Pseudonym Ignaz Wrobel: Der bewachte Kriegsschauplatz, Weltbühne 191 am 4.8.1931; Jacobsohns Verlag der Weltbühne Berlin 1931; used online source provided by Jörg Erdmann, Döbeln
(2011-09-30) http://www.kurt-tucholsky.info/werke/5.pdf

[Tutmann 2010] Linda Tutmann: Studieren auf Kredit, Vorsicht, Schuldenfalle!; ZEIT ONLINE Hamburg 2010; (2013-08-12) http://www.zeit.de/2010/10/C-Stipendien

[TVG 1949/2010] Tarifvertragsgesetz (TVG): Tarifvertragsgesetz in der Fassung der Bekanntmachung vom 25. August 1969 (BGBl. I S. 1323), das zuletzt durch Artikel 88 des Gesetzes vom 8. Dezember 2010 (BGBl. I S. 1864) geändert worden ist; Bundesministerium der Justiz, Berlin Deutschland 1949/2010; (2013-08-05) http://www.gesetze-im-internet.de/bundesrecht/tvg/gesamt.pdf

[TVöD 2005/2012] Tarifvertrag für den öffentlichen Dienst (TVöD): TVöD vom 13. September 2005 zuletzt geändert durch den Änderungstarifvertrag Nr. 7 vom 31. März 2012 in der ab 1. März 2012 gültigen Fassung; Gewerkschaft Erziehung und Wissenschaft Frankfurt 2005/2012;
(2013-08-05) http://www.gew.de/Binaries/Binary33829/TVoeD_Maerz_2012.pdf

[Twist 2005] Josh Twist: Performance of Method.Invoke vs a Delegate; The Joy of Code 2005; (2016-2-23)
http://www.thejoyofcode.com/Performance_of_Method.Invoke_vs_a_Delegate.aspx

[UDFR 2009] UDFR interim governance working group: Proposal to the National Digital Information Infrastructure and Preservation Program (NDIIPP) for Technical Development Support for the Unified Digital Format Registry (UDFR); California Digital Library 2009; (2011-04-23) http://www.udfr.org/docs/Udfr_proposal_nov2009_v4.doc

[Uken 2009] Marlies Uken: Barmherzigkeit nach Kassenlage; DIE ZEIT ONLINE Hamburg, Ausgabe 19 2009; (2012-01-31) http://pdf.zeit.de/2009/19/F-Stiftungen.pdf

[UN 1948] Adopted by United Nations General Assembly; Authors: John Peters Humphrey et al.: Universal Declaration of Human Rights; United Nations General Assembly in Paris 10th December 1948; (2011-10-04) http://www.un.org/en/documents/udhr/

[UN-DPA 2000] Department of Political Affairs: Repertoire of the Practice of the Security Council Supplement 1985-1988, United Nations Publication New York 2000; ISBN: 92-1-137029-9

[UNESCO 2007] UNESCO Institute for Statistics: Global Education Digest 2007 : Comparing Education Statistics Across the World; UNESCO Institute for Statistics Montreal 2007; ISBN: 978-92-9189-044-6 (2013-01-14) http://www.uis.unesco.org/Library/Pages/DocumentMorePage.aspx?docIdValue=94& docIdFld=ID

[UNICEF 2012] UNICEF Deutschland, Deutsches Kinderhilfswerk: Ergebnis der Online-Umfrage: Meine Woche; UNICEF Berlin/Köln 2012; (2013-08-13) http://www.unicef.de/fileadmin/content_media/Aktionen/weltkindertag/2012-09-19_Auswertung_Umfrage_final.pdf

[Urdaneta 2009] Guido Urdaneta, Guillaume Pierre, Maarten van Steen: Wikipedia workload analysis for decentralized hosting; Computer Networks, Volume 53, Issue 11 (28 July 2009), S. 1830-1845; Elsevier B.V. 2009; DOI: 10.1016/j.comnet.2009.02.019 (2012-06-06) http://www.sciencedirect.com/science/article/pii/S1389128609000541

[UrhG 1965/2011] Gesetz über Urheberrecht und verwandte Schutzrechte (Urheberrechtsgesetz): Urheberrechtsgesetz vom 9. September 1965 (BGBl. I S. 1273), das zuletzt durch Artikel 2 Absatz 53 des Gesetzes vom 22. Dezember 2011 (BGBl. I S. 3044) geändert worden ist; Bundesministerium der Justiz, Berlin Deutschland 1965/2011; (2012-05-10) http://www.gesetze-im-internet.de/bundesrecht/urhg/gesamt.pdf

[UrhWG 1965/2007] Gesetz über die Wahrnehmung vonUrheberrechten und verwandten Schutzrechten(Urheberrechtswahrnehmungsgesetz, UrhWG): Urheberrechtswahrnehmungsgesetz vom 9. September 1965 (BGBl. I S. 1294), das zuletzt durch Artikel 2 des Gesetzes vom 26. Oktober 2007 (BGBl. I S. 2513) geändert worden ist; Bundesministerium der Justiz, Berlin Deutschland 1965; (2012-06-07) http://www.gesetze-im-internet.de/bundesrecht/urhwahrng/gesamt.pdf

[Uszkai 2012] Radu Uszkai, Constantin Vica: How to assess the emergence of the European Pirate Parties; Sfera Politicii, Volume XX, Number 3 (169), Mai-June 2012, S. 46-55; Fundatia Societatea Civila 2012; ISSN: 1221-6720
(2012-07-24) http://www.sferapoliticii.ro/sfera/pdf/Sfera_169-Rev1.pdf#page=48

[Vallade 2009] Jilian Vallade: Adblock plus and the Legal Implications of Online Commercial-Skipping; 61 Rutgers L. Rev. 823 (2008-2009) , S. 823-853; HeinOnline, William S. Hein & Co., Inc. 2009; (2012-06-04) http://heinonline.org/HOL/LandingPage?collection=journals&handle=hein.journals/rutlr61&div=43

[VASCO 2011] VASCO: DigiNotar reports security incident; VASCO Data Security International, Inc. Oakbrook Terrace, Illinois und Zürich 2011; (2011-09-05) http://www.vasco.com/company/press_room/news_archive/2011/news_diginotar_reports_security_incident.aspx

[VerlG 1901/2002] Gesetz über das Verlagsrecht (VerlG): Gesetz über das Verlagsrecht in der im Bundesgesetzblatt Teil III, Gliederungsnummer 441-1, veröffentlichten bereinigten Fassung, das zuletzt durch Artikel 2 des Gesetzes vom 22. März 2002 (BGBl. I S. 1155) geändert worden ist; Bundesministerium der Justiz, Berlin Deutschland 1901/2002; (2012-05-10) http://www.gesetze-im-internet.de/bundesrecht/verlg/gesamt.pdf

[Viehmann 2011] Johannes Viehmann: Secure communication with secret sharing in static computer networks with partition in mistrust parties; 2011 Ninth Annual International Conference on Privacy, Security and Trust (PST) Montreal, Quebec, Canada, July 19-21, S. 205-212; IEEE Computer Society 2011; Print-ISBN: 978-1-4577-0582-3; Digital Object Identifier: 10.1109/PST.2011.5971985
(2011-11-14) http://ieeexplore.ieee.org/xpls/abs_all.jsp?arnumber=5971985

[Viehmann 2012] Johannes Viehmann: The Theory of Creating Trust with a Set of Mistrust-Parties and its Exemplary Application for the S-Network; Proceedings of Tenth Annual Conference on Privacy, Security and Trust (PST), Paris (France) 2012, S. 185-194; IEEE 2012; Print ISBN: 978-1-4673-2323-9, DOI: 10.1109/PST.2012.6297939 (2013-07-22) http://ieeexplore.ieee.org/xpl/articleDetails.jsp?arnumber=6297939

[Viehmann 2012 b] Johannes Viehmann: Reusing risk analysis results - An extension for the CORAS risk analysis method; 4th International Conference on Information Privacy, Se-curity, Risk and Trust (PASSAT'12), S. 742-751; IEEE 2012; DOI: 10.1109/SocialCom-PASSAT.2012.91
(2015-02-13) http://ieeexplore.ieee.org/xpl/login.jsp?tp=&arnumber=6406301&url=http%3A%2F%2Fieeexplore.ieee.org%2Fxpls%2Fabs_all.jsp%3Farnumber%3D6406301

[Viehmann 2013] Johannes Viehmann: Towards Integration of Compositional Risk Analysis Using Monte Carlo Simulation and Security Testing; Risk Assessment and Risk-Driven Testing, Lecture Notes in Computer Science 8418, , S. 109-119; Springer 2013; Print ISBN: 978-3-319-07075-9, DOI: 10.1007/978-3-319-07076-6_8 (2015-02-13) http://link.springer.com/chapter/10.1007/978-3-319-07076-6_8

[Viehmann 2013 b] Johannes Viehmann, Andreas Bogk, Philip Banse (Moderator): Macht zwei Bitcoin bitte! Potenzial und Risiken der dezentralen Internet-Währung; Deutschlandradio Kultur, Berlin 20. April 2013; (2017-08-01) http://dokufunk.org/documentary_archive/findmittel/index.php?CID=6621&lang=DE&ID=11555

[Viehmann 2014] Johannes Viehmann: Risk Management for Outsourcing to the Cloud: Security Risks and Safeguards as Selection Criteria for Extern Cloud Services; Procedings International Symposium on Software Reliability Engineering workshops, Naples, Italy, S. 293-295; IEEE 2014; Print-ISBN: 978-1-4799-7378-1; DOI: 10.1109/ISSREW.2014.80 (2017-07-18) http://ieeexplore.ieee.org/document/6983855/

[Viehmann 2015] Johannes Viehmann; Frank Werner: Risk Assessment and Security Testing of Large Scale Networked Systems with RACOMAT; in: Seehusen, Fredrik et al. (Ed.): Risk assessment and risk-driven testing; Lecture Notes in Computer Science 9488, S. 3-17; Springer Cham 2015; Print-ISBN: 978-3-319-26415-8; DOI: 10.1007/978-3-

319-26416-5 (2017-07-18) https://www.springerprofessional.de/en/risk-assessment-and-security-testing-of-large-scale-networked-sy/6879186

[Viehmann 2018] Johannes Viehmann: Ergänzungen zu „Das S-Netzwerk und seine potenzielle wirtschaftliche Bedeutung"; Fraunhofer Publica – Fraunhofer-Informationszentrum Raum und Bau (IRB) Stuttgart 2018; DOI: 10.24406/FOKUS-N-510000

[Viehmann 2018 a] Johannes Viehmann: Das S-Netzwerk Verteilungsproblem; in: Ergänzungen zu „Das S-Netzwerk und seine potenzielle wirtschaftliche Bedeutung"; Fraunhofer Publica – Fraunhofer-Informationszentrum Raum und Bau (IRB) Stuttgart 2018; DOI: 10.24406/FOKUS-N-510000

[Viehmann 2018 b] Johannes Viehmann: Feinheiten der Routenfindung; in: Ergänzungen zu „Das S-Netzwerk und seine potenzielle wirtschaftliche Bedeutung"; Fraunhofer Publica – Fraunhofer-Informationszentrum Raum und Bau (IRB) Stuttgart 2018; DOI: 10.24406/FOKUS-N-510000

[Viehmann 2018 c] Johannes Viehmann: Multi-Partitions-Routing; in: Ergänzungen zu „Das S-Netzwerk und seine potenzielle wirtschaftliche Bedeutung"; Fraunhofer Publica – Fraunhofer-Informationszentrum Raum und Bau (IRB) Stuttgart 2018; DOI: 10.24406/ FOKUS-N-510000

[Viehmann 2018 d] Johannes Viehmann: Zugangssicherheit für die Nutzer und Schutz von Geheimnissen; in: Ergänzungen zu „Das S-Netzwerk und seine potenzielle wirtschaftliche Bedeutung"; Fraunhofer Publica – Fraunhofer-Informationszentrum Raum und Bau (IRB) Stuttgart 2018; DOI: 10.24406/FOKUS-N-510000

[Viehmann 2018 e] Johannes Viehmann: Entkopplung der verschiedenen Aufgaben der Anonymisierung; in: Ergänzungen zu „Das S-Netzwerk und seine potenzielle wirtschaftliche Bedeutung"; Fraunhofer Publica – Fraunhofer-Informationszentrum Raum und Bau (IRB) Stuttgart 2018; DOI: 10.24406/FOKUS-N-510000

[Viehmann 2018 f] Johannes Viehmann: Anonymes quantifizierbares Bewerten und Abstimmen; in: Ergänzungen zu „Das S-Netzwerk und seine potenzielle wirtschaftliche Bedeutung"; Fraunhofer Publica – Fraunhofer-Informationszentrum Raum und Bau (IRB) Stuttgart 2018; DOI: 10.24406/FOKUS-N-510000

[Viehmann 2018 g] Johannes Viehmann: Realisierung in ökologischer Verantwortung; in: Ergänzungen zu „Das S-Netzwerk und seine potenzielle wirtschaftliche Bedeutung"; Fraunhofer Publica – Fraunhofer-Informationszentrum Raum und Bau (IRB) Stuttgart 2018; DOI: 10.24406/FOKUS-N-510000

[Viehmann 2018 h] Johannes Viehmann: Ergänzungen zum Demonstrator; in: Ergänzungen zu „Das S-Netzwerk und seine potenzielle wirtschaftliche Bedeutung"; Fraunhofer Publica – Fraunhofer-Informationszentrum Raum und Bau (IRB) Stuttgart 2018; DOI: 10.24406/FOKUS-N-510000

[Viehmann 2018 i] Johannes Viehmann: Faire, verlässliche Zusammenarbeit; in: Ergänzungen zu „Das S-Netzwerk und seine potenzielle wirtschaftliche Bedeutung"; Fraunhofer Publica – Fraunhofer-Informationszentrum Raum und Bau (IRB) Stuttgart 2018; DOI: 10.24406/FOKUS-N-510000

[Viehmann 2018 j] Johannes Viehmann: Das S-Netzwerk als Patentregister; in: Ergänzungen zu „Das S-Netzwerk und seine potenzielle wirtschaftliche Bedeutung"; Fraunhofer Publica – Fraunhofer-Informationszentrum Raum und Bau (IRB) Stuttgart 2018; DOI: 10.24406/FOKUS-N-510000

[Viehmann 2018 k] Johannes Viehmann: Probleme im Umgang mit immateriellen Gütern; in: Ergänzungen zu „Das S-Netzwerk und seine potenzielle wirtschaftliche Bedeutung"; Fraunhofer Publica – Fraunhofer-Informationszentrum Raum und Bau (IRB) Stuttgart 2018; DOI: 10.24406/FOKUS-N-510000

[Viehmann 2018 l] Johannes Viehmann: Vom Naturalgeld bis zum Zeichengeld; in: Ergänzungen zu „Das S-Netzwerk und seine potenzielle wirtschaftliche Bedeutung"; Fraunhofer Publica – Fraunhofer-Informationszentrum Raum und Bau (IRB) Stuttgart 2018; DOI: 10.24406/FOKUS-N-510000

[Viehmann 2018 m] Johannes Viehmann: Risiken von Inflation und Deflation; in: Ergänzungen zu „Das S-Netzwerk und seine potenzielle wirtschaftliche Bedeutung"; Fraunhofer Publica – Fraunhofer-Informationszentrum Raum und Bau (IRB) Stuttgart 2018; DOI: 10.24406/FOKUS-N-510000

[Viehmann 2018 n] Johannes Viehmann: Utopischer Sozialismus: Fouriers Phalanstère; in: Ergänzungen zu „Das S-Netzwerk und seine potenzielle wirtschaftliche Bedeutung"; Fraunhofer Publica – Fraunhofer-Informationszentrum Raum und Bau (IRB) Stuttgart 2018; DOI: 10.24406/FOKUS-N-510000

[Viehmann 2018 o] Johannes Viehmann: Starke Anonymität bei Systemen offener Konten im S-Netzwerk; in: Ergänzungen zu „Das S-Netzwerk und seine potenzielle wirtschaftliche Bedeutung"; Fraunhofer Publica – Fraunhofer-Informationszentrum Raum und Bau (IRB) Stuttgart 2018; DOI: 10.24406/FOKUS-N-510000

[Viehmann 2018 p] Johannes Viehmann: Aufbau, Legitimierung und Organisation; Fraunhofer Publica – Fraunhofer-Informationszentrum Raum und Bau (IRB) Stuttgart 2018; DOI: 10.24406/FOKUS-N-510000

[Viehmann 2018 q] Johannes Viehmann: Standardkonformität von Implementierungen; Fraunhofer Publica – Fraunhofer-Informationszentrum Raum und Bau (IRB) Stuttgart 2018; DOI: 10.24406/FOKUS-N-510000

[Viehmann 2018 r] Johannes Viehmann: Umgang mit kritischen externen Ereignissen; Fraunhofer Publica – Fraunhofer-Informationszentrum Raum und Bau (IRB) Stuttgart 2018; DOI: 10.24406/FOKUS-N-510000

[Virchow 2018] Fabian Virchow, Alexander Häusler: Vom Lob der Krise – Krisenvorstellungen und Krisenpolitik rechtsaußen; Europas Zivilgesellschaft in der Wirtschafts- und Finanzkrise, S. 163-179; Springr VS, Wiesbaden 2018; DOI: 10.1007/978-3-658-20897-4_8 (2018-07-10) https://link.springer.com/chapter/10.1007/978-3-658-20897-4_8

[Voas 1998] Jeffrey Voas: Maintaining component-based systems; IEEE Software, Volume: 15, Issue: 4, S. 22-27; IEEE 1998; ISSN: 0740-7459, DOI: 10.1109/52.687940 (2013-12-16) http://ieeexplore.ieee.org/xpls/abs_all.jsp?arnumber=687940

[Vogler 2016] Christoph Vogler, Claas Abert, Florian Bruckner, Dieter Suess, Dirk Praetorius: Heat-assisted magnetic recording of bit-patterned media beyond 10 Tb/in^2; Applied Physics Letters, Volume 108, Issue 10, S. 1-5; AIP Publishing 2016; DOI: 10.1063/1.4943629 (2018-06-18) https://aip.scitation.org/doi/abs/10.1063/1.4943629

[Voloshynovskiy 2001] Sviatolsav Voloshynovskiy, Shelby Pereira, Thierry Pun, Joachim J. Eggers, Jonathan K. Su: Attacks on digital watermarks: classification, estimation based attacks, and benchmarks; Communications Magazine, Volume: 39 , Issue: 8, S. 118-126; IEEE 2001; ISSN: 0163-6804, DOI: 10.1109/35.940053 (2012-05-15) http://ieeexplore.ieee.org/stamp/stamp.jsp?tp=&arnumber=940053

[W3C 1999] W3C HTML Working Group, John D. Burger et al.: HTML 4.01 Specification; World Wide Web Consortium (W3C) 1999;
(2011-09-20) http://www.w3.org/TR/html401/

[Wagner 2011] Franz W. Wagner, Susanne Zeller: Deutschland als Weltmeister der Steuerliteratur? Fallstudie einer Legende; Perspektiven der Wirtschaftspolitik, Volume 12, Issue 3, S. 303–316; John Wiley & Sons, Inc. 2011; DOI: 10.1111/j.1468-2516.2011.00367.x (2013-05-21)
http://onlinelibrary.wiley.com/doi/10.1111/j.1468-2516.2011.00367.x/abstract

[Wall 2012] Timothy Wall (Editor): The Millennium Development Goals Report 2012; United Nations New York 2012;
(2013-01-14) http://www.un.org/millenniumgoals/pdf/MDG%20Report%202012.pdf

[Walsh 2012] Jay Walsh (Media Contact), Wikimedia Foundation: Wikimedia Foundation Rings In New Year With Record-breaking Fundraiser; Wikimedia Foundation San Francisco 2012; (2012-06-06) http://wikimediafoundation.org/wiki/Press_releases/Wikimedia_Foundation_Rings_In_New_Year_With_Record-breaking_Fundraiser

[Wang 2008] Wei Wang, Dongyao Ji: Using SPIN to Detect Vulnerabilities in the AACS Drive-Host Authentication Protocol; Formal Techniques for Networked and Distributed Systems – FORTE 2008 Tokyo, Lecture Notes in Computer Science, 2008, Volume 5048/2008, S. 305-323; Springer Verlag Berlin 2008; Print ISBN: 978-3-540-68854-9, DOI: 10.1007/978-3-540-68855-6_20
(2012-05-23) http://www.springerlink.com/content/wv3603rl47651800/fulltext.pdf

[Watson 2005] James Watson: The LIFE project research review; Mapping the landscape, riding a life cycle; University College London 2005; (2012-08-06) http://discovery.ucl.ac.uk/1856/

[Weber 2017] Herbert Weber, Johannes Viehmann: Unternehmens-IT für die Digitalisierung 4.0, Springer Vieweg Wiesbaden 2017; Print-ISBN: 978-3-658-19627-1; DOI: 10.1007/978-3-658-19628-8

[Weichert 2010] Stephan Weichert (Hg.), Leif Kramp (Hg.), Hans-Jürgen Jakobs (Hg.): Wozu noch Journalismus? Wie das Internet einen Beruf verändert, Vandenhoeck & Ruprecht Göttingen 2010; ISBN: 978-3-525-30004-6

[Weiß 2005] Peter Weiß, Dudley Dolan, Wolffried Stucky, Peter Bumann: ICT-Skills Certification in Europe; CEPIS, CEDEFOP 2005;
(2011-05-03) http://www.ictliteracy.info/rf.pdf/eSkills_Certification_final_report.pdf

[Weizsäcker 1993] Ernst Ulrich von Weizsäcker: Für die Armen gilt: Geld oder Leben; Natur, Jahrgang 1993, Nr. 7, S. 52; Ringier 1993; ISSN: 0723-5038

[Welch 2001] Charles A. Welch: Sacred Secrets — The Privacy of Medical Records; New England Journal of Medicine (NEJM), Volume 345, Number 5, S. 371-372; Massachusetts Medical Society 2001; DOI: 10.1056/NEJM200108023450512 (2013-08-02) http://www.nejm.org/doi/full/10.1056/NEJM200108023450512

[Welte 2011] Harald Welte: Sichere und vertrauenswürdige elektronische Kommunikation via De-Mail; Chaos Computer Club e. V. Hamburg 2011; (2018-07-03) https://www.ccc.de/system/uploads/64/original/CCC-de-mail-2011.pdf

[Wentzel 2005] Dirk Wentzel: Zur Begrenzung der Staatsverschuldung nach dem Scheitern des Stabilitätspaktes; Wirtschaftsdienst, September 2005, Volume 85, Issue 9, S. 605-612; Springer-Verlag 2005; DOI: 10.1007/s10273-005-0404-9 (2013-05-16) http://link.springer.com/article/10.1007%2Fs10273-005-0404-9

[Westin 1967] Alan F. Westin: Privacy and Freedom, Atheneum New York 1967 / 1968;

[White 2000] Robert L. White: The physical boundaries to high-density magneticrecording; Journal of Magnetism and Magnetic Materials, Volume 209, Issues 1–3, S. 1-5; Elsevier B.V. 2000; DOI: 10.1016/S0304-8853(99)00632-0 (2012-08-08) http://www.sciencedirect.com/science/article/pii/S0304885399006320

[White 2011] Brad White, Andrew Robertson: Available Pool of Unallocated IPv4 Internet Addresses Now Completely Emptied; ICANN 2011; (2011-04-06) http://www.icann.org/en/news/releases/release-03feb11-en.pdf

[Whitten 1999] Alma Whitten, J. D. Tygar: Why Johnny Can't Encrypt: A Usability Evaluation of PGP 5.0; Published in: Proceedings of the 8th USENIX Security Symposium, August 23-26 1999, Washington D. C.; USENIX Association, Berkeley 1999; (2011-11-04) http://www.eecs.berkeley.edu/~tygar/papers/Why_Johnny_Cant_Encrypt/USENIX.pdf

[Wieland 2010] Robert A. Wieland, Matthias Peterhans, Dr. Wolfgang Neubarth, Initiative D21: Digitale Gesellschaft, Die digitale Gesellschaft in Deutschland 2009; TNS Infratest GmbH 2010; (2011-04-08) http://www.initiatived21.de/wp-content/uploads/2010/03/Digitale-Gesellschaft_Endfassung.pdf

[Wikimedia 2011] Wikimedia Foundation (Sue Gardner, Ting Chen: The way the world tells its story, Wikimedia Foundation annual report 2010–11; Wikimedia Foundation San Francisco 2011; (2012-06-06) http://upload.wikimedia.org/wikipedia/commons/4/48/WMF_AR11_SHIP_spreads_15dec11_72dpi.pdf

[Wilks 1992] Jeffrey Wilks: Resort scuba courses in Queensland: Numbers and costs; Journal of the South Pacific Underwater Medicine Society Vol. 22, No. 4, S. 206-207; South Pacific Underwater Medicine Society SPUMS 1992; (2012-08-02) http://archive.rubicon-foundation.org/xmlui/handle/123456789/10017

[Williams 2008] Dylan Williams, Brian Waterwall, Tiffany Giardelli: An Investigation Into Credit Card Debt Among College Students; Contemporary Issues In Education Research, Vol. 1, No. 4, S. ; The Clute Institute, Littleton, Colorado 2008; (2013-08-12) http://www.journals.cluteonline.com/index.php/CIER/article/view/1188

[Winkler 2006] Tina Winkler, Kathy Buckner: Receptiveness of Gamers to Embedded Brand Messages in Advergames: Attitudes towards Product Placement; Journal of Interactive Advertising, Vol. 7, No. 1, (Fall 2006), S. 24-32; American Academy of Advertising 2006; ISSN 1525-2019 (2012-06-05) http://jiad.org/article85

[WIPO 1967] The Contracting Parties (of WIPO): Convention Establishing the World Intellectual Property Organization; Online: WIPO Database of Intellectual Property; Signed at Stockholm on July 14 1967; (2012-05-10) http://www.wipo.int/export/sites/www/treaties/en/convention/pdf/trtdocs_wo029.pdf

[Wöhe 2011] Günter Wöhe, Jürgen Bilstein, Dietmar Ernst, Joachim Häcker: Grundzüge der Unternehmensfinanzierung, 10. Auflage, Verlag Vahlen, München 2011; ISBN: 978-3-8006-4343-1

[Wolff 2010] Tim Wolff: Twitter for President!; TITANIC-Verlag GmbH & Co. KG Berlin 2010;
(2011-04-14) http://www.titanic-magazin.de/tim-wolff-twitter-for-president.html

[Woltjer 2005] Geert B. Woltjera: Decisions and Macroeconomics: Development and Implementation of a Simulation Game; The Journal of Economic Education, Volume 36, Issue 2, S. 139-144; Taylor & Francis 2005; DOI: 10.3200/JECE.36.2.139-144 (2013-10-08) http://www.tandfonline.com/doi/abs/10.3200/JECE.36.2.139-144#.UlQu2Jan5yQ

[Woodcock 1956/1969] George Woodcock: Pierre-Joseph Proudhon, A Biography by George Woodcock, Routledge & Kegan Paul, London; Kraus Reprint, New York 1956/1969;

[Wray 2008] Richard Wray, Katie Allen: EMI confirms thousands of job losses; Guardian News and Media Limited 2008;
(2013-06-12) http://www.guardian.co.uk/business/2008/jan/15/privateequity.musicnews

[Yahalom 1993] R. Yahalom, B. Klein, Th. Beth: Trust Relationships in Secure Systems - A Distributed Authentication Perspective; Symposium on Research in Security and Privacy, 1993 Proceedings, S. 150-164; IEEE Computer Society 1993; Print ISBN: 0-8186-3370-0, DOI: 10.1109/RISP.1993.287635
(2011-11-04) http://ieeexplore.ieee.org/xpls/abs_all.jsp?arnumber=287635

[Yar 2005] Majid Yar: The global 'epidemic' of movie 'piracy': crime-wave or social construction?; Media, Culture & Society, vol. 27, no. 5, S. 677-696; Sage publications 2005; DOI: 10.1177/0163443705055723
(2012-05-29) http://mcs.sagepub.com/content/27/5/677.full.pdf+html

[Yilmaz 2006] Levent Yilmaz, Tuncer Ören, Nasser-Ghasem Aghaee: Intelligent agents, simulation, and gaming; Simulation Gaming September 2006, vol. 37 no. 3, S. 339-349; SAGE Publications 2006; DOI: 10.1177/1046878106289089
(2013-10-09) http://sag.sagepub.com/content/37/3/339.short

[ZAW 2011] Zentralverband der deutschen Werbewirtschaft (ZAW, Hrsg.): Werbung in Deutschland 2011, Zentralverband der deutschen Werbewirtschaft e. V. Berlin 2011; ISBN: 978-3-931937-53-9

[Zhang 1996] Ning Zhang, Qi Shi: Achieving non-repudiation of receipt; The Computer Journal, 39(10), S. 844-853; British Computer Society 1996; Online ISSN 1460-2067 - Print ISSN 0010-4620

[Zimmermann 1995] Philip Zimmermann: The Official PGP User's Guide, The MIT Press 1995; ISBN: 0-262-74017-6

[Zolleis 2010]   Udo Zolleis, Simon Prokopf, Fabian Strauch: Die Piratenpartei, Hype oder Herausforderung für die deutsche Parteienlandschaft?, Hanns-Seidel-Stiftung e.V., München 2010; ISBN: 978-3-88795-364-5

[Zota 2010]   Volker Zota: Generalschlüssel, Intels Kopierschutzverfahren HDCP ausgehebelt; c't 21/2010, S. 32; Heise Zeitschriften Verlag Hannover 2010; ISSN: 0724-8679 (2012-05-23) http://www.heise.de/ct/artikel/Generalschluessel-1083134.html

[Čepin 2011]   Marko Čepin: Event Tree Analysis; Assessment of Power System Reliability, S. 89-99; Springer London 2011; Print ISBN: 978-0-85729-687-0, DOI: 10.1007/978-0-85729-688-7_6 (2015-02-13) http://link.springer.com/chapter/10.1007/978-0-85729-688-7_6

The manufacturer's authorised representative in the EU is Springer Nature Customer Service Centre GmbH, Europaplatz 3, 69115 Heidelberg, Germany. If you have any concerns regarding our products, please contact ProductSafety@springernature.com

Printed and bound by CPI Group (UK) Ltd, Croydon, CR0 4YY

23/03/2026

02076682-0010